Faruk Ajeti

Die Kosovopolitik Österreichs in den Jahren 1986–1999

HISTORISCHE EUROPA-STUDIEN
HISTORIC EUROPE STUDIES

Geschichte in Erfahrung, Gegenwart und Zukunft
History in Experience, the Present and the Future

herausgegeben vom
Institut für Geschichte
der Stiftung Universität Hildesheim
unter der Leitung von Michael Gehler

edited by
the Institute of History
University of Hildesheim
directed by Michael Gehler

Band 26
Volume 26

Faruk Ajeti
Die Kosovopolitik Österreichs in den Jahren 1986–1999

Universitätsverlag Hildesheim
Hildesheim

Georg Olms Verlag
Hildesheim · Zürich · New York

2022

Faruk Ajeti

Die Kosovopolitik Österreichs in den Jahren 1986–1999

Universitätsverlag Hildesheim
Hildesheim

Georg Olms Verlag
Hildesheim · Zürich · New York

2022

Diese Publikation entstand in Zusammenarbeit von Georg Olms Verlag und
Universitätsverlag der Stiftung Universität Hildesheim.

Das Werk ist urheberrechtlich geschützt. Jede Verwertung außerhalb der engen
Grenzen des Urheberrechtsgesetzes ist ohne Zustimmung des Verlages unzulässig.
Das gilt insbesondere für Vervielfältigungen, Übersetzungen, Mikroverfilmungen
und die Einspeicherung und Verarbeitung in elektronischen Systemen.

Die Deutsche Nationalbibliothek verzeichnet diese Publikation
in der Deutschen Nationalbibliografie; detaillierte bibliografische
Daten sind im Internet über http://dnb.d-nb.de abrufbar.

Das Dokument steht im Internet kostenfrei als elektronische Publikation
(Open Access) zur Verfügung unter: https://doi.org/10.18442/hes-26

Dieses Werk ist mit der Creative-Commons-Nutzungslizenz „Namensnennung 4.0
International" versehen. Weitere Informationen finden sich unter:
https://creativecommons.org/licenses/by/4.0/legalcode.de

© Georg Olms Verlag AG, Hildesheim 2022
www.olms.de
© Universitätsverlag Hildesheim, Hildesheim 2022
www.uni-hildesheim.de/bibliothek/universitaetsverlag/
Alle Rechte vorbehalten
Gedruckt auf säurefreiem und alterungsbeständigem Papier
Satz: Mario Müller
Umschlagentwurf: Anna Braungart, Tübingen
Herstellung: Hubert & Co, Göttingen
Printed in Germany
Print-ISSN 1869-1196
Print-ISBN 978-3-487-16208-9

Danksagung

Es ist mir eine besondere und selbstverständliche Verpflichtung, jenen zu danken, die mir bei der vorliegenden Forschung geholfen haben und mir während der Studienzeit behilflich waren. Ich danke von ganzem Herzen meinen Kindern Era und Lis, meinen Eltern und meiner Familie sowie meine Freunde, die mich während all dieser Jahre des Studiums unterstützt haben.

Einen besonderen Dank möchte ich an meinen Betreuer, Univ.-Prof. Dr. Helmut Kramer, richten, der mich durch seine konstruktive und professionelle Betreuung unterstützt hat. Ohne seine Beratung wäre diese Arbeit nicht in dieser Form möglich gewesen. Man kann nie genug Lob bekommen, aber diese Zeilen sind nur ein kleines Zeichen meiner Dankbarkeit für seine unermüdliche Unterstützung, für seine Geduld und seine gute Betreuung, die nicht jeder Studierende das Vergnügen hat zu bekommen. Danken möchte ich auch Univ.-Prof. Dr. Michael Gehler für die Aufnahme in die Reihe „Historische Europa-Studien" und Herrn Dr. Paul Heinemann vom Georg W. Olms Verlag für die verlegerische Betreuung des Werks.

Zu danken habe ich auch zahlreichen anderen Einrichtungen, Einzelpersonen und allen Mitwirkenden für ihre freundliche Unterstützung. Das Bundesministerium für Europa, Integration und Äußeres der Republik Österreich gewährte mir die Akten bis zum Jahre 1997 einsehen zu können. Dies ermöglichte es mir, die Dokumente des österreichischen Außenministeriums durchzuarbeiten. Diese Einsicht in unveröffentlichte Dokumente war für eine systematische Forschung nötig, die für eine quellenbezogene Arbeit unverzichtbar ist.

Die großzügige Hilfe durch das Kriegsarchiv, das Haus-, Hof- und Staatsarchiv und das Archiv der Republik (sämtliche im Rahmen des Österreichischen Staatsarchivs in Wien) ist dankend hervorzuheben. Ganz besonders für die Zugänge zu ihren Nachrichtendiensten möchte ich der Austrian Presse Agentur (APA) und der Katholischen Presseagentur (Kathpress) danken. Weiteres auch – für die zur Verfügung gestellten Materialen in ihren Archiven – auch der Caritas Österreich, dem Karl von Vogelsang-Institut, dem Österreichischen Roten Kreuz und der Diakonie Österreich. Für die Vermittlung einiger Interviewpartner möchte ich auch Dr. Andreas Khol, Rainhard Kloucek, Univ.-Prof. Dr. Helmut Kramer, Mag. Lukas Mandl, Dr. Edith Mock, Dr. Wolfgang Petritsch, Dr. Filip Radunovic, Dr. Albert Rohan und Mag. Sami Ukelli danken. Für die weiteren Hintergrundgespräche bedanke ich mich auch bei Dr. Konrad Clewing (Leibniz-Institut für Ost- und Südosteuropaforschung/Albanien-Institut), Dr. Skender Gashi (Dardania, Zeitschrift für Geschichte, Kultur, Literatur und Politik), Mag. Wieland Schneider (Die Presse) und Priv.-Doz. Dr. Helmut Wohnout (Karl von Vogelsang-Institut). Dr. Mario Springnagel möchte ich auch ganz besonders für die kritische Anmerkungen danken sowie für ein genaues Lektorat.

Ich möchte mich besonders bedanken bei den von mir interviewten österreichischen Persönlichkeiten, die sich die Zeit für ein Interview und sogar mehrere Gespräche genommen haben, notwendige Korrekturen angebracht und meine Arbeit mit ihren Antworten bereichert haben, wie Bundespräsident Dr. Heinz Fischer, Nationalratspräsident Dr.

Andreas Khol, den Vizekanzlern Dr. Erhard Busek (†) und Dr. Michael Spindelegger, den früheren Regierungsmitgliedern Dr. Werner Fasslabend, Dr. Friedhelm Frischenschlager, Dr. Peter Jankowitsch und Dr. Heinrich Neisser, den Generalsekretären des österreichischen Außenministeriums Dr. Johannes Kyrle (†) und Dr. Albert Rohan (†), den hochrangigen Spitzenfunktionären und Diplomaten Dr. Gerhard Jandl, Dr. Clemens Koja, Dr. Paul Leifer, Dr. Ewa Nowotny, Dr. Wolfgang Petritsch, Dr. Walter Siegl, Dr. Michael Weninger und Dr. Klaus Wölfer, den Nationalratsabgeordneten Mag. Marijana Grandits, Dr. Josef Höchtl, Madeleine Petrovic und Dr. Alois Puntigam, Generalleutnant Mag. Christian Segur-Cabanac, den Spitzenbeamten des österreichischen Wissenschaftsministeriums Dr. Christian Gollubits, Dr. Sigurd Höllinger, Dr. Heinz Kasparovsky, Dr. Christoph Ramoser und Mag. Barbara Weitgruber, dem Exekutivsekretär der EDU Mag. Alexis Wintoniak, der Ehegattin von Alois Mock, Dr. Edith Mock, sowie dem Univ.-Prof. Dr. Gerhard Hafner und dem Historiker Mag. Rainer Stepan.

Für viele hilfreiche Hinweise sowie die generell wertvolle Unterstützung bedanke ich mich insbesondere bei den Botschaftern Dr. Paul Leifer, Dr. Albert Rohan (†) und Dr. Wolfgang Petritsch.

Nach sechs Jahre Recherche an dieser Arbeit möchte ich zum Schluss noch jemanden danken, der mich bedingungslos durch ihr Verständnis unterstützt und motiviert hat, nämlich meiner Frau Resmije Kurbogaj-Ajeti M.A. Ohne ihre ständige Unterstützung und Ermunterung wäre ich nicht in der Lage gewesen, meine Dissertation zu beenden. Sie war diejenige, die meine Arbeit erleichtert hat, und ihr möchte ich diese Arbeit widmen, aus Dankbarkeit dafür, wie sie meine Karriere begleitet hat. Meiner häufigen Abwesenheit gegenüber aufgrund dieser Arbeit hat sie große Verständnis und Liebe gezeigt. An dieser Stelle muss ich Russell Crowe (als John Nash im Film „A Beautiful Mind") Recht geben, als er sagte, dass die wichtigste Entdeckung seiner Karriere war, dass „nur in den rätselhaften Gleichungen der Liebe kann man irgendwelche logischen Gründe finden". Ich habe ihr auch zu danken für ihre kritische Durchsicht der Arbeit, wofür ich außerordentlich verbunden bin.

Berlin, im September 2022
Dr. Faruk Ajeti

Für

Mal

Lis

Era

Resa

Vorwort

Vom 24. März bis zum 10. Juni 1999 eskalierte der Konflikt um den Kosovo zwischen der von den USA angeführten NATO und der Bundesrepublik Jugoslawien (BRJ). Dabei handelte sich um eine Militärintervention des transatlantischen Bündnisses ohne Mandatierung durch den UN-Sicherheitsrat, was einem Völkerrechtsbruch gleichkam. Dieser wurde jedoch als Reaktion auf Menschenrechtsverletzungen durch serbische Sicherheitskräfte gegen die seit 1997, u.a. auch mit gewaltsamen Mitteln operierende albanische „Befreiungsarmee des Kosovo" (UÇK), einer Organisation, die für die Unabhängigkeit des Kosovo kämpfte, in der mehrheitlich von Albanern besiedelten serbischen Provinz gerechtfertigt und nachträglich legitimiert. Belgrad bestritt die Verletzungen und verwies auf separatistische Tendenzen in Teilen der albanischen Bevölkerung des Kosovo, die bekämpft werden müssten. So und ähnlich lauten die kontroversen Standpunkte einer radikalisierten Entwicklung in einem Teil Europas, die tiefergehende Wurzeln hatte.

Faruk Ajeti kann mit seiner Studie zeigen, dass dieser Konflikt eine viel längere Vorgeschichte hatte. Wie er verdeutlicht, war es nicht Titos Tod im Mai 1980, sondern eine den Kosovoalbanern feindlich gegenüberstehende Politik des neuen serbischen KP-Parteiführers Slobodan Milošević, der er sich von seinem politischen Ziehvater und noch als Moderator zwischen den Ethnien agierenden Ivan Stambolic gelöst hatte, sowie ein Memorandum der Serbischen Akademie der Wissenschaften von 1986, dessen auf Minoritätenfeindlichkeit und -elimination ausgerichteter Inhalt eine schwerwiegende Belastung für die gesellschaftlichen, ökonomischen und politischen Beziehungen in Jugoslawien darstellte. Der blutige Auflösungsprozess Jugoslawiens wurde durch die gewaltsamen Auseinandersetzungen zwischen Kosovo-Albanern und serbischen Militär- und Sicherheitskräften beschleunigt.

Ajeti arbeitet die verschieden Positionen der österreichischen Kosovopolitik seit 1986 heraus, als Österreich eine neue Große Koalition aus sozialistischer Partei (SPÖ) und christlich-demokratischer Volkspartei (ÖVP) bevorstand. Ein solcher außenpolitischer und nationalstaatlicher Zugang zur Thematik ist bisher weder von geschichts- noch von politikwissenschaftlicher Seite gewählt worden, geschweige denn ein solcher auch systematisch angegangen und durchgezogen worden. Ajeti leistet dies auf eindrucksvolle Weise.

Einzelbeiträge und Erinnerungen von österreichischen Akteuren wie Politikern und Diplomaten, die mit der Kosovo-Frage in unterschiedlichen Positionen und Zeitabschnitten in Berührung kamen oder mehr noch damit intensiv befasst waren, bildeten eine wesentliche Basis dieser Untersuchung. Dazu zählen inzwischen bereits verstorbene Zeitzeugen par excellence wie der ehemalige österreichische Vizekanzler (1991-1995) und Sonderkoordinator des Stabilitätspakts für Südosteuropa (2002-2008) Erhard Busek, der Generalsekretär des österreichischen Außenministeriums Albert Rohan, der gemeinsam mit dem ehemaligen finnischen Staatspräsidenten Martti Ahtisaari im Jahre 2005 von den Vereinten Nationen als Sonderbeauftragter eingesetzt wurde, um im Konflikt um den künftigen Status der unter UNO-Verwaltung stehenden serbischen Provinz Kosovo zu vermitteln. Österreich unternahm zahlreiche Initiativen, um die angespannte kosovo-albanische Parteienlandschaft zu lockern und ein gemeinsames Verhandlungsteam zu

Vorwort

schaffen. Der erfahrene Spitzendiplomat Rohan agierte dabei als Schlüsselfigur, zumal er mit dem Kosovo schon seit 1990 vertraut war. Die Politik der Gewaltfreiheit der Kosovo-Albaner unter Leitung von Ibrahim Rugova erzeugte viel Sympathie und ermöglichte dabei auch die Unterstützung durch die österreichische Politik und Öffentlichkeit. Der Parallelstaat „Republika e Kosoves" und die Entwicklung weiterer Parallelstrukturen auf dem Bildungs-, Gesundheits- und Verwaltungssektor wurden in Wien als realistische und sinnvolle politische Strategie angesehen. In Wien war dann aber auch zunehmend klar, dass ab einen gewissen Zeitpunkt der sich verschärfenden Entwicklung die Lösung der Kosovo-Frage ohne eine Beteiligung der UÇK nicht mehr möglich war.

Zu den wesentlichen Akteuren sowohl der österreichischen als auch der europäischen Kosovopolitik gehörte auch Wolfgang Petritsch, der während seiner Zeit als Botschafter Wiens in Belgrad (1997-1999) zum EU-Sonderbeauftragten für den Kosovo ernannt worden ist. Als solcher war er 1999 EU-Chefverhandler bei den Friedensverhandlungen von Rambouillet und Paris. Als Hoher Repräsentant für Bosnien und Herzegowina (1999 bis 2002) leitete Petritsch zudem die zivile Umsetzung des Friedensvertrags von Dayton betreffend Herzegowina-Bosnien. Petritsch war nach seinem US-amerikanischen Kollegen Christopher Hill „das Gesicht der EU", so Ajeti, bei den Verhandlungen der Konfliktparteien. Die Diplomatie und Gesprächsbereitschaft von Petritsch, sowohl mit den Konfliktparteien als auch mit Washington und Moskau zu kommunizieren, trugen dazu bei, dass er seine Funktion weiterhin als EU-Sondergesandter über das Ende der EU-Präsidentschaft Österreichs 1998 bei der Erarbeitung des Abkommensentwurfs von Rambouillet behielt. Nennenswert ist zu dem noch der von Ajeti befragte Gerhard Jandl, der ab 2000 als österreichischer Botschafter in Sarajewo für Bosnien und Herzegowina, dort auch Doyen des Diplomatischen Corps, und sodann ab 2005 als Botschafter in Belgrad aktiv war.

Neben den Erinnerungen von Zeitzeugen hat Ajeti auch alle denkbaren gedruckten Quellen wie die periodisch erscheinenden Dokumentationen des österreichischen Außenministeriums mit Kommuniqués, Presseerklärungen und Vorträge der Entscheidungsträger herangezogen. Dass dazu auch noch außenpolitisch relevantes Aktenmaterial aus dem Österreichischen Staatarchiv benutzt werden konnte, steigert die Aussagekraft und den Wert seiner Untersuchung.

Ajeti kann nachweisen, dass die österreichische Kosovopolitik primär von stabilitätspolitischen Beweggründen getragen wurde. Die Aktionen waren Teil der Südosteuropa-Politik des Ballhausplatzes und dies im Kontext einer „aktiven Neutralitätspolitik", die sich als Beitrag zur Konfliktlösung verstand und insbesondere im Rahmen der seit 1995 bestehenden EU-Mitgliedschaft des Landes positiv umgesetzt werden sollte.

Wie Ajeti in ausführlichen, weit ausholenden einleitenden Darstellungen zeigen kann, war Österreichs Kosovopolitik deshalb auch wirksam, weil es historische Beziehungen zurückgehend auf die ersten Kontakte zwischen der Habsburgermonarchie und dem Kosovo seit 1689 gab, die bis 1918 anhielten. Nach der zweiten Türkenbelagerung Wiens 1683 setzte eine Entwicklung ein, in der das Engagement Habsburgs deutliche Spuren in der Geschichte der südosteuropäischen Region hinterließ. Vor diesem Hintergrund verwundert auch nicht mehr so sehr der weitgehend bestehende innenpolitische Konsens und die gemeinsame Grundhaltung in der Kosovofrage zwischen Regierung, Opposition, Medien und Öffentlichkeit im Österreich der 1990er Jahre.

Vorwort

Dessen Außenpolitik war seit Gründung der Zweiten Republik von 1945 von schwierigen politischen und wirtschaftlichen Nachkriegsverhältnissen, das Ringen um den Staatsvertrag sowie die Erlangung der österreichischen Neutralität und die Entwicklung einer aktiven Außenpolitik geprägt, v.a. unter Bundeskanzler Bruno Kreisky (SPÖ). Mit der EU-Mitgliedschaft (1995) ergaben sich neue Möglichkeiten und wirtschaftliche Vorteile, um andere Akzente zu setzen. Die Entwicklungen sowohl in Jugoslawien als auch im Kosovo wurden am Ballhausplatz schon vor dem EU-Beitritt mit großer Sorge beobachtet. Auch wenn es zwischen Österreichs Bundeskanzler Franz Vranitzky (SPÖ) und Außenminister Alois Mock (ÖVP) unterschiedliche Auffassungen in der Anerkennungsfrage Sloweniens und Kroatiens (1991) gab, nahmen sie in der Kosovopolitik eine gemeinsame Position ein. Ein Unterschied bestand lediglich darin, dass Mock aktiver und engagierter war, v.a. hinsichtlich der Internationalisierung der Kosovo-Frage und die Einschaltung internationaler Organisationen, insbesondere durch Versuche zur Umsetzung der ersten und zweiten Stufe des KSZE-Mechanismus der Menschlichen Dimension.

Als Anfang 1998 die Situation im Kosovo sich dramatisch zuspitzte, reagierte Wien im März mit konkreten Maßnahmen zur Lösung, wie mit einem 10-Punkte-Plan zur Beilegung der Kosovo-Krise, darunter mit Stationierung multinationaler Streitkräfte in Nordalbanien sowie der Teilnahme österreichischer Kontingente im Rahmen der EU-Beobachtermission (ECMM), der Kosovo Diplomatic Observer Mission (KDOM) und der Kosovo Verification Mission (KVM).

Während der ersten österreichischen Ratspräsidentschaft vom Juli bis Dezember 1998 bildete die Kosovo-Krise einen der wichtigsten Arbeitsschwerpunkte sowohl in der österreichischen Außenpolitik als auch im Rahmen der Gemeinsamen Außen- und Sicherheitspolitik (GASP) der EU. Das Jahr 1999 steht sodann für den Wendepunkt in der Geschichte des Kosovo, als die Kontroverse, wie eingangs festgehalten, zu einem internationalen Konflikt ausartete und in einen Krieg mündete. Etwa 850.000 Kosovo-Albaner wurden bis Mitte dieses Jahres in die Nachbarstaaten vertrieben. Aufgrund des Vorgehens der serbischen Regierung mit Armee, Sonderpolizei und Paramilitärs gegen Kosovo-Albaner reagierte die NATO mit Luftangriffen gegen die Bundesrepublik Jugoslawien, wodurch die Rückkehr der albanischen Flüchtlinge und Vertriebenen in den Kosovo erzwungen werden sollte. Nach Abzug der serbischen Armee und der Sicherheitsbehörden aus dem Kosovo folgte eine internationalen Zivilverwaltung (UNMIK) und die Stationierung multinationaler militärischer Präsenzen unter Leitung der NATO (KFOR).

Die Aufdeckung der sogenannten Operation „Hufeisen" durch den österreichischen Militärgeheimdienst und die Weitergabe der Informationen an die NATO spielten eine entscheidende Rolle bei den NATO-Mitgliedstaaten in der Vorbereitung und der Legitimierung der militärischen Aktionen gegen Belgrad. Der Krieg im Kosovo war für den Ballhausplatz „der vierte Krieg von Milošević", so Ajeti. Österreich hatte laut seinen Erkenntnissen „große Solidarität" an den Tag gelegt und „eindrucksvolle humanitäre Hilfe" durch Spendenbereitschaft der österreichischen Bevölkerung geleistet. Durch die Reaktivierung der Aktion „Nachbar in Not", an der zahlreiche österreichische Nichtregierungs- und Hilfsorganisationen beteiligt waren, gelang es zahlreiche Spenden für Vertriebene und Flüchtlinge zu sammeln. Besonders deutlich wurde das durch die Aufnahme von rund 15.000 Kosovo-Flüchtlingen sowie Schaffung eines Flüchtlingslagers im Österreich-Camp in Nordalbanien. Damit war Österreich an der Spitze der EU. Seine Rolle war auch eng mit den später folgenden Entwicklungen im Prozess der Erklärung der staatlichen Unabhängigkeit des Kosovo 2008 verbunden.

Ajeti hat mit seinem sehr detaillierten und gründlich recherchierten Werk wissenschaftliches Neuland betreten. Die Regelung der Kosovofrage ist ohne die spezifische österreichische Politik nicht ganz zu verstehen, wie er eindrucksvoll zeigen kann. Ajeti trägt damit nicht nur zu einem besseren Verständnis der österreichischen Außenpolitik, sondern auch zur genaueren Beschäftigung mit einer europäischen Minderheitenfrage und einer neuen Staatswerdung an dem von der EU so bezeichneten „Westbalkan" bei sowie zur Erhöhung des Wissensstandes eines Themas, das zu einem brisanten Teil der Geschichte Europas gehört, einer traditionellen Konfliktregion, die es weiter politisch zu stabilisieren und gesellschaftlich zu integrieren, d.h. an die Union heranzuführen gilt. Dazu ist aber auch Stimmeneinhelligkeit aller EU-Mitgliedsstaaten erforderlich. An Österreich wird ein solches Anliegen nicht scheitern, wie aus der Studie von Faruk Ajeti abgeleitet werden kann.

Hildesheim, im September 2022
Michael Gehler

Inhaltsverzeichnis

Vorwort 9

1. Einleitung 17

1.1. Persönliches Interesse an der Forschungsarbeit 18
1.2. Forschungsstand und methodischer Zugang 18
1.3. Periodisierung des Themas 21
1.4. Gliederung der Studie 22

2. Historische Bezüge zwischen der Habsburgermonarchie und dem Kosovo 1689-1918 25

2.1. Die erste militärische Intervention im Kosovo 1689/1690 29
2.2. Die zweite militärische Intervention im Kosovo 1736/1737 33
2.3. Die österreichisch-ungarische Diplomatie und ihre Albanienpolitik im 19. Jahrhundert 37

    2.3.1. Das Kultusprotektorat als politisches Instrument der Außen- und Balkanpolitik der Habsburgermonarchie 43

2.4. Der Ausbruch des Ersten Balkankrieges und der Weg zur Botschafterkonferenz . 52
2.5. Die Kosovo-Frage auf der Londoner Botschafterkonferenz 59
2.6. Der Erste Weltkrieg und der Kosovo 70

3. Die österreichische Außenpolitik der Zweiten Republik 1945-1999 79

3.1. Die österreichische Außenpolitik nach dem Zweiten Weltkrieg bis zum Staatsvertrag (1945-1955) 79
3.2. Die österreichische Außen- und Neutralitätspolitik (1955-1970) 82
3.3. Die aktive und globale Außen- und Neutralitätspolitik Österreichs der Ära Kreisky (1970-1983) 85
3.4. Die Neuorientierung der österreichischen Außenpolitik (1983-1989) . 89
3.5. Die Beitrittsverhandlungen mit der EG/EU (1989-1995) 91
3.6. Österreichs Außenpolitik als EU-Mitglied (1995-1999) 100

4. Die österreichische Kosovopolitik der Jahre 1986-1994 111

A. Die österreichische Kosovopolitik im Rahmen der jugoslawischen Krisen (1986-1992) 111

4.1. 1986 – Jahr der Wende in der österreichischen und jugoslawischen Politik 111
4.2. Auftreten alternativer Bewegungen in Jugoslawien 114
4.3. Kosovo – der Anfang vom Ende Jugoslawiens 114
4.4. Die serbische Politik im Kosovo spaltet Jugoslawien 119
4.5. Politische Maßnahmen der Kosovo-Albaner zur Selbstorganisation 124
4.6. Österreichische Außenpolitik zur Zeit der jugoslawischen Krise 127
4.7. EG-Friedenskonferenz zur Neuordnung Jugoslawiens und das Kosovo-Problem 131
4.8. Österreichische Außenpolitik der zwei Geschwindigkeiten gegenüber der jugoslawischen Krise 135

B. Vorreiterrolle Österreichs in der Kosovopolitik (1990-1994) 139

4.9. Österreichs Rolle in der Kosovopolitik und sein zunehmendes Engagement 139
4.10. Der österreichische Nationalrat 154
4.11. Verstärkung der politischen Kontakte zwischen dem Kosovo und Österreich 169
4.12. Kosovo im Schatten der Kriege in Kroatien und Bosnien-Herzegowina 172

5. Die österreichische Kosovopolitik in den Jahren 1995-1999 179

A. Die österreichische Kosovopolitik nach dem Beitritt zur Europäischen Union 179

5.1. EU-Beitritt Österreichs und die Post-Dayton-Phase in der Kosovopolitik 179
5.2. Die Aktivitäten der österreichischen Kosovopolitik als neuer EU-Mitgliedstaat 181
5.3. Österreichische Universitäten als Studienort für die kosovo-albanischen Studenten 191

B. Österreichs Politik in der Kosovo-Frage in den Jahren 1997-1999 195

5.4. Der Weg von der gewaltlosen Politik zum bewaffneten Widerstand im Kosovo 195
5.5. Die Kosovo-Frage als Test der internationalen Gemeinschaft 201
5.6. Gescheiterte internationale Versuche zur Vermittlung in der Kosovopolitik 204

5.7. Österreichs Aktivitäten in der Phase der Verschärfung des Kosovo-Konflikts 207
5.8. Die österreichische Außenpolitik im Kosovo-Konflikt im Kontext des Jahres 1998 212
5.9. Die ersten österreichischen Kontakte mit der UÇK 216
5.10. Die erste österreichische EU-Ratspräsidentschaft und die Kosovo-Krise 221
5.11. Österreichisches Kontingent in der ECMM und KDOM 233
5.12. Eröffnung der EU-Vertretung in Prishtina 236
5.13. Wolfgang Petritsch, erster österreichischer EU-Sondergesandte für den Kosovo 238
5.14. Operation Hufeisen 241
5.15. Die Wende des Kosovo-Konflikts: Massaker von Reçak und der Weg nach Rambouillet 246
5.16. Die Kosovo-Frage und die österreichische Neutralitäts-, Sicherheits- und Solidaritätspolitik 253
5.17. Die humanitäre Hilfe Österreichs in der Kosovopolitik 262

6. **Die Entwicklungen in den österreichischen-kosovarischen Beziehungen bis 2010** 275

7. Zusammenfassung der Ergebnisse 293

Chronologie 297

Interviews 309

Interviews im Annex 315

Abkürzungen 423

Danksagung der Verlage 427

1. Einleitung

Wenn es um eine Region Europas geht, in der Österreich außenpolitisch besonders aktiv war und ist, dann ist dies zweifelsohne Südosteuropa.[1] Wenn es um eine Konstante der österreichischen Außenpolitik und Diplomatie geht, die seit Jahrhunderten durch ein aktives Engagement gekennzeichnet ist und um eine Region, wo die Stimme Österreichs gehört wird, dann ist dies Europas Hinterhof: Der Balkan. Österreich ist traditionell mit der Region eng verbunden. Diese Verbindung basiert auf der geographischen Nähe, auf engen historischen, wirtschaftlichen, kulturellen und persönlichen Beziehungen. Die Entwicklungen in Südosteuropa spielen für Österreich aufgrund der großen außen- und sicherheitspolitischen Interessen eine zentrale und entscheidende Rolle. Das Naheverhältnis Österreichs zu Südosteuropa war und bleibt einer der wichtigsten Schwerpunkte seiner Außen- und Sicherheitspolitik.

Wenn am Balkan Konflikte ausbrachen, hat die österreichische Diplomatie diesen Problemen große Beachtung geschenkt, und wenn es Verhandlungen zwischen den Konfliktparteien am Balkan gegeben hat, ist Wien eine wichtige Adresse bei deren Lösung gewesen. International haben die österreichischen Diplomaten den Ruf, sehr gute Balkan-Kenner zu sein und große Erfahrung auf diesem Gebiet zu besitzen. Österreichische Politiker waren in vielen Balkan-Fragen Schlüsselfiguren und haben besondere Kompetenz bewiesen; oft kamen aus ihren Reihen – insbesondere für den Kosovo – Diplomaten und Politiker, die eine Führungsrolle bei den Konfliktlösungsversuchen auf dem Balkan einnahmen. Der österreichische Botschafter Wolfgang Petritsch war EU-Sonderbeauftragter für die Kosovo-Frage und für die Rambouillet-Verhandlungen (1997-1999).[2] Der österreichische Diplomat Albert Rohan fungierte als Stellvertreter des UN-Sondergesandten für die Verhandlungen über den künftigen Status des Kosovo (UNOSEK), Martti Ahtisaari (2005-2007). Der österreichische Diplomat Stefan Lehne war EU-Sonderbeauftragter für die Verhandlungen über den künftigen Status des Kosovo (2005-2007) und die EU-Abgeordnete Ulrike Lunacek war Berichterstatterin des Europaparlaments für den Kosovo (2009-2017).

Der Westbalkan[3] als Teil der österreichischen und europäischen (Südosteuropa-) Außenpolitik gilt als das letzte Gebiet Südosteuropas, wo der europäische Integrationsprozess Fuß gefasst hat, aber noch nicht – aufgrund der zahlreichen ungelösten Probleme – abgeschlossen werden konnte. Seit Beginn der EU-Mitgliedschaft Österreichs ab 1. Jänner 1995 hat die österreichische Außenpolitik im Rahmen der EU eine besonders

---

[1] Der Begriff Südosteuropa wird in Verbindung mit der Balkanregion verwendet, also Albanien, Bosnien und Herzegowina, Bulgarien, Griechenland, Kosovo, Kroatien, Mazedonien, Montenegro, Rumänien, Serbien und Slowenien.

[2] Der Stabilitätspakt für Südosteuropa basierte auf dem Vorschlag der deutschen Regierung; der Deutsche Bodo Hombach war EU-Sonderkoordinator des Stabilitätspaktes für Südosteuropa (1999 bis 2002). Später übernahm der österreichische Vizekanzler Erhard Busek diesen Posten (2002 bis 2008).

[3] Der Begriff Westbalkan umfasst jene Länder der Balkanhalbinsel, die noch kein EU-Mitglieder sind aber eine Beitrittsperspektive haben: Albanien, Bosnien und Herzegowina, Kosovo, Montenegro, Nord Mazedonien und Serbien.

1. Einleitung

aktive Rolle gespielt, mit dem Ziel den südosteuropäischen Staaten zu helfen, in die EU aufgenommen zu werden. Nach den kriegerischen Konflikten in Jugoslawien (1991-1995) war der Kosovo-Konflikt von 1998/99 die nächste Auseinandersetzung, die auch für Österreich als neutrales Land und mit einer starken Beziehung zu dieser Region eine große Herausforderung war.

1.1. Persönliches Interesse an der Forschungsarbeit

Aufgrund meines Interesses für die EU-Außenpolitik im Kosovo während des Masterstudiums, in dem ich eine Masterarbeit mit dem Thema die „Rolle der EU-Außenpolitik im Kosovo 1989-2010" gemeinsam mit Resmije Kurbogaj-Ajeti verfasst hatte, die im Jahre 2013 in der Schriftenreihe des Instituts für Politikwissenschaft (Herausgeber Helmut Kramer und Eva Kreisky) im Peter Lang Verlag veröffentlicht wurde, und durch die Gespräche mit meinem Betreuer Prof. Helmut Kramer bin ich zum ersten Mal auf das Thema aufmerksam geworden. Einerseits erwartete ich mir davon einen Erkenntnisgewinn über mein Herkunftsland Kosovo, andererseits ist die Rolle der Außenpolitik Österreichs in Bezug auf den Kosovo noch nicht systematisch wissenschaftlich erforscht worden. Dabei ist gerade dieser Gegenstand ein Musterbeispiel für die Betrachtung der Frage, wie viele auch kleinere und kleine Staaten in einzelnen internationalen Fragen etwas bewegen können.

Was das österreichische Engagement in der Jugoslawienkrise betrifft, findet man mehr Forschungsarbeiten über die österreichische Rolle in oder für Slowenien, Kroatien und Bosnien-Herzegowina als über den Kosovo. Das Ziel dieser Arbeit ist es, zunächst eine umfassende Gesamtdarstellung des österreichischen Engagements im Kosovo vorzulegen. Durch meine Arbeit versuche ich einen Beitrag zur wissenschaftlichen Debatte zu leisten und die österreichische Kosovopolitik systematisch darzustellen. Es war mir überdies auch ein persönliches Anliegen, eine systematische Analyse für alle Interessierten, die mehr über die österreichische Kosovopolitik erfahren und wissen möchten, vorzulegen.[4]

1.2. Forschungsstand und methodischer Zugang

Die Aufsätze und Memoiren vor allem von österreichischen Politikern und Diplomaten, die in der Kosovo-Frage in unterschiedlichen Phasen involviert waren, sind eine wichtige Grundlage, um die österreichische Rolle in der Kosovopolitik darzustellen. Die Memoiren von Franz Vranitzky[5] und die Arbeiten von Alois Mock[6] schildern nicht nur in welcher

---

4   Der Name „Kosovo" wird männlich gesetzt und nicht wie im Albanischen „Kosova" oder im Serbischen sächlich. Der Begriff „Kosovaren" soll in dieser Arbeit alle Einwohner des Kosovo umfassen, unabhängig von ihrer ethnischen Zugehörigkeit.
5   Franz Vranitzky, Politische Erinnerungen, Wien, 2004.
6   Alois Mock (Hrsg.), Das Balkan-Dossier. Der Aggressionskrieg in Ex-Jugoslawien – Perspektiven für die Zukunft, Wien 1997.

1.2. Forschungsstand und methodischer Zugang

Weise sie mit der Jugoslawienkrise seit Beginn der 1990er Jahre konfrontiert waren, sondern auch für welche Initiativen sie sich in der österreichischen Kosovopolitik eingesetzt haben. Erhard Busek hat in seinen Beiträgen seine ersten Kontakte im Kosovo mit Intellektuellen und Vertretern der Zivilgesellschaft seit der Mitte der 1980er Jahre im Kontext der relevanten Entwicklungen in Politik und Gesellschaft geschildert.[7]

Albert Rohan, Mitverfasser und Mitdenker der Mock'schen Politik, beleuchtet – sowohl in seinen Memoiren[8] als auch in zahlreichen Analysen – die Konstanten der österreichischen Kosovopolitik. Rohan leitete die Abteilung Zentral-, Ost- und Südosteuropa seit dem Jahr 1990 und war von 1995 bis 2001 Generalsekretär des Außenministeriums. Wolfgang Petritsch, österreichischer Botschafter in Belgrad (1997-1999) und EU-Sondergesandter für den Kosovo (1998-1999), stellt zahlreiche entscheidende Ereignisse nicht nur der österreichischen Kosovopolitik, sondern auch der Politik der EU und der Großmächte USA und Russland in Bezug auf den Kosovo, dar.[9] Auf der Basis seiner eigenen Erfahrung gibt Petritsch einen wertvollen Überblick über die internationalen Bemühungen und eine Innensicht der Verhandlungsprozesse über den Kosovo.

Weiteres sind vor allem die Beiträge von Gerhard Jandl hervorzuheben, der zwischen den Jahren 1991-1992 österreichischer Delegierter beim UN-Sicherheitsrat (zuständig für Ex-Jugoslawien) und von 1995 bis 2000 Leiter des Balkan-Referats im Außenministerium war.[10] Jandl bietet einerseits eine vertiefende Sicht in Bezug auf das Engagement der österreichischen Akteure in der Kosovopolitik und andererseits auf die Mitwirkung Österreichs im EU-Rahmen. Das Buch von Ulrike Lunacek vermittelt eine informative Beschreibung ihrer Rolle als Kosovo-Berichterstatterin des Europaparlaments.[11]

Die österreichischen außenpolitischen Dokumentationen, die vom österreichischen Außenministerium jährlich veröffentlicht werden, bilden eine wichtige Grundlage der

---

7   Erhard Busek, Österreich und der Balkan. Vom Umgang mit dem Pulverfaß Europas, Wien 1999; Erhard Busek, Lebensbilder, Wien 2014.
8   Albert Rohan, Diplomat am Rande der Weltpolitik. Begegnungen, Beobachtungen, Erkenntnisse, Wien 2002. Mehr dazu siehe die Literaturliste von Rohan im Literaturverzeichnis.
9   Wolfgang Petritsch/Karl Kaser/Robert Pichler, Kosovo-Kosova. Mythen Daten Fakten, Wieser–Klagenfurt–Wien 1999; Wolfgang Petritsch/Robert Pichler, Kosovo-Kosova. Der lange Weg zum Frieden, Klagenfurt–Celovac 2005; Wolfgang Petritsch, Zielpunkt Europa. Von den Schluchten des Balkans und den Mühen der Erbe, Klagenfurt–Celovac 2009.
10 Siehe die Aufsätze von Jandl im Literaturverzeichnis: Gerhard Jandl, Österreichs Rolle im Kosovo-Konflikt, in: Österreichisches Jahrbuch für internationale Politik 1999, Wien, S. 50-79; Gerhard Jandl, Krieg auf dem Balkan – Konsequenz woraus?, in: Günter Gehl (Hrsg.), Münster – Versailles – Dayton: Konfliktlösungen gestern – heute – morgen, Weimar-Trier 2000b, S. 79-98; Gerhard Jandl (2013b), Österreich und die Krisen und Kriege auf dem Balkan, in: Michael Gehler/Imke Scharlemann (Hrsg.) Zwischen Diktatur und Demokratie. Erfahrungen in Mittelost- und Südosteuropa, Hildesheimer Europagespräche II, Historische Europastudien 10. Hildesheim u.a., S. 371-441; Gerhard Jandl, Zur Bedeutung des Balkans für die österreichische Außenpolitik, in: Wiener Blätter zur Friedensforschung, Wien 2014a, Nr. 160, S. 1-32; Gerhard Jandl, Beginnt der Balkan noch immer in Wien, in: Andreas Maurer/Heinrich Neisser/Johannes Pollak (Hrsg.), 20 Jahre EU-Mitgliedschaft Österreichs, Wien 2015b, S. 235-249.
11 Ulrike Lunacek, Frieden bauen heißt weit bauen. Von Brüssel ins Amselfeld und retour: Mein Beitrag zu Kosovos/Kosovas Weg in die EU, Klagenfurt – Celovec *2018*.

1. Einleitung

vorliegenden Arbeit. In ihnen sind die Erklärungen, Presseerklärungen, Vorträge, schriftlichen und mündlichen Anfragen, Reden von österreichischen Entscheidungsträgern zu finden. Eine weitere wichtige empirische Basis für die vorliegende Arbeit sind die jährlichen Außenpolitischen Berichte des Außenministeriums.

Da es praktisch keine wissenschaftliche Literatur zur Thematik der vorliegenden Untersuchung von kosovarischen Autoren gibt, muss die vorliegende Arbeit auf österreichische Quellen zurückgreifen. Aus diesem Grund wurden die Interviews nur mit Persönlichkeiten geführt, die in der österreichischen Kosovopolitik eine besondere Rolle gespielt haben. Die Interviews mit führenden österreichischen Spitzendiplomaten und Spitzenpolitikern und Akteuren bieten als Zeitzeugengespräche wertvolle Einblicke in die österreichische Kosovopolitik. Alle Interviews sind vom Autor transkribiert und von den Interviewten autorisiert.

Die vorliegende Forschung basiert auf der Methode der qualitativen Analyse verschiedener Quellen. Die Primärquellen, die als Hauptquellen dieser Arbeit dienen, sind Dokumente des Bundespräsidenten und der österreichischen Regierung (Appelle, Berichte, Erklärungen, Presseerklärungen, Reden, Schreiben, Stellungnahmen, Verbalnoten und Vorträge), Dokumente des österreichischen Nationalrates (mündliche und schriftliche Anfragen, verabschiedete Gesetze, Entschließungsanträge, Stenographische Protokolle, Redeprotokolle, Resolutionen), sowie zahlreiche weitere Dokumente der UN, NATO, EU, des Europarats, der OSZE und der Kosovo-Kontaktgruppe. Die Sekundärliteratur und die Berichterstattung aus der Presse sollen zum besseren Verständnis der Hintergründe und zur Analyse der Primärquellen dienen.

Ein weiterer besonderer und wichtiger Teil der empirischen Analyse war es, Interviews mit Persönlichkeiten, die in der österreichischen Außen- und Kosovopolitik relevant waren, durchzuführen. 32 Interviews mit österreichischen Entscheidungsträgern und früheren Regierungsmitgliedern haben es ermöglicht, Informationen über die österreichische Kosovopolitik aus erster Hand zu bekommen.[12] Sechs Interviews (Gerhard Jandl, Paul Leifer, Eva Nowotny, Wolfgang Petritsch, Albert Rohan und Michael Spindelegger) wurden mit Zustimmung der Interviewten im Anhang der Arbeit hinzugefügt und die anderen transkribierten Interviews können über den Verfasser eingesehen werden.

Diese Untersuchung stützt sich weiters auch auf unveröffentlichte Quellen der Regierungsakten über die österreichische Jugoslawien- und Kosovopolitik bis zum Jahr 1997 des Österreichischen Staatsarchivs in Wien, insbesondere auf die Akten des österreichischen Außenministeriums und der österreichischen Botschaft in Belgrad. Ergänzt wird diese Forschung weiters durch Analysen, Artikel, Kommentare der österreichischen Tages- und Wochenzeitungen sowie von Zeitschriften, die sich mit der österreichischen Jugoslawien- und Kosovopolitik beschäftigt haben.

---

12 Mehr dazu siehe die Liste der Interviewpartner.

1.3. Periodisierung des Themas

Der Schwerpunkt der Analyse konzentriert sich auf die Entwicklung der Jahre 1986 bis 1999. In diesem Sinne werden die beiden Jahre als Wendejahre gesehen. 1986 war ein wichtiges Jahr für die österreichische und jugoslawische Politik. Durch die Veränderungen in der Innenpolitik Österreichs durch die Bildung der Koalition zwischen SPÖ und ÖVP gelang es der Volkspartei, nach fast 16 Jahren das Außenministerium zu übernehmen. Durch den ÖVP-Parteiobmann und neuen Außenminister Alois Mock wurde eine neue Außenpolitik vorangetrieben, die durch ein starkes Engagement für eine EG/EU-Mitgliedschaft Österreichs und eine Vorreiterrolle zur Lösung des Jugoslawien-Konflikts gekennzeichnet war.

1986 fand sich Jugoslawien in einer neuen innenpolitischen und wirtschaftlichen Lage. Der politische Wechsel erfolgte in einigen jugoslawischen Teilrepubliken, die den späteren Verlauf der politischen Entwicklungen in Jugoslawien bestimmten. Die neue politische Führung der kommunistischen Parteien in Slowenien, Kroatien und Kosovo waren nicht mehr kompatibel mit den neuen nationalistisch und zentralistisch orientierten Repräsentanten der Kommunistischen Partei Serbiens. Nicht der Tod Titos im Mai 1980, sondern die zunächst noch erfolgreiche Politik des neuen serbischen KP-Parteiführers Slobodan Milošević, mit der er sich von seinem politischen Ziehvater Ivan Stambolic unabhängig machte, sowie die Veröffentlichung des Memorandums der Serbischen Akademie der Wissenschaften im Jahr 1986 brachten eine gravierende Verschlechterung der politischen und wirtschaftlichen Lage in Jugoslawien. Der staatliche Auflösungsprozess Jugoslawiens wurde durch die gewaltsamen Auseinandersetzungen zwischen Kosovo-Albanern und serbischen Sicherheits- und Militärkräften wesentlich beschleunigt.

1999 ist das zweite entscheidende Jahr, als der Krieg im Kosovo zum weltpolitischen Problem wurde. 1999 bezeichnet das Ende der serbischen Herrschaft über den Kosovo und den Beginn einer neuen politischen Geschichte des Kosovo. Rund 850.000 Kosovo-Albaner wurden bis Mitte 1999 aus ihren Häusern in den Nachbarstaaten vertrieben. Aufgrund der Brutalität der serbischen Regierung mit Hilfe der Armee, Sonderpolizei und Paramilitärs gegen die Kosovo-Albaner vorzugehen, kam es zu einem militärischen Eingreifen der NATO gegen die Bundesrepublik Jugoslawien (BRJ), wodurch die Rückkehr der albanischen Flüchtlinge und Vertriebenen in den Kosovo ermöglicht wurde. Nach dem Abzug der serbischen Armee und der Sicherheitsbehörden aus dem Kosovo begann die Zeit der internationalen Zivilverwaltung (UNMIK) und der Stationierung der multinationalen militärischen Präsenz unter Leitung der NATO (KFOR).

Das Jahr 1999 war sowohl für die EU als auch für österreichische Außenpolitik in mehrfacher Hinsicht von besonderer Bedeutung. Der Kosovo-Krieg und die vergangenen dramatischen Krisen auf dem Gebiet des ehemaligen Jugoslawiens führten zur Gründung des Stabilitätspaktes für Südosteuropa, als ein europäisches Projekt mit dem klaren Ziel, eine Perspektive für die EU-Mitgliedschaft der südosteuropäischen Länder zu eröffnen. In diesem Sinne ist das vielfältige Engagement Österreichs zur Ausdehnung der europäischen Friedens- und Stabilitätszone zu erwähnen, sowohl im EU-Rahmen als auch im Rahmen der internationalen Organisationen. Auch in den Jahren nach Juni 1999 hat sich Österreich als enger Partner des Kosovo auf vielen Ebenen bewährt.

1. Einleitung

1.4. Gliederung der Studie

Nach der Einleitung (erstes Kapitel) beschäftigt sich das zweite Kapitel mit den historischen Beziehungen zwischen Österreich und dem Kosovo bzw. den ersten Kontakten zwischen der Habsburgermonarchie und dem Kosovo im Jahr 1689 bis zur Gründung der Republik Österreich im Jahr 1918. Nach der Zweiten Türkenbelagerung Wiens 1683 begann auch die Zeit, wo das Engagement (Habsburg)-Österreichs Spuren in der Geschichte der Südosteuropa-Region hinterlassen hat. In der österreichischen Südosteuropapolitik ist eine Kontinuität bis zum Ende des Ersten Weltkrieges nachzuweisen. Einer der wichtigsten Schwerpunkte der österreichischen Südosteuropapolitik in der Zeit der Habsburgermonarchie war dabei die Albanienpolitik.

Das dritte Kapitel schildert die Außenpolitik Österreichs seit der Gründung der Zweiten Republik 1945 bis 1999. Hier wird versucht, die schwierigen politischen und wirtschaftlichen Nachkriegsverhältnisse Österreichs nach 1945 darzustellen, die Erlangung des Staatsvertrages und die Ausrufung der Neutralität sowie die Herausbildung einer aktiven Außenpolitik insbesondere durch Bruno Kreisky. Als Österreich der EU 1995 beitrat, bedeutete dies einen neuen internationalen Status für die österreichische Außenpolitik. Die EU-Mitgliedschaft Österreichs brachte neue Möglichkeiten und wirtschaftliche Vorteile und hat es ermöglicht, neue Akzente sowohl im EU-Rahmen als auch in seinen globalen internationalen Beziehungen zu setzen.

Im vierten und fünften Kapitel werden die Positionen und Initiativen Österreichs in der Kosovopolitik untersucht. Kapitel vier behandelt die österreichische Kosovopolitik der Jahre 1986-1994, in dem Österreich die negativen Entwicklungen sowohl in Jugoslawien als auch im Kosovo mit großer Besorgnis verfolgte. Auch wenn es bei der Jugoslawienpolitik innerhalb der österreichischen Regierung unterschiedliche Meinungen gab, herrschte in der österreichischen Kosovopolitik ein breiter Konsens. Die Jahre von 1989 bis 1994 bringen wichtige Initiativen, um die Kosovo-Frage zu internationalisieren, einerseits durch die häufigen Besuche der politischen Führung des Kosovo in Österreich, andererseits durch die Einsetzung der zur Verfügung stehenden internationalen Mechanismen gegen die Menschenrechtsverletzungen im Kosovo (vor allem KSZE). Österreich brachte die Kosovo-Frage in verschiedenen regionalen, europäischen und internationalen Gremien ein und suchte die internationale Staatengemeinschaft auf die Dringlichkeit der Lösung der Kosovo-Frage aufmerksam zu machen.

Das fünfte Kapitel behandelt das österreichische aktive Engagement in der Kosovo-Frage in den Jahren 1995-1999. Österreich hat einen besonderen Beitrag im Rahmen des Hochschul- und Universitätswesens geleistet, als in einem internationalen Alleingang die Diplome und Zeugnisse der kosovo-albanischen Studenten der Universität von Prishtina in Österreich anerkannt wurden. Als der Kosovo-Konflikt Anfang des Jahres 1998 eskalierte, unternahm das neutrale Österreich zahlreiche diplomatische Initiativen. In diesem Zusammenhang ist die erste österreichische EU-Präsidentschaft 1998 zu betonen, in deren Rahmen vielfältige Aktivitäten in der Kosovopolitik umgesetzt worden sind, wie die ersten österreichischen Kontakte zur UÇK oder die Ernennung von Wolfgang Petritsch zum EU-Sondergesandten für den Kosovo. Im Anschluss daran werden die österreichischen Unterstützungsaktionen für Vertriebene und Flüchtlinge aus dem Kosovo untersucht.

1.4. Gliederung der Studie

Das sechste Kapitel gibt einen Ausblick auf die Entwicklungen nach dem Kosovo-Krieg bis zum Rechtsgutachten des Internationalen Gerichtshofs in Den Haag von Juli 2010. Österreich war stark in die in Wien abgehaltenen Statusverhandlungen eingebunden, die zur Unabhängigkeitserklärung des Kosovo im Jahre 2008 führten, und unterstützte die internationale Akzeptanz des neuen Staates sehr aktiv.

Eine kurze Zusammenfassung der Ergebnisse beschließt die Arbeit, in der die wichtigsten Ereignisse der Forschungsarbeit aufgelistet und dargestellt werden.

2. Historische Bezüge zwischen der Habsburgermonarchie und dem Kosovo 1689-1918

Zwischen Südosteuropa und Österreich besteht seit Jahrhunderten eine traditionelle Bindung. Diese traditionelle Verbundenheit Österreichs – geographisch, politisch, wirtschaftlich und kulturell – zu den südosteuropäischen Völkern, hat sich über Jahrhunderte entwickelt und ist durch Komplexität und Widersprüchlichkeit gekennzeichnet. Diese Beziehungen waren nicht nur das Resultat der geographischen Nähe, sie waren vor allem auch bedingt durch externe Faktoren, die das Ziel hatten, ihren Einfluss und ihre Macht am Balkan auszudehnen.[13]

Historisch gesehen stellt sich die Frage, wann es die ersten Kontakte einer Zusammenarbeit und Kooperation (Habsburg)-Österreichs mit diesem Teil des europäischen Kontinents gegeben hat. Seit den sogenannten Türkenkriegen[14] war die Südosteuropa-Region jener Teil des europäischen Kontinents, in dem man eine historische und politische Kontinuität der österreichischen Politik bis zum Ende des Ersten Weltkrieges beobachten konnte. Über die Jahrhunderte hat das politische und militärische Engagement (Habsburg)-Österreichs Spuren in der Geschichte der Balkanvölker hinterlassen.

Die Verhältnisse zweier Großreiche im 17. Jahrhundert – des Habsburgischen und des Osmanischen – prägten nicht nur ihre Beziehungen zueinander, sondern auch die politischen, wirtschaftlichen und religiösen Entwicklungen unter den südosteuropäischen Völkern. Die drei großen Glaubensrichtungen Katholizismus, Orthodoxie und Islam, die einen Platz unter den südosteuropäischen Völkern gefunden haben, waren nicht ohne Bedeutung für die Beziehungen zu den Großmächten. Die habsburgisch-österreichische Südosteuropapolitik wurde im Laufe der späteren Jahrhunderte, vor allem im 19. Jahr-

---

13   Zum neuen Südosteuropa- und Balkandiskurs: Erhard Busek, Österreich und der Balkan. Vom Umgang mit dem Pulverfaß Europas, Wien 1999; Holm Sundhaussen, Europa balcanica. Der Balkan als historischer Raum Europas, in: Geschichte und Gesellschaft 25 (1999), Nr. 4, S. 626–653; Maria Todorova, Die Erfindung des Balkans. Europas bequemes Vorurteil. Darmstadt 1999; Maria Todorova, Der Balkan als Analysekategorie: Grenzen, Raum, Zeit, in: Geschichte und Gesellschaft 28 (2002), Nr. 3, S. 470 – 492; Holm Sundhaussen, Der Balkan: Ein Plädoyer für Differenz, in: Geschichte und Gesellschaft 29 (2003), Nr. 3, S. 608-624; Anton Sterbling, Aktuelle Identitätsprobleme in Südosteuropa, in: Südosteuropa Mitteilungen 2 (2005), S. 6-15; Gabriella Schubert, Südosteuropäische Identität in einem sich wandelnden Europa, in: Südosteuropa Mitteilungen 2 (2005), S. 30-40; Karl Kaser, Der Balkan und der Nahe Osten – eine gemeinsame Geschichte, in: Südost-Forschungen 69-70 (2010), S. 397-430; Holm Sundhaussen, Die Geschichte Südosteuropas neu denken! In: Südosteuropa Mitteilungen 04-05 (2010), S. 118-132; Konrad Clewing/Faruk Ajeti, Kosovo und die österreichisch-albanischen Beziehungen: Bilder einer Geschichte (Hrsg. von der Botschaft der Republik Kosovo in Österreich, vom Albanien-Institut e.V. und der Österreichisch-kosovarischen Freundschaftsgesellschaft), München 2018.
14   Als Türkenkriege werden die militärischen Auseinandersetzungen Habsburg-Österreichs gegen die Türken bezeichnet: Edgar Hösch, Geschichte des Balkans, München 2011, S. 49; Klaus-Peter Matschke, Das Kreuz und der Halbmond. Die Geschichte der Türkenkriege, Düsseldorf – Zürich 2004, S. 258.

2. Historische Bezüge zwischen der Habsburgermonarchie und dem Kosovo 1689-1918

hundert, auch von anderen europäischen Großmächten herausgefordert – insbesondere von Russland, das mit seinen traditionellen panslawistischen Tendenzen Südosteuropa als seine Einflusszone betrachtete. Nach der Niederlage Habsburg-Österreichs gegen die preußische Armee 1866 war Wien geradezu gezwungen, die politischen Ambitionen auf Südosteuropa zu richten. Das war ein notwendiger Schritt und auch die Folge der Gründung des Königreiches Italien (1861), des Deutschen Kaiserreiches (1871) und der zunehmenden russischen Hegemonie in Ost- und Südosteuropa.

Im letzten Drittel des 19. Jahrhunderts und im Vergleich mit anderen europäischen Großmächten, die ihre Kolonial- und Expansionspolitik außerhalb des europäischen Kontinents verlagerten, strebte die Wiener Diplomatie im südosteuropäischen Raum danach, ihre Sonderrechte für sich zu bewahren. Der Berliner Kongress vom Juni 1878, der sich mit den Machtverhältnissen in Südosteuropa und deren Neuordnung beschäftigte, war für die Südosteuropapolitik Wiens ein klares Zeichen, mit einem zunehmenden slawischen Expansionsdrang – durch Unterstützung St. Petersburgs – in der Region zu rechnen.

Gegenüber dem stark geschwächten Osmanischen Reich und mit dem Sturz der Obrenovic-Dynastie in Serbien 1903, die habsburg-österreich-freundlich eingestellt war, sowie mit der Annexion Bosnien-Herzegowinas durch Österreich-Ungarn 1908 änderten sich die politischen Beziehungen nicht nur zwischen Österreich-Ungarn und Serbien dramatisch, sondern auch die zu Russland und Italien. Durch die anhaltende Schwächung der politischen und wirtschaftlichen Stellung Österreich-Ungarns im letzten Viertel des 19. Jahrhunderts und zu Beginn des 20. Jahrhunderts in den südosteuropäischen Staaten, die insbesondere nach dem Berliner Kongress als selbstständiger werdende Staaten agierten, blieb für Wien auf dem westlichen Balkan „nur noch ein Bündnispartner: ein noch nicht als Staat existierendes Albanien".[15]

Auf der Suche nach einer Allianz direkt auf dem Balkan, um den slawischen Expansionsdrang in Südosteuropa entscheidend zu stoppen, war für die Wiener Diplomatie die Albanienpolitik bzw. die Gründung eines albanischen Staates eine gute Chance, ihre außenpolitischen Schwerpunkte umzusetzen. Das albanische Territorium besaß dabei eine Schlüsselrolle. Die „Albanische Frage" galt „als eines der sensiblen Probleme der österreichisch-ungarischen Außenpolitik".[16] Aber auch für die albanische Seite wurden die Bemühungen der politischen Einflussnahme von Seiten Wiens als gute Möglichkeit gesehen, ihre politischen Ziele durchzusetzen.

In der Gesamtentwicklung der habsburg-österreichischen Südosteuropapolitik sticht die Rolle Habsburg-Österreichs bei der „Albanischen Frage" hervor. In dieser Arbeit wird die Auffassung vertreten, dass Habsburg-Österreichs Engagement im Kosovo bis 1912 nicht von der gesamtalbanischen Frage getrennt dargestellt werden kann. In diesem Zusammenhang – und um möglichen Fehlinterpretationen und Missverständnissen vor-

---

15 Kurt Gostentschnigg, Albanerkonvikt und Albanienkomitee Instrumente der Handels- und Verkehrspolitik Österreich-Ungarns gegenüber Albanien im Dienste des informellen, in: Südost-Forschungen 65-66 (2006), S. 314.

16 Heinz Fischer, Begrüßungs- und Eröffnungsreden bei der Internationalen Konferenz, in: Skender Gashi/Christine von Khol (Hrsg.), Die Wiederkehr der albanischen Frage. Ihre Bedeutung für den Balkan und Europa, in: Dardania, Zeitschrift für Geschichte, Kultur, Literatur und Politik, Wien 1997, S. 31.

2. Historische Bezüge zwischen der Habsburgermonarchie und dem Kosovo 1689-1918

zubeugen – werden unter dem Begriff „Albanien" oder „Albanische Frage" die damals osmanischen Gebiete der Balkanhalbinsel bis 1912, in denen überwiegend Albaner wohnten, bezeichnet.

In einem Memorandum aus dem Jahre 1896 des k. u. k. Ministeriums, das sich mit der „Albanischen Frage" beschäftigt, heißt es:

> Albanien ist weder politisch noch geographisch ein scharf abgegrenztes Gebiet; im Allgemeinen versteht man darunter jene türkischen Gebiete der Balkanhalbinsel, die von Albanesen in mehr oder weniger compacten Massen in überwiegender Anzahl bewohnt sind.[17]

Diese albanischen Gebiete wurden seit dem Anfang des 19. Jahrhunderts auf vier osmanische Vilajets (Provinzen) aufgeteilt: Kosovo, Manastir (mazedonisch *Bitola*), Skutari (albanisch Shkodra) und Janina (griechisch Ioannina). In den vier osmanischen Vilajets wohnten insgesamt rund zweieinhalb Millionen Menschen, von denen die Albaner, als größte Ethnie, rund 1,1 Millionen stellten. Es lebten dort 848.000 Muslime, 102.000 (römische) Katholiken und 60.000 orthodoxe Christen. Der Kosovo[18] hatte 865.000 Einwohner, davon 276.000 Albaner. Die Hauptstadt war Skopje. Manastir hatte 890.000 Einwohner, davon waren 250.000 Albaner. Shkodra hatte 241.000 Einwohner, davon 222.000 Albaner. Im Vilajet Janina waren bei einer Gesamtbevölkerung von 510.000 die Albaner mit 330.000 die stärkste ethnische Gruppe.[19]

Die „Albanische Frage", die als Problem der Autonomie der Albaner innerhalb des Osmanischen Reiches existierte, wurde im 19. Jahrhundert wieder aktuell. Unter dem Einfluss der Ideen der Französischen Revolution unternahmen die Balkanvölker Bemühungen, Nationalstaaten zu gründen. Als Geburtsstunde der „Albanischen Frage" kann man die Bewegung der „Albanischen Nationalen Wiedergeburt" (Rilindja)[20] und die Entscheidungen der Großmächte auf dem Berliner Kongresses vom Juni 1878 nennen.[21]

---

17 Mémoire über Albanien, November 1896, HHStA, PA I, Karton 473, S. 1.
18 In diesem Mémoire wurden auch die ethnischen Grenzen zwischen Serben und Albanern in den bewohnten Gebieten erwähnt: „Die Grenze zwischen der albanesisch und der slavisch sprechenden Bevölkerung läuft nördlich von Kolaschin über Gusinje-Plava den Ibar aufwärts nach Rožai-Suhodol Glugovik-Duga Poljana auf dem Plateau von Rogosna bis südwestlich von Jenibazar, steigt in den Bezirken von Vucitrn und Kurschumli bis an die serbische Grenze und weicht dann wieder an die Toplitza bis an ihrem Einflusse in die bulgarische Morawa zurück; sie folgt von hier beiläufig diesem Flusse bis Kumanovo, biegt hier westlich ab, läuft den Südabhang des Karadag entlang durch das Lepenatz-Défilé durchschneidet das Vardarthal ungefähr bei der Mündung der Treska in den Vardar und tritt der Treska entlang in das Vilayet Monastir". Mémoire über Albanien, November 1896, HHStA, PA I, Karton 473, S. 3.
19 Mémoire über Albanien, November 1896, HHStA, PA I, Karton 473, S. 2-5.
20 In Folge der Gründung der Nationalstaaten innerhalb der balkanischen Völker im 19. Jahrhundert, haben die albanische Elite und die Intellektuellen am 10. Juni 1878 in Prizren eine politische Plattform. Liga von Prizren) gegründet, die die Abspaltung der albanischen Gebiete in vier türkische Vilajets unter der Herrschaft des Osmanischen Reiches zum Ziel hatte, um diese in einen albanischen Nationalstaat zu vereinen. Das strategische Ziel der Liga von Prizren war die Schaffung einer Autonomie Albaniens, um die Annektierung der albanischen Gebiete seitens der Nachbarstaaten zu verhindern.
21 Der Berliner Kongress entschied, dass die überwiegenden albanischen Regionen wieder zu-

2. Historische Bezüge zwischen der Habsburgermonarchie und dem Kosovo 1689-1918

Dessen Fehlentscheidungen in der „Albanischen Frage" sollten später auf der Haupt-Tagesordnung der Großmächte auf der Londoner Botschafterkonferenz des Jahres 1912/13 stehen, wobei auf der Berliner Konferenz Fürst Bismarck die politischen Forderungen Albaniens nicht unterstützte und es sogar abqualifizierte als „geographischer Begriff auf der Landkarte". Die Londoner Botschafterkonferenz anerkannte die heutige Grenze Albaniens, die Hälfte des albanischen Volkes befand sich damals jedoch außerhalb Albaniens. Beide Entscheidungen der Großmächte waren schmerzhaft und für die Lösung der „Albanischen Frage" kontraproduktiv. Diese Entscheidungen waren die Folge der gegensätzlichen Großmachtinteressen und letztendlich ein Kompromiss zu Lasten der „Albanischen Frage".[22]

Erstens gab es keine klare politische Abgrenzung des Kosovo. Erst später wurde der Kosovo als eigene administrative und politische Einheit (Verwaltungseinheit) unter der Herrschaft des Osmanischen Reiches gegründet, sodass der Kosovo bis dahin nicht als politische Einheit betrachtet wurde. Die Aufstände von Albanern im Kosovo und ihre Kämpfe auf dem Territorium des Kosovo bezweckten nicht die Gründung einer politischen Einheit Kosovo, sondern dienten zur Integration mit anderen von Albanern bewohnten Gebieten.[23] Gegenüber den drei großen Religionszugehörigkeiten der Albaner dominierte die ethnische und sprachliche Zugehörigkeit, die Herausbildung einer ethnonationalen Identität nach 1878, wie es heute noch der Fall ist. Zweitens: Siedlungsgeographisch und kulturell gesehen war der Kosovo aufgrund seiner Zugehörigkeit zu anderen Regionen, die von Albanern bewohnt waren, untrennbar mit anderen albanischen Gebieten verbunden. Die Grenzen im heutigen Sinn waren sehr schwer zu fixieren. Nach der Eroberung des Kosovo durch das Osmanische Reich wurde er in späteren Jahren als eigenes Vilajet gegründet, das wesentlich größer war als das heutige Territorium des Kosovo.[24] Drittens gab es auch keine Bemühungen seitens der Großmächte, den Kosovo als politische Entität zu betrachten. Das gilt sowohl für die Habsburgermonarchie und Italien, die oft die albanischen nationalen Interessen in Bezug auf die Unabhängigkeit unterstützten, als auch für Russland, welches die Politik Serbiens zur Eroberung des Kosovo unterstützte. Der österreichische Schriftsteller Leopold Freiherr von Chlumecky schrieb: „Von den vielen verworrenen Teilfragen des Balkanproblems ist die Albanische zweifellos die weitaus heikelste."[25]

---

rück an das Osmanische Reich fielen.
22 Christine von Kohl, Albanien, München 2003, S. 60.
23 Auf der anderen Seite waren auch die serbischen Ambitionen nicht ohne Bedeutung.
24 Holm Sundhaussen/Konrad Clewing, Lexikon zur Geschichte Südosteuropas, Böhlau – Wien 2016, S. 524.
25 Leopold Freiherr von Chlumecky, Österreich-Ungarn und Italien. Das westbalkanische Problem und Italiens Kampf um die Vorherrschaft in der Adria, Leipzig – Wien 1907, S. 104.

2.1. Die erste militärische Intervention im Kosovo 1689/1690

Die ersten Kontakte bzw. Erfahrungen Habsburg-Österreichs im Kosovo lassen sich bis zum Jahr 1689 zurückverfolgen. Den Hintergrund bildeten die zwei Reiche, die einen besonderen Platz in der Geschichte des Kosovo einnahmen: die Habsburgermonarchie (1278 bis 1918) und das Osmanische Reich (1289 bis 1923). Die Beziehungen zwischen den beiden Vielvölkerreichen, die Jahrhunderte lang gegenseitige Kontakte in der Südosteuropa- und Nachbarschaftspolitik pflegten, spielten sich in einem Raum ab, der von der Position als Feinde im Wettbewerb um die Ausdehnung von Einfluss und Macht am Balkan bis zu einer Position als Verbündete reichte, die während des Ersten Weltkrieges Seite an Seite im Rahmen der Mittelmächte kämpften.

Nach dem Vormarsch und der erfolgreichen Expansion des Osmanischen Reiches nach Mitteleuropa bildete die Zweite Türkenbelagerung Wiens 1683 einen militärischen Höhepunkt. Nach deren Scheitern und nach dem Sieg im Großen Türkenkrieg (1683-1699) war die osmanische Expansion nach Mitteleuropa gestoppt. Das bedeutete eine Wende in der Geschichte Europas. Diese Zurückdrängung des Osmanischen Reiches war von besonderer Bedeutung für die Geschichte des Kosovo.[26]

Mit dem Ziel, die osmanischen Truppen soweit wie möglich bis ans Adriatische Meer zurückzudrängen, betraten die ersten habsburgischen Truppen den Kosovo im Rahmen einer habsburg-österreichischen Gegenoffensive, geführt vom Kommandanten, dem Markgrafen Karl Ludwig von Baden, gegen das osmanische Heer.

Eine Einheit von 6000 habsburgischen Soldaten[27] wurde im Herbst 1689 im heutigen Gebiet des Kosovo aufgestellt. Sie übernahm die Kontrolle über das Land. Die habsburgischen Soldaten waren wahrscheinlich am 21. Oktober 1689 in Prishtina. General Piccolomini entschied sich, dort seine Armee zu stationieren. Die habsburgischen Soldaten gingen aber auch noch weiter bis nach Mazedonien und Albanien.[28] In einem Brief von General Piccolomini,[29] Adressiert an Kaiser Leopold I., beschreibt er u.a. die geographische Lage des Kosovo und die ethnische Zusammensetzung der Bevölkerung:

> Mit 200 Mann auserlesen braver und entschlossener Truppen, kam ich in das Cossoverland, welches flach und von hohen Gebirgen eingeschlossen ist. Das Land ist von Bosniern, Albanesern und Türken entvölkert; sie haben sich aus Furcht geflüchtet; die Dorfer sind nicht verbrand. In dem weitschichtigen offenen Hauptort Pristina ist für mei-

---

26 Gerhard Jandl, Österreichs Rolle im Kosovo-Konflikt, S. 50-79; Jandl, Krieg auf dem Balkan, S. 79-98.
27 Die Anzahl der habsburgischen Soldaten ist umstritten. Manche Quellen variieren hinsichtlich der Anzahl der Soldaten. Laut französischen Quellen umfasste die Armee von General Piccolomini 5000 Mann.
28 Hugo Hantsch, Die Geschichte Österreichs, Graz 1953, S. 59.
29 Die Handschrift von General Piccolomini von „Annotationes und Reflexiones der gloriosen kayserlichen Waffen im Jahr 1689" stellt die wichtigste Hauptquelle der militärischen Feldzüge der habsburgischen Truppen im Kosovo dar. In dieser Handschrift erzählt er von seinen Kontakten mit der einheimischen Bevölkerung im Kosovo sowie von seinen militärischen Plänen.

2. Historische Bezüge zwischen der Habsburgermonarchie und dem Kosovo 1689-1918

ne bayhabende manschaft hinreichende Unterkunft; Ich lasse hier Verschanzungen, und für wir zurück bleibende Truppe die nothige Substienz zusammen bringen."[30]

Die katholische und orthodoxe Bevölkerung des Kosovo,[31] die militärischer Gewalt unter osmanischer Herrschaft ausgesetzt war, begrüßte die Ankunft der habsburgischen *Truppen freudig und* „pledged their loyalty to the Austrian Emperor; some of them even enlisted as auxiliary troops."[32]

Die Präsenz der habsburgischen Truppen im Kosovo dauerte weniger als ein Jahr.[33] Die Kämpfe zwischen den habsburgischen und osmanischen Truppen fanden auch auf dem heutigen Territorium des Kosovo statt. Der Kommandant Karl Ludwig von Baden, der die Kämpfe gegen die osmanische Armee leitete und die habsburgischen Truppen unter Graf Piccolomini in den Kosovo geschickt hatte, erzählt in seinem Bericht, wie wichtig die geographische Lage des Kosovo am Balkan in militärischer Hinsicht war. „The strategic aim was to seize a broad swathe of territory from Kosovo to the Adriatic coast",[34] um damit die osmanischen Verbindungen nach Bosnien zu isolieren.

Als General Piccolomini am 6. November 1689 Prizren[35] besuchte, traf er den katholischen Erzbischof von Skopje, Pjeter Bogdani,[36] und sie unterzeichneten einen Vertrag, wonach der Erzbischof bei der Mobilisierung von Aufständen der katholischen und orthodoxen Bewohner des Kosovo gegen die Osmanen von den habsburgischen Truppen

---

30 Nuri Bedzeti (Bexheti), Die Teilnahme der Albaner am „Großen Türkenkrieg" 1683-99, phil. Diss. Wien 2005, S. 108.

31 Zu den ersten habsburg-österreichischen militärischen Expeditionen im Kosovo: Noel Malcolm, Kosovo a short History, London 2002; Nuri Bedzeti (Bexheti), Die Teilnahme der Albaner am „Großen Türkenkrieg" 1683-99, phil. Diss. Wien 2005.

32 Malcolm, Kosovo, S. 139.

33 Der Diplomat Arthur Breycha analysierte die ersten habsburg-österreichischen Kontakte mit den Albanern im Kosovo: „Die kaiserlichen Heere überschritten die Donau und durch die geknechteten christlichen Völker der Balkanhalbinsel lief der Gedanke der Befreiung mit Hilfe der kaiserlichen Waffen. Der tapfere Markgraf Ludwig von Baden mit seinem Unterfeldherren Veterani und Picolomini erfocht 1684 einen großen Sieg über die Türken an der Morawa und manche der in den letzten Balkankriegen wieder bekannt gewordenen Orte wie Pristina, Üsküb und Istip wurden damals durch herrliche Taten der österreichischen Armee berühmt", Arthur Breycha, Österreich-Ungarn und Albanien, in: *Albanien. Mitteilungen des österreichischen Vereins zur Forderung Albaniens (Albanienkomitee)*, Nr. 1 (1914), S. 3.

34 Malcolm, Kosovo, S. 143.

35 Laut habsburg-österreichischer militärischer Berichte wurde Prizren als Hauptstadt Albaniens genannt, während die Albaner „Albaneser" oder „Arnauten" genannt werden, siehe *Annotationes und Reflexiones der gloriosen kayserlichen Waffen im Jahr 1689*. Österreichisches Staatsarchiv (ÖStA), Kriegsarchiv, Alte Feldakten (AFA), Türkenkriege 1689, Karton 195, Fasz. 13-1.

36 „Er [Piccolomini] aber verfolgte dem March und komme den 6ten [6. November] wie ich schon gemeldet zu Prisiran [Prizren], der Hauptstadt in Albanien, an, allwo er vom Ertzbischof selbigen Lands und von dem Patriarchen von Clementa mit unterschiedlichen geistlichen Bezeugnungen bewillkommet würde". *Annotationes und Reflexiones der gloriosen kayserlichen Waffen im Jahr 1689*. Österreichisches Staatsarchiv, Kriegsarchiv, Alte Feldakten (AFA), Türkenkriege 1689, Karton 195, Fasz. 13-1.

2.1. Die erste militärische Intervention im Kosovo 1689/1690

unterstützt werden sollte.[37] Die Bewohner des Kosovo befanden sich unter Habsburger Herrschaft. Diese rekrutierte rund 20.000 Mann an freiwilligen Truppen. Laut habsburg-österreichischen Berichten[38] wurden die Aufstände Tausender Freiwilliger im Kosovo gegen die Osmanen – insbesondere in der bevölkerungsreichsten Stadt Prizren – von Erzbischof Bogdani organisiert.[39]

Der Einmarsch der habsburgischen Truppen im Kosovo wurde von den katholischen und orthodoxen Einwohnern als Befreiung vom Osmanischen Reich gesehen. Mit diesem Einmarsch sind einige wichtige Tatsachen verbunden: Erstens stellt sie die erste militärische Zusammenarbeit zwischen christlichen Einwohnern des Kosovo und der habsburgischen Armee gegen die osmanisch-islamischen Truppen dar. Zweitens wird die damalige ethnische und religiöse Struktur des Kosovo ersichtlich. Drittens wurde Prizren von habsburg-österreichischen Quellen als Hauptstadt Albaniens bezeichnet, was ein weiterer Beleg dafür ist, dass die Albaner dort die Mehrheit bildeten.[40] Außerdem wurde der Einmarsch der habsburgischen Truppen im Kosovo von der albanischen und der serbischen Geschichtsschreibung in unterschiedlichen Bildern dargestellt.[41]

Mit der Reorganisation der osmanischen Truppen unter dem Kommando von Halil Pasha und mit der Unterstützung von 3.000 Krim-Tataren begann die Phase von Niederlage und Rückzug der habsburgischen Truppen im Kosovo.[42] Sie waren gezwungen, im kalten Winter einen mühseligen Rückmarsch nach Norden anzutreten. Nicht nur aufgrund der militärischen Niederlage, sondern auch aufgrund der Kriegsentwicklungen an anderen

---

37 Die Zusammenarbeit mit der habsburgischen Armee erwähnt Bogdani in seinem Hauptwerk „Cuneus Prophetarum" (1685).

38 *Annotationes und Reflexiones der gloriosen kayserlichen Waffen im Jahr 1689.* Österreichisches Staatsarchiv, Kriegsarchiv, Alte Feldakten (AFA), Türkenkriege 1689, Karton 195, Fasz. 13-1.

39 Philipp Freiherr Röder von Diersburg, Des Markgrafen Ludwig Wilhelm von Baden Feldzüge wider die Türken, Karlsruhe, 1839, S. 165.

40 Zur Frage der Bevölkerungsverhältnisse siehe Konrad Clewing, Mythen und Fakten zur Ethnostruktur in Kosovo. Ein geschichtlicher Überblick, in: Jens Reuter/Konrad Clewing (Hrsg.), Der Kosovo Konflikt. Ursachen-Verlauf-Perspektiven. Klagenfurt – Celovac 2000, S. 17-63.

41 Laut serbischer Quellenangabe wurde Graf Piccolomini in Prizren von dem orthodoxen Patriarchen von Peja Arsenije III. Crnojevic empfangen. Basierend auf einem Bericht eines Offiziers von Piccolomini wurde das Treffen mit einem „Clementiner-Patriarch" erwähnt (auf lateinisch „Clementiner"; albanischer Volksstamm der Kelmendi, welcher katholisch war). Auch bei anderen militärischen österreichischen Berichten wurde die Zugehörigkeit der „Albanesi" (lateinisch) oder „Arnaut" (osmanisch) erwähnt. Malcolm, Kosovo, S. 145.

42 Als General Piccolomini plötzlich im Jahr 1690 von einer Seuche dahingerafft wurde, übernahm der älteste Offizier General Piccolominis Truppen, Herzog Christian von Holstein. Holstein hatte sich als erfahrener Offizier erfolgreich in den gemeinsamen militärischen Aktionen gegen die Osmanen, wie im Kampf von Tetovo (albanisch Tetova) eingesetzt. Bald aber begann er die Sympathie der Kosovo-Bewohner zu verlieren. Als Person war er sehr misstrauisch, sodass er nach dem Tod von General Piccolomini seine Strategie der Zusammenarbeit änderte. Aufgrund seiner Politik der höheren Steuern und der Abrüstung von freiwilligen Soldaten reduzierte sich die Anzahl der lokalen Soldaten von 20.000 auf 3.000, was direkten Einfluss in der späteren Phase haben wird. Theodor A. Ippen, Novibazar und Kossovo (Das alte Rascien). Eine Studie, Wien 1892, S. 31.

2. Historische Bezüge zwischen der Habsburgermonarchie und dem Kosovo 1689-1918

Fronten der Habsburgermonarchie (Kampf gegen Frankreich) begannen die habsburgischen Truppen sich zurückzuziehen.[43] Während des Abzugs der habsburgischen Truppen wanderten viele Bewohner des Kosovo – vor allem Katholiken und Orthodoxe – aus Angst vor osmanischen Racheakten auf habsburgisches Gebiet nach Südungarn (heute Vojvodina) ab. Für die serbische Historiographie stellt dies die „Große Serbische Wanderung" aus dem Kosovo dar, die später eine besondere Rolle im serbischen Mythos und Geschichtsbewusstsein einnehmen sollte. Nach serbischer Auffassung stand Patriarch Arsenije an der Spitze von 40.000 serbischen Familien.[44] Malcolm stellt fest, dass es sich um rund 30.000 bis 40.000 Menschen handelte,[45] wobei nicht alle Flüchtlinge aus dem Kosovo waren, sondern auch aus Serbien. Ein Teil dieser Flüchtlinge waren auch Katholiken aus dem Kosovo, die aus Angst vor Repressalien der Osmanen das Land verließen.[46] „Ihr Umfang wird zudem häufig übersteigert wiedergegeben: die oft genannte Zahl von 37.000 Familien, die bei der so genannten großen Wanderung (velika seoba) von 1690 auf habsburgisches Gebiet übergewechselt sein sollen, ist falsch (der Patriarch selbst sprach von ‚mehr als 40.000 Seelen'."[47] Auch albanische Historiker sind der Meinung, dass bei dieser Wanderung der Orthodoxen aus dem Kosovo weit niedrigere Zahlen anzusetzen sind.

Die Kriegsentwicklungen im Kosovo waren nicht ohne Auswirkung auf die habsburgösterreichische Außenpolitik, sodass am 6. April 1690 Kaiser Leopold I. einen Brief an den serbisch-orthodoxen Patriarchen Arsenije mit der Aufforderung schrieb, dass die lokale Bevölkerung bleiben und den Kampf gegen die Osmanen weiterverfolgen sollte, da sie baldige militärische Hilfe aus Wien zu erwarten habe. Dieses Schreiben von Kaiser Leopold I. wurde „vor allem in der serbischen Geschichtsschreibung vielfach als Einladung des Kaisers an die Serben (um)interpretiert", ins habsburgisch gewordene Ungarn umzusiedeln.[48] In einem Absatz in dem Brief vom 6. April 1690 schrieb Kaiser Leopold I. laut Malcolm: „An exhortation to the Patriarch of the Rascians, to rouse his people to rebel against the Turks" sowie „do not desert your hearths, or the cultivation of your fields".[49]

---

43 Laut einem militärischen Bericht von Holstein vom 1. Jänner 1690 wurde zum ersten Mal das Treffen mit dem orthodoxen Patriarchen von Peja Arsenije III. Crnojevic erwähnt: „The Patriarch of the territory had just arrived here; admitted into the presence of His Highness, he made a request for passport to enable him to travel to the Imperial Court, and explain to it the state of that territory and the intentions which those people are forming towards Catholicism". Malcolm, Kosovo, S. 153. Wie Malcolm analysiert, ist das das erste Mal, dass der Patriarch Arsenije in österreichischen Dokumenten und Quellen erwähnt wird.

44 Oliver Jens Schmitt, Kosovo. Kurze Geschichte einer zentralbalkanischen Landschaft, Wien 2008, S. 146.

45 Wolfgang Petritsch/Karl Kaser/Robert Pichler, Kosovo-Kosova. Mythen Daten Fakten, Wieser–Klagenfurt–Wien 1999, S. 58.

46 Die katholischen Albaner aus dem Klementi-Volksstamm [Kelmendi] sind mit den Serben nach Norden ausgewandert, wo sie sich in der Provinz Srem (westlich der Vojvodina) in Hrtkovci und Nikinci stationiert, und sich dann mit der kroatischen Bevölkerung assimiliert haben. Miranda Vickers, Between Serb and Albanian. A History of Kosovo, New York 1998, S. 28.

47 Clewing, Mythen und Fakten, S. 30.

48 Jandl, Österreichs Rolle im Kosovo-Konflikt, S. 51.

49 Malcolm, Kosovo, S. 159.

2.2. Die zweite militärische Intervention im Kosovo 1736/1737

Der Große Türkenkrieg wurde mit der Unterzeichnung des Friedensvertrags von Karlowitz (1699) beendet, wobei das Osmanische Reich die eroberten Territorien an die Habsburgermonarchie abgeben musste, sowie das gesamte historische Ungarn (mit Ausnahme des Temesvárer Banats), Siebenbürgen, Kroatien, Slawonien und die Vojvodina.[50] Im Friedensvertrag von Karlowitz zwischen Kaiser Leopold I. und Sultan Mustafa II. erhielt die Habsburgermonarchie auch das Recht, zugunsten der katholischen Kirche (Kultusprotektorat) im Osmanischen Reich zu intervenieren.[51] Der Artikel XIII des Friedensvertrages von Karlowitz sah vor:

> [...] so that the adherents of the aforementioned religion can restore and repair their churches and may carry on the customary rituals which have come down from earlier times. And let no one be permitted to establish any kind of vexation or monetary demand on the religious people of any order or condition, against the sacred treaties and against the divine laws, to hinder the practice of that religion, but rather let the adherents of it flourish and rejoice in the customary imperial sense of duty.[52]

Dieser Friedensvertrag stellte eine grundlegende Wende in den Beziehungen beider Großmächte zueinander dar.

2.2. Die zweite militärische Intervention im Kosovo 1736/1737

Im Zuge des 18. Jahrhunderts gab es wieder bewaffnete Auseinandersetzungen zwischen dem Osmanischen Reich und der Habsburgermonarchie am Balkan, nunmehr der Kriegsschauplatz der beiden Großmächte.[53] Der Friede von Karlowitz hatte Frieden

---

50 Thomas Winkelbauer, Österreichische Geschichte 1522-1699. Ständefreiheit und Fürstenmacht. Länder und Untertaten des Hauses Habsburg im Konfessionellen Zeitalter (Teil 1), Wien 2004, S. 213; Thomas Winkelbauer, Die Habsburgermonarchie vom Tod Maximilians I. bis zum Aussterben der Habsburger in männlicher Linie (1519-1740), in: Christian Lackner/Brigitte Mazohl/Walter Pohl/Oliver Rathkolb/Thomas Winkelbauer (Hrsg.), Geschichte Österreichs, Stuttgart 2015, S. 170; Karl Vocelka, Geschichte Österreichs. Kultur – Gesellschaft – Politik. Mit Zeittafeln, Biographien und Hinweisen auf Museen und Sammlungen, München 2011, S. 142; Monika Molnár, Der Friede von Karlowitz und das Osmanische Reich, in: Arno Strohmeyer/Norbert Spannenberger (Hrsg.), Frieden und Konfliktmanagement in interkulturellen Räumen. Das Osmanische Reich und die Habsburgermonarchie in der Frühen Neuzeit, Stuttgart 2013, S. 200.

51 Die Frage des Kultusprotektorats der Habsburgermonarchie reicht bis in das Jahr 1615 zurück, wobei im Friedensvertrag von Wien (1615) die Rechte der Katholiken im Osmanischen Reich über den Kirchenbau und die Abhaltung von Gottesdiensten vereinbart wurden. Adalbert Gottfried Krause, Das Problem der albanischen Unabhängigkeit in den Jahren 1908-1914, phil. Diss. Wien 1970, S. 19.

52 Zit. n. Barbara Jelavich, History of the Balkans. Eighteenth and Nineteenth Centuries, Cambridge 1984, S. 65.

53 Während dieser bewaffneten Auseinandersetzung sind die Versuche die Kontakte mit den Albanern herzustellen, von dem berühmten General Prinz Eugen im Kampf gegen die Türken, der mit seinen kriegerischen Taktiken erfolgreich gegen die Osmanische Offensive war, be-

2. Historische Bezüge zwischen der Habsburgermonarchie und dem Kosovo 1689-1918

auf dem Balkan gebracht. Die Habsburgermonarchie war erfolgreich und siegreich aus den kriegerischen Auseinandersetzungen des 17. Jahrhunderts hervorgegangen. Anstatt jedoch den erzielten Frieden zu bewahren und das ausgedehnte Territorium nutzbar zu machen, gründete Österreich eine neue Allianz mit Russland, die Wien zu einer neuen kriegerischen Auseinandersetzung führte, während Russland seine Ambitionen betreffend des Schwarzen Meeres verstärken wollte.[54] Infolge der russischen Expansion hin zum Schwarzen Meer besetzten russische Truppen zum ersten Mal im Jahr 1710 den Balkan, bzw. die heute rumänische Stadt Iași (deutsch Jassy). Dabei forderten sie die Unterstützung der Katholiken auf dem Balkan im Kampf gegen das Osmanische Reich ein. In den folgenden Jahren wurden russische Präsenz und Einfluss am Balkan immer größer.[55]

Als es zwischen der russisch-habsburgischen Allianz und dem Osmanischen Reich 1736 zum Krieg kam, marschierten die habsburg-österreichischen Truppen unter Feldmarschall Friedrich Heinrich von Seckendorff los, den seine militärische Offensive bis in den Kosovo führte. Die habsburgische Armee brachte die Städte im Kosovo wieder unter ihre Kontrolle, wobei ihre Ankunft von den Bewohnern freudig begrüßt wurde.[56]

Die habsburgisch-österreichische Armee knüpfte Kontakte zu den albanischen religiösen Führern, um den Kampf gegen die Osmanen zu organisieren. Die Habsburger fanden eine Bereitschaft zum militärischen Engagement der katholischen und orthodoxen Bewohner des Kosovo vor. Besonderes Interesse zeigten die Katholiken Nordalbaniens – so der größte katholische Volksstamm der Kelmendi (als „Clementa" in der Literatur benannt) – unter Leitung des katholischen Erzbischofs von Skopje, Mikel Suma.[57]

Die Euphorie über den Erfolg der habsburg-österreichischen Truppen im Kosovo endete, als die osmanische Armee gegen die Habsburger in Bosnien gewann und eine andere osmanische Einheit aus osmanischen und tatarischen Truppen aus Bulgarien Richtung Kosovo geschickt wurde und die habsburg-österreichischen Truppen Mitte August 1737 den Kosovo wieder verlassen mussten. Im Zuge des Einmarsches der osmanischen und tatarischen Truppen in den Kosovo, war die Bevölkerung, die mit den habsburg-österreichischen Truppen kooperiert hatte, schweren Repressalien bis hin zu Hinrichtungen ausgesetzt. Diese Repressalien waren vor allem gegen die katholischen Albaner gerichtet, hatten sie doch dieselbe Religionszugehörigkeit wie die Habsburger und standen deshalb in besonderer Weise unter dem Verdacht der Illoyalität gegenüber den Osmanen. Manche

---

merkenswert. „Man dürfe zwar diesen entfernten und verschiedenen Bedenken unterworfenen Entreprisen kein großes Vertrauen schenken, dürfe jedoch keine Gelegenheit vorübergehen lassen, dem Erzfeind mit diesen Alliierten eine Diversion zu bereiten, zumal diese Leute vor kurzer Zeit bereits gezeigt haben, was sie vermögen". Prinz Eugen an den Hofkriegsrat, zit. n. Robert Schwanke, Österreichs Diplomaten in der Türkei. Ihre Verdienste zur Erweckung und Förderung landeskundlicher Forschung in Albanien, in: Albanien-Symposion 1984. Referate der Tagung: „Albanien. Mit besonderer Berücksichtigung der Volkskunde, Geschichte und Sozialgeschichte". Hrsg. Klaus Beitl, Kitseer Schriften zur Volkskunde 1986, S. 30-31

54 Bertrand Michael Buchmann, Österreich und das Osmanische Reich. Eine bilaterale Geschichte, Wien 1999, S. 175.
55 Barbara Jelavich, History of the Balkans. Eighteenth and Nineteenth Centuries, S. 66.
56 Hantsch, Die Geschichte Österreichs, S. 132.
57 Malcolm, Kosovo, S. 168.

2.2. Die zweite militärische Intervention im Kosovo 1736/1737

von ihnen mussten den Kosovo verlassen – wie der katholische Erzbischof Toma Raspasani oder der Enkel von Pjeter Bogdani, Gjin Bogdani, der später ermordet wurde.[58]

Der Krieg zwischen der russisch-habsburgischen Allianz und dem Osmanischen Reich endete mit dem Friedensvertrag von Belgrad 1739, in dem die Habsburgermonarchie viele Territorien, die ihr im Friedensvertrag von Passarowitz (1718) zugesprochen worden waren, verlor.[59] Neben Handelsprivilegien am Balkan hatte man mit dem Vertrag von Passarowitz, genau wie beim Friedensvertrag von Karlowitz (1699), erreicht, sich ein Kultusprotektorat über die albanischen Katholiken (Nordalbanien, Kosovo und Skopje) zu sichern. Mit diesem Kultusprotektorat ging für die Habsburgermonarchie „ein Interventions- und Aufsichtsrecht über den katholischen Klerus auf dem Balkan"[60] einher sowie die Möglichkeit, politische und kulturelle Einflusssphären zu schaffen. Dies umfasste die Ausübung der Religion, die Freiheit des Kultus, Besuch der heiligen Stätten, Ordensniederlassungen und Kirchenbauten sowie den Bau von Schulen und Spitälern.[61]

Nach dieser zweiten Erfahrung der Habsburger im Kosovo fängt die Zeit der Islamisierung der Albaner an, was für die einen osmanische Repression und Unterdrückung und für die anderen die Sicherung gesellschaftlicher Privilegien bedeutete. Die albanische Bevölkerung im Kosovo musste, soweit sie den Islam angenommen hatte, keine Kopfsteuer zahlen und durfte Waffen tragen. Nicht-Muslime waren hiervon ausgenommen.[62]

---

58 Gemeinsam mit den habsburg-österreichischen Truppen wanderten auch viele albanische katholische Familien, die an der österreichisch-ungarischen Grenze stationiert waren und als Soldaten in der habsburg-österreichischen Armee gedient hatten, aus, insbesondere jene aus dem Volksstamm der Kelmendi. Ippen, Novibazar und Kossovo, S. 32; Ludwig von Thalloczy, Die albanesische Diaspora, in: Ungarische Rundschau für historische und soziale Wissenschaften, Wien 1912, S. 423-456. Laut einem osmanischen Bericht des Jahres 1738 wurde berichtet, dass viele Städte und Siedlungen im Kosovo zerstört, die Bewohner ermordet wurden oder das Land verließen. Malcolm, Kosovo, S. 169; Konrad Clewing, Bevölkerungsentwicklung und Siedlungspolitik, Die ethnische Zusammensetzung des Kosovo, in: Bernhard Chiari/Agilolf Kesselring (Hrsg.), Kosovo. Wegweiser zur Geschichte, Paderborn 2008, S. 18; Jean Claud Faveyrial, Histoire d'Albanie [Historia (më e vjetër) e Shqipërisë], Tiranë 2004, 354.

59 Diese Niederlage der Habsburgermonarchie zeigte sich als Verlust weiterer politischer und wirtschaftlicher Positionen der habsburg-österreichischen Politik am Balkan, wobei die slawischen Balkanvölker sich mehr an das Russische Reich wandten, welches später als Schutzmacht der Slawen auf dem Balkan treten wird. Karl Vocelka, Österreichische Geschichte 1699-1815. Glanz und Untergang der höfischen Welt. Repräsentation, Reform und Reaktion im Habsburgischen Vielvölkerstaat, Wien 2004, S. 162.

60 Hanns Christian Löhr, Die Gründung Albaniens. Wilhelm zu Wied und die Balkan-Diplomatie der Großmächte 1912-1914, Frankfurt am Main 2010, S. 26.

61 Theodor A. Ippen, Das religiöse Protektorat Österreich-Ungarns in der Türkei, in: *Die Kultur* III (1901/1902), S. 298-310; Kurt Gostentschnigg, Wissenschaft im Spannungsfeld von Politik und Militär. Die österreichisch-ungarische Albanologie 1867-1918, Wiesbaden 2018, 323.

62 Georg Stadtmüller, Die Islamisierung bei den Albanern, in: *Jahrbücher für Geschichte Osteuropas* (Band 3), München 1955, S. 404-429; Barbara Jelavich, History of the Balkans. Eighteenth and Nineteenth Centuries, S. 66; Der Prozess der Islamisierung der Albaner hat die Beziehungen zwischen den Albanern mit ihren Nachbarn nicht direkt beeinflusst. Unter der osmanischen Herrschaft wurde im Kosovo ihre Kultur durch den Aufbau zahlreicher muslimischer Einrichtungen wie Moscheen, Bäder, Basare und Karawansereien verbreitet. Meh-

2. Historische Bezüge zwischen der Habsburgermonarchie und dem Kosovo 1689-1918

Die Rolle der Habsburgermonarchie[63] in den albanischen Gebieten im 19. Jahrhundert ist gekennzeichnet durch das Engagement im Rahmen des Kultusprotektorats[64] sowie durch Subventionen für den Lebensunterhalt von Geistlichen, Kirchenbausubventionen, Subventionen für Pfarrhäuser und bischöfliche Residenzen, Schulen und weitere Maßnahmen gegen die Unterdrückung oder Glaubensbehinderung der Katholiken. Die Entwicklung des Kultusprotektorats im 19. Jahrhundert in Albanien war für Wien eine kontinuierliche Politik von Schutzbestimmungen zu Gunsten der Katholiken. Trotz der rechtlichen Aspekte war die Durchsetzung des Kultusprotektorats eine Machtfrage:

> Es ist für das österreichische Staatsinteresse wirklich um so wichtiger, die Anhänglichkeit der Katholiken in der Türkei gegen das Allerdurchlauchtigste Kaiserhaus zu erhalten und zu befestigen, als Russland seiner Seits die dem nichtunierten Kultus ergebene Volksmenge dasselbe auf jede Art an sich zu ketten sucht.
>
> Besonders gilt dieses von Albanien und Bosnien, wo die Anzahl der Katholiken sehr bedeutend, sowie der Einfluss ihrer Seelenhirten von hoher Wirksamkeit ist.[65]

Die habsburgisch-österreichischen Maßnahmen im Rahmen des Kultusprotektorats in Albanien forderten auch die französische und italienische Seite heraus. Beide tauchten

---

met Hacisalihoğlu, Die Zeit der Osmanenherrschaft, in: Bernhard Chiari/Agilolf Kesselring (Hrsg.), Kosovo. Wegweiser zur Geschichte, Paderborn 2008, S. 36.

63 Im Laufe des 18. Jahrhunderts gab es wieder Versuche einer Zusammenarbeit zwischen der Habsburgermonarchie mit den Feudalherren und der albanischen Paschadynastie Nordalbaniens Kara Mahmut Pascha Bushatlis. Kaiser Joseph II wollte den albanischen Feudalherrn für sich gewinnen, da Kara Mahmut Pascha Bushatli die Bindung mit dem Sultan lösen wollte, um ein autonomes albanisches Fürstentum zu gründen. Da seine Herrschaft große Territorien abdeckte und die christliche Bevölkerung schützte, versuchte er diplomatische Beziehungen auch mit europäischen christlichen Großmächten, vor allem mit der Habsburgermonarchie, Venedig, Spanien und Russland zu pflegen. Der katholische Erzbischof von Antivari (Bar), Giorgio Angeli Radovani, versuchte den Kontakt zu Kara Mahmut Pascha Bushatli und Kaiser Joseph II. herzustellen und ihn zu einem gemeinsamen Vorgehen gegen das Osmanische Reich zu gewinnen. So ließ er ihm sein Schreiben vom 27. März 1788 an Kaiser Joseph II. zukommen, wobei er dem Kaiser mitteilte, dass Kara Mahmut Pascha Bushatli die Religionsfreiheit der Katholiken unterstützt und gewährt hatte. In seinem Schreiben antwortete Kaiser Joseph II., „Österreich müsse zuerst Bosnien erwerben, dann könne erst Albanien kommen". Engelbert Deusch, Das k. (u.) k. Kultusprotektorat im albanischen Siedlungsgebiet in seinem kulturellen, politischen und wirtschaftlichen Umfeld, Wien 2009, S. 245. Als die Habsburgermonarchie sich gemeinsam mit Russland im Kampf gegen das Osmanische Reich befand, versuchte Kaiser Joseph II. den mächtigen albanischen Feudalen „als Bundesgenossen zu gewinnen". Schwanke, Österreichs Diplomaten in der Türkei, S. 17. Zu diesem Zweck wurde eine kaiserliche Offiziersdelegation unter der Leitung von Wenzel von Brognard am 21. Juni 1788 geschickt, der „auf bisher nicht ganz geklärte Weise nach den ersten Kontaktaufnahmen ermordet" wurde. Ebd..

64 „Unter Kultusprotektorat versteht man den Schutz einer Religion in einem Land mit einer anderen Staatsreligion". Deusch, Das k. (u.) k. Kultusprotektorat, S. 21.

65 Ah. Vortrag, 6. August 1818, Ko AR f 27/1, zit. n. Deusch, Das k. (u.) k. Kultusprotektorat, S. 40-41.

2.3. Die österreichisch-ungarische Diplomatie und ihre Albanienpolitik im 19. Jahrhundert

gleichzeitig sowohl in kirchlichen Angelegenheiten als auch als Vermittler auf, um den habsburg-österreichischen Einfluss zurückzudrängen. Ganz entscheidend waren auch die habsburgischen Bestrebungen gegen den Expansionsdrang slawischer Nachbarstaaten am Balkan, wobei auf Vorschlag des österreichisch-ungarischen Konsuls in Prizren, Friedrich Lippich, die Habsburgermonarchie die Katholiken nutzen und unterstützen musste, um so einen katholischen „Block gegenüber den slawisch-orthodoxen" zu schaffen.[66]

2.3. Die österreichisch-ungarische Diplomatie und ihre Albanienpolitik im 19. Jahrhundert[67]

Das letzte Drittel des 19. Jahrhunderts, das sogenannte Zeitalter des Imperialismus war von einer aggressiven europäischen Expansionspolitik gekennzeichnet. Diese von den europäischen Großmächten verfolgte Politik war vor allem durch Territorial- und Machtmotive gekennzeichnet. So sollte ihre Herrschaft über Regionen der Welt, die noch unter keinem Einfluss der anderen Großmächte waren, ausgedehnt werden. Die europäischen Großmächte verfolgten mit ihrer Kolonialpolitik in den unterschiedlichsten Regionen der Welt auch das Ziel, sich Rohstoff- und Absatzmärkte zu sichern. Österreich-Ungarn, als einer der wichtigsten europäischen Großmächte war in der außereuropäischen Kolonialpolitik im Vergleich zu anderen europäischen Kolonialmächten wie Großbritannien oder Frankreich nicht sehr erfolgreich.

In den letzten Jahrzehnten des 19. Jahrhunderts und zu Beginn des 20. Jahrhunderts geriet die österreichisch-ungarische Wirtschaft in Rückstand, sodass sie „aus Kapitalmangel, Währungszerrüttung aufgrund ihrer weniger modernen Wirtschaftsstrukturen finanziell, aber auch in technologischer Hinsicht nicht mit den anderen Großmächten Schritt halten konnte".[68] Zusätzlich wurde Österreich-Ungarn auch vom zentrifugal wirkenden, innergesellschaftlichen Nationalitätenproblem herausgefordert. Trotz der Errichtung der Doppelmonarchie mit dem Ausgleich von 1867 waren die Nationalitätenfragen nicht gelöst, da die Slawen beider Reichshälften auch eine Sonderstellung als gleichberechtigter Teil der Doppelmonarchie verlangten. Diese innerwirtschaftlichen und innergesellschaftlichen Strukturprobleme der Donaumonarchie waren entscheidende Faktoren dafür, dass die Donaumonarchie „praktisch kein Interesse und keine Kapazität für Kapitalexport nach Übersee" aufwies, wobei österreichische Investitionen „sich weitestgehend auf die Balkanhalbinsel bzw. auf die östlichen Gebiete in der Monarchie selbst beschränkten",[69] sodass der südosteuropäische Raum in den Außenwirtschaftsbeziehungen – oft als ein auf

---

66 Deusch, Das k. (u.) k. Kultusprotektorat, S. 54.
67 Das Kaisertum Österreich wandelte sich im Jahr 1867 zu der Doppelmonarchie Österreich-Ungarn um.
68 Helmut Kramer/Otmar Höll, Österreich in der internationalen Entwicklung, in: Herbert Dachs et al (Hrsg.), Handbuch des politischen Systems Österreich, Wien 1991, S. 54.
69 Kramer/Höll, Österreich in der internationalen Entwicklung, S. 56.

2. Historische Bezüge zwischen der Habsburgermonarchie und dem Kosovo 1689-1918

der Hand liegender Absatzmarkt – einen besonderen Stellenwert für die Donaumonarchie hatte.[70]

Infolge des Zeitalters des Imperialismus, der Machtverhältnisse und der territorialpolitischen Veränderungen in der näheren Nachbarschaft Südosteuropa blieb für Österreich-Ungarn nur dieser Teil Europas „als künftiger Raum politischer Machtentfaltung übrig".[71] Er ist „gewissermaßen zum imperialen Hinterhof der Donaumonarchie geworden",[72] wie Herfried Münkler feststellte, wobei die Donaumonarchie Sonderrechte für sich beanspruchte.[73]

Für die Ballhausplatz-Diplomatie war der Zusammenbruch des Osmanischen Reiches – des sogenannten „kranken Mannes am Bosporus" – eine Frage der Zeit. Wien begann vor diesem Hintergrund die Richtlinien der Balkanpolitik festzulegen. Hinter der „Orientalischen Frage" steckte nicht nur die Zukunft des Osmanischen Reiches, sondern auch die Zukunft der Balkanvölker, die seit Jahrhunderten unter seiner Herrschaft waren.[74] Die Frage des Friedens in Europa hing von der Entwicklung der Ereignisse im Osmanischen Reich und daher von der Lage am Balkan und vom Verhältnis unter den Großmächten ab. Hier ist vor allem das Verhältnis zu Russland zu erwähnen. Es ist nach dem Vertrag von San Stefano (1877) und dem Berliner Kongress (1878) durch konkur-

---

70 Der österreichische Volkswirtschaftler Karl Grünberg bezeichnete den Balkan als wichtigsten Markt der Monarchie. Karl Grünberg, Die handelspolitischen Beziehungen Österreich-Ungarns zu Rumänien, Serbien und Bulgarien, in: Schriften des Vereins für Sozialpolitik 1901, S. 103-148. Zum „Binnenimperialismus" in der Donaumonarchie siehe Peter J. Katzenstein, Disjoined Partners. Austria and Germany Since 1815, Berkeley 1976; Kramer/Höll, Österreich in der internationalen Entwicklung, S. 50-77.

71 Brigitte Mazohl, Die Habsburgermonarchie 1848-1918, in: Christian Lackner/Brigitte Mazohl/Walter Pohl/Oliver Rathkolb/Thomas Winkelbauer (Hrsg.), Geschichte Österreichs, Stuttgart 2015, S. 434.

72 Herfried Münkler, Der Große Krieg. Die Welt 1914 bis 1918, Berlin 2017, S. 42.

73 Siehe hier lediglich eine kleine Auswahl der wichtigsten Arbeiten über die Geschichte des Balkans, so etwa Dimitrije Djordevic/Stephen Fischer-Galati, The Balkan Revolutionary Tradition, New York 1981; John R. Lampe/Marvin R. Jackson, Balkan Economic History 1550-1950, Bloomington 1982; Georges Castellan, History of the Balkans. From Mohammed the Conqueror to Stalin, New York 1992; Mark Mazower, The Balkans. A Short Story. Modern Library Edition, Toronto 2000; Mark Mazower, The Balkans. From the End of Byzantium to the Present Day, Phoenix 2003; Hannes Grandits/Nathalie Clayer/Robert Pichler (eds.), Conflicting loyalties in the Balkans. The Great Powers, the Ottoman Empire and Nation-Building, London 2011; Mark Biondich, The Balkans. Revolution, War & Political Violence since 1878, New York 2011.

74 Siehe zur Entwicklung in der europäischen Fikret Türkei Adanir, Die makedonische Frage. Ihre Entstehung und Entwicklung bis 1908, Wiesbaden 1989; Suraiya N. Faroqhi, Coping with the Central State, Coping with the Local Power: Ottoman Regions and Notables from the Sixteenth to the Early Nineteenth Century, in: Fikret Adanir/Suraiya N. Faroqhi (eds.), The Ottomans and the Balkans. A Discussion of Historiography, Leiden 2002, pp. 351-381; Antonina Zhelyazkova, Islamization in the Balkans as a Historiographical Problem: the Southeast-European Perspective, in: Fikret Adanir/Suraiya N. Faroqhi (eds.), The Ottomans and the Balkans. A Discussion of Historiography, Leiden 2002, pp. 223-266; Adanir, Fikret, Semi-autonomus Provincial Forces in the Balkans and Anatolia, in: Suraiya N. Faroqhi (ed.), The Cambridge History of Turkey, Cambridge 2006, pp. 157-185.

2.3. Die österreichisch-ungarische Diplomatie und ihre Albanienpolitik im 19. Jahrhundert

rierende Interessen am Balkan charakterisiert. Mit dem Berliner Kongress wurden die Balkanländer Montenegro, Rumänien und Serbien unabhängig, Bulgarien erlangte Autonomie. In Hinblick auf die mögliche künftige Allianzbildung mit Russland als wichtigster slawischer Schutzmacht bedeutete das eine Bedrohung der politischen und wirtschaftlichen Interessen Wiens.

Im Falle eines Zusammenbruchs der europäischen Türkei war für die Strategie Österreich-Ungarns ohne Zweifel ihre Albanienpolitik von größter Wichtigkeit. „Die Besonderheit besteht im Falle Albaniens darin, dass dieses Land an einem geographisch und sicherheitspolitisch überaus wichtigen Knotenpunkt lag und das in mehrfacher Hinsicht" sowie „einen bedeutsamen Schnittpunkt strategischer und verkehrspolitischer Interessen mehrerer Großmächte bildete".[75] Wien plante im Falle eines Zusammenbruchs des Osmanischen Reiches die Autonomie Albaniens unter seinem Schutz. So sollte verhindert werden, dass Albanien an eine andere Macht fällt und der eigene Einfluss verloren geht. Die albanische Nation wurde von Wien als ein politischer Faktor gesehen,

> [...] welcher, je näher die Gefahr einer Slavisirung der Balkan-Halbinsel heranzutreten scheint, um so eifriger gepflegt und nach seinem vollen Werthe gewürdigt zu werden verdient, denn alle Elemente, welche geeignet sind, gegen den Slavismus in das Treffen geführt zu werden, besitzen in dem jetzigen Augenblick eine besondere Wichtigkeit, in erster Linie für die österreichisch-ungarische Orientpolitik, welcher gewiss nichts unwillkommener sein kann, als die Eventualität von Neubildungen halb- oder ganz-souveräner slavischer Staaten an den Südostgrenzen des Reiches, und welche daher darauf angewiesen ist, zu den nichtslavischen Elementen der Balkan-Länder in innigen Contact zu treten und sich dieselben zu verlässlichen Bundesgenossen gegen Tendenzen zu machen [...].[76]

Aber was damals unter Albanien verstanden wurde, ist nicht leicht zu definieren. Welche Kriterien wurden berücksichtigt, um das albanische Volk zu definieren? In einem Memorandum des österreichisch-ungarischen Konsuls in Shkodra, Friedrich Lippich, vom Juni 1877 wurden die Grenzen Albaniens wie folgt dargestellt:

> Die nördliche Sprachgrenze läuft von West nach Ost fortschreitend von der Adriatischen Küste etwas unterhalb Antivari's über die Gebirgskämme und den nordwestlichen Winkel des See's von Scutari den Sem aufwärts oberhalb Fundina's durch Kutschi nach Wassoewitsch und Kolaschin, welche beide Bezirke, obwohl der Mehrheit nach nur serbisch sprechend, doch zum Theile albanesischen Ursprunges zu sein scheinen, — wohl das einzige Beispiel einer Slavisirung von Albanesen [...]. In ihrem weiteren Verlaufe zieht sich die Sprachgrenze von Kolaschin nach Gussinje und Plava, den Ibar aufwärts nach Rožaj, dann von Suhodol und Glugovik nach Duga Poljana, auf dem Plateau der Rogosna bis westlich und südwestlich Jenibazar's, steigt in den Bezirken von Vutschitrn, Kurshunli und Prokoplje bis an die serbische Grenze hinauf und weicht dann wieder bis zu ihrem Einflusse in die bulgarische Morava zurück. Sie folgt von hier ab im Grossen und Ganzen dem Laufe dieses

---

75 Michael Behnen, Rüstung, Bündnis, Sicherheit. Dreibund und informeller Imperialismus 1900-1908. Tübingen 1985, S. 379.
76 Denkschrift über Albanien, 20. June 1877, HHStA, PA XII, Karton 256, S. 3.

2. Historische Bezüge zwischen der Habsburgermonarchie und dem Kosovo 1689-1918

> Flusses und dem der in ihn einmündenden Moravitz bis Komanova, biegt hier westlich ab und läuft den Südhang des Karadag entlang durch das Lepenatz-Défilé, durchschneidet das Vardar-Thal ungefähr bei dem Eintritte der Treska in den Vardar, tritt die Treska entlang in das Sandschak von Monastir hinüber, läuft längs seiner Grenze mit Dibre bis an das Nordufer des See's von Ochrida und biegt von hier westwärts an den Schkumbi ab, welchem entlang sie wieder ihren südwestlichsten Abschluss am Adriatischen Meere erreicht. Albanesische Niederlassungen finden sich noch über die hier angegebene Grenze hinaus in den Sandschaks von Widdin und Sofia vor. Innerhalb derselben gibt es zahlreiche von Albanesen und Slaven gemeinschaftlich bewohnte Bezirke.[77]

Damit Wien seine Richtlinien der Albanienpolitik[78] und einen strategischen Fahrplan festlegen konnte, berief der österreichisch-ungarische Außenminister Graf Goluchowksi von Goluchow[79] (1895-1906) am 17. November sowie am 8. und 23. Dezember 1896 eine Konferenz ein.[80] An der unter strengster Vertraulichkeit abgehaltenen Konferenz nahmen die wichtigsten Minister, Fachleute, Beamte und Balkankenner teil, um über eine „Einleitung einer energischen Aktion in Albanien" zu beraten. Für Goluchowksi war die Schaffung eines albanischen Staates eine politische Notwendigkeit Österreich-Ungarns am Balkan, wobei alle bewohnten albanischen Regionen Teile des Zukunftsstaates Albanien sein sollten. In der zweiten Konferenzsitzung legte Außenminister Graf Goluchowksi fest: „Wir dürfen dabei nicht aus den Augen verlieren, dass wir vor allem durch Schaffung eines unabhängigen Albanien einen Keil zwischen Serbien und Montenegro treiben wollen."[81]

Der mögliche Zusammenbruch des europäischen Teils des Osmanischen Reiches sollte für Goluchowksi nicht eine Lage sein, die das Habsburgerreich unvorbereitet trifft, sondern ganz im Gegenteil eine Situation, die es nützen könnte. Der mögliche Zusam-

---

77 Denkschrift über Albanien, 20. June 1877, HHStA, PA XII, Karton 256, S. 8-9.
78 Die albanische Aktion des k. u. k. Ministeriums des Äusseren im Jahre 1897, 11. Jänner 1898, Verfasst von Zwiedinek, HHStA, PA I, Karton 473.
79 Als Graf Goluchowksi das Außenministerium übernahm, hat er die Struktur des Außenministeriums neu organisiert, mit dem Ziel es an die neuen Erfordernisse und Aufgaben anzupassen. So bestanden fünf Referate: (1) Orient und Balkan, (2) Vatikan, (3) Kolonialpolitik und Übersee, (4) Deutschland, Frankreich, Russland und Nordeuropa und (5) West- und Südeuropa. Helmut Rumpler, Die rechtlich-organisatorischen und sozialen Rahmenbedingungen für die Außenpolitik der Habsburgermonarchie 1848-1918, in: Adam Wandruszka/Peter Urbanitisch, Die Habsburgermonarchie 1848-1918. Die Habsburgermonarchie im System der Internationalen Beziehungen, Wien 1989, S. 80.
80 Außer Außenminister Graf Goluchowksi nahmen Finanzminister und Gouverneur von Bosnien und Herzegowina Benjamin van Kálly, der Gesandte und bevollmächtigte Minister Julius Freiherr Zwiedinek von Südenhorst, Sektionschef von Horowitz, Generalkonsul Schmucker, Schriftsteller Konsul Freiherr von Baum und ab der zweiten Sitzung noch Hofrat von Fuchs teil. Die Hauptpunkte der drei Besprechungen wurden im Jahr 1898 in einem Memorandum „Die albanische Aktion des k. u. k. Ministeriums des Äusseren im Jahre 1897" veröffentlicht. Eine weitere Konferenz fand am 19. April 1897 statt, wobei die Arbeitspunkte in einem anderen Memorandum mit dem Titel „Reflexionen mit Bezug auf die am 17. April 97 stattgefundenen Besprechungen" verfasst wurden. Hanns Dieter Schanderl, Die Albanienpolitik Österreich-Ungarns und Italiens 1877-1908, Wiesbaden 1971, S. 61.
81 Schanderl, Die Albanienpolitik, S. 60.

2.3. Die österreichisch-ungarische Diplomatie und ihre Albanienpolitik im 19. Jahrhundert

menbruch der europäischen Türkei stellte das Ende der sogenannten „Orientalischen Frage" dar und eröffnete gleichzeitig die „Albanische Frage". Die albanischen Gebiete unter osmanischer Herrschaft, die auf vier Vilajets aufgeteilt waren, sollten für Wien im Zentrum des Problems des veränderten Status quo am Balkan stehen. Für das Kalkül der Ballhausplatz-Diplomatie war die Gründung eines albanischen Fürstentums unter österreichisch-ungarischem Protektorat von entscheidender Bedeutung.

Die Konferenz hatte zum Ziel, möglichst rasch und energisch zu handeln, um konkrete Aktionspläne und Aktionsmittel detailliert zur Verfügung zu haben, wobei die „zu wenig gekannte albanesische Nation, als ein Hauptfactor unter den nicht-slavischen Elementen der Balkan-Halbinsel"[82] gesehen wurde. Die Berichte, die für die Konferenz erstellt wurden, beinhalteten eine Analyse territorialer und nationaler Aspekte des albanischen Volkes. Der Fluss Shkumbin teilte die Albaner in zwei Hauptstämme: in Gegen und Tosken.[83] Trotz dieser oberflächlichen Verschiedenheit fehlte das nationale Gefühl, auch wenn von albanischen Patrioten die Idee eines vereinigten Albaniens bereits angeregt worden war.[84] Die albanische Nation wurde mit Ungarn verglichen, in der Form,

> dass der Slavismus eine dringende Gefahr für Beide bildet. Letztere haben vor ihnen jedoch den grossen Vortheil voraus, dass sie national geeint sind und ein geordnetes Staatswesen bilden [...] während die Albanesen in zwei Stammeshälften, die nördliche und südliche getrennt sind [...].[85]

Die Albaner gehörten unterschiedlichen Religionen an, wobei die Muslime die Mehrheit stellten. Die muslimischen Albaner im Norden gehörten zu den Sunniten, während jene im Süden schiitische Bektaschi waren. Die christlichen Gegenden im Norden waren römisch-katholisch, die Tosken im Süden orthodox. Da die bisher unternommenen Aktivitäten im Rahmen des Kulturprotektorats in erster Linie auf die katholische Bevölkerung im Norden Albaniens ausgerichtet waren, schlugen die Teilnehmer der Konferenz vor, die Zusammenarbeit mit der muslimischen Bevölkerung auf keinen Fall zu vernachlässigen. So wurde bei der Konferenz vorgesehen:

> I. dass die Katholiken Nord-Albanien's fast ausnahmslos mit ihren Sympathien zu Oesterreich-Ungarn stehen [...]
> III. dass die mohammedanischen Albanesen heute noch auf Seite der Pforte stehen, für den Fall eines Zusammenbruches der Türkei aber Oesterreich-Ungarn in erster Linie als jene Macht betrachten, von der sie die Erhaltung ihrer Nationalität und Schutz gegen den vordringenden Panslavismus erwarten.[86]

---

82 Denkschrift über Albanien, 20. June 1877, HHStA, PA XII, Karton 256, S. 4.
83 Mémoire über Albanien, November 1896, HHStA, PA I, Karton 473, S. 6.
84 Teodora Toleva, Der Einfluss Österreich-Ungarns auf die Bildung der albanischen Nation 1896-1908, Klagenfurt 2013, S. 69.
85 Denkschrift über Albanien, 20. June 1877. HHStA, PA XII, Karton 256, S. 4.
86 Mémoire über Albanien, November 1896. HHStA, PA I, Karton 473, S. 8.

2. Historische Bezüge zwischen der Habsburgermonarchie und dem Kosovo 1689-1918

Für Wien war es ganz entscheidend, keinen falschen Eindruck bei der albanischen Bevölkerung zu hinterlassen, als drehten sich die österreichisch-ungarischen Aktivitäten in Albanien nur um die konfessionelle Frage, denn es ging vielmehr um die Schaffung eines selbständigen Fürstentums Albanien. Um weiter das Vertrauen und die Unterstützung der albanischen Bevölkerung zu gewinnen, sollte Wien unterschiedliche Maßnahmen ergreifen. So sollte, um das Gefühl nationaler albanischer Zusammengehörigkeit zu wecken, ein einheitliches albanisches Alphabet geschaffen werden. Für die Teilnehmer der Konferenz war dies ein wesentlicher Punkt. Des Weiteren empfahl das Außenministerium, sich dringend auf die Subventionierung von Unterrichtsanstalten und des Schulwesens zu konzentrieren.

Wien sah die Albaner als einzige Schutzmacht gegen die slawische Offensive am Balkan. Aus diesem Grund versuchte die Konferenz, sowohl die Katholiken als auch die Muslime im Falle des Zerfalls des Osmanischen Reiches für sich zu gewinnen. Bei der Konferenz wurde auch die Ansicht vertreten, dass die Bemühungen Wiens für die künftige Gestaltung Albaniens auch im Interesse der albanischen Bevölkerung seien, die später nicht in der Lage sein könnte, ohne die Unterstützung einer Großmacht gegen Serben, Montenegriner, Griechen und Bulgaren zu kämpfen. Da sich die albanische Elite bewusst war, dass sie die Gründung Albaniens alleine nicht schaffen konnte, ersuchten die Teilnehmer der Konferenz um die Unterstützung aller drei Konfessionen der albanischen Bevölkerung, die später auch nicht fehlen sollte. Die albanische Elite wiederum sah Österreich-Ungarn als Garantie gegen die Zerstückelung der albanischen Gebiete. Einer der einflussreichsten albanischen Intellektuellen, Sureja Bey Vlora, drückte das wie folgt aus: „Sowie ich die Stimmung meiner Stammesgenossen kenne, wäre die Bildung einer autonomen Provinz unter österreichisch-ungarischem Protektorate das Günstigste für uns."[87]

Damit alle diese Maßnahmen erfolgreich umgesetzt werden konnten, plante die Konferenz, neue Konsularvertretungen in den wichtigsten albanischen Städten einzurichten bzw. umfassender in diesem Bereich tätig zu werden. Dieser Ausbau der Konsularvertretungen sollte ganz Albanien abdecken: In Nordwestalbanien das Generalkonsulat in Shkodra (Skutari); in Nordostalbanien das Konsulat in Prizren, das Vizekonsulat in Peja (Ipek), das Konsulat in Skopje mit Dependenancen in Prishtina, Mitrovica und Tetovo; in Mittelalbanien das Konsulat in Durrës (Durazzo) mit Dependance in Kruja oder Tirana; in Südalbanien das Generalkonsulat in Janina, mit Dependance in Berat, Vlora, Prevesa, Gjirokastra (Argyrokastro); in Südostalbanien das Konsulat in Manastir mit Dependance in Elbasan oder Korça (Koritza).[88]

---

87 Ebd., S. 7.
88 In dem Memoire wurde empfohlen, dass die Ämter bei den Konsularvertretungen die Kenntnisse der albanischen Sprache beherrschen, bzw. sie könnten das Studium an der Orientalischen Akademie abschließen. Mémoire über Albanien, November 1896, HHStA, PA I, Karton 473, S. 23-24.

2.3. Die österreichisch-ungarische Diplomatie und ihre Albanienpolitik im 19. Jahrhundert

2.3.1. Das Kultusprotektorat als politisches Instrument der Außen- und Balkanpolitik der Habsburgermonarchie

Um ihre Albanienpolitik erfolgreich zu gestalten und „das Volk der Albaner für die Unabhängigkeit reif zu machen",[89] setzte die österreichisch-ungarische Diplomatie insbesondere nach 1870 unterschiedliche Maßnahmen in albanischen Städten, um auf ihre „Sonderrechte in Albanien" zu pochen. Am Ballhausplatz war man sich klar darüber, dass die konsequente Bewahrung der traditionellen Schutzrechte (die Katholiken betreffend) einen bedeutenden politischen Wert für die Monarchie darstellt.[90] Allerdings waren sich die außenpolitischen Entscheidungsträger bewusst und waren davon überzeugt, dass die Schutzmachtfunktion und das Kultusprotektorat trotz großer Schwierigkeiten eine Sache des Staates sei, der große Geldmittel zur Verfügung stellen sollte, wobei diese im Fall Albaniens nicht fehlten. Österreich-Ungarn war „in Albanien fast ausschließlich durch Amtspersonen repräsentiert sowie durch den geistlichen Stand, der auf dem Balkan und ganz besonders in Albanien eine außerordentlich wichtige Rolle spielte."[91]

In der Zeit politischer Unruhen auf dem Balkan und möglicher künftiger Kräfteverschiebungen betrachtete Wien das Kultusprotektorat als ein wichtiges politisches Instrument seiner Außen- und Balkanpolitik.[92] Für Außenminister Alois Lexa von Aehrenthal (1906 bis 1912) lag es auf der Hand, „im Wege des Klerus für uns Sympathien zu gewinnen und durch Förderung der katholischen Interessen in Albanien, sukzessive jene Vorbedingungen zu schaffen, welche für eine eventuelle vorläufige Selbstverwaltung des Landes unerläßlich sind [...]."[93]

Seit dem 17. Jahrhundert gab es Vereinbarungen zwischen dem Heiligen Römischen Reich „deutscher Nation" und dem Osmanischen Reich betreffend den Schutz der christlichen Glaubensgenossen auf dem Gebiet des Osmanischen Reiches, wobei die katholischen Priester und Mönche in osmanischen Gebieten die Erlaubnis zur Errichtung reli-

---

89   Schanderl, Die Albanienpolitik, S. 100.
90   Leopold Freiherr von Chlumecky, Unser und Albaniens Leidensweg, in: Österreichische Rundschau 1913 (XXXV), S. 1-4; Hugo Grothe, Das albanische Problem. Politisches und Wirtschaftliches, 1914; Anna Hadwig Benna, Studien zum Kultusprotektorat Österreich-Ungarns in Albanien im Zeitalter des Imperialismus (1888-1918), in: Mitteilungen des Österreichischen Staatsarchives 7 (1954), S. 13-26; Herbert Peter Schwanda, Das Protektorat Österreich-Ungarns über die Katholiken Albaniens, phil. Diss, Wien 1965; Andreas Gottsmann, Konkordat oder Kultusprotektorat? Die Donaumonarchie und die diplomatischen Aktivitäten des Heiligen Stuhls in Südosteuropa 1878-1914, in: Römische Historische Mitteilungen 48 (2006), S. 409-464.
91   Günther Ramhardter, Propaganda und Außenpolitik, in: Adam Wandruszka/Peter Urbanitisch, Die Habsburgermonarchie 1848-1918. Die Habsburgermonarchie im System der internationalen Beziehungen, Wien 1989 (Band VI/1), S. 521.
92   Der österreichische-ungarische Außenminister Friedrich Ferdinand von Beust (1866 bis 1871) verfolgte die Politik: „Alles, was die Katholiken stärkt, kann Österreich nützen, weil die Katholiken den natürlichen Gegensatz zu den Griechisch-Orthodoxen bilden, die Russland als Verbündeten suchen". Deusch, Das k. (u.) k. Kultusprotektorat, S. 23.
93   Benna, Studien zum Kultusprotektorat, S. 36.

giöser Institutionen (Kirchenbau) und zur Ausübung des Gottesdienstes erhalten sollten. In den Friedensverträgen von Wien (1615), von Konstantinopel (1681), von Karlowitz (1699), Passarowitz (1718), Belgrad (1739) und Sistovo (1791) wurden diese Rechte durch das Osmanische Reich anerkannt bzw. erneuert.[94] Die Aufnahme bilateraler Beziehungen zwischen beiden Reichen datiert aus dem Jahr 1547.[95] Das habsburg-österreichische Kultusprotektorat in den albanischen Gebieten, „das bei der Nennung der albanischen Katholiken erwähnt worden ist", basierte auf den Friedensverträgen von Karlowitz und Passarowitz.[96] Die österreichisch-ungarische Diplomatie nützte seit Jahren diese Schutzrechte, um auf die albanischen Katholiken auch einen politischen und kulturellen Einfluss auszuüben, welcher eine große politische Bedeutung erhalten sollte und den außenpolitischen Prestigestandpunkt Österreich-Ungarns forcierte. Diese Protektorrolle Österreich-Ungarns in Albanien spiegelte sich auf vielen Ebenen wider und schaffte Verbesserungen unter den Albanern insbesondere in Bezug im Bereich der Bildung.

Die italienische Regierung spielte eine aktive politische und wirtschaftliche Rolle in den albanischen Gebieten, insbesondere auf dem heutigen Territorium Albaniens. Die österreichisch-ungarischen Interessen standen in Konkurrenz zu jenen der Italiener, wobei die Albaner (einschließlich der Muslime) für Letztere auch große Sympathie hatten.[97]

Die Subventionen und finanziellen Maßnahmen im Rahmen des Kultusprotektorats wirkten sich vor allem im kulturellen Bereich, durch Finanzierungen zur Gründung von Schulen und Instituten (Elementarschulen in Shkodra, Vlora, Durrës und Prizren, sowie Sekundärschulen in Shkodra) aus. Im Jahr 1842 wurde die erste Schule in Shkodra eröffnet, welche auch von der österreichisch-ungarischen Regierung finanziert wurde. Die Eröffnung dieser ältesten Lehranstalt kam auf Initiative der Franziskaner und Jesuiten zustande in Bezug auf die Ausbildung des Säkular- bzw. Regulärklerus in Shkodra, wo auch eine Mädchenschule der Franziskanerinnen gegründet wurde. Weiteren Pfarrschulen folgten in den anderen wichtigsten albanischen Städten.[98]

Als im Jahre 1886 der österreichisch-ungarische Generalkonsul Friedrich Lippich in Shkodra eintraf, schlug er die Errichtung eines albanischen Erziehungsinstitutes in Wien vor. Sein Vorschlag wurde vom Außenministerium erst im Jahr 1908 umgesetzt, und albanische Schüler wurden nach Wien in das sogenannte Albanerkonvikt geschickt und sämtliche Kosten dafür übernommen. Von 1908 bis 1918 schlossen 80 albanische Zöglinge aus verschiedenen albanischen Regionen ihre Ausbildung in Handels-, Ackerbau-, und

---

94 Deusch, Das k. (u.) k. Kultusprotektorat, S. 30-35.
95 Erwin Matsch, Der Auswärtige Dienst von Österreich(-Ungarn) 1720-1920, Wien 1986, S. 109.
96 Eberhard Graf von Mülinen, Die lateinische Kirche im Türkischen Reiche, Berlin 1901, S. 35.
97 Zur Rivalität zwischen Rom und Wien siehe Leopold Freiherr von Chlumecky, Die Italo-Albanesen und die Balkanpolitik, in: Österreichische Rundschau V 1906, S. 331-352; Leopold Freiherr von Chlumecky, Österreich-Ungarn und Italien. Das westbalkanische Problem und Italiens Kampf um die Vorherrschaft in der Adria, Leipzig – Wien 1907; Stavro Skendi, The Albanian National Awakening 1878-1912, Princeton 1967; Schanderl, Die Albanienpolitik; Deusch, Das k. (u.) k. Kultusprotektorat.
98 Ramhardter, Propaganda und Außenpolitik, S. 521. Zu den genauen Subventionen für Clerus und Schule, in: Beilage V, Mémoire über Albanien, November 1896, HHStA, PA I, Karton 473, sowie Cultus- und Schul-Verhältnisse in Albanien, HHStA, PA I, Karton 473.

2.3. Die österreichisch-ungarische Diplomatie und ihre Albanienpolitik im 19. Jahrhundert

Volksschulen sowie in Gewerbebetrieben und Pädagogien dort ab. Der Unterricht fand auf Deutsch und Albanisch statt.[99]

Als die in der Albanienpolitik mit Österreich-Ungarn konkurrierende italienische Regierung eine Lehrkanzel für Albanisch in Neapel eröffnete, ergriff die österreichisch-ungarische Außenpolitik im September 1901 eine Initiative zur Abhaltung von Albanischkursen in der albanischen Kolonie in Dalmatien. 1903 wurde im „Institut für Orientalische Sprachen der Welt" in Wien mit albanischen Vorlesungen begonnen.[100]

Bei der Stärkung des Nationalbewusstseins der Albaner sowie der Bekämpfung des Analphabetismus waren im Besonderen die geplanten Subventionen für die albanische Literatur, Lehrer, Lehrbücher und Zeitungen von Bedeutung.[101] Trotz Schwierigkeiten im Hinblick auf die Etablierung eines albanischen Alphabets – als Resultat der Unterdrückung der albanischen Sprache und aufgrund konkurrierender Vorschläge für ein Alphabet – spielte die österreichisch-ungarische Diplomatie seit der Konferenz im November 1896 eine wesentliche Rolle.

Als österreichisch-ungarischer Konsul in Manastir spielte auch August Kral eine wesentliche Rolle. Kral arbeitete mit führenden albanischen Intellektuellen „an einer Vorantreibung der nationalen Einheit auf dem Gebiet der Sprache und Schrift"[102] und förderte von seinem Amtssitz in Manastir aus ein einheitliches, albanisches Schulsystem. Er bemühte sich darum, dass in den albanischen Gebieten vor allem in den bereits neu gegründeten Schulen Albanisch und nicht Italienisch,[103] Osmanisch oder Griechisch unterrichtet

---

99 Engelbert Deusch, Das Albanerkonvikt in Wien, in: Österreichische Osthefte 24, 3, S. 330-351; Deusch, Das k. (u.) k. Kultusprotektorat, S. 867-998. Sehr kritisch über die Bemühungen der österreichisch-ungarischen Außenpolitik waren die österreichischen, tschechischen und ungarischen Zeitungen, die darüber berichteten. Die tschechische Zeitung „Selske listy" schrieb am 24. September 1913: „Wien, dieses allem Slawischen feindliche Wien, welches gar kein Verständnis für die kulturellen Bedürfnisse unseres Nachwuchses hat, welches die Gewalttaten, die an dem Vermögen unserer nationalen Schulinstitutionen verübt wurden, duldet, dieses Wien kann Tausende zur Versorgung von Kindern eines Volkes, an welchem uns rein gar nichts liegt, hinausschmeißen. [...] Es werden jährlich bedeutende Posten für die Bildung albanischer Kinder ausgewiesen, welche Österreich mehr ans Herz gewachsen sind als Kinder des tschechischen Volkes, welches doch ein Teil dieser verkrachten Monarchie ist". Deusch, Das Albanerkonvikt, S. 346-347.

100 Der italienische Außenminister, Antonio Marchese di San Giuliano, stellte in seinen „Briefen über Albanien" die Vorteile Österreich-Ungarns in Albanien dar: „Österreich befindet sich in günstigeren Verhältnissen als wir, durch die territoriale Nachbarschaft, durch die reichlichern Geldmittel, durch die älteren, ununterbrochenen Überlieferungen, die beständigere und rationalere Richtung seiner internationalen und inneren Politik, durch die größere Bedeutung seines Handels, die bessere Organisation seiner Marine, seine angenehmern Beziehungen zum Vatikan und zur Geistlichkeit und durch sein höheren sowie weitere zurückreichendes Machtansehen", zit. n. Theodor von Sosnosky, Die Balkanpolitik Österreich-Ungarns seit 1866, Stuttgart – Berlin 1914, S. 253.

101 Die drei meistsubventionierten Zeitungen in albanischer Sprache waren „Drita", „Kombi" und „Albania".

102 Schwanke, Österreichs Diplomaten in der Türkei, S. 26.

103 Für die Gründung der italienischen Schulen in Albanien siehe Leopold Freiherr von Chlumecky, Die Italo-Albanesen und die Balkanpolitik, in: Österreichische Rundschau V 1906, S. 331-

2. Historische Bezüge zwischen der Habsburgermonarchie und dem Kosovo 1689-1918

wurde bzw. er bemühte sich, dass die obengenannten Sprachen durch Albanisch ersetzt wurden. Die „Einleitung einer energischen Aktion in Albanien"[104] zur Förderung der Bildung und der Herausbildung einer albanischen Nation sah vor, „dass Kirche und Schule in den katholischen Gemeinden Albaniens in Übereinstimmung mit den Intentionen der k. und k. Regierung das geistige Niveau der Bevölkerung hebe, das Gefühl der nationalen Zusammengehörigkeit bei der albanesischen Jugend [zu] pflegen".[105]

Die albanischen Gebiete spielten nicht nur bei den außenpolitischen und militärischen Entscheidungsträgern eine besondere Rolle, sondern auch bei den österreichisch-ungarischen Wissenschaftlern. Manche von ihnen analysierten Albanien im Zusammenhang mit der Machtstellung der österreichisch-ungarischen Außenpolitik. Albanien wurde als entscheidender Faktor gegen die Ausbreitungstendenzen des Panslawismus an der Adria gesehen. Die Eindämmung des Panslawismus sei nur mit einem starken Albanien möglich, das als Brücke zu Österreich-Ungarn dienen sollte. Dieses steigende Interesse für die politische und wirtschaftliche Bedeutung Albaniens bestätigten die Versuche Wiens, dass „in Albanien der Schlüssel zur Balkanfrage vergraben liegt".[106]

In diesem Zusammenhang sind auch die Reisestudien und wissenschaftlichen Aufsätze und Werke von österreichisch-ungarischen Wissenschaftlern und Albanienforschern von Bedeutung. Der Geologe und Paläontologe Franz Baron Nopcsa stellte umfangreiche geologische Forschungen in Albanien an, indem er die albanischen Gebiete kartographisch erfasste und darstellte.[107] Die hervorragenden Zeichnungen aufgrund seiner Forschungsarbeit wurden im militärgeographischen Institut hinterlegt, um geologisch-kartographische Daten bei einem möglichen Krieg anfertigen zu können.[108] Seine Forschungen deckten nicht nur die geologischen Aspekte Albaniens, sondern auch geographische und volkskundliche Fragen ab. Nopcsa, als leidenschaftlicher Gegner der Serben und des Panslawismus, unternahm im Winter in den Jahren 1908 und 1909 im Auftrag des Außenministeriums eine „Albanien-Aktion", um die nordalbanischen Volksstämme und die montenegrinischen Truppen für einen eventuellen Krieg zu binden.[109] Er verfasste laufend Berichte und schickte

---

352; Leopold Freiherr von Chlumecky, Österreich-Ungarn und Italien. Das westbalkanische Problem und Italiens Kampf um die Vorherrschaft in der Adria, Leipzig – Wien 1907.

104 Die albanische Aktion des k. u. k. Ministeriums des Äusseren im Jahre 1897, 11. Jänner 1898, Verfasst von Zwiedinek, HHStA, PA I, Karton 473.

105 Schwanda, Das Protektorat Osterreich-Ungarns, S. 38.

106 Paul Siebertz, Albanien und die Albanesen: Landschafts- und Charakterbilder, Wien 1910, S. 10.

107 Nopcsa veröffentlichte zahlreiche wissenschaftliche Aufsätze zur albanischen Vorgeschichte sowie zur Geologie, Archäologie, Anthropologie und Ethnologie Albaniens. Robert Elsie, Keeping an Eye on the Albanians. Selected writings in Albanian Studies, London 2015, S. 86-110.

108 Gert Robel, Franz Baron Nopcsa und Albanien. Ein Beitrag zu Nopcsas Biographie. Albanische Forschungen 5, Wiesbaden 1966, S. 49-67.

109 Nopcsas Aufenthalt in den albanischen Gebieten hat in den Jahren 1905, 1908 und 1913 stattgefunden. Felix Schneeweis, Albanien im Spiegel Österreichischer Volkskundeforschung, in: Albanien-Symposion 1984. Referate der Tagung: „Albanien. Mit besonderer Berücksichtigung der Volkskunde, Geschichte und Sozialgeschichte", Kittsee 1986, S. 10.

2.3. Die österreichisch-ungarische Diplomatie und ihre Albanienpolitik im 19. Jahrhundert

diese an die Militärkanzlei und den Generalstab Österreich-Ungarns, der die Albanienpolitik regelmäßig in die Tagespolitik am Wiener Ballhausplatz einbrachte.[110]

Um das albanische Nationalbewusstsein durch die Einführung der albanischen Unterrichtsprache in den Schulen zu stärken, wurde versucht, bei den Albanern – nicht nur bei den Katholiken, sondern bei allen – die Sympathie für Österreich-Ungarn zu stärken.[111] Hier sind vor allem die Beziehungen zu den Muslimen, die die Mehrheit unter den Albanern ausmachten, zu erwähnen. Durch die österreichisch-ungarischen Konsulate in verschiedenen albanischen Städten wurden auch Landbesitzer miteinbezogen, die einen starken politischen Einfluss hatten. Sie stellten Kontakte her und nahmen direkten Einfluss auf diese im Interesse der österreichisch-ungarischen Außenpolitik.

Die österreichisch-ungarische Außenpolitik leistete wichtige Entwicklungshilfe und subventionierte insbesondere albanische katholische Priester, Klöster, Kirchen und Kirchenbauten. Es kam zur Errichtung sozialer Institutionen wie dem Bau von Kranken- und Waisenhäusern sowie allgemein zur Förderung der medizinischen Versorgung (Medikamente und Ärzte) und der Infrastruktur. Parallel zu italienischen Institutionen wurden auch zahlreiche Postämter, Banken, Handelsagenturen sowie Wohlfahrts- und Fürsorgeeinrichtungen aufgebaut.[112]

Neben den zahlreichen Subventionen setzte die österreichisch-ungarische Diplomatie weitere Schwerpunkte, um Einfluss in den albanischen Gebieten zu gewinnen. Angesichts fehlender Verkehrswege in den albanischen Gebieten, die oft aus unterentwickeltem Agrarland bestanden, bemühte sich Wien um die Errichtung von Schifffahrts- und Bahnverbindungen. Nach dem Berliner Kongress beurteilte die Wiener Diplomatie die Entwicklung der handelspolitischen Beziehungen nicht nur zu den albanischen Gebieten, sondern auch zum Balkan wenig zufriedenstellend.[113] Zu diesem Zeitpunkt wurde Wien

---

110   Siehe die wichtigste Literatur von und über Nopcsa: Franz Baron Nopca, Zur Geologie der Küstenketten Nordalbaniens. *Mitteilungen aus dem Jahrbuch der kgl. Ungarischen Geologischen Anstalt* 24 (1925), Heft 4, Budapest; Franz Baron Nopca, Albanien. Bauten, Trachten und Geräte Nordalbaniens, Berlin – Leipzig 1925; Franz Baron Nopca, Geographie und Geologie Nordalbaniens. Geologica Hungarica, Series Geologica, Vol. 3 Budapest (1929); Franz Baron Nopca, Traveler, Scholar, Political Adventurer. A Transylvanian Baron at the Birth of Albanian Independence. The Memoirs of Franz Nopcsa (ed. by Robert Elsie), Budapest – New York 2014; Franz Baron Nopca, Reisen in den Balkan. Die Lebenserinnerungen des Franz Baron Nopcsa (Hrsg. von Robert Elsie), Albanian Studies, Vol. 11. Centre for Albanian Studies, London 2015; József Hála, Franz Baron von Nopcsa. Anmerkungen zu seiner Familie und seine Beziehungen zu Albanien. Eine Bibliographie, Wien 1993; Robel, Franz Baron Nopcsa und Albanien.

111   In dem erarbeiteten Konzept des Außenministeriums wurde die Ausbildung von albanischen pädagogischen und geistlichen Lehrern in Österreich-Ungarn auf Kosten des Außenministeriums (eine in der Lehrerbildungsanstalt in Klagenfurt und eine Anstalt des katholischen Schulvereins in Wien) vorgesehen.

112   Gostentschnigg, Albanerkonvikt, S. 332; Ramhardter, Propaganda und Außenpolitik, S. 521.

113   Emil Palotás, Die Rolle der Wirtschaftsbeziehungen zwischen Österreich-Ungarn und den Balkanländern in den letzten Jahrzehnten des 19. Jahrhunderts, in: Horst Haselsteiner (Hrsg.), Wirtschafts- und Kulturbeziehungen zwischen dem Donau- und dem Balkanraum seit dem Wiener Kongress (Zur Kunde Südosteuropas, II/17), Graz 1991, S. 64.

2. Historische Bezüge zwischen der Habsburgermonarchie und dem Kosovo 1689-1918

in Hinblick auf die wichtige Handels- und Schifffahrt[114] in der Adria[115] von Rom herausgefordert. Die österreichisch-ungarischen Schifffahrtgesellschaften (Lloyd, Ragusea und Ungaro-Croata) waren an der Küste Nordalbaniens in der Dampfschifffahrt führend. Die großen albanischen Hafenstädte waren die wichtigsten Adria-Häfen für den Waren- und Personenverkehr aus Österreich-Ungarn.

Im Zuge der Weiterentwicklung der österreichisch-ungarischen Balkanpolitik konzentrierte sich die habsburgische Diplomatie vor allem auf die kulturellen und wirtschaftlichen Interessen Österreich-Ungarns am Balkan. Wien entwickelte für die österreichisch-ungarische Regierung mehrere verkehrspolitische Projekte, wie das geplante Donau-Adria-Bahnprojekt (genannt Transbalkanbahnprojekt).[116] Außenminister Alois Lexa von Aehrenthal, der das Amt im Jahr 1906 übernahm (bis 1912), folgte den gleichen Prioritäten auf dem Balkan wie sein Vorgänger. Seine verkehrspolitischen Pläne waren: 1. Bau einer dalmato-montenegrinischen-albanischen Litoralbahn (Cattaro-Sutomore/Spizza-Antivari-Skutari); 2. Erwerb der Konzession von der Türkei für den Bau einer Eisenbahn von Skutari nach San Giovanni di Medua (albanisch Shengjin) und 3. das österreichisch-ungarische Donau-Adria-Bahnprojekt.[117] Um die österreichisch-ungarische Wirtschaftspolitik weiter zu entwickeln, mit dem Ziel den Industrieexport bis zur Türkei und zum Ägäischen Meer auszudehnen, belebte Außenminister Aehrenthal die Idee einer Eisenbahnlinie Wien-Doberlin-Sarajevo-Sandschak-Mitrovica-Skopje-Saloniki neu,[118] die vorher schon als Plan existierte.[119]

So besaßen die albanischen Gebiete einen wichtigen wirtschaftlichen Stellenwert in der österreichisch-ungarischen Balkanpolitik. Durch den geplanten Bau von Eisenbahnen beabsichtigte Österreich-Ungarn, sich einen Zugang zum Mittelmeer zu sichern, „um nicht vom Welthandel abgeschlossen zu werden".[120] Für die österreichisch-ungarische Balkanpolitik war es vor allem notwendig, dass die albanische Küste nicht in serbische, russische oder italienische Hände geriet, während die serbische Regierung den Zugang zum Meer als eine Lebensnotwendigkeit für sich hinstellte.

---

114 Im 19. Jahrhundert wurden nun aus dem Vilajet von Prizren „Hasen- und Zickleinfelle, Ziegen- und Schafsleder, Wachs, Wolle und Garn nach Österreich-Ungarn ausgeführt". Eva Anne Frantz, Gewalt und Koexistenz. Muslime und Christen im spätosmanischen Kosovo (1870-1913), München 2016, S. 133.

115 Der fünfte Dreibundvertrag vom 5. Dezember 1912. Die Politischen Geheimverträge Österreich-Ungarns 1879-1914, S. 268-298.

116 Dieses Projekt wurde zuerst von Italien vorgeschlagen und sollte gemeinsam mit Frankreich und Russland gebaut werden.

117 Behnen, Rüstung, Bündnis, Sicherheit, S. 421.

118 Dörte Löding, Deutschlands und Österreich-Ungarns Balkanpolitik von 1912-1914 unter besonderer Berücksichtigung ihrer Wirtschaftsinteressen, phil. Diss. Hamburg 1969, S. 49; Leopold Freiherr von Chlumecky, Bahnprojekte in Nordalbanien, in: *Österreichische Rundschau* XVI (1908), S. 149.

119 Denkschrift über Albanien, 20. June 1877, S. 26-27, HHStA, PA XII, Karton 256.

120 Franz-Josef Kos, Die politischen und wirtschaftlichen Interessen Österreich-Ungarns und Deutschlands in Südosteuropa 1912-1913. Die Adriahafen-, die Saloniki- und die Kavallfrage, Wien 1996, S. 69.

2.3. Die österreichisch-ungarische Diplomatie und ihre Albanienpolitik im 19. Jahrhundert

Die geplante Verkehrspolitik Wiens wurde aus unterschiedlichen Gründen nicht umgesetzt. Die Gründe dafür lagen sowohl in hohen Kosten und in internen Differenzen der österreichisch-ungarischen Politik als auch im Widerstand anderer Großmächte – war doch die habsburgische Eisenbahnpolitik auf die Ausweitung der Einflusssphäre Österreich-Ungarns auf dem Balkan ausgerichtet.[121]

Alle genannten Initiativen der österreichisch-ungarischen Außenpolitik wären ohne die proaktive Rolle ihrer Konsularvertretungen in den wichtigsten albanischen Städten nicht umsetzbar und erfolgreich gewesen. Obwohl die Habsburgermonarchie und das Osmanische Reich seit dem Beginn des 16. Jahrhunderts diplomatische Beziehungen unterhielten, wurde die Tätigkeit der österreichisch-ungarischen Konsularvertretungen erst nach dem Jahr 1850 wirksam.[122] Das erste dieser Konsulate wurde in Durres (Durazzo) eröffnet als wichtigem mittelalbanischem Hafen. Als Abwehr gegen die napoleonischen Balkan-Tendenzen wurde im Jahr 1808 ein habsburg-österreichisches Konsulat in Shkodra eröffnet. Die anderen österreichisch-ungarischen Konsularvertretungen wurden im Jahr 1851 in Manastir und Valona, in Prizren 1861, in Skopje 1890 und in Mitrovica 1903 gegründet.[123]

Die österreichisch-ungarischen Konsule und Konsularämter spielten nicht nur im Rahmen des Kultusprotektorats, sondern auch im Zuge der aktiven österreichisch-ungarischen Albanienpolitik eine wesentliche Rolle. Das Zentrum des österreichisch-ungarischen Wirkens in den albanischen Gebieten war ohne Zweifel Shkodra, das oft in wissenschaftlichen Werken als „österreichische Stadt" bezeichnet wird. Im Vilajet Kosovo gab es drei konsularische Vertretungen.

Der österreichisch-ungarische Diplomat und Albanienforscher Theodor Anton Ippen,[124] Generalkonsul in Skutari von 1987 bis 1904, schickte laufend Berichte über die politische

---

121 Auf türkischem Gebiet gab es schon eine Eisenbahnlinie von Saloniki nach Mitrovica, aber nicht von Mitrovica über Sandschak und Novipazar nach Bosnien. Wien versuchte vor allem die serbische Eisenbahnlinie (Belgrad-Nis-Skopje) zu verhindern. Seit 1906 existierte ein Plan für die Eisenbahnlinie von Bosnien nach Saloniki aber nicht über Serbien. Löding Deutschlands und Österreich-Ungarns Balkanpolitik, S. 49. Zum wirtschaftlichen Interesse Österreich-Ungarns am Balkan siehe Chlumecky, Bahnprojekte in Nordalbanien, S. 149-159; Arthur J. May, Trans-Balkan Railway Schemes, in: *The Journal of Modern History*, Nr. 24/4 (1952), S. 352–367; Herbert Mathis, Die wirtschaftliche Entwicklung in der Franz-Joseph-Zeit, Wien – München 1958; Solomon Wank, Aehrenthal and the Sanjak of Novipazar Railway Project: A Reappraisal, in: *The Slavonic and East European Review* 42 (1964), pp. 353-369; Löding, Deutschlands und Österreich-Ungarns Balkanpolitik; Schanderl, Die Albanienpolitik; Emil Palotás, Die Rolle der Wirtschaftsbeziehungen zwischen Osterreich-Ungarn und den Balkanländern in den letzten Jahrzehnten des 19. Jahrhunderts, in: Horst Haselsteiner (Hrsg.), Wirtschafts- und Kulturbeziehungen zwischen dem Donau- und dem Balkanraum seit dem Wiener Kongress (Zur Kunde Südosteuropas, II/17), Graz 1991, S. 65-81; Kos, Die politischen und wirtschaftlichen Interessen Österreich-Ungarns und Deutschlands in Südosteuropa 1912-1913; Markus Klenner, Eisenbahn und Politik 1758-1914. Vom Verhältnis der europäischen Staaten zu ihren Eisenbahnen, Wien 2002.
122 Schwanke, Österreichs Diplomaten in der Türkei, S. 15.
123 Ludwig von Thalloczy, Illyrisch-albanische Forschungen (Band I-II), München – Leipzig 1916, S. 88.
124 Siehe die wichtigsten Werke und Aufsätze von Theodor A. Ippen (1892), Novibazar und

2. Historische Bezüge zwischen der Habsburgermonarchie und dem Kosovo 1689-1918

und wirtschaftliche Bedeutung Albaniens an das Ministerium des Äußeren nach Wien. In einem Mémoire über Albanien vom 5. April 1898 vertrat er die Ansicht: „Die Beziehungen des albanischen Volkes zur Monarchie sollten vervielfältigt und Albanien fest an Österreich-Ungarn angeschlossen werden."[125] Seine Berichte beinhalteten auch Vorschläge zum Ausbau der Handelswege zwischen Österreich-Ungarn und Albanien sowie Ideen zur Ausweitung der Wirtschaftspositionen (zum Beispiel Einrichtung von Eisenbahn- und Schifffahrtslinien), Vorschläge für eine Schulreform und zur Entwicklung des albanischen Alphabets.[126]

Aufgrund seines langen dienstlichen Aufenthalts in den albanischen Gebieten kannte Ippen die Mentalität der albanischen Bevölkerung sehr gut und vertrat auf Grund seiner Erfahrungen die Ansicht, dass Wien um eine erfolgreiche Albanienpolitik zu machen, nicht nur das katholische Element in Albanien bevorzugen sollte. Die Aktionen und Initiativen der österreichisch-ungarischen Regierung sollten auch in allen muslimischen Bezirken der Albaner den „Wunsch und das Bedürfnis nach nationalen Schulen in albanischer Sprache wecken und dann die Realisierung dieses Wunsches unterstützen".[127] Als Vorbild für Ippen galten solche Maßnahmen in Bosnien und Herzegowina. Ippen[128] versuchte auch das bosnische Vorbild für Albanien umzusetzen, um ein einheitliches albanisches Alphabet und eine einheitliche Schriftsprache zu etablieren.[129]

In Bezug auf die Bemühungen zur Schaffung eines einheitlichen albanischen Alphabets war auch die Rolle von Konsul August Kral in Manastir von Bedeutung. Kral arbeitete mit führenden Albanern zusammen, um die nationale albanische Einheit auf dem Gebiet der Sprache und der Schrift zu unterstützen, und „er förderte namentlich vom Amtssitz Manastir aus die Bestrebungen in Korça und Elbasan auf dem Gebiete des Schulwesens."[130]

Ippens Vorschläge und Ideen wurden später von seinem Kollegen, Generalkonsul Johann Georg von Hahn, der nicht zu Unrecht „Vater der Albanalogie" genannt wurde, be-

---

Kossovo (Das alte Rascien. Eine Studie. K. und K. Hof- und Universitäts-Buchhändler, Wien; Ippen, Theodor A., Das Gewohnheitsrecht der Hochländer in Albanien, in: *ZfE* (1901) 33, S. 43-57, 352-363 (gekürzt und abgedruckt in: JAF 1 [2016], S. 389-408); Ippen, Theodor A. (1901), Das religiöse Protektorat Österreich-Ungarns in der Türkei, in: *Die Kultur* 3 (1901/1902), S. 298-310; Theodor A. Ippen, Beiträge zur inneren Geschichte Albaniens im 19. Jahrhundert, in: Österreichisch-ungarische Revue 23 (1902), S. 35-49; Theodor A. Ippen, Über die geographischen Namen in Albanien, in: Mitteilungen der geographischen Gesellschaft 47 (1904), S. 2-10; Ders., Denkmäler verschiedener Altersstufen in Albanien, in: WMBH 10 (1907), S. 3-70.

125 Zit. n. Ramhardter, Propaganda und Außenpolitik, S. 524.
126 Über die Rolle Ippens als Generalkonsul siehe seine Biographie von Anneliese Wernicke, Theodor Anton Ippen. Ein österreichischer Diplomat und Albanienforscher. Albanische Forschung 7, Wiesbaden 1967.
127 Wernicke, Theodor Anton Ippen, S. 28.
128 Ippen hat auch eine wesentliche Rolle auf der Londoner Konferenz (1912) in der Frage der Festsetzung der albanischen Grenzen gespielt.
129 Schwanke, Österreichs Diplomaten in der Türkei, S. 25. Ippens erste wissenschaftliche Studie „Novibazar und Kossovo (Das alte Rascien)" wurde im Jahre 1892 publiziert.
130 Zit. n. Schwanke, Österreichs Diplomaten in der Türkei, S. 26.

2.3. Die österreichisch-ungarische Diplomatie und ihre Albanienpolitik im 19. Jahrhundert

rücksichtigt.[131] Demnach wurden die Konsularagenturen in Antivari, Valona und Prevesa neu eröffnet. Hahn schuf mit seinen „Albanischen Studien"[132] – für die er zur Finanzierung seiner Reisen die Unterstützung der österreichisch-ungarischen Akademie erhalten hatte – die Grundlagen der Albanienforschung. Hahns Forschungen sind vor allem auf dem Gebiet der Volkskunde verdienstvoll. Die Albaner sah Hahn als autochthon an, wofür er auch Beweise in seinen Forschungen bringt.[133] Nach seinen auf Reisen in die albanischen Gebiete gemachten Erfahrungen schlug Hahn die Reform des österreichisch-ungarischen Konsularwesens vor, die später verwirklicht wurde.[134]

Da die albanischen Gebiete immer mehr an politischer Bedeutung für die Monarchie gewannen, zeigte Wien auch ein großes Interesse an der wissenschaftlichen Erforschung Albaniens. Damit ist Albanien als Leuchtturm für die Erforschung der Balkanhalbinsel in der zweiten Hälfte des 19. Jahrhunderts zu sehen. Die Österreichische Akademie der Wissenschaften unterstützte zahlreiche Reisen und Veröffentlichungen über Albanien, wie die albanischen Studien und Forschungen von Generalkonsul Johann Georg von Hahn, von Theodor Ippen, Franz Baron Nopcsa, Joseph Ritter von Lehnert und von Spiridon Gopčević. Die Wiener Geographische Gesellschaft und das Militärgeographische Institut subventionierten die Reise der Geographen Curt Hassert und Carl Östreich in den Kosovo und nach Nordalbanien. Die Akademie der Wissenschaften in Wien unterstützte auch linguistische Studien in Albanien, wie die Studien von Maximilian Lambertz und Ludwig von Thalloczy. Letzterer verfasste im Jahre 1916 eine albanische Historiographie „Illyrisch-albanische Forschungen".[135] Die Albanalogie wurde als eine eigene unabhängige Disziplin in Österreich-Ungarn unter der Leitung der Wiener Wissenschaftler Konstantin Jireček, Milan Šufflay und Ludwig von Thalloczy gegründet.[136] Der österreichische Linguist Gustav Meyer soll das erste albanische Wörterbuch herausgegeben haben.[137]

Als die Österreichische Akademie der Wissenschaften am 3. Februar 1897 die Kommission für die historisch-archäologische und philologisch-ethnographische Durchfor-

---

131 Maximilian Lambretz, Albanisches Lesebuch 1, Leipzig 1948, S. 3.
132 Johann Georg von Hahn, Albanische Studien, Heft 1-3, Wien 1853; Johann Georg von Hahn, Reise durch die Gebiete von Drin und Wardar, Wien 1867; Johann Georg von Hahn, Reise von Belgrad nach Salonik: nebst vier Abhandlungen zur alten Geschichte des Morawagebietes, Wien 1868; Johann Georg von Hahn, Griechische und albanesische Märchen, Bd. 1–2, München – Berlin 1918; Gerhard Grimm, Johann Georg von Hahn (1811-1869). Leben und Werk, Wiesbaden 1964.
133 In seinen „Albanischen Studien" verfaßte Hahn ein eigenes Kapitel über die autochthone Rolle der Albaner, das in den folgenden Jahren sehr viel zitiert worden ist.
134 Schwanke analysiert in seiner Analyse über die Tätigkeit der österreichisch-ungarischen Konsuln und Konsularämtern in Albanien und stellte fest, dass nicht alle österreichisch-ungarischen Staatsbeamten korrekt bei der Berichterstattung waren. Viele der österreichisch-ungarischen Staatsbeamten hatten slawische Nationalität, „was den Zugang zu dem nichtslawischen albanischen Bauernvolke nicht gerade erleichtert" hat. Schwanke, Österreichs Diplomaten in der Türkei, S. 22.
135 Ramhardter, Propaganda und Außenpolitik, S. 527.
136 Kurt Gostentschnigg, Die Verflechtung von Wissenschaft und Politik am Beispiel der österreichisch-ungarischen Albanologie, in: Südost-Forschungen 58 (1999), S. 225.
137 Gustav Meyer, Etymologisches Wörterbuch der Albanesischen Sprache, Strassburg 1891.

schung der Balkanhalbinsel gründete, entschloss sich das österreichisch-ungarische Ministerium des Äußeren seine Versuche für den politischen Reifungsprozess der Albaner zu beschleunigen und den eigenen Einfluss auf den geplanten albanischen Staat zu sichern.[138]

2.4. Der Ausbruch des Ersten Balkankrieges und der Weg zur Botschafterkonferenz

Nur vier Jahre nach der Annexion Bosnien und Herzegowinas durch Österreich-Ungarn 1908 war Südosteuropa nicht nur einer der grössten Krisenherde der europäischen Politik, sondern zugleich die Region, die von Machtzuwachsbestrebungen der Großmächte, welche unterschiedliche Interessen und Ansprüche hatten, betroffen war.[139] Zwei Großmächte, die ständig politische Interessen am Balkan verfolgten und die später die Geschichte des Balkans und der „Albanischen Frage" bestimmten und ihr Schwanken zwischen Ko-optation und Konfrontation für einen Machtgewinn gestalteten, setzten diplomatische Schritte, um die politische Lage am Balkan zu beruhigen: Österreich-Ungarn und das russische Reich. Beide Großmächte hatten völlig unterschiedliche Interessen am Balkan. Eine Frage konnte ihre Beziehungen entweder verbessern oder verschlechtern: Dies war die Aufteilung der europäischen Gebiete der Türkei. Die Erhaltung des Status quo am Balkan war seit dem Berliner Vertrag das Prinzip zur Aufrechterhaltung der Sicherheit in der Region. Der Staatsbesuch von Kaiser Franz Joseph I. in St. Petersburg im Jahr 1897 bestätigte, dass sich im Falle eines Zusammenbruchs der europäischen Türkei die politischen Interessen Wiens und St. Petersburgs als unvereinbar erweisen würden.[140] Allerdings entschlossen sich die beiden Großmächte für die Stärkung des Status quo und unternahmen nichts, was diesen gefährden könnte.

So war es auch beim nächsten Treffen, das zwischen Kaiser Franz Joseph I. und Zar Nikolaus II. vom 30. September bis 3. Oktober 1903 im Jagdschloss Mürzsteg in der Steiermark stattfand.[141] Das sogenannte „Mürzsteger Programm", welches das Ziel verfolgte, Frieden am Balkan zu bewahren, beinhaltete auch Reformvorschläge für die osmanischen Vilajets dort. Obwohl das Reformprogramm großen Widerstand der Osmanen hervorrief, versuchten die beiden Großmächte das Gleichgewicht auf dem Balkan nicht zu zerstören. Da das Reformprogramm insbesondere die internationale Überwachung der osmanischen

---

138 Krause, Das Problem der albanischen Unabhängigkeit in den Jahren 1908-1914, S. 31.
139 Gotthold Rhode, Die Staaten südosteuropas vom Berliner Kongreß Bis zum Ausgang des I-Weltkriegs (1878-1918), in: Theodor Schieder (Hrsg.), Handbuch der Europäischen Geschichte, Stuttgart 1973, S. 571.
140 Francis Roy Bridge, Österreich(-Ungarn) unter den Grossmächten, in: Adam Wandruszka/Peter Urbanitisch, Die Habsburgermonarchie 1848-1918. Die Habsburgermonarchie im System der Internationalen Beziehungen, Wien 1989 (Band VI/1), S. 293.
141 Im Zuge des wachsenden russischen Einflusses am Balkan wurde im Jahr 1903 eine russische Konsularvertretung in Mitrovica eröffnet, während die österreichisch-ungarische Konsularvertretung Ende 1903 als ein Gegengewicht eingerichtet wurde. Die erste russische Konsularvertretung im Vilajet des Kosovo wurde im Jahr 1866 in Prizren (Vizekonsulat), und eine weitere im Jahr 1880 in Skopje gegründet.

2.4. Der Ausbruch des Ersten Balkankrieges und der Weg zur Botschafterkonferenz

Verwaltung Mazedoniens (die sogenannte „Mazedonische Frage")[142] vorsah, hatte diese Vereinbarung auch ein wesentliches Element, mit dem der österreichisch-ungarische Außenminister Graf Goluchowski zufrieden war, da die Russen die Existenz der albanischen Nation anerkannten, „bilde doch gerade die albanische Nation einen Damm gegen die Überspülung der Pfortenbesitzungen auf der Balkanhalbinsel durch die slavische Hochflut".[143]

Im Zuge der jungtürkischen Revolution und während das Osmanische Reich mit seinen inneren Problemen beschäftigt war, „gab Österreich-Ungarn den Anlass, die von ihm kraft des Berliner Vertrages von 1878 besetzten und verwalteten Provinzen Bosnien und Herzegowina für annektiert zu erklären (5. Oktober 1908)".[144] Für den deutschen Politikwissenschaftler Herfried Münkler stellt „die bosnische Annexionskrise gewissermaßen die Mutter aller nachfolgenden Krisen" dar.[145] Durch die Annexion Bosnien-Herzegowinas 1908[146] war die serbische Politik durch die Dominanz Österreich-Ungarns alarmiert.

Nach dem Sturz der serbischen Obrenovic-Dynastie 1903, die in ihrer außenpolitischen Ausrichtung österreichfreundlich eingestellt war, hatten die Karadjordjevics, die sich im Gegensatz dazu demonstrativ österreichfeindlich verhielten, die Macht übernommen, und die politischen Beziehungen zwischen Österreich-Ungarn und Serbien verschlechterten sich dramatisch. In Serbien propagierte eine Gruppe von Offizieren, Professoren, Studenten und Kaufleuten die Idee eines großserbischen Reiches, dem Kroatien, Slawonien, Dalmatien, die Krain, Bosnien und Herzegowina, Teile der Südsteiermark und Südungarns angehören sollten. Aber der Umsetzung solcher Pläne stand Österreich-Ungarn freilich im Wege.[147]

Die nächste Entwicklung, die die politischen Beziehungen zwischen Österreich-Ungarn und Serbien stark beeinflusste, kam mit dem sogenannten „Schweinekrieg". Im Juli 1906, als die Verhandlungen über ein neues Außenhandelsabkommen und ein Waffengeschäft zwischen Wien und Belgrad scheiterten, sperrte Österreich-Ungarn seine Grenzen zu Ser-

---

142 Zur Rolle der Großmächte in der „Mazedonischen Frage" siehe Nadine Lange-Akhund, Die Interventionspolitik der Großmächte in Mazedonien vor 1914, in: Jürgen Angelow (Hrsg.), Der Erste Weltkrieg auf dem Balkan. Perspektiven der Forschung, Berlin – Brandenburg 2011, S. 13-34.
143 Bridge, Österreich(-Ungarn) unter den Grossmächten, S. 303.
144 Franz von Liszt, Das Völkerrecht, Berlin 1920, S. 34.
145 Münkler, Der Große Krieg, S. 49.
146 Diese steigende Rivalität mit den benachbarten Ländern der Doppelmonarchie ist auch im Bereich der Wirtschaftspolitik zu finden. Wien versuchte seine politischen Interessen und Wirtschaftspositionen am Balkan voranzutreiben und umzusetzen, wie durch Eisenbahnbau und Schifffahrtslinien, wobei der Handelsverkehr (vor allem der Export von Industriewaren) mit den Balkanländern eine Reduktion erlebte. Emil Palotás, Die Außenwirtschaftsbeziehungen zum Balkan und zu Russland, in: Adam Wandruszka/Peter Urbanitisch, Die Habsburgermonarchie 1848-1918. Die Habsburgermonarchie im System der Internationalen Beziehungen, Wien 1989, S. 584-629; Klenner, Eisenbahn und Politik, S. 103; Rumjana Prešlenova, Probleme der Handelsbeziehungen Osterreich-Ungarns zu den Balkanstaaten am Ende des 19. und Anfang des 20. Jahrhunderts, in: Horst Haselsteiner (Hrsg.), Wirtschafts- und Kulturbeziehungen zwischen dem Donau- und dem Balkanraum seit dem Wiener Kongress (Zur Kunde Südosteuropas, II/17), Graz 1991, S. 89.
147 Buchmann, Österreich und das Osmanische Reich, S. 246.

2. Historische Bezüge zwischen der Habsburgermonarchie und dem Kosovo 1689-1918

bien für die Ein- und Durchfuhr von serbischen Tierprodukten.[148] Österreich-Ungarn war für Serbien der wichtigste Außenhandelspartner, Deutschland der zweitwichtigste.

Der Dynastiewechsel, der Schweinekrieg und die Annexion Bosniens waren die drei entscheidenden Elemente, die Serbiens Feindschaft gegenüber Österreich-Ungarn begründeten und die serbische Propaganda zur Gründung eines großserbischen Reiches intensivierten. Die Verschlechterung der Beziehungen zwischen Wien und Belgrad führte zur Stärkung der russisch-serbischen Beziehungen und gleichzeitig zum Wiederaufleben des Antagonismus zwischen Österreich-Ungarn und Russland am Balkan.

Die Annexion Bosniens belastete auch die Vereinbarungen zwischen Wien und St. Petersburg von 1897 und 1903, die gemeinsame Verpflichtungen für den Erhalt des Status quo am Balkan betrafen. Obwohl sich der österreichisch-ungarische Außenminister Aehrenthal mit dem russischen Außenminister Iswolski über die Annexion geeinigt hatte, war dies „ein Wendepunkt in der Geopolitik auf dem Balkan".[149] Außenminister Iswolski entschloss sich, seine Niederlage nicht einzugestehen, was zur Folge hatte, daß er später mit der Veröffentlichung der Dokumente bloßgestellt wurde, wobei er ursprünglich mit der Annexion Bosniens einverstanden war, dies in der Öffentlichkeit aber ganz anders dargestellt hatte, und zwar so, dass jede Ausdehnung von politischen und wirtschaftlichen Interessen Österreich-Ungarns auf dem Balkan mit einer starken russischen Reaktion beantwortet werden sollte.[150]

Die Annexion von Bosnien und Herzegowina durch die Doppelmonarchie verschlechterte auch die politischen Beziehungen zu Italien.[151] Als Frankreich 1881 Tunesien besetzte, schloss Italien im Mai 1882 einen Dreibund mit Deutschland und Österreich-Ungarn, dessen Gründungsziel sich gegen die Expansionswünsche Russlands und Frankreichs richtete. Trotz der Bildung des Dreibundes blieben die bilateralen Beziehungen zwischen Italien und Österreich-Ungarn aber weiterhin angespannt. Seit Ende des 19. Jahrhunderts erfuhr die italienische Balkan- und Adriapolitik eine Intensivierung,[152] die parallel zur österreichisch-ungarischen Albanienpolitik lief. Wien und Rom schlossen im November 1897 in Monza eine Vereinbarung – nur mündlich zwischen dem italienischen Außenminister Visconti-Venosta und seinem österreichisch-ungarischen Kollegen Graf Goluchowksi – zur Aufrechterhaltung des territorialen Status quo am Balkan. Falls der Status quo nicht aufrechterhalten werden konnte, „verpflichten sich Österreich-Ungarn und

---

148 Holm Sundhaussen, Geschichte Serbiens 19.-21. Jahrhundert, Wien 2007, S. 210.
149 Christopher Clark, Die Schlafwandler. Wie Europa in den Ersten Weltkrieg zog. München 2013, S. 128.
150 Marija Wakounig, Dissens versus Konsens. Das Österreichbild in Russland während der Franzisko-Josephinischen Ära, in: Adam Wandruszka/Peter Urbanitisch, Die Habsburgermonarchie 1848-1918. Die Habsburgermonarchie im System der internationalen Beziehungen, Wien 1993, S. 477-489.
151 Angelo Ara, Die Haltung Italiens gegenüber der Habsburgermonarchie, in: Adam Wandruszka/Peter Urbanitisch, Die Habsburgermonarchie 1848-1918. Die Habsburgermonarchie im System der Internationalen Beziehungen, Wien 1993, S. 223.
152 Der Botschafter in Rom Graf Karl von Wedel an den Reichskanzler Grafen von Bülow, Rom, 12. Dezember 1901, in: Die Grosse Politik der Europäischen Kabinette 1871-1914. Sammlung der Diplomatischen Akten des Auswärtigen Amtes (B. 18), Nr. 5834, S. 717-719.

2.4. Der Ausbruch des Ersten Balkankrieges und der Weg zur Botschafterkonferenz

Italien, die geeigneten Mittel und Wege zu suchen um ihre beiderseitigen Interessen in Albanien in Übereinstimmung zu bringen und zu schützen".[153]

Als Italien Ende September 1911 eine Invasion in Libyen unternahm – welches sich unter osmanischer Herrschaft befand – erreichte der Nachfolger von Iswolski, der neue russische Außenminister Sazonov,[154] einen besonderen Erfolg: Er gründete am 13. März 1912 einen Balkanbund – zuerst zwischen Serbien und Bulgarien, später schlossen sich Griechenland und Montenegro an. Die Gründung des Balkanbundes als neuer politischer und militärischer Faktor in Südosteuropa war für die österreichisch-ungarische Diplomatie eine direkte Bedrohung. Dies führte zu einer Umorientierung der Politik nicht nur Wiens, sondern auch der anderen Großmächte.[155]

In der außenpolitischen Konzeption Russlands, die „offensiv gegen die Türkei, defensiv gegen die Donaumonarchie" gerichtet sein sollte,[156] hatte die Gründung des Balkanbundes viele Facetten. Erstens sollten die europäischen Gebiete, die unter osmanischer Herrschaft waren (Albanien, Makedonien, Thrakien, der Sandschak und Epiros), dazu dienen, ihre eigene Machtsphäre zu vergrößern und zwischen den Staaten des Balkanbundes aufgeteilt zu werden. Die Aufteilung der türkischen Restbesitzungen in Europa bedeutete für den Balkanbund das Ende der „Orientalischen Frage". Zweitens bedeutete die Bildung des Balkanbundes ein Gegengewicht zu Österreich-Ungarn.[157] Schließlich würde ein Macht- und Gebietszuwachs der Staaten des Balkanbundes eine ernsthafte Bedrohung der österreichisch-ungarischen Bestrebungen in der Südosteuropapolitik bedeuten.

Der italienisch-türkische Krieg nach der italienischen Invasion Libyens beschleunigte alles und gilt als auslösender Faktor für den Zusammenschluss der Balkanstaaten gegen

---

153 Zit. n. Behnen, Rüstung, Bündnis, Sicherheit, S. 360; die nächsten Vereinbarungen zwischen Wien und Rom wurden am 20. Dezember 1900 in Rom und am 9. Februar 1901 in Wien getroffen, wobei die beiden Großmächte übereinkommen, „die Dinge in Albanien ohne gegenseitige Konkurrenz ausreifen zu lassen, um einer eventuellen feindlichen Auseinandersetzung auszuweichen". Thalloczy, Illyrisch-albanischen Forschungen, S. 87.

154 Zu den russischen außenpolitischen Prioritäten siehe Sazonov, Sergej D. (1927), Sechs schwere Jahre. Verlag für Kulturpolitik, Berlin.

155 Karl Vocelka, Das Osmanische Reich und die Habsbugermonarchie 1848-1918, in: Adam Wandruszka/Peter Urbanitisch, Die Habsburgermonarchie 1848-1918. Die Habsburgermonarchie im System der Internationalen Beziehungen, Wien 1993, S. 271.

156 Alma Hannig, Die Balkanpolitik Österreichs-Ungarn vor 1914, in: Jürgen Angelow (Hrsg.), Der Erste Weltkrieg auf dem Balkan. Perspektiven der Forschung, Berlin – Brandenburg 2011, S. 39.

157 Zur Rolle der russischen Außenpolitik zur Gründung des Balkanbundes sowie zum Verlauf und zu den Ergebnissen der Balkankriege siehe Otto Bickel, Rußland und die Entstehung des Balkanbundes. Ein Beitrag zur Vorgeschichte des Weltkrieges, Berlin 1933; Ernst Christian Helmreich, The Diplomacy of the Balkan Wars, Cambridge 1938; Edward C. Thaden, Russia and the Balkan Alliance of 1912, Pennsylvania 1965; Andrew Rossos, Russia and the Balkans: Inter-Balkan Rivalries and Russian Foreign Policy 1908-1914, Toronto 1981; Katrin Boeckh, Von den Balkankriegen zum Ersten Weltkrieg. Kleinstaatenpolitik und ethnische Selbstbestimmung auf dem Balkan, München, 1996; Richard C. Hall, The Balkan Wars 1912-1913. Prelude to the First World War, London 2000; Fiona K. Tomaszewski, A Great Russia: Russia and the Triple Entente, 1905 to 1914, Westport 2002; Jacob Gould Schurman, The Balkan Wars: 1912-1913 [Place of publication not identified] 2008.

2. Historische Bezüge zwischen der Habsburgermonarchie und dem Kosovo 1689-1918

die Türkei. Im Oktober 1912 erklärte der kleinste Staat des Balkanbundes, Montenegro, den Krieg gegen das Osmanische Reich (Erster Balkankrieg, Oktober 1912 bis März 1913). Später begannen auch die anderen Staaten des Balkanbundes mit Angriffen gegen die Türken. Die türkischen Kräfte wurden an all jenen Fronten geschlagen, wo sie nicht in der Lage waren, sich vor den Angriffen der Balkanstaaten zu schützen. Zugleich musste der Sultan gegen Italien kämpfen.

Als der Erste Balkankrieg ausbrach, befanden sich die albanischen Gebiete im Visier der territorialen Ausdehnung des Balkanbundes und im Zentrum der europäischen Großmächtepolitik. „Für die Albaner stellte sich jetzt die Frage des politischen Überlebens."[158] Die Albaner waren das einzige Balkan-Volk, das keinen militärischen Verbündeten finden konnte und sich zugleich in einer Abwehrsituation befand. Als die Truppen des Balkanbundes gegen die türkischen Heere siegten, standen die albanischen Gebiete vor der Invasion des Balkanbundes. Die Montenegriner marschierten in Teile Nordalbaniens ein, einschließlich der strategisch wichtigen Städte Shkodra und Peja, während die Griechen Südalbanien eroberten. Die größten Nutznießer waren die Serben, die den Kosovo und Westmazedonien bis Mittelalbanien mit der Stadt Elbasan erhalten hatten.

Da der Balkanbund für Österreich-Ungarn eine existenzielle Gefahr darstellte, fürchtete Wien den steigenden russischen Einfluss am Balkan durch die drohende Gründung einer slawischen Allianz, andererseits eine Blockade der Handelswege Wiens in den Orient durch die slawischen Mächte.[159]

Aus strategischen Gründen hatte Italien nach seinem Erfolg im türkischen Krieg in Albanien wieder Fuß gefasst. Auch die benachbarten Slawen und Griechen nutzten die Schwächung des Osmanischen Reiches, um ihr Territorium auszuweiten. Serbien richtete sein militärisches Ziel vor allem auf den Vilajet Kosovo, „und es kam zu Übergriffen gegen die kosovarische Zivilbevölkerung, zu Massenexekutionen, Vertreibungen und Zwangskonvertierungen".[160] Die serbische Politik strebte einen Zugang zur Adria über albanische Gebiete an. Montenegro versuchte weiter seine Territorien in Nordalbanien auszudehnen, während Griechenland, auch aus strategischen Gründen, Südalbanien bzw. die südalbanische Küste zu besetzen versuchte. Der Balkanpublizist Baron Leopold Freiherr von Chlumecky analysierte im Jahr 1913 die strategische Lage Albaniens folgendermaßen:

> Nicht der Albanesen, sondern unseretwillen brauchen wir ein starkes Albanien. Dieses hat im Sinne der österreichisch-ungarischen und folgerichtig auch der deutschen Politik die Funktion des letzten Bollwerkes gegen das Vordringen des Panslawismus an die Adria zu erfüllen; es muß zu einem Gegengewicht gegen das größere Serbien werden und schließlich stellt Albanien die letzte Brücke dar, auf welcher Mitteleuropa ziemlich unbehindert seinen Einfluss nach dem westlichen Balkan tragen kann.[161]

---

158 Peter Bartl, Albanien. Vom Mittelalter bis zur Gegenwart, München 1995, S. 134.
159 Bridge, Österreich(-Ungarn) unter den Grossmächten, S. 269.
160 Jandl, Österreichs Rolle im Kosovo-Konflikt, S. 54.
161 Leopold Freiherr von Chlumecky, Österreich-Ungarns und Deutschlands Interesse an einem starken Albanien, in: *Österreichische Rundschau* XXXIV (1913), S. 256.

2.4. Der Ausbruch des Ersten Balkankrieges und der Weg zur Botschafterkonferenz

Vor den neuen Grenzziehungen am Balkan sowie vor der Veränderung des Status quo auf dem Balkan war die Außenpolitik Wiens unter Leitung des neuen Außenministers Leopold Graf Berchtold, der seit Februar 1912 (bis Jänner 1915) das Außenressort übernommen hatte, um gemeinsam mit anderen europäischen Großmächten eine neue Politik auf dem Balkan zu gestalten.[162] Berchtold versuchte vor allem Berlin und Rom von einer gemeinsamen Linie zu überzeugen, um so in der veränderten Situation am Balkan, „dem Vordringen der slawischen Flut und des russischen Einflusses entgegenzuarbeiten".[163]

Um zu verhindern, dass eine andere Großmacht am Balkan und insbesondere an der albanischen Küste dominieren konnte, bemühte sich Wien um die Schaffung eines autonomen oder unabhängigen albanischen Staates, welcher möglichst den gesamten albanischen Siedlungsraum in den vier von Albanern bewohnten Vilajets umfassen sollte. Die russische Außenpolitik befürchtete, dass die Gründung Albaniens gemäß der österreichisch-ungarischen Forderungen unter dem Einfluss Österreich-Ungarns stehen würde. Einerseits forderte der russische Außenminister ein autonomes Albanien unter der Souveränität des Osmanischen Reiches, andererseits war er aber auch bestrebt, die Forderungen und territorialen Ansprüche Serbiens auf die albanische Adriaküste anzuerkennen.[164] Die serbischen Ansprüche auf die Küste, hinter denen Russland steckte, wiesen die österreichisch-ungarische Außenpolitik scharf zurück. Auch für die anderen Großmächte war es keine bevorzugte Politik, den serbischen Ambitionen nachzugeben, weil dies auch die Stärkung Russlands in der Adria und im Mittelmeer bedeutet hätte. Um alle offenen Fragen nach der Niederlage des Osmanischen Reiches in ihren europäischen Besatzungen zu lösen und einen Krieg zwischen Österreich-Ungarn und Serbien möglichst zu verhindern, unternahmen die Großmächte[165] eine Vermittlungsinitiative. Im Oktober 1912 wurden die ersten Schritte zur Abhaltung einer internationalen Konferenz der Großmächte gemacht.[166] Aufgrund der unterschiedlichen Interessen und Vorschläge für die Verhandlungen zwischen den Großmächten, verzögerte sich die Einberufung der Konferenz allerdings.

Die albanischen Stammesführer, Beys, intellektuelle Eliten sowie die albanischen Abgeordneten in der Türkei, welche zumeist von der osmanischen Kultur geprägt waren, fürchteten, dass mit der Schwächung des Osmanischen Reiches die albanischen Gebiete Ziel territorialer Ausdehnung benachbarter Länder würden. Sie nutzten die Zeit bis zu der internationalen Konferenz zwischen den Großmächten „zu einer Propagandakampagne in der westeuropäischen Presse".[167] Die albanischen Patrioten und Intellektuellen ver-

---

162 Rede des Außenministers Graf Berchtold, in: *Neue Freie Presse*, 10. 10. 1912, S. 9.
163 Privatschreiben des Staatssekretärs des deutschen Auswärtigen Amts von Jagow, Berlin, 23 März 1913, in: Österreich-Ungarns Aussenpolitik von der bosnischen Krise 1908 bis zum Kriegsausbruch 1914. Diplomatische Aktenstücke des Österreichisch-Ungarischen Ministeriums des Äusseren, Nr. 6275, S. 1039-1041.
164 Bernhard Tönnes, Sonderfall Albanien. Enver Hoxhas „eigener Weg" und die historischen Ursprünge seiner Ideologie, München, 1980, S. 304.
165 Großbritannien, Österreich-Ungarn, Italien, Deutsches Reich, Frankreich, Russisches Reich.
166 Die französische Regierung in Berlin schlug als erste die Idee zur Organisierung eines Kongresses in Konstantinopel vor (Telegramm nach Berlin, 13. Oktober 1912, in: ÖUAK, Nr. 4067, S. 631.
167 Tönnes, Sonderfall Albanien, S. 304.

2. Historische Bezüge zwischen der Habsburgermonarchie und dem Kosovo 1689-1918

suchten, erstens die Arbeit der Albaner in den albanischen Gebieten und im Ausland zu koordinieren. Zweitens versuchten sie durch Reisen und Kontakte zu den Großmächten, diese von der Gründung eines albanischen Staates zu überzeugen. Auf die Bühne trat Ismail Qemal Bey Vlora, dessen langjähriger Dienst für das Osmanische Reich und als Abgeordneter im türkischen Parlament zu Ende war. Am 12. November 1912 traf er in Wien Außenminister Graf Berchtold, von dem er volle Unterstützung erhalten sollte.[168] Zum ersten Mal sollte Ismail Qemal Bey Vlora seine Pläne äußern und nicht mehr für eine Autonomie Albaniens innerhalb der Türkei, sondern für die volle Unabhängigkeit Albaniens plädieren. Dies wurde von ihm zum ersten Mal in einem Interview mit ihm in der österreichischen Tageszeitung „Neue Freie Presse" erwähnt:

> Da ist es doch ganz klar, dass wir uns um keinen Preis der Welt gefallen lassen werden, dass unser Land unter die Herrschaft eines anderen Staates kommt. Wir haben das Bewusstsein, auf eigenen Füssen stehen zu können, und werden uns unser Unabhängigkeits- und Freiheitsgefühl von niemandem nehmen lassen.[169]

Ismail Qemal Bey Vlora reiste mit einem österreichischen Schiff von Triest nach Albanien. Am 28. November beschloss er gemeinsam mit allen Vertretern der albanischen Regionen auf einer Nationalversammlung in Vlora die Unabhängigkeit Albaniens von der Türkei auszurufen und eine provisorische albanische Regierung unter Präsident Qemal Bey Vlora zu bilden.[170] Die Delegierten beschlossen das Dokument der Unabhängigkeitserklärung einstimmig: „Ab heute ist Albanien eigenständig, frei und unabhängig." Mit der Unabhängigkeitserklärung endete die Phase der Staatsgründung und es wurde ein anderes Kapitel zur internationalen Anerkennung des Staates eröffnet. Über dessen Schicksal hatten die europäischen Großmächte zu entscheiden.

Als der Balkanbund den Krieg gegen das Osmanische Reich erklärte, hatte der Chef des Generalstabes Franz Conrad von Hötzendorf dazu aufgerufen, dass Wien aufgrund dieser Ereignisse nicht tatenlos bleiben sollte. Er versuchte Außenminister Berchtold zu überzeugen, dass der Status quo am Balkan verändert war, was dieser als Nonsens bezeichnete. Hötzendorf vertrat die Meinung, dass Wien die nächsten politischen Schritte festlegen sollte: „Albanien wäre autonom zu machen, jedoch unter direktem österreichi-

---

168 Kristo Frasheri, The History of Albania. A Brief Survey, Tirana 1964, S. 176; siehe die Lebenserinnerungen seines Cousins Eqrem Bej Vlora, Kujtime 1885-1925 (Lebenserinnerungen 1885-1925), Tirana 1973, sowie Ismail Kemal Bey Vlora, The Memoirs of Ismail Kemal Bey (ed. by Sommerville Story), London 1920.
169 Äußerungen Ismail Kemal Beys über die albanische Kundgebung, in: *Neue Freie Presse*, 14. 11. 1912, S. 4.
170 Aufgrund der kriegerischen Situation gegen die Serben und Montenegriner konnten nicht alle Delegierten des Vilajet von Kosovo an der Nationalversammlung teilnehmen: „Salih Djuka, Bedi Bey, Redjeb Bey, Midhat Bey Frasheri, Isa Boletini (abwesend), Riza Bey Djakova (abwesend), Ali Bey Draga (abwesend), Mehmed Pascha Kalkandelen (abwesend)". Bericht des Konsuls Wenzel Lejhanec aus Valona, 29. November 1912, in: ÖUAK, Nr. 4716, Beilage zu Nr. 4716, S. 1078-1081.

schen Protektorat."¹⁷¹ Er forderte, militärisch in Albanien zu intervenieren und es an die
Monarchie anzuschließen:

> Albanien unter dem direkten Einfluß der Monarchie bildet ein wertvolles Gewicht den anderen Balkanstaaten gegenüber […]. Dieses Gewicht ergibt sich ebensowohl aus der geographischen Lage im Rücken Serbiens und Montenegros, falls diese in Konflikt mit der Monarchie geraten […]. Albanien im Einfluß der Monarchie schließt jeden anderen Einfluß, insbesondere Italien aus. Albanien in derartigen Anschluß an die Monarchie wird ein fruchtbringendes Handels- und Verkehrsgebiet für diese.¹⁷²

Zwischen 25. und 30. Oktober 1912 wurde eine Konferenz im Ministerium des Äußeren abgehalten, in der über die neuesten Entwicklungen am Balkan und die künftige Albanienpolitik gesprochen wurde. Es

> […] erscheint die Bildung eines autonomen oder, nach gänzlichem Aufhören der türkischen Souveränität, selbstständigen Albaniens erwünscht. Was den territorialen Umfang dieses neuen Körpers betrifft, so würde es im Interesse seiner Lebens- und Widerstandskraft gelegen sein, dass er womöglich alle auf türkischem Boden wohnenden Shkipetaren in sich schliesse und eine möglichst natürliche Abgrenzung aufweise. Auch wäre es im Interesse der Entwicklung enger wirtschaftlicher und politischer Beziehungen Albaniens zu Österreich-Ungarn gelegen, wenn sich dieser Zukunftsstaat möglichst weit nach Osten erstrecken würde.¹⁷³

Aber auf der Konferenz wurden sich die Beamten des Außenministeriums bewusst: „[L]eider erscheinen diese Desiderata infolge der complizierten ethnographischen Verhältnisse der Vilajete Kossova, Monastir und Janina überhaupt nicht leicht realisierbar, und nicht viel weniger im gegenwärtigen Momente"¹⁷⁴ angesichts der militärischen Erfolge des Balkanbundes.

2.5. Die Kosovo-Frage auf der Londoner Botschafterkonferenz

Das Akutwerden der „Orientalischen Frage" führte zu einer gewissen Verschiebung in den Beziehungen der Großmächte, sodass ein Krieg zwischen Russland und Österreich-Ungarn durch eine Krise in einen weiteren Krieg münden konnte. Die Ereignisse des Ersten Balkankrieges sowie das neue politische Gleichgewicht am Balkan verlangten die Aufmerksamkeit der Großmächte, sodass sie sich bei der Londoner Botschafterkonferenz vom 17. Dezember 1912 bis 30. Mai 1913¹⁷⁵ mit den Ergebnissen der Balkankriege und

---

171 Franz Conrad von Hötzendorf, Aus meiner Dienstzeit: 1906-1918. Die Zeit des libyschen Krieges und des Balkankrieges bis Ende 1912, Wien 1922, S. 316.
172 Ebd.
173 Aufzeichnung über eine im Ministerium des Äussseren abgehaltene Konferenz" (ohne Datum, zwischen 25. und 30. Oktober 1912), in: ÖUAK, Nr. 4170, S. 698.
174 Ebd.
175 Als der Zweite Balkankrieg Ende Juni 1913 ausbrach, wobei Serbien und Griechenland ein

2. Historische Bezüge zwischen der Habsburgermonarchie und dem Kosovo 1689-1918

den territorialen Änderungen beschäftigen mussten.[176] Das Hauptaugenmerk des österreichisch-ungarischen Außenministers Berchtold lag auf der „Albanischen Frage".

Die österreichisch-ungarische Delegation bei der Londoner Konferenz wurde vom österreichisch-ungarischen Botschafter in London, Graf Mensdorff,[177] geleitet, zusätzlich wurden Sektionschef Theodor Ippen und der Gesandte Freiherr von Giesl als Berater des österreichisch-ungarischen Außenministeriums nach London geschickt. von Giesl war lange Jahre österreichisch-ungarischer Vertreter in Cetinje und galt als guter Kenner der Verhältnisse am Balkan und des europäischen Teils des Osmanischen Reiches. Er kannte auch das gesammelte Material ethnographischer Karten Albaniens, und so waren er und Ippen sehr gute Albanienkenner. Ihre Expertise diente ganz entscheidend als Grundlage bei der Grenzziehung für Albanien. Der Historiker Hugo Hantsch schrieb:

> Keine der Delegationen war so gut und so genau über die nationalen Verhältnisse Albaniens informiert wie die österreichisch-ungarische, aber es zeigt sich bald, daß es nicht auf die nationale Abgrenzung allein ankam, sondern auf Interessen machtpolitischer, ökonomischer oder strategischer Natur, die ethnographische Voraussetzungen einfach außer acht ließen.[178]

Die Londoner Botschafterkonferenz – die Konferenz wurde durch die Vermittlungsbemühungen vom Deutschen Reich und Großbritannien einberufen – hatte drei Tagesordnungspunkte: die Zukunft Albaniens, der Zugang Serbiens zur Adria und die Inseln im Ägäischen Meer.[179] „In der Tat, in der Albanischen Frage konzentrierten sich die Unvereinbarkeit der balkanischen Verbündeten, aber auch die Großmächte."[180] Die Londoner Botschafterkonferenz anerkannte am 29. Juli 1913 die Unabhängigkeit und Souveränität Albaniens, die am 28. November 1912 erklärt worden war,[181] „ungeachtet der Tatsache, dass knapp die Hälfte des albanischen besiedelten Gebietes (vor allem der Kosovo) außerhalb der in London vereinbarten Grenzen lag".[182] Die Russen waren von Anfang an gegen ein unabhängiges Albanien und verhielten sich zögerlich hinsichtlich der Staats-

---

Bündnis gegen Bulgarien gründeten und später auch Rumänien und die Türkei in den Krieg (Juli 1913) eintraten, wurden die Verhandlungen wieder aufgenommen, die mit dem Frieden von Bukarest (10. August 1913) und einem separaten Frieden von Konstantinopel (29. September 1913) endeten.

176 Boeckh, Von den Balkankriegen zum Ersten Weltkrieg, S. 41.
177 Graf Albert Mensdorff-Pouilly war der Großonkel von Albert Rohan.
178 Hugo Hantsch, Leopold Graf Berchtold. Grandseigneur und Staatsmann, Graz 1963, S. 365.
179 Graf Berchtold an Graf Mensdorff in London, 15. Dezember 1912, in: Diplomatische Aktenstücke betreffend die Ereignisse am Balkan, Nr. 166, S. 87-90.
180 Arben Puto, Londoner Konferenz in zwei Ausgaben, in: Gashi Skender/Christine von Khol (Hrsg.), Die Wiederkehr der albanischer Frage. Ihre Bedeutung für den Balkan und Europa. *Dardania, Zeitschrift für Geschichte, Kultur, Literatur und Politik*, Wien 1997, 47.
181 Artikel 1 des Friedensvertrages von London: „Albania is constituted as an autonomous, sovereign and hereditary principality by right of primogeniture, guaranteed by the six Powers. The sovereign will be designated by the six Powers" http://www.albanianhistory.net/1913_Conference-of-London/index.html (abgerufen 01.07.2016).
182 Clark, Die Schlafwandler, S. 371.

2.5. Die Kosovo-Frage auf der Londoner Botschafterkonferenz

gründung, die schließlich unter Garantie und Kontrolle der europäischen Großmächte, aber unter der Souveränität des Sultans stattfinden sollte.

Am Anfang beschäftigte sich die Botschafterkonferenz mit den Kriterien, nach denen die Grenzen Albaniens zu bestimmen seien. Der österreichisch-ungarische Standpunkt bevorzugte die Festlegung der Grenzen nach dem ethnischen Prinzip. Botschafter Mensdorff vertrat Wiens Meinung, die „von Albanesen bewohnte[n] Teile müßten Albanien gehören".[183] Diesen Standpunkt „Albania for the Albanians" präsentierte Mensdorff anhand der Darstellung auf einer Landkarte, die zeigen sollte, „wie weit landeinwärts Albanesen reichen".[184] Die österreichisch-ungarische Position stieß aber auf den Widerstand der anderen Großmächte, sodass das Kriterium der Ethnizität nicht als Basis der Verhandlungen zur Bestimmung der Grenzen Albaniens herangezogen wurde.

Das wichtigste außenpolitische Ziel von Berchtolds bestand darin, einen Zugang Serbiens zur Adria zu verhindern. Für ihn ging es bei der Grenzziehung Albaniens nicht um ein diplomatisches Manöver, sondern wie schon für seine Vorgänger Graf Goluchowksi und Aehrenthal um eine umfassend konzipierte außenpolitische Strategie. Die Auseinandersetzung über die beiden Fragen spitzte sich auf der Botschafterkonferenz zu.[185] Ein Adria-Hafen für Serbien hätte für die Wiener Diplomatie die Existenz des albanischen Staates gefährdet und aus strategischen Gründen wollte Wien nicht dulden, dass eine andere Großmacht über deren Verbündeten Serbien – gemeint war Russland – Zugang zur Adria bekomme.[186] Berchtold hatte am 17. November 1912 im Belvedere eine Audienz bei Thronfolger Franz Ferdinand, wobei Letzterer der Meinung war: „Wir können uns nicht alles gefallen lassen! Die Nichtzulassung eines serbischen Adriahafens sei für uns eine Lebensfrage."[187]

Berchtold bekam die Unterstützung Italiens und später Deutschlands, „ein derartiger Korridor zum Adriatischen Meere durch albanisches Gebiet wäre auch mit Italiens Interessen nicht vereinbar".[188] In einem Telegramm vom 8. November 1912 teilte Berchtold dem österreichisch-ungarischen Botschafter in Belgrad seine Position mit und wies ihn an, diese gegenüber Serbiens Ministerpräsidenten Nikola Pašic auszusprechen:

> Was den in Serbien laut gewordenen Wunsch betrifft, territorial an die Adria zu gelangen, so muß bemerkt werden, daß die hierbei in Betracht kommenden Gebiete an der Küste und im Inneren ausschließlich von Albanesen bewohnt sind; ihre Inkorporierung in Serbien würde

---

183 Telegramm aus London von Mensdorff, 18. Dezember 1912, in: ÖUAK, Nr. 4957, S. 156.
184 Ebd.
185 Löding, Deutschlands und Österreich-Ungarns Balkanpolitik, S. 157.
186 Graf Berchtold an Graf Szögyény in Berlin, 30. Oktober 1912, in: Diplomatische Aktenstücke betreffend die Ereignisse am Balkan, Nr. 60, S. 36-37; Graf Berchtold an Freiherrn von Giesl in Cetinje, 10. November 1912, in: Diplomatische Aktenstücke betreffend die Ereignisse am Balkan, Nr. 84, S. 49.
187 Hantsch, Leopold Graf Berchtold, S. 347.
188 Graf Szögyény an Graf Berchtold, 5. November 1912, in: Diplomatische Aktenstücke betreffend die Ereignisse am Balkan, Nr. 73, S. 43; Herr von Méry an Graf Berchtold, 9. November 1912, in: Diplomatische Aktenstücke betreffend die Ereignisse am Balkan, Nr. 82, S. 48; Graf Thurn an Graf Berchtold, 11. November 1912, in: Diplomatische Aktenstücke betreffend die Ereignisse am Balkan, Nr. 92, S. 52.

2. Historische Bezüge zwischen der Habsburgermonarchie und dem Kosovo 1689-1918

daher dem von den Balkanstaaten selbst aufgestellten Prinzipe der ethnischen Autonomie widersprechen und die dadurch herbeigeführte Zerstücklung des albanischen Gebietes würde von Österreich-Ungarn und Italien in Aussicht genommene Selbständigkeit dieses Landes verhindern.[189]

Die Wiener Zeitung „Die Zeit" schrieb über den Erfolg der österreichisch-ungarischen Diplomatie: „Unser Erfolg besteht darin, die Teilung Albaniens unter die Verbündeten zu verhindern und den Serben den Zugang zum Adriatischen Meere zu versperren [...]."[190] Für den serbischen Ministerpräsidenten Pašic konnte Serbien „auf einen Hafen am Adriatischen Meere absolut nicht verzichten, dies sei für dasselbe eine Existenzbindung".[191] Von großer Besorgnis war für Pašic auch die österreichisch-ungarische Außenpolitik, was die von Albanern bewohnten Gebiete im Allgemeinen und im Besonderen im Kosovo betraf. In einem Telegramm vom 17. November 1912 berichtete Berchtold dem italienischen Außenminister über die österreichisch-ungarischen Pläne: „Ich bin der Anschauung, daß die Existenz Albaniens desto gesicherter wäre, je mehr von den ausschließlich oder wenigstens vorwiegend von Albanesen bewohnten Gebieten in das neue Staatswesen einbezogen werden."[192] Er führte fort: „Die von den Serben besetzten Orte Djakova [Gjakova], Ipek [Peja] und Prisren [Prizren] sind ebenso wie ihr Gebiet zum größten Teil von Albanesen bewohnt; ihre Einbeziehung in das künftige Albanien wäre daher ebenso erwünscht wie gerechtfertigt."[193]

Die Internationalisierung der Albanischen Frage bei der Londoner Botschafterkonferenz, wo sie im Vergleich zum Berliner Kongress als „geographischer Begriff der Landkarte" bezeichnet wurde, war zweifellos ein strategisches Ziel von Wien und Rom. Der italienische Außenminister Tommaso Titoni nannte die gemeinsamen italienischen und österreichisch-ungarischen Bemühungen in Albanien „das uneheliche Kind der österreichisch-ungarischen Monarchie mit Italien als Hebamme".[194] Eine Ausdehnung des russischen und serbischen Einflusses vom Ägäischen Meer bis an die Grenze Bosniens würden Wien und Rom nicht zulassen können. Eine Stärkung der slawischen Position auf dem Balkan war auch für Berlin nicht akzeptabel. Paris positionierte sich trotz seiner pro-serbischen Haltung aber auch nicht gegen die Gründung eines kleinen, unabhängigen Albaniens. London blieb neutral, wobei aber eine Ausbreitung des slawischen Einflusses am Balkan kritisch gesehen wurde.

Die ersten drei Treffen (17., 18. und 20. Dezember 1912) der Vertreter der Großmächte brachten keinen besonderen Erfolg in der Albanienfrage. Die Grenzziehung im Norden

---

189 Graf Berchtold an Herrn Ugron in Belgrad, 8. November 1912, in: Diplomatische Aktenstücke betreffend die Ereignisse am Balkan, Nr. 81, S. 48-48.
190 *Die Zeit*, 22. 12. 1912, Nr. 3680.
191 Herr von Ugron an Graf Berchtold, 11. November 1912, in: Diplomatische Aktenstücke betreffend die Ereignisse am Balkan, Nr. 87, S. 50.
192 Graf Berchtold an Herrn von Mérey in Rom, 17. November 1912, in: Diplomatische Aktenstücke betreffend die Ereignisse am Balkan, Nr. 107, S. 59.
193 Ebd.
194 Zit. n. Walther Peinsipp, Das Volk der Shkypetaren. Geschichte, Gesellschafts- und Verhaltensordnung. Ein Beitrag zur Rechtsarchäologie und zur soziologischen Anthropologie des Balkan, Wien 1985, S. 31.

2.5. Die Kosovo-Frage auf der Londoner Botschafterkonferenz

Albaniens war der gordische Knoten in den Verhandlungen. Österreich-Ungarn vertrat seine Position, wonach der künftige albanische Staat alle von Albanern bewohnten Gebiete umfassen sollte. Diese Position nahmen auch die Vertreter der Albaner ein, während Russland die serbische Position vertrat. Was die Stadt Shkodra betraf, zeigte sich Berchtold kompromisslos.[195] Shkodra war seiner Ansicht nach „fast eine österreichische Stadt", quasi ein Synonym für die politischen und wirtschaftlichen Bemühungen Österreich-Ungarns in Sachen Albanien und das Zentrum der albanischen Katholiken. Der russische Außenminister Sazonov insistierte demgegenüber auf den Verbleib Shkodras bei Montenegro – quasi als Lohn für den Kampf der Montenegriner gegen die Türkei.

Am 14. Jänner 1913 lenkte Sazonov unter einer Bedingung schließlich ein. Da die ersten Forderungen Wiens erfüllt worden waren, sollte im Gegenzug das Territorium des Kosovo Serbien erhalten.[196] Die Zugehörigkeit Shkodras zu Albanien sei zudem nur akzeptabel, wenn die Stadt Gjakova entweder zu Serbien oder Montenegro komme. Wien vertrat die Ansicht, dass das nur von Albanern bewohnte Gjakova nicht an einen anderen Staat abgetreten werden könne.[197]

Obwohl Serbien in der Frage der Adriahäfen einlenkte und akzeptierte, daß Shkodra zu Albanien gehören sollte, führte Wien seine Albanienpolitik kompromisslos weiter. Der österreichisch-ungarische Botschafter in Berlin, Ladislaus von Szögyény, berichtete Außenminister Berchtold: „Sollte Österreich-Ungarn sich mit diesem Erfolge nicht begnügen und nicht zugeben, dass Ipek, Prisren und Diakova Serbien zugesprochen werden, so wäre ein scharfer Konflikt zwischen Österreich-Ungarn und Russland nicht zu vermeiden."[198] In einem Telegramm berichtete der österreichisch-ungarische Botschafter in St. Petersburg, Graf Thurn Außenminister Berchtold, dass der russische Außenminister Sazonov der „Einbeziehung Djakovas, Prisrens und Ipeks zu Albanien nicht zustimmen" könne.[199]

In St. Petersburg herrschte in der öffentlichen Meinung und in den politischen Kreisen eine anti-österreichische Stimmung vor. Selbst der russische Zar Nikolaus II. erregte sich darüber, „dass seine konziliante Politik in Wien angeblich gar keine Würdigung fände".[200] Das Kabinett des Zaren „sei der Ansicht, daß es bis nun in allen Fragen Nachgiebigkeit gezeigt hätte"[201] und ein weiteres Nachgeben nicht mehr möglich sei. Der Zar fürchtete sich vor möglichen Unruhen, und wollte keine Schwächung vor Österreich-Ungarn aufkommen lassen.

---

195 Telegramm nach Rom, Berlin und London von Graf Berchtold, 6. Jänner 1913, in: ÖUAK, Nr. 5216, S. 349-350.
196 Löhr, Die Gründung Albaniens, S. 63; Clark, Die Schlafwandler, S. 369-370; Telegramm aus Berlin von Szögyény, 20. Jänner 1913, in: ÖUAK, Nr. 5454, S. 497-498.
197 Helmreich, The Diplomacy of the Balkan Wars, S. 267.
198 Ebd.
199 Graf Thurn an Graf Berchtold, 24. Jänner 1913, in: Diplomatische Aktenstücke betreffend die Ereignisse am Balkan, Nr. 254, S.138; Telegramm aus St. Petersburg von Graf Thurn, 24. Jänner 1913, in: ÖUAK, Nr. 5517, S. 532-533.
200 Telegramm aus London von Mensdroff, 20. Jänner 1913, in: ÖUAK, Nr. 5462, S. 501.
201 Tagesbericht über einen Besuch des italienischen Botschafters, 21 Jänner 1913, in: ÖUAK, Nr. 5480, S. 510-511.

2. Historische Bezüge zwischen der Habsburgermonarchie und dem Kosovo 1689-1918

Die österreichisch-ungarische Diplomatie wiederum war nicht der Auffassung, dass Wien „bisher nur Vorteile errungen hätte und Rußland immer hätte nachgeben müssen".[202] Generalstabchef von Hötzendorf schlug Außenminister Berchtold vor, sich für die Bewaffnung der Albaner gegen die Serben und Montenegriner einzusetzen. Berchtold lehnte aber von Hötzendorfs Vorschlag mit der Begründung der Neutralität ab, zumal die europäischen Großmächte zugestimmt hätten, den Status quo am Balkan aufrechtzuhalten.[203] Allerdings wollte Berchtold die österreichischen Truppen, die zu diesem Zeitpunkt an den Grenzen zu Russland standen, nicht demobilisieren. Dies sollte laut Ansicht von Berchtold vor allem ein Zeichen an die Serben sein, dass die albanische Frage einen wesentlichen außenpolitischen Aspekt für Wien darstellt.[204] Berchtold war für einen albanischen Staat mehrheitlich mit Albanern, „da dies alles Marktstädte von gewisser Bedeutung für die Lebensfähigkeit des künftigen albanischen Staates waren".[205] Die Gründung eines albanischen Staates war sein Lebenswerk, deswegen „kämpfe Berchtold hartnäckig um jede [albanische] Stadt";[206] während der französische Botschafter in London, Paul Cambon, Berchtolds Beharrlichkeit bei der Gründung Albaniens als „österreichische Unternehmen" bezeichnete.[207]

Da die Verhandlungen keinen Erfolg zeigten, kam am 6. Februar 1913 vom deutschen Botschafter Karl Max von Lichnowsky die Idee, eine Kommission zu entsenden, die die Grenzen Albaniens auf ethnographischer und geographischer Basis festlegen sollte. Demnach sollten sowohl Wien als auch St. Petersburg für Kompromisse offen sein, um die Verhandlungen nicht scheitern zu lassen.[208] Gegen diesen Vorschlag wandte sich der serbische Ministerpräsident Pašić vehement: Der Vorschlag von Lichnowskys sei nicht im Interesse Serbiens, da viele große Städte von Albanern bewohnt seien. Pašić versuchte Sazonov zu überzeugen, dass Städte wie Gjakova oder Dibra auf keinen Fall an Albanien gehen sollten.[209] Sazonov dazu: „Then you will have to wage war all alone against

---

202 Ebd.
203 In seinen Memorialen führte Hötzendorf seine militärischen Pläne an, nach denen die österreichisch-ungarischen Truppen in den albanischen Gebieten einmarschieren sollten. Hötzendorf, Aus meiner Dienstzeit, S. 323).
204 Seit den Verhandlungen in London gab es eine Frage, die die direkten Verhandlungen zwischen Wien und St. Petersburg erschwert hat. Das war die Mobilisierung der österreichisch-ungarischen Truppen an der Grenze mit Serbien und mit Russland. Als Antwort darauf wurden auch die russischen Truppen mobilisiert. Für Berchtold kam die Demobilisierung seiner Armee ohne Abzug der serbischen Truppen aus Albanien nicht in Frage. Die Demobilisierung zwischen beiden Mächten wurde am 11. März 1913 vereinbart.
205 Zit. n. Bridge, Österreich(-Ungarn) unter den Grossmächten, S. 327.
206 Ebd.
207 Georges Castellan: Historia e Ballkanit, Tirana 1991 (Originaltitel: Histoire des Balkans (XI-Ve-XXe siècle), S. 398.
208 Telegramm aus London von Mensdorff, 6. Februar 1913, in: ÖUAK, Nr. 5693, S. 648-649; Telegramm aus London von Mensdroff, 7. Februar 1913, in: ÖUAK, Nr. 5706, S. 661.
209 Der serbische Ministerpräsident Pašić schrieb an den serbischen diplomatischen Vertreter in St. Petersburg: „Here it is not a matter of Djakova, Dibra and Scutari, but the question is: Is Russia with its friends stronger or weaker than Austria and its friends? The whole Slavic world and everybody else will consider Russia defeated through the policy and threats of Austria. The belief and confidence in Russia will not only be weakened, but it will be annihilated,

2.5. Die Kosovo-Frage auf der Londoner Botschafterkonferenz

Austria-Hungary. Austria will attack you, and we do not want a war about Djakova. With great effort we have won Prizren, Ipek, and Dečani for you, but Djakova and Dibra are purely Albanian towns."[210]

Der britische König George V., der den österreichisch-ungarischen Standpunkt bei der Grenzbestimmung Albaniens und der Skutari-Frage unterstützte, versuchte eine Änderung der Position Wiens herbeizuführen.[211] Aber erst als der deutsche Kaiser Druck auf Wien ausübte, gab Berchtold am 22. März 1913 schließlich nach.[212] Die Londoner Botschafterkonferenz einigte sich in der Folge darauf, den Kosovo, Teile Mazedoniens und des Sandschak ab Novi Pazar Serbien zu überantworten, während die südalbanischen Regionen Griechenland zugesprochen wurden. Der große Teil des heutigen Kosovo blieb somit bei Serbien. Nur Peja und Gjakova gingen an Montenegro.[213] Dadurch vergrößerte sich das serbische Territorium von 48.000 km² auf 87.000 km², während die Bevölkerungszahl Serbiens von 3 auf 4,3 bis 4,4 Millionen Menschen wuchs.[214] Der große Gewinner der Balkankriege war somit ohne Zweifel Serbien, es stieg zur stärksten Regionalmacht auf dem Balkan auf.

Berchtold richtete in Folge seine Aufmerksamkeit nicht auf die „in den okkupierten Gebieten von den Verbündeten begangene Gewaltakte gegen die dortige albanische und katholische Bevölkerung", die, wie er sagte, „mir Grund zu lebhafter Besorgnis geben".[215] Er machte weiters klar, dass „im Sinne unseres bisher stets vertretenen Standpunktes für einen wirksamen Schutz der katholischen und albanischen Minoritäten in den an Serbien und Montenegro fallenden neuen Gebieten vorgesorgt werden muss".[216] Der Balkanpublizist Baron Leopold Freiherr von Chlumecky beschrieb die Enttäuschung in der Wiener Diplomatie über die Abtretung großer Städte des Kosovo an Serbien. Es handelte sich hier nicht nur um die Zukunft Albaniens, „auch unsere Zukunft am Balkan steht auf dem Spiel. Wer sollte uns dort noch als Großmacht achten und respektieren, wenn wir nicht gewillt und nicht fähig scheinen, unseren so oft feierlich verkündeten Willen durchzusetzen."[217]

---

and the Austrian-German policy will triumph. Without a battle, nobody in Serbia will permit Djakova and Dibra to become Albanian. If Serbia is defeated on the battlefield, then it will at least not be scorned by the whole world, for the world will honor a nation which does not give itself alive into the slavery of Austria". zit. n. Helmreich, The Diplomacy of the Balkan Wars, S. 285.

210 Zit. n. Helmreich, The Diplomacy of the Balkan Wars, S. 284.
211 Telegramm aus London von Mensdorff, 25. Jänner 1913, in: ÖUAK, Nr. 5533, S. 541.
212 Graf Berchtold an Graf Mensdorff in London, 20. März 1913, in: Diplomatische Aktenstücke betreffend die Ereignisse am Balkan, Nr. 333, S. 177-178; Der Botschafter in Wien von Tschirschky an das Auswärtige Amt, Wien, 21. März 1913, in: Die Grosse Politik der Europäischen Kabinette 1871-1914. Sammlung der Diplomatischen Akte des Auswärtigen Amtes (B. 34), Nr. 13002, S. 538-539.
213 Graf Berchtold an die k.u.k. Gesandschaften in Belgrad und Cetinje, Wien, 23 März 1913, in: Diplomatische Aktenstücke betreffend die Ereignisse am Balkan, Nr. 346, S. 344.
214 Boeckh, Von den Balkankriegen zum Ersten Weltkrieg, S. 70.
215 Graf Berchtold an Graf Mensdorff in London, 20. März 1913 in: Diplomatische Aktenstücke betreffend die Ereignisse am Balkan, Nr. 333, S. 177-178.
216 Ebd.
217 Leopold Freiherr von Chlumecky, Unser und Albaniens Leidensweg, in: *Österreichische Rundschau* XXXV, S. 3.

2. Historische Bezüge zwischen der Habsburgermonarchie und dem Kosovo 1689-1918

Die kriegerische Stimmung und gespannten Beziehungen zwischen Österreich-Ungarn und Serbien während des Ersten Balkankrieges wurden am besten in der Prochaska-Affäre deutlich. Im Zuge des Ersten Balkankrieges, als die dritte serbische Armee in den Kosovo einmarschierte, schickte das serbische Außenministerium eine Demarche an das k.u.k. Außenministerium, in der gefordert wurde, daß der österreichisch-ungarische Konsul in Prizren, Oskar Prochaska, die albanische Bevölkerung in Prizren nicht gegen die serbischen Truppen aufstacheln solle. Als die serbischen Truppen am 30. Oktober 1912 Prizren besetzten, wurden sie vom Dachboden des Konsulatsgebäudes aus beschossen. Die serbische Regierung verlangte daraufhin die Abberufung Prochaskas, was von Außenminister Graf Berchtold abgelehnt wurde. In der Zwischenzeit gab es Gerüchte, dass Prochaska von Serben beleidigt, misshandelt oder sogar ermordet worden sei. Obwohl Prochaska am 25. November 1912 in Skopje in Sicherheit war, war die öffentliche Meinung in Wien stark antiserbisch eingestellt. Die österreichisch-ungarische Presse verlangte konkrete Maßnahmen gegen Serbien als Rache für die Beschädigung von Österreich-Ungarns Prestige. Die Prochaska-Affäre zeigte deutlich, wie die Rivalität zwischen Wien und Belgrad schnell eskalieren und Interventionen der anderen Großmächte nach sich ziehen konnte, was durch die späteren Entwicklungen und schließlich durch den Ausbruch des Ersten Weltkriegs bestätigt wurde.[218]

Die Grenzziehung Albaniens führte zu heftigen diplomatischen Streitigkeiten zwischen den großen europäischen Hauptstädten.[219] Nach den zwei Balkankriegen hätte die Albanien-Frage zu einem weiteren Krieg führen können. Höhepunkt war die Belagerung Shkodras, denn während die Londoner Botschafterkonferenz die Grenzen Albaniens festlegen sollte, setzten Montenegro und Serbien, „die sich verständlicherweise nicht nachträglich einen Teil ihrer Kriegsbeute wieder entreißen lassen wollten"[220] Taten. Für den Historiker Christopher Clark war auf dem Friedensvertrag von London „kaum die Tinte trocken", schon ging „es um die Aufteilung der Beute aus dem ersten Konflikt".[221] Als Montenegro[222] und später Serbien ihre Truppen in Shkodra stationierten, setzte sich Wien für die Umsetzung des Friedensvertrags von London ein.[223] Die Botschafterkonferenz

---

218 Robert A. Kann, Die Prochaska-Affäre vom Herbst 1912. Zwischen kaltem und heissem Krieg, Wien 1977, S. 3-39; Sosnosky, Die Balkanpolitik, S. 292; Leopold Kammerhofer, Diplomatie und Pressepolitik 1848-1918, in: Adam Wandruszka/Peter Urbanitisch, Die Habsburgermonarchie 1848-1918. Die Habsburgermonarchie im System der Internationalen Beziehungen, Wien 1989, S. 491.
219 Graf Thurn an Graf Berchtold, 11. November 1912, in: Diplomatische Aktenstücke betreffend die Ereignisse am Balkan, Nr. 92, S. 52; Freiherr von Giesl an Graf Berchtold, 11. November 1912, in: Diplomatische Aktenstücke betreffend die Ereignisse am Balkan, Nr. 98, S. 55.
220 Wolfgang J. Mommsen, Das Zeitalter des Imperialismus, Frankfurt am Main 1969, S. 259.
221 Clark, Die Schlafwandler, S. 371.
222 Als Montenegro sich nicht bereit erklärte, seine Truppen aus Skutari abzuziehen, zeigte sich Berchtold bereit, Montenegro den Krieg zu erklären. Am 1. Mai 1913 mobilisierte Wien seine Truppen an der Grenze zu Montenegro, während sich am 5. Mai 1913 die montenegrinischen Truppen aus Skutari zurückzogen.
223 Konrad Clewing, Balkankriege 1912/1913 und Griechenland, in: Horst-Dieter Blume/Cay Lienau (Hrsg.). Choregia, Münstersche Griechenland-Studien 12, Münster 2014, S. 25.

2.5. Die Kosovo-Frage auf der Londoner Botschafterkonferenz

entschied sich dafür, dass die genauen Grenzen Albaniens durch eine internationale Kommission von den Großmächten festgelegt werden sollte.

Als Belgrad sich monatelang weigerte, seine 100.000 Mann aus Shkodra abzuziehen, stellte Außenminister Berchtold am 18. Oktober 1913[224] der serbischen Regierung ein Ultimatum, in dem gefordert wurde, daß die serbischen Truppen innerhalb von acht Tagen aus Nordalbanien abzuziehen seien.[225] Die Umsetzung der Beschlüsse der Londoner Botschafterkonferenz hatte hohe Priorität für die österreichisch-ungarische Balkanpolitik. Einerseits hatte sie die Gründung eines albanischen Staates erreicht, andererseits hatte Serbien seine südliche Grenze über den Kosovo bis weit nach Mazedonien vorgeschoben. Obwohl Serbien sein Territorium verdoppelte, wurde es von Wien erfolgreich daran gehindert, sich in die Küstengebiete auszudehnen.

Als der Erste Balkankrieg ausbrach, marschierte eine große Zahl serbischer und montenegrinischer Truppen in den Kosovo ein, wo sie gewaltsam gegen die albanische Bevölkerung vorgingen. „Bereits der serbische Einmarsch 1912 und die Niederschlagung eines großen Aufstands im Jahre darauf dürften auf albanischer Seite an die 20.000 Leben gekostet haben und veranlassten annähernd 100.000 Menschen aus ihrer Heimat zu fliehen."[226] Trotz Widerstands der Albaner in vielen Gebieten konnte die Einnahme des Kosovo nicht verhindert werden. „Die Brutalität der Kriegführung, die zahlreichen Übergriffe gegen die Zivilbevölkerung, ausgedehnte ethnische Säuberungen bzw. Fluchtbewegungen und der Einsatz von oft kriminellen paramilitärischen Verbänden",[227] kennzeichneten den Beginn der serbischen Verwaltung.[228] Der österreichische Publizist und ehemalige sozialistische Reichsratsabgeordnete Leo Freundlich schrieb: „Tausende und Abertausende ermordete und zu Tod gequälte Männer, Frauen, Greise und Kinder, verbrannte und geplünderte Dörfer, geschändete Frauen und Mädchen, ein verwüstetes, geplündertes, im Blute schwimmendes und geschändetes Land."[229] Auch Leo Trotsky,[230]

---

224 Telegramm nach Berlin, Rom, St. Petersburg, London, Paris, Konstantinopel, Bukarest, Sofia, Athen, Cetinje und Valona, 18. Oktober 1913, in: ÖUAK, Nr. 8854, S. 455-457.
225 Berchtold äußerte, dass Serbien das Ultimatum respektieren werde: „Das wäre sehr zu bedauern! Jetzt oder nie! Es muß mal da unten Ordnung und Ruhe geschafft werden". Löding Deutschlands und Österreich-Ungarns Balkanpolitik, S. 165.
226 Konrad Clewing, Zur Kontinuität des Kosovo-Konfliktes 1878 bis 2008, in: Bernhard Chiari/ Agilolf Kesselring (Hrsg.), Kosovo. Wegweiser zur Geschichte, Paderborn 2008, S. 115.
227 Schmitt, Kosovo, S. 177.
228 Eine detaillierte Darstellung über die Gewaltausübung seitens der serbischen Truppen siehe Justin McCarthy, Death and Exile. To the Ethnic Cleansing of Ottoman Muslims 1821-1922, New Jersey 1996. „Serbians komitajis flogged the Muslim villagers of Drenova to death. In the two districts of Ljouma and Dibra alone, more than 2,000 Muslims were massacred by Serbian troops. Western observers estimated that approximately 5,000 Albanian Muslims were killed 'between Kumanova and Üsküb' and 5,000 in the Pristina area". McCarthy, Death and Exile, S. 141.
229 Leo Freundlich, Albaniens Golgatha: Anklageakten gegen die Vernichter des Albanervolkes, Wien 1913, S. 4; über das Vorgehen der Serben gegen die albanische Bevölkerung haben auch die europäischen Medien berichtet, die Leo Freundlich in seinem Werk „Albaniens Golgatha: Anklageakten gegen die Vernichter des Albanervolkes" gesammelt hat.
230 Lev Bronstein/Trotsky war Korrespondent aus Wien für die ukrainische Zeitung „Kievskaia Mysl". Leon Trotsky, The war correspondence of Leon Trotsky: The Balkan Wars 1912-13, 1980.

2. Historische Bezüge zwischen der Habsburgermonarchie und dem Kosovo 1689-1918

der damals Korrespondent in Wien war, sowie die britische Schriftstellerin und Balkanreisende Edith Durham[231] berichteten über die Ermordungen und ethnischen Säuberungen im Kosovo. Als einzige Stimme in Belgrad berichtete dazu der serbische Sozialdemokrat Dimitrije Tucovic über die Ereignisse.[232] Der britische „Daily Chronicle" schrieb am 12. November 1912:

> [...] es sei Tatsache, dass Tausende von Arnauten von den Serben massakriert wurden. In der Nähe von Üskub wurden 2000 und unweit Prizren 5000 mohammedanische Arnauten niedergemetzelt. Viele Dörfer sind von den Serben angezündet und die Bewohner abgeschlachtet worden. Bei den Hausdurchsuchungen nach Waffen wurden Albanesen, auch wenn man in deren Häusern keine Waffen vorfand, einfach getötet. Die Serben erklärten ganz offen, die mohammedanische Albanesen müßten ausgerottet werden, das sei das wirksamste Mittel zur Pazifizierung des Landes.[233]

Bei der albanischen Bevölkerung im Kosovo und Mazedonien zogen diese Ereignisse Unmut nach sich. In einem Bericht des österreichisch-ungarischen Botschafters in Belgrad, Wladimir Freiherr Giesl, heißt es:

> Die Gewalttaten der serbischen Behörden und Truppen, Plünderung, Brandlegung und Exekution halten die Bevölkerung in Schrecken und bewirken ein Anwachsen der Auswanderung aller nichtserbischen Elemente [...]. Aber auch die serbische Bevölkerung ist von Zufriedenheit weit entfernt.[234]

Ein detaillierter Bericht des österreichisch-ungarischen Vizekonsuls in Prizren, Rudolf Kohlruss, schildert zahlreiche Übergriffe der serbischen Verwaltung und die allgemeinen Lebensbedingungen der Zivilbevölkerung:

> Als die Serben [...] in Prisren einzogen, verkündeten sie den ‚befreiten' Bewohner dieser Gegenden die volle Gleichberechtigung aller Nationalitäten und Religionen; Ruhe, Ordnung und Gerechtigkeit sollten von nun an in dem neueroberten Lande walten. Sie haben keines dieser Versprechen gehalten.[235]

Über die schwierigen Lebensumstände beklagten sich nicht nur die muslimischen und katholischen Albaner, sondern auch die serbische Bevölkerung selbst: „Im Übrigen werden auch unter den eingeborenen Serben selbst Stimmen der Unzufriedenheit über das neue Regime laut; sie erhofften von der politischen Umgestaltung dieser Gebiete einen wirt-

---

231 Edith Durham, Twenty years of Balkan tangle (Hrsg. von Hermann Lutz), Stuttgart 1923.
232 Dimitrije Tucovic, Serbien und Albanien: ein kritischer Beitrag zur Unterdrückungspolitik der serbischen Bourgeoisie, Wien 1999.
233 Zit. n. Petritsch/Kaser/Pichler, Kosovo-Kosova, S. 91-82.
234 Bericht aus Belgrad, 10. April 1914, in: ÖUAK, Nr. 9564, S. 1039-1041.
235 Bericht des Vizekonsuls Rudolf Kohlruss aus Prisren, 27. Jänner 1914, in: ÖUAK, Nr. 9250, S. 784-786.

2.5. Die Kosovo-Frage auf der Londoner Botschafterkonferenz

schaftlichen Aufschwung [...]."[236] Die wirtschaftliche Situation verschlechterte sich noch durch die Einführung höherer Zölle und Abgaben; die albanische Bevölkerung musste auch alle Waffen abgeben. Die Bewohner der großen Städte waren die Ersten, die ihre Häuser verließen, während ein Teil der Bevölkerung aus den Dörfern in die Berge zog; ihre Felder wurden von der serbischen Verwaltung sequestriert. Viele, die nicht in der Lage waren, unter solchen Repressalien zu leben wanderten aus. Über die Zahlen der Auswanderung gibt es jedoch unterschiedliche Angaben. Laut albanischer Geschichtsschreibung verließen zwischen 1913 und 1915 120.000 Albaner das Land. Laut österreichisch-ungarischen Angaben gingen im Jahr 1913 20.000 waffenfähige Männer aus der Gjakova-Region, 30.000 Männer aus Prizren gemeinsam mit 21.000 Personen der albanischen muslimischen Stämme der Thaci,[237] Berisha, Gashi, Krasnice und Bituzi nach Bosnien.[238] Nach einem Bericht des österreichisch-ungarischen Vizekonsuls in Prizren, Rudolf Kohlruss, aus dem Jänner 1914 gingen viele albanische Kosovaren vor allem nach Albanien und in die Türkei.[239]

Ein Aufstand der albanischen Bevölkerung im Kosovo war unter diesen Umständen vorprogrammiert. Die Aufstände, die sich in einem großen Teil des Kosovo – vor allem in den Regionen Gjakova und Prizren – ausbreiteten, wurden von der serbischen und montenegrinischen Armee blutig niedergeschlagen.[240] Am 7. September 1913 verkündete der serbische König Peter Karadjodjevic die Annexion der eroberten Gebiete, sodass der Kosovo seither Teil Serbiens war.[241]

Allerdings glaubte, so ein Bericht des Vizekonsuls Kohlruss, die Mehrheit der Albaner doch, „dass diese Gebiete nicht mehr lange den Serben verbleiben werden, und sehen die serbische Herrschaft nur als einen Sturm an, der [...] bald vorübergehen wird".[242] Angesichts der Grausamkeiten der serbischen Armee hielt die Widerstandsbewegung der albanischen Bevölkerung im Kosovo an. Mit der gleichen Geschwindigkeit, mit der Serbien den Kosovo erobert hat, wurde der Kosovo wieder verlassen.

Auch Telegramme des Österreichisch-Ungarischen Ministeriums des Äusseren[243] und die Internationale Kommission „Carnegie Endowment for International Peace" bestätigen die Unterdrückung der Albaner:

> Houses and whole villages reduced to ashes, unarmed and innocent populations massacred [...] such were the means which were employed and are still being employed by the Serbi-

---

236 Ebd.
237 Krause, Das Problem der albanischen Unabhängigkeit in den Jahren 1908-1914, S. 350.
238 Diese Angaben sind in einem österreichisch-ungarischen Akt zu finden: Kriegsarchiv Wien, Militärkanzlei Franz Ferdinand ex 1913, 8-1/41-2.
239 Bericht des Vizekonsuls Rudolf Kohlruss aus Prisren, 27. Jänner 1914, in: ÖUAK, Nr. 9250, S. 784-786.
240 Malcolm, Kosovo, S. 259, Barbara Jelavich, History of the Balkans. Twentieth Century, S. 89.
241 Holm Sundhaussen, Kosovo: „Himmlisches Reich" und irdischer Kriegsschauplatz. Kontroversen über Recht, Unrecht und Gerechtigkeit, in: Südosteuropa 48 (1999), Nr. 5-6, S. 243.
242 Ebd.
243 „Über 600 Albanesen (auch Nichtkombattanten) niedergemacht, zahlreiche Dörfer verbrannt. Über 5000 Weiber und Kinder [...] geflüchtet; Hungersnot" (Telegramm nach Cetinje und Rom, 17. Oktober 1913, in: ÖUAK, Nr. 8855, S. 457-458.

2. Historische Bezüge zwischen der Habsburgermonarchie und dem Kosovo 1689-1918

an-Montenegrin soldiery, with a view to the entire transformation of the ethnic character of regions inhabited exclusively by Albanians.[244]

Über die Grausamkeiten gegen die einheimische Bevölkerung berichtete der österreichisch-ungarische Generalkonsul in Skopje, Jehlitschka:

> In einem war die Rede von der Zerstörung zehn kleiner Dörfer, deren gesamte Bevölkerung getötet worden sei. Zuerst wurden die Männer gezwungen, aus dem Dorf zu kommen, und reihenweise erschossen; dann wurden die Häuser in Brand gesteckt, und als die Frauen und Kinder vor den Flammen flüchteten, wurden sie mit den Bajonetten ermordet.[245]

Die Resultate der Londoner Botschafterkonferenz der Großmächte vom Dezember 1912 bis zum August 1913 wurden zweifellos schicksalhaft für den Kosovo im 20. Jahrhundert. Über die Zukunft des Kosovo entschieden Wien und Sankt Petersburg. Während Wien seine zwei Hauptprioritäten, den Ausschluss Serbiens von der Adria und die Zugehörigkeit Shkodras zu Albanien durchsetzte, zeigte die Ballhausplatz-Diplomatie nach langem, entschlossenen Widerstand Kompromissbereitschaft Bezug auf Kosovo. Diese Entscheidung Wiens sollte die künftige Geschichte des Kosovo bestimmen. „Die heutige Grenze zwischen Albanien und dem Kosovo ist im Wesentlichen ein Ergebnis der russischen Diplomatie."[246] Wäre die österreichisch-ungarische Diplomatie bei der Einbeziehung des Kosovo in das albanische Staatsgebiet hart geblieben, wäre auch die künftige Geschichte des Kosovo anders verlaufen.

2.6. Der Erste Weltkrieg und der Kosovo

Die Ermordung des österreichisch-ungarischen Thronfolgers Franz Ferdinand durch Gavrilo Princip in Sarajevo am 28. Juni 1914 brachte eine völlige Änderung der politischen Lage mit sich – nicht nur auf dem Balkan, sondern in ganz Europa und in der internationalen Politik. Die Schüsse des Serben Gavrilo Princip verletzten Franz Ferdinand und seine Frau Sophie tödlich. Die Schüsse des serbischen Studenten sollten das Schicksal der Habsburgermonarchie entscheiden.

Das Datum 28. Juni hatte in der serbischen Geschichtsschreibung einen besonderen Stellenwert. Bei der Schlacht auf dem Amselfeld, am 28. Juni 1389, fügten die Osmanen den balkanischen Koalitionsheeren große Verluste zu, wobei sowohl der Anführer des serbischen Heeres Fürst Lazar als auch Sultan Murad I. fielen.[247] Letzterer wurde von dem

---

244 Carnegie Endowment for International Peace, Report of the International Commission to Inquire into the Causes and Conduct of the Balkan Wars (1914), Washington, D.C, p. 151.
245 Zit. n. Clark, Die Schlafwandler, S. 159. Laut Generalkonsul Jehlitschka waren dies „keine Akte spontaner Brutalität", sondern „eine mit kaltem Blute und systematisch, offenbar über höheren Befehl durchgeführte Eliminierungs- oder Ausrottungsoperation". Ebd.
246 Schmitt, Kosovo, S. 180.
247 Genau weiß man immer noch nicht, ob er in freier Feldschlacht fiel, getötet oder gefangengenommen wurde.

2.6. Der Erste Weltkrieg und der Kosovo

serbischen Krieger Miloš Obilic erschlagen. Im serbischen Geschichtsbewusstsein wird der Tod Lazars als moralischer Sieg über die Osmanen (Muslime) wahrgenommen, der Akt des Selbstmordattentäters Miloš Obilic als heroisches Opfer. Die Schlacht auf dem Amselfeld ist unter Historikern sehr umstritten. Die Albaner nahmen laut osmanischen Chroniken sowohl an dieser Schlacht teil, als auch an der militärischen Organisation der Heere der Balkankoalition, was auch von albanischen Historikern belegt wird. Serbische Historiker bestreiten dies. Laut österreichischen Quellen war die Schlacht auf dem Amselfeld „eine ‚normale' Schlacht, so wie es zu der Zeit viele gab; allerdings doch nicht ganz: Außergewöhnlich war, dass die beiden Heerführer ums Leben kamen."[248] Zu den Kosovo-Erinnerungen der Serben gehört auch die Verehrung des Vidovdan (St. Veith-Tag),[249] der laut gregorianischem Kalender am 28. Juni gefeiert wird.[250]

Bis in die jüngste Geschichte war das Datum 28. Juni ein historischer Anknüpfungspunkt und ein nationales Symbol für die Serben. Am 28. Juni 1989 wurde der 600. Jahrestag der Schlacht auf dem Amselfeld im Kosovo gefeiert. Slobodan Milošević hielt in Anwesenheit von rund 1,5 Millionen Serben eine Rede, die vielfach als Beginn seines Aufstiegs und des Zerfalls Jugoslawiens gesehen wird. Ironie des Schicksals: Am 28. Juni 2001 wurde Milošević an das UN-Kriegsverbrechertribunal in Den Haag ausgeliefert.

Die Ermordung von Erzherzog Franz Ferdinand fand zeitgleich mit großen Feiern zum St. Veith-Tag im Kosovo statt. Auf Anordnung des serbischen Innenministeriums und der Zentralleitung der „Narodna Odbrana" (Volksschutz)[251] in Belgrad, die sich um die Versammlung des serbischen Volkes kümmerte, erschien eine Proklamation an alle Serben:

> Brüder und Schwestern! Nur ein Teil des Kossowo wurde gerächt, nur ein Teil des St. Veith-Tages gebüsst. Ebenso wie weit und breit die Gebiete sind, in denen unsere Volkssprache gehört wird […] von Kikinda bis Monastir, von Triest bis Carewo Selo – so breit und weit ist die Bedeutung des St. Veith-Tages und des Kossowo. […] St. Veith-Tag konnte früher für uns einen Tag der Trauer bedeuten, aber heute, wo wir schon tief in die neue Geschichte des Volkes eingeschritten sind, wo hinter uns grosse und glorreiche nationale Geschehnisse stehen und uns noch glorreichere und grössere erwarten, heute, wo wir in der Mitte des Schaffens des grossen nationalen Staates stehen, heute muss St. Veith-Tag für uns Tag grosser Freude und Stolzes wegen Geschehenen sein, da es aus ihm entsprossen ist, und noch mehr wegen dessen, was noch kommen wird.[252]

---

248 Petritsch/Kaser/Pichler, Kosovo-Kosova, S. 33.
249 Laut julianischem Kalender wird der 15. Juni als Gedenktag des heiligen Veit verwendet.
250 Gerhard Jandl, Von Sarajewo nach Dayton – Historische Betrachtungen zum Balkan-Konflikt, in: Österreichischen Monatshefte 7-8 (1997), S. 31.
251 Narodna Odbrana war eine serbische nationalistische Organisation mit Sitz in Belgrad, ihr Ziel die Vereinigung der Südserben. Diese Organisation hatte gute Verbindungen zur serbischen Armeeführung, welche sich um die Gründung Großserbiens bemühte. In der Tat beschäftigte sich mit der Durchsetzung der großserbischen Politik der nationalistisch-serbische Geheimbund „Crna Ruka" (Schwarze Hand), der von Kolonel Dragutin Dimitrijevic (gennant Apis) geleitet wurde. Dimitrijevic war nur 27 Jahre alt und Führer der Putschisten, die König Alexander und seine Familie am 11. Juni 1903 massakriert haben.
252 Konfidentenbericht aus Belgrad, 26. Juni 1914, in: ÖUAK, Nr. 9923, S. 198-199.

2. Historische Bezüge zwischen der Habsburgermonarchie und dem Kosovo 1689-1918

Zum 525. Jahrestag der Schlacht auf dem Amselfeld wurden zahlreiche Serben aus Slowenien, Ungarn, Kroatien und Bosnien mit Spezialzügen in den Kosovo gebracht. In einem streng vertraulichen Bericht des Legationsrates Wilhelm Ritter von Storck aus Belgrad nur einen Tag nach der Ermordung des Erzherzoges schilderte er die feindselige Stimmung gegenüber Österreich-Ungarn:

> „Gestern – den 15./28. wurde der Jahrestag der Schlacht am Amselfelde festlicher als sonst begangen und der serbische Patriot Miloš Obilic gefeiert, der 1389 mit zwei Gefährten den siegreichen Murad meuchlings erstochen hat. Wo Serben leben, gilt Obilic als der Nationalheros. An die Stelle der Türken sind aber – Dank der unter Aegyde der königlichen Regierung gezüchteten großserbischen Propaganda und der seit Jahren betriebenen Preßhetze – nunmehr wir als die Erbfeinde getreten."[253]

Auf die Ermordung des Thronfolgers gab es auch im Kosovo Reaktionen. Laut einem Bericht des österreichisch-ungarischen Konsulatsverwalters Josef Umlauf in Mitrovica machte die auf Halbmast wehende Konsularflagge auf die muslimische Bevölkerung des Kosovo (gemeint sind die Albaner) „einen tiefen und niederdrückenden Eindruck. Hingegen fühlten sich die Serben, einschließlich der Beamtenschaft und der Offiziere, nicht verpflichtet, aus ihrer Freude über das Gelingen des Attentates ein Hehl zu machen."[254] Das „freudige Ereignis" wurde in den Gast- und Kaffeehäusern bis spät in die Nacht gefeiert. Unter den serbischen Beamten, Offizieren und Lehrern wurde der Mörder Princip als zweiter Miloš Obilic verherrlicht. Während die Kaufmannschaft sich zurückhaltender zeigte, nahm die große Masse der serbischen Bevölkerung das Attentat im Allgemeinen mit Gleichgültigkeit auf.[255] Laut vertraulicher österreichisch-ungarischer Berichte befand sich der serbische Ministerpräsident Pašić am Tag des Attentates im Kosovo. Als sich die Nachricht von der Ermordung des Thronfolgers verbreitete, wurde allgemein der Ausruf laut: „Glücklicher Anfang".[256] Pašić hat sich von solchen Stimmen nicht distanziert. Der österreichisch-ungarische Generalkonsul in Skopje, Heinrich Jehlitschka, berichtete auch über eine feindselige Stimmung gegenüber Österreich-Ungarn während der Feiern im Kosovo, wie Rufe „Živo Serbija, dole Austrija", oder „Živila slobodna velika Serbija!" bezeugten.[257] Als die Nachricht von der Ermordung Franz Ferdinands eintraf, wurde das Fest offiziell abgesagt, aber „als sich in den Abendstunden die Nachricht [...], deren

---

253 Bericht des Legationsrates Wilhlem Ritter von Storck aus Belgrad, 29. Juni 1914, in: ÖUAK, Nr. 9943, S. 210-212.
254 Bericht des Gerenten des Konsulats Josef Umlauf aus Mitrovitza, 5. Juli 1914, in: ÖUAK, Nr. 10064, S. 311-312.
255 Bericht des Gerenten des Vizekonsulats Heinrich Hoflehner aus Nisch, 6. Juli 1914, in: ÖUAK, Nr. 10084, S. 325-326.
256 Nach dem Attentat wurden täglich vor dem österreichisch-ungarischen Konsulat in Mitrovica von vorbeimarschierenden serbischen Truppen demonstrativ folgende Lieder gesungen: „Aber es werden die glorreichen Tage kommen und über die Drina serbisches Heer schreiten [...]. Oh mein Bosnien, verwünschter Vogel, Über dich tritt (spaziert) Österreich!". Ebd.
257 Bericht des Generalkonsuls Heinrich Jehlitschka aus Üsküb, 1 Juli 1914, in: ÖUAK, Nr. 9973, S. 238-240.

2.6. Der Erste Weltkrieg und der Kosovo

Schauplatz Sarajevo gewesen war, verbreitete, bemächtigte sich der fanatisierten Menge eine Stimmung, […] [die man] nicht anders als tierisch bezeichnen kann."[258]

Der Ausbruch des Ersten Weltkriegs hatte schwerwiegende Folgen auch für den jungen unabhängigen albanischen Staat, dem es an innerer Konsolidierung fehlte.[259] Der Beginn des Ersten Weltkrieges bedeutete für Albanien das Ende seiner Selbständigkeit; Albanien wurde zum Kriegsschauplatz der Großmächte.[260] Das Schicksal Albaniens wurde als ein diplomatisches Objekt für die territorialen Interessen vor allem von Italien und Griechenland, die sich vorbereiteten gegen die Mittelmächte in den Krieg zu ziehen, behandelt. Die serbischen und montenegrinischen Truppen missachteten die Neutralität Albaniens und marschierten ein – Serbien nach wie vor vom Wunsch nach einem Zugang zum Adriatischen Meer beseelt, Montenegro von der Eingliederung Shkodras in sein Königreich. Den Serben gelang es Mittelalbanien bis zur Hafenstadt Durres einzunehmen.

Nachdem Erzherzog Franz Ferdinand ermordet wurde und der Weltkrieg ausbrach, dachte man, dieser würde kurz sein. Der kleine Staat Serbien hatte quasi mit dem Attentat die Autorität der Habsburgermonarchie auf dem Balkan verletzt, das „virtuelle Ende der Habsburger-Monarchie als Großmacht".[261] Diese sollte ihr Prestige wiederherstellen, welches während der Balkankriege in Frage gestellt wurde. Eine Untätigkeit der Habsburgermonarchie wäre ein Verzicht auf ihre Großmachtstellung gewesen.[262] Der Angriff auf das Thronfolgerpaar war für den Ballhausplatz ein direkter Angriff auf die Integrität der Monarchie und ein ultimatives Zeichen einer aggressiven und großserbischen Politik gegen die Balkanpolitik der Donaumonarchie. Die bisher verfolgte Politik der Donaumonarchie auf dem Balkan mit der Aufrechterhaltung des Status quo und der Nichteinmischung in die Balkankriege war damit zu Ende.

Nach dem Attentat urgierte Außenminister Berchtold, der kein Kriegsbefürworter war, dass die Zeit gekommen sei, militärisch gegen Serbien zu handeln. Währenddessen forderte der Chef des Generalstabs der k. u. k. Armee, General Franz Conrad von Hötzendorf, der seit 1906 einen Präventivkrieg gegen Serbien gefordert hatte, die Gelegenheit rasch zu nutzen und in Serbien einzumarschieren.[263] Einen Monat später sollte Österreich-Ungarn der serbischen Regierung die Kriegserklärung übermitteln, nachdem der 84-jährige österreichische Kaiser Franz Joseph die bedingungslose Unterstützung des verbündeten Deutschland erhalten hatte. Der Allianz der Mittelmächte stand die Entente zwischen Russland, Frankreich und Großbritannien gegenüber. Im Oktober 1914 traten die Türkei und 1915 Bulgarien auf der Seite der Mittelmächte in den Krieg ein, während die Entente ab Mai 1915 durch Italien verstärkt wurde.

---

258 Ebd.
259 Im Juni 1914 zählte die österreichisch-ungarische Diplomatie folgende Konsularvertretungen in albanischen Städten: in Shkodra und Janina (Generalkonsulat), Durres, Vlora, Prizren, Mitrovica, Manastir und Skopje. Matsch, Der Auswärtige Dienst, S. 163.
260 Fischer, Begrüßungs- und Eröffnungsreden bei den Internationalen Konferenz, S. 32.
261 Hantsch, Die Geschichte Österreichs, S. 543.
262 Handschreiben Kaiser und König Franz Josephs an Kaiser Wilhelm, 2. Juli 1914, in: Diplomatische Aktenstücke zur Vorgeschichte des Krieges 1914, Nr. 1, S. 1-12.
263 Manfried Rauchensteiner/Josef Broukal, Der Erste Weltkrieg und das Ende der Habsburgermonarchie 1914-1918 in aller Kürze, Wien 2015, S. 17; Misha Glenny, The Balkans. Nationalism, War, and the Great Powers 1804-2011, London 2012, S. 305.

2. Historische Bezüge zwischen der Habsburgermonarchie und dem Kosovo 1689-1918

Nach dem zweimaligen Scheitern der österreichisch-ungarischen Truppen gegen Serbien im August und im November 1914 starteten die österreichisch-ungarischen und deutschen Truppen am 6. Oktober 1915 eine gemeinsame Offensive unter Führung von Generalfeldmarschall August von Mackensen, an der sich die bulgarischen Truppen beteiligten. Innerhalb von vier Wochen eroberten die Mittelmächte ganz Serbien.[264] Die zerschlagenen serbischen Truppen – rund 140.000 Soldaten – zogen Richtung Albanien und Montenegro. Sie wurden mit Schiffen der Entente auf die Insel Korfu evakuiert.[265]

Als am 28. Juli 1914 die österreichisch-ungarischen Truppen Serbien angriffen,[266] spitzte sich die politische Lage im Kosovo zu. Die serbische Regierung ordnete die Generalmobilmachung an. Im rechtlichen Sinn war sie nur für die serbischen Orthodoxen verpflichtend. Viele Albaner wurden daher zwangsrekrutiert. Ein großer Teil der albanischen Militärpflichtigen verweigerte den Eintritt in die serbische Armee. Viele von ihnen verließen ihre Häuser und zogen sich ins Gebirge zurück.[267]

Als im Herbst 1915 die österreichisch-ungarischen Truppen gemeinsam mit den bulgarischen Alliierten in den Kosovo einmarschierten, wurden sie von der albanischen Bevölkerung freudig begrüßt und „im Kampf gegen die ‚Besatzer' (diesmal die Serben) militärisch unterstützt".[268] Rund 1.000 albanische Freiwillige[269] traten in die österreichisch-ungarische Armee ein bzw. kämpften an der österreichisch-ungarischen Front gegen Russland. 2.000 österreichisch-ungarische Truppen zogen weiter nach Albanien.[270] Die österreichisch-ungarischen Truppen besetzten den Nordteil des Kosovo, die bulgarischen Truppen Städte wie Prishtina, Prizren und die Gebiete von Gjakova bis Elbasan.[271] Unter der österreichisch-ungarischen Besatzungsverwaltung wurden die einheimischen Albaner in die Zivilverwaltung einbezogen. Albaner wurden als Beamte eingesetzt, die albanische Sprache wurde von den Behörden zugelassen. Es wurden Schulen unter albanischer Administration eingerichtet und die Infrastruktur ausgebaut.[272] Die gleiche Politik wurde von Österreich-Ungarn auch in Nord- und Mittelalbanien verfolgt, wobei in Shkodra das Verwaltungszentrum der besetzten Zone eingerichtet wurde. Im Gegensatz dazu wurden Serbien und Montenegro, die gegen Österreich-Ungarn gekämpft hatten, von einer Militärregierung verwaltet. Die politische Führung der Kosovo-Albaner – insbesondere Hasan Prishtina[273] als politische Hauptfigur jener Zeit – war angesichts der

---

264 Neue Freie Presse, 25. Oktober 1915, S. 1-2.
265 Christian M. Ortner, Die Feldzüge gegen Serbien in den Jahren 1914 und 1915, in: Jürgen Angelow (Hrsg.), Der Erste Weltkrieg auf dem Balkan. Perspektiven der Forschung, Berlin-Brandenburg 2011, S. 140.
266 Siehe dazu Ortner, Die Feldzüge gegen Serbien, S. 123-142.
267 Leo Freundlich, Die Albanische Korrespondenz. Agenturmeldungen aus Krisenzeiten (Juni 1913 bis August 1914) (Hrsg. von Robert Elsie), München 2012, S. 544.
268 Jandl, Österreichs Rolle im Kosovo-Konflikt, S. 55.
269 KA, 3. Akdo B, Fasz. 19, Op. 1951 v. 17. 02. 1916.
270 KA, 3. Akdo B, Fasz. 19, Op. 1945 v. 20. 02. 1916.
271 Georg Stern, Das alte Rascien: der Sandschak Novipazar und dessen Anland unter der k. u. k. Militärverwaltung; (nach einer im Jahre 1892 erschienenen Studie von Th. A. Ippen), Wien 1916, S. 88.
272 Schmitt, Kosovo, S. 184.
273 Chiffretelegramm Nr. 78, Scutari, 17. September 1917, Gesandschafts- und Konsulararchiv,

2.6. Der Erste Weltkrieg und der Kosovo

früheren österreichisch-ungarischen Bemühungen zur Gründung eines selbstständigen albanischen Staates, während der österreichisch-ungarischen Besatzungszeit in der politischen Zusammenarbeit, kooperativ. Wegen der langjährigen Beziehungen Österreich-Ungarns zum albanischen Volk wurde von österreichisch-ungarischer Seite offiziell der Eindruck geäußert, „dass es sich nicht um eine Besatzung handle, sondern um die Präsenz in einem befreundeten, neutralen Land".[274]

Zwischen der österreichischen Diplomatie und dem Militär gab es allerdings keine einheitliche Meinung in der Frage, wie Albanien und die Teile des Kosovo, die sich innerhalb der österreichisch-ungarischen Verwaltungszone befanden, verwaltet werden sollten.[275] Generalstabschef von Hötzendorf vertrat die Meinung, dass man Albanien aufteilen sollte. Nordalbanien sollte demnach unter österreichisch-ungarischer Verwaltung bleiben. Der neue österreichisch-ungarische Außenminister Stefan Graf Burián (Jänner 1915 bis Dezember 1916) favorisierte den Anschluss eines großen Teils des Kosovo an Albanien, während Südalbanien an Griechenland gehen sollte.[276] Dies wurde in der Tat nicht umgesetzt, wobei Kosovo und Albanien nicht vereinigt waren und die Albaner für Grenzübergänge eine Erlaubnis erhalten sollten.[277] Nach langen Diskussionen und einem Notenwechsel zwischen dem österreichisch-ungarischen Außenministerium und der Armee[278] entschied sich Wien für die Abtrennung des Kosovo.[279] Albanien sollte für Berchtolds Nachfolger Burián nicht „ein Sorgenkind" von allerhöchster Priorität der österreichisch-ungarischen Außenpolitik bleiben.[280]

Ein besonderer Aspekt im geteilten Kosovo waren die Beziehungen zwischen der österreichisch-ungarischen Zivilverwaltung und den bulgarischen Behörden. Als Prishtina am 25. November 1915 und Prizren wenige Tage später von der 3. bulgarischen Division besetzt wurden, ordnete das österreichisch-ungarische Armeeoberkommando den Rückzug von dort an. Dies beantworteten die bulgarischen Militärbehörden mit der Einsetzung einer bulgarischen Zivilverwaltung und mit der Schaffung einer Militärbehörde für die Sicherheitsebene.[281] Der bulgarische König Ferdinand besuchte persönlich in der kurzen

---

(General-)Konsulat Scutari, Karton 9.
274 Petritsch/Kaser/Pichler, Kosovo-Kosova, S. 98.
275 Wiesner, Memoire, Juni 1916, HHStA PA I, Karton 499; Conrad an Burian, 5. 11. 1915, HHStA PA I, Karton 499.
276 Leo Freundlich schreibt in der „Albanischen Korrespondenz" wie folgt: „Die Staaten, die gestern eine Bundesgenossenschaft gesucht haben, wollen heute Albanien den Gnadenstoß versetzen. Da die Zerstückelung Albaniens das Gleichgewicht auf dem Balkan zerstören würde, widersetzen sich ihr Österreich-Ungarn, Italien und Rumänien". Freundlich, Die Albanische Korrespondenz, S. 538. Nach einer langen Phase des Zögerns beschloß Rumänien im August 1916 auf der Seite der Entente in den Krieg einzutreten.
277 Malcolm, Kosovo, S. 261.
278 Conrad an Burian, Op. 18.400, Teschen, 26.11.1915, HHStA PA I, Karton 499.
279 Besprechung Burians mit Bethman-Hollweg v. 10.-11.11.1915, HHStA PA I, Karton 503.
280 Hantsch, Leopold Graf Berchtold, S. 541.
281 Helmut Schwanke, Zur Geschichte der österreichisch-ungarischen Militärverwaltung in Albanien (1916-1918), phil. Diss. Wien 1982, S. 66; Conrad an Burian, Op. 21.717, Teschen, 18.02.1916. HHStA PA I, Karton 874; Conrad an Burian, KA AOK, Fasz. 50, Op 20.924 v. 27. 1.1916.

2. Historische Bezüge zwischen der Habsburgermonarchie und dem Kosovo 1689-1918

Zeit diese Gebiete, da laut den bulgarischen Behörden ein großer Teil der Bevölkerung bulgarisch sei. Im April 1916 gaben die österreichisch-ungarischen Militärbehörden nach, dass Bulgarien Prishtina und Prizren behalten konnte, aber Gjakova evakuieren müsse.[282]

Als der Standpunkt des österreichisch-ungarischen Außenministeriums pro Angliederung des Kosovo an Albanien nicht umgesetzt wurde und der größere Teil des Kosovo an das verbündete Bulgarien abgegeben werden sollte, löste das bei den Albanern im Kosovo Enttäuschung aus, sahen sie doch Österreich-Ungarn als einzige Schutzmacht. Auch die Kosovo-Serben in der bulgarischen Besatzungszone waren aufgrund der gewalttätigen antiserbischen Politik seitens der Bulgaren überhaupt nicht zufrieden.

Die Haltung der albanischen Stämme und der Bevölkerung war von besonderer Wichtigkeit für Wien. Traditionsgemäß liefen die Kontakte über die österreichisch-ungarischen Konsulate.[283] Für die österreichisch-ungarische Diplomatie waren die Albaner die bedeutendsten Verbündeten auf dem Balkan in ihrem Bemühen, das weitere Vordringen der Slawen zu verhindern.

Der von der Londoner Botschafterkonferenz anerkannte albanische Staat, der seit 7. März 1914 von Wilhelm Friedrich Heinrich Prinz zu Wied regiert worden war, blieb im Ersten Weltkrieg neutral und zögerte einen Kriegseintritt hinaus. Obwohl Prinz zu Wied Deutscher war, trat er nicht den Mittelmächten bei.[284] Als der Erste Weltkrieg ausbrach, verließ er Albanien und überließ das Land einer völligen inneren Anarchie. Nach seiner Abreise wurde Albanien zum Schauplatz von ständigen Kämpfen um das Territorium. Es wurde von montenegrinischen, serbischen, griechischen, bulgarischen, österreichisch-ungarischen, italienischen und französischen Truppen als Transitgebiet genutzt.

Verglichen mit den kriegerischen Auseinandersetzungen in Frankreich oder in Russland war die Balkanregion ein Nebenschauplatz des Ersten Weltkriegs.[285] Als der Zusammenbruch näherrückte, kapitulierten die bulgarischen Truppen auf dem Balkan. Die politische und militärische Lage verschlechterte sich für die Mittelmächte. Nach der gemeinsamen Offensive britischer, französischer, italienischer, griechischer und serbischer Truppen aus dem Süden (Saloniki-Front) Mitte September 1918 mussten sich die österreichisch-ungarischen Truppen aus Albanien und dem Kosovo nach Norden zurückziehen und Ende Oktober 1918 rückten wieder serbische (und französische) Truppen in den Kosovo ein.[286] Als am 1. Dezember 1918 das Königreich der Serben, Kroaten und Slowenen

---

282 Malcolm, Kosovo, S. 261.
283 Schwanke, Zur Geschichte der österreichisch-ungarischen Militärverwaltung in Albanien, S. 75.
284 Paul Lendvai, Das einsame Albanien. Reportage aus dem Land der Skipetaren, Osnabrück 1985; Duncan Heaton-Armstrong, The Six Month Kingdom. Albania 1914 (ed. by Gervase Belfield/Bejtullah Destani), London 2005; Hanns Christian Löhr, Die Albanische Frage. Konferenzdiplomatie und Nationalstaatsbildung im Vorfeld des Ersten Weltkriegs unter besonderer Berücksichtigung der deutschen Außenpolitik. Diss., Rheinische Friedrich-Wilhelms-Universität, Bonn 1992; Löhr, Die Gründung Albaniens.
285 Heinrich August Winkler, Geschichte des Westens. Die Zeit der Weltkriege 1914-1945, München 2011, S. 20.
286 Zum Ergebnisverlauf des Endes des Ersten Weltkrieges und der Habsburgermonarchie siehe Edmund Glaise von Horstenau, Österreich-Ungarns letzter Krieg 1914-1918, Wien 1938; Klaus Epstein, The development of German-Austrian war aims in the spring of 1917, in: *Jour-*

2.6. Der Erste Weltkrieg und der Kosovo

(SHS) gegründet wurde, fiel der Kosovo an das neugegründete Königreich der Südslawen (Erstes Jugoslawien).

Winston Churchill, der von 1918 bis 1921 britischer Kriegs- und Luftfahrtminister war, analysierte in seinen Memoiren, dass das neugegründete Königreich der Südslawen die Attribute der zusammengebrochenen Donaumonarchie, die „ein gemeinsames Leben gewährleistet, mit Vorteilen in Handel und Sicherheit einer ganzen Anzahl von Völkern" nicht behalten werde.[287] Allein in der Zeitspanne von Ende 1918 bis Juni 1921 wurden über 12.000 kosovo-albanische Zivilisten ermordet.[288]

Der Kosovo und Serbien koexistierten nach 1918 wieder unter einem gemeinsamen Dach, was den Serben erwünscht, den Albanern verhasst war. Die albanisch-serbische „'Erbfeindschaft' ist ein Produkt der modernen Nationalstaatsbildung und hat sich erst seit dem letzten Viertel des 19. Jahrhundert herauskristallisiert".[289] Bei der Festigung dieser Erbfeindschaft, ihrer Mythisierung als kirchlich-politische Theologie und ihrer Institutionalisierung als politische und nationale Strategie spielte das Geheimprogramm von 1844 „Načertanije" (deutsch „Entwurf") des serbischen Innenministers Ilija Garašanin eine wesentliche Rolle. Der „Entwurf" ist die Quintessenz des serbischen Kosovo-Mythos und das Programm zur Errichtung eines großserbischen Nationalstaates, in dem alle Serben leben sollten. Dieser Entwurf „galt seither als Leitziel serbisch-nationaler Politik, als politisches Testament und Vermächtnis der Ahnen, dass einzulösen Pflicht und Gebot jedes ‚wahren Serben' sei".[290] Die antialbanische serbische Politik wurde seit Mitte der 1980er Jahre in Teilen der serbischen Gesellschaft „von Intellektuellen wiedererweckt, geschürt und seit 1987 von Milošević politisch instrumentalisiert".[291] Das Memorandum der Serbischen Akademie der Wissenschaften und Künste von 1986, welches eine „schwierige Lage der Serben in ganz Jugoslawien" konstatierte, stellte sich als eine Strategie heraus, die die Verhältnisse zwischen Serben und Albanern bzw. anderen Völkern innerhalb Jugoslawiens (vor allem Slowenen und Kroaten) noch mehr aufheizte und verschlechterte. Das Memorandum beklagte, dass die serbischen Bürgerinnen und Bürger in Jugoslawien – vor allem im Kosovo und Kroatien – diskriminiert würden. In dem

---

nal of Central European Affairs 17 (1957), pp. 24-47; M. A. Anderson, The Eastern Question 1774-1923, New York 1966; C. A. Macartney, The Habsburg Empire 1790-1918, London 1968; Leo Valiani, The End of Austria-Hungary, London 1973; Robert A. Kann, A History of the Habsburg Empire 1526-1918, Berkeley 1974; Barbara Jelavich, History of the Balkans. Eighteenth and Nineteenth Centuries, Cambridge 1984; Barbara Jelavich, History of the Balkans. Twentieth Century, Cambridge 1985; Barbara Jelavich, Modern Austria. Empire and Republic 1815-1986, Cambridge 1987; Barbara Jelavich, Russia's Balkan entanglements 1806-1914, Cambridge 1991; Jürgen Angelow, Der Erste Weltkrieg auf dem Balkan. Perspektiven der Forschung, Berlin – Brandenburg 2011; Robert D. Kaplan, Balkan ghosts: a journey through history, New York 1993; Clark, Die Schlafwandler; Oliver Janz, Der große Krieg, Frankfurt am Main 2013; Münkler, Der Große Krieg; Rauchensteiner/Broukal, Der Erste Weltkrieg.

287 Zit. n. Hantsch, Die Geschichte Österreichs, S. 573-574.
288 Clewing, Mythen und Fakten, S. 49.
289 Holm Sundhaussen, Kosovo: Eine Konfliktgeschichte, in: Jens Reuter/Konrad Clewing, Der Kosovo Konflikt. Ursachen-Verlauf-Perspektiven, Klagenfurt – Celovac 2000, S. 72.
290 Sundhaussen, Kosovo: „Himmlisches Reich", S. 247.
291 Ebd.

nationalistischen Dokument heißt es unter anderem: „The physical, political, legal and cultural genocide of the Serbian population in Kosovo and Metohija is a worse historical defeat than any experienced in the liberation wars waged by Serbia from the First Serbian Uprising in 1804 to the uprising of 1941."[292]

Das Ende des Ersten Weltkriegs, oft als Urkatastrophe des 20. Jahrhunderts bezeichnet, brachte große Änderungen für die politische Landkarte Europas. Nach dem Zusammenbruch der Donaumonarchie wurde ein österreichischer Kleinstaat gegründet (Erste Republik). Österreich war nach 1918 nicht mehr in der Lage, sich um sein „Sorgenkind" Albanien – wie der österreichisch-ungarische Außenminister Berchtold sein Engagement zur Gründung Albaniens nannte – zu kümmern. Nach vielen Jahren sollten (nicht nur) die Kosovo-Albaner wieder zum Sorgenkind eines österreichischen Außenministers werden – von Alois Mock, der sich als „Anwalt für die bedrängten Völker Jugoslawiens" definierte.[293]

---

292 Zit. n. Tim Judah, The Serbs: History, Myth and the Destruction of Yugoslavia, New Haven 1997, S. 159.
293 Alois Mock, Heimat Europa. Der Countdown von Wien nach Brüssel, Wien 1994, S. 82.

3. Die österreichische Außenpolitik der Zweiten Republik 1945-1999

Die Außenpolitik eines Staates ist zwangsläufig von bestimmten Faktoren geprägt und Österreich ist hier keine Ausnahme. Die geostrategische Lage Österreichs ist ein solcher substanzieller Faktor. Ein anderer wesentlicher Faktor ist ohne Zweifel die Entstehungsgeschichte der österreichischen Republik und der Status der immerwährenden Neutralität.

Die Außenpolitik Österreichs seit der Gründung der Zweiten Republik kann man unter vier Betrachtungsweisen analysieren.[294] Erstens haben sich die schwierigen politischen und wirtschaftlichen Nachkriegsverhältnisse nach 1945 und die Entwicklung zu einem stabilen politischen und wirtschaftlichen Staat Europas auf die Außenpolitik Österreichs ausgewirkt. Zweitens ist es ein wichtiges Charakteristikum der österreichischen Außenpolitik, dass Österreich im Oktober 1955 seine Neutralität erklärte; Österreich strebte eine aktive Neutralitätspolitik an und wollte sich gemeinsam mit den anderen neutralen europäischen Staaten aktiv an den internationalen Strukturen beteiligen, um „gute Dienste" leisten zu können. Drittens ist die österreichische Außenpolitik vom Charakter Österreichs als kleiner Staat geprägt. Dies zieht im europäischen Kontext die Fokussierung auf bestimmte Bereiche, die wichtig für Kleinstaaten bzw. kleinere Staaten sind, wo sie eine aktive multilaterale Außenpolitik in der internationalen Politik verfolgen und einen sichtbaren Beitrag im internationalen System leisten können, nach sich.[295] Und schließlich müssen auch die strukturellen Entwicklungen und die Veränderungen in der internationalen Politik in einem Zeitraum von mehr als einem halben Jahrhundert berücksichtigt werden.

3.1. Die österreichische Außenpolitik nach dem Zweiten Weltkrieg bis zum Staatsvertrag (1945-1955)

Nach dem Ende des Zweiten Weltkrieges befand sich Österreich in einer schwierigen politischen und wirtschaftlichen Lage. Die Bilanz des Krieges war katastrophal, nicht nur für die österreichische Wirtschaft und Industrie, sondern auch für das Image Österreichs

---

294 Zur Darstellung der österreichischen Außenpolitik nach dem Zweiten Weltkrieg siehe Helmut Kramer, Strukturentwicklung der österreichischen Außenpolitik (1945-2005), in: Herbert Dachs et al. (Hrsg.), Politik in Österreich. Das Handbuch, Wien 2006, S. 807-837.

295 Siehe hier lediglich eine kleine Auswahl der wichtigsten Arbeiten der Kleinstaatentheorie, so etwa Helmut Kramer (Projektleiter u. Hrsg.), Österreich im internationalen System. Zusammenfassung und Ergebnisse und Ausblick, Wien 1983; Helmut Kramer, Kleinstaaten – Theorie und Kleinstaaten – Außenpolitik in Europa, in: Arno Waschkuhn (Hrsg.), Kleinstaat – Grundsätzliche und aktuelle Probleme, Vaduz 1993, S. 247-259; Otmar Höll, Kleinstaaten-Theorien und Abhängigkeit, in: Helmut Kramer (Projektleiter u. Hrsg.), Österreich im internationalen System. Zusammenfassung und Ergebnisse und Ausblick, Wien 1983, S. 34-42; Otmar Höll, Small States in Europe and Dependence, Wien 1983.

3. Die österreichische Außenpolitik der Zweiten Republik 1945-1999

auf internationaler Ebene wegen der Teilnahme am Krieg und am faschistischen System Nazi-Deutschlands. Die Bekämpfung der hohen Arbeitslosigkeit und die Deckung elementarer Lebensbedürfnisse waren die vordringlichen Aufgaben der österreichischen Regierung.

Auf der Moskauer Außenministerkonferenz der Alliierten am 1. November 1943 wurde die Wiederherstellung der Unabhängigkeit Österreichs festgelegt und den Text der Konferenz kann man „als Geburtsurkunde der heutigen Bundesrepublik Österreich ansehen".[296] Das heutige Territorium Österreichs wurde auf vier Besatzungszonen mit Truppen der USA, der Sowjetunion, des Vereinigten Königreichs und Frankreichs aufgeteilt. Die österreichischen politischen Parteien – die Sozialistische Partei Österreichs (SPÖ), die Österreichische Volkspartei (ÖVP) und die Kommunistische Partei Österreichs (KPÖ), – einigten sich am 27. April 1945 auf eine „Unabhängigkeitserklärung", in der im Artikel I proklamiert wurde: „Die demokratische Republik Österreich ist wiederhergestellt."[297] Am gleichen Tag konstituierte sich auch eine Provisorische Staatsregierung unter dem Vorsitz von Karl Renner (SPÖ). Das Hauptziel der Zweiten Republik war zunächst „die Rückgewinnung der vollen Souveränität und Handlungsfreiheit".[298]

Es waren einige Entwicklungen in der zehnjährigen Nachkriegsphase, die für Österreich im Allgemeinen und für die österreichische Außenpolitik im Besonderen eine entscheidende Rolle spielten. Zunächst kam es zur Niederlage der KPÖ bei den Nationalratswahlen im Jahr 1945.[299] Die KPÖ erreichte nur knapp über 5 Prozent und damit wurde innenpolitisch die Möglichkeit minimiert, dass die außenpolitische Orientierung Österreichs von Moskau entscheidend beeinflusst würde.[300] Mit der ersten demokratischen Wahl in der Zweiten Republik bzw. mit dem Wahlsieg von ÖVP und SPÖ war die West-Orientierung Österreichs beschlossene Sache.

An zweiter Stelle steht das Zweite Alliierte Kontrollabkommen vom 28. Juni 1946. Mit diesem Abkommen machte die österreichische Regierung einen bedeutenden Schritt, weil es die Möglichkeiten der Alliierten in die nationale Politik Österreichs einzugreifen beschränkte.[301] Durch diese politische Lockerung – von der Kontrolle hin zur Beobachtung – erhielt die österreichische Regierung mehr Kompetenzen, aber immer noch nicht die volle Unabhängigkeit.

---

296 Horst Möller, Die Moskauer Außenministerkonferenz von 1943. Einleitende Bemerkungen, in: Stefan Karner/Alexander O. Tschubarjan (Hrsg.), Die Moskauer Deklaration 1943. Österreich wieder herstellen, Wien 2015, S. 25.
297 StGBl. Nr. 1/1945. – Genehmigung Alliierter Rat 18.12.1945, Gazette 1945/46/1.
298 Heinrich Haymerle, Die Beziehungen zur Großmacht im Osten, in: Erich Bielka/Peter Jankowitsch/Hans Thalberg (Hrsg.), Die Ära Kreisky. Schwerpunkte der österreichischen Außenpolitik, Wien 1983, S. 144.
299 Michael Gehler, Die zweite Republik – zwischen Konsens und Konflikt. Historischer Überblick (1945-2005), in: Herbert Dachs et al. (Hrsg.), Politik in Österreich. Das Handbuch, Wien 2006, S. 36.
300 Bei den Nationalratswahlen des Jahres 1945 gewann die ÖVP 49,8 Prozent, die SPÖ 44,6 Prozent, die KPÖ 5,42 Prozent und die Demokratische Partei Österreichs (DPÖ) 0,2 Prozent.
301 Wolfgang Mueller, Die sowjetische Besatzung in Österreich 1945-1955 und ihre politische Mission, Wien 2005, S. 37.

3.1 Die österreichische Außenpolitk nach dem Zweiten Weltkrieg ...

Drittens erfolgte der Beitritt Österreichs (1947) zu den Marshall-Plan-Verhandlungen der USA (European Recovery Program, ERP) ohne Einspruch von Moskau, wobei Österreich „die höchsten Pro-Kopf Zuwendungen aller mit ERP-Mitteln bedachten Länder (962 Millionen Dollar vom Juni 1948 bis Dezember 1953)" erhielt.[302]

Die Bemühungen Österreichs seine Mitgliedschaft in den wirtschaftlichen Organisationen voranzutreiben, waren erfolgreich. Im Jahr 1948 wurde Österreich in den Internationalen Währungsfonds und in die Weltbank aufgenommen. Im Jahr 1948 wurde Österreich Mitglied der Organisation für wirtschaftliche Zusammenarbeit, der Organisation for European Economic Cooperation (OEEC, ab 1961 OECD), 1950 Teil der Europäischen Zahlungsunion (EZU) und 1951 des Allgemeinen Zoll- und Handelsabkommens (General Agreement on Tariffs and Trade, GATT).[303]

Eine der dringendsten Aufgaben der österreichischen Regierung war der Wiederaufbau des österreichischen diplomatischen Apparates (Außenministerium), welcher noch nicht als selbständiges Ministerium eingerichtet wurde.[304] Dazu gehörten die Bemühungen der österreichischen Regierung die diplomatischen Vertretungen Österreichs im Ausland auszuweiten. Im Jahr 1946 hatte Österreich nur vier politische Vertretungen im Ausland (in London, Moskau, Paris und Washington) und vier Jahre später 25 Vertretungen.[305] Diese Phase war durch politische Übereinstimmung in der Außenpolitik von ÖVP und SPÖ gekennzeichnet. „Das Streben nach weit reichender politischer Übereinstimmung von ÖVP und SPÖ, der geschickte Umgang mit den Vertretern der vier alliierten Mächte in Österreich und die Bereitschaft, alles zu nützen, was das Erreichen der staatlichen Unabhängigkeit näher bringen würde."[306] Im Gegensatz zur innenpolitischen Situation in der Ersten Republik, die durch heftige Auseinandersetzungen zwischen beiden Parteien gekennzeichnet war, „standen die ersten Jahrzehnte der Zweiten Republik unter dem Zeichen der Harmonie der großen Koalition, die zunächst als Mittel gegen die Alliierten fungierte und später den inneren und sozialen Frieden garantierte."[307]

---

302 Kramer, Strukturentwicklung der österreichischen Außenpolitik, S. 809.
303 Paul Luif, Austrian Neutrality and the Europe of 1992, in: Günter Bischof/Anton Pelinka (eds.), Austria in the New Europe. Contemporary Austrian Studies 1, New Brunswick – London 1993, p. 20; Thomas Angerer, Regionalization and Globalization in Austrian Foreign Policy since 1918, in: Günter Bischof/Anton Pelinka (eds.), Austria in the New Europe. Contemporary Austrian Studies 1, New Brunswick – London 1993, p. 35; Silvia Michal-Misak/Franz Quendler, Österreich in internationalen Organisationen, in: Herbert Dachs et al. (Hrsg.), Politik in Österreich. Das Handbuch, Wien 2006, S. 905-924.
304 J. I. Szirtes, Austrian Foreign Policy 1945-1985, Wien 1986, S. 122.
305 Kramer, Strukturentwicklung der österreichischen Außenpolitik, S. 810-811.
306 Ebd., S. 810.
307 Karl Vocelka, Geschichte Österreichs. Kultur – Gesellschaft – Politik. Mit Zeittafeln, Biographien und Hinweisen auf Museen und Sammlungen, München 2011, S. 322.

3.2. Die österreichische Außen- und Neutralitätspolitik (1955-1970)

Nach zehn Jahren der Besatzung durch die vier alliierten Mächte (1945-1955) gewann Österreich mit der Unterzeichnung des Staatsvertrages von Wien am 15. Mai 1955 und mit der Verabschiedung des Bundesverfassungsgesetzes zur „immerwährenden Neutralität" von 26. Oktober 1955 wieder seine Souveränität zurück. Die Neutralität Österreichs ist „als Preis für die Wiedererlangung der Unabhängigkeit als ungeteiltes Ganzes, erwies sich als richtiges Kalkül, aber auch als sinnvolle sicherheitspolitische Strategie" zu bezeichnen.[308]

Im Februar 1954 fand die Außenministerkonferenz der Vier-Mächte in Berlin (Dulles, Molotow, Eden, Bidault) statt, in der zum ersten Mal ein österreichischer Außenminister (Leopold Figl) als Verhandlungspartner teilnahm. Diese erstmalige Teilnahme Außenminister Figls war durch den Vorschlag der österreichischen Regierung für eine Bündnisfreiheit Österreichs geprägt.[309] Im März 1955 erfolgte die Einladung der sowjetischen Regierung an die österreichische Regierung unter Führung von Bundeskanzler Raab zu Verhandlungen nach Moskau, um über den Staatsvertrag zu sprechen.[310] Als Ergebnis dieser Verhandlungen in Moskau („Moskauer Memorandum"), die vom 12. bis 15. April stattfanden, hatte die österreichische Regierungsdelegation der Neutralität Österreichs nach Schweizer Muster zugestimmt.[311]

Am 15. Mai wurde der Staatsvertrag von den vier alliierten Mächten und Österreich in Wien unterzeichnet. Nach Ratifizierung des Staatsvertrages durch die Signatarstaaten erfolgte die österreichische Neutralitätserklärung, als der Nationalrat am 26. Oktober das Bundesverfassungsgesetzt über die immerwährende Neutralität beschlossen hat.[312][313]

---

308 Karl Zemanek, Österreichs Neutralität und die GASP, in: Österreichisches Jahrbuch für Internationale Politik 1994, S. 1.

309 Vorschläge für eine Neutralität Österreichs gab es schon in der Zwischenkriegszeit. Heinrich Lammasch, letzter Ministerpräsidenten des kaiserlichen Österreichs, hatte einen Plan für ein neutrales und unabhängiges Österreich ausgearbeitet, vgl. Carmen Gebhard, Neutralität und Europäische Integration. Österreich und Schweden im sicherheitspolitischen Vergleich, Wien 2005, S. 27.

310 Außer Bundeskanzler Raab nahmen auch Vizekanzler Adolf Schärf, Außenminister Lepold Figl und Staatssekretär Bruno Kreisky in Verhandlungen in Moskau teil.

311 Michael Gehler, Österreichs Außenpolitik der Zweiten Republik. Von der alliierten Besatzung bis zum Europa des 21. Jahrhunderts, Innsbruck 2005, S. 103; Anselm Skuhra, Österreichische Sicherheitspolitik, in: Herbert Dachs et al. (Hrsg.), Politik in Österreich. Das Handbuch, Wien 2006, S. 839; Bruno Kreisky, Erinnerungen: Das Vermächtnis des Jahrhundertpolitikers, hrsg. von Oliver Rathkolb, Wien – Graz – Klagenfurt 2007, S. 301.

312 Otmar Höll, 50 Jahre österreichische Außenpolitik. Lange Schatten der Vergangenheit, in: *International* 3-4 (2005), S. 17; Vocelka, Geschichte Österreichs, S. 325.

313 „Artikel I. (1) Zum Zwecke der dauernden Behauptung seiner Unabhängigkeit nach außen und zum Zwecke der Unverletzlichkeit seines Gebietes erklärt Österreich aus freien Stücken seine immerwährende Neutralität. Österreich wird diese mit allen ihm zu Gebote stehenden Mitteln aufrechterhalten und verteidigen. (2) Österreich wird zur Sicherung dieser Zwecke in aller Zukunft keinen militärischen Bündnissen beitreten und die Errichtung militärischer

3.2. Die österreichische Außen- und Neutralitätspolitik (1955-1970)

Die Österreich-Frage war auch eine Herausforderung für die beiden Großmächte (USA und Sowjetunion) und sie hing mit anderen Fragen und Entwicklungen in Europa zusammen. „Zum ersten Mal seit Beendigung des Krieges was es den Großmächten gelungen, eines der offenen weltpolitischen Probleme zu lösen": Die österreichische Frage.[314] Die Wurzeln der Beziehungen zwischen Österreich und der Sowjetunion haben eine lange Tradition, die bis zum Ersten Weltkrieg zurückgeht. Österreich erschien „in sowjetischen Augen bis zu einem gewissen Grad als verbindendes Element zwischen der slawischen Welt und Westeuropa".[315] Die Sowjetunion hat die Neutralität Österreichs als rechtliches Hindernis für einen möglichen NATO-Beitritt gesehen, während dies die Westalliierten als Befreiung vom sowjetischen Einfluss sahen und als Absicherung einer westlich geprägten Gesellschafts- und Staatsorientierung.

Die Periode einer eigenständigen österreichischen Außenpolitik bis zur alleinigen Regierungsübernahme der SPÖ unter Bundeskanzler Bruno Kreisky 1970 spiegelt sich in Form von Beitritten zu internationalen Organisationen – als Zeichen einer uneingeschränkten staatlichen Souveränität – wider. So wurde Österreich im Dezember 1955 in die Vereinten Nationen aufgenommen, was einen „Wendepunkt in der österreichischen Geschichte der Nachkriegszeit" bedeutete und „ein bestimmendes, richtungweisendes Element unserer Außenpolitik" bildete.[316] Ein Jahr später trat Österreich dem Europarat und der Europäischen Menschenrechtskonvention bei.[317] Die Bemühungen der österreichischen Regierung – mit dem Ziel, seine internationale Position zu festigen und zu nutzen – richteten sich vor allem darauf, in die „Organisationen der westlichen Demokratien im Bereich der wirtschaftlichen und politischen Integration Europas" einzutreten.[318] Der mögliche Beitritt Österreichs zur schon gegründeten Montanunion im 1952 (Belgien, Deutschland, Frankreich, Italien, Luxemburg und Niederlanden) und später zur Europäischen Wirtschaftsgemeinschaft (EWG, später Europäische Gemeinschaften EG) wurde von Bundeskanzler Julius Raab und Außenminister Figl als Möglichkeit gesehen. Aber eine engere Bindung Österreichs an die EWG war aus verschiedenen externen und internen Gründen nicht möglich. Frankreich fürchtete einen „germanischen Block", und Italien blockierte wegen der Südtirol-Frage.[319] Bei den internen Gründen fiel das neutralitätspolitische Argument ins Gewicht. EWG und Euratom hätten auch Entscheidungen gegen den Willen Österreichs treffen können. Die EG wurde von NATO-Mitgliedsstaaten gebildet und deren „wirtschaftliche Integration konnte daher nicht losgelöst von der militärischen gesehen werden".[320]

    Stützpunkte fremder Staaten auf seinem Gebiete nicht zulassen". Bundesverfassungsgesetz vom 26. Oktober 1955 über die Neutralität Österreichs (BGBl Nr. 211/1955).
314 Kurt Waldheim, Die Vereinten Nationen und Österreich, in: Erich Bielka/Peter Jankowitsch/Hans Thalberg (Hrsg.), Die Ära Kreisky. Schwerpunkte der österreichischen Außenpolitik, Wien 1983, S. 233.
315 Haymerle, Die Beziehungen zur Großmacht im Osten, S. 145.
316 Waldheim, Die Vereinten Nationen und Österreich, S. 235.
317 Kramer, Strukturentwicklung der österreichischen Außenpolitik, S. 811.
318 Michal-Misak/Quendler, Österreich in internationalen Organisationen, S. 911.
319 Wolfgang Petritsch, Bruno Kreisky. Die Biografie, St. Pölten – Salzburg 2010, S. 203.
320 Anton Pelinka/Sieglinde Rosenberger, Österreichische Politik. Grundlagen – Strukturen – Trends, Wien 2007, S. 255.

3. Die österreichische Außenpolitik der Zweiten Republik 1945-1999

Ohne Zweifel war die Ungarnkrise im Herbst 1956 die erste Herausforderung für die österreichische Regierung, nur ein Jahr nach Annahme des Neutralitätsstatuts. Sie führte zu einer Belastung der Beziehungen mit der Sowjetunion. Für die ungarischen Reformkommunisten galt die österreichische Neutralität als mögliches Modell für Ungarn. Zwei Jahre später befand sich Österreich wieder in einer angespannten Situation – jetzt gegenüber einem westlichen Staat, nämlich der USA –, als amerikanische Transportflugzeuge ohne Autorisierung durch die österreichische Regierung über das österreichische Territorium flogen. Dieses Vorgehen ohne vorherige Konsultationen zwischen Washington und Wien führte zum diplomatischen Protest Österreichs.[321] Auch die Mitgliedschaft Österreichs in der Donau-Konvention ab 1959, bei der nur Staaten des Warschauer Paktes und Jugoslawien Mitglied waren, wurde von den Westalliierten – vor allem der USA – nicht positiv gesehen.

Wie bereits erwähnt waren die neutralitätspolitischen Gründe für die österreichische Regierung vor allem ein Hindernis für eine EWG-Mitgliedschaft. Auch für die anderen neutralen europäischen Staaten wie Finnland, Schweden und die Schweiz war das ein Problem.[322] Demgegenüber stellte die Gründung der Europäischen Freihandelsassoziation (EFTA) im Jahr 1959 als intergouvernementale Organisation nicht nur für Österreich, sondern auch für Schweden und die Schweiz kein neutralitätsrechtliches Hindernis dar.[323]

Die Außenpolitik Österreichs als neutraler Staat versuchte den Handlungsspielraum in den internationalen Organisationen, in denen Österreich Mitglied war, zu nutzen. Als neutraler Kleinstaat konzentrierte sich Österreich in einigen Bereichen, wo Österreich einen Beitrag leisten konnte, wie die aktive Neutralitätspolitik im Nord-Süd-Gegensatz oder im humanitären und sozialen Bereich im Rahmen der UN. Teil der aktiven österreichischen Neutralitätspolitik war Österreich als Ort der internationalen Begegnungen zu nutzen und die Brücken-Funktion zwischen Ost und West. So wurde Österreich zum Ort für Gipfeltreffen und den Dialog der Supermächte USA und Sowjetunion (Kennedy und Chruschtschow im Juni 1961 in Wien). Großes Engagement hatte die österreichische Außenpolitik vor allem im Rahmen der UN gezeigt, Wien als Sitz internationaler Organisationen und Konferenzen zu etablieren. In diese Richtung gingen auch die österreichischen Aktivitäten für die internationale Gemeinschaft „gute Dienste" zu leisten bzw. die Bereitschaft in den 1960er Jahre an Friedensmissionen der UN teilzunehmen (wie im Kongo 1960-1963 und auf Zypern 1964).[324] Entscheidend für die Stärkung der Neutralitätspolitik Österreichs war das Selbstbewusstsein und die aktive Haltung der außenpoli-

---

321 Kramer, Strukturentwicklung der österreichischen Außenpolitik, S. 813.
322 Ebd., S. 815; Paul Luif, Neutrale in die EG? Die westeuropäische Integration und die neutralen Staaten, Wien 1988; Michael Gehler, Europa. Ideen – Institutionen – Vereinigung – Zusammenhalt, Reinbek – Hamburg 2018.
323 Rudolf Kirchschläger, Integration und Neutralität, in: Erich Bielka/Peter Jankowitsch/Hans Thalberg (Hrsg.), Die Ära Kreisky. Schwerpunkte der österreichischen Außenpolitik, Wien 1983, S. 64.
324 Wolfgang Benedek, Österreichs Außenpolitik in den Nord-Süd-Beziehungen, in: Renate Kicker/Andreas Khol/Hanspeter Neuhold, Außenpolitik und Demokratie in Österreich. Strukturen-Strategien-Stellungnahmen. Ein Handbuch, Salzburg 1983, S. 325; Kramer, Strukturentwicklung der österreichischen Außenpolitik, S. 813; Michal-Misak/Quendler, Österreich in internationalen Organisationen, S. 912.

tischen Akteure, die sich einerseits um Entspannung in den internationalen Beziehungen bemühten und anderseits um die Profilierung Österreichs als neutraler, unabhängiger und souveräner außenpolitischer Vermittler. Das Außenministerium wurde bis 1959 von ÖVP-Politikern geleitet: Karl Gruber (1945-1953), Leopold Figl (1953-1959) und Julius Raab (Juni 1959-Juli 1959), welche sich um die Re-Integration Österreichs bemühten. Im Jahr 1959 wurde zum ersten Mal in der Geschichte der Zweiten Republik ein SPÖ-Politiker zum Außenminister ernannt: Bruno Kreisky (1959-1966). Sein Name ist mit der Einrichtung des Außenministeriums als eigenständiges Ministerium (Bundesministerium für auswärtige Angelegenheiten) verbunden sowie mit der aktiven, globalen Außenpolitik der Zweiten Republik.

3.3. Die aktive und globale Außen- und Neutralitätspolitik Österreichs der Ära Kreisky (1970-1983)

Die Nationalratswahlen von März 1970 und Oktober 1971 machten die SPÖ zur stärksten Partei des Landes. Mit diesem Wahlerfolg konnte die SPÖ zum ersten Mal eine Alleinregierung bilden.[325] Die SPÖ-Alleinregierung unter Bruno Kreisky brachte eine Ausweitung der österreichischen aktiven Außenpolitik auf vier Ebenen der bi- und multilateralen Beziehungen: in der Nachbarschafts- und Europapolitik, in der Dritte-Welt-Politik, in der Westpolitik und der Ostpolitik.

In der Nachbarschafts- und Europapolitik versuchte die österreichische Diplomatie die bilateralen Beziehungen mit den Nachbarstaaten zu normalisieren und fortzuführen. In einem Vortrag im Jahr 1974 in Moskau betonte Bruno Kreisky, dass „[wir] unter Nachbarn nicht nur die unmittelbaren verstehen, mit denen wir eine gemeinsame Grenze haben, sondern den ganzen Donauraum mit einschließen".[326] Die politischen Beziehungen zu Italien waren nach dem Zweiten Weltkrieg wegen der Südtirol-Frage belastet.[327] Die Internationalisierung der Südtirol-Frage in der UN und das italienische Veto im Jahr 1967 gegen eine Assoziierung Österreichs mit der EWG kennzeichneten diese Phase. Mit dem ersten Staatsbesuch eines österreichischen Bundespräsidenten seit der Gründung der Republik Österreich (Franz Jonas) im Jahr 1971 entspannte sich das Verhältnis.[328]

---

325 Petritsch, Bruno Kreisky, S. 174.
326 Erich Bielka, Österreich und seine volksdemokratischen Nachbarn, in: Erich Bielka/Peter Jankowitsch/Hans Thalberg (Hrsg.), Die Ära Kreisky. Schwerpunkte der österreichischen Außenpolitik, Wien 1983, S. 195.
327 Andreas Khol, Österreichs Beziehungen zu den Nachbarstaaten, in: Renate Kicker/Andreas Khol/Hanspeter Neuhold, Außenpolitik und Demokratie in Österreich. Strukturen-Strategien-Stellungnahmen. Ein Handbuch, Salzburg 1983, S. 385.
328 Kramer, Strukturentwicklung der österreichischen Außenpolitik, S. 817; Othmar Höll, Die außenpolitischen Beziehungen Österreichs zu seinen Nachbarstaaten, in: Peter Gerlich (Hrsg.), Österreichs Nachbarstaaten. Innen- und außenpolitische Perspektive. Schriftenreihe des Zentrums für angewandte Politikforschung, Wien 1997, S. 301; Günther Pallaver, Nel mezzo del cammin: Das politische System Italiens im Wandel, in: Peter Gerlich (Hrsg.), Österreichs Nachbarstaaten. Innen- und außenpolitische Perspektive. Schriftenreihe des Zentrums für an-

3. Die österreichische Außenpolitik der Zweiten Republik 1945-1999

Die Beziehungen zwischen Österreich und Jugoslawien, die oft angespannt waren, hatten mit Kreisky und Josip Broz Tito eine neue Phase der nachbarschaftlichen Zusammenarbeit eingeleitet, vor allem als Kreisky und Tito Mitte der 1970er Jahre direkte Kontakte pflegten. Sie wollten im Rahmen des Nord-Süd-Kontexts und der Bewegung der Blockfreien den Dialog zwischen den beiden Gegnern im Kalten Krieg, USA und Sowjetunion, fördern.[329] Auch die wirtschaftlichen Beziehungen zwischen beiden Staaten wurden enorm ausgeweitet – durch die Intensivierung des Handels und die steigende Zahl von Gastarbeitern aus Jugoslawien in Österreich.[330]

Die Beziehungen Österreichs zu den kommunistischen Staaten in Ost-, Südost- und Mitteleuropa begannen sich durch beiderseitige Staatsbesuche zu verbessern (Kreisky besuchte als erster österreichischer Außenminister Ungarn bereits 1964, Bundeskanzler Klaus im Jahr 1967 und Bundespräsident Jonas im Jahr 1970, Kreisky besuchte Warschau im Jahr 1960 als erster österreichischer Außenminister und 1973 als Regierungschef, im Jahr 1964 besuchte Außenminister Kreisky Bulgarien, Bundespräsident Jonas folgte 1970, Bundespräsident Kirchschläger 1976, Kreisky besuchte als Kanzler 1975 Rumänien, 1981 folgte Bundespräsident Kirchschläger).[331] Trotz der verschiedenen Gesellschaftsordnungen entwickelten sich vertrauensvolle Nachbarschaftsverhältnisse – durch die Wiederherstellung der diplomatischen Beziehungen, eine steigende wirtschaftliche Kooperation und Warenaustausch und auch durch die Zusammenarbeit auf kultureller Ebene.

Im Rahmen der Zusammenarbeit wurde ein Freihandelsabkommen mit der EG im Jahr 1972 abgeschlossen, als wichtiger Schritt für eine EG-Annäherung, wo die österreichischen Produkte – insbesondere Agrarprodukte – freien Zugang zum Gemeinsamen Markt der EG erhielten. Ein gleiches Abkommen wurde auch mit neutralen, europäischen Staaten (Schweden und die Schweiz) abgeschlossen.[332] Kreisky war der Ansicht, dass die

---

gewandte Politikforschung, Wien 1997, S. 227.
329 Othmar Höll (Hrsg.), Österreich-Jugoslawien. Determinanten und Perspektiven ihrer Beziehungen. Österreichisches Institut für Internationale Politik, Wien 1988, S. 140; Mira Csarmann/Hans-Georg Heinrich, Grenzüberschreitende regionale Zusammenarbeit zwischen Österreich und Jugoslawien, in: Othmar Höll (Hrsg.), Österreich-Jugoslawien. Determinanten und Perspektiven ihrer Beziehungen, Wien 1988, S. 44; Waltraut Urban, Die österreichisch-jugoslawischen Wirtschaftsbeziehungen, in: Hanspeter Neuhold, (Hrsg.), Grundsatzfragen der Außenpolitik Österreichs und Jugoslawiens. Informationen zur Weltpolitik 10, Österreichisches Institut für Internationale Politik. Braumüller, Wien 1988, S. 51; Helmut Liedermann, Österreichs Image im ehemaligen Jugoslawien, in: Oliver Rathkolb/Otto M. Maschke/Stefan August Lütgenau (Hrsg.), Mit anderen Augen gesehen. Internationale Perzeptionen Österreichs 1955-1990. Österreichische Nationalgeschichte nach 1945, Wien 2002, S. 535; Szirtes, Austrian Foreign Policy, S. 180.
330 Gehler, Österreichs Außenpolitik der Zweiten Republik, S. 686; Höll, Die außenpolitischen Beziehungen Österreichs zu seinen Nachbarstaaten, S. 300; Khol, Österreichs Beziehungen zu den Nachbarstaaten, S. 391; Georg Winckler, Die wirtschaftlichen Beziehungen Österreichs zu seinen Nachbarstaaten, in: Peter Gerlich (Hrsg.), Österreichs Nachbarstaaten. Innen- und außenpolitische Perspektiven. Schriftenreihe des Zentrums für angewandte Politikforschung, Wien 1997, S. 270; Alois Mock, Mensch, Arbeit, Gesellschaft, Wien 1972, S. 6.
331 Bielka, Österreich und seine volksdemokratischen Nachbarn, S. 223.
332 Andreas Khol, Die österreichischen Außenpolitik-Prioritäten im dritten Jahrtausend, in: Erhard Busek/Andreas Khol/Heinrich Neisser (Hrsg.), Politik für das dritte Jahrtausend. Fest-

3.3 Die aktive und globale Außen- und Neutralitätspolitk Österreichs ...

Neutralität Österreichs ein Widerspruch zur EG-Mitgliedschaft sei; er hielt beides für nicht vereinbar. Für ihn war die Neutralität eine „Plattform für eine unabhängige, disponible und solidarische Außenpolitik".[333]

Die aktive Außen- und Neutralitätspolitik Österreichs war auch charakterisiert durch die enge Kooperation mit europäischen Neutralen. Ganz erfolgreich war diese Zusammenarbeit – hier vor allem mit Finnland – bei der Verabschiedung der Schlussakte der KSZE (Konferenz für Sicherheit und Zusammenarbeit für Europa). Dies führte zu einer Entspannungspolitik zwischen den zwei Blöcken, „als auch gleichzeitig allgemeinen positiven internationalen Normen in der Staatengemeinschaft stärker zum Durchbruch verhelfen".[334]

Die Westpolitik Österreichs war durch ein globales aktives Engagement gekennzeichnet. „Die 1970er Jahre brachten den Höhepunkt in der Aktivität und im politischen Ansehen Österreichs in den Vereinten Nationen",[335] denen Kurt Waldheim ab 1971 als UN-Generalsekretär (Wiederwahl 1976 für eine weiteres, fünfjähriges Mandat) vorstand. Ein großes Ereignis war auch die Wahl Österreichs zum nicht-ständigen Mitglied im UN-Sicherheitsrat in der Funktionsperiode 1973/74, wobei die österreichischen Diplomaten in vielen internationalen Krisen engagiert waren, wie der Nahostkrieg im Oktober 1973, die Zypern-Krise und die krisenhafte Situation im südlichen Afrika.[336] Waldheim schrieb in einer Bilanz der österreichischen UN-Mitgliedschaft:

> Österreichs Ansehen in der Welt, nicht zuletzt bei den Staaten der Dritten Welt, das Mitwirken an den friedenserhaltenden Operationen, die Wahl der Österreicher in Spitzenpositionen der Weltorganisation sowie die Schaffung des dritten UN-Zentrums in Wien sind nur einige der sichtbaren Erfolge der österreichischen Politik in den Vereinten Nationen.[337]

Die aktive österreichische Außenpolitik setzte sich auch in bilateralen Aktivitäten fort, wie der diplomatischen Anerkennung der Volksrepublik China (1971), der Anerkennung der Bundesrepublik Deutschland (BRD) und der Deutschen Demokratischen Republik (DDR) (1972), die Aufnahme der diplomatischen Beziehungen zu Nordvietnam (1972) und Nordkorea (1974). Die Bemühungen Kreiskys zur Lösung des Nahost-Konflikts und

---

schrift für Alois Mock zum 60. Geburtstag, Graz 1994, S. 254.
333 Franz Cede, Österreichs Neutralität und Sicherheitspolitik nach dem Beitritt zur Europäischen Union, in: *Zeitschrift für Rechtsvergleichung, Internationales Privatrecht und Europarecht* 36 (1995), Nr. 4, S. 143.
334 Kramer, Strukturentwicklung der österreichischen Außenpolitik, S. 817.
335 Ebd.
336 Kramer, Strukturentwicklung der österreichischen Außenpolitik, S. 818; Waldheim, Die Vereinten Nationen und Österreich, S. 242.
337 Waldheim, Die Vereinten Nationen und Österreich, S. 241. Zur Rolle Österreichs zum ersten Mal als nicht-ständiges Mitglied im Sicherheitsrat der Vereinten Nationen 1973/1974 siehe Bericht über die österreichische Mitgliedschaft im Sicherheitsrat (1973-1974) https://www.parlament.gv.at/PAKT/VHG/XIV/III/III_00008/imfname_562101.pdf (abgerufen 19.03.2016); Jankowitsch, Peter (1975), Österreich im Sicherheitsrat, in: Österreichische Zeitschrift für Außenpolitik, 15. Jahrgang, Heft 2.

3. Die österreichische Außenpolitik der Zweiten Republik 1945-1999

die Anerkennung der Palästinensischen Befreiungsorganisation (PLO) führten zu politischen Divergenzen zwischen Österreich und den USA.[338]

Österreich leistete vor allem konkrete Beiträge zur Erhaltung des globalen Friedens, wie durch die Teilnahme des österreichischen Bundesheeres an UN-Friedensmissionen in verschiedenen Kriegs- und Konfliktgebieten. Hier ist vor allem die Stationierung von 500 österreichischen Soldaten auf den Golanhöhen (UNDOF) und auf Zypern (UNFICYP) zu nennen. Die österreichische Außenpolitik war sehr aktiv in der Frage der Abrüstung, im humanitären Bereich durch Hilfsaktionen, in der Stärkung und dem Schutz der Menschenrechte und im Bereich des Umweltschutzes.

Im Rahmen dieser multilateralen und globalen Außen- und Neutralitätspolitik unternahm Österreich auch zahlreiche andere Initiativen, die Österreich „in vielen Ländern der Dritten Welt ein sehr gutes politisches Image einbrachten".[339] Hier sind vor allem zu erwähnen: die Rolle Österreichs als Vermittler in den Nord-Süd-Beziehungen, wie die Initiative zur Einberufung des Gipfeltreffens von 22 Staats- und Regierungschefs aus Industrie- und Entwicklungsländern im Oktober 1981 in Cancun[340] und die Initiativen Kreiskys in der Nahostpolitik. Österreich nahm seit Anfang der 1970er Jahre als Gast bei den Gipfelkonferenzen der Blockfreien teil und kooperierte eng mit anderen neutralen und nicht-paktgebundenen Ländern in Europa („N+N"-Gruppe), nicht nur im Rahmen der UN, sondern auch im Rahmen der KSZE, etwa durch das gemeinsame Einbringen von Resolutionen und der produktiv geleisteten „guten Dienste".[341] Vor dem Hintergrund der bipolaren Welt waren die Initiativen von Kreisky insbesondere in der Dritten Welt durch eine Reihe von Vermittlungsaktionen hervorzuheben, wo Kreisky sehr viel in die Herstellung der persönlichen Kontakte zu den Führern der Dritten Welt (wie zum ersten Ministerpräsidenten Indiens Jawaharlal Nehru und dessen Tochter Indira Ghandi) investiert hatte.[342]

Die Friedenspolitik für den Nahen Osten war ein anderes Element in der offensiven Neutralitätspolitik von Kreisky. Im Rahmen der Sozialistischen Internationale (SI) in den 1970er Jahren durch die Thematisierung außenpolitischer Fragen und Probleme wie der Nahostpolitik und der Entspannungspolitik zwischen Ost und West, der Entkolonialisierungspolitik, den Kampf gegen Diktaturen und autoritäre Regime, hatte Kreisky erreicht, dass Österreich eine besondere Rolle in der Weltpolitik einnahm.[343] Als Willy Brandt 1976

---

338 Oliver Rathkolb, International Perceptions of Austrian Neutrality post 1945, in: Günter Bischof/Anton Pelinka/Ruth Wodak (eds.), Neutrality in Austria. Contemporary Austria Studies, Volume 9, New Brunswick – London 2001, pp. 69-91.
339 Kramer, Strukturentwicklung der österreichischen Außenpolitik, S. 818.
340 „Mit der Organisation von Cancun hat Kreisky daher neue Maßstäbe im Nord-Süd-Dialog gesetzt und diesen auf die höchste Ebene der Weltpolitik gehoben". Peter Jankowitsch, Österreich und die dritte Welt, in: Erich Bielka/Peter Jankowitsch/Hans Thalberg (Hrsg.), Die Ära Kreisky. Schwerpunkte der österreichischen Außenpolitik, Wien 1983, S. 276.
341 Benedek, Österreichs Außenpolitik in den Nord-Süd-Beziehungen, S. 333.
342 Bruno Kreisky, Reden II, Wien 1981, S. 826; Jankowitsch, Österreich und die dritte Welt, S. 270; Helmut Kramer, Österreich ist „hinternational". Zur Stagnation und Krise der österreichischen Außenpolitik, in: *International* 1 (2010), S. 4.
343 Gehler, Österreichs Außenpolitik der Zweiten Republik, S. 418; Hans Thalberg, Die Nahostpolitik, in: Erich Bielka/Peter Jankowitsch/Hans Thalberg (Hrsg.), Die Ära Kreisky. Schwerpunkte der österreichischen Außenpolitik, Wien 1983, S. 293.

3.4. Die Neuorientierung der österreichischen Außenpolitik (1983-1989)

zum Präsidenten der SI gewählt wurde, unternahmen er und Kreisky mit dem schwedischen Ministerpräsidenten Olof Palme Versuche, den Nord-Süd-Dialog zu fördern.[344] Hier sind vor allem die Besuchs-Missionen der SI (Fact-Finding-Mission) zwischen den Jahren 1974 bis 1976 in arabischen Ländern und in Israel zu nennen.

Die aktive Neutralitätspolitik führte zu einer selbstbewussteren österreichischen Außenpolitik. In diesem Sinne waren die österreichischen Bemühungen erfolgreich, Wien[345] als Ort internationaler Begegnungen und Konferenzen zu forcieren. Nicht nur die geopolitische Lage Österreichs zwischen den Blöcken, sondern auch die aktiven österreichischen Bemühungen für Frieden und Dialog führten zur internationalen Anerkennung Österreichs als Vermittler. Gestärkt wurde dieses Image durch die Ansiedlung diverser internationaler Organisationen in Wien nach dem Bau der UN-City (das Internationale Amtssitz- und Konferenzzentrum, VIC). Darunter waren die UNIDO (United Nations Industrial Development Organization), die IAEA (International Atomic Energy Agency), und auch die OPEC (Organization of the Petroleum Exporting Countries).[346]

Die Ära Kreisky bildete den Höhepunkt der aktiven und globalen Außen- und Neutralitätspolitik Österreichs. Hier sind besonders zu erwähnen: die aktive Nachbarschaftspolitik, die dynamische multilaterale Politik in der Welt und in Europa sowie die Rolle Österreichs als Vermittler im Nord-Süd-Kontext. In der Ära Kreisky war Österreich zur Referenz für eine weltweite Außenpolitik geworden, „ist die Auswirkung dieser Politik bis heute unbestritten, insbesondere das Auftreten des damaligen Bundeskanzlers die Reputation und weltpolitische Rolle Österreichs weit über seine nationale Größe hinaus erhob".[347]

3.4. Die Neuorientierung der österreichischen Außenpolitik (1983-1989)

Bei den Nationalratswahlen vom 24. April 1983 verlor die SPÖ die absolute Mehrheit.[348] Mit der neu gegründeten Regierungskoalition SPÖ-FPÖ (1983-1986) unter Bundeskanzler Fred Sinowatz (SPÖ) und Vizekanzler Norbert Steger (FPÖ) gab es eine „Wende" und „Reorientierung" der Prioritäten der österreichischen Neutralitäts- und Außenpolitik. Mit dem Ende der Ära Kreisky änderten sich die Schwerpunkte der österreichischen Außenpolitik: von einer global ausgerichteten Außenpolitik hin zu einer regional bzw. europäischen Orientierung und einer vertieften europäischen Integration Österreichs.[349]

---

344 Ingo Mussi, Bruno Kreisky und der schöpferische Dialog mit den Vereinigten Staaten, in: Erich Bielka/Peter Jankowitsch/Hans Thalberg (Hrsg.), Die Ära Kreisky. Schwerpunkte der österreichischen Außenpolitik, Wien 1983, S. 122.
345 Wien als dritter UN-Sitz wurde auch aus sicherheitspolitischen Motiven von Kreisky und der SPÖ aktiv unterstützt. Die SPÖ und Kreisky bevorzugten eine aktive Außen- und Neutralitätspolitik und die Verstärkung der Zusammenarbeit in den internationalen Organisationen. Skuhra, Österreichische Sicherheitspolitik, S. 843.
346 Michal-Misak/Quendler, Österreich in internationalen Organisationen, S. 914.
347 Höll, 50 Jahre österreichische Außenpolitik, S. 19.
348 Die SPÖ bekam 47,7% der Stimmen, ÖVP 43,2% der Stimmen und FPÖ 4,9% der Stimmen.
349 Kramer, Strukturentwicklung der österreichischen Außenpolitik, S. 820; Helmut Kramer,

3. Die österreichische Außenpolitik der Zweiten Republik 1945-1999

Die Bildung der Koalitionsregierung von SPÖ-ÖVP (Vranitzky-Mock) im Dezember 1986 hatte zur Folge, dass das Außenministerium von der ÖVP bzw. von seinem Parteiobmann Alois Mock übernommen wurde. Bundeskanzler Franz Vranitzky (SPÖ), der als „besonders prononcierter Vertreter des EG-Kurses in der Partei"[350] galt, und der neue Außenminister Mock, der eine starke Profilierung in außenpolitischen Fragen suchte und die ÖVP zunehmend als „Die Europapartei" etablierte, brachten neue Zielsetzungen und Prioritäten. Diese Prioritäten wurden in einer Regierungserklärung im Jänner 1987 festgelegt: Die „Nachbarschaftspolitik, der Ausbau der Beziehungen zur EG, der Beitrag zur KSZE, Abrüstung und Entspannung in Europa sowie die Stärkung der Effizienz des Europarates".[351] Für die Koalitionsregierung war der Ausbau der Beziehungen zur und die Integration in die EG ein „zentrales Anliegen der österreichischen Außen- und Außenwirtschaftspolitik".[352] Dies entsprach voll den außenpolitischen Vorstellungen und Zielsetzungen Mocks einer „realistischen Neutralitätspolitik". „Realistisch heißt, Neutralitätspolitik nicht mit ständiger Einmischung in internationale Konflikte zu verwechseln", sagte Mock bereits 1984 als Oppositionsführer.[353]

Mit dem Ende der Ära Kreisky begann auch eine neue Phase in der österreichischen Innenpolitik. Diese Phase war von einer Reihe von Korruptionsfällen und Affären (Wein-Skandal, Reder-Frischenschlager-Affäre, illegale Waffenexporte) geprägt. Das positive internationale Image Österreichs litt noch mehr, als Kurt Waldheim für das Amt des Bundespräsidenten kandidierte. Mit seiner Kandidatur beginnt zunächst eine nationale und später internationale Mediendebatte über seine NS-Kriegsvergangenheit. In Konsequenz wurde ein Einreiseverbot gegen den österreichischen Bundespräsidenten Waldheim in die USA verhängt. Dabei hatte Waldheim als UN-Generalsekretär in zwei Amtsperioden in den Jahren 1972 bis 1982 einen positiven Beitrag geleistet.

Die ÖVP, die Anfang der 1980er Jahre als Oppositionspartei insbesondere die globale Außenpolitik Kreiskys kritisiert hatte, versuchte eine Orientierung nach (West-)Europa. Ihr Schlagwort: „Ein Kuß weniger für Arafat und mehr Einsatz für die österreichischen Bauern [in Brüssel]",[354] war auch ein Signal auf wirtschaftspolitischer Seite, mit dem Ziel, die Annäherung Österreich zur EG zu verstärken. Die österreichische Wirtschaft hatte in den Jahren 1984 und 1987 ein weit niedrigeres Wirtschaftswachstum im Vergleich mit den

---

Wende in der österreichischen Außenpolitik? Zur Außenpolitik der SPÖ-ÖVP-Koalition, in: Österreichische Zeitschrift für Politikwissenschaft 2 (1988), S. 119.

350 Paul Luif, Neutrale in die EG? Die westeuropäische Integration und die neutralen Staaten, Wien 1988, S. 705, zit. n. Kramer, Wende in der österreichischen Außenpolitik?, S. 120.

351 Renate Kicker, Die Außenpolitik Österreichs in der Zweiten Republik, S. 8 http://www.demokratiezentrum.org/fileadmin/media/pdf/kicker.pdf (abgerufen 02.02.2016).

352 Erklärung von Bundeskanzler Vranitzky vor dem Nationalrat am 28. Jänner 1987, zit. n. Paul Luif, Österreich und die Europäische Union, in: Herbert Dachs et al. (Hrsg.), Politik in Österreich. Das Handbuch. Manz, Wien 2006, S. 869.

353 Zit. n. Kramer, Strukturentwicklung der österreichischen Außenpolitik, S. 822.

354 Luif, Österreich und die Europäische Union, S. 868.

EFTA-Staaten.[355] Insbesondere diese wirtschaftlichen Schwierigkeiten waren „Anstoß zur Veränderung der Integrationspolitik" Österreichs.[356]

Die Neuorientierung der österreichischen Außenpolitik wurde seit Anfang der 1980er Jahre von Mock als „außenpolitische Doktrin" vorbereitet, die sich von den außenpolitischen Prioritäten Kreiskys klar unterschied.[357] Die österreichische Außenpolitik sollte laut Mock andere Schwerpunkte haben. In der Formulierung von Andreas Khol:

> weg von der überzogenen, maximalistischen und universalistischen, konfliktorientierten Außenpolitik der Marke Kreisky, welche die österreichischen Möglichkeiten überstrapaziert hatte [...], hin zu einer realistischen, klassisch westlichen, österreichischen Außenpolitik, orientiert an der Lösung der Nachbarschaftsprobleme, der Nutzung des Donauraumes und vor allem an der Einbindung in das sich einigende Europa.[358]

Die SPÖ und die ÖVP schlossen einen Beitritt Österreichs zur EG nicht mehr aus. Die Regierungspartner eröffneten die innenpolitische Debatte um die Mitgliedschaft Österreichs bei der EG, die in den kommenden Jahren intensiv geführt wurde.

3.5. Die Beitrittsverhandlungen mit der EG/EU (1989-1995)

Angesichts der Veränderungen in Europa im Jahr 1989 mit dem Zusammenbruch der kommunistischen Regime in Mittel-, Süd-, und Osteuropa und dem Ende des Ost-West-Konflikts begann eine neue politische und wirtschaftliche Epoche auf dem europäischen Kontinent und ein grundsätzlicher Wandel in den internationalen Beziehungen. Dieser Epochenwechsel betraf die österreichische Außen- und Neutralitätspolitik auf verschiedene Weise. Waren die österreichischen Integrationsbemühungen anfangs mit unterschiedlichen Hindernissen – wie mit Einwänden der EG-Mitgliedsstaaten Italien und Frankreich und der Interpretation der österreichischen Neutralität im In- und Ausland – konfrontiert, eröffneten sich nun Handlungsspielräume und Möglichkeiten, das außenpolitische Hauptziel zu verfolgen und umzusetzen: Die Vollmitgliedschaft in der EG. Zumal aus Moskau unter Michail Gorbatschow keine starke Ablehnungspolitik[359]

---

355 Kramer, Wende in der österreichischen Außenpolitik?, S. 120; Helmut Kramer, Österreichs Wirtschaftspolitik im Rahmen der EU, in: Heinrich Neisser/Sonja Puntscher Riekmann (Hrsg.), Europäisierung der österreichischen Politik, Wien 2002, S. 272.
356 Luif, Österreich und die Europäische Union, S. 869.
357 Alois Mock, Österreichs Platz im neuen Europa, in: *Österreichisches Jahrbuch für Internationale Politik* 1990, S. 33; Khol, Die österreichischen Außenpolitik-Prioritäten im dritten Jahrtausend, S. 255; Kurt Richard Luther, Austria's Social Democracy During the „Vranitzky Era": The Politics of Asymmetrical Change, in: Günter Bischof/Anton Pelinka/ Ferdinand Karlhofer (eds.), The Vranitzky Era in Austria. Contemporary Austrian Studies 7, New Brunswick 1999, S. 5; Oliver Rathkolb, Die paradoxe Republik. Österreich 1945 bis 2015, Wien 2015, S. 305.
358 Khol, Die österreichischen Außenpolitik-Prioritäten im dritten Jahrtausend, S. 255.
359 Am 10. August 1989 hat der sowjetische Botschafter in Wien eine Note an die österreichische Regierung übergeben, wobei die Frage bezüglich der Übereinstimmung der Neutralität mit

gegenüber den Bemühungen neutraler Staaten um eine EG-Mitgliedschaft kam, war die Frage der EG-Mitgliedschaft in dieser Phase eine interne Frage interessierter Staaten; die europäische EG-Frage war nicht mehr eine internationale Konfrontationsfrage zwischen bündnispolitischen Gegnern.[360]

Mit Änderung des internationalen Umfeldes begann auch eine neue Phase in der „Veränderung in der Interpretation der österreichischen Neutralität".[361] Österreich nahm nicht nur an den UN-Wirtschaftssanktionen gegen den Irak teil, sondern bewilligte auch ein Überflugs- und Transitrecht für Kriegsmaterial der USA, die eine Allianz gegen den irakischen Machthaber Saddam Hussein anführten.[362][363] Die Koalitionsregierungspartner SPÖ

---

dem EG-Beitritt gestellt wurde. Khol, Österreich und Europa in Annus Mirabilis Europae 1989, S. 820; Martin Eichtinger/Helmut Wohnout, Alois Mock. Ein Politiker schreibt Geschichte, Wien 2008, S. 178.

360 Während seines Besuches in Finnland im Oktober 1989 wurde Gorbatschow von Journalisten bezüglich eines EG-Beitrittes des neutralen Finnlands gefragt, antwortete er: „Wenn irgendein Land irgendwelche Entscheidungen trifft, wie seine Beziehungen zu einer Organisation sein sollte: Das ist sein Recht" (Khol, Österreich und Europa in Annus Mirabilis Europae 1989, S. 820.

361 Kramer, Strukturentwicklung der österreichischen Außenpolitik, S. 824.

362 Karl Zemanek, Immerwährende Neutralität in der österreichischen Staatenpraxis, in: Waldemar Hummer (Hrsg.), Staatsvertrag und immerwährend Neutralität Österreichs. Eine juristische Analyse, Wien 2007, S. 208.

363 Thomas O. Schlesinger, Austrian Neutrality in Postwar Europe: The Domestic Roots of a Foreign Policy, Wien 1972; Bruno Kreisky, Neutralität und Koexistenz. Aufsätze und Reden. List, München 1975; Paul Luif, Neutrale in die EG? Die westeuropäische Integration und die neutralen Staaten, Wien 1988; Herbert Krejci/Erich Reiter/Heinrich Schneider (Hrsg.), Neutralität. Mythos und Wirklichkeit, Wien 1992; Gerhard Hafner, Die politischen Änderungen in Europa und die dauernde Neutralität, in: Hanspeter Neuhold/Brunno Simma (Hrsg.), Neues europäisches Völkerrecht nach dem Ende des Ost-West-Konfliktes?, Baden-Baden 1996, S. 115-140; Waldemar Hummer, Solidarität versus Neutralität, in: Österreichische Militärische Zeitschrift 2 (2001), S. 147-166; Heinz Gärtner, Thesen zur Neutralität und zur österreichischen Sicherheitspolitik, in: Alfred Klahr Gesellschaft, Österreich auf dem Weg in Militärbündnisse? Die Militarisierung der Europäischen Union und die österreichische Neutralität, Wien 2008, S. 23-32; Helmut Kramer, Österreichs Beitrag zur europäischen und globalen Sicherheit. Ein Plädoyer für mehr Selbstbewußtsein im Bekenntnis zu aktiver Neutralitäts- und Friedenspolitik, in: Thomas Roithner/Johann Frank/Eva Huber (Hrsg.), Wieviel Sicherheit braucht der Friede? Wien 2013, S. 89-100; Gerhard Jandl, The Role of Member States in the Common Foreign and Security Policy to come, in: Johannes W. Pichler/Alexander Balthasar (eds.), The Report of the Future of Europe-Striking the Balance between „Unity" and „Diversity"? Proceedings of the Conference on European Democracy 2013, Wien – Graz 2014, pp. 49-55; Gerhard Jandl, Die Ukraine-Krise und die europäische (und österreichische) Sicherheitspolitik, in: Walter Feichtinger/Christian Steppan, (Hrsg.), Gordischer Knoten Ukraine. Eine gesamtstrategische Betrachtung. Militärwissenschaftliche Publikationsreihe der Landesverteidigungsakademie (2017), S. 223-231; Eva Nowotny, Vergebene Chancen, vertane Möglichkeiten – Österreichische Außenpolitik im Rückblick, in: *Europäische Rundschau* 2 (2016), S. 11-18; Dies., Von Kontinuitäten und Brüchen – Gedanken zur österreichischen Außenpolitik, in: *Europäische Rundschau* 4 (2017), S. 95-99.

3.5. Die Beitrittsverhandlungen mit der EG/EU (1989-1995)

und ÖVP[364] und die innerösterreichische Debatte (auch die vier Sozialpartner Arbeiterkammer, Bundeskammer der Gewerblichen Wirtschaft, Österreichischer Gewerkschaftsbund und Präsidentenkonferenz der Landeslandwirtschaftskammern)[365] einigten sich in ihrem Kurs auf das EG-Beitrittsziel.[366] Allerdings blieb die innerösterreichische EG-Debatte nicht ohne Konsequenzen. Bei den Landtagswahlen in Tirol im Jahr 1989 verlor die ÖVP die absolute Stimmenmehrheit und erlitt starke Verluste bei Landtagswahlen in Salzburg und Kärnten. Grund waren vor allem die Konflikte Österreichs mit der EG im Bereich der Transit- und Umweltpolitik.[367]

Der Vorschlag von Jacques Delors, Präsident der Europäischen Kommission (EK), zur Schaffung eines „Europäischen Wirtschaftsraumes" (EWR) als eine Option des Beitritts zum Europäischen Binnenmarkt ohne EG-Mitgliedschaft für die EFTA-Staaten wurde von der österreichischen Regierung nur „als Übergangsphase bis zur Erreichung des Endzieles, die EG-Vollmitgliedschaft",[368] oder als „Weg des multilateralen Brückenschlages zwischen EG und EFTA" gesehen.[369] Delors schlug im Februar 1989 vor dem Europäischen Parlament (EP) die Schaffung des EWR vor. Dieses neue Abkommen sah vor, dass die Freiheiten des EG-Vertrages (Freiheit des Personen-, Waren-, Dienstleistungs- und Kapitalverkehrs) im EWR (also damals 12 EG-Mitgliedsstaaten plus 6 EFTA-Staaten)[370] verwirklicht werden sollten.[371]

Parallel zu den Verhandlungen über den europäischen Binnenmarkt waren die Entwicklungen in der Europäischen Politischen Zusammenarbeit (EPZ) essenziell, die eine

---

364 Der ehemalige Außenminister Peter Jankowitsch (SPÖ) und der Nationalratsabgeordnete Andreas Khol (ÖVP) waren die EG-Vordenker bei den Koalitionspartnern. Laut Khol hatten die österreichischen politischen Parteien die Aufgabe der österreichischen Bevölkerung „schlüssig zu erklären, dass die Ziele der österreichischen Politik, welche durch das Instrument der immerwährend – den Neutralität des Jahres 1955 so erfolgreich verwirklicht werden konnten, auch durch die neue Außenpolitik gesichert und im Rahmen der europäischen Solidarität besser erreicht werden können". Andreas Khol, Neutralität– ein überholtes Instrument österreichischer Sicherheitspolitik?, in: Andreas Khol/Günther Ofner/Alfred Stirnemann (Hrsg.), Österreichisches Jahrbuch für Politik 1990, Wien 1991, S. 677.

365 Am 2. März 1989 haben die vier österreichischen Sozialpartner eine gemeinsame Stellungnahme zur österreichischen EG-Mitgliedschaft vorbereitet. Andreas Khol, Österreich und Europa in Annus Mirabilis Europae 1989, in: Andreas Khol/Günther Ofner/Alfred Stirnemann (Hrsg.), Österreichisches Jahrbuch für Politik 1989, Wien 1990, S. 817.

366 Khol, Österreich und Europa in Annus Mirabilis Europae 1989, S. 815; Winfried Lang, Österreichs Entscheidung für Europa-I. Akt, in: Andreas Khol/Günther Ofner/Alfred Stirnemann (Hrsg.), Österreichisches Jahrbuch für Politik 1989, Wien 1990, S. 317.

367 Helmut Kramer, Öffentliche Meinung und die österreichische EG-Entscheidung im Jahre 1989, in: *SWS Rundschau* 31 (1991), S. 191-202; Khol, Österreich und Europa in Annus Mirabilis Europae 1989; Paul Luif, Die österreichische Integrationspolitik, in: Hanspeter Neuhold/Paul Luif (Hrsg.), Das außenpolitische Bewusstsein der Österreicher, Wien 1992, S. 37-86.

368 Luif, Österreich und die Europäische Union, S. 872.

369 Khol, Österreich und Europa in Annus Mirabilis Europae 1989, S. 821.

370 Norwegen, Schweden, Finnland, Schweiz, Liechtenstein und Österreich.

371 Helmut Kramer, Österreichs Wirtschaft am Vorabend des EG-Beitritts, in: Andreas Khol/Günther Ofner/Alfred Stirnemann (Hrsg.), Österreichisches Jahrbuch für Politik 1991, Wien 1992, S. 342.

engere und intensive intergouvernementale Zusammenarbeit zwischen den EG-Staaten zum Ziel hatte. Entscheidend für die europäische Außenpolitik war die Schaffung der Europäischen Einheitlichen Akte (EEA) vom Februar 1986,[372] welche als neuer Schub der europäischen Integrationsaußenpolitik zu bezeichnen ist und eine gemeinsame „europäische Außenpolitik auszuarbeiten"[373] beabsichtigte.[374] Die österreichische Diplomatie hatte seit dem Jahr 1988 „mit einem Briefwechsel seine Kontakte mit der EPZ-Präsidentschaft auf eine institutionalisierte periodische Basis gestellt".[375]

Am 17. Juli 1989[376] überreichte der österreichische Außenminister Mock die drei Beitrittsanträge an den amtierenden EG-Ratspräsidenten, Frankreichs Außenminister Roland Dumas (der sogenannte „Brief nach Brüssel").[377] In den Beitrittsanträgen wurde festgeschrieben, dass Österreich „bei der Stellung dieses Antrages von der Wahrung seines international anerkannten Status der immerwährenden Neutralität, die auf dem Bundesverfassungsgesetz vom 26. Oktober 1955 beruht", ausgeht, sowie dass es davon ausgehe,

> daß es auch als Mitglied der Europäischen Gemeinschaften aufgrund des Beitrittsvertrages in der Lage sein wird, die ihm aus seinem Statuts als immerwährend neutraler Staat erfließenden rechtlichen Verpflichtungen zu erfüllen und seine Neutralitätspolitik als spezifischen Beitrag zur Aufrechterhaltung von Frieden und Sicherheit in Europa fortzusetzen.[378]

Am 28. August 1989 wurde die EK vom Rat beauftragt, die Stellungnahme bezüglich des österreichischen Beitrittsantrages auszuarbeiten. Zwei Jahre später, am 31. Juli 1991, verabschiedete die EK eine positive Stellungnahme (das sogenannte „Avis") ohne inhaltliche Vorbedingungen zum Beitrittsansuchen Österreichs. Sie schätzte die Mitgliedschaft Österreichs als „globalen Gewinn" für die Gemeinschaft ein.[379] Während die EK die Meinung vertrat, dass aus wirtschaftlichen Gründen „die Gemeinschaft den Beitrittsantrag

---

372 Die EEA wurde am 28. Februar 1986 in Den Haag unterzeichnet und trat am 1. Juni 1987 in Kraft.
373 Art. 30 (1), Einheitliche Europäische Akte.
374 Faruk Ajeti/Resmije Kurbogaj-Ajeti, Die Rolle der EU-Außenpolitik im Kosovo (1989-2010), in: Eva Kreisky/Helmut Kramer (Hrsg.), Politik und Demokratie, Frankfurt am Main 2013, S. 30.
375 Außenpolitischer Bericht 1989, S. 30.
376 *Die Presse*, 17. 7. 1989, S. 2.
377 Die drei Beitrittsanträge wurden gemäß Artikel 237 EWG-Vertrag, Artikel 205 EAG-Vertrag und Artikel 98 EGKS-Vertrag gestellt. Gunther Hauser, Das Jahr 1989 aus österreichischer und internationaler sicherheitspolitischer Perspektive, in: Andrea Brait/Michael Gehler (Hrsg.), Grenzöffnung 1989. Innen- und Außenperspektiven und die Folgen für Österreich, Wien 2014, S. 334.
378 Brief des Bundesministers der auswärtigen Angelegenheiten an den Präsidenten des Rates der EG mit dem Antrag Österreichs auf Mitgliedschaft in der EWG, zit. n. Khol, Österreich und Europa in Annus Mirabilis Europae 1989, S. 839.
379 Thomas Nowotny, Das Avis der EG-Kommission zum österreichischen Beitrittsansuchen, in: Andreas Khol/Günther Ofner/Alfred Stirnemann (Hrsg.), Österreichisches Jahrbuch für Politik 1991, Wien 1992, S. 253; Thomas Mayr-Harting, 1991-ein Jahr der Herausforderungen für Österreichs Außenpolitik, in: Andreas Khol/Günther Ofner/Alfred Stirnemann (Hrsg.), Österreichisches Jahrbuch für Politik 1991, Wien 1992, S. 315.

3.5. Die Beitrittsverhandlungen mit der EG/EU (1989-1995)

Österreichs annehmen sollte", war die politische Position der Benelux-Staaten (vor allem Belgiens) weniger positiv wegen des österreichischen Neutralitätsstatus.[380] Im Zuge der Verhandlungen und als Reaktion des Avis der EK begann die österreichische Regierung „den Inhalt dieser Neutralität immer stärker zu relativieren".[381] Auch andere neutrale europäische (EFTA-) Staaten stellten Anträge zur EG-Mitgliedschaft, wie Schweden 1991, Finnland und Norwegen 1992.

Am 1. Februar 1993 begannen die EG-Beitrittsverhandlungen mit Österreich, gleichzeitig mit dem Vertrag von Maastricht, der am 7. Februar 1992 unterzeichnet und am 1. November 1993 ratifiziert wurde. Mit dem Vertrag von Maastricht wurde die EG zur Europäischen Union (EU) umgewandelt.[382] An der neu eingeführten Gemeinsamen Außen- und Sicherheitspolitik (GASP) beteiligte sich Österreich als beitrittswilliges Land, wobei die österreichische Regierung ihre Interpretation der Neutralität des Landes in einer Protokolleintragung des Ministerrats definierte, wonach „Österreich nicht zur militärischen Teilnahme an Kriegen, zum Beitritt zu Militärbündnissen und zur Errichtung militärischer Stützpunkte fremder Staaten auf seinem Gebiet verpflichtet ist".[383] In Sachen Zusammenarbeit in der Sicherheitspolitik wurde von der österreichischen Regierung erwähnt, dass Österreich „am Aufbau und am Funktionieren einer neuen europäischen Sicherheitsordnung im Rahmen der Europäischen Union und darüber hinaus solidarisch mitwirken" wird.[384]

Nach der Ratifizierung des Verhandlungsergebnisses mit der EU durch den österreichischen Nationalrat und das Europäische Parlament wurde von der österreichischen Regierung eine Volksabstimmung am 12. Juni 1994 organisiert, in der sich die österreichischen Bürger bei einer Wahlbeteiligung von 82,3 Prozent zu 66,6 Prozent für die EU-Mitgliedschaft aussprachen.[385] Die Zustimmung zum Beitrittsvertrag, die eine Zweidrittelmehrheit benötigte, durch das Parlament erfolgte nach der Nationalratswahl (vom 9. Oktober 1994). Die neu gegründete Große Koalition aus SPÖ und ÖVP hatte mit der Unterstützung von Grünen und dem Liberalen Forum genügend Abgeordnete für die Zweidrittelmehrheit. Nur die FPÖ-Abgeordneten stimmten gegen den Beitrittsvertrag.

Als die Debatte über die österreichische EG-Mitgliedschaft begann, wurde der Neutralitätsfrage ein besonderer Stellenwert eingeräumt. Für längere Zeit galt eine österreichische EG-Mitgliedschaft als mit der Neutralität unvereinbar.[386] Seit 1955 war die Neutralität ein Identifikationsmerkmal der österreichischen Politik und Gesellschaft gewesen. „Mit der Neutralität gelang es Österreich das erste Mal seit dem Ersten Weltkrieg eine

---

380 Luif, Österreich und die Europäische Union, S. 873.
381 Zemanek, Österreichs Neutralität und die GASP, S. 3.
382 Die Beitrittsverhandlungen endeten in den frühen Morgenstunden des 1. März 1994. Wolfgang Wolte, Österreich in der Europäischen Union, in: Herwig Büchele/Anton Pelinka (Hrsg.), Friedensmacht Europa: Dynamische Kraft für Global Governance? Innsbruck 2011, S. 101.
383 Luif, Österreich und die Europäische Union, S. 873.
384 Kramer, Strukturentwicklung der österreichischen Außenpolitik, S. 825.
385 Ebd., S. 827; Hubert Wachter, Alois Mock. Ein Leben für Österreich, St. Pölten – Wien 1994, S. 170.
386 Gerald Hafner unterscheidet drei verschiedene Bedeutung der Neutralität, die auseinanderzuhalten sind: die okkasionelle Neutralität, die dauernde Neutralität und die Neutralitätspolitik. Hafner, Die politischen Änderungen in Europa und die dauernde Neutralität, S. 116.

starke Identität zu entwickeln."[387] Obwohl die Schaffung der österreichischen Neutralität gleichsam „Zwang" des internationalen Umfelds war, wurde mit den Bestrebungen Österreichs in Bezug einer europäischen Integration begonnen, über einen Wandel im Verständnis der österreichischen Neutralität zu diskutieren. Die Neutralitätsdiskussion war aber auch eine Reaktion auf die externen Entwicklungen und die veränderte weltpolitische Lage nach der Wende des Jahres 1989.[388] Nach dem Ende des Kalten Krieges verlor die Neutralität in Europa an Bedeutung, sie „zählt also ebenfalls sozusagen zu den Verlierern der ‚Wende'".[389] Mit dem Fall des Eisernen Vorhangs „veränderte [sich] natürlich nicht nur die politische Lage Österreichs, sondern auch seine Nachbarschaftspolitik".[390]

Die Zusammenarbeit im GASP-Bereich hat intergouvernementalen Charakter und gehört nicht zum Gemeinschaftsrecht, wobei das Einstimmigkeitsprinzip herrscht. Mit dem Vertrag von Maastricht agierte die GASP mittels der Hauptpolitikinstrumente (Rechtsakte) wie gemeinsame Standpunkte[391] oder gemeinsame Aktionen.[392] Diese Rechtsakte hatten einen „politischen" Charakter und waren völkerrechtlich nicht verbindlich.

Schon am 16. Juni 1982 hatte der Nationalrat einstimmig eine Entschließung angenommen, in der die „Bundesregierung ersucht wird, die für Österreich nutzbringende Zusammenarbeit zwischen Österreich und den EG – soweit es die österreichische immerwährende Neutralität erlaubt – fortzusetzen und zu vertiefen."[393] Zielsetzung der österreichischen Regierung war der EG-Beitritt, wobei die österreichische Neutralität im Einklang mit den EG-Verpflichtungen sei.[394] Auch aus Sicht der EU war die Mitgliedschaft eines neutralen Landes möglich, siehe den Fall des 1973 beigetretenen Irland.[395] Die Europäische Kom-

---

387 Gärtner, Thesen zur Neutralität und zur österreichischen Sicherheitspolitik, S. 23.
388 „Somit war die österreichische Neutralität rechtlich unilateral, politisch de facto jedoch multilateral entstanden". Skuhra, Österreichische Sicherheitspolitik, S. 839.
389 Hanspeter Neuhold/Brunno Simma, Neues europäisches Völkerrecht?, in: Hanspeter Neuhold/Brunno Simma (Hrsg.), Neues europäisches Völkerrecht nach dem Ende des Ost-West-Konfliktes? Baden-Baden 1996, S. 29.
390 Zoltán Maruzsa, Die Außenpolitik Österreichs vom Fall des Eisernen Vorhangs bis zum Eintritt in die Europäische Union 1989-1995, 2007, S. 95.
391 Art. J.2. des EUV-A.
392 Art. J.3. des EUV-A.
393 Waldemar Hummer, Neutralitätsrechtliche und neutralitätspolitische Fragen im Zusammenhang mit einem möglichen EG-Beitritt Österreichs, in: Andreas Khol/Günther Ofner/Alfred Stirnemann (Hrsg.), *Österreichisches Jahrbuch für Politik 1988*, Wien 1989, S. 58.
394 Gemäß Art. 30, Abs. 6a der EEA sind die Hohen Vertragsparteien der Auffassung, „dass eine engere Zusammenarbeit in Fragen der europäischen Sicherheit geeignet ist, wesentlich zur Entwicklung einer außenpolitischen Identität Europas beizutragen. Sie sind zu einer stärkeren Koordinierung ihrer Standpunkte zu den politischen und wirtschaftlichen Aspekten der Sicherheit bereit."
395 Kramer, Strukturentwicklung der österreichischen Außenpolitik, S. 825; Friedrich Hamburger, Die Neutralitätsdebatte des Jahres 1992, in: Andreas Khol/Günther Ofner/Alfred Stirnemann (Hrsg.), Österreichisches Jahrbuch für Politik *1992*, Wien 1993, S. 211; Hanspeter Neuhold, Austria still between East and West? Österreichisches Institut für Internationale Politik, Laxenburg 1995, S. 18; Heinz Vetschera, Sicherheitspolitische Kooperation und dauernde Neutralität, in: Andreas Khol/Günther Ofner/Alfred Stirnemann (Hrsg.), Österreichisches Jahrbuch für Politik 1991, Wien 1992, S. 453.

3.5. Die Beitrittsverhandlungen mit der EG/EU (1989-1995)

mission vermerkte, dass die Mitgliedschaft Österreichs im Hinblick auf die dauernde Neutralität kein Beitrittshindernis sein sollte und forderte „von österreichischer Seite die klare Zusicherung zu erhalten, dass die österreichische Regierung rechtlich in der Lage ist, mit der künftigen Gemeinsamen Außen- und Sicherheitspolitik einhergehende Verpflichtungen zu übernehmen."[396] Die österreichische Regierung sicherte der EU während der Beitrittsverhandlungen am 9. November 1993 zu, dass Österreich die Verpflichtungen der GASP mittragen wird. Dies zeigt am besten die Reduzierung der österreichischen Neutralitätsinterpretation auf einen militärischen Kern:

> Österreich wird an der Außen- und Sicherheitspolitik der Union und ihrer dynamischen Weiterentwicklung aktiv teilnehmen [...]. Österreich geht davon aus, dass die aktive und solidarische Mitwirkung an der GASP mit seinen verfassungsrechtlichen Regelungen vereinbar sein wird. Entsprechende innerstaatliche rechtliche Anpassungen werden angesichts der geänderten politischen Rahmenbedingungen [...] vorzunehmen sein. Dabei ist davon ausgegangen, dass zwischen den Verpflichtungen eines EU-Mitgliedstaates auf der Basis des Titels V des Vertrages über die Europäischen Union und den Kernelementen der Neutralität kein Widerspruch besteht. Durch seinen Beitritt zur Europäischen Union wird Österreich weder zu der Teilnahme an Kriegen verpflichtet, noch muss es Militärbündnissen beitreten oder der Errichtung militärischer Stützpunkte fremder Staaten auf seinem Gebiet zustimmen, daher bleibt dieser Kernbestand der Neutralität Österreichs unberührt.[397]

Mit der Änderung des Bundesverfassungsgesetztes wurde dies auch ermöglicht, wobei im Artikel 23f hinzugefügt wurde,[398] dass Österreich an Wirtschaftssanktionen der EU mitwirken kann.[399][400] Dieser Schritt hatte große Bedeutung für die Europäisierung der österreichischen Außenpolitik bzw. für ihre Anpassung im Rahmen seiner Mitwirkung an

---

396 Sigmar Stadtlmeier, Dynamische Interpretation der dauernden Neutralität. Schriften zum Völkerrecht, Berlin 1991, S. 339; Dokument KOM (91) endg. vom 1.8.1991.
397 Regierungsvorlage 27 BlgNR XIX. GP, 7. Diese Erklärung des österreichischen Außenministeriums ist als Bestandteil der Schlussakte im Beitrittsvertrag festgeschrieben.
398 „Österreich wirkt an der Gemeinsamen Außen- und Sicherheitspolitik der Europäischen Union auf Grund des Titels V des Vertrages über der Europäischen Union mit. Dies schließt die Mitwirkung an Maßnahmen ein, mit denen die Wirtschaftsbeziehungen zu einem oder mehreren dritten Ländern ausgesetzt, eingeschränkt oder vollständig eingestellt werden" (Abs. 1, Art. 23f des Bundesverfassungsgesetz.
399 Judith Niederberger, Österreichische Sicherheitspolitik zwischen Solidarität und Neutralität, in: Kurt R. Spillmann/Andreas Wenger, Bulletin 2001 zur schweizerischen Sicherheitspolitik. Forschungsstelle für Sicherheitspolitik und Konfliktanalyse, ETH Zürich 2001, S. 74; Gerhard Jandl, Neutralität und die österreichische Sicherheitspolitik, in: Gerald Schöpfer (Hrsg.), Die österreichische Neutralität. Chimäre oder Wirklichkeit? Graz 2015, S. 193-206.
400 Eine mögliche Teilnahme Österreichs an militärischen Sanktionen galt als unvereinbar mit seinem Statut der Neutralität. Paul Luif, On the road to Brussels: the political dimension of Austria's, Finland's and Sweden's accession to the European Union. Braumüller, Vienna 1995, S. 254.

3. Die österreichische Außenpolitik der Zweiten Republik 1945-1999

der GASP. „Ob man es wahrhaben will oder nicht, die österreichische Neutralität wurde aufgrund des EU-Beitritts auf ein Minimum reduziert."[401]

Mit dem Vertrag von Maastricht wurde auch ein europäisches Sicherheitssystem eingerichtet. Die Westeuropäische Union (WEU)[402] sollte in der EG verankert werden und die Verteidigungspolitik der EG entwickeln und abdecken. Mit dieser Vereinigung der militärischen Komponenten der WEU gemeinsam mit der politischen, wirtschaftlichen und kulturellen Zusammenarbeit der EG, wurde die EG „ähnlich wie die Vereinten Nationen, eine Organisation der kollektiven Sicherheit auf der Grundlage einer Wertegemeinschaft, deren Beschlüsse zu allenfalls militärischem Eingreifen die Neutralität der Mitgliedsstaaten nicht berührt."[403]

Die Rolle der Neutralität „hat somit ihre überragende Bedeutung für die Sicherheit Österreichs verloren",[404] und das Prinzip der Solidarität hat die Neutralität Österreichs ersetzt. Die Sicherheit Österreichs wurde herausgefordert durch neue Kategorien von Gefährdungen wie Terrorismus, Proliferation von Massenvernichtungswaffen, organisierte Kriminalität, Migration und Flüchtlinge. Schon am 12. November 1992 forderte der österreichische Nationalrat die Regierung auf, dass Österreich an der Entwicklung eines kollektiven Sicherheitssystems in Europa teilnehmen solle. Diese Entschließung des Nationalrates im Rahmen des europäischen Sicherheitssystems (durch Teilnahme an der GASP) hat das Neutralitätsrecht Österreichs nicht betroffen. „Es wurde jedoch sein Anwendungsbereich insofern eingeschränkt. Als die Institutionen der Staatengemeinschaft, die die Solidarität reflektieren, Vorrang gegenüber dem klassischen Westfälischen System gewannen."[405] Der Bedeutungsverlust der Neutralität und der Wandel der sicherheitspolitischen Lage in Europa haben den Inhalt des Neutralitätsrechts „nicht oder nur unwesentlich geändert. Verändert haben sich in der Tat vor allem die äußeren Bedingungen der Neutralität und mit ihnen das Verhalten der Neutralen."[406]

---

401 Franz Cede/Christian Prosl, Anspruch und Wirklichkeit. Österreichs Außenpolitik seit 1945, Innsbruck 2015, S. 12.

402 In einer Rede vor dem Nationalrat am 30. November 1994 erklärte Bundeskanzler Vranitzky: „Im Bereich der Gemeinsamen Außen- und Sicherheitspolitik werden wir uns dafür einsetzen, eine europäische Friedensordnung zu schaffen. Österreich wird als neutraler Staat solidarisch und aktiv an ihr mitwirken. Die Teilnahme als Beobachter bei der Westeuropäischen Union bildet dazu eine sinnvolle Ergänzung". Aus dem Redetext von Bundeskanzler Franz Vranitzky vor dem Nationalrat am 30. November 1994.

403 Andreas Khol, Konturen einer neuen Sicherheitspolitik: Von der Neutralität zur Solidarität, in: Andreas Khol/Günther Ofner/Alfred Stirnemann (Hrsg.), Österreichisches Jahrbuch für Politik 1992, Wien 1993, S. 65; siehe auch Ders., Europäische Sicherheitsarchitektur im Pilgerschritt?, in: Andreas Khol/Günther Ofner/Alfred Stirnemann (Hrsg.), Österreichisches Jahrbuch für Politik 1993, Wien 1994, S. 741; Andreas Unterberger, Österreichs Außenpolitik, in: Andreas Khol/Günther Ofner/Alfred Stirnemann (Hrsg.), Österreichisches Jahrbuch für Politik 1990, Wien 1991, S. 733. – Der Artikel J4. Abs. 4 des Vertrages von Maastricht sieht vor: „Die Politik der Union nach diesem Artikel berührt nicht den besonderen Charakter der Sicherheits- und Verteidigungspolitik bestimmter Mitgliedsstaaten."

404 Hafner, Die politischen Änderungen in Europa und die dauernde Neutralität, S. 138.

405 Ebd., S. 139.

406 Dietrich Schindler, Die politischen Änderungen in Europa und die dauernde Neutralität, in: Hanspeter Neuhold/Brunno Simma (Hrsg.), Neues europäisches Völkerrecht nach dem Ende

3.5. Die Beitrittsverhandlungen mit der EG/EU (1989-1995)

Auf der Ebene der Außen- und Sicherheitspolitik war Österreich nicht nur vom grundsätzlichen Wandel des internationalen Umfelds und seiner politischen und wirtschaftlichen Veränderungen betroffen, sondern auch von neuen Entwicklungen in der näheren Nachbarschaft in Mittel-, Süd-, und Osteuropa. Die historische Bedeutung des Endes des Ost-West-Konflikts, der Zusammenbruch des sowjetischen Herrschaftssystems, der Fall des Eisernen Vorhangs und die friedliche Wiedervereinigung Deutschlands sowie die Befreiung mittel- und osteuropäischer Staaten vom sowjetischen Kontrollsystem hatten einen direkten Einfluss auf die Formulierung der österreichischen Außen- und Sicherheitspolitik.

Der Jahr 1989 eröffnete für die österreichische Außenpolitik mehr Spielraum in der Weiterentwicklung der Beziehungen insbesondere mit den (ex-)kommunistischen mittel- und osteuropäischen Staaten, mit denen Österreich eine gemeinsame Kultur und Geschichte hat. Die mittel- und osteuropäischen Staaten waren auf dem Weg zur Demokratie und beim Abschied vom Einparteiensystem. Österreich hat ständig ein großes Interesse an diesem Raum gehabt und ihn als wichtiges „Fenster zur östlichen Welt" bezeichnet.[407] Die Weiterentwicklung der politischen Kontakte spielte eine wichtige Rolle für die österreichische Wirtschaft, wobei die Handelsbilanz stark stieg. Dies gilt insbesondere für die österreichischen Exporte. Dank der österreichischen Außenpolitik weiteten österreichische Firmen ihre Investitionen in den mittel- und osteuropäischen Staaten stark aus. Allein während des Jahres 1994 gingen 23,6 Prozent des österreichischen Exportes in die mitteleuropäischen Staaten.[408]

Nach der politischen Wende in Mitteleuropa konzentrierten sich die mittel- und osteuropäischen Staaten auf den EU-Integrationsprozess. Die österreichische Diplomatie

---

des Ost-West-Konfliktes? Baden-Baden 1996, S. 141; Zur Frage der Neutralität siehe Paul Luif, Neutralität und Frieden. Grundlegende Bemerkungen zu Geschichte und Gegenwart, in: Österreichisches Institut für Friedensforschung und Friedenserziehung (Hrsg.), Österreichische Neutralität und Friedenspolitik, Dialog – Beiträge zur Friedensforschung, Schlaining 1986, S. 17-76; Wolfgang Benedek, Der Friedensbeitrag der aktiven Neutralität Österreichs aus völkerrechtlicher Sicht sowie aus Sicht einer internationalen Verantwortungsethik, in: Österreichisches Institut für Friedensforschung und Friedenserziehung (Hrsg.), Österreichische Neutralität und Friedenspolitik, Dialog – Beiträge zur Friedensforschung, Schlaining 1986, S. 293-369; Manfred Rotter, Begründung und Ausgestaltung der immerwährenden Neutralität, in: Waldemar Hummer (Hrsg.), Staatsvertrag und immerwährende Neutralität Österreichs. Eine juristische Analyse, Wien 2007, S. 179-196; Erich Reiter, Die Neutralität als österreichische Ideologie, in: *International* 4 (2007), S. 9-11; Manfred, Rotter, Beistandspflicht oder Neutralität. Österreichs Außen- und Sicherheitspolitik am Scheideweg, in: *International* 4 (2007), S. 12-17; Paul Luif, Die Neutralität. Taugliche sicherheitspolitische Maxime?, in: Waldemar Hummer (Hrsg.), Staatsvertrag und immerwährende Neutralität Österreichs. Eine juristische Analyse, Wien 2007, S. 363-389; Internationales Institut für Liberale Politik Wien, Überlegungen zur Neutralität. *Sozialwissenschaftliche Schriftenreihe*, Heft 25, Wien 2008; Thomas Roithner, Erste Verteidigungslinie oftmals im Ausland. Zur globalen Auslandseinsatzpolitik der EU und Österreichs, in: Thomas Roithner/Johann Frank/Eva Huber (Hrsg.), Wieviel Sicherheit braucht der Friede? Wien 2013, S. 112-134.
407 Helmut Kramer, Österreich eine Brücke zu Osteuropa?, in: Eva Kreisky/Karin Liebhart/Andreas Pribersky (Hrsg.), Go East. Festschrift für Hans-Georg Heinrich, Wien 2005, S. 2.
408 Maruzsa, Die Außenpolitik Österreichs vom Fall des Eisernen Vorhangs, S. 108.

unterstützte diese Staaten dabei. Am 11. November 1989 wurde auf Initiative Italiens und mit großer Unterstützung Österreichs die „Quadragonale"[409] gegründet, die im Jahr 1992 in die „Mitteleuropäische Initiative" (Central European Initiative, CEI) umgebildet wurde. Für die österreichische Regierung stellte diese Initiative „außerdem den Versuch dar, seine schon bisher intensiv betriebene bilaterale Nachbarschaftspolitik dort zu multilateralisieren, wo solche Multilateralisierung von der Sache her sinnvoll ist".[410] Trotz unterschiedlicher politischer und wirtschaftlicher Orientierung unter den Mitgliedsstaaten hatte die CEI zum Ziel, die wechselseitige Kooperation zu verstärken und auch konkrete Infrastrukturprojekte umzusetzen. Obwohl Österreich Ende 1994 noch nicht EU-Mitglied war, versuchte Österreich gemeinsam mit Italien die CEI als Unterstützungsmechanismus für die Heranführung der mittel- und osteuropäischen Staaten an die EU weiterzuentwickeln.[411] Die Schaffung ähnlicher Organisationen erleichterte es gleichzeitig, dass österreichische Unternehmen wirtschaftlich Terrain in diesen Ländern gewinnen konnten.[412]

3.6. Österreichs Außenpolitik als EU-Mitglied (1995-1999)

Die Wiedererlangung der vollen Souveränität 1955 und der EU-Beitritt vierzig Jahre danach am 1. Jänner 1995 stellten die zwei wichtigsten Ereignisse für die Geschichte der österreichischen Außenpolitik der Zweiten Republik dar. Die EU-Mitgliedschaft eröffnete der österreichischen Außenpolitik eine Phase neuer Möglichkeiten und Herausforderungen. Der neue Außenminister Wolfgang Schüssel, der im Mai 1995 das Amt von Alois Mock übernommen hatte, beschreibt den EU-Beitritt als „die Möglichkeit, die wesentlichen europäischen Zukunftsentscheidungen in jenen Institutionen, in denen diese Beschlüsse fallen, aktiv und gleichberechtigt mitzugestalten."[413]

Die EU-Mitgliedschaft brachte einen neuen internationalen Status für Österreich, der sich im 20. Jahrhundert viermal geändert hat: durch den Zerfall der Donaumonarchie nach dem Ersten Weltkrieg und Gründung der Ersten Republik (1918), durch den „Anschluss" (1938), durch das Ende des Zweiten Weltkriegs und der Besatzung (1945) und durch die Neutralität (1955). „Gewandelt vom ‚Nationalstaat' zum ‚Mitgliedsstaat' findet

---

409 Dies umfasste Italien, Jugoslawien, Österreich und Ungarn. Diese Zusammenarbeit wurde mit dem Eintritt der Tschechoslowakei im April 1990 „Pentagonale" und schließlich mit dem Eintritt Polens im Juli 1991 „Hexagonale" ausgeweitet. Diese Kooperation hatte keine vertragliche Grundlage und keine eigene organisatorische Struktur. Vladimir Handl, Die CEFTA – mehr als bloß Freihandel?, in: Magardistch Hatschikjan (Hrsg.), Jenseits der Westpolitik: Die Außenpolitik der osteuropäischen Staaten im Wandel, Opladen 2000, S. 113.

410 Emil Staffelmayr, Die Dynamik der Entwicklung in Europa – Die Pentagonale als Beispiel einer neuen Nachbarschaftspolitik Österreichs, in: Andreas Khol/Günther Ofner/Alfred Stirnemann (Hrsg.), Österreichisches Jahrbuch für Politik 1990, Wien 1991, S. 711-712.

411 Außenpolitischer Bericht 1989, S. 97; Erhard Busek, Die Verbesserung von Mitteleuropa – aber wie?, in: Österreichisches Jahrbuch für Internationale Politik 1990, S. 75-77; Emil Brix/Erhard Busek, Mitteleuropa revisited. Warum Europas Zukunft in Mitteleuropa entschieden wird, Wien 2018, S. 53.

412 Maruzsa, Die Außenpolitik Österreichs vom Fall des Eisernen Vorhangs, S. 103.

413 Außenpolitischer Bericht 1995, XI.

3.6. Österreichs Außenpolitik als EU-Mitglied (1995-1999)

sich Österreich also mit weniger Autonomie von innerstaatlicher Gestaltungsmacht wieder, hat aber im Gegenzug Mitgestaltungsmöglichkeiten auf supranationaler Ebene zur Verfügung."[414]

Die Beziehungen Österreichs nicht nur gegenüber den anderen EU-Mitgliedsstaaten, sondern auch gegenüber den übrigen Staaten der Welt und gegenüber internationalen Organisationen traten in eine neue Phase. Die EU-Mitgliedschaft hat es Österreich ermöglicht, neue Akzente in seinen internationalen Beziehungen zu setzen. 1996 trat Österreich dem Lomé IV-Abkommen mit den AKP-Staaten (Afrika-Karibik-Pazifik-Staaten) bei. Da es in der EU eine Reihe von Mitgliedsstaaten gibt, die aus geographischen und historischen Gründen Sonderbeziehungen zu einzelnen Regionen und Teilen der Dritten Welt haben, konnte auch Österreich seine Erfahrungen und Beziehungen zu diesen Teilen der Dritten Welt fortsetzen. Das außenpolitische Profil Österreichs insbesondere in der Ära Kreisky war seit Jahren durch eine Sonderstellung aufgrund der aktiven Neutralitätspolitik charakterisiert – wie durch gute Dienste, durch Vermittlung, durch die Etablierung *Wiens* als Kongress – und Tagungsort und einer der bedeutendsten Amtssitze internationaler Organisationen und durch Teilnahme an internationalen Friedens-Operationen unter UN-Mandat.

Die EU-Mitgliedschaft bedeutete für Österreich einen Souveränitätsverlust, wobei Österreich wie die anderen EU-Mitgliedsstaaten verpflichtet ist, die EU-Regeln und Entscheidungen zu respektieren. Für Österreich bedeutete die EU-Mitgliedschaft nicht nur die Übernahme des EU-Rechtsbestandes, also des Primärrechts (die Verträge der EU) und des Sekundärrechts (acquis communautaire) sowie der Entscheidungen des Europäischen Gerichtshofes (EuGH),[415] sondern sie bedingt „die Anpassung des Rechtsstandes, Eingliederung nationalstaatlicher Entscheidungsstrukturen sowie Umsetzung europäischen Rechtes".[416] Die EU als Gebilde „sui generis" setzt sich aus einer Vielzahl von Akteuren zusammen. Dieses politische Gebilde hat auch eigene Mechanismen Entscheidungen zu treffen; die Verteilung der Kompetenzen ist komplex. Einerseits bringt die Mitgliedschaft Beschränkungen der Handlungsfreiheit und Pflichten mit sich. Anderseits eröffnet sie die Möglichkeit von Mitgestaltungs-, Mitwirkungs- und Mitspracherechten bei den Entscheidungsprozessen. Durch diese Möglichkeit sollte jedes EU-Mitglied in der Lage sein, seine Interessen zu artikulieren und auch umzusetzen. Durch die Mitwirkung an der GASP konnte auch Österreich im Rahmen der Mitgliedschaft beim globalen Akteur EU „seine außen- und sicherheitspolitische Bedeutung gegenüber Drittstaaten erheblich erhöhen".[417] Dieser Integrationsprozess liegt im direkten Interesse der kleineren EU-Mitgliedsstaaten,

---

414 Gerda Falkner, Zur „Europäisierung" des österreichischen politischen Systems, in: Herbert Dachs et al. (Hrsg.), Politik in Österreich. Das Handbuch, Wien 2006, S. 82.
415 Friz Breuss, Bereits eingetretene und noch zu erwartende Integrationseffekte, in: Andreas Khol/Günther Ofner/Alfred Stirnemann (Hrsg.), Österreichisches Jahrbuch für Politik 1995, Wien 1996, S. 363.
416 Pelinka/Rosenberger, Österreichische Politik, S. 97.
417 Heinz Gärtner/Otmar Höll/Paul Luif, Österreichische Außen- und Sicherheitspolitik, in: Gustav E. Gustenau (Hrsg.), Österreich als außen- und sicherheitspolitischer Akteur. Anspruch und Wirklichkeit, Wien 2005, S. 11.

3. Die österreichische Außenpolitik der Zweiten Republik 1945-1999

die die Möglichkeit bekommen, ihre Schwerpunkte in der globalisierten Welt zu verfolgen und zu verstärken.

Die österreichische Innenpolitik dieser Zeit kennzeichneten Konflikte und Auseinandersetzungen zwischen den Koalitionspartnern SPÖ und ÖVP. So scheiterte im Oktober 1995 kurz nach dem EU-Beitritt die Große Koalition an den Budgetverhandlungen. Nach den Neuwahlen vom Dezember 1995 kam aber wieder eine SPÖ-ÖVP-Koalition zustande, wobei Vranitzky wieder zum Bundeskanzler gewählt wurde. Seit Jörg Haider, der im Jahr 1986 gegen Vizekanzler Norbert Steger im Kampf um den Parteivorsitz siegte, die FPÖ übernommen hatte, profilierte er seine Partei als Gruppierung des rechten Lagers und fuhr einen Anti-EG-Kurs. Mit der Übernahme des Parteivorsitzes durch Haider hatte Vranitzky im Jahr 1986 die Koalition der SPÖ mit der FPÖ beendet. Mitte der 1990er Jahre änderten auch die großen Parteien ihre Führung: Schüssel folgte Mock bereits 1995 nach, Vranitzky trat 1997 als Bundeskanzler und als SPÖ-Vorsitzender zurück.[418]

Mit dem EU-Beitritt wurden zentrale Bereiche der Außen- und Sicherheitspolitik Österreichs zur „europäischen Innenpolitik".[419] Seit dem EU-Beitritt versuchte Österreich an allen wichtigen Treffen über die institutionellen Reformen der EU teilzunehmen. Was die GASP betrifft, war die Position der österreichischen Außenpolitik klar, nämlich die Stärkung der gemeinsamen europäischen Außenpolitik. Österreich setzte sich auch für die Wahrung des Mitspracherechts kleinerer und mittlerer EU-Mitgliedsstaaten ein.[420] Auch bei den Verhandlungen über den Ausbau der Institutionen und institutionelle Reformen für den Amsterdamer Vertrag – die erste Gelegenheit, vollberechtigt an einer wichtigen Weichenstellung des EU-Integrationsprozesses mitzuwirken – brachte Österreich konkrete Vorschläge zu verschiedenen Bereichen wie Beschäftigung, Umwelt, Gleichbehandlung, Grundrechte und Tierschutz ein.[421] Auch in Fragen der EU-Verträge brachte Österreich vor allem zur Reform der Führungs- und Organisationsstrukturen der EU (die Frage der Mehrheitsentscheidungen und Stimmengewichtungen im Rat, das Ernennungsverfahren und die internen Arbeitsstrukturen der Kommission) konkrete Vorschläge ein.[422]

Als EU-Mitgliedsstaat sollte Österreich seine Außenpolitik sowohl in konkreten Fragen als auch im Einklang mit der Verpflichtung zur verstärkten Koordinierung in diplomatischen Beziehungen im Rahmen der GASP anpassen.[423] Der Anpassungsbedarf war

---

418 Franz Vranitzky, Politische Erinnerungen, Wien 2004; Heinrich Neisser, The Schüssel Years and the European Union, in: Günter Bischof/Fritz Plasser (eds.), The Schüssel Era in Austria. Contemporary Austrian Studies 18, New Orleans 2010, p. 184.

419 Kramer, Strukturentwicklung der österreichischen Außenpolitik, S. 829; Außenpolitischer Bericht 1996, S. 9-10.

420 Hanspeter Neuhold, Die österreichische Außenpolitik an der Schwelle zum 3. Jahrtausend, in: Österreichisches Jahrbuch für Internationale Politik 1996, S. 135.

421 Kramer, Strukturentwicklung der österreichischen Außenpolitik, S. 829.

422 Andreas Maurer/Heinrich Neisser/Johannes Pollak, Österreichs Weg in die und in der Europäischen Union, in: Andreas Maurer/Heinrich Neisser/Johannes Pollak (Hrsg.), 20 Jahre EU-Mitgliedschaft Österreichs, Wien 2015, S. 33.

423 Helmut Kramer, Austrian Foreign Policy 1995–2015, in: *Austrian Journal of Political Science* 45/2 (2016), p. 50; Nicole Alecu De Flers, EU Foreign Policy and the Europeanization of neutral states. Comparing Irish and Austrian foreign policy, London – New York 2012, p. 79; Erwin Lanc, Von der Moskauer Deklaration 1943 zum Memorandum 1955. Außenpolitik als

3.6. Österreichs Außenpolitik als EU-Mitglied (1995-1999)

groß; Österreich stellte die Arbeitsweise und Organisation des Außenministeriums um. Die Anpassungsschritte und Umstellungsschwierigkeiten waren mit denen anderer EU-Mitgliedsstaaten – wie Finnland, Irland und Schweden – vergleichbar. Der Harmonisierungsbedarf der österreichischen nationalen Außenpolitik beeinflusste direkt die Struktur des österreichischen Außenministeriums.[424] Die Mitwirkung an der GASP eröffnete völlig neue Möglichkeiten des Informationsaustausches mit den EU-Mitgliedsstaaten. Allein im Rahmen des sogenannten „COREU"-Informationsnetzes der GASP wurden im Jahr 1997 über 11.000 Mitteilungen zwischen EU-Mitgliedsstaaten und der Europäischen Kommission ausgetauscht.[425] Aufgrund der Themenbreite der GASP sollte sich Österreich mit den verschiedensten Fragen befassen. Obwohl die österreichischen Botschaften fast alle Regionen der Welt abgedeckt haben, kamen immer mehr Themen und Regionen hinzu, die keine Priorität der österreichischen Außenpolitik darstellten. Österreich sollte an Arbeitsgruppen[426] der GASP (zusammengesetzt aus Experten der Außenministerien der EU-Mitgliedsstaaten) teilnehmen, bei der die unterschiedlichsten Themen diskutiert wurden. Seit dem EU-Beitritt war die Mitwirkung der österreichischen Vertreter an diesen Arbeitsgruppe vor allem für kleine Länder, die aus Mangel an finanziellen Ressourcen diesen Zugang zu dem außenpolitischen Netzwerk nicht hatten, von besonderem Interesse.[427] Als neuer EU-Mitgliedsstaat waren die österreichischen Vertretungsbehörden im Ausland vernetzt, mit 117 Vertretungen: „80 Botschaften, die in 194 Staaten der Welt akkreditiert sind, 7 Ständige Vertretungen bei Internationalen Organisationen, die Ständige Vertretung bei der EU, 18 Generalkonsulate, 11 Kulturinstitute und einen Informationsdienst".[428]

Die Mitarbeit Österreichs in der EU brachte auch große Veränderungen im Rahmen internationaler Organisationen und Konferenzen mit sich. Der EU-Beitritt „hat in der außenpolitischen Tagesarbeit der österreichischerseits relevanten ‚Polity' deutlich Spuren hinterlassen. Schlagartig erhöhte sich der quantitative Anfall an Informationen, Daten und Analysen von Seiten der EU-Institutionen, wie auch der anderen Mitgliedsstaaten."[429]

Die österreichische Teilnahme an der GASP bedeutete an einer gemeinsamen Meinungsbildung teilzunehmen, wobei die EU-Mitgliedsstaaten mit unterschiedlicher Gewichtung auch unterschiedliche Interessen verfolgen. Die meisten der EU-Mitgliedsstaaten sind gleichzeitig auch NATO-Mitglieder. Die Zusammenarbeit mit ihnen hat das außen- und sicherheitspolitische Profil der EU gestärkt.

Als EU-Mitglied hat Österreich auch die Möglichkeit genützt, sich an den wesentlichen europäischen Institutionen zu beteiligen und an der politischen Gestaltung der EU

Existenzsicherung, in: International 3-4 (2005), S. 14.
424 Ab 1. März 2007 wurde das Außenministerium Österreichs in „Bundesministerium für europäische und internationale Angelegenheiten" (BMEA) umbenannt.
425 Außenpolitischer Bericht 1997, IX.
426 Die Arbeitsgruppen wurden mit dem Kopenhagener Bericht im Jahr 1973 mit dem Ziel die Koordination in Einzelfragen zwischen EG-Mitgliedsstaaten zu vertiefen, eingerichtet.
427 Nicole Alecu De Flers, EU-Mitgliedschaft und österreichische Außenpolitik. Institutionelle und inhaltliche Konsequenzen 1989-2003, Berlin 2007, S. 40.
428 Außenpolitischer Bericht 1995, S. 363.
429 Otmar Höll, Außen- und Sicherheitspolitik, in: Heinrich Neisser/Sonja Puntscher Riekmann (Hrsg.), Europäisierung der österreichischen Politik: Konsequenzen der EU-Mitgliedschaft, Wien 2002, S. 374.

mitzuwirken. Hier sind vor allem die Teilnahme an den EU-Gipfeln von Bundeskanzler und Außenminister im Europäischen Rat und sämtliche Tagungen des Rates der EU (Ministerebene) zu erwähnen. Franz Fischler (ÖVP) war das erste österreichische Mitglied in der Europäischen Kommission, zuständig für Landwirtschaft in der Periode 1995-2004, ab 1999 zusätzlich auch für Fischerei.

Die EU-Mitgliedschaft erwies sich vor allem als Motor der österreichischen Wirtschaft. Seit dem EU-Beitritt ist nicht nur das reale Bruttoinlandsprodukt um rund 9,7 Prozent gestiegen, sondern auch die Investitionen ausländischer Unternehmen auf 6,5 Milliarden Euro pro Jahr. Auch die Auslandsinvestitionen österreichischer Unternehmen stiegen von 1995 bis 2013 auf mehr als 171 Milliarden Euro an. Die Warenexporte wuchsen enorm, von 42 Milliarden Euro 1995 auf 126 Milliarden Euro 2013.[430] Die EU-Förderungen für die österreichischen Regionen spielten eine große Rolle in deren Entwicklung. Von 1995 bis 1999 erhielten sie von der EU rund 1,6 Milliarden Euro, 2007-2013 wieder rund 1,6 Milliarden Euro.[431] Österreich profitierte zusätzlich vom „EU-Integrationsbonus", der jährlich 2,4 Milliarden Euro umfasst, sowie von der Schaffung von rund 18.500 Arbeitsplätzen jährlich.[432] Das reale BIP in Österreich stieg um 0,9 Prozent pro Jahr.[433] Die EU-Erweiterungen (2004 um zehn Länder, 2007 um Bulgarien und Rumänien und 2013 um Kroatien) brachten positive Impulse und zusätzliche Handelspotenziale für die österreichische Wirtschaft.[434]

Die erste EU-Ratspräsidentschaft hatte Österreich drei Jahre nach dem EU-Beitritt – als erstes der neu beigetretenen Länder – in der Periode vom 1. Juli 1998 bis zum 31. Dezember 1998 inne. Bei der ersten Ratspräsidentschaft war Österreich als Vorsitzland der EU „Gesicht und Stimme Europas" auf der Weltbühne.[435] Für sechs Monate hatte Österreich die Hauptverantwortung für die Geschäfte der EU zu führen, mit europäischen Thematiken wie die Vorbereitungen zur Einführung des Euro, die Vorbereitungen für die „Agenda 2000", Beschäftigung, Reform der Agrar- und Strukturpolitik, finanzieller Rahmen, Justiz und Inneres, Vorbereitung der EU für das Inkrafttreten des Vertrages

---

430 WKÖ: Österreich in der Europäischen Union. Zahlen und Fakten. September 2014.
431 Ebd.
432 WKÖ https://www.wko.at/Content.Node/Interessenvertretung/Europa-und-Internationales/eutt_Oesterreich-in-der-EU.pdf (abgerufen 19.03.2016.
433 Friz Breuss, Österreichs Erfahrungen mit der EU und dem Euro, in: Andreas Maurer/Heinrich Neisser/Johannes Pollak (Hrsg.), 20 Jahre EU-Mitgliedschaft Österreichs, Wien 2015, S. 129.
434 Mehr dazu siehe Friz Breuss/Fritz Schebeck, Ostöffnung und Osterweiterung der EU: Ökonomische Auswirkungen auf Österreich, in: WIFO-Monatsberichte 1996/2, S. 139-151; Friz Breuss/Fritz Schebeck, Kosten und Nutzen der EU-Osterweiterung für Österreich, in: WIFO-Monatsberichte 71/11 (1998), S. 741-750; Friz Breuss, Die österreichische Wirtschaft seit der Ostöffnung, in: Dieter Stiefel/Schumpeter Gesellschaft (Hrsg.), Der „Ostfaktor" — Österreichs Wirtschaft und die Ostöffnung 1989 bis 2009, Wien 2010, S. 115-157; Friz Breuss, Erweiterungs- und Nachbarschaftspolitik der EU, in: WIFO-Monatsberichte 80/8 (2007), S. 641-660; Friz Breuss, Auswirkungen der Ostöffnung 1989 auf Österreichs Wirtschaft, in: Andrea Brait/Michael Gehler (Hrsg.), Grenzöffnung 1989: Innen- und Außenperspektiven und die Folgen für Österreich, Wien – Köln – Weimar 2014, S. 67-108.
435 Schüssel, Außenpolitischer Bericht 1998, VII.

3.6. Österreichs Außenpolitik als EU-Mitglied (1995-1999)

von Amsterdam, den EU-Erweiterungsprozess.[436] Eine große Herausforderung nicht nur für die erste österreichische EU-Ratspräsidentschaft, sondern für die gesamte Außenpolitik der EU war zweifelsohne die Kosovo-Frage. Schüssel entwickelte die Balkanpolitik von Mock fort. Für ihn war „diese Region als Verantwortungsraum der österreichischen Außenpolitik".[437] Nach den Vertreibungsaktionen, Massenmorden und Menschenrechtsverletzungen von Serbien gegen Kosovo-Albaner ernannte die EU den österreichischen Botschafter in Belgrad, Wolfgang Petritsch, zum EU-Sondergesandten. Er kann als erster österreichischer Diplomat gelten, der ein europäisches Mandat zur Lösung eines Konfliktes übernommen hat.[438]

In der Sicherheits- und Verteidigungspolitik herrschte innerhalb der Koalitionsregierung kein breiter Konsens. Die SPÖ lehnte einen möglichen NATO-Beitritt ab, während ihn die ÖVP unterstützte. Diese Divergenzen prägten die Koalitionen von SPÖ und ÖVP seit den 1990er Jahren. Trotz der internen Diskrepanzen trat Österreich im Februar 1995 der NATO-„Partnerschaft für den Frieden" (PfP) bei, wie es die bündnisfreien Staaten Schweden und Finnland auch taten. Jahre danach traten auch andere neutrale Staaten Europas wie die Schweiz (1996) und Irland (1999) dem Programm bei. Durch diese Teilnahme wurde ermöglicht, dass Österreich „in den Bereichen der friedenserhaltenden Operationen, der humanitären Katastrophenhilfe und der Such- und Rettungsdienste mit der NATO und anderen PfP-Partnern" kooperierte.[439] Im Jahr 1995 erlangte Österreich gemeinsam mit Finnland und Schweden den Beobachterstatus beim militärischen Arm der EU, der Westeuropäischen Union (WEU). Österreich zeigte in den 1990er Jahren ein intensiviertes Engagement in der UN und unterstützte die Bemühungen für friedenserhaltende Operationen. Auf mögliche Konfliktpotenziale der Zukunft sollte rascher und effektiver reagiert werden. Österreich beteiligte sich am Stand-by Arrangement System

---

436 In der Frage der EU-Erweiterung nach Mittel- und Osteuropa hat Österreich während seiner Ratspräsidentschaft positive politische Signale an die mittel- und osteuropäischen Staaten gesetzt. Außenminister Schüssel als österreichischer Ratspräsident im Züge seiner „tour des capitales", realisierte Antrittsbesuche in den Hauptstädten von Estland, Polen, Slowenien, der Tschechischen Republik und Zypern, um die Unterstützung der EU-Erweiterung für Österreich zu unterstreichen. Der österreichische Bundespräsident lud viele Staatsoberhäupter von mittel- und osteuropäischen Beitrittskandidaten-Staaten zu einer Begegnung nach Wien ein. Auch der österreichische Bundeskanzler verstärkte seine Kontakte mit Regierungsmitgliedern von mittel und osteuropäischen Staaten. Gerald Hinteregger, Die Erweiterung der Europäischen Union, in: Andreas Khol/Günther Ofner/Alfred Stirnemann (Hrsg.), Österreichisches Jahrbuch für Politik 1998, Wien 1999, S. 469.

437 Gehler, Österreichs Außenpolitik der Zweiten Republik, S. 802.

438 Siehe hierzu Außenpolitischer Bericht 1998; Hans Brunmayr, Die EU-Präsidentschaft Österreichs, in: Andreas Khol/Günther Ofner/Alfred Stirnemann (Hrsg.), Österreichisches Jahrbuch für Politik 1998, Wien 1999, S. 481-498; Gerhard Jandl, Beginnt der Balkan noch immer in Wien, in: Andreas Maurer/Heinrich Neisser/Johannes Pollak (Hrsg.), 20 Jahre EU-Mitgliedschaft Österreichs, Wien 2015, S. 235-249; Margaretha Kopeinig, EU-Ratspräsidentschaft. Aufgaben und Rolle Österreichs, Wien 1998; Helmut Lang, Die österreichische EU-Ratspräsidentschaft 1998, Frankfurt am Main 2002.

439 Paul Luif, Der Wandel der österreichischen Neutralität. Ist Österreich ein sicherheitspolitischer „Trittbrettfahrer"? Österreichisches Institut für Internationale Politik, Laxenburg 1998, S. 38.

(SAS), welches 1994 gegründet wurde, und an der UN-Stand-by Forces High Readiness Brigade (SHIRBRIG), welche von Dänemark initiiert wurde und innerhalb von 30 Tagen einsatzbereit sein sollte.[440]

Im Jänner 1997 wurde im Ministerrat ein Abkommen beschlossen, mit dem der Aufenthalt österreichischer Truppen im Ausland (Entsendegesetz) sowie ausländischer Truppen in Österreich (Truppenstatutabkommen) geregelt wurde bzw. dafür grünes Licht gegeben wurde. Unten dem Eindruck der dramatischen Entwicklungen in Albanien im Jahr 1997, wobei Ex-Kanzler Vranitzky als OSZE-Sonderbeauftragter für Albanien tätig war, wurde von Ministerrat beschlossen, dass die österreichischen Truppen im Ausland „nicht mehr auf Grund des Ersuchens der UNO eingesetzt werden, sondern auch ‚im Rahmen' einer internationalen Organisation wie der OSZE, in Durchführung von Beschlüssen der EU sowie […] der PfP."[441] So beteiligten sich im Jahr 1995 ca. 250 österreichische Soldaten an der IFOR-Truppe (Internationale Force) in Bosnien auf Basis der Resolution 1031 des UN-Sicherheitsrates zur Friedensdurchsetzung (Transport von Personen und Gütern, humanitäre Hilfe).[442] Die Intervention der NATO im Kosovo geschah ohne Zustimmung des UN-Sicherheitsrates, da die Vetomächte Russland und China dagegen waren. Die EU-Mitgliedsstaaten einschließlich Österreich unterstützten die NATO-Luftangriffe gegen Jugoslawien. Der Kosovo-Krieg, der die mangelnde Handlungsfähigkeit der EU aufzeigte, war ein Signal für die EU, eine gemeinsame europäische Sicherheits- und Verteidigungspolitik aufzubauen. Schon im Vertrag von Amsterdam 1997 wurde der Ausbau zur Europäischen Sicherheits- und Verteidigungspolitik (ESVP) beschlossen. Die EU-Gipfel von Köln (im Juni 1999) und von Helsinki (im Dezember 1999) brachten konkrete Vorschläge im Bereich der ESVP und gemeinsamer europäischer Streitkräfte.

Mit dem Vertrag von Amsterdam gingen zwei wichtige politische Entwicklungen einher. Erstens das politische Solidaritätsgebot zwischen EU-Mitgliedsstaaten, das aber keine wechselseitige Beistandspflicht oder rechtliche Verpflichtung bedeutet und zweitens die Übernahme der Petersberg-Aufgaben der WEU in die EU: humanitäre Aufgaben und Rettungseinsätze, friedenserhaltende Aufgaben, Kampfeinsätze bei der Krisenbewältigung.[443]

Die „traditionellen Bereiche" der österreichischen Außenpolitik, wie die bilateralen Beziehungen zu seinen Nachbarn in Mittel- und Osteuropa, erreichten mit der EU-Mit-

---

440 Niederberger, Österreichische Sicherheitspolitik zwischen Solidarität und Neutralität, S. 70; Heinz Fischer, Österreichs Sicherheitspolitik im Hinblick auf NATO und WEU, in: Andreas Khol/Günther Ofner/Alfred Stirnemann (Hrsg.), Österreichisches Jahrbuch für Politik 1997, Wien 1998, S. 118.
441 Skuhra, Österreichische Sicherheitspolitik, S. 850.
442 Die IFOR-Mission wurde im Dezember 1996 von SFOR (Peace Stabilization Force) übernommen.
443 Paul Luif, Zehn Thesen zur österreichischen Neutralität. Gravierende Fehldeutungen der EU-Entwicklung, in: *Neue Zürcher Zeitung*, Internationale Ausgabe 2000 http://daten.schule.at/dl/Originaltext_Neutraliteat_Paul_Luif.pdf (abgerufen 24.02.2016); Waldemar Hummer, Solidarität versus Neutralität, in: Österreichische Militärische Zeitschrift 2 (2001), S. 151; mit dem Vertrag von Amsterdam wurde die WEU an die EU insbesondere bei der verteidigungspolitischen Agenda angebunden und die „Möglichkeit einer Integration der WEU in die Union" vorgesehen (Art. 17 Abs. 1 UAbs. 2 i.d.F. des Vertrages von Amsterdam).

3.6. Österreichs Außenpolitik als EU-Mitglied (1995-1999)

gliedschaft Österreichs ein neues Stadium.[444] Nicht nur während der vier Jahrzehnte kommunistischer Herrschaft in den mittel- und osteuropäischen Staaten, sondern auch nach dem Zusammenbruch des Kommunismus war das permanente Engagement in den mittel- und osteuropäischen Staaten einer der zentralen Schwerpunkte der österreichischen Außenpolitik. Nicht nur die mittel- und osteuropäischen Staaten, sondern auch die EU, erwarteten, dass Österreich nach der Wende hier eine wesentliche Rolle spielen wird. „Mit seinem ‚osteuropäischen Engagement' leistet Österreich schließlich auch einen Beitrag zur Verdichtung der Beziehungen zwischen Ost- und Westeuropa. Eine verstärke gesamteuropäische Vernetzung ist wiederum die beste Garantie für die Stabilität und Sicherheit der Zukunft."[445] Die Europäische Kommission hat diese Erwartungen ausdrücklich in ihrem „Avis" über die Stellungnahme des österreichischen Beitrittsantrages erwähnt: „Der Gemeinschaft werden ferner die Erfahrungen eines Landes zum Vorteil gereichen, das wie Österreich aufgrund seiner geographischen Lage, seiner Vergangenheit und der ererbten und neu hinzugekommen Verbindungen genau im Mittelpunkt des Geschehens liegt, aus dem das neue Europa steht."[446] Auch der österreichische Außenminister Mock bekräftige in Brüssel den besonderen Beitrag seines Landes zur Wahrung von Frieden und Sicherheit in Europa: „In einer Zeit, da Konfrontationen durch Kooperation ersetzt wird, kann da neutrale Österreich dank seiner historischen Erfahrungen und Verbindungen mit den Nachbarländern in Mittel- und Osteuropa der EG zusätzlich Profil und Gravitationskraft geben und ein Element zu ihrer Stärkung darstellen."[447]

Seit der Gründung der Zweiten Republik und insbesondere seit den 1980er Jahren haben sich die österreichische Außenpolitik und ihre Prioritätensetzung wesentlich verändert. Während in der Kreisky-Zeit einer der Top-Schwerpunkte die aktive und globale Neutralitätspolitik gewesen ist, lag der Primärfokus ab 1986 auf der europäischen Integrationsgemeinschaft. Nach dem EU-Beitritt hat sich die Reihenfolge der Schwerpunkte der österreichischen Außenpolitik nochmals verändert. Neben den primären und klassischen Aufgaben die Beziehungen „zu allen Ländern der Welt zu pflegen und die Interessen Österreichs in den internationalen und regionalen Organisationen, denen Österreich angehört, zu vertreten",[448] bleibt die Mitwirkung Österreichs an der GASP eine der Top-Prioritäten gefolgt von die Beziehungen zu den Nachbarstaaten, zu den Ländern Südosteuropas, zu den neuen Nachbarstaaten der erweiterten EU, der Unterstützung des Friedens- und Stabilitätsprozesses in der Mittelmeerregion und zu den benachbarten Ländern des Nahen und Mittleren Ostens. Dazu zählen auch mögliche künftige Initiativen wie die Stärkung der Rolle von UN, OSZE und Europarat, die Stärkung des Völkerrechts

---

444 Außenpolitischer Bericht 1996, X; Albert Rohan/Klaus Wölfer, Österreich und die zentraleuropäischen Nachbarstaaten, in: Österreichisches Jahrbuch für Internationale Politik 1994, S. 222.
445 Thomas Klestil, Die Entwicklung aus österreichischer Sicht, in: Österreichisches Jahrbuch für internationale Politik 1989, S. 160.
446 Stellungnahme der Kommission der Europäischen Gemeinschaften zum Beitrittsantrag Österreichs, in: BMAA (Hrsg.), Österreichische außenpolitische Dokumentation. Sonderdruck 1992, S. 29.
447 Archiv der Gegenwart vom 18. Mai 1990, S. 34573.
448 Homepage des Österreichischen Außnministeriums https://www.bmeia.gv.at/europa-aussenpolitik/aussenpolitik/ (abgerufen 2.05.2016).

3. Die österreichische Außenpolitik der Zweiten Republik 1945-1999

(universelle Gültigkeit der Menschenrechte und der Rechte von Minderheiten), die österreichische Sicherheitspolitik (GSVP), die Mitwirkung in der NATO (PfP).[449]

„Der EU Beitritt hat nicht zu einer Neuaufstellung unserer Außenpolitik geführt", meint der österreichische Spitzendiplomat Wolfgang Petritsch.[450] Bei der Vertretung seiner nationalen Interessen auf EU-Ebene war Österreich nicht so erfolgreich und „leider nicht ausreichend klar und zufrieden stellend positioniert".[451] Im Vergleich zu anderen kleineren europäischen Staaten wie Finnland, die Schweiz oder Norwegen war Österreich als EU-Mitglied in der EU selbst und in der internationalen Politik eher passiv. Abgesehen von seinem aktiven Engagement in den Bereichen Schutz der Menschenrechte und Abrüstung (Personenminen, Streumunition)[452] war Österreich auf EU-Ebene bei der Durchsetzung nationaler Interessen – etwa in der Verkehrs- und Transitpolitik sowie bei der Umwelt- und Asylpolitik – nur begrenzt erfolgreich. Für Österreich war es auch schwierig, stabile Interessenskoalitionen mit anderen EU-Mitgliedsstaaten aufzubauen, wie dies die Benelux-Staaten oder die skandinavischen Staaten getan haben. Österreich verpasste trotz seiner historischen Beziehungen zu östlicher gelegenen Ländern die Chance, bei der sogenannten EU-Osterweiterung aktiv und unterstützend mitzuwirken. Hingegen ist die Bilanz Österreichs im Bereich der Beziehungen zu den südosteuropäischen Staaten und deren Bestrebungen einer EU-Assoziierung ausgesprochen positiv.[453]

Nach den Nationalratswahlen vom 3. Oktober 1999 kam es zu einer politischen Wende in der österreichischen Politik. Die SPÖ als stärkste Partei (33,15 Prozent) konnte sich mit der ÖVP als nun nur noch drittstärkste Partei (26,91 Prozent) nicht über eine Große Koalition einigen, während sie zugleich eine Koalition mit der FPÖ als der nun zweitstärksten Partei (26,91 Prozent) ablehnte. Die ÖVP stellte die drittstärkste Partei und mit Schüssel den Bundeskanzler. Die Regierungsbildung durch eine FPÖ-ÖVP-Koalition war nicht nur national sondern auch international strittig. Die ablehnende Haltung gegenüber der EU und die Ausländerfeindlichkeit der FPÖ sowie die umstrittenen Äußerungen über den Nationalsozialismus seitens der FPÖ lösten eine Reaktion innerhalb der 14 EU-Mitgliedsstaaten aus. Die Regierungsbeteiligung der europakritischen FPÖ stieß auf heftige Kritik im In- und Ausland und wurde als gefährlicher Präzedenzfall in der EU und als eine

---

449 „Weitere Schwerpunkte sind der Einsatz für die Nichtweiterverbreitung von Massenvernichtungswaffen und die Stärkung der dafür zuständigen Organisationen, das Verbot von Landminen und Streumunition, die Eindämmung von Klein- und Leichtwaffen, der Kampf gegen den internationalen Terrorismus und der Dialog der Zivilisationen". Ebd.
450 Wolfgang Petritsch, Völlige Aufgabe der Außenpolitik Österreichs, in: *Profil*, 17. 6. 2013, S. 22-24.
451 Gärtner/Höll/Luif, Österreichische Außen- und Sicherheitspolitik, S. 13.
452 Erwin Lanc, Für eine entschiedene Friedenspolitik. Die österreichische Außenpolitik im 21. Jahrhundert, in: *International 3* (2009), S. 2.
453 Helmut Kramer, Österreich ist „hinternational". Zur Stagnation und Krise der österreichischen Außenpolitik, in: *International* 1 (2010), S. 5; Helmut Kramer, Plädoyer für eine Reaktivierung der Außen- und Neutralitätspolitik Österreichs, in: Thomas Roithner/Ursula Gamauf (Hrsg.), Am Anfang war die Vision vom Frieden. Wegweiser in eine Zukunft jenseits von Gewalt und Krieg. Festschrift zum 90. Geburtstag von Gerald Mader, Wien 2016, S. 343-356.

3.6. Österreichs Außenpolitik als EU-Mitglied (1995-1999)

Entwicklung gesehen, durch den die Europapolitik der ÖVP verhindert bzw. blockiert werden würde.[454]

---

[454] Susanne Frölich-Steffen, Die österreichische Identität im Wandel. Studien zur politischen Wirklichkeit, hrsg. von Anton Pelinka, Wien 2003, S. 221.

4. Die österreichische Kosovopolitik der Jahre 1986-1994

A. Die österreichische Kosovopolitik im Rahmen der jugoslawischen Krisen (1986-1992)

4.1. 1986 – Jahr der Wende in der österreichischen und jugoslawischen Politik

1986 stellt ein „Wendejahr" in der österreichischen Innenpolitik dar.[455] In diesem Jahr kam es zu mehrfachen Veränderungen und Neuerungen in der politischen Landschaft Österreichs. Der Präsidentschaftswahlkampf 1986 und die Waldheim-Affäre führten zu heftigen inländischen und internationalen Debatten, Bundeskanzler Sinowatz trat zurück, Franz Vranitzky wurde Regierungschef und Vorsitzender der SPÖ. Die FPÖ als drittstärkste Partei bekam nach ihrem Kongress im September eine neue Führung durch Jörg Haider. Diese Wahl Haiders zum FPÖ-Vorsitzenden führte zur Beendigung der kleinen Koalition (SPÖ-FPÖ) auf Grund seines rechtspopulistischen Kurses und öffnete die Tür für Neuwahlen.

Bei den Nationalratswahlen vom November 1986 wurde die SPÖ wieder stärkste Partei Österreichs (80 Mandate), gefolgt von der ÖVP (77 Mandate). Die drittstärkste Partei (FPÖ) unter Führung ihres neuen Obmanns Jörg Haider verdoppelte ihre Stimmen (18 Mandate), während die Grünen zum ersten Mal in den Nationalrat als viertstärkste Partei einzogen (8 Mandate).[456] Die neue Großkoalition zwischen SPÖ und ÖVP wurde nicht nur von innenpolitischen Aufgaben (Budgetfrage, Neukonzeption der verstaatlichen Industrie, Arbeits-, Steuer- und Gesundheitsreform), sondern auch von außenpolitischen Fragen herausgefordert (internationale Reaktionen zur Wahl Waldheims – der von der ÖVP vorgeschlagen und unterstützt worden ist – zum Bundespräsidenten). Mit der neuen großen Koalition (28. Jänner 1987) unter Bundeskanzler Franz Vranitzky und Vizekanzler Alois Mock, gleichzeitig Außenminister,[457] begann somit eine neue Zeit der Innen- und Außenpolitik.[458]

---

455 Reinhard Sieder/Heinz Steinert/Emmerich Tálos, Wirtschaft, Gesellschaft und Politik in der Zweiten Republik. Eine Einführung, in: Reinhard Sieder/Heinz Steinert/Emmerich Tálos (Hrsg.), Österreich 1945-1995: Gesellschaft, Politik, Kultur. Österreichische Texte zur Gesellschaftskritik, Wien 1995, S. 26.

456 Fritz Plasser/Peter A. Ulram, Trends and Ruptures: Stability and Change in Austrian Voting Behavior 1986-1996, in: Günter Bischof/Anton Pelinka/Ferdinand Karlhofer (eds.), The Vranitzky Era in Austria. Contemporary Austrian Studies 7, New Brunswick – London 1999, p. 46.

457 Mock war zudem Parteiobmann der ÖVP von 1979 bis 1989.

458 Robert Kriechbaumer, Geschichte der ÖVP, in: Robert Kriechbaumer/Franz Schausberger (Hrsg.), Volkspartei – Anspruch und Realität. Zur Geschichte der ÖVP seit 1945, Wien 1995, S. 69; Andreas Khol, Mein politisches Credo. Aufbruch zur Bürgersolidarität, Wien 1998, S. 160.

4. Die österreichische Kosovopolitik der Jahre 1986-1994

Die ÖVP, die nach fast 16 Jahren wieder das österreichische Außenministerium übernommen hatte[459], und Mock kritisierten die Außenpolitik von Kreisky insofern, „dass sich Kreisky zu sehr mit dem Nahen Osten beschäftigt, in internationalen Konflikten fast schon neutralistische Standpunkte einnimmt und sich zu wenig um das europäische Geschehen in Brüssel kümmert".[460] Das Hauptaugenmerk von Mock galt Europa, welches im Zentrum seiner außenpolitischen Bestrebungen stand. Die politische und wirtschaftliche Neuorientierung in Südost-, und Osteuropa war Teil seines leidenschaftlichen Engagements.

1986 war auch ein Wendejahr für die Innenpolitik der Sozialistischen Föderativen Republik Jugoslawien (SFRJ), wobei sich „in den meisten Republiken die politischen und personellen Konstellationen" herauskristallisierten, „die den späteren Verlauf der Auseinandersetzung und die politischen Gegensätze bestimmten".[461] Milan Kučan, ein jüngerer Repräsentant des liberalen Parteiflügels, wurde Mitte April zum Parteipräsidenten der slowenischen Kommunistischen Partei gewählt und Ende April, bei der 14. Konferenz der Kommunisten im Kosovo, Azem Vllasi zum Vorsitzenden des Bundes der Kommunisten des Kosovo. Im Mai wurde Slobodan Milošević auf dem Parteikongress der Kommunisten Serbiens zum Parteipräsidenten gewählt. Auch in Kroatien erfolgte ein politischer Wechsel mit Stanko Stojcevic und Drago Dimitrovic.[462]

Nach dem Zweiten Weltkrieg bzw. nach dem Bruch Titos mit der Sowjetunion im Jahre 1948 spielte Jugoslawien für die westliche Staatengemeinschaft eine geostrategisch wichtige Rolle in der Verteidigungs- und Sicherheitspolitik, aber mit dem Fall des Eisernen Vorhangs war Jugoslawien nicht mehr das „Sorgenkind" des Westens und verlor seine frühere Bedeutung.[463] Aufgrund des neuen sicherheitspolitischen Desinteresses des Westens gegenüber Jugoslawien – vor allem von Seiten der USA – verlor Jugoslawien auch die Aufmerksamkeit bezüglich seiner Wirtschaftsreformen. Die anderen europäischen kommunistischen Staaten wie Polen, Tschechoslowakei oder Ungarn, entwickelten sich schneller als Jugoslawien, das seine Rolle als reformsozialistisches Musterland verlor.[464]

Die Nationalitätenkonflikte in Jugoslawien verschärften sich insbesondere nach dem Tode Titos (am 4. Mai 1980). Diese Konflikte wurden durch die schlechte wirtschaftliche Situation, hohe Arbeitslosigkeit, niedrige Produktivität und galoppierende Inflation noch verstärkt.[465] Die Auslandsverschuldung Jugoslawiens war im Jahr 1980 auf zwanzig Milliarden Dollar angestiegen, während das Handelsbilanzdefizit sich jährlich erhöhte.

---

459 Kramer, Wende in der österreichischen Außenpolitik?, S. 119; Kramer, Strukturentwicklung der österreichischen Außenpolitik, S. 820.
460 Mock, Heimat Europa. S. 39-40.
461 Viktor Meier, Wie Jugoslawien verspielt wurde, München 1995, S. 67.
462 Meier, Wie Jugoslawien verspielt wurde, S. 69.
463 Marine-Janine Calic, Jugoslawienpolitik am Wendepunkt, in: *Aus Politik und Zeitgeschichte.* Beilage zur Wochenzeitung Das Parlament 1993, S. 14.
464 Thomas Paulsen, Die Jugoslawienpolitik der USA 1989-1994. Begrenztes Engagement und Konfliktdynamik, Baden-Baden 1995, S. 21; Bettina Poller, Die Wurzel des Übels. Von der bosnischen Annexionskrise bis zum Zerfall Jugoslawiens, in: Hannes Androsch/Heinz Fischer/Bernhard Ecker (Hrsg.), 1848-1918-2018: 8 Wendepunkte der Weltgeschichte, Wien 2017, S. 57; Raphael Draschtak, Endspiel 1995. Die USA beenden den Balkankrieg, Wien 2005.
465 ÖStA, AdR, BMAA, GZ. 101.03.00/14-II.3/87, Jugoslawien zum Jahresende 1987, Information für den Herrn Bundesminister, vom 7. Dezember 1987, Wien.

A. Die österreichische Kosovopolitik im Rahmen der jugoslawischen Krisen (1986-1992)

Zwischen den Jahren 1979 und 1984 war das Realeinkommen in Jugoslawien um 35 Prozent gesunken.[466] Ende 1990 war Jugoslawien gegenüber dem Westen mit 16,5 Milliarden Dollar verschuldet, gegenüber Österreich mit rund zehn Milliarden Schilling.[467] Zwischen den Jahren 1980 und 1990 verschlechterte sich das industrielle Wachstum Jugoslawiens auf ein Minus von 10,5 Prozent.[468]

Der jugoslawische Vielvölkerstaat änderte sein konstitutives Element in der Verfassung von 1974, wobei Kosovo und Vojvodina einen neuen Status als Provinz erhielten und den anderen sechs jugoslawischen Republiken insofern gleichgestellt wurden als im kollektiven jugoslawischen Präsidium nicht nur die Republiken, sondern auch die beiden Provinzen einen Vertreter stellen konnten.[469] Mit den Verfassungsänderungen von 1974 wurden die Rechte der Kosovo-Albaner ausgeweitet. Kosovo (und Vojvodina) war zwar ein konstitutives Element der jugoslawischen Föderation und hatte eine eigene Verfassung, war aber gleichzeitig auch Teil der Sozialistischen Republik Serbien. Trotz der Tatsache, dass die Albaner in Jugoslawien die drittgrößte Volksgruppe (nach den Serben und Kroaten) stellten, wurden sie jedoch weiterhin als „Nationalität" und nicht als „Nation" betrachtet. Aus der Sicht von Lujo Tončić-Sorinj, österreichischer Außenminister (1966-1968):

> Der Widerspruch liegt darin: entweder ist Jugoslawien eine föderative Vereinigung von ausschließlich slawischen Völkern, dann hat das Gebiet von Kosovo mit 90%iger albanischer Bevölkerung darin keinen Platz; oder Jugoslawien ist ein multinationales Gebilde, dann kann es auch einen albanischen Staatsteil umfassen, denn es lässt sich nicht begründen, warum dieser, in dessen Grenzen mehr Albaner als Slowenen in Slowenien und dreimal so viel als Montenegriner in Montenegro leben, keine eigene Republik haben soll. Hier ist ein logischer Widerspruch.[470]

---

466 Bernhard Rieder, Die österreichisch-jugoslawischen Beziehungen von 1918-1991 unter besonderer Berücksichtigung der Entwicklungen im ehemaligen Jugoslawien. Diplomarbeit, Uni Wien, Wien 1995, S. III.
467 Die Presse, 2. 8. 1991, S. 1.
468 World Bank (1991), Yugoslavia – Industrial Restructuring Study: Overview, Issues and Strategy for Restructuring. Washington, D.C.
469 „The Socialist Republics are states based on the consists of the Socialist Republic of Bosnia and Herzegovina, the Socialist Republic of Croatia, the Socialist Republic of Macedonia, the Socialist Republic of Montenegro, the Socialist Republic of Serbia, the Socialist Autonomous Province of Vojvodina and the Socialist Autonomous Province of Kosovo, which are constituent parts of the Socialist Republic of Serbia, and the Socialist Republic of Slovenia" (Art. 2 der Verfassung der Sozialistischen Föderativen Republik Jugoslawiens des Jahres 1974).
470 Lujo Tončić-Sorinj, Am Abgrund vorbei. Die Überwindung der Katastrophen des 20. Jahrhunderts, hrsg. v. d. Julius-Raab-Stiftung für Forschung und Bildung und Politische Akademie, Wien 1991, S. 185.

4. Die österreichische Kosovopolitik der Jahre 1986-1994

4.2. Auftreten alternativer Bewegungen in Jugoslawien

Österreich verfolgte seit langer Zeit „aufgrund der gutnachbarschaftlichen Beziehungen mit Jugoslawien die Entwicklung in diesem Land mit größter Aufmerksamkeit".[471] Seit Ende 1986 hatten die österreichische Botschaft in Belgrad sowie die Generalkonsulate in Zagreb und Ljubljana auf die „öffentlich ausgetragene Diskussion hingewiesen, welche das Auftreten ‚alternativer Bewegungen' in verschiedenen Teilen Jugoslawiens ausgelöst hat".[472] Die erste Alternativ-Bewegung in Jugoslawien (die „Arbeitergruppe für Friedensbewegungen" innerhalb des Sozialistischen Jugendverbandes Sloweniens) wurde bereits im Jahr 1984 gegründet, „wo inzwischen auch weitere Gruppen von Umweltschützern, Waffendienstverweigerern, FeministInnen, Homosexuellen und Sektenanhängern eine gewisse Bedeutung erlangt haben".[473]

Im Februar 1988 erfolgte die Gründung des Sozialdemokratischen Bundes in Slowenien. Im Oktober 1988 wurde im Rahmen der Sozialistischen Allianz ein „Komitee zum Schutz der Menschenrechte" in Slowenien gegründet, dessen Aufgabe es war, Personen und Gruppierungen Rechtshilfe zu leisten, wenn sie sich von Justizbehörden oder anderen Institutionen ungerecht behandelt fühlen. Im November 1988 erfolgte die Gründung eines Slowenischen Bauernbundes und einer Demokratischen Union als erste politische Gruppierungen außerhalb des Bundes der Kommunistischen Partei Jugoslawiens (BdKJ). Im Vergleich mit den anderen jugoslawischen Teilrepubliken zeigte die slowenische Führung mehr Toleranz gegenüber diesen Quasi-Parteien.

Bundeskanzler Vranitzky war einer der ersten westlichen Regierungschefs, der – während seines (dritten) Jugoslawien-Besuches im April 1990 – den Wunsch geäußert hat, nicht nur die Regierungsvertreter der jugoslawischen Föderation, sondern auch Vertreter alternativer Gruppen und neu gegründeter Parteien zu treffen. 18 Vertreter alternativer Gruppen und neuer Parteien aus allen Teilen Jugoslawiens hatten in einem zweistündigen Round-Table-Gespräch zum ersten Mal die Möglichkeit, über ihre Vorstellungen betreffend die Zukunft Jugoslawiens zu reden.[474] An diesem Gespräch mit dem österreichischen Regierungschef nahmen sowohl die Regime-Vertreter aus Belgrad als auch Vertreter anderer Teilrepubliken und unterschiedlicher Ethnien des damaligen Jugoslawiens teil.

4.3. Kosovo – der Anfang vom Ende Jugoslawiens

Mitte der 1980er Jahre begannen die Kosovo-Serben, unter dem Einfluss von Belgrad, sich über die unbefriedigende politische und wirtschaftliche Lage im Kosovo zu beklagen. Sie behaupteten, dass sie von der albanischen Mehrheit unterdrückt und diskriminiert würden. Die serbischen Medien berichteten regelmäßig über „Gewaltakte von Kosovo-Al-

---

471 Alois Mock, Ablauf der Ereignisse in Jugoslawien und österreichische Haltung, Wien 1992, S. 1.
472 ÖStA, AdR, BMAA, Zl. 155-RES/87, Alternativ-Bewegungen in Jugoslawien, an das Bundesministerium für Auswärtige Angelegenheiten, vom 10. April 1987, Belgrad, S. 1.
473 Ebd.
474 ÖStA, AdR, BMAA, ZL. 229-RES/90, Jugoslawien-Besuch des HBK; Begegnung mit Vertreter alternativer Bewegungen bzw. neuer Parteien, an das Bundesministerium für Auswärtige Angelegenheiten, vom 2. April 1990, Belgrad.

A. Die österreichische Kosovopolitik im Rahmen der jugoslawischen Krisen (1986-1992)

banern an den Serben und Montenegrinern im Kosovo", sowie über die strafgerichtlichen Verfahren gegen die „albanischen Irredentisten" im Kosovo.[475] In einem Dokument der österreichischen Botschaft in Belgrad heißt es:

> Wenn auch die Zeit der Serben und Montenegriner, die den Kosovo in den letzten Jahren eher aus wirtschaftlichen Gründen denn als Reaktion auf Einschüchterung und ‚chauvinist. Terror' des albanischen Bevölkerungsteiles verlassen haben, statistisch eine leicht abnehmende Tendenz aufweist, ist dennoch seit etwa Herbst 1985 eine Verschärfung der Konfliktsituation unverkennbar, die in einer Reihe von bisher unüblichen spektakulären ‚Selbsthilfeaktionen' der Serben und Montenegriner in Form von Petitionen und einzelnen Massendemonstrationen im Kosovo sowie Kollektivdemarchen bei den Belgrader Zentralbehörden einen sichtbaren Ausdruck gefunden hat.[476]

Nachdem bekannte serbische Intellektuelle und Kosovo-Serben im Jahr 1986 Petitionen zur Verbesserung der schwierigen Lebensbedingungen, zur Abschaffung der Autonomie des Kosovo und zu Maßnahmen, die demografischen Verhältnisse im Kosovo zu ändern, unterzeichnet hatten, marschierte eine Gruppe von etwa hundert Kosovo-Serben unter Leitung des „Komitee für die Rückkehr der Serben und Montenegriner nach Kosovo",[477] nach Belgrad, um „ihre miserable Lage im Kosovo" und einen „Beschwerdekatalog" der politischen Führung zu präsentieren.[478] „Dieser Marsch nach Belgrad war der erste von zahlreichen Märschen, die in der darauffolgenden Zeit organisiert und von den Medien geschickt in den Mittelpunkt der Berichterstattung gerückt wurden."[479]

Am 24. September 1986 veröffentlichte die Serbische Akademie der Wissenschaften ein Memorandum von über 74 Seiten,[480] das, geschrieben von führenden serbischen Historikern und Intellektuellen, die Diskriminierung der Serben innerhalb Jugoslawiens anprangerte. Dieses Memorandum wurde von Slobodan Milošević zur Leitlinie seiner Politik gemacht.[481] Mit diesem Dokument wurde versucht, die serbische Dominanz über

---

475 ÖStA, AdR, BMAA, Zl. 411-RES/87, Offizieller Besuch des jugosl. Außenministers in Graz (20.11.1987), Gesprächsthemenvorschläge und Informationen, an das Bundesministerium für Auswärtige Angelegenheiten, vom 2. November 1987, Belgrad.
476 Ebd.
477 Das Komitee für die Rückkehr der Serben und Montenegriner nach Kosovo war eine nationalistische serbische Gruppe aus dem Dorf Gazimestan im Kosovo, in der die Schlacht am Amselfeld von 28. Juni 1389 stattgefunden hat.
478 Sundhaussen, Kosovo: Eine Konfliktgeschichte, S. 80.
479 Petritsch/Kaser/Pichler, Kosovo-Kosova, S. 159.
480 Das Memorandum behandelt in seinem ersten Abschnitt die „Krise der jugoslawischen Wirtschaft und Gesellschaft" und in der zweiten Hälfte die „Position Serbiens und der serbischen Nation".
481 „Das Memorandum war eine Klage- und Anklageschrift über den Druck auf die serbische Bevölkerung in den meisten Landesteilen, über Benachteiligung, Verdrängung und sogar, das betrifft speziell auch den Kosovo, Genozid. All das auf Grund der Tito-Verfassung, die die Rechte der Serben in ihren angestammten Gebieten – wo immer Serben begraben sind – missachtet. Die Serben werden daher aufgerufen, sich zu wehren". Interview mit Walter Siegl, Wien, 22. 2. 2017.

4. Die österreichische Kosovopolitik der Jahre 1986-1994

die anderen Volksgruppen in Jugoslawien zu sichern und den jugoslawischen Staat zu rezentralisieren, was in Diskrepanz mit den dezentralistischen Forderungen der anderen Teilrepubliken stand.[482] „Hierbei handelte es sich nicht um ein Aktionsprogramm, sondern um eine Darstellung des Zustandes der serbischen Nation sowie Benachteiligungen, unter denen Serbien aus Sicht der Autoren zu leiden hatte."[483] Die Mitglieder der Serbischen Akademie der Wissenschaften machten den Titoismus für die Lage der Serben in Jugoslawien verantwortlich. In einem Bericht der österreichischen Botschaft in Belgrad vom Dezember 1986 wurde das serbische Memorandum wie folgt evaluiert:

> Die darin enthaltenen Vorwürfe gegen die ‚antiserbische Koalition' von Kroaten und Slowenen (damit sind primär Tito und Kardelj gemeint) sind Ausdruck der bei fast allen Serben (auch Parteimitgliedern) anzutreffenden tiefen Unzufriedenheit mit der Verfassung von 1974, die ihrer Meinung nach den Serben jene Stellung vorenthält, die ihnen aufgrund ihrer historischen, kulturellen, politischen und wirtschaftlichen Bedeutung auch im heuten Jugoslawien zusteht. Die Vorwürfe widerspiegeln auch die schwere Enttäuschung über die antiserbische Nationalitäten-Politik der Partei, der durch die Schaffung der Provinzen Kosovo und Vojvodina zu Lasten Serbiens letztlich die Verantwortung u.a. für den ‚Genozid am serbischen Volk' in Kosovo angelastet wird.[484]

Als die serbischen Bemühungen um eine Stärkung ihrer Dominanz in Jugoslawien wegen des Widerstandes der anderen Teilrepubliken, vor allem von Slowenien und Kroatien, scheiterten, „setzte Milošević auf die Bildung eines ‚Großserbien' unter Einschluss aller serbischen Gebiete".[485] Hinter seiner Politik standen nicht nur die Serbische Akademie der Wissenschaften, sondern auch die serbischen Medien, welche in ihren Berichterstattungen einseitig nur über serbische Opfer berichteten.

Milošević konnte auch die serbische orthodoxe Kirche für seine proserbische Politik gewinnen, wobei der serbische Klerus sich immer mehr für ein selbstbewusstes „kirchenpolitisches Programm" einsetzte. Nachdem die katholische Kirche Kroatiens und Sloweniens das brutale Vorgehen Serbiens bei der Beschneidung der Autonomierechte des Kosovo verurteilt hatten, verschlechterten sich die Beziehungen zwischen katholischer Kirche und serbisch orthodoxer Kirche, da diese dem Vorgehen Belgrads zustimmte. Milošević als Republikschef Serbiens schaffte es, das Volk, die Kirche und den Staat zu einer Einheit zu machen.

Nur einen Tag nach der historischen Szene an der österreichisch-ungarischen Grenze bei Klingenbach (27. Juni 1989), wo Außenminister Mock mit seinem ungarischen Amtskollegen Gyula Horn den Eisernen Vorhang durchschnitten hatte, hielt Milošević am 28. Juni eine Rede vor einer serbischen Massenpublikum anlässlich des 600. Jahrestages

---

482 Aus einem unveröffentlichten Dokument der österreichischen Botschaft in Belgrad: „Zum Entwurf des Memo. d. Serb. Akad. d. Wi. 1986". Kopie im Besitz des Verfassers.
483 Rohan, Diplomat am Rande der Weltpolitik, S. 166.
484 ÖStA, AdR, BMAA, ZL. 2-POL/86, Jugoslawien: intensivierte Systemkritik und Reformdebatte, an den Herrn Bundesminister für Auswärtige Angelegenheiten, vom 10. Dezember 1986, Belgrad, S. 2-3.
485 Eichtinger/Helmut, Alois Mock, S. 205.

A. Die österreichische Kosovopolitik im Rahmen der jugoslawischen Krisen (1986-1992)

der Schlacht auf dem Amselfeld in der Nähe von Prishtina: „Wir stehen heute, 600 Jahre später", rief Milošević der Menge zu, „wieder in Schlachten und sehen kommenden Kämpfen entgegen. Diese sind nicht mehr bewaffnet, obwohl auch solche nicht ausgeschlossen sind".[486] Die Politik von Milošević[487] „ist ohne den Mythos des Amselfeldes, den er so geschickt für seine Politik instrumentalisiert hat, undenkbar".[488]

Zu der von der serbischen Seite perfekt organisierten Veranstaltung auf dem Amselfeld, an der mehr als eine Million Serben aus ganz Jugoslawien teilnahmen, wurden auch die internationalen Vertretungen in Belgrad eingeladen.[489] Im Wissen, dass Milošević diese Veranstaltung für seine Zwecke instrumentalisieren würde, entschied der österreichische Botschafter Leifer in Absprache mit dem Schwedischen und dem Schweizer Botschafter sowie einigen EG-Botschaftern, nicht in den Kosovo zu fahren. „Wir wollten nicht sozusagen Zeuge sein", erklärt Botschafter Leifer, „das war ja eine ungeheuerliche Demonstration, auch gegen die albanische Minderheit."[490]

Im Vergleich zu den Demokratisierungs-Tendenzen in Mittel-, Süd-, und Osteuropa sind die Entwicklungen zur Demokratie in den jugoslawischen Teilrepubliken mit unterschiedlichen Geschwindigkeiten verlaufen.

> Während in ganz Osteuropa, einschließlich der Sowjetunion, der Misserfolg des Kommunismus in allen seinen bisherigen Formen und Abarten eingestanden und jeder Rückfall in stalinistische Methoden verworfen wird, entfaltet sich im serbischen beherrschten Teil Jugoslawiens ein breit angelegter Versuch, mit den angestauten Konfliktsituationen auf stalinistisch-nationalistische Art fertig zu werden.[491]

In den politischen Positionen der jugoslawischen Teilrepubliken bildeten sich zwei unvereinbare Haltungen bezüglich der zukünftigen Gestaltung des politischen und gesellschaftlichen Systems Jugoslawiens heraus. Slowenen und Kroaten optierten für einen politischen Pluralismus, für Marktwirtschaft und für Beibehaltung einer föderalistischen Struktur des jugoslawischen Staates, während Serbien unter Führung von Milošević das Machtmonopol der Kommunistischen Partei in einem stärker zentralisierten Jugoslawien zu erhalten versuchte. In Zusammenhang mit dem wirtschaftlichen Chaos kam es vor allem im wirtschaftlich unterentwickelten Kosovo „ab 1981 immer wieder zu Unruhen. Die Forderungen der Kosovaren nach mehr Demokratie und Bürgerrechten wurden später von serbischen Nationalisten so interpretiert, dass die Kosovaren die 74er-Verfassung

---

486 Mock, Das Balkan-Dossier, S. 33.
487 Speech by Slobodan Milošević at the Central Celebration Marking the 600th Anniversary of the Battle of Kosovo, Gazimestan, 28 June 1989, in: Heike Krieger (ed.), The Kosovo Conflict and International Law: An Analytical Documentation 1974-1999, Cambridge 2001, S. 10-11. Anlässlich dieser Massenveranstaltung äußerte sich Ibrahim Rugova kritisch: „Natürlich ist es eine Provokation. Es ist eine rein serbische, chauvinistische Feier. Ich würde den Aufmarsch akzeptieren, wenn es sich um eine kulturelle Würdigung dieser für ganz Jugoslawien bedeutsamen Schlacht handelte". Der Spiegel, Nr. 26/1989, S. 159-161.
488 Jandl, Krieg auf dem Balkan, S. 81.
489 *Kathpress*, 28. 6. 1989.
490 Interview mit Paul Leifer, Wien, 29. 3. 2017.
491 Alfons Dalma, National-Stalinisten am Werk, in: *Der Standard*, 4./5. 11. 1989, S. 32.

4. Die österreichische Kosovopolitik der Jahre 1986-1994

missbraucht und ihr Anrecht auf Autonomie verwirkt hätten."[492] Mit seinem radikal nationalistischen Kurs sicherte sich Milošević, der die Macht im September 1987[493] im Achten Plenum des Zentralkomitees der Serbischen Kommunistischen Partei[494] durchsetzte und im Dezember 1987 die Funktion des serbischen Präsidenten übernommen hatte, rasch die Kontrolle über jugoslawische Einrichtungen wie Armee, Sicherheitsdienst, Polizei und Massenmedien.[495]

Botschafter Leifer,[496] der als Botschafter diesen Prozess aktiv in Belgrad miterlebt hat, beschreibt wie folgt den späteren Zerfall Jugoslawiens:

> [...] aus meiner persönlichen Sicht hat der Zerfall Jugoslawiens – der ja sehr viele Gründe hat und nur unter bestimmten Rahmenbedingungen erfolgen konnte, vor allem auch dem Ende des Kalten Krieges – eigentlich begonnen mit dem Coup, den Milošević gegen Stambolic gemacht hat. Im April 1987 war Milošević als Vertreter von Stambolic in Kosovopolje. Dort hat er Lunte gerochen, dort hat er die berühmte Rede gehalten und hat gesehen wie das Volk auf seine Worte reagiert. Für mich war das die psychologische Wende, die machtpolitische Wende kam dann mit der Entmachtung von Stambolic. Alles andere, auch die Aufhebung der Autonomie des Kosovo, ist schon eine Folge dessen, was innerhalb der serbischen KP passiert ist.[497]

Im Bericht von Botschafter Leifer vom September 1988 wird das serbische Vorgehen im Kosovo wie folgt dargestellt:

> Die Anheizung der Kosovo-Frage hat ihre Ursachen nicht so sehr in einer verstärken Virulenz des albanischen ‚Irredentismus' als vielmehr in der Politik des neuen serbischen Partei-

---

492 Jandl, Krieg auf dem Balkan, S. 88.
493 Aus einem unveröffentlichten Dokument der österreichischen Botschaft in Belgrad: „Milošević, die Kosovo-Frage und die Folgen (1989)". Kopie im Besitz des Verfassers.
494 Im 8. Plenum des Zentralkomitees der Serbischen Kommunistischen Partei 1987 setzte sich Milošević gegen den moderaten Flügel der Partei durch und auch gegen seinen politischen Ziehvater und Freund Ivan Stambolic. Stambolic wurde am 14. Dezember 1987 „wegen Verstoßes gegen die Parteilinie" in seiner Funktion als Vorsitzender des serbischen Republikspräsidiums enthoben. Milošević erreichte es bald, nicht nur die politischen, sondern auch die Medien-Persönlichkeiten in Belgrad zu eliminieren. So kam es zur Absetzung des Direktors des Politika-Verlages, des Chefredakteurs des führenden Belgrader Wochenmagazins NIN und des Chefredakteurs des Belgrader Fernsehens. ÖStA, AdR, BMAA, Zl. 533-RES/87, Die jugosl. KP auf der Suche nach einem Ausweg aus der Krise, an das Bundesministerium für Auswärtige Angelegenheiten, vom 21. Dezember 1987, Belgrad.
495 Wolfgang Petritsch, Epochenwechsel – Unser digital-autoritäres Jahrhundert, Wien 2018, S. 66-70; Matthias Rüb, Jugoslawien unter Milošević, in: Dunja Melcic (Hrsg.), Der Jugoslawien-Krieg. Handbuch zu Vorgeschichte, Verlauf und Konsequenzen, Opladen – Wiesbaden 1999, S. 332.
496 Mehr dazu siehe Paul Leifer, Die Jugoslawen hatten ein Interesse daran, mit den Botschaftern der Nachbarstaaten zu reden, in: Michael Gehler/Andrea Brait (Hrsg.), Am Ort des Geschehens in Zeiten des Umbruchs. Lebensgeschichtliche Erinnerungen aus Politik und Ballhausplatzdiplomatie vor und nach 1989. Historische Europa-Studien, Hildesheim – Zürich – New York 2018, S. 271-308.
497 Interview mit Paul Leifer, Wien, 29. 3. 2017.

führers Milošević, die durch eine Dramatisierung der Lage der Serben und Montenegriner im Kosovo für ihre Republik zumindest jene Kompetenz in seinen autonomen Provinzen Kosovo und Vojvodina im Zuge des laufenden Verfassungsreformverfahrens zurückerobern will […].[498]

Nur einen Monat später wurde die innenpolitische Lage Jugoslawiens in einem Aktenvermerk des österreichischen Außenministeriums wie folgt dargestellt: „Der serbische KP-Führer Milošević ist in den vergangenen Wochen seinem Ziel nähergekommen, die Vorstellungen der serbischen Führung über die Ausweitung der Republikskompetenzen in den beiden auf serbischem Gebiet gelegenen autonomen Provinzen durchzusetzen."[499]

4.4. Die serbische Politik im Kosovo spaltet Jugoslawien

Die Politik von Milošević in der Kosovo-Frage war der erste Schritt in seiner Strategie, innerhalb eines „reformierten Jugoslawiens" die Führungsrolle Serbiens neu zu festigen. Am 23. März 1989 musste das Parlament von Kosovo unter massivem Druck durch die (serbische) jugoslawische Armee und der Polizei eine Verfassungsänderung akzeptieren, mit der die Autonomie des Kosovo aufgehoben wurde. Die einseitige Aufhebung der Autonomie des Kosovo gegen den Willen der Albanisch sprechenden Mehrheit, hat einerseits die zentrifugalen Kräfte in Jugoslawien weiter verstärkt, andererseits war dies eine Provokation gegenüber den anderen jugoslawischen Teilrepubliken. Für Friedhelm Frischenschlager (Verteidigungsminister 1983-1986) war die einseitige Aufhebung der Autonomie des Kosovo „der Punkt, wo klar wurde, da braut sich was zusammen".[500] Werner Fasslabend (Verteidigungsminister 1990-2000) erinnert sich: „Wir haben das als den Versuch von Milošević angesehen, mehr oder weniger den jugoslawischen Gesamtstaat unter serbischer Führung zu zementieren und Bewegungen, die in Richtung von mehr Unabhängigkeit geführt haben, zu verhindern."[501]

Nach der Verfassungsänderung im Kosovo und der Ausrufung des Ausnahmezustandes begannen 1989 die Repressionen durch die jugoslawische und serbische Armee und Polizei gegen die Kosovo-Albaner.[502] Bei Protesten der Kosovo-Albaner wurden von der serbischen Polizei 36 Demonstranten getötet, mehr als 300 kosovo-albanische Intellektuelle, die aus führenden Positionen der Verwaltung entlassen worden sind, wurden ohne Verurteilung interniert.[503] Der stellvertretende jugoslawische Verteidigungsminister Stane

---

498 ÖStA, AdR, BMAA, Funkdepesche 25115, Jugoslawien, jüngste innenpolitische Entwicklung, an das Bundesministerium für Auswärtige Angelegenheiten, vom 20. September 1988, Belgrad, S. 2.
499 ÖStA, AdR, BMAA, GZ. 101.03.00/13-II.3/88, Jugoslawien; zur derzeitigen innenpolitischen Lage, Amtsvermerk, vom 14. Oktober 1988, Wien, S. 1.
500 Interview mit Friedhelm Frischenschlager, Wien, 28. 3. 2017.
501 Interview mit Werner Fasslabend, Wien, 2. 2. 2017.
502 *Kleine Zeitung*, 30. 3. 1989.
503 Shkëlzen Maliqi, Die politische Geschichte des Kosovo, in: Dunja Melcic (Hrsg.), Der Jugoslawien-Krieg. Handbuch zu Vorgeschichte, Verlauf und Konsequenzen, Opladen – Wiesbaden 1999, S. 129.

4. Die österreichische Kosovopolitik der Jahre 1986-1994

Brovet verurteilte scharf die kosovo-albanischen Forderungen nach einer eigenen Republik. Er erklärte, diese Absichten der Separatisten müssten „mit allen Mitteln gestoppt werden, auch mit Gewalt".[504] Er übte scharfe Kritik an der politischen Führung in den beiden jugoslawischen Republiken Slowenien und Kroatien, die nach Belgrader Sicht die kosovo-albanischen Bestrebungen unterstützten. „Die Separatisten im Kosovo erhalten vom Nordwesten unseres Landes nicht nur Hilfe, es handelt sich bereits um eine einheitliche Aktion, geplant bis ins Detail."[505]

Das serbische Vorgehen, die Autonomie des Kosovo aufzuheben und militärische Einheiten in den Kosovo zu schicken, den Ausnahmezustand zu verhängen, den Vorsitzenden der kosovarischen Kommunisten und die führenden kosovo-albanischen Politiker (unter anderem den ehemaligen Parteichef Azem Vllasi) zum Rücktritt zu zwingen, sowie die schweren Menschenrechtsverletzungen gegenüber Kosovo-Albanern lösten bei den anderen jugoslawischen Teilrepubliken große Besorgnis aus.[506] Der slowenische Präsident Janez Stanovnik sah das serbische Vorgehen im Kosovo als „einen schicksalhaften Zeitpunkt für die Existenz und die Entwicklung der sozialistischen Föderation Jugoslawiens".[507] Die slowenische Solidarität mit den Kosovo-Albanern fand in Slowenien in Massenveranstaltungen Ausdruck. Solidaritätsgefühl und Besorgnis kam auch aus Kroatien.

Das Europäische Parlament hat im Frühjahr 1989 Sorge über die politische Lage im Kosovo wegen der Aufhebung der Autonomie des Kosovo geäußert und diesbezüglich eine Resolution am 13. April 1989 verabschiedet. Otto von Habsburg,[508] Abgeordneter im Europäischen Parlament von der Europäischen Volkspartei (EVP), nominiert von der CSU (Christlich-Soziale Union), führte in der Diskussion aus:

> Erstens gehen diese Unruhen von Serben aus. Gerade ein Mann wie Milošević, der in Wirklichkeit ein totalitärer Diktator ist, hat die Dinge auf die Spitze getrieben [...]. Zweitens beweisen die Ereignisse in Jugoslawien genauso wie das, was sich jetzt in der Sowjetunion abspielt, immer nur wieder eines: Ein dauernder Friede kann nur durch Selbstbestimmung erreicht werden.[509]

Die Kosovo-Frage war auch zentrales Thema in den Diskussionen um eine Verfassungsänderung in Slowenien. Im September 1989 verabschiedete das slowenische Parlament eine Änderung der Verfassung durch Verfassungszusätze, „welche die slowenische Selbstständigkeit im Verhältnis zu Belgrad neu regelte, und strich die Bestimmung über

---

504 *Der Standard*, 3./4. 11. 1990, S. 2.
505 Ebd.
506 Janez Drnovšek, Der Jugoslawien-Krieg. Meine Wahrheit, Kilchberg – Zürich 1998, S. 57-64; Albert Rohan, Der blutige Weg nach Dayton, in: *Europäische Rundschau* 4 (2015), S. 6.
507 ÖStA, AdR, BMAA, Zl. 610-A/89, Slowenische Solidarisierung mit den streikenden Albanern in Kosovo und Befürchtung von negativen Rückwirkungen auf ganz Jugoslawien, an das Bundesministerium für auswärtige Angelegenheiten, vom 1. März 1989, Laibach, S. 2.
508 Zu weiteren Details siehe Stephan Baier/Eva Demmerle, Otto von Habsburg 1912-2011, Wien 2012, S. 496-504.
509 ÖStA, AdR, BMAA, GZ. 101.03.00/32-II.3/89, Jugoslawien; Kosovo; Behandlung im Europäischen Parlament (13.4.1989), an die österreichische Botschaft in Belgrad, vom 27. April 1989, Wien (Beilagen).

A. Die österreichische Kosovopolitik im Rahmen der jugoslawischen Krisen (1986-1992)

die führende Rolle der kommunistischen Partei aus der Verfassung".[510] Aus Belgrader Sicht wurde dies als Akt der Sezession und als Tendenz zur Desintegration Jugoslawiens gewertet.

Der Konflikt zwischen Ljubljana und Belgrad verschärfte sich auch dadurch, dass die Regierung der Teilrepublik Slowenien eine vom „Komitee für die Rückkehr der Serben und Montenegriner nach Kosovo" in der slowenischen Hauptstadt geplante Versammlung, an der Tausende Serben teilnehmen sollten, untersagte.[511] Als Reaktion gegen das Verbot der Versammlung forderte Serbien ein Handelsembargo gegen Slowenien, obwohl der jugoslawische Binnenmarkt zu der Zeit schon im Verfall begriffen war.[512] Der serbische Boykottaufruf war aus der Sicht der österreichischen Diplomatie ein „selbstmörderischer Versuch eines Abreagierens der erlittenen Frustration".[513] Die slowenische Regierung startete eine Gegenreaktion und beschloss, ihre Beiträge zum Entwicklungsfonds für die wirtschaftlich unterentwickelten Gebiete in Jugoslawien (Kosovo, Mazedonien) nicht mehr zu zahlen.[514]

Den politischen Prozess gegen Vllasi sowie gegen 14 andere kosovo-albanische Politiker wegen „konterrevolutionärer Bedrohung des Verfassungssystems und Untergrabung der wirtschaftlichen Grundlagen des Staates" lehnten die anderen jugoslawischen Teilrepubliken entschieden ab.[515] Diese Konflikte zwischen den jugoslawischen Teilrepubliken verstärkten weiter das Streben nach einer Konföderation auf Seiten Sloweniens und Kroatiens.

Das kollektive jugoslawische Staatspräsidium wurde nach der Absetzung der Parteiführer im Kosovo und in der Vojvodina dadurch blockiert, dass die Teilrepublik Montenegro bei den Abstimmungen Serbien, das bereits über die Hälfte der insgesamt acht Landesstimmen verfügte, unterstützte. Botschafter Leifer führte im Interview aus, dass damals der Vertreter Bosnien-Herzegowinas im Staatspräsidium ein Serbe war und

---

510 Peter Vodopivec, Slowenien, in: Dunja Melcic (Hrsg.), Der Jugoslawien-Krieg. Handbuch zu Vorgeschichte, Verlauf und Konsequenzen, Opladen – Wiesbaden 1999, S. 36.

511 Sabrina P. Ramet, Die drei Jugoslawien. Eine Geschichte der Staatsbildungen und ihrer Probleme, München 2011, S. 491; Unveröffentlichtes Manuskript, Albert Rohan, Chronologie der Jugoslawischen Krise 1994. Kopie im Besitz des Verfassers.

512 Jens Reuter, Der Bürgerkrieg in Jugoslawien. Kriegsmüdigkeit, Kriegspsychose und Wirtschaftsverfall, in: *Europa-Archiv* 1991, S. 706.

513 ÖStA, AdR, BMAA, Zl. 645-RES/89, Jugoslawien; Ansätze zu einem polit. Pluralismus-Stand Mitte Dezember 1989, an das Bundesministerium für auswärtige Angelegenheiten, vom 14. Dezember 1989, Belgrad, S. 3.

514 Slowenien sollte 48,1 Prozent von der Summe für den Entwicklungsfonds sowie ein A-conto von 51,9 Prozent des vorgesehenen Beitrages von 1990 bezahlen (64,5 Millionen Dinar monatlich bzw. 774 Million Dinar jährlich) (ÖStA, AdR, BMAA, Zl. 40.3/5-A/90, SR Slowenien; Slowenische Gegenmaßnahmen gegen serbisches Wirtschaftsboykott, an das Bundesministerium für auswärtige Angelegenheiten, vom 27. Februar 1990, Ljubljana, S. 1.

515 Der politische Prozess gegen Vllasi und 14 weitere Angeklagte albanischer Nationalität fand vor dem Bezirksgericht in der Stadt Mitrovica statt. Vllasi und die anderen wurden vom Staatsanwalt angeklagt, dass sie während der Streikaktionen der Bergarbeiter von Trepça in Mitrovica heimlich die Mine besucht und die Bergleute zur Fortsetzung des Streiks ermuntert hatten.

4. Die österreichische Kosovopolitik der Jahre 1986-1994

der hat immer mit Drnovsek, Mesic und Tupurkovski als Viertem gestimmt, sodass das Präsidium blockiert war [...]. Deswegen konnte ja Milošević nie den Ausnahmezustand verhängen, was er immer wieder versuchte. Aber es gab immer wieder die Patt-Situation Vier-Vier. Weil alle in Bosnien gewusst haben, ob Moslems oder Serben oder Kroaten, was das für ein Pulverfass ist.[516]

Die Divergenzen und Spannungen zwischen den jugoslawischen Teilrepubliken traten beim 14. Außerordentlichen Kongress des BdKJ vom 20. bis 22. Jänner 1990 voll zutage. Die Forderungen Sloweniens und Kroatiens nach Demokratisierung der Kommunistischen Partei und der Gesellschaft, nach Wirtschaftsreformen und der Reform des jugoslawischen Bundesstaates (Konföderalismus) wurden von Serbien abgelehnt.[517] Serbien trat im Gegensatz dazu für ein stärker zentralisiertes Jugoslawien ein.[518]

Da alle Vorschläge der slowenischen Abgeordneten abgelehnt wurden,[519] verließen die Slowenen und die Kroaten den Kongress, was nichts anderes als den Zerfall des jugoslawischen Bundes bedeutete. „Damit hat die Kommunistische Partei, die im Jugoslawien Titos nicht nur eine Macht, sondern auch ein Integrationsfaktor war, faktisch aufgehört zu existieren."[520] Der Herrschaftsanspruch Serbiens in Jugoslawien wurde durch das Bestreben der anderen Teilrepubliken zur Einführung des Mehrparteiensystems herausgefordert.

Während des BdKJ-Parteitages kam es zu einer Demonstrationswelle der Albaner im Kosovo.[521] Sie forderten die Aufhebung der seit März 1989 eingeführten außerordentlichen Maßnahmen, die Einrichtung der Demokratie und eines Mehrparteisystems, den Rücktritt der neuen Parteiführung des Kosovo, die von den Serben eingesetzt worden war, sowie die Freilassung des ehemaligen Parteichefs des Kosovo Azem Vllasi und anderer politischer Gefangener, die wegen „Konterrevolution" angeklagt waren. Die kosovo-albanischen Demonstranten äußerten ihre Unterstützung für die slowenischen und kroatischen Delegierten beim 14. Parteitag des BdKJ gegen die serbischen Delegierten und begrüßten die Vertreter Sloweniens und Kroatiens, die den Kongress des BdKJ verlassen hatten.[522] „Täglich gehen tausende Albaner auf die Straße. Sie fordern, was in einem modernen Staat eigentlich selbstverständlich sein sollte: demokratische Rechte, freie Wahlen, Rechtsstaatlichkeit, Meinungsfreiheit."[523]

---

516 Interview mit Paul Leifer, Wien, 29. 3. 2017.
517 Die Vorschläge von Slowenien und Kroatien für eine Konföderation der jugoslawischen Republiken fanden auch in der internationalen Staatengemeinschaft keine Unterstützung.
518 Wolfgang Libal, Das Ende Jugoslawiens. Selbstzerstörung, Krieg und Ohnmacht der Welt, Wien – Zürich 1993, S. 377; Mock, Das Balkan-Dossier, S. 43; Gehler, Europa. Ideen – Institutionen – Vereinigung – Zusammenhalt, S. 377.
519 Die slowenischen Delegierten forderten auch, dass die repressiven Maßnahmen der Polizei im Kosovo sowie die politischen Prozessen gegen die Kosovo-Albaner beendet werden müssten.
520 Mock, Das Balkan-Dossier, S. 43.
521 *Rilindja*, 25. 1. 1990, S. 1-2.
522 Archiv der Gegenwart, 4. Februar 1990, S. 34202.
523 Maren Köster-Hetzendorf, Jugoslawiens Libanon liegt im Kosovo, in: *Die Presse*, 22. 2. 1990, S. 3.

A. Die österreichische Kosovopolitik im Rahmen der jugoslawischen Krisen (1986-1992)

In dieser angespannten Situation begannen die Kosovo-Albaner den politischen Widerstand zu organisieren. Die Forderungen nach freien Wahlen und Einführung des Mehrparteisystems wurden von Slowenien und Kroatien unterstützt und als legitim bezeichnet. Wie in den anderen jugoslawischen Teilrepubliken wurden im Kosovo mehrere unabhängige Parteien und Vereinigungen auf nationaler Grundlage gegründet. Am 23. Dezember 1989 wurde der Demokratische Bund des Kosovo (Lidhja Demokratike e Kosovës, LDK) unter Führung von Ibrahim Rugova gegründet, der innerhalb kurzer Zeit 200.000 Mitglieder zählte. In kurzer Zeit wurden auch andere politische Parteien und Gruppierungen im Kosovo gegründet, die aber nicht den gleichen starken Zulauf wie der LDK hatten.[524]

Die ersten freien Wahlen auf jugoslawischem Boden fanden im April 1990 in Slowenien statt, gefolgt von den Wahlen in Kroatien im April und Mai, in Makedonien im November und im Bosnien-Herzegowina im November und Dezember. Nur in Serbien und Montenegro (9. und 23. Dezember 1990) gingen die Anhänger der bisherigen kommunistischen Partei, die in die Sozialistische Partei umgewandelt worden war[525] und die für die Bewahrung des jugoslawischen Bundesstaates eintraten, als Sieger aus den nationalen Parlamentswahlen hervor.[526] In den vier anderen Republiken gewannen die nichtkommunistischen Parteien unter Führung von Ex-Kommunisten, die zu „Nationalisten" wurden, um politisch zu überleben, z. B. Milan Kučan oder Franjo Tudjman, die entweder eine bestimmte Volksgruppe oder eine nationale Orientierung vertraten. Die kosovo-albanische Bevölkerung boykottierte die serbischen Wahlen, da die Autonomie des Kosovo, entgegen dem Willen des Volkes von Kosovo, beseitigt worden sei.

Die harte Haltung von Milošević in der Kosovo-Frage wurde auch von den Oppositionsparteien in Serbien unterstützt. 15 serbische Oppositionsparteien – mit Ausnahme der „Vereinigten Jugoslawischen Demokratischen Initiative" und der „Grünen Partei" – forderten von der serbischen Regierung noch stärkere Maßnahmen gegen die Kosovo-Albaner. Sie traten sowohl für die Suspendierung der Autonomie des Kosovo als auch für die Auflösung des Parlaments ein. Als am 1. und 2. Juli 1990 das Referendum über die neue serbische Verfassung stattfand, wodurch praktisch die bereits de-facto Autonomie des Kosovo endgültig aufgehoben wurde, wurde sie von 90 Prozent der serbischen Wahlberechtigten unterstützt. Die Wahlbeteiligung war insgesamt 77 Prozent, da das Referendum von den Kosovo-Albanern boykottiert wurde.[527]

---

524 Die LDK und die meisten politischen Parteien der Kosovo-Albaner wurden als Parteien zwar auf Bundesebene registriert und bewusst nicht auf Republiksebene, da dies die serbische Verfassungsänderung anerkannt und legitimiert hätte.

525 Die Kommunistische Partei Serbiens und die Volksfrontorganisation „Sozialistische Allianz" Serbiens wurden zu einer neuen Partei (Sozialistischen Partei Serbiens, SPS) vereint. Milošević als serbischer Republikspräsident wurde zum Parteivorsitzenden gewählt.

526 Außenpolitischer Bericht 1990, S. 2; V. P. Jr. Gagnon, „Minorities" and Political Space: The Yugoslav Wars of the 1990s, in: Henritte Riegler, (ed.), Nationhood, War and the multinational State in former Yugoslavia. Österreichisches Institut für Internationale Politik, Arbeitspapier 39/2002, pp. 49-51; Florian Bieber/Armina Galijaš, Yugoslavia 1989: The Revolutions that did (not) Happen, in: Wolfgang Mueller/Michael Gehler/Arnold Suppan (eds.), The Revolutions of 1989. A Handbook, Wien 2015, S. 171.

527 Die österreichische Botschaft in Belgrad hatte schon das österreichische Außenministerium darauf aufmerksam gemacht, „dass die überwiegende Mehrheit der Oppositionsparteien in

4. Die österreichische Kosovopolitik der Jahre 1986-1994

Das Parlament der Republik Slowenien hat am 19. Juli 1990 eine Deklaration über den Kosovo verabschiedet, in der scharf gegen die „Verletzung der Menschenrechte und staatsbürgerlichen Freiheit, gegen politischen Druck und Willkür sowie usurpatorischer Gewalt in der Sozialistischen Autonomem Provinz Kosovo",[528] protestiert wurde. Das slowenische Parlament „wird keine Entscheidung der Organe der SFRJ anerkennen, die durch Hinzuziehung der Jugoslawischen Volksarmee und der Bundesmiliz versuchen werden, die Beziehungen zwischen Völkern und Völkerschaften in Kosovo und Jugoslawien zu regeln, und wird sich die Ausführung solcher Entscheidung entgegensetzen".[529]

4.5. Politische Maßnahmen der Kosovo-Albaner zur Selbstorganisation

Im Vergleich zur bosnischen (ebenso wie zur mazedonischen) Führung, welche seit dem Ausbruch der jugoslawischen Krise wegen der ethnischen Zusammensetzung der Bevölkerung und angesichts der drohenden Haltung Serbiens mit der Ausrufung der Unabhängigkeit zögerte, waren die Kosovo-Albaner aktiver und wollten nicht in einem gemeinsamen Staatenbund mit Serbien bleiben. Als die 114 albanischen Abgeordneten von Polizeieinheiten gehindert wurden, das Parlament zu betreten, versammelten sie sich am 2. Juli 1990 vor den Türen des Parlaments und erklärten den Kosovo zu einem unabhängigen „gleichberechtigten konstitutiven Element der jugoslawischen Föderation".[530] Die serbischen Behörden antworteten am 5. Juli mit der Auflösung des Parlaments und der Regierung. Als der Ausnahmezustand im Kosovo erklärt wurde, wurde der einziger Fernsehsender (TV Prishtina) geschlossen und Tageszeitungen verboten.[531] Die Polizei wurde von kosovo-albanischen Polizisten gesäubert. Kurz danach wurden mehr als 10.000 Kosovo-Albaner, die im öffentlichen Dienst und der Verwaltung tätig waren, von ihren Posten entfernt und mehr als 100.000 Kosovo-Albaner wurden „aus Fabriken und Bergwerken, aus Gesundheits- und Kultureinrichtungen, Verkehrs-, Handels- und sonstigen Betrieben entlassen".[532] Viele Kosovo-Albaner mussten den Kosovo verlassen. Etwa 370.000 Albaner wanderten bis 1993 aus Jugoslawien aus. Die meisten von ihnen gingen nach Deutschland (120.000), in die Schweiz (95.000) oder in andere westeuropäische Länder, in die USA, nach Kanada und Australien.[533] Die Exekutivgewalt im Kosovo wurde von

---

Serbien nicht minder nationalistisch und gross-serbisch orientiert ist als Milošević". ÖStA, AdR, BMAA, Funkdepesche 25283, Die serbische Opposition zur „Verfassungsdeklaration" der Kosovo-Albaner (info), an Außenamt Wien, vom 4. Juli 1990, Belgrad, S. 2.

528 ÖStA, AdR, BMAA, GZ. 40.3/59-A/90, Rep. Slowenien; Deklaration über Kosovo des slowenischen Parlaments vom 19.7.1990, Österreichisches Generalkonsulat Laibach, vom 20. Juli 1990, Laibach.
529 Ebd.
530 Constitutional Declaration Adopted by the Kosovo Assembly, 2 July 1990, in: E. Philip Auerswald/P. David Auerswald (eds.), The Kosovo Conflict. A diplomatic History through Documents. Cambridge – The Hague 2000, S. 43-44.
531 In kürzester Zeit folgte das Verbot der einzigen albanischen Zeitung „Rilindja" (Erneuerung), in: *FAZ*, 28. 5. 1993.
532 Maliqi, Die politische Geschichte des Kosovo, S. 130.
533 Petritsch/Kaser/Pichler, Kosovo-Kosova, S. 194.

A. Die österreichische Kosovopolitik im Rahmen der jugoslawischen Krisen (1986-1992)

einer Gruppe serbischer Regierungsfunktionäre übernommen und ab diesem Zeitpunkt begann die Ära der Serbisierung der lokalen Institutionen.[534]

Drei Tage später unternahm Belgrad im Eilverfahren die Auflösung des Parlaments und der Regierung des Kosovo mit der Begründung, dass beide Institutionen seit längerer Zeit nicht mehr funktioniert und nicht im Einklang mit der Verfassung gewirkt hätten. Der Beschluss von 114 albanisch stämmigen Abgeordneten des Kosovo-Parlaments zur Unabhängigkeitserklärung des Kosovo wurde als illegaler politischer Akt gewertet, „mit dem versucht wurde, die Staatlichkeit und die Souveränität Kosovos auszurufen und damit die verfassungsmäßige Position der Provinz in der SR Serbien und der SFRJ zu verändern".[535]

Am gleichen Tag (2. Juli 1990), an dem die albanischen Abgeordneten den Kosovo als unabhängige und gleichberechtigte Einheit im Rahmen der Sozialistischen Föderativen Republik Jugoslawien erklärt hatten, beschloss das slowenische Parlament mit großer Mehrheit die Souveränitätserklärung, wobei das Landesrecht über Bundesrecht gestellt wurde.[536] Am 4. Juli beschloss die kroatische Führung die Ausarbeitung einer neuen Verfassung für die Republik Kroatien.

Die kosovo-albanischen Abgeordneten verabschiedeten am 7. September 1990 in einer Geheimsitzung eine eigene Verfassung für eine „Republik Kosovo" (sog. Kaçanik-Verfassung). Art. 1 dieser Verfassung sah vor: „Die Republik Kosovo ist ein demokratischer Staat der albanischen Nation und der Nationalitäten, der Minderheiten und Bürger: der Serben, Moslems, Montenegriner, Kroaten, Türken, der Roma und der anderer, die im Kosovo leben."[537] Kurz danach am 28. September reagierten die Serben mit der Verkündung der neuen serbischen Verfassung, wobei der Begriff „Autonomie" des Kosovo und der Vojvodina gestrichen und diese faktisch aufgehoben wurde, sodass die beiden autonomen Provinzen keine konstitutiven Elemente der jugoslawischen Föderation mehr darstellten.[538] Kosovo und Vojvodina, die bisher ihre eigenen Verfassungen hatten, durften damit nur noch Statute besitzen.

Als die Präsidenten Sloweniens und Kroatiens, Milan Kučan und Franjo Tudjman, am 2. Oktober 1990 den Vorschlag zur Gründung einer jugoslawischen Konföderation ankündigten, wobei die sechs jugoslawischen Teilrepubliken zu souveränen Staaten erklärt werden würden, wurde dies von der serbischen Führung abgelehnt. Der serbische Präsident Milošević reagierte mit der Äußerung, wenn Jugoslawien in eine Konföderation umgewandelt werde, wird Serbien eine neue Grenzziehung fordern, um alle Serben in Jugoslawien in die serbische Republik einzubeziehen: „Alle Serben in einen Staat." Da das Staatspräsidium am 11. Oktober 1990 keine gemeinsame Haltung fand, wurde in

---

534 Fabian Schmidt, Menschenrechte, Politik und Krieg in Kosovo 1989 bis 1999, in: Jens Reuter/Konrad Clewing (Hrsg.), Der Kosovo Konflikt. Ursachen, Verlauf, Perspektive, Klagenfurt 2000, S. 190.
535 Archiv der Gegenwart, 8. August 1990, S. 34787.
536 Außenpolitischer Bericht 1990, S. 22.
537 Art. 1 der Verfassung der Republik von Kosovo vom 7. September 1990.
538 Rohan, Chronologie der Jugoslawischen Krise 1994; Branka Magaš, Citizenship and War: Yugoslavia, Croatia and Kosovo, in: Henritte Riegler (ed.), Nationhood, War and the multinational State in former Yugoslavia. Österreichisches Institut für Internationale Politik 2002, p. 15.

4. Die österreichische Kosovopolitik der Jahre 1986-1994

Slowenien im Dezember 1990 ein Plebiszit organisiert, in dem die Slowenen mit mehr als 88 Prozent der abgegebenen Stimmen für die Eigenstaatlichkeit stimmten.

Wie die anderen jugoslawischen Teilrepubliken, die die Trennung von Jugoslawien anstrebten, organisierten die Kosovo-Albaner am 26. und 30. September 1991 ein Referendum, bei dem die Mehrheit der Bevölkerung des Kosovo (rund 87 Prozent) für eine Republik Kosovo stimmten, und sich 99.8 Prozent für die Unabhängigkeit des Staates aussprachen.[539] Aufgrund der Haftbefehle gegen die kosovo-albanischen Parlamentarier mussten diese das Land verlassen und ins Exil gehen. Am 19. Oktober 1991 erklärte das Parlament von Kosovo ihr Land zu einem unabhängigen Staat. Gleichzeitig wurde eine Regierung unter Leitung von Premierminister Bujar Bukoshi eingesetzt.

Die Internationalisierung der Anerkennungsfrage Sloweniens und Kroatiens war ein Signal für die Kosovo-Albaner. Trotzdem fand die Unabhängigkeitserklärung des Kosovo keine internationale Unterstützung – nur Albanien anerkannte die Unabhängigkeit – aber die Bemühungen für die Internationalisierung der Kosovo-Frage waren ein Leitmotiv für die politische Führung des Kosovo.

Die albanischen politischen Parteien im Kosovo organisierten im Mai 1992 geheime Parlaments- und Präsidentenwahlen, wobei die LDK die Mehrheit im Parlament erreichte.[540] Der LDK-Vorsitzende Ibrahim Rugova wurde mit 99,5 Prozent der Stimmen zum Präsidenten gewählt.[541] Da Serbien zu diesem Zeitpunkt in militärische Operationen gegen Kroatien und Bosnien-Herzegowina verwickelt war, wollte Belgrad keinen zusätzlichen Krieg im Süden des Landes. So wurden starke Polizeikräfte eingesetzt, wobei die Parlamentsabgeordneten und die neu gewählte Regierung unter Leitung von Premierminister Bujar Bukoshi gezwungen waren, ins Exil zu gehen. Rugova, der oft als Gandhi des Balkans bezeichnet worden ist, verfolgte eine Strategie des gewaltfreien Widerstandes. Er wendete sich gegen jede Form der Gewaltanwendung, die Kosovo-Frage sollte nur mit friedlichen Mitteln gelöst werden.[542] Die politische Strategie von Rugova und die Organisierung eines Parallelstaates durch Parallelstrukturen im Gesundheits-, Verwaltungs- und Schulwesen wurden von einer großen Mehrheit der Kosovo-Albaner unterstützt. Diese Institutionen wurden über einen Sonderfonds aus den Einkünften der berufstätigen Kosovo-Albaner und der albanischen Diaspora finanziert.

Nach der Beseitigung der Autonomie des Kosovo setzte eine Welle der Diskriminierungspolitik gegen die Kosovo-Albaner ein. Es wurden albanische Richter entlassen und der Oberste Gerichtshof aufgelöst. Die Kosovo-Albaner wurden aus den öffentlichen Ämtern vertrieben; die serbischen Unternehmen entließen ihre albanischen Mitarbeiter;

---

539 Resolution of the Assembly of the Republic of Kosovo on Independence, 22. September 1991, in: Marc Weller, The Crisis in Kosovo 1989-1999. From the Dissolution of Yugoslavia to Rambouillet and the Outbreak of Hostilities. International Documents & Analysis, Cambridge 1999, S. 72.
540 Die DK erhielt die absolute Mehrheit bzw. 96 von 143 Sitzen des Parlaments. 14 Sitze wurden für serbische und montenegrinische Vertreter vorgesehen.
541 Ajeti/Kurbogaj-Ajeti, Die Rolle der EU-Außenpolitik im Kosovo, S. 49.
542 Christiane Prorok, Ibrahim Rugovas Leadership. Eine Analyse der Politik des kosovarischen Präsidenten. Eva Kreisky/Helmut Kramer (Hrsg.), Politik und Demokratie, Frankfurt am Main 2004, S. 13.

A. Die österreichische Kosovopolitik im Rahmen der jugoslawischen Krisen (1986-1992)

auch die Schulen und Universitäten wurde serbisiert.[543] Dies hatte zur Folge, dass 450.00 kosovo-albanische Schüler und Studenten privat unterrichtet werden mussten. Die albanischen Medien wurden von Serben übernommen. Diese serbischen Maßnahmen basierten auf einem detaillierten „Programm zur Herstellung von Frieden, Freiheit, Gleichheit, Demokratie und Prosperität in der Autonomen Provinz des Kosovo" vom 30. März 1990 und auf dem „Gesetz zur Regelung der Arbeit unter besonderen Bedingungen" von 26. Juli 1990, die vom serbischen Parlament verabschiedet wurden.[544]

4.6. Österreichische Außenpolitik zur Zeit der jugoslawischen Krise

Österreich pflegte seit Jahrzehnten gute Beziehungen zu Jugoslawien (mehr dazu siehe Kapitel 4) und an diesen Beziehungen bestand größtes außenpolitisches Interesse.[545] Die Leitlinien der österreichischen Jugoslawienpolitik in den 1980er Jahren waren der Erhalt der territorialen Integrität Jugoslawiens und die wirtschaftliche Sanierung Jugoslawiens durch die Unterstützung der wirtschaftlichen internationalen Maßnahmen. Die österreichische Bundesregierung unterstützte die Bemühungen Jugoslawiens zu Reform in der Wirtschaft. Am 2. April 1990 unterzeichneten die EFTA und die SFRJ in Genf einen Vertrag über die Schaffung eines EFTA-Entwicklungsfonds in Höhe von 100 Millionen US-Dollar für Jugoslawien, mit dem Ziel der Förderung des Außenhandels und des marktwirtschaftlichen Umbaus der jugoslawischen Volkswirtschaft. Die österreichische Außenpolitik war maßgeblich beteiligt an der Errichtung des EFTA-Entwicklungsfonds für Jugoslawien sowie an der Einbeziehung Jugoslawiens in die „Quadrangulare".[546] Botschafter Leifer stellt die bilaterale Beziehungen im wirtschaftlichen Bereich zwischen SFRJ und Österreich wie folgt dar: „[…] die Jugoslawen sind immer zu uns gekommen mit dem Ersuchen, ihnen zu helfen bei der Bankenkrise, bei ihren Aspirationen gegenüber dem Europarat, gegenüber der EFTA, und diese positive Rolle haben die Jugoslawen immer anerkannt."[547] Mit dem Ziel die jugoslawische Wirtschaft zu sanieren, wurde Belgrad auch internationale finanzielle Unterstützung gewährt. Am 17. April 1990 erhielt Jugoslawien von der Weltbank einen Strukturkredit über 400 Million US-Dollar, nachdem der

---

543 „Der Streit über den albanischsprachigen Unterricht hatte sich an der Entscheidung der serbischen Regierung entzündet, einheitliche Unterrichtspläne in serbischer Sprache für alle Schulen auf dem Territorium der Republik – also auch im Kosovo und in der Provinz Vojvodina – einzuführen". APA, 1. 10. 1991.
544 Schmidt, Menschenrechte, S. 190.
545 Zu Beziehungen zwischen Österreich und Jugoslawien siehe Otmar Höll (Hrsg.), Österreich-Jugoslawien. Determinanten und Perspektiven ihrer Beziehungen. Österreichisches Institut für Internationale Politik, Wien 1988; Neuhold, Hanspeter (Hrsg.), Grundsatzfragen der Außenpolitik Österreichs und Jugoslawiens. Informationen zur Weltpolitik 10, Österreichisches Institut für Internationale Politik, Wien1988; Arnold Suppan, Jugoslawien und Österreich 1918–1938. Bilaterale Außenpolitik im europäischen Umfeld, Wien 1996.
546 Die Quadrangulare umfasste Italien, Jugoslawien, Österreich und Ungarn.
547 Interview mit Paul Leifer, Wien, 29. 3. 2017.

4. Die österreichische Kosovopolitik der Jahre 1986-1994

Internationale Währungsfonds (IWF) einen Monat vorher einen Bestandkredit über 460 Million US-Dollar zugesagt hatte.[548]

Aus mehreren Gründen hatte und hat Österreich besonderes Interesse an der Stabilität auf dem Balkan und in Jugoslawien. Die Instabilität Jugoslawiens und der mögliche Konflikt zwischen den jugoslawischen Teilrepubliken hatten direkte Auswirkungen auf Österreich und auf die südosteuropäische Region. Albanien, Bulgarien, Rumänien und Ungarn waren zu dieser Zeit in der schwierigen Phase des Übergangs zur Demokratie und zu einem liberalen marktwirtschaftlichen System. Der Konflikt in Jugoslawien hatte für Österreich auch wirtschaftliche Schäden zur Folge. Jugoslawien war ein wichtiger Handelspartner Österreichs und ein möglicher Krieg würde die österreichischen Exporte negativ beeinflussen. Wegen der historischen Beziehungen und der geographischen Nähe war Österreich auch unmittelbar von den Flüchtlingsströmen betroffen. Die jugoslawische Föderation war ein beliebtes Urlaubsziel für Österreicher und die vielen Gastarbeiter aus Jugoslawien in Österreich haben die Beziehungen zwischen den beiden Ländern noch verstärkt.[549]

Aufgrund der geographischen Nähe und der intensiven historischen kulturellen Beziehungen verfügte Österreich, wie Alexis Wintoniak, Klubsekretär für Außen- und Europapolitik im ÖVP-Parlamentsklub, ausführt, auch über eine besondere Balkankompetenz:

> Für uns war es zentral, dass nach 1988, 1989, 1990 unsere Peripherie europäisiert wird, integriert wird und das war gegenüber der Tschechischen Republik, der Slowakischen Republik, Ungarn, Slowenien, Kroatien ganz klar und wir wussten auch, dass Jugoslawien nicht ein homogener Staat ist, dass ein Slowene, ein Kroate, ein Serbe, ein Kosovare, ein Mazedonier, ein Montenegriner unterschiedliche Geschichte, Kultur, Sprache haben.[550]

Am 25. Juni 1991 erklärten Kroatien und Slowenien ihre Unabhängigkeit. Einheiten der Jugoslawischen Volksarmee (JNA) begannen eine militärische Offensive gegen die Slowenen und später auch gegen Kroatien.[551] Angesichts der Kriegshandlungen zwischen der jugoslawischen und der slowenischen Armee an der Südgrenze Österreichs befürchtete die österreichische Regierung, dass die Kriege in Jugoslawien eine „Gefahr für die Sicherheit auch im übrigen Europa werden könnten".[552] Erstmals seit der Ungarnkrise 1956 und der Niederschlagung des Prager Frühlings 1968 wurden das österreichische Bundesheer und die österreichische Bevölkerung mit militärischen Auseinandersetzungen an

---

548 *Archiv der Gegenwart*, 16. und 17. 4. 1990, S. 34441.
549 Albert Rohan, Der Konflikt im ehemaligen Jugoslawien. Hintergründe, Reaktionen, Argumente, in: Österreichisches Jahrbuch für Internationale Politik 1993, S. 13; Dušan Nećak, Die österreichisch-jugoslawischen Beziehungen im 20. Jahrhundert, in: Oliver Rathkolb (Hrsg.), Außenansichten. Europäische (Be)Wertungen zur Geschichte Österreichs im 20. Jahrhundert, Innsbruck – Wien 2003, S. 198; Gerhard Jandl, Vielschichtige Nachbarschaft – Überlegungen zur außenpolitischen Option Österreichs im Bereich des ehemaligen Jugoslawien, in: Österreichischen Monatshefte 6-7, Wien 1996, S. 17; Kramer, Austrian Foreign Policy, p. 50.
550 Interview mit Alexis Wintoniak, Wien, 1. 3. 2017.
551 *Washington Post*, 14. 4. 1990.
552 Außenpolitischer Bericht 1991, S. 123.

A. Die österreichische Kosovopolitik im Rahmen der jugoslawischen Krisen (1986-1992)

den österreichischen Grenzen konfrontiert.[553] Österreich sah sich durch bewaffnete Auseinandersetzungen auf slowenischem Gebiet in unmittelbarer Grenznähe und mehrfache Verletzungen des österreichischen Luftraumes durch die Luftwaffe der Jugoslawischen Volksarmee herausgefordert.[554] Das österreichische Bundesheer wurde in Alarmbereitschaft versetzt.[555]

Nach Ausbruch des Krieges zwischen der jugoslawischen Volksarmee und der slowenischen Territorialverteidigung hat die österreichische Regierung im Rahmen des KSZE-Konfliktmechanismus von Belgrad verlangt, binnen 48 Stunden zu den „außergewöhnlichen militärischen Maßnahmen" Stellung zu nehmen, die von Wien als bedrohliche Aktivitäten bezeichnet wurden. Die Antwort Belgrads war dürftig, Österreich und die anderen Nachbarstaaten Jugoslawiens hätten keinen Grund zur Besorgnis.[556]

Außenminister Mock hatte sich seit der Übernahme des Außenministeriums im Herbst 1986 von der aktiven und globalen Außenpolitik Bruno Kreiskys abzugrenzen versucht. Dabei sprach er sich für eine „'realistische Neutralitätspolitik' und gegen ‚einseitige Parteinahmen, die weder einer klugen Neutralitätspolitik noch der Sache selbst nützlich sind'" aus.[557] Er legte seinen Fokus auf Europa und auf Nachbarschaftspolitik. Einer der engsten Mitarbeiter von Alois Mock, Albert Rohan, führt zum Engagement von Alois Mock in der Nachbarschaftspolitik insbesondere am Balkan aus: „Mock war mit Leib und Seele interessiert an zwei Dingen – an Mitteleuropa und am Balkan […]. Mock hat praktisch täglich neue Ideen gehabt, neue Vorschläge und wir mussten diese auf ihre Praktikabilität prüfen und umsetzen."[558]

Außenminister Mock gehörte zweifellos zu den wenigen europäischen Politikern, die die Entwicklungen in Jugoslawien mit besonderer Aufmerksamkeit und Sorge verfolgten. Angesichts der politischen Wende in Mittel-, Süd-, und Osteuropa, der problematischen Verhältnisse zwischen den Völkern in Jugoslawien, der wirtschaftlichen Probleme und des steigenden Nationalismus der serbischen Führung war es die Einschätzung von Alois Mock, dass die Bewahrung dieser Völker unter einer Zentralregierung unmöglich war.

---

553 „Es war vielleicht eine ähnliche Situation, nicht ganz so gefährlich, wie damals 1968 an der Nord-Grenze, wo der Warschauer Pakt interveniert hat und wo ja auch im Bereich der österreichischen Grenze hunderte tschechische Panzer eingeschlossen waren […]. Es war eigentlich klar, dass die, wie soll ich sagen, sezessionistischen Bestrebungen Sloweniens und Kroatiens insbesondere natürlich uns nicht verborgen geblieben sind und dass wir natürlich schon damit gerechnet haben, dass es zu Operationen der jugoslawischen Volksarmee in Kroatien und Slowenien kommen könnte mit einer gleichzeitigen Abriegelung der Grenze Richtung Österreich, also ein Ausweichen der Kräfte nach Norden zu unterbinden". Interview mit Christian Segur-Cabanac, Wien, 21. 7. 2017.

554 Zu den Ereignissen an der jugoslawischen Grenze siehe Christian Segur-Cabanac, Militärischer Sicherungseinsatz 1991. Schutz der Staatsgrenze gegenüber Jugoslawien, in: *Truppendienst 2/1992*, S. 167-177; Manfried Rauchensteiner, Entschlossenes Zuwarten. Österreich und das Werden Sloweniens 1991. Archiv für Vaterländische Geschichte und Topographie, Klagenfurt am Wörthersee 2011.

555 *Archiv der Gegenwart*, 18. 7. 1991, S. 35855.

556 Gehler, Österreichs Außenpolitik der Zweiten Republik, S. 703.

557 Kramer, Strukturentwicklung der österreichischen Außenpolitik, S. 829.

558 Interview mit Albert Rohan, Wien, 24. 2. 2017.

4. Die österreichische Kosovopolitik der Jahre 1986-1994

Mit Beginn der Jugoslawien-Krise schlug Außenminister Mock zum ersten Mal im Mai 1991 die Entsendung einer Friedenstruppe[559] vor und die Bildung eines internationalen Vermittlungsgremiums (Weisen-Rat) aus drei bis fünf europäischen Persönlichkeiten, die keine Regierungsfunktion ausüben, „jedoch über große politische Erfahrung und hohes internationales Ansehen verfügen".[560] Der Vorschlag von Außenminister Mock wurde von der jugoslawischen Zentralregierung und der serbischen Seite als Einmischung in die inneren Angelegenheiten Jugoslawiens abgelehnt.[561] „Mock meinte, drei oder vier erfahrene europäische Persönlichkeiten sollten sich in Jugoslawien für eine Fortsetzung des Dialogs zwischen den verfeindeten Lagern einsetzen."[562]

Vier Tage vor Beginn der militärischen Auseinandersetzungen in Slowenien besuchte der amerikanische Staatssekretär James Baker, der die Vorschläge von Außenminister Mock nicht unterstützte,[563] am 21. Juni 1991 Jugoslawien.[564] Nach den Gesprächen mit den Vertretern der Teilrepubliken, dem Ministerpräsidenten der Zentralregierung Markovic und den Führern der Kosovo-Albaner appellierte Baker[565] für den Erhalt der Einheit Jugoslawiens und bezeichnete die Schaffung eines Weisen-Rates als Einmischung in die inneren Angelegenheiten Jugoslawiens.[566] Sein Appell für die Aufrechterhaltung der Einheit Jugoslawiens wurde von Milošević „als grünes Licht für seine Politik" gedeutet.[567] Baker warnte Slowenien und Kroatien vor möglichen einseitigen Schritten und erklärte,[568] dass Washington sie nicht als unabhängige Staaten anerkennen würde. Baker stellte in Gesprächen mit Kučan und Tudjman klar, dass die amerikanische Regierung die Demokratisierung, die Reformen und den Dialog über eine neue Grundlage der jugo-

---

559 Bericht über ein Interview in der Sendung „Zeit im Bild" des ORF über die Situation in Jugoslawien, Wien, am 4. 5. 1991, in: BMAA (Hrsg.), Sonderdruck 1992, S. 125.
560 *Kurier*, 10. 6. 1991.
561 In einem Kommentar der jugoslawischen Nachrichtenagentur *Tanjug* wurde der Vorschlag Mocks einer Einsetzung eines Weisenrates kritisiert und als „Wiener Operette" bezeichnet: „Wien habe nach dem Verschwinden des ‚Eisernen Vorhangs' ohnehin seine Bedeutung als Brücke zwischen Ost und West verloren. Doch jetzt drohe ‚dem kleinen Land die Gefahr, in politische Vergessenheit zu geraten'". APA, 22. 5. 1991.
562 Bericht über den Vorschlag zur Schaffung eines „Weisen-Rates", Wien, am 6. Mai 1991, in: BMAA (Hrsg.), Sonderdruck 1992, S. 126. Die serbischen Medien bezeichneten den Mock-Vorschlag zur Gründung eines Weisen-Rates als ein „trojanisches Pferd". APA, 20. 5. 1991.
563 Europäische Staaten, die den Vorschlag von Mock unterstützt haben, waren Deutschland, Großbritannien, Italien, Spanien und Luxemburg.
564 Warren Zimmermann, The last ambassador: a memoir of the collapse of Yugoslavia, in: *Foreign Affairs* 74 (1995), Nr. 2, pp. 2-22.
565 Zu weiteren Details siehe James A. Baker III, The Politics of Diplomacy. Revolution, War and Peace 1989-1992, New York 1995, S. 470-486.
566 Außenpolitischer Bericht 1991, S. 127.
567 Leifer, Die Jugoslawen hatten ein Interesse daran, S. 280.
568 Baker erklärte die Haltung der amerikanischen Regierung für den Erhalt der jugoslawischen Einheit folgendermassen: „Instability and break-up of Yugoslavia, we think, could have some very tragic consequences, not only here, but more broadly, in Europe, as well". USDoSD, 1. July 1991, S. 468.

A. Die österreichische Kosovopolitik im Rahmen der jugoslawischen Krisen (1986-1992)

slawischen Föderation unterstützen wird. Gleichzeitig warnte Baker die serbische bzw. jugoslawische Führung vor militärischer Gewaltanwendung.[569]

Nach der Vertiefung der Krise bzw. mit dem Ausbruch des Krieges in Slowenien wurde ein ähnliches Vermittlungsforum – wie Mock vorgeschlagen hatte – gegründet, nämlich die „EG-Troika"-Mission der EG-Außenminister bestehend aus dem Italiener de Michelis, dem Luxemburger Poos und dem Holländer Van der Broek. Die EG-Troika reiste am Abend des 28. Juni 1991 nach Belgrad zu Gesprächen mit den Vertretern der jugoslawischen Bundesregierung sowie mit den Präsidenten Kučan und Tudjman. Der österreichische Bundespräsident Kurt Waldheim unterstützte den Vorschlag von Außenminister Mock: „Die Mission der EG-Troika resultierte aus den eindringlichen Warnungen Österreichs vor den Entwicklungen in Jugoslawien."[570] In der Zeit, als die amerikanische Regierung zurückhaltend war, als damals Baker erklärt hatte: „We do not have a dog in that fight",[571] übernahmen die Europäer die Führungsrolle in den internationalen Vermittlungsbemühungen.

Nach diplomatischem Druck und Verhandlungsinitiativen der EG-Troika wurde die militärische Auseinandersetzung – der „Zehn-Tage-Krieg" – durch den Waffenstillstand in Slowenien vom 3. Juli und durch das Abkommen von Brioni vom 7. und 8. Juli, beendet.[572] Die Vereinbarung sah vor, dass sich die Einheiten der JNA aus Slowenien – unter EG-Überwachung – zurückziehen würden, sowie eine dreimonatige Suspension der Unabhängigkeitserklärung Sloweniens und Kroatiens. Die Intervention der EG-Troika – wie beim ersten Auftreten in Belgrad am 29. Juni und in Brioni – richtete sich auf den Erhalt Jugoslawiens und gegen die Unabhängigkeitsbestrebungen Sloweniens und Kroatiens. Die EG-Troika erreichte am 15. Juli, dass sich die JNA aus Slowenien zurückzogen, konnte aber nicht verhindern, dass der Krieg in Kroatien ausbrach. Nach Vizekanzler Busek[573] machte die EG „sehr viel Lärm, sehr viel Stellungnahmen, aber" das war „de-facto vor Ort kein großer Einfluss".[574]

4.7. EG-Friedenskonferenz zur Neuordnung Jugoslawiens und das Kosovo-Problem

Die militärischen Auseinandersetzungen an der österreichischen Grenze waren ein großes Problem für die österreichische Sicherheit. Die österreichische Regierung, von diesen Ereignissen alarmiert, versuchte die Aufmerksamkeit der internationalen Gemeinschaft

---

569 *Archiv der Gegenwart*, 1. 7. 1991, S. 35798.
570 *Vorarlberger Nachrichten*, 25. 7. 1991.
571 George F. Will, A Dog In That Fight?, in: *Newsweek*, 6. 11. 1995.
572 Joint Declaration of the EC Troika and the Parties directly concerned with the Yugoslav Crisis, the So-Called „Brioni Accord", Brioni, 7 July 1991, in: Europe Documents No. 1725 of 16 July 1991.
573 Von 1989 bis 1994 war Busek Bundesminister für Wissenschaft und Forschung, von 1991 bis 1995 Vizekanzler und Bundesparteiobmann der ÖVP.
574 Interview mit Erhard Busek, Wien, 31. 1. 2017.

auf Jugoslawien zu lenken. In Kooperation mit anderen europäischen Staaten, vor allem mit Deutschland, unternahm Österreich Bemühungen, um die Ausbreitung des Krieges zu verhindern.[575]

Am 7. September 1991 lud die EG die Vertreter aller Teilrepubliken zur Friedenskonferenz in Den Haag unter der Führung von Lord Peter Carrington[576] (September-Dezember 1991) ein, ohne die Kosovo-Albaner. Die serbische Regierung „hatte sich im Vorfeld erfolgreich gegen die Teilnahme von Vertretern der autonomen Provinzen verwahrt".[577] Die Einberufung Lord Carringtons als Vorsitzender der Friedenskonferenz für Jugoslawien war nichts anderes als eine verspätete Form einer Friedenskonferenz, die Mock schon im Mai 1991 vorgeschlagen hatte. Für Albert Rohan: „Nicht nur die Troika, sondern auch Lord Carrington, der nichts anderes war als ein Ein-Mann-Weisenrat, aber es war die gleiche Idee, dass das von innen nicht friedlich gelöst werden kann, daher muss von außen Hilfe kommen. Das war die Mock'sche Idee."[578]

Als „Vorreiter des Kampfes für die Menschenrechte"[579] hat Österreich das Kosovo-Problem vor die EG gebracht, mit der Absicht, dass die Kosovo-Albaner bei der bevorstehenden EG-Tagung zu Jugoslawien eingebunden werden sollten, hatte aber mit dieser Initiative keinen Erfolg. Die Entscheidung seitens der EG, die Vertreter der autonomen Provinzen nicht einzuladen, „was not a formality, but a preliminary political decision of great importance".[580] Der deutsche Diplomat Geert-Hinrich Ahrens listete folgende Gründe dafür auf, dass die kosovo-albanischen Vertreter nicht eingeladen worden waren: Das Ziel der Friedenskonferenz wäre vor allem, sich mit den Kriegen in Slowenien und Kroatien zu beschäftigen und nicht mit dem Kosovo. Obwohl die Lage im Kosovo sich verschlechterte, hätte die Situation dort nicht, wie in Slowenien und Kroatien, die regionale Sicherheit gefährdet, sodass das Interesse der internationalen Gemeinschaft für den Kosovo sehr begrenzt war. Ein anderer Grund war auch, dass nach 1989 Kosovo nur von den Serben regiert wurde, sodass, wenn die EG die beiden autonomen Provinzen eingeladen hätte, sie wieder von den Serben vertreten (oder von den wenigen Albanern, die die Politik von Milošević vertreten haben) wären, da sie die reale Macht hatten. In der Tat genoss Rugova zwar die Sympathie der Kosovo-Albaner, aber es fehlte ihm die internationale Legitimität.[581]

---

575 Österreich unterstützte eine deutsche Initiative für einen friedlichen Dialog und einen Waffenstillstand, die im Rahmen des KSZE Dringlichkeitsmechanismus für den 8. August nach Prag einberufen worden. Dort wurde auch die Frage eines Blauhelm-Einsatzes im Rahmen der KSZE oder EG erörtert. Hans-Dietrich Genscher, Erinnerungen, Berlin 1999, S. 945.
576 Die EG-Friedenskonferenz fand vom 12. September 1991 bis 14. August 1992 in Form von dreizehn Tagungen statt, wobei die ersten acht Tagungen bis 5. November in Den Haag abgehalten, während die fünf anderen zwischen 9. Jänner und 14. August 1992 in Brüssel durchgeführt wurden. Geert-Hinrich Ahrens, Diplomacy on the Edge: Containment of Ethnic Conflict and the Minorities Working Group of the Conferences on Yugoslavia, Maryland 2007, S. 46.
577 Michael Dammann, Internationale Bearbeitung des Kosovokonflikts 1990-1999. Trierer Arbeitspapiere zur Internationalen Politik Universität. Trier 2000, S. 25.
578 Interview mit Albert Rohan, Wien, 24. 2. 2017.
579 *APA*, 5. 9. 1991.
580 Ahrens, Diplomacy on the Edge, S. 315.
581 Ebd., S. 316.

A. Die österreichische Kosovopolitik im Rahmen der jugoslawischen Krisen (1986-1992)

Im Zuge der EG-Friedenskonferenz in Den Haag verlangte der außenpolitische Sprecher der ÖVP im Parlament, Andreas Khol, bei einer Pressekonferenz in Wien am 5. September 1991, dass auch die politische Lage im Kosovo zur Sprache kommen solle: „Die Lösung der Kosovo-Frage ist essentiell für das Zustandekommen eines dauerhaften Friedens in Jugoslawien"[582] und „Voraussetzung für einen Frieden in Jugoslawien".[583] Khol gab auch bekannt, dass die ÖVP die Kosovo-Frage beim Parteiführertreffen der Europäischen Demokratischen Union (EDU) auf die Tagesordnung bringen werde. Für Khol war die Berücksichtigung der Anerkennung Sloweniens und Kroatiens nur ein Teil der Krise. Den anderen Teil der Krise stellte die Kosovo-Frage dar. „Bei diesen Verhandlungen sei nach dem Waffenstillstand die Wiederherstellung normaler Zustände im Kosovo vordringlich" erklärte Khol.[584]

Der Konventionsentwurf vom 23. Oktober von Lord Carrington beinhaltete noch die Bestimmungen, „dass die Republiken die für autonome Provinzen geltenden Bestimmungen von 1990 wieder anwenden sollten; dies bezog sich auf die Wiederherstellung der durch Serbien beseitigten Autonomie in der Vojvodina und Kosovo".[585] Bei dem neuen Konventionsentwurf von 4. November fehlte diese Vorschrift, was ein Ergebnis der serbischen Diplomatie war. Die Änderung des Standpunktes zur Vojvodina und zum Kosovo sieht Genscher in seinen Erinnerungen wie folgt: „Die von uns nicht gebilligte Auslassung im Entwurf war ein falsches Signal."[586]

In den umfassenden Plänen zur Neuordnung Jugoslawiens, die von Lord Carrington[587] vorgelegt wurden, wobei es viel Raum für Menschen- und Minderheitsrechte gab, wurde der Kosovo (sowie die Rechte von Ungarn in Serbien) nicht einmal erwähnt, im Gegensatz zu den Rechten der Serben in Kroatien. Die österreichische Diplomatie versuchte „Lord Carrington auf die Explosivität der Situation in Kosovo hinzuweisen und darauf zu drängen, dass die Friedenskonferenz möglichst rasch eine Lösung des Kosovo-Problems unter Teilnahme legitimer Vertreter des Kosovo in Angriff nimmt", aber die „Antwort Lord Carringtons war ausweichend".[588]

Die slowenische Delegation hatte bei der Konferenz verlangt, dass die Rechte von Kosovo-Albanern in einem besonderen Statut festgeschrieben werden. Die serbische Delegation lehnte dies ab, da sie die Kosovo-Frage als Minderheitsproblem und innere Angelegenheit Serbiens betrachteten. Um die Friedenskonferenz zu retten und Miloševićs Annahme des Abkommens zu gewährleisten, machte Lord Carrington Konzessionen auf Kosten der Kosovo-Albaner.[589]

---

582 *Die Presse*, 6. 9. 1991, S. 2.
583 *APA*, 5. 9. 1991.
584 *APA*, 2. 9. 1991.
585 Genscher, Erinnerungen, S. 956.
586 Ebd.
587 Lord Carrington hatte zwischen September und November 1991 vierzehn Waffenstillstandsabkommen vermittelt, aber keines dieser Abkommen hatte Bestand. *Die Zeit*, 25. 6. 1993.
588 ÖStA, AdR, BMAA, GZ. 101.03.01/4-II.3/92, Kosovo-Arbeitsgruppe. Für HBM – Kosovo-Aktion-follow up, vom 10. Juli 1992, Wien.
589 Peter Hort, Europas Außenpolitik – ein Fernziel, in: *Europa-Archiv 1991*, S. 577; Meier, Wie Jugoslawien verspielt wurde, S. 412; Richard Caplan, Europe and the Recognition of New States in Yugoslavia, Cambridge 2005, S. 139; Michael Libal, Limits of Persuasion: Germany

4. Die österreichische Kosovopolitik der Jahre 1986-1994

Anfang September 1991 installierte die EG während der Friedenskonferenz eine Kommission, die zum Ziel hatte, „im Rahmen der Konferenz auch eine Schiedskommission einzurichten" – unter der Leitung des französischen Verfassungsrichters Robert Badinter.[590] Die Badinter-Kommission stellte in ihrem ersten Gutachten fest, dass sich die Bundesrepublik Jugoslawien „im Prozess der Auflösung" befinde, während die Bundesorgane „no longer meet the criteria of participation and representativeness inherent in a federal state".[591]

Die Badinter-Kommission bekräftigte, „dass nämlich das Recht auf Selbstbestimmung nicht mit einer einseitigen Veränderung bestehender Grenzen verbunden werden darf: the right of self-determination must not involve changes to existing frontiers at the time of independence (*uti possidetis juris*) except where the states concerned agree otherwise".[592] In der Begründung verwies die Kommission auf die in Bosnien-Herzegowina, Kroatien, Mazedonien und Slowenien erfolgten Willensäußerungen betreffend die Erlangung der Unabhängigkeit und dass den Republiken die Beachtung der Menschenrechte sowie der Rechte der Völker und Minderheiten obliege.[593] Durch dieses Gutachten wurden Kosovo und Vojvodina nicht als föderale und konstituierende Einheiten betrachtet, sodass beide ehemaligen Provinzen bei dem entscheidenden EG-Außenministertreffen am 15./16. Dezember 1991 über Anerkennungen nicht behandelt wurden, obgleich laut Verfassung von 1974 sich die BR Jugoslawien nicht aus sechs, sondern aus acht konstitutiven Einheiten zusammensetzte, die auch ein Vetorecht bei der Gesetzgebung und beim Rotationsverfahren fürs Amt des jugoslawischen Staatspräsidenten hatten. „Das war nicht etwa ein Fehler in der juristischen Begutachtung. Die Kommission hatte von Vornherein nur die Aufgabe, die Verhältnisse in den sechs Republiken zu prüfen."[594] Für den deutschen Historiker Holm Sundhaussen war das Selbstbestimmungsrecht der Völker nach Auffassung der Badinter-Kommission „insofern eingeschränkt, als es sich nicht auf jede nationale Minderheit oder auf alle Siedlungsgebiete einer Nation (über bestehende Grenzen hinweg) bezog".[595]

Bei der Vorbereitung des EG-Außenministertreffens am 15./16. Dezember 1991 wurde ein gemeinsamer Entwurf über Anerkennungskriterien ausgearbeitet.[596] Die EG-Außen-

---

and the Yugoslav Crisis 1991-1992, Westport 1997, S. 29; Stefan Troebst, The Kosovo War, Round One: 1998, in: *Südosteuropa* 48 (1999), Nr. 3-4, S. 156-190.

590 Erklärung anlässlich der feierlichen Eröffnung der Konferenz über Jugoslawien in den Haag am 7. September 1991, in: *Europa-Archiv*, 46. Jahr (1991), D 547.

591 Opinion, 29 November 1991, No. 1, in: B. G. Ramcharan, The International Conference on the Former Yugoslavia. Official Papers, Volume 1. Kluwer Law International, The Hague – London – Boston 1997, S. 1259-1261.

592 Holm Sundhaussen, Jugoslawien und seine Nachfolgestaaten 1943–2011. Eine ungewöhnliche Geschichte des Gewöhnlichen, Wien 2012, S. 317.

593 ÖStA, AdR, BMAA, GZ. 101.03.00/65-II.3/92, Bisherige Tätigkeit der Schiedskommission der Friedenskonferenz für Jugoslawien; Information der Bundesregierung, mündlicher, schriftlich aufliegender Vortrag an den Ministerrat, Jänner 1992, Wien.

594 Jens Reuter, Die Kosovo-Politik der internationalen Gemeinschaft in den neunziger Jahren, in: Jens Reuter/Konrad Clewing (Hrsg.), Der Kosovo-Konflikt. Ursachen, Verlauf, Perspektive, Klagenfurt 2000, S. 321.

595 Sundhaussen, Jugoslawien und seine Nachfolgestaaten, S. 318.

596 Die EG-Richtlinien von 16. Dezember bei der außerordentlichen EG-Ministerratssitzung zur

A. Die österreichische Kosovopolitik im Rahmen der jugoslawischen Krisen (1986-1992)

minister haben im Hinblick auf die Anerkennung neuer Staaten in Osteuropa, der Sowjetunion und in Jugoslawien ein Paket von Bedingungen aufgestellt, wie die Respektierung von Menschen- und Minderheitenrechten sowie der Unverletzlichkeit der Grenzen.[597]

Die Kosovo-Albaner, die die Aufnahme Sloweniens und Kroatiens in die internationale Staatengemeinschaft analysierten, waren zunehmend besorgt, dass sie zugunsten von Ljubljana und Zagreb geopfert würden.[598] Am 21. Dezember sandten der Ministerpräsidenten der Republik Kosova, Bujar Bukoshi, und der Vorsitzende der Versammlung der Republik Kosova, Ilaz Ramajli, ein Schreiben an den Vorsitzenden der EG-Friedenskonferenz Lord Carrington und die zwölf EG-Außenminister, mit der Bitte um die formelle Anerkennung des Kosovo als souveränen und unabhängigen Staat.[599] Einen Tag später sandte Rugova – in seiner Eigenschaft als Präsident des Koordinationsrates der albanischen politischen Parteien in Jugoslawien – ein Schreiben an Lord Carrington zur Lösung der albanischen Frage und zur aktuellen Lage in Jugoslawien auf der Basis des Rechtes jedes Volkes auf Selbstbestimmung.[600] Beide Forderungen fanden aber keine internationale Unterstützung.[601]

4.8. Österreichische Außenpolitik der zwei Geschwindigkeiten gegenüber der jugoslawischen Krise

In der Vertiefung der jugoslawischen Krise versuchte Österreich kriegerische Auseinandersetzungen zwischen den Völkern zu verhindern und zur Wahrung des Friedens, der Sicherheit und Demokratie in der Region beizutragen. Um dies zu erreichen, betrieb die österreichische Diplomatie nicht nur die Internationalisierung der Krise, sondern vertrat bei den internationalen Organisationen die Prinzipien der „traditionell aktiven Mit-

---

Anerkennung der jugoslawischen Teilrepubliken („Erklärung zu Jugoslawien") warwn im Einklang mit dem Staatswerdungsprozess in Osteuropa („Erklärung zu den Richtlinien für die Anerkennung neuer Staaten in Osteuropa und in der Sowjetunion"). European Political Cooperation, Press Release, P.128/91; European Political Cooperation, Press Release, P. 129/91.

597 Die griechische Position bezüglich der Anerkennung der jugoslawischen Republik Mazedonien in der EG wurde insofern akzeptiert, dass Mazedonien keine territorialen Ansprüche gegenüber einem Nachbarland (gemeint ist Griechenland) haben soll sowie der Name Mazedonien nicht verwendet werden dürfe, da dieser von Griechenland nicht akzeptiert wird.

598 Bosnien-Herzegowina und Mazedonien machten immer mehr deutlich, dass sie auch eine völkerrechtliche Anerkennung durch die EG beantragen wollen. Der mazedonische Präsident Kiro Gligorov hatte bereits erklärt, dass ein mögliches Verbleiben in einem föderativen Restjugoslawien völlig indiskutabel sei.

599 Schreiben des Ministerpräsidenten der Republik Kosova Bujar Bukoshi an den Vorsitzenden der Jugoslawien-Konferenz Lord Carrington und die zwölf Außenminister der Europäischen Gemeinschaft vom 21. Dezember 1991, in: ebd., Kosovo: Gordischer Knoten des Balkan, Wien – Zürich 1992, Anhang 1.

600 Schreiben von Rugova an Lord Carrington vom 22. Dezember 1991, in: Wolfgang Libal/Christine von Kohl, Kosovo: Gordischer Knoten des Balkan, Anhang 2.

601 Susan L. Woodward, Balkan Tragedy. Chaos and dissolution after the Cold War. The Brookings Institution, Washington, D.C 1995, S. 210.

arbeit Österreichs".[602] Um die Beilegung der Jugoslawien-Krise zu internationalisieren, unternahm Österreich weitere diplomatische Aktivitäten als nicht-ständiges Mitglied des UN-Sicherheitsrates (März 1991-Mai 1992). Der österreichische UN-Botschafter, Peter Hohenfellner, hatte den Auftrag von Außenminister Mock erhalten, eine dringliche UN-Sicherheitssitzung zur Jugoslawien-Krise zu beantragen. Am 7. August 1991 lenkte Österreich als erster Staat die Aufmerksamkeit des UN-Sicherheitsrates auf die Lage in Jugoslawien und am 19. September stellte es einen Antrag auf dringende Behandlung der Krise wegen Gefährdung des Friedens und der Sicherheit in der Region.[603] Als Resultat dieser Initiative wurde der Sicherheitsrat auf der Außenministerebene am 25. September einberufen und beschloss die erste Resolution des UN-Sicherheitsrates über Jugoslawien (Waffenembargoresolution 713). Die nachbarschaftliche Kompetenz Österreichs wäre wahrscheinlich nicht weltweit anerkannt worden, „wäre Österreich nicht Mitglied des Sicherheitsrates gewesen, hätte so eine Sitzung vielleicht gar nicht stattgefunden".[604] Der österreichische Diplomat Gerhard Jandl, der Mitglied der österreichischen Sicherheitsratsdelegation in New York war, schrieb: „es gab fast niemanden, der die Anrufung des Sicherheitsrates wegen Jugoslawien für eine gute Idee hielt."[605]

Jugoslawien hatte als eines der UN-Gründungsmitglieder ein großes internationales Prestige und auch aufgrund seiner Rolle und Führungsmacht der Blockfreien-Bewegung (bis September 1991 war es Vorsitzland der Blockfreien-Bewegung). Insbesondere bei den Staaten der Dritten Welt, zu denen Jugoslawien gute Kontakte hatte und bei denen es große Sympathie genossen hat, und aufgrund der möglichen Ängste vor Domino-Effekten der Unabhängigkeitserklärungen von Slowenien und Kroatien und den folgenden Grenzänderungen, sowie die erfolgreiche Rhetorik der jugoslawischen bzw. serbischen Führung bezüglich ihrer Rolle in den beiden Weltkriegen, war es für die österreichische Delegation schwer, die UN-Institutionen mit der jugoslawischen Frage zu befassen. Jandl schreibt, manche EU-Mitgliedstaaten, die eine andere Jugoslawienpolitik als Österreich verfolgten, „wurden auch nicht müde, die zufällige gleichzeitige Mitgliedschaft Österreichs und Ungarns im Sicherheitsrat dazu zu nutzen, gegen unsere Initiativen und Vorschläge als ‚österreichisch-ungarische Balkanpolitik im Geiste vom 1878' zu ätzen".[606] Österreichs Forderungen nach einer Dringlichkeitssitzung bekamen aber internationale Unterstützung vor allem aus Kanada und Australien. Durch diese weltweite Resonanz herrschte weitgehende Übereinstimmung darüber, dass die Jugoslawien-Krise keine „in-

---

602 Alois Mock, Die Haltung Österreichs in der Balkankrise und die Beziehungen zu den Nachfolgestaaten auf dem Gebiet des ehemaligen Jugoslawien, in: Andreas Khol/Günther Ofner/Alfred Stirnemann (Hrsg.), Österreichisches Jahrbuch für Politik 1993, Wien 1994, S. 113.
603 BMAA (Hrsg.) (1993), Österreichische Mitgliedschaft im Sicherheitsrat, Bericht 1991-1992, Wien, S. 15.
604 Jandl, Österreichs Rolle im Kosovo-Konflikt, S. 59.
605 Ebd., S. 58. Mehr dazu siehe Gerhard Jandl, Österreichs Mitgliedschaft im Sicherheitsrat 1991/1992: Ein Erfahrungsbericht, in: Jodok Troy (Hrsg.), Im Dienst der internationalen Gemeinschaft – Österreich in den Vereinten Nationen, Innsbruck 2013, S. 23-33; Helmut Freudenschuss, Von der Neutralitäts- zur Solidaritätspolitik? — Österreich im Sicherheitsrat der Vereinten Nationen 1991/92 — Versuch einer Bilanz, in: *International* 2-3 (1993), S. 25-31.
606 Jandl, Von Sarajewo nach Dayton, S. 35.

A. Die österreichische Kosovopolitik im Rahmen der jugoslawischen Krisen (1986-1992)

nere Angelegenheit" mehr war, sondern es handle sich um eine echte Gefahr des Friedens und der Stabilität.[607]

Gegenüber der Entwicklung in Jugoslawien wurde die österreichische Bundesregierung „mit zwei Geschwindigkeiten gefahren".[608] In seinen Erinnerungen schreibt Bundeskanzler Vranitzky, dass Österreich „zwei verschiedene Außenpolitiken"[609] verfolgte und zwar eine des Bundeskanzlers und eine des Außenministers. Außenminister Mock plädierte für einen friedlichen Übergang zur Demokratie in den jugoslawischen Teilrepubliken, wobei die Anwendung des Selbstbestimmungsrechtes friedlich erfolgen und die Rechte aller Volksgruppen garantierten werden müssten.[610] Bundeskanzler Vranitzky nahm eine zurückhaltende Haltung im Jugoslawien-Konflikt ein und betonte das Prinzip der Nichteinmischung in die inneren jugoslawischen Angelegenheiten,[611] während Außenminister Mock, aufgrund des brutalen Vorgehens der serbischen Politik, ein aktives Engagement verfolgte und auch andere europäische Staaten hierfür zu überzeugen versuchte. „Die Zeit ist vorbei, mit Appellen zur Gewaltlosigkeit etwas zu erreichen. Man muss handeln, um einen Bürgerkrieg zu vermeiden, der Auswirkungen auf ganz Europa hätte."[612] Vranitzky lehnte einen Alleingang Österreichs ab und vertrat die Ansicht, dass sich Österreich das Instrument der Anerkennung vorbehalten und erst dann anwenden solle, wenn auch eine Reihe von anderen Staaten sich zu einer Anerkennung bekannt hätten.[613]

Die Anerkennungsfrage Sloweniens und Kroatiens wurde ein Dauerthema in der österreichischen Politik, für die Bundesregierung erwuchs daraus sogar ein Koalitionsstreit. Für Vranitzky war die Anerkennung Sloweniens und Kroatiens eine Option, aber „diese kann im Gleichschritt mit anderen Staaten realisiert werden".[614] Am 3. September 1991 präsentierte Mock im Ministerrat den Antrag auf Anerkennung Sloweniens und Kroatiens.[615] Er bekräftigte seine Initiative mit der Begründung, dass Österreich eine „moralische Verpflichtung" habe.[616] Mock deklarierte, dass man Kroatien nicht im Stich lassen könne, wie es mit Österreich 1938 beim Einmarsch deutscher Truppen geschehen sei.[617]

---

607 *Kurier*, 21. 9. 1991, S. 3.
608 Kroner 1992, S. 52, zit. n. Klaus Peter Zeitler, Deutschlands Rolle bei der völkerrechtlichen Anerkennung der Republik Kroatien unter besonderer Berücksichtigung des deutschen Außenministers Genscher, Marburg 2000, S. 109.
609 Vranitzky, Politische Erinnerungen, S. 360.
610 Helmut Wohnout (Hrsg.), Vom Durchschneiden des Eisernen Vorhangs bis zur Anerkennung Sloweniens und Kroatiens. Österreichs Außenminister Alois Mock und die europäische Umbrüche 1989-1992, in: Andrea Brati/Michael Gehler (Hrsg.), Grenzöffnung 1989. Innen- und Außenperspektiven und die Folgen für Österreich, Wien – Köln – Weimar 2014, S. 203.
611 *Archiv der Gegenwart*, 26. 5. 1991, S. 35676.
612 Mock, Das Balkan-Dossier, S. 72.
613 *Kurier*, 4. 9. 1991, S. 5.
614 *Die Presse*, 7. 8. 1991, S. 4.
615 Der Nationalrat verabschiedete drei Entschließungen (die erste am 8. Juli 1991, die zweite am 17. September 1991 und die dritte am 5. Dezember 1991), in denen die Bundesregierung ersucht wird, die Unabhängigkeit Sloweniens und Kroatiens anzuerkennen. Im Einklang damit forderten auch die Landeshauptmänner bei ihrer Konferenz am 29. November 1991 eine rasche Anerkennung Sloweniens und Kroatiens.
616 *Kärntner Tageszeitung*, 5. 9. 1991.
617 *Kurier*, 18. 9. 1991, S. 2.

4. Die österreichische Kosovopolitik der Jahre 1986–1994

Bundespräsident Kurt Waldheim erklärte, dass der „Zeitpunkt für möglichst rasche Anerkennung Sloweniens und Kroatiens durch Österreich gekommen" sei.[618] Waldheim unterstützte keinen Alleingang Österreichs, sondern versuchte, dass „Österreich als Mahner gegenüber jenen auftritt, die diesen Schritt noch verzögern".[619] Am 5. Dezember hatte der österreichische Nationalrat die Bundesregierung aufgefordert, die Anerkennung Sloweniens und Kroatiens vorzunehmen und „darüber im Lichte der Beschlüsse des UN-Sicherheitsrates und des diesbezüglichen Zeitplanes anderer europäischen Staates in einer Sitzung des Ministerrates so schnell wie möglich zu entscheiden".[620] Die österreichische Bundesregierung beschloss am 10. Dezember, dass „Österreich die Republiken Slowenien und Kroatien völkerrechtlich anerkennen wird, wenn dies im Einklang mit dem diesbezüglichen Zeitplan anderer europäischen Staaten steht."[621]

Am 16./17. Dezember, in einer Sondersitzung der EG-Außenminister in Brüssel, einigten sich die EG-Mitgliedsstaaten nach langen Beratungen, die Unabhängigkeit aller jugoslawischen Republiken, die die staatlichen Kriterien erfüllen, anzuerkennen.[622] Alle jugoslawischen Republiken sollen bis 23. Dezember ihren Wunsch nach Anerkennung bei der EG stellen.[623] Aufgrund der fehlenden Einigung bei den EG-Mitgliedsstaaten wurde von den EG-Außenministern vereinbart, dass die getroffene Entscheidung am 15. Jänner 1992 durchgeführt wird. An gleichem Tag anerkannte Österreich Slowenien und Kroatien.

Die deutsche und österreichische Außenpolitik wurde wiederholt für die „vorzeitige" und „verfrühte" Anerkennung der nördlichen Republiken Jugoslawiens kritisiert.[624] Seitens der französischen Regierung wurde die österreichische Außenpolitik „in hohem Masse dafür verantwortlich" gemacht, „dass es zum Krieg in Jugoslawien gekommen

---

618 *Kurier*, 9. 12. 1991, S. 2.
619 *Der Standard*, 9. 12. 1991, S. 5.
620 Sten. Prot. NR, XVIII. GP, 49. Sitzung, 5. Dezember 1991, S. 4905, S. 4977.
621 Außenpolitischer Bericht 1991, S. 130.
622 Der deutsche Kanzler Helmut Kohl reagierte auf der EG-Beschluss wie folgt: „Das ist eine große Erleichterung, ein großer Erfolg für uns, für die deutsche Politik und für Europa". Kurier, 18. 12. 1991, S. 3.
623 Der britische Außenminister Douglas Hurd verkündete nach seiner Reise in London, wie schwierig der Kompromiss zwischen den EG-Mitgliedsstaaten zu finden war: „Es gibt eine Tradition der westeuropäischen Staaten, sich in Rivalität über diesen Balkan zu zerstreiten, und das endet bisher im Krieg. Ich glaube, diese Tradition ist keine gute. Besser, wir besprechen die Angelegenheit am Konferenztisch als schon wieder auf einem Schlachtfeld". Profil, Nr. 1, 30. 12. 1991, S. 54.
624 Gerhard Jandl, Zur Bedeutung des Balkans für die österreichische Außenpolitik, in: Wiener *Blätter zur Friedensforschung* 160 (2014), Wien, S. 9; Wolfgang Petritsch, Herbst in Bosnien-Herzegowina. Erfahrungen und Perspektiven, in: *Europäische Rundschau* 43 (2015), Nr. 4, S. 25; Manfried Rauchensteiner, Unter Beobachtung. Österreich seit 1918, Wien 2017, S. 440; Mocks Nachfolger als Außenminister, Wolfgang Schüssel, sagte, „Das haben […] Mock und Hans-Dietrich Genscher als Erste gespürt und daher eine sehr proaktive Politik geformt, die in Europa zunächst nicht konsensfähig war". Wolfgang Schüssel, Er hat sehr früh die Zeichen der Zeit erkannt, in: Alois Mock. Visionen im Spiegel der Zeit. Alois Mock Institut – Forum für Zukunftsfragen, Bad Traunstein 2014, S. 39.

B. Vorreiterrolle Österreichs in der Kosovopolitik (1990-1994)

ist".⁶²⁵ Albert Rohan⁶²⁶ vertritt hier eine gegensätzliche Meinung. Anstatt die Unabhängigkeitserklärungen Sloweniens und Kroatiens sofort anzuerkennen und zu internationalisieren sowie Belgrads gewaltsames Vorgehen gegen Ljubljana und Zagreb nicht zu akzeptieren, „vermittelte die Staatengemeinschaft durch ihre Haltung in Belgrad den sicheren Eindruck, dass sie die unter dem Deckmantel einer Verteidigung des alten jugoslawischen Staates durchgeführte großserbische Expansion tolerieren werde."⁶²⁷

Nicht nur auf der diplomatischen Ebene zeigte Österreich starkes Engagement. Auf der humanitären Ebene war Österreich eine der aktiven europäischen Staaten. Als unmittelbarer Nachbar war Österreich seit dem Beginn der kriegerischen jugoslawischen Auseinandersetzungen von den Flüchtlings- und Asylwerberströmen betroffen. Ende 1993 hielten sich ca. 70.000 Flüchtlinge aus dem Kriegsgebiet in Österreich auf. Über 40.000 Flüchtlinge waren in Betreuung von Bund und Ländern, etwa 30.000 Personen waren bei Verwandten und Bekannten untergebracht (weder vom Bund noch von den Ländern finanziell unterstützt) und 1.400 Asylwerber befanden sich in Bundesbetreuung. Von 1991 bis Ende 1993 leisteten Bund, Länder und die österreichische Bevölkerung direkt rund 3,3 Milliarden Schilling an humanitärer Hilfe zugunsten der Kriegsopfer.⁶²⁸ Die österreichischen Bürger reagierten mit einer starken Hilfswelle, wobei durch die Aktion „Nachbar im Not" Rekordsummen an Spenden gesammelt wurden.⁶²⁹

B. Vorreiterrolle Österreichs in der Kosovopolitik (1990-1994)

4.9. Österreichs Rolle in der Kosovopolitik und sein zunehmendes Engagement

Österreich gehörte nach 1987 zu den europäischen Staaten, die am stärksten die politische Führung des Kosovo unterstützt und „die Sprengkraft des Kosovo-Problems zu einem früheren Zeitpunkt international zur Sprache gebracht" haben.⁶³⁰ Die österreichische Außenpolitik unternahm zahlreiche Initiativen zur Internationalisierung des Kosovo-Problems. Die Intensität der außenpolitischen Aktivitäten Österreichs nach der Verschärfung der politischen und wirtschaftlichen Lage im Kosovo zeigte sich in zahlreichen außenpolitischen Maßnahmen auf Ebene der Bundesregierung, auf Ebene des Nationalrates, in

---

625 ÖStA, AdR, BMAA, GZ. 101.03.00/244-II.6/92, Französische Kritik an der österr. Jugoslawien-Politik, vom 3. Juli 1992, Wien.
626 Rohan war zwischen 1990 bis 1995 Leiter der Abteilung für Zentral-, Ost- und Südosteuropa und von 1995 bis 2001 Generalsekretär im BMEIA.
627 Rohan, Diplomat am Rande der Weltpolitik, S. 171.
628 Außenpolitischer Bericht 1993, S. 437; Kramer, Strukturentwicklung der österreichischen Außenpolitik, S. 828.
629 Thomas Mayer, Frei in Europa. Österreich rückt ins Zentrum eines turbulenten Kontinents, Wien 2014, S. 130.
630 Albert Rohan/Klaus Wölfer, Österreich und die Friedensbemühungen im Balkan-Konflikt, in: Österreichisches Jahrbuch für Internationale Politik 1994, S. 26.

humanitären Aktionen und in den Medien und der öffentlichen Meinung. Durch Anwendung diplomatischen Drucks auf die serbische Führung in Belgrad versuchte Österreich die Stabilität in Jugoslawien zu bewahren und die Konflikte durch einen Dialog zu lösen.

4.9.1. Bundeskanzler Vranitzky

Den zweiten offiziellen Auslandsbesuch in seiner Funktion als Bundeskanzler der SPÖ/ÖVP-Regierung – der erste führte traditionsgemäß in die Schweiz – stattete Vranitzky im Februar 1987 Jugoslawien ab. In Bled kam im Gespräch mit dem jugoslawischen Ministerpräsidenten Branko Mikulic[631] das Thema der Unruhen im Kosovo zum ersten Mal zur Sprache. Die gespannte Lage und die ethnischen Auseinandersetzungen im Kosovo bezeichnete der österreichische Bundeskanzler als ernstes Problem, während sein jugoslawischer Gesprächspartner die Lage im Kosovo als ruhig bezeichnete.[632] Der jugoslawische Ministerpräsident verwies jedoch auf die Gefahr von „konterrevolutionären Aktivitäten im Kosovo". Die außenpolitische Beraterin Eva Nowotny, die bei dem Treffen anwesend war, verweist darauf, dass die österreichische Regierung über die Spannungen im Kosovo sehr beunruhigt war: „Wir haben damals schon die Situation im Kosovo sehr ernst genommen und auch wirklich genau verfolgt."[633]

Als im September 1988 in Dürnstein in der Wachau (und nicht in Wien wegen der internationalen politischen Isolation von Bundespräsident Waldheim) ein weiteres Gespräch zwischen Vranitzky und Mikulic stattfand, äußerte Vranitzky erneut seine Besorgnis über die Situation im Kosovo. Im Vergleich mit den Medien in anderen europäischen Staaten befassten sich die österreichischen Medien sehr viel intensiver mit den Nationalitätenkonflikten am Westbalkan und berichteten ausführlich über die Repressionen im Kosovo. Die Berichterstattung der österreichischen Medien wurde vom Unterstaatssekretär im Belgrader Außenamt Ilija Djukic als „Dramatisierung" und „Übertreibung" scharf kritisiert. Laut Djukic sollte das Kosovo-Problem rasch gelöst werden, „nach Möglichkeit auf demokratische Weise, notfalls aber auch mit Zwangsmaßnahmen".[634]

Zu den politischen Ereignissen im Kosovo nahm Vranitzky am 10. März 1989 auf einer Pressekonferenz Stellung, in der er ausführte, dass für ihn die Unruhen im Kosovo sehr beunruhigend wären. Er betonte die Notwendigkeit eines aktiven Engagements des Westens in diesem Raum. „Jugoslawien ist ein Modellfall dafür, dass wir uns nicht auf den arrogant scheinenden Stand des Besitzenden zurückziehen dürfen. Gute Ratschläge allein genügen nicht, wir müssen aktive Kooperation anbieten."[635]

Zu den blutigen Auseinandersetzungen zwischen jugoslawischen Sicherheitskräften und Kosovo-Albanern äußerte Vranitzky die Vorbehalte der österreichischen Regierung gegen das Vorgehen der Staatsgewalt von Belgrad – so bei einem informellen Treffen (das Vier-Augengespräch dauerte über zwei Stunden) zwischen Bundeskanzler Vranitzky und

---

631 Branko Mikulic war jugoslawischer Ministerpräsident von 1986 bis 1989.
632 *APA*, 15. 2. 1987.
633 Interview mit Eva Nowotny, Wien, 7. 4. 2017.
634 *APA*, 20. 9. 1988.
635 *APA*, 10. 3. 1989.

B. Vorreiterrolle Österreichs in der Kosovopolitik (1990-1994)

dem neuen jugoslawischen Regierungschef, Ante Markovic,[636] am 16. Juni 1989 in Brdo, das anlässlich des Beginns der Durchschlagsarbeiten des Karawankentunnels stattfand. Laut Vranitzky seien solche Maßnahmen Belgrads der Vertrauensbildung nicht dienlich.[637] In einem Aktenvermerk über dieses Gespräch notiert Botschafter Leifer: „Herr Bundeskanzler verwies auf den hohen Stellenwert, dem eine politische Lösung der Kosovo-Frage im Rahmen der Annäherung Jugoslawiens an Europa, die aktiv von Österreich unterstützt wird, zukommt".[638]

Bundeskanzler Vranitzky betonte bei seinem dritten Besuch in Jugoslawien von 4. bis 6. April 1990 wiederum,[639] dass die Entwicklung zu Pluralismus und Menschenrechtsschutz in Jugoslawien höchste Priorität haben müsse und hat darauf verwiesen,[640] „dass die Unterstützung durch Österreich für das jugoslawische Reformprogramm durch die Vorgänge im Kosovo erschwert werde".[641] Während dieses Besuches traf Bundeskanzler Vranitzky auch Vertreter alternativer politischer Gruppen und neugegründeter Parteien im Rahmen eines zweistündigen Round-Table-Gesprächs in Belgrad, einschließlich der Vertreter der Kosovo-Albaner unter Leitung der LDK.[642] Nicht alle eingeladenen Vertreter alternativer Gruppen und neuer Parteien aus den verschiedenen Republiken nahmen teil. So lehnten die slowenischen Vertreter die Einladung mit folgenden Begründung ab: „Wir wollen mit den Österreichern nicht in Belgrad sprechen."[643]

Nach einem Treffen mit dem jugoslawischen Premierminister Ante Markovic im März 1991 in Jennersdorf erklärte Bundeskanzler Vranitzky, dass für ihn die Zentralregierung in Belgrad weiterhin Ansprechpartner bleibe, aber er zeigte auch Verständnis für die Wünsche und Bemühungen der jugoslawischen Teilrepubliken. Durch aktive diplomatische Kontakte müsse die Anwendung von Gewalt und militärische Auseinandersetzungen verhindert werden.[644] Er plädierte für eine verantwortungsvolle Nachbarschaftspolitik gegenüber Jugoslawien. Die österreichische Außenpolitik müsse dort aktiv werden, „wo es um die Menschenrechte und ihre Gefährdungen geht, wir sollen uns aber dort nicht einmischen, wo die Völker eines Staates versuchen, ihr zukünftiges Verhältnis neu zu gestalten".[645]

---

636 Ante Markovic, jugoslawischer Ministerpräsident von 1989 bis 1991, strebte einen grundlegenden Wandel der jugoslawischen Wirtschaft, in Richtung einer Liberalisierung der Märkte, des Waren- und Kapitalverkehrs an.

637 Chronik zur Außenpolitik, 1. Jänner bis 31. Dezember 1989, in: Österreichisches Jahrbuch für Internationale Politik 1989, S. 264.

638 Interview mit Paul Leifer, Wien, 29. 3. 2017.

639 Chronik zur Außenpolitik, 1. Jänner bis 31. Dezember 1990, in: Österreichisches Jahrbuch für Internationale Politik 1990, S. 124.

640 Walter Siegl, Die österreichische Jugoslawienpolitik, in: Andreas Khol/Günther Ofner/Alfred Stirnemann (Hrsg.), Österreichisches Jahrbuch für Politik 1992, Wien 1993, S. 826.

641 *APA*, 5. 4. 1990.

642 Jusuf Buxhovi hat als Vertreter der LDK teilgenommen. ÖStA, AdR, BMAA, ZL. 229-RES/90, Jugoslawien-Besuch des HBK; Begegnung mit Vertreter alternativer Bewegungen bzw. neuer Parteien, an das Bundesministerium für Auswärtige Angelegenheiten, vom 2. April 1990, Belgrad.

643 Interview mit Paul Leifer, Wien, 29. 3. 2017.

644 *Wiener Zeitung*, 9. 5. 1991.

645 *APA*, 21. 3. 1991.

4. Die österreichische Kosovopolitik der Jahre 1986-1994

Das Prinzip der Nichteinmischung in die inneren jugoslawischen Angelegenheiten aufgrund des Neutralitätsrechtes und der Neutralitätspolitik Österreichs stellte ein Leitmotiv für Bundeskanzler Vranitzky dar. Österreich müsse eine klare Position gegenüber Menschenrechtsverletzungen einnehmen. Vranitzky betonte, mehr als 22 Millionen Menschen in Jugoslawien

> von Marburg bis Kosovo, haben ihre legitimen Interessen und Erwartungen. Sie haben Rechte, die in einer Neuordnung der jugoslawischen Verhältnisse berücksichtigt werden müssen. Sie sind ebenso wie wir Teil Europas und haben das Recht auf eine europäische Perspektive für ihre zukünftige Entwicklung.[646]

Vranitzky bekräftigte in einer Sondersitzung des Außenpolitischen Rates zum Thema Jugoslawien im März 1991, die diplomatischen Maßnahmen der österreichischen Außenpolitik wegen der angespannten Lage im Kosovo, wie die erste und zweite Stufe der KSZE-Mechanismus der menschlichen Dimension, als richtige Schritte von Österreich.[647]

Die angespannte politische Lage im Kosovo stellte für Bundeskanzler Vranitzky einen Teil der jugoslawischen Krise dar. Am 30. November 1993 empfing er Rugova.[648] Als der Krieg in Bosnien-Herzegowina während des Jahres 1994 katastrophale Entwicklungen nahm, deklarierte Bundeskanzler Vranitzky, die internationale Gemeinschaft müsse „alles tun, dass es nicht auch in der (serbischen Provinz) Kosovo zur Katastrophe kommt".[649]

4.9.2. Außenminister Mock

Angesichts der krisenhaften Ereignisse in Jugoslawien und vor allem der Repressionsmaßnahmen gegen die albanische Mehrheitsbevölkerung im Kosovo begann Mock sich als erster europäischer Außenminister intensiv mit dem Kosovo zu beschäftigen. Der neutrale Status Österreichs war für den Außenminister kein Hindernis, sondern ein „window of opportunity" für eine österreichische aktive Außenpolitik, welche er „als vernünftiges Instrument" der österreichischen Außenpolitik bezeichnete.[650]

Mock war einer der wenigen europäischen Politiker, der Ende der 1980er Jahre die historische Dimension der gesamtalbanischen Frage erfasste und über die Verhältnisse in Jugoslawien bestens informiert war. Die albanische Frage war für Mock einerseits die Rolle Albaniens als unabhängiger Staat, anderseits „die Frage der Lebensbedingungen der Albaner außerhalb des Staates, vor allem im Kosovo".[651] Mock wies darauf hin, dass

---

646 *APA*, 17. 9. 1991.
647 *APA*, 20. 3. 1991.
648 Chronik zur Außenpolitik, 1. Jänner bis 31. Dezember 1993, in: Österreichisches Jahrbuch für Internationale Politik 1993, S. 355.
649 *APA*, 26. 1. 1994.
650 Alois Mock, Neutralität und Solidarität als Säulen der österreichischen Außenpolitik, in: Österreichisches Jahrbuch für Internationale Politik 1991, S. 146.
651 Alois Mock, Begrüßungs- und Eröffnungsreden bei den Internationalen Konferenz, in: Skender Gashi/Christine von Khol (Hrsg.), Die Wiederkehr der albanischen Frage. Ihre Bedeutung für den Balkan und Europa, in: *Dardania, Zeitschrift für Geschichte, Kultur, Literatur und Politik*, Wien 1997, S. 37.

B. Vorreiterrolle Österreichs in der Kosovopolitik (1990-1994)

es in Österreich eine reiche kulturelle Tradition der Unterstützung des albanischen Volkes gibt.[652]

Während internationale Spitzendiplomaten „demonstrative Betriebsamkeit zur Schau stellten, war Wien zur heimlichen Drehscheibe des Krisenmanagements geworden. Mock gewann international an Statur. Er war laut und entschieden genug, um nicht überhört zu werden.[653] Außenminister Mock verlangte „als einer der ersten namhaften Politiker öffentlich eine Befassung der Staatengemeinschaft mit der Lage in Jugoslawien und insbesondere im Kosovo, und internationale Unterstützung zur Beilegung".[654] Er plädierte für einen friedlichen Übergang zur Demokratie in den jugoslawischen Teilrepubliken, wobei die Anwendung des Selbstbestimmungsrechtes auf friedlichem Wege erfolgen müsse und die Rechte aller Volksgruppen garantiert werden müssten.[655]

Außenminister Mock war es von Anbeginn der jugoslawischen Krise bewusst, dass der dramatische Konflikt im Kosovo zu einem blutigen Krisenherd werden könnte.[656] „Österreich hat bereits in einem frühen Stadium die sich in Jugoslawien abzeichnende Krise erkannt, dass nämlich die Aufrechterhaltung der Jugoslawischen Föderation in ihrer bisherigen Form nicht möglich war".[657] Jugoslawien war für Mock ein wichtiges Beispiel dafür, „dass Österreich keine neutrale Position einnimmt, wenn es um die Verletzung der Menschenrechte" – wie im Kosovo – geht.[658]

Die angespannte Situation im Kosovo lag für Außenminister Mock – wie für Bundeskanzler Vranitzky – „am Beginn der jugoslawischen Tragödie".[659] Nur fünf Tage nach der Aufhebung der Autonomie des Kosovo reiste er von 28. bis 30. März 1989 zu einem dreitägigen offiziellen Besuch nach Jugoslawien und dies war der erste und letzte offizielle Besuch eines österreichischen Außenministers in der SFRJ. Während dieser Reise äußerte Mock seine Besorgnis über die explosive Lage im Kosovo. Mock sagte bei den Gesprächen mit jugoslawischen Vertretern, dass das harte Eingreifen von Polizei und Sicherheitskräften nicht das Mittel zur Lösung der Kosovo-Frage sein könnten.[660] Mock

---

652 In einer internationalen Konferenz zum Thema „Die Wiederkehr der albanischen Frage" im Juni 1993 erklärte Außenminister Mock, „daß die albanische Bevölkerungsmehrheit in der serbischen Provinz Kosovo das Recht auf einen international überwachten Autonomiestatus hat" und „Österreich werde sich weiter für eine solche Autonomieregelung einsetzen". *APA*, 7. 6. 1993.
653 Hans-Henning Scharsach, Kroatiens Hoffnungen ruhen auf Österreich, in: *Kurier*, 5. 10. 1991, S. 3.
654 Jandl, Österreichs Rolle im Kosovo-Konflikt, S. 57.
655 Wohnout, Vom Durchschneiden des Eisernen Vorhangs, S. 203.
656 Josef Höchtl, eine der engsten Mitarbeiter von Mock und Sprecher der ÖVP für Menschenrechtsfragen von 1989 bis 1995 betont, dass in der Kosovopolitik „zweifellos Alois Mock die treibende Kraft" war. „Ich kann mich erinnern, wir haben manchmal um Mitternacht noch telefoniert wegen irgendwelcher Geschichten, nicht nur Kosovo betreffend sondern auch die anderen Teile […]. Es muss immer manchmal Leute geben, die drei Stufen vorwärts denken". Interview mit Josef Höchtl, Wien, 4. 4. 2017.
657 Mock, Das Balkan-Dossier, S. 50.
658 Mock, Heimat Europa. S. 82. Mehr über die Sicht von Mock siehe Mock, Österreichs Platz im neuen Europa, S. 33-40.
659 Sten. Prot. NR, XVIII. GP, 83. Sitzung, 14. Oktober 1992, S. 9070.
660 *Archiv der Gegenwart*, 26. 9. 1990, S. 34900.

fragte während des Besuchs in Belgrad den früheren Außenminister und Vorsitzenden des Staatspräsidiums, Raif Dizdarevic,[661] „warum haben Sie Truppen in das Kosovo geschickt?" Dizdarevic antwortete,[662] dass man Truppen hingeschickt habe, „um weiteres Blutvergießen zu vermeiden. Seien Sie versichert, wir wissen, dass die Schwierigkeiten dort politisch gelöst werden müssen."[663] Laut Dizdarevic sei der eingeführte Ausnahmezustand keine Lösung des Kosovo-Problems, „konkrete Lösungsansätze konnte allerdings Dizdarevic auch nicht anbieten".[664]

Dies war eine der ersten Reaktionen von Mock in seiner Funktion als Außenminister in der Kosovo-Frage und seitdem war die diesbezügliche Politik ein Dauerthema in seinem politischen Engagement.[665] Für Mock war klar, dass der Zerfall Jugoslawiens nicht mit dem Krieg im Juni 1991 in Slowenien oder später Kroatien angefangen hatte, sondern der „Auflösungsprozess Jugoslawiens hat genau genommen mit den Entwicklungen im Kosovo im Jahre 1987 begonnen und beschleunigte sich ab 1991".[666]

Als es Ende Jänner und Anfang Februar 1990 zu blutigen Auseinandersetzungen in Prishtina kam[667] und beim Protest gegen die Einschränkung der Autonomie des Kosovo und gegen die Unterdrückungsmaßnahmen seitens der jugoslawischen bzw. serbischen Armee 34 Kosovo-Albaner getötet wurden, äußerte Mock als einziger Außenminister eines westlichen Staates in einer Presseerklärung am 2. Februar 1990 seine Besorgnis über die Situation im Kosovo:

> Österreich beobachtet aufmerksam und mit Sorge die gegenwärtige Entwicklung in Kosovo. Eine Lösung dieses Problems ist nach österreichischer Auffassung nicht durch Gewaltanwendung, sondern nur durch einen politischen Dialog, zu dem auch das Staatspräsidium Jugoslawiens in seiner Stellungnahme vom 1. Februar 1990 aufgerufen hat, sowie bei voller Beachtung der Menschenrechte und Grundfreiheiten möglich. Österreich hofft, dass in Bälde eine Lösung gefunden werden kann, die es allen in Kosovo lebenden Volksgruppen und Nationalitäten ermöglicht, sich als gleichberechtigte Partner innerhalb

---

661 Raif Dizdarevic war von Mai 1988 bis Mai 1989 Vorsitzender des Staatspräsidiums der SFRJ.
662 Botschafter Leifer hat dieses Gespräch zwischen Dizdarevic und Mock bestätigt. Leifer fügt weiter hinzu: „Dizdarevic als Bosnier hat genau gewusst, welche Gefahr das bedeutet. Ihm war das viel eher bewusst als Markovic". Interview mit Paul Leifer, Wien, 29. 3. 2017.
663 Mock, Begrüßungs- und Eröffnungsreden bei den Internationalen Konferenz, S. 37-38.
664 Aus einem unveröffentlichten Dokument der österreichischen Botschaft in Belgrad über das „Gespräch zwischen Dizdarevic und Mock" vom 29. März 1989. Kopie im Besitz des Verfassers.
665 Erhard Busek, Österreich und der Balkan. Vom Umgang mit dem Pulverfaß Europas, Wien 1999, S. 126; Faruk, Ajeti, Alois Mock als „Anwalt" der bedrängten Völker, in: Die Presse, 2. 6. 2017, S. 29.
666 Mock, Das Balkan-Dossier, S. 55.
667 Die Demonstrationen im Kosovo wurden von Belgrad als direkter Einfluss Sloweniens betrachtet und um dies zu verhindern, sollte Belgrad laut serbischer Regierung „energisch Handeln", um die Verbindungen zwischen den Nationalisten im Kosovo und Slowenien zu zerschneiden. Die Presse, 26. 1. 1990, S. 2.

B. Vorreiterrolle Österreichs in der Kosovopolitik (1990-1994)

der jugoslawischen Föderation am wirtschaftlichen und politischen Reformprozeß zu beteiligen.[668]

Die Situation im Kosovo bezeichnete Mock als „sehr ernst", wobei für die österreichische Außenpolitik die Probleme im Kosovo „politisch und nicht durch die Armee gelöst werden" sollten.[669]

Als die albanischen Abgeordneten am 2. Juli 1990 eine Proklamation verabschiedeten, in der Kosovo als eigenständiges Bundesland Jugoslawiens erklärt wurde, reagierte die serbische Führung mit der Beseitigung der Autonomierechte und der Auflösung des Parlaments und der Regierung von Kosovo. Die Maßnahmen Belgrads gegen die Autonomie des Kosovo, welche ein „verfassungswidriger Akt" seien, bezeichnete Außenminister Mock als „schweren Rückschlag auf dem Weg Jugoslawiens zur Demokratie"[670] und nicht im Einklang mit Beschlüssen der Kopenhagener KSZE-Konferenz.

In einem Interview mit der albanischen Tageszeitung „Bujku" äußerte Außenminister Mock Kritik daran, dass die UN-Sicherheitsmitglieder Sowjetunion und China die Menschenrechtsfragen als innere Angelegenheiten der Staaten betrachten und durch die Anwendung ihres Vetos jede Initiative blockieren würden.[671]

Außenminister Mock „hatte den Westen schon früh auf die Sprengkraft des Kosovo-Problems hingewiesen und zu vorbeugender, unmissverständlicher Härte gegenüber Milošević geraten; vergebens".[672] Mock warnte auch ständig vor einem Krieg im Kosovo und forderte von der EG, ihre Präsenz in Jugoslawien zu verstärken:

Wenn die EG immer von einer gemeinsamen Sicherheitstruppe spricht, so ist jetzt die beste Gelegenheit, einen ganz gefährlichen Krieg in Europa zu verhindern. Es ist schon theoretisch möglich, dass sich Slowenien und Kroatien in einer friedlichen Lösung aus Jugoslawien herausverhandeln. Aber schon bei den Albanern im Kosovo ist das unmöglich. Man muß damit rechnen, daß die Albaner ebenfalls die Unabhängigkeit wollen.[673]

---

668 Presseerklärung des Bundesministers für auswärtige Angelegenheiten zur Lage in Jugoslawien, Wien, am 2. Februar 1990, in: BMAA (Hrsg.), Sonderdruck 1992, S. 121.
669 *APA*, 1. 2. 1990.
670 ÖStA, AdR, BMAA, GZ. 101.03.00/168-II.3/90, SFRJ; MR-Verletzungen im Kosovo; Außenminister Dr. Alois Mock erklärte zur Lage im Kosovo, vom 6. Juli 1990, Wien.
671 „Es entspricht weder den Prinzipien der KSZE und der Charta von Paris noch den Gepflogenheiten des 20. Jahrhunderts, die Stellung und Lebensbedingungen eines Volkes, wie z.B. des albanischen im Kosovo als ein bloßes innerstaatliches Problem zu betrachten". ÖStA, AdR, BMAA, GZ. 101.03.01/52-II.3/92, HBM; schriftliches Interview für die albanische Zeitung des Kosovo, vom 30. Dezember 1992, Wien, S. 6.
672 Werner A. Perger, Wie neutral darf's sein? Österreichs Dilemma: Dabeisein und nicht mitmachen, in: *Zeit Online*, 6. 5. 1999.
673 Interview Mock in: „Kurier", 28. 6. 1991.

4.9.3. Erste Stufe des KSZE-Mechanismus der Menschlichen Dimension

Aufgrund der sich zuspitzenden Situation im Kosovo „fühlte sich Österreich aufgrund seines Rechtsverständnisses und ethisch-moralischen Empfindens für die Verfolgten und Unterdrückten verpflichtet",[674] sich im Rahmen der internationalen Organisationen diplomatisch zu engagieren. Am 15. August 1990[675] setzte Österreich in Folge der serbischen Unterdrückungsmaßnahmen gegen die Kosovo-Albaner die erste Stufe des KSZE-Mechanismus (heute OSZE) der Menschlichen Dimension[676] gegenüber Jugoslawien mit anderen Staaten in Gang.

Albert Rohan, der damals als Leiter der Abteilung für Zentral-, Ost- und Südosteuropa fungierte, beschreibt wie es zur Anwendung der ersten Stufe des KSZE-Mechanismus kam:

> Mock hatte diese Idee. Er kam zu mir mit dieser Idee und wir haben dann […] Weisungen an unsere Botschaften in anderen Ländern der OSZE erteilt. In diesem Zusammenhang wurde eine Demarche in Auftrag gegeben, in der wir gebeten haben, dass sich andere Länder anschließen an diese erste Stufe.[677]

Durch die erste Stufe des KSZE-Mechanismus wurde seitens der KSZE-Mitglieder die Vorgangsweise der serbischen Regierung im Kosovo angeprangert. Die Auskunftsersuchen betrafen vor allem den Einsatz von Polizeigewalt gegen Kosovo-Albaner, die Verhängung des Ausnahmezustands, Sonder- und Polizeimaßnahmen zur Einschränkung der Pressefreiheit, Festnahme und Isolierung von Demonstranten ohne Anklage und Misshandlungen albanischer Häftlinge in serbischen Gefängnissen.[678]

Im Juni und Juli 1990 unternahmen die westlichen diplomatischen Vertretungen in Belgrad Initiativen für die Ingangsetzung der ersten Stufe des Mechanismus, in enger Zusammenarbeit zwischen der österreichischen, amerikanischen, schwedischen, norwegischen und Schweizer Botschaft sowie auch mit anderen EG-Botschaften. Der US-Kongress machte Druck auf die amerikanische Regierung, politische Maßnahmen gegen die

---

674 Mock, Das Balkan-Dossier, S. 68.
675 ÖStA, AdR, BMAA, Zl. 530-RES/90, KSZE; Mechanismus über die menschliche Dimension; Ingangsetzung der 1. Stufe gegenüber Jugoslawien, an das Bundesministerium für Auswärtige Angelegenheiten, vom 15. August 1990, Belgrad.
676 Die erste Stufe des KSZE-Mechanismus im Bereich der menschlichen Dimension sieht im Artikel 1. des Schlussdokuments des Wiener Treffens 1986 folgendes vor: „Informationen auszutauschen sowie Informationenersuchen und Vorstellungen, die von anderen Teilnehmerstaaten zu Fragen der menschlichen Dimension der KSZE an sie herangetragen werden, zu beantworten". Aide-Memoire betreffend Anwendung der ersten Stufe des Mechanismus (Ersuchen um Information), Belgrad, am 15. August 1990, in: BMAA (Hrsg.), Sonderdruck 1992, S. 212.
677 „Mock hat ziemlich frühzeitig unsere Abteilung beauftragt, einen Kalender anzulegen mit allen Ereignissen im Zusammenhang mit Jugoslawien und für uns war das eine fürchterlich mühselige Angelegenheit, weil wir mussten jeden Abend oder einmal in der Woche eintragen, das und das ist geschehen usw.". Interview mit Albert Rohan, Wien, 24. 2. 2017.
678 *APA*, 22. 2. 1991.

B. Vorreiterrolle Österreichs in der Kosovopolitik (1990-1994)

serbische bzw. jugoslawische Regierung aufgrund der Lage im Kosovo zu unternehmen. Die Demarche zur Ingangsetzung des KSZE-Mechanismus hatte Österreich gemeinsam mit Schweden initiiert. Botschafter Leifer hat zusammen mit dem schwedischen Geschäftsträger am 15. August 1990 im jugoslawischen Außenministerium in Belgrad ein Aide-Mémoire übergeben. „Der schwedische Geschäftsträger und ich, wir waren also die Ersten. Ich habe einfach die Weisung bekommen, und die habe ich ausgeführt […]. Die Norweger haben aber nicht ein Aide-Mémoire überreicht, sondern eine Verbalnote […]. Und erst lange nach uns hat die EG auch die Fragen gestellt um Information, und schließlich die USA."[679]

Botschafter Leifer erhielt im Dezember 1990 von Mock den Auftrag, aufgrund der Repressionsmaßnahmen und Menschenrechtsverletzungen im Kosovo im jugoslawischen Außenministerium vorzusprechen.[680] Leifer traf am 11. Dezember 1990 den jugoslawischen Außenminister Loncar und beschreibt die Unzufriedenheit über die jugoslawische Antwortnote vom 27. September 1990: „the information provided in this note was not adequate to overcome Austria's concerns, which were the basis of her request for information".[681] Mock bekräftigte im Nationalrat:

> [er] habe […] den österreichischen Botschafter beauftragt, unsere Enttäuschung über die unbefriedigende Beantwortung unserer Informationsansuchen beim jugoslawischen Außenministerium zu deponieren. Und ich werde dem Außenpolitischen Rat […] den Vorschlag machen, daß die zweite Stufe des KSZE-Verfahrens eingeleitet wird.[682]

Nach Anwendung der ersten Stufe des KSZE-Mechanismus wurde die neue serbische Verfassung in Kraft gesetzt (September 1990), obwohl dies den Bestimmungen der Bundesverfassung widersprach, da nach der neuen Verfassung die beiden autonomen Provinzen Kosovo und Vojvodina nicht mehr im Staatspräsidium und im Bundesparlament vertreten waren. Hierzu die Stellungnahme des österreichischen Außenministeriums: „Österreich hofft, dass die jugoslawische Bundesregierung auf serbische Regierung einwirken kann, die Menschenrechte und die Rechte der Minderheiten, insbesondere jener im Kosovo entsprechend zu beachten und einzuleiten."[683]

---

679 Interview mit Paul Leifer, Wien, 29. 3. 2017.
680 Eichtinger/Helmut, Alois Mock, S. 208.
681 Aide Memoire des österreichischen Außenministeriums, March 27, 1991, Belgrad.
682 Sten. Prot. NR, XVIII. GP, 19. Sitzung, 14. März 1991, S. 1416.
683 ÖStA, AdR, BMAA, GZ. 101.03.00/349-II.3/90, Österreich über die derzeitige Lage in Jugoslawien, an die Österreichische Botschaft in Belgrad, vom 8. November 1990, Wien, S. 2.

4.9.4. Zweite Stufe des KSZE-Mechanismus der Menschlichen Dimension

Nachdem die erste Stufe erfolglos blieb[684] und die politische Lage im Kosovo sich nicht verbesserte, setzte Österreich im März 1991 die zweite Stufe[685] des KSZE-Mechanismus der Menschlichen Dimension gegenüber Jugoslawien in Gang.[686]

In einem Aide-Memoire betreffend Anwendung der zweiten Stufen des Mechanismus wurde die österreichische Haltung wie folgt dargestellt:

> In contradiction to the Federal Constitution, this new Serbian Constitution jeopardizes the representation of the provinces of Vojvodina and Kosovo in the SFRY Presidency and in the second chamber of the SFRY Assembly. Considering these developments as well as recent events, Austria must draw the conclusion that human rights and fundamental freedoms as well as the principle of the rule of law is not fully respected in Kosovo.[687]

Bundeskanzler Vranitzky erklärte nach einer Sondersitzung des Außenpolitischen Rates, dass Österreich in Einklang mit den Wiener Dokumenten der KSZE zum Schutz der Menschenrechte agiert.[688] Im Vergleich mit der ersten Stufe, bei der Österreich die Unterstützung von anderen Staaten erhalten hat, blieb Österreich bei diesem Schritt allein. „Der Rest der Staatengemeinschaft hielt dies für übertrieben und wollte sich lieber mit Mäßigungsappellen und höflichen Aufforderungen begnügen."[689]

Auf der Grundlage der Stufe zwei des KSZE-Mechanismus, der bilaterale Expertengespräche zwischen Jugoslawien und Österreich über die Lage im Kosovo vorsah, fand ein bilaterales Treffen am 8. und 9. Mai 1991 in Belgrad statt, wobei Österreich ein 13 Punkte umfassendes „Sündenregister" vorlegte. Österreich wies vor allem auf die Maßnahmen der serbischen Regierung in Bezug auf den Kosovo hin, die im Widerspruch zu KSZE-Verpflichtungen seien:

1. Durch die Auflösung des Parlaments, der Regierung und des Präsidiums der autonomen Region Kosovo durch serbische Sondergesetze vom Juli 1990, die im Wiederspruch zur jugoslawischen Bundesverfassung stehen, wurde die Verpflichtung zu repräsentativer und pluralistischer Demokratie sowie zur Rechtsstaatlichkeit verletzt.
2. Die politischen Parteien, die die Interessen der albanischstämmigen Bevölkerung des Kosovo vertreten, können im Kosovo nicht registriert werden. Dies steht im Widerspruch zu dem in § 7 Pkt. 6 des Kopenhagener Dokuments verankerten Rechts zur Gründung politischer Parteien.

---

684 Die österreichische Seite war von den jugoslawischen Antworten unbefriedigt und enttäuscht.
685 Die erste Stufe hat eine schriftliche Auskunft des Landes über den Vorfall vorgesehen, während die zweite Stufe ein bilaterales Treffen und die dritte Stufe ein internationales Treffen.
686 Alois Mock, Konflikt im „Ehemaligen Jugoslawien" Ursachen – Natur – Ausblicke, in: *Commentaire*, Paris 1993, S. 9; Siegl, Die österreichische Jugoslawienpolitik, S. 828; Jandl, Zur Bedeutung des Balkans für die österreichische Außenpolitik, S. 6.
687 Aide-Memoire betreffend Anwendung der zweiten Stufe des Mechanismus (Ersuchen um ein bilaterales Treffen), Belgrad, am 27. März 1991, in: BMAA (Hrsg.), Sonderdruck 1992, S. 217.
688 *APA*, 4. 4. 1991.
689 Jandl, Krieg auf dem Balkan, S. 92.

B. Vorreiterrolle Österreichs in der Kosovopolitik (1990-1994)

3. Durch Entlassung der meisten albanischstämmigen Richter und Staatsanwälte wurde gegen das Prinzip der Unabhängigkeit der Justiz verstoßen.[690]

Die Antwort Belgrads auf den österreichischen Forderungskatalog war unbefriedigend. In der Belgrader Sicht hatte man es nicht mit Menschenrechtsverletzung zu tun, sondern mit der Bekämpfung „separatistischer Tendenzen" der Kosovo-Albaner. Seitens Jugoslawiens wurden die Menschenrechtsverletzungen „jedoch mit separatistischen Bestrebungen der im Kosovo lebenden albanischstämmigen Bevölkerung zu rechtfertigen versucht. Gäbe es diese separatistischen Tendenzen nicht, so könnten auch die Menschenrechte und Grundfreiheiten gewährt werden."[691] Die Entlassung von mehr als einem Drittel der arbeitsfähigen Kosovo-Albaner wurde aus serbischer Sicht mit „politischer Illoyalität" begründet. Trotz der brutalen Serbisierungspolitik im Kosovo setzten die Kosovo-Albaner geduldig ihren pazifistischen Widerstand fort.

Auf einer Expertenkonferenz im Juli 1991 in Genf, die sich mit Minderheitenfragen beschäftigte, übte die KSZE scharfe Kritik an Belgrads Politik gegenüber dem Kosovo.[692] Während der Prager Dringlichkeitssitzung der KSZE am 9. August 1991,[693] die wegen der dramatischen Situation in Jugoslawien einberufen wurde, wurde die Verschlechterung der politischen Lage im Kosovo kritisiert.[694] Die politische Führung des Kosovo, geführt von Rugova und der LDK, hatten sich in einem Schreiben an die EG, an die KSZE und an die albanische Regierung mit einem Hilfsappell an die Weltöffentlichkeit gewandt. Rugova erklärte, dass Tausende serbische Reservisten in den Kosovo geschickt und die im Kosovo lebenden Serben bewaffnet wurden, und forderte die Entsendung europäischer Beobachter.[695]

Auf dem Moskauer Treffen der Konferenz über die menschliche Dimension der KSZE im September 1991 äußerte Außenminister Mock: „Tragisch ist die Lage der albanischstämmigen Bevölkerung des Kosovo, der elementare Menschenrechte und Grundfreiheiten entzogen werden."[696] Auf österreichisches Betreiben hat die KSZE im Oktober 1991[697] die Entsendung einer Berichterstattermission nach Jugoslawien einschließlich Kosovo beschlossen, die dann im Dezember 1991 und Jänner 1992 durchgeführt wurde.[698] Im Mai 1992[699] entsandte die KSZE die erste Untersuchungsmission (Fact-Finding-Mission) in

---

690 Erklärung des österreichischen Delegationsleiters in der Arbeitsgruppe A, 18. 9. 1991, S. 2.
691 Ebd.
692 Reuter, Kosovo 1998, S. 207.
693 First Additional CSO Meeting agreed at the first CSO Emergency Meeting, Prague, 8-9 August 1991, in: Arie Bloed, The Conference on Security and Cooperation in Europe. Analysis and Basic Documents 1972-1993, Dordrecht 1993, S. 904.
694 Die Dringlichkeitssitzung der KSZE in Prag fasste drei Resolutionen zu Jugoslawien.
695 *Die Presse*, 10/11. 8. 1991, S. 1.
696 Erklärung des Bundesministers für auswärtige Angelegenheiten der Republik Österreich, Dr. Alois Mock, anlässlich der Eröffnung des Moskauer Treffens der Konferenz über die menschliche Dimension der KSZE, 10. September 1990, Moskau.
697 The Situation in Yugoslavia, Third Additional CSO Meeting, Prague, 10 October 1991 und Fourth CSO Meeting, Prague, 22-24 October 1991, in: 4-CSO/Journal No. 1, Annex II.
698 Jandl, Österreichs Rolle im Kosovo-Konflikt, S. 60; Außenpolitischer Bericht 1991, S. 134.
699 Am 6. Mai 1992 realisierte eine KSZE-Delegation zu einem zweitägigen Besuch im Kosovo,

4. Die österreichische Kosovopolitik der Jahre 1986-1994

den Kosovo.[700] 1992 wurde auch eine Langzeitmission der KSZE für den Kosovo, Vojvodina und dem Sandschak etabliert.[701] Die Aktivitäten der KSZE wurden zwischen Ende 1992 und Juli 1993 durch die Eröffnung von weiteren Büros in den größten Städten des Kosovo (Prishtina, Prizren und Peja) erweitert.[702] Aufgrund der Befürchtung einer Ausbreitung des Krieges und der massiven Unterdrückung von Kosovo-Albanern durch die serbischen Behörden wurde die Zahl der KSZE-Bobachter von 11 auf 20 erhöht.[703]

4.9.5. Kosovo-Arbeitsgruppe

Im Sommer 1991 wurde von Außenminister Mock eine Arbeitsgruppe über die Kosovo-Frage etabliert, mit dem Ziel, „Gedanken über die Modalitäten einer vernünftigen und realistischen Lösung dieses überaus komplexen Problems anzustellen", und diesen „Fragenkomplex im Rahmen einer formlosen Arbeitsgruppe zu erörtern."[704] Diese Arbeitsgruppe unter Vorsitz von Außenminister Mock setzte sich aus österreichischen Wissenschaftlern, Diplomaten des Außenministeriums, politischen Praktikern und Persönlichkeiten mit besonderer Kenntnis in der Kosovo-Frage zusammen.[705] Für Außenminister Mock war

---

um sich vor Ort über die Lage der Menschenrechte im Kosovo zu informieren. Die KSZE-Beobachter berichteten, dass die Lage sehr gefährlich sei, aufgrund der Stationierung der jugoslawischen Einheiten und forderten nach sofortiger internationaler Aufmerksamkeit und Vermittlung (*Archiv der Gegenwart*, 15. 6. 1992, S. 36875.

700 Statement on the former Yugoslavia, Eleventh CSO Meeting, Helsinki, 18-21 May 1992, in: 11-CSO/Journal No. 3, Annex 2.

701 Die Genehmigung der Langzeitmission der KSZE für den Kosovo wurde vom jugoslawischem Premierminister Milan Panic erteilt, der im Vergleich zu Milošević die Unterdrückungsmaßnahmen gegen Kosovo-Albaner nicht unterstützte. Die KSZE-Missionen hatten folgende Aufgaben: „1. den Dialog zwischen den Behörden und Repräsentanten der örtlichen Bevölkerung zu fördern, 2. Informationen über Menschenrechtsverletzungen aller Art zu sammeln und zur eventuellen Problemlösung beizutragen, 3. Informationsmaterial bereitzustellen, wie es für den Gesetzgebungsproceß im Bereich der Menschenrechte, des Minderheitenschutzes, der unabhängigen Medien und demokratischer Wahlen benötigt wird". Reuter, Kosovo 1998, S. 208.

702 Am 14. August 1992 fand in Brüssel die 13. Plenarsitzung der EG-Konferenz über Jugoslawien statt, wobei der jugoslawische Ministerpräsident, der das Amt am 14. Juli 1992 übernahm, Lord Carrington und dem UN-Sondergesandten Vance versprach, den Ausnahmezustand im Kosovo aufzuheben, die Schulen im Kosovo wieder zu öffnen und die diskriminierenden Gesetze gegen die Kosovo-Albaner abzuschaffen. Panic war auch bereit, eine internationale Untersuchung der Verletzung der Menschenrechte in Jugoslawien zu unterstützen. Diese Untersuchung sollte nicht nur im Kosovo, sondern in Vojvodina und in Sandschak durchgeführt werden. In einem Gespräch mit einer Delegation der KSZE am 20. August 1992 bat Panic um Hilfe zur Einleitung des Dialogs mit den Kosovo-Albanern. *Archiv der Gegenwart*, 21.6.1992, S. 37066.

703 Österreich war an diesen Missionen von Anfang an mit einem Experten vertreten. Außenpolitischer Bericht 1993, S. 86.

704 ÖStA, AdR, BMAA, GZ. 101.03.01/4-II.3/92, Kosovo-Arbeitsgruppe, vom 10. Juli 1992, Wien.

705 Die Arbeitsgruppe Kosovo unter Vorsitz von Außenminister Mock setzte sich aus folgenden Personen zusammen: Peter Schieder (SPÖ), Andreas Khol (ÖVP), Marga Hubinek (ÖVP), Herbert Haupt (FPÖ), Marijana Grandits (Grüne), Arnold Suppan (Ost- und Südost-Europa-

B. Vorreiterrolle Österreichs in der Kosovopolitik (1990-1994)

es „vordringlich, das Problem an seiner Wurzel anzugehen und die Frage des künftigen Status von Kosovo einer Lösung zuzuführen."[706] Dass über diese Arbeitsgruppe in der Literatur und in den österreichischen Medien nichts zu finden ist, erklärt Klaus Wölfer, Diplomat im österreichischen Außenministerium, der an dieser Arbeitsgruppe teilnahm: „Sie war meiner Erinnerung nicht-öffentlich und somit für die daran Arbeitenden etwas ‚internes', so wie das bei Sonderstudien zu wichtigen, politiknahen Themen üblich ist. ‚Geheim' in einem streng staatlich-militärischen Sinn war sie sicherlich nicht."[707]

Die Kosovo-Arbeitsgruppe unternahm konkrete Schritte zur Erarbeitung einer Studie über Perspektiven des zukünftigen politischen und rechtlichen Status des Kosovo, in der mögliche politische Szenarien und Lösungsvarianten für den Kosovo berücksichtigt wurden.[708] Die Studie (mit vier Optionen) wurde bei der zweiten Sitzung der Arbeitsgruppe am 8. Oktober 1992[709] über die völkerrechtlichen und staatsrechtlichen Aspekte der Kosovo-Frage vorgestellt und eingehend diskutiert.

Institut), Wolfram Karl (Institut für Völkerrecht der Universität Salzburg), Gerhard Hafner (Institut für Völkerrecht der Universität Wien), Josef Marko (Institut für öffentliches Recht, Politikwissenschaft und Verwaltungslehre der Universität Graz), Tomislav Boric (Institut für Bürgerliches Recht der Universität Graz), Hanspeter Neuhold (Österreichisches Institut für Internationale Politik), Wolfgang Libal (Journalist und Autor mehrerer Bücher über Jugoslawien und das Kosovo-Problem), Christine von Kohl (Journalistin und Mitarbeiterin der Helsinki Föderation), Max Peyfuss (Institut für Osteuropäische Geschichte der Universität Wien), Hannes Tretter (Institut für Staats- und Verwaltungsrecht der Universität Wien), Paul Lendvai (Autor mehrerer Bücher betreffend den Balkan), Rainer Stepan (Karl von Vogelsang Institut in der Politischen Akademie), Ernst Sucharipa (Leiter der Sektion II im BMaA), Helmut Türk (Leiter der Gruppe I.A im BMaA (Völkerrechtsbüro), Albert Rohan, Leiter der Abteilung II.3 im BMaA (Ost- und Südosteuropa), Johannes Kyrle (*Stellvertretender Kabinettschef des Außenministers Mock*), Walter Siegl (österreichischer Botschafter in Belgrad 1991-1992) und Klaus Wölfer (Politische Sektion im BMaA, Bereiche Balkan-Konflikt, Nachfolgestaaten Jugoslawiens) (Aus einem unveröffentlichten Dokument des österreichischen Außenministeriums über die „Arbeitsgruppe Kosovo unter Vorsitz von Außenminister Mock" (1992)). Kopie im Besitz des Verfassers.

706 ÖStA, AdR, BMAA, GZ. 101.03.01/10-II.3/92, Kosovo-Arbeitsgruppe, 1. Sitzung am 24. Juli 1992, Aktenvermerk, vom 29. Juli 1992, Wien, S. 1.

707 Interview mit Klaus Wölfer, Wien, 15. 12. 2017. Das Interview hat Wölfer als Privatperson durchgeführt. Rainer Stepan, der Mittelosteuropa-Referent (auf Partei-Ebene) von Mock war und auch bei dieser Arbeitsgruppe teilnahm, betont, dass die „Intention war, ein seriöses und kompetentes Beratungsgremium für den Außenminister zu sein". Interview mit Rainer Stepan, Wien, 5. 10. 2017.

708 Bei der ersten Sitzung der Arbeitsgruppe wurde über die Erstellung einer Studie für künftige Lösungsvarianten entschieden, die dann bei der zweiten Sitzung vorgestellt wurde. Hannes Tretter (Institut für Staats- und Verwaltungsrecht der Universität Wien), Josef Marko (Institut für öffentliches Recht, Politikwissenschaft und Verwaltungslehre der Universität Graz) und Tomislav Boric (Institut für Bürgerliches Recht der Universität Graz), haben die Ausarbeitung dieser Studie übernommen. Aus einem unveröffentlichten Dokument des österreichischen Außenministeriums „Perspektiven der zukünftigen politischen und rechtlichen Stellung Kosovos" (1992). Kopie im Besitz des Verfassers.

709 Die zweite Sitzung der Arbeitsgruppe fand auch im Bundesministerium für auswärtige Angelegenheiten in Abwesenheit des Außenministers Mock statt.

4. Die österreichische Kosovopolitik der Jahre 1986-1994

Die vorgeschlagenen Lösungsvarianten und Lösungsmodalitäten der obengenannten Studie für den künftigen Status des Kosovo stellten einen nützlichen Arbeitsbehelf dar, da das Kosovo-Problem auf der Tagesordnung der österreichischen Außenpolitik blieb. Als der Krieg in Bosnien ausbrach, „war das das vordringliche Thema. Und, da war der Kosovo eben eine Nebenfrage", erinnert Rainer Stepan.[710] Dies bestätigt auch Marijana Grandits. Die Zuspitzung des Bosnien-Konfliktes war der Hauptgrund, „warum sich diese Gruppe dann nicht mehr getroffen hat" und „auch, weil es keinen Konsens gegeben hat".[711] Sie fügt weiter hinzu:

> wir waren alle einig, dass es in Wirklichkeit kein Zurück gibt, also jeder hat gesagt, es kann nachdem, was sich da gerade getan hat, es kann kein Jugoslawien mehr geben, aber niemand hat es gewagt damals zu sagen, dass es eine Trennung von Serbien geben wird, soweit waren die Leute nicht, das war nur so als ‚hidden agenda'.[712]

Nach Ansicht von Grandits war Mock „eigentlich für eine Unabhängigkeit" des Kosovo, „ohne das wieder so explizit zu sagen. Das war ihm zu radikal zu dem Zeitpunkt."[713]

Die Kosovo-Arbeitsgruppe von Außenminister Mock, die zum Ziel hatte, die unterschiedlichen Aspekte des Kosovo-Problems zu betrachten und Lösungsmöglichkeiten zu diskutieren und auszuarbeiten, wurde nach dem Ausbruch des Krieges in Bosnien nicht mehr einberufen.

4.9.6. Die österreichische Botschaft in Belgrad

Die österreichische Botschaft in Belgrad berichtete ständig nach Wien über alle Ereignisse in Jugoslawien, vor allem über den Stand der Demokratieentwicklungen in den einzelnen Teilrepubliken, und verlangte auch von den jugoslawischen Behörden konkrete Informationen über die Lage im Kosovo. Als die Autonomie des Kosovo suspendiert wurde, forderte die österreichische Botschaft in Belgrad gemeinsam mit anderen diplomatischen Vertretungen zusätzliche Informationen über die politische Lage im Kosovo. Der österreichische Botschafter in Belgrad, Paul Leifer, hatte die schwierige Aufgabe in dieser Zeit mit Entscheidungsträgern der jugoslawischen Regierung und der jugoslawischen Teilrepubliken in Kontakt zu treten.[714] Da Österreich noch kein EG-Mitgliedstaat war, war Botschafter Leifer nicht Mitglied des diplomatischen (EG-)Zirkels, der von den 12 EG-Botschaftern in Belgrad gebildet wurde. Leifer ergriff die Initiative zur Schaffung eines neuen diplomatischen Kreises, in dem jugoslawische Politiker eingeladen wurden, über die Situation in Jugoslawien zu sprechen.[715] So wurde am 20. März 1990 auch Milošević

---

710 Interview mit Rainer Stepan, Wien, 5. 10. 2017.
711 Interview mit Marijana Grandits, Wien, 17. 7. 2017.
712 Ebd.
713 Ebd.
714 So hat Botschafter Leifer mehr als ein Jahr gewartet, von „Milošević zum Antrittsbesuch empfangen zu werden". ÖStA, AdR, BMAA, Funkdepesche 25068, Jugoslawien, Offizielles Briefing zur Lage im Kosovo (info), An Außenamt Wien, 11. April 1989, Belgrad, S. 2.
715 „Als neutraler Österreicher war ich ausgeschlossen, mich hat das ziemlich geärgert, auch weil

B. Vorreiterrolle Österreichs in der Kosovopolitik (1990-1994)

eingeladen, der auf die Frage Leifers, wie er sich die Lösung des Jugoslawien-Problems vorstelle, seine harte Haltung und seine kompromisslose Großserbien-Politik zum Ausdruck brachte: „Sehr einfach, Herr Botschafter, es brauchen nur zwei Grundsätze berücksichtigt zu werden: Erstens, dort wo ein Serbe lebt, ist Serbien und zweitens, kein Serbe darf je Teil einer Minderheit auf jugoslawischem Boden sein."[716]

Nachdem Außenminister Mock im Mai 1991 die Gründung eines Weisen-Rates als Zeichen europäischer Verantwortung vorschlug, wurde dieser Vorschlag von der jugoslawischen Zentralregierung stark kritisiert. Die österreichischen diplomatischen Vertreter in Jugoslawien kamen ins Visier der jugoslawischen bzw. serbischen Führung und wurden dahingehend kritisiert, dass sich Österreich den Zerfall Jugoslawiens wünsche und die separatistischen jugoslawischen Tendenzen unterstütze.

Walter Siegl, österreichischer Botschafter in Jugoslawien von Juni 1991 bis Mai 1992, blickt auf seinen ersten Kosovo-Besuch zurück, als er sich in Prishtina mit dem serbischen Statthalter M. Trajkovic und mit dem serbischen Rektor der Universität von Prishtina getroffen hat: „Beide legten es darauf an, das Gespräch in betont feindseliger Weise zu führen, man kann es nicht anders sagen. In beiden Gesprächen bin ich mit dem Vorwurf konfrontiert worden, dass Österreich die Abspaltung des Kosovo von Serbien betreibe. So stand es auch ständig in der Presse."[717] Siegl erzählt weiter, dass er mit Vertrauensleuten von Milošević Probleme hatte, weil er „als Vertreter von Dr. Mock am Platz natürlich zum Lager der Jugoslawien-Feinde zählte".[718]

Als am 7. Juli 1991 das jugoslawische Außenministerium Vorwürfe gegen Österreich erhob, dass Wien sich in innerjugoslawische Angelegenheiten einmische, erklärte Botschafter Siegl im Auftrag von Außenminister Mock am 16. Juli 1991, dass die jugoslawischen Angriffe auf Österreich völlig grundlos seien und mit „aller Entschiedenheit" zurückgewiesen wurden. Die österreichische Außenpolitik gegenüber Jugoslawien sei nur von einem Interesse geleitet, es den „Völkern Jugoslawiens zu ermöglichen, ihre Zukunft nach den Grundsätzen des Selbstbestimmungsrechtes, der Demokratie, der Menschenrechte sowie der Marktwirtschaft selbst zu gestalten".[719]

Als der jugoslawische Außenminister, der Kroate Budimir Loncar, von den Serben gezwungen wurde, zurückzutreten, hat Außenminister Mock im Einklang mit der EG

---

      ich damals schon der Acting Dean war, der am längsten akkreditierte Botschafter in Jugoslawien. Dann habe ich die Initiative zur Schaffung eines eigenen Kreises ergriffen: ‚Botschafter der OECD-Staaten minus EG-Botschafter'. Das ist auch gelungen. Da waren neben den Neutralen auch Zimmermann, der kanadische, türkische und japanische Botschafter dabei". Interview mit Paul Leifer, Wien, 29. 3. 2017.

716 Interview mit Paul Leifer, Wien, 29. 3. 2017.

717 „In der Universität bin ich an einem langen Tisch gesessen, auf der einen Seite der Rektor, auf der anderen Seite ich, beide flankiert von serbischen Mitschreibern, insgesamt fünf. In der lokalen Presse standen tags darauf Exzerpte des Wortwechsels. Die Stimmung war eisig. Ich habe die üblichen Fragen gestellt, aber in Erinnerung ist mir nur diese Atmosphäre absoluter Ablehnung geblieben. Bei Trajkovic war es ähnlich". Interview mit Walter Siegl, Wien, 22. 2. 2017.

718 Interview mit Walter Siegl, Wien, 22. 2. 2017.

719 *Kurier*, 17. 7. 1991.

Österreichs Botschafter in Belgrad nach Wien einberufen.[720] Die EG zog ihre Botschafter am 11. Mai 1992 zurück, die USA einen Tag später.

Die österreichischen Diplomaten in Jugoslawien reisten regelmäßig in den Kosovo mit der Absicht, einen Eindruck der politischen, wirtschaftlichen und gesellschaftlichen Entwicklungen im Kosovo zu gewinnen. Sie standen in direktem Kontakt mit führenden politischen Vertretern des Kosovo und berichteten nach Wien über die Geschehnisse und die Repressionen im Kosovo. Oft kamen aus ihren Reihen Informationen aus erster Hand bezüglich des Lebens der Kosovo-Albaner insbesondere in der vorherrschenden politischen und wirtschaftlichen Situation sowie bezüglich des Erziehungs-, Universitäts-, Gesundheits- und Sozialwesens.

Der österreichische Geschäftsträger in Jugoslawien, Michael Weninger,[721] war der erste ausländische Diplomat, der an der Prishtina Universität einen Vortrag gehalten hat. Der Vortrag von Weninger wurde von den serbischen Medien kritisiert.[722] Wogegen Fehmi Agani Vizepräsident der LDK den Besuch Weningers „als klares Zeichen dafür, daß die Kosovo-Frage eine internationale und nicht interne Frage sei, wie Belgrad behauptet" bezeichnete.[723]

4.10. Der österreichische Nationalrat

Die politischen Entwicklungen im Kosovo wurden auch im österreichischen Parlament beobachtet und diskutiert. Eine wichtige Rolle sich mit der Kosovo-Frage zu beschäftigen, spielten die zahlreichen Besuche kosovo-albanischer Politiker in Wien – die sowohl die österreichischen Abgeordneten als auch die Medien über die Unterdrückungsmaßnahmen gegen albanischsprachige Bevölkerungsmehrheit im Kosovo informierten – sowie die Besuche im Kosovo von österreichischen Abgeordneten nach der Verfassungsänderung des Kosovo und Vojvodina. Die Menschenrechtsverletzungen gegen die ethnische albanische Mehrheit im Kosovo waren immer wieder Gegenstand von Diskussionen im österreichischen Nationalrat. Besonders aktiv waren hier einige österreichische Abgeordnete: Heinz Fischer, Peter Jankowitsch, Peter Schieder und Gabrielle Traxler von der SPÖ, Andreas Khol, Heinrich Neisser, Alois Puntigam, Ludwig Steiner und Josef Höchtl von der ÖVP, Norbert Gugerbauer und Friedhelm Frischenschlager von der FPÖ, Madeleine Petrovic, Marjana Grandits und Terezija Stoisits von den Grünen.

Die Verschärfung der politischen und wirtschaftlichen Schwierigkeiten im Kosovo erörterten die österreichischen Abgeordneten im Nationalrat zum ersten Mal am 8. Juni 1989. Die Aufhebung der Autonomie und die Einsetzung des Militärs gegen die kosovo-albanische Bevölkerung wurden nicht als die geeigneten Mittel zur Lösung des Kosovo-Kon-

---

720 „Alle Botschafter der EG-Staaten sind zurückberufen worden, einberufen zu Konsultationen, und dem hat sich Österreich angeschlossen, weil wir auf der Wegstrecke zum Beitritt zur EG/EU waren". Interview mit Walter Siegl, Wien, 22. 2. 2017.
721 Weninger war österreichischer Geschäftsträger von März 1993 bis August 1997 und nach der Anerkennung der BRJ durch Österreich Botschafter. Telefoninterview mit Michael Weninger, Vatikan/Wien, 23.2.2017.
722 *APA*, 7. 11. 1994.
723 *APA*, 7. 11. 1994.

B. Vorreiterrolle Österreichs in der Kosovopolitik (1990-1994)

fliktes betrachtet.[724] Der österreichische Nationalrat registrierte mit Besorgnis die ständigen Menschenrechtsverletzungen, wobei Heinz Fischer[725] das österreichische Engagement nicht als Einmischung in die inneren Angelegenheiten Jugoslawiens betrachtete,

> sondern in dem Sinne, daß sich sowohl innerhalb Jugoslawiens als auch außerhalb Jugoslawiens Menschen Gedanken machen über die Probleme, die es im Kosovo gibt und vor denen man ja nicht die Augen verschließen kann, die ihre Auswirkungen haben und die nicht einfach beiseitegeschoben werden können.[726]

Im Kontext der Verschärfung der politischen und wirtschaftlichen Lage im Kosovo beschreibt Fischer die Rolle des österreichischen Nationalrates wie folgt:

> Als sich aber Milošević in Serbien zu einer gewaltsamen und immer brutaleren Politik entschlossen hat und systematische Menschenrechtsverletzungen unübersehbar waren, fühlte sich die Internationale Staatengemeinschaft verpflichtet eine Politik zum Schutz der Menschenrechte und zur Gewaltvermeidung zu starten. Dieser Politik hat sich auch Österreich bzw. der österreichische Nationalrat mit großer Mehrheit angeschlossen.[727]

Zwei Monate nach seiner Wahl zum Vorsitzenden der LDK reiste Rugova am 13. Februar 1990, auf Einladung des Vorsitzenden der Internationalen Helsinki-Föderation für Menschenrechte, Karl Schwarzenberg, nach Wien. Der Besuch in Wien war die erste Reise von Rugova als LDK-Vorsitzender ins Ausland. Rugova sprach zum ersten Mal außerhalb seines Landes über die dramatische Verschlechterung der politischen, wirtschaftlichen und kulturellen Lage im Kosovo.[728] Er wurde von Vertretern der österreichischen Parteien, darunter der ehemalige Außenminister in seiner Funktion als Vorsitzender des Außenpolitischen Ausschusses des Nationalrates, Peter Jankowitsch, empfangen.[729] Jankowitsch, der mit Sorge die ethnischen Spannungen zwischen den einzelnen Nationalitäten in Jugoslawien verfolgte, zum Besuch von Rugova: „Vor allen Dingen ging es um Information, wie ist die Situation in Kosovo und das war natürlich sehr aufschlussreich, und hat sicher auch unsere Haltung in der Frage bestätigt."[730]

Bei seinem zweiten Wien-Besuch Ende Oktober 1990 wurde Rugova im österreichischen Außenministerium vom Leiter der politischen Sektion, Ernst Sucharipa, empfangen. Rugova sprach sich für eine politische, demokratische Lösung des Kosovo-Problems

---

724 Sten. Prot. NR, XVII. GP, 107. Sitzung, 8. Juni 1989.
725 Fischer war Nationalratspräsident von 1990 bis 2002 und Bundespräsident von 2004 bis 2016. Heinz Fischer, Wende-Zeiten. Ein österreichischer Zwischenbund, Wien 2003.
726 Die Rede von Heinz Fischer, in: Sten. Prot. NR, XVII. GP, 117. Sitzung, 9. November 1989, S. 13835.
727 Interview mit Heinz Fischer, Wien, 27. 4. 2017.
728 Rugova reiste im Februar 1990 nach Wien gemeinsam mit Shkelzen Maliqi von der Union der jugoslawischen demokratischen Initiativen. Rugova und Maliqi nahmen zum ersten Mal in einer Podiumsdiskussion an der Universität Wien zur Lage im Kosovo teil, welche von der Internationale Helsinki-Föderation für Menschenrechte (IHF) veranstaltet wurde.
729 *APA*, 13. 2. 1990.
730 Interview mit Peter Jankowitsch, Wien, 3. 2. 2017.

4. Die österreichische Kosovopolitik der Jahre 1986-1994

aus und kritisierte, dass Serbien keine Bereitschaft zu einem Dialog mit den Kosovo-Albanern gezeigt habe. Für Rugova war die gleichberechtigte Teilnahme der Kosovo-Albaner an der Diskussion über die zukünftige jugoslawische Staatsform, in der Kosovo als gleichberechtigte Einheit innerhalb Jugoslawien verbleiben wolle, unumgänglich. Eine mögliche Staatsform von nur sechs Republiken lehnte Rugova ab, da dies die totale Beseitigung der Autonomie des Kosovo bedeuten würde und erklärte, dass die Verfassungsdeklaration der albanischen Abgeordneten von Juli 1990 bis dato von keiner jugoslawischen Teilrepublik anerkannt sei.[731] Während seines Besuches traf Rugova wieder den Vorsitzenden des außenpolitischen Ausschusses des Nationalrates, Peter Jankowitsch. Jankowitsch erinnerte sich an dieses zweite Treffen mit Rugova, in dem dieser die Aufnahme des Dialogs zwischen Kosovo-Albaner und Serben sowie die Wiederherstellung der Autonomie des Kosovo gefordert hat.[732]

Eine friedliche und schnelle Lösung bezüglich der Ereignisse in Jugoslawien hatte Priorität in der österreichischen Außenpolitik. Außenminister Mock bezeichnete die Auflösung des Parlaments und der Regierung des Kosovo durch die serbische Führung als „schweren Rückschlag auf dem Weg Jugoslawiens zur Demokratie".[733] Eine Delegation des von der serbischen Regierung aufgelösten Parlaments von Kosovo (Muharrem Shabani, Skender Skenderi und Bujar Gjurgjeala)[734] wurde am 21. August 1990 von den Klub-Obmännern der SPÖ, Heinz Fischer, und der ÖVP, Fritz König, empfangen. Fischer und König erklärten, für sie sei die Einhaltung der Menschenrechte im Kosovo von großer Bedeutung, wobei Jugoslawien die Beschlüsse der Kopenhagener KSZE-Menschenrechtskonferenz respektieren solle.[735] Gabrielle Traxler (SPÖ) nahm Mitte Dezember 1990 als erste österreichische Abgeordnete an einer Erkundungsmission der Internationalen Helsinki-Föderation für Menschenrechte in den Kosovo teil. Sie bezeichnete es angesichts der angespannten Lage im Kosovo als unmöglich, „zur Tagesordnung überzugehen, wenn mitten in Europa die Menschenrechte in so flagranter Weise verletzt werden […]. Es ist Sache der Außenpolitik, Menschenrechtsverletzungen nicht zu dulden."[736]

Wegen der fortdauernden Verletzung der Menschenrechte gegen die Kosovo-Albaner setzte sich der österreichische Nationalrat Anfang des Jahres 1991 mit der politischen, wirtschaftlichen, kulturellen und sozialen Lage im Kosovo auseinander. In einem Entschließungsantrag[737] des Nationalrates vom 16. Jänner 1991, der einstimmig beschlossen wurde, wurde Außenminister Mock aufgefordert und ersucht, einen Bericht zur Lage der Menschenrechte im Kosovo (innerhalb eines Monats) dem österreichischen Nationalrat

---

731 ÖStA, AdR, BMAA, GR. 101.03.00/332-SLII/90, Vorsprache von Kosovo-Albanern beim Herrn Sektionsleiter II (29.10.1990), Aktenvermerk, vom 30. Oktober 1990, Wien.
732 *APA*, 30. 10. 1990.
733 *APA*, 22. 8. 1990.
734 Nach der Ankunft in Wien der Delegation des Parlaments von Kosovo kündigte der serbische Innenminister, Radmilo Bogdanovic, an, dass die Abgeordneten nach ihrer Rückkehr in den Kosovo verhaftet werden sollen.
735 *APA*, 22. 8. 1990.
736 *APA*, 27. 12. 1990.
737 Der Entschließungsantrag wurde von Andreas Khol (ÖVP) und Gabrielle Traxler (SPÖ) eingebracht.

B. Vorreiterrolle Österreichs in der Kosovopolitik (1990-1994)

vorzulegen.[738] Im Hinblick auf die bedrohliche Entwicklung und Unterdrückungspolitik gegen die Kosovo-Albaner forderten die österreichischen Abgeordneten aller vier politischen Parteien die Regierung auf, entschiedene Maßnahmen gegen Jugoslawien zu unternehmen und die internationale Gemeinschaft zum Handeln aufzurufen:

> 2. Der Bundesminister für auswärtige Angelegenheiten wird des Weiteren ersucht, einen Überblick über jene Möglichkeiten zu geben, die die Bundesregierung gegenüber Jugoslawien hat, um auf die Einhaltung der Menschenrechte und Grundfreiheiten im Sinne der von Jugoslawien unterzeichneten Weltpakte der Vereinten Nationen ebenso wie im Hinblick auf die Schlussakte von Helsinki sowie der anderen Dokumente des KSZE-Prozesses (Belgrad, Madrid, Wien) zu dringen. […]
>
> 4. Darüber hinaus wird der Bundesminister für auswärtige Angelegenheiten ersucht, im Rahmen bilateraler oder multilateraler Kontakte – etwa bei der bevorstehenden Sitzung der Menschenrechtskommission der Vereinten Nationen – darauf zu drängen, daß Jugoslawien das Fakultativprotokoll zum zweiten Menschenrechtspakt, den es bereits im März 1990 unterzeichnet hat, ratifiziert.[739]

Andreas Khol (ÖVP), der den Text des Entschließungsantrags vorbereitet hatte, erläuterte die ethische Verpflichtung Österreichs in dieser Frage:

> Seit 1981 wurden nach Angaben eines serbischen Menschenrechtsanwaltes 600 000 Angehörige des Mehrheitsvolkes im Kosovo zur Polizei geladen, ohne Grund, ohne richterlichen Befehl bis zu dreitägigen Verhören unterzogen. Die Gewerkschaft eine freie Gewerkschaft mit 250 000 Mitgliedern, europaweit anerkannt – wird bedrängt, missachtet, verfolgt, die Gewerkschaftsführer werden verhaftet, die gewerkschaftlichen Rechte werden nicht geschützt, das Hausrecht wird nicht geachtet. Und all das nicht durch Übergriffe einer Soldateska oder Übergriffe einer Polizei, sondern als systematische Politik im Dienste des größeren Serbiens, wo man also versucht, das Staatsgebiet in anachronistischer Denkweise zu vergrößern, und wo man versucht, die 2,4 Millionen Jugoslawen albanischer Herkunft, die auf diesem Staatsgebiet leben und dort die Mehrheit bilden, als Gäste zu bezeichnen und zu sagen: Wenn es euch nicht gefällt, dann schleicht's euch!.[740]

Der Bericht des Bundesministers für auswärtige Angelegenheiten zur Lage der Menschenrechte im Kosovo[741] wurde in einer Sitzung des außenpolitischen Ausschusses am 4. April 1991 in Verhandlung genommen, wobei scharfe Kritik an der serbischen Regierung geübt wurde, da diese verantwortlich sei für ethnische Diskriminierung, Schließung von Volksschulen und die Entlassung von Lehrern.[742]

---

738 Fischer, Begrüßungs- und Eröffnungsreden bei den Internationalen Konferenz, S. 33.
739 Sten. Prot. NR, XVIII. GP, 11. Sitzung, 16. Jänner 1991, S. 655.
740 Ebd., S. 654.
741 In dem Bericht, welcher 43 Seiten umfasst, wurde die politische und wirtschaftliche Lage der kosovo-albanischen Bevölkerungsmehrheit beschrieben sowie die Lebenssituation auf allen Ebenen des Landes dargestellt. Außenpolitischer Bericht 1991, S. 490.
742 Der Entschließungsantrag wurde von den Abgeordneten Andreas Khol (ÖVP), Peter Schieder

4. Die österreichische Kosovopolitik der Jahre 1986-1994

Der österreichische Nationalrat hat zum zweiten Mal seine Besorgnis nach einigen Monaten am 17. April 1991[743] zur äußerst unbefriedigenden Lage der Menschenrechte im Kosovo geäußert und das österreichische Außenministerium ersucht, „im Rahmen des KSZE-Prozesses weiterhin auf die Verwirklichung einer menschenrechtskonformen Situation auch für die albanische Volksgruppe in Jugoslawien zu dringen".[744] In dieser Entschließung des Nationalrates wurde auch erklärt, „bei projektorientierter Wirtschaftshilfe an Jugoslawien auch den Kosovo zu berücksichtigen"[745] und dass die Situation der albanischen Volksgruppe in Jugoslawien beim nächsten Treffen der Pentagonale-Außenminister im Mai 1991 zur Sprache zu bringen sei.[746] Der außenpolitische Sprecher der ÖVP, Andreas Khol, verlangte bei der Parlamentariersitzung der Pentagonale, dass Jugoslawien wegen der Menschenrechtsverletzungen im Kosovo vom geplanten Pentagonale-Vorsitz zu entbinden wäre. Obwohl der Antrag nicht umgesetzt wurde, schaffte es Außenminister Mock im gemeinsamen Schlußkommunique den Appell an Jugoslawien unterzubringen, die Menschenrechte in Gesamt-Jugoslawien zu achten. Gleichzeitig wurde der Vorschlag der österreichischen Parlamentarierdelegation bei der Parlamentariersitzung der Pentagonale angenommen, dass die Pentagonale zu ihrer nächsten Tagung einen Vertreter aus dem Kosovo einladen solle. „Das Kosovo-Problem ist damit internationalisiert", erklärte Khol.[747]

Andreas Khol stellte in seiner Funktion als außenpolitischer Sprecher der ÖVP vor dem Nationalrat in der Sitzung von 20. Juni 1991 die Grundsätze der Kosovo- und Jugoslawienpolitik der ÖVP klar dar, welche das Recht auf Selbstbestimmung im Rahmen der Voraussetzungen der KSZE (des Helsinki-Prozesses) beinhalte und für das Einhalten der Menschenrechte und Demokratie in Europa und in Jugoslawien stehe:

> [...] für uns von der ÖVP stellt Kosovo ein zentrales Anliegen dar, für uns ist die Selbstbestimmung ein zentrales Anliegen, für uns ist die friedliche Ausübung dieses Rechts ein zentrales Anliegen. Wir sind auch der Meinung, dass die Völker [...], die heute Jugoslawien bilden, das Recht haben müssen, über die Zukunft ihres Zusammenlebens selbst und frei zu entscheiden. Diese Völker, die heute in den sechs Republiken und in den zwei autonomen Gebieten Jugoslawiens leben, hatten bis jetzt nie die Möglichkeit, über ihre eigene Verfassung, über ihr eigenes Zusammenleben frei zu entscheiden. 1920 war die Verfassung ein serbisches Oktroi, die Verfassung 1945 war ein kommunistisches Oktroi.[748]

Das große Interesse Österreichs an den Entwicklungen in Ex-Jugoslawien zeigte auch die Reise einer Delegation österreichischer Parlamentarier nach Jugoslawien mit den Delega-

---

(SPÖ), Norbert Gugerbauer (FPÖ) und Johannes Voggenhuber (Grüne) eingebracht, und einstimmig beschlossen.
743 Sten. Prot. NR, XVIII. GP, 25. Sitzung, 17. April 1991, S. 2186.
744 Entschließung des Nationalrates zur Lage der albanischen Volksgruppe in Jugoslawien, Wien, am 17. April 1991, in: BMAA (Hrsg.), Sonderdruck 1992, S. 45.
745 Ebd.
746 Bei dem Treffen der Pentagonale-Außenminister am 18. Mai 1991 in Bologna wurde deren Besorgnis ausgedrückt und der jugoslawische Außenminister, Budimir Loncar, aufgefordert, die Menschenrechte in Jugoslawien zu respektieren. *Wiener Zeitung*, 19. 5. 1991.
747 *APA*, 18. 5. 1991.
748 Sten. Prot. NR, XVIII. GP, 33. Sitzung, 20. Juni 1991, S. 3201.

B. Vorreiterrolle Österreichs in der Kosovopolitik (1990-1994)

tionsleitern Peter Schieder (SPÖ) und Andreas Khol (ÖVP) am 6. August 1991.[749] Während des Besuches in Jugoslawien absolvierte die Delegation Treffen mit Spitzenpolitikern der Teilrepubliken sowie der Zentralregierung.[750] Der Höhepunkt des Besuches der österreichischen Parlamentarier war ohne Zweifel das Treffen mit Milošević. Ein wesentlicher Punkt im Gespräch mit Milošević war die Kosovo-Frage, was zu einer heftigen Auseinandersetzung führte.[751] Als Milošević versucht hat, die politische Lage im Kosovo als normale Situation darzustellen, ergriff Khol das Wort und erwiderte mit einer heftigen Replik an Milošević. So schildert Andreas Khol das Treffen mit Milošević:

> Ich bin noch nie so charmant und unverfroren angelogen worden […]. Die Tore der Albanischen Akademie der Wissenschaften im Kosovo waren versperrt, ich habe das Schloss selbst gesehen. Aber Milošević hat mir überzeugend dargetan, dass das Gegenteil der Fall ist. ‚Wollen Sie nochmals hinfahren?' hat er beharrt, ‚ich stelle Ihnen ein Flugzeug zur Verfügung.' Nach einer halben Stunde Gespräch mit ihm weiß man nicht mehr, ob man Mann oder Frau ist.[752]

Das bestätigt auch der österreichische Botschafter Siegl, der die österreichischen Parlamentarier begleitet hat:

> Aus dem Wortwechsel Khol-Milošević ist mir besonders in Erinnerung, dass Khol berichtete, er habe in Prishtina die Universität nicht betreten können. Er sei vor einem versperrten Tor gestanden. Milošević erwiderte in der freundlichsten Weise, dass die Universität in Wirklichkeit offen sei, und er dem Abgeordneten jederzeit ein Flugzeug zur Verfügung stellen könne,

---

749 Die österreichische Delegation traf sowohl den Staatsvorsitzenden Mesic als auch führende jugoslawische Bundesparlamentarier. Der österreichischen Delegation gehörten auch die Abgeordneten Ludwig Kowald (ÖVP), Helga Konrad (SPÖ), Michael Schmid (FPÖ) und Marijana Grandits (Grüne) an.
750 Der Vorsitzende des jugoslawischen Staatspräsidiums, Stipe Mesic, nannte drei Kriterien als unabdingbar für die Bewältigung der jugoslawischen Krise: „eine Garantie der inneren und äußeren Grenzen der Föderation, die Rückkehr der Armee in die Kasernen und den Abzug der bewaffneten serbischen Freischärler aus Kroatien". *Die Presse*, 7. 6. 1991, S. 4. Angesprochen auf die schlechte Lage im Kosovo, wo die Kosovo-Albaner wie alle anderen Nationalitäten Jugoslawiens die volle Gleichberechtigung erhalten müssen, erklärte Mesic: „In Kosovo ist bisher gar nichts gelöst worden". Ebd.. Auch für den jugoslawischen Außenminister Budimir Loncar dürfe das Kosovo-Problem nicht isoliert gesehen, sondern in einem gesamtjugoslawischen Zusammenhang, sowie auch seine Lösung in den Gesamtprozeß eingebaut werden müsste". *Die Presse*, 8. 6. 1991, S. 2. Die österreichische Delegation betonte die Notwendigkeit einer friedlichen Lösung für den Kosovo. Um die humanitäre Lage im Kosovo näher zu betrachten, erkundete vom 27. bis 29. Oktober 1992 eine Mission des Wiener Landtages mit Landtagsabgeordneten Godwin Schuster (SPÖ), Andreas Salcher (ÖVP) Barbara Schöfnagel (FPÖ) und Peter Pilz (Grüne) die Lage im Kosovo. Sie führten Gespräche mit Vertretern humanitärer und politischer Organisationen der Kosovo-Albaner, siehe Außenpolitischer Bericht 1992, S. 744; Rohan, Chronologie der Jugoslawischen Krise 1994.
751 Interview mit Marijana Grandits, Wien, 17. 7. 2017.
752 *Kurier*, 7. 6. 1992, S. 5.

4. Die österreichische Kosovopolitik der Jahre 1986–1994

damit er sich dessen versichere. Er machte gleich eine theatralische Geste, um die Sache einzuleiten. Khol lehnte natürlich dankend ab. Das Ganze war eine Farce.[753]

Im Dezember 1993 hat Fischer als Nationalratspräsident Rugova empfangen, als einer der ersten europäischen Parlamentspräsidenten. Fischer äußerte seinen Wunsch, die Aktivitäten Österreichs auf der parlamentarischen Ebene zwischen Österreich und Kosovo zu verstärken, „ob es zu gegenseitigen Besuchen von Parlamentariern zwischen Österreich und dem Kosovo kommen, ob Österreich im Rahmen der KSZE Schritte setzen oder ob die neutralen Staaten im Zusammenhang mit dem Kosovo-Problem Aktivitäten entfalten sollten".[754] Derartige Wünsche, die Kooperation mit dem Kosovo auf der parlamentarischen Ebene zu verstärken, sind kaum von anderen europäischen Staaten geäußert worden.

Im Kontext der Kampfhandlungen in Bosnien-Herzegowina und trotz intensiver internationaler Friedensbemühungen zur Lösung des bosnischen Krieges verlangte der Nationalrat in einem Entschließungsantrag vom Mai 1993 internationale Maßnahmen zur Verhinderung einer Ausweitung des bewaffneten Konfliktes auf andere Regionen, „insbesondere durch die Entsendung von UNO-Friedenstruppen nach Kosovo, die Verstärkung des bereits nach Mazedonien entsandten UN-Kontingents sowie der KSZE-Langzeitmissionen im Kosovo".[755] Die negativen Entwicklungen sowohl in Bosnien-Herzegowina als auch im Kosovo stellte der ÖVP-Abgeordnete Alois Puntigam dar: „Die ethnische Säuberung findet auch dort statt. Zum Unterschied von jener in Bosnien ist sie lautlos, aber um nichts weniger grausam."[756]

In Vergleich zu Slowenien und Kroatien war die Kosovo-Frage nicht so ein präsentes Thema, mit dem sich auch weniger österreichische Persönlichkeiten beschäftigten. Albert Rohan erinnert sich: „Es war ein kleiner Kreis, die ganze Kosovo-Geschichte war nicht sehr bekannt."[757] Er fügt weiter hinzu: „Damals waren für Österreich, für die österreichische Öffentlichkeit, Slowenien und in zweiter Hinsicht Kroatien die wichtigen Themen, das waren unsere Nachbarn. Daher hat sich die breite Öffentlichkeit nicht mit dem Kosovo befasst."[758]

---

753 Interview mit Walter Siegl, Wien, 22. 2. 2017.
754 *APA*, 2. 12. 1993.
755 Sten. Prot. NR, XVIII. GP, 118. Sitzung, 6. Mai 1993, S. 13766.
756 Sten. Prot. NR, XVIII. GP, 118. Sitzung, 6. Mai 1993, S. 13797. Der ÖVP-Abgeordnete Alois Puntigam war der erste westliche Abgeordnete, der Bergarbeiter während ihres Streiks in Mitrovica ohne serbische Erlaubnis besucht hat. Puntigam erklärt weitere Details von seiner ersten Reise in den Kosovo: „Ich glaube Ost-Deutschland war zur Zeit Ulbrichts ein Paradies dagegen, wie es den Kosovo-Albanern gegangen ist – nur ein persönliches Erlebnis […]. Die wirtschaftliche Lage war ja katastrophal für die Kosovo-Albaner. Die haben ja nichts gehabt. Es sind Schilderungen gekommen, dass die Frauen sich nicht getraut haben in ein Spital zur Entbindung zu gehen, weil sie Angst haben mussten, dass sie sterilisiert werden und es hat auch Übergriffe gegeben und Folterungen". Interview mit Alois Puntigam, Wien, 3. 7. 2017.
757 Interview mit Albert Rohan, Wien, 24. 2. 2017.
758 Ebd.

B. Vorreiterrolle Österreichs in der Kosovopolitik (1990-1994)

4.10.1. SPÖ

Die Politik Titos genoß besondere Sympathie in europäischen sozialdemokratischen Kreisen. Diese projugoslawische Haltung der europäischen Linken stellte für längere Zeit die Erhaltung des jugoslawischen Gesamtstaates nicht in Frage. Kreisky hatte immer versucht, gute Beziehungen mit Tito zu pflegen und die nachbarschaftliche Zusammenarbeit zwischen Österreich und Jugoslawien, deren Beziehungen sich „nach dem Zweiten Weltkrieg in eine konstruktive und gut nachbarschaftliche Richtung entwickelt haben",[759] auszuweiten.

Die Vielvölkerstaaten waren für die europäische Linke in Einklang mit den Integrationsbemühungen, sodass Jugoslawien in den 1980er Jahre oft als möglicher künftiger EG-Mitgliedstaat bezeichnet wurde.[760] Die SPÖ, wie die anderen europäischen linken Parteien, pflegte Kontakte sowohl mit den herrschenden kommunistischen Politikern Jugoslawiens als auch mit reformistischen Gruppierungen der jugoslawischen Teilrepubliken. Die außenpolitische Beraterin von Vranitzky, Eva Nowotny, fügt hinzu, dass die Österreicher versucht haben, bei „Kontakten mit anderen europäischen Regierungen ein Bewusstsein dafür zu erwecken, dass in Jugoslawien Spannungen entstehen, die sich unter Umständen auf eine dramatische Art und Weise entladen können".[761] Dass das jugoslawische System insbesondere nach Titos Tod sehr brüchig war, ist für die SPÖ ein Zeichen gewesen, dass die Spannungen dort zunehmen werden. In seinen Erinnerungen schreibt Bundeskanzler Vranitzky über seine Sorgen bezüglich der politischen Zukunft Jugoslawiens: „Der Zerfall des alten Jugoslawiens war nach dem Abtreten Titos nicht mehr aufzuhalten und dies war das Ergebnis meiner mehrjährigen Erfahrung im Umgang mit Balkanthemen."[762] „Es gab damals zwei Möglichkeiten", schildert Heinz Fischer die Überlegungen der Sozialdemokraten, „Versucht man das, was den einzelnen Teilstaaten Jugoslawiens gemeinsam ist, unter einem gemeinsamen Dach zu erhalten, oder gibt man den nationalen Strömungen in diesen Ländern Raum. Die Entscheidung ist von den Nationalitäten in Jugoslawien getroffen und von Österreich anerkannt worden."[763] Diese Sensibilität wurde von den anderen europäischen Staaten kaum zuteil. Eva Nowotny beschreibt die zurückhaltende Position der englischen Regierungschefin:

> Ich war selbst dabei bei einem Gespräch, das Vranitzky mit Margaret Thatcher gehabt hat, da wurde schon gekämpft in Jugoslawien, und das muss vor 1990 gewesen sein, sie war noch Premierministerin und Vranitzky hat über Jugoslawien gesprochen und sie hat gesagt, ‚Franz, you exaggerate so. [...]. We have lived with Ulster for so long. You will learn to live with it.[764]

---

759 Interview mit Peter Jankowitsch, Wien, 3. 2. 2017.
760 Liedermann, Österreichs Image im ehemaligen Jugoslawien, S. 555.
761 Interview mit Eva Nowotny, Wien, 7. 4. 2017.
762 Vranitzky, Politische Erinnerungen, S. 355.
763 Heinz Fischer, Spaziergang durch die Jahrzehnte: Heinz Fischer; begleitet von Herbert Lackner, Salzburg – München 2018, S. 124.
764 Ebd.

4. Die österreichische Kosovopolitik der Jahre 1986-1994

Heinz Fischer und Peter Jankowitsch, Vorsitzender des außenpolitischen Ausschusses des Nationalrats,[765] waren die wichtigsten Persönlichkeiten der SPÖ, die bereits oft Konsultationen mit der politischen Führung des Kosovo in Wien hatten. Schon beim ersten Besuch einer Delegation des aufgelösten Parlaments des Kosovo in Wien (August 1990) äußerte sich Fischer sehr besorgt über die Lage der albanischen Volksgruppe in Jugoslawien. Heinz Fischer, der die Verschärfung der Situation im Kosovo verfolgt hat, betont, „so hat mich auch das Schicksal des Kosovo und der Kosovaren und deren Unterdrückung durch Milošević sehr beschäftigt."[766]

Peter Jankowitsch hatte schon (im Februar und) im Dezember 1990 während des Treffens mit Rugova in Wien erklärt, dass der Demokratisierungsprozess in Jugoslawien erst dann als abgeschlossen betrachtet werden könne, wenn bei den Wahlen nicht nur in den noch kommunistisch regierten Teilrepubliken, sondern auch im Kosovo „die Bürger frei über ihre Vertretung entscheiden könnten. Dies gelte vor allem für die albanische Bevölkerungsmehrheit im Kosovo, das unter Verletzung sowohl der jugoslawischen als auch der serbischen Verfassung einem Notstandsregime unterliegt'."[767] Der Wiener Bürgermeister Helmut Zilk war eine hochrangige SPÖ-Persönlichkeit, die oft Gespräche mit Rugova in Wien führte und von Beginn an mit besonderer Aufmerksamkeit die angespannte Situation im Kosovo verfolgt hat. Zilk unterstützte auch die Aktivitäten von österreichischen Nichtregierungsorganisationen humanitären Charakters.

Eva Nowotny erklärt, wie die ersten Spannungen im Kosovo innerhalb der SPÖ und der österreichischen Regierung eingeschätzt worden sind:

> Die ersten Unruhen in Kosovo waren schon die ersten Alarmsignale, dass da etwas kommt, dann die Zuordnung vom Kosovo zu Serbien, wo wir auch gemerkt haben, das wird problematisch, das wird nicht so einfach gehen und es war in Österreich auch in der Sozialdemokratie und nicht nur in der Regierung, sondern auch in der Partei, immer eine große Unterstützung für den Kosovo da. Und wir haben uns dann ja auch sehr engagiert.[768]

„Die Kosovo-Frage war für uns" erklärt Eva Nowotny „von Anfang an ein Detail-Problem in der ganzen Problematik, also Ex-Jugoslawien, denn wir haben schon gewusst, dass das problematisch ist, die Rückführung dieser doch sehr weitgehenden Autonomie, die durch Milošević noch stattgefunden hat."[769] Peter Jankowitsch fügt weiter hinzu, dass die Kosovo-Frage „sicher eine Frage der Menschenrechte und Grundfreiheiten und natürlich auch der Selbstbestimmung" war.[770]

Wenn die SPÖ und ÖVP in der Jugoslawienpolitik Meinungsverschiedenheiten hatten, war dies in der Kosovopolitik nicht der Fall. Botschafter Leifer, der aufgrund der Entwicklungen in Jugoslawien ständig in Kontakt mit Bundeskanzler Vranitzky und Au-

---

765 Von Dezember 1990 bis April 1992 war Jankowitsch Staatssekretär für Europafragen im Bundeskanzleramt.
766 Interview mit Heinz Fischer, Wien, 27. 4. 2017.
767 *APA*, 30. 10. 1990.
768 Interview mit Eva Nowotny, Wien, 7. 4. 2017.
769 Ebd.
770 Interview mit Peter Jankowitsch, Wien, 3. 2. 2017.

B. Vorreiterrolle Österreichs in der Kosovopolitik (1990-1994)

ßenminister Mock stand, erinnert sich, „in der Kosovo-Frage waren Vranitzky und Mock auf derselben Linie".[771] Auch für Eva Nowotny war die Kosovo-Frage für Bundeskanzler Vranitzky „schon ein Selbstbestimmungsproblem, man muss es schon als Selbstbestimmungsrecht der kosovarischen Bevölkerung betrachten".[772] Diese politische Haltung von Bundeskanzler Vranitzky wurde auch von Peter Jankowitsch getragen, „weil das Selbstbestimmungsrecht muss natürlich für alle Völker Jugoslawiens gelten".[773] Heinz Fischer kommt zu dem Schluss, dass „die Überlegung, die Einheit Jugoslawiens in einer demokratischen Föderation aufrechtzuerhalten, war kein Gedanke, für den man sich hätte schämen müssen. Er ist von Slobodan Milošević und Co. zerstört und verunmöglicht worden."[774]

4.10.2. ÖVP

Die ÖVP hatte Kontakte zu Regimegegnern, wobei die Ideologien und Motivation dieser Gruppierungen für die Partei keine Rolle spielten. Als Vizebürgermeister der Stadt Wien war Erhard Busek einer der hochrangigen ÖVP-Politiker, der diese Kontakte auf der intellektuellen Ebene seit dem Jahr 1987 – während seiner ersten Kosovo-Reise – aufbaute. Seine ersten Kontakte im Kosovo hatte er mit Rugova, „der in seiner künstlerischen Art und Liberalität sehr beeindruckend war",[775] und im universitären Bereich, wie mit dem Rektor der „,illegalen Universität von Prishtina', Ejup Statovci".[776] Busek erinnert sich:

> Das war mein erster Besuch im Kosovo. Ich habe damals mit Freunden eine Reise nach Belgrad gemacht. Einer der Kontakte war auch der Bürgermeister von Belgrad, Boran Bogdanovic, der Architekt, der bei uns in Österreich studiert hat. Den habe ich auch in seinem Atelier besucht usw. und bin dann aus eigenem Interesse nach Kosovo weitergefahren.[777]

Diese persönlichen Kontakte waren für ihn ein klares Signal: „Ich war der felsenfesten Überzeugung, auch weil ich dort war, dass sich das nicht hält."[778]

Die ÖVP und ihre Politiker, die in der Außenpolitik aktiv waren, vor allem Erhard Busek, Alois Mock, Andreas Khol und Werner Fasslabend (später Wolfgang Schüssel, Michael Spindelegger) zeigten sich besonders engagiert in der Kosovo-Frage, nicht nur in Österreich, sondern auch in den internationalen Gremien. Andreas Khol hob hervor, dass die ÖVP den Kosovo unterstützt hat, „auch aus den Gründen der Südtirol-Autonomie, das hat also irgendetwas damit zu tun gehabt".[779] Werner Fasslabend sagt, dass Österreich die Kosovo-Frage „als eine hochpolitische Frage gesehen" hat und „nicht so

---

771 Interview mit Paul Leifer, Wien, 29. 3. 2017.
772 Interview mit Eva Nowotny, Wien, 7. 4. 2017.
773 Interview mit Peter Jankowitsch, Wien, 3. 2. 2017.
774 Fischer, Spaziergang, S. 124.
775 Busek, Lebensbilder, Wien 2014, S. 201.
776 Interview mit Erhard Busek, Wien, 31. 1. 2017.
777 Ebd.
778 Ebd.
779 Interview mit Andreas Khol, Wien, 2. 2. 2017. Die ÖVP hatte traditionell das Selbstbestimmungsrecht der Südtiroler unterstützt.

4. Die österreichische Kosovopolitik der Jahre 1986-1994

sehr als eine Frage von Menschenrechten, also von Individualrechten, sondern als eine ordnungspolitische Frage des Balkan".[780]

Besonders hervorzuheben ist die Vorreiterrolle der ÖVP bei der Internationalisierung des Kosovo-Problems im Rahmen der Europäischen Demokratischen Union (EDU). Seit der Gründung der EDU im Jahr 1978, als eine Organisation der west- und mitteleuropäischen, v.a. konservativen und christ-demokratischen Parteien, spielten ÖVP-Politiker eine bedeutsame Rolle. Der erste Präsident der EDU war ÖVP-Obmann Josef Taus und nach ihm folgte Alois Mock; Andreas Khol war Exekutivsekretär der EDU und ihm schloss sich Alexis Wintoniak an.

Die EDU war für die ÖVP ein ideales Instrument, die Themen, die der ÖVP wichtig waren zu behandeln, da der Vorsitzende und der Exekutivsekretär der EDU aus den Reihen der ÖVP kamen. Wintoniak,[781] Klubsekretär für Außen- und Europapolitik im ÖVP-Parlamentsklub und internationaler Sekretär der ÖVP-Bundespartei von 1995 bis 2002, benennt es so: Die „ÖVP-Linie war, dass insgesamt das Thema Jugoslawien auf die europäische bzw. internationale Ebene gebracht werden muss".[782] Bei den wichtigsten EDU-Tagungen des Führungskomitees[783] hat die ÖVP sich dafür eingesetzt, dass die EDU zur Kosovo-Frage Stellung beziehen sollte. Um auf die dortigen Menschenrechtsverletzungen aufmerksam zu machen, setzte die EDU auch Erkundungsmissionen in den Kosovo ein. Andreas Khol, in seiner Funktion als Außenpolitischer Sprecher der ÖVP im Parlament und Exekutivsekretär der EDU, reiste am Dezember 1990 im Auftrag des Lenkungsausschusses der EDU zu einer Fact-Finding-Mission[784] nach Jugoslawien, um sich über die dortigen Entwicklungen im Verfassungsreformprozess, über die Wirtschaftsreform, die Demokratisierung und den Schutz der Minderheiten zu informieren.[785] Khol besuchte den Kosovo im Jänner 1991[786] und berichtete nach seiner Rückkehr in einer Pressekonferenz in Wien über schwere Menschenrechtsverletzungen durch Serbien. Khol: „Im Kosovo droht ein Genozid an der albanischen Mehrheitsbevölkerung."[787] Seine

---

780 Interview mit Werner Fasslabend, Wien, 2. 2. 2017.
781 Wintoniak war von 1996 bis 2002 Exekutivsekretär der EDU.
782 Interview mit Alexis Wintoniak, Wien, 1. 3. 2017.
783 Siehe die EDU Steering Committee Communiqués: Paris Statement (June 1990), Bonn Statement (October 1990), Copenhagen Statement (February 1991), Madrid Statement (May 1991), Paris Declaration (September 1991), Budapest Statement (February 1992), Prague Statement (May 1992), Sofia Statement (September 1992), Madrid Statement (October 1992), Ljubljana Statement (January 1993), Oslo Statement (June 1993), Budapest Declaration (September 1993. Andreas Khol, EDU's Challenge to Lead Europe, in: Lars Tobisson/Andreas Khol/Alexis Wintoniak, Twenty Years European Democrat Union 1978-1998. Europäische Demokratische Union, Wien 1998, pp. 19-79.
784 Die erste Fact-Finding-Mission nach Jugoslawien fand von 5. bis 8. Dezember 1990 unter Leitung von Andreas Khol (ÖVP), Bernd Fischer (CDU) und Esther Schollum (ÖVP) statt.
785 Interim Report for the Purpose of the EDU Mission to Yugoslavia envisaged by the Steering Committee (Belgrade-Sarajevo-Prishtina), in: European Democrat Union. Yearbook 1990, pp. 327-337.
786 Die zweite Fact-Finding-Mission nach Jugoslawien fand von 9. bis 12. Jänner 1991 unter Leitung von Andreas Khol (ÖVP) und Esther Schollum (ÖVP) statt (ÖVP-Pressedienst vom 10. 1. 1991 und vom 14. 1. 1991 zur Fact-finding-mission von EDU-Exekutivsekretär Khol in Jugoslawien.
787 *APA*, 14. 1. 1991, sowie Herwig Jedlaucnik, Der Weg zur Anerkennung: Österreichs politische

B. Vorreiterrolle Österreichs in der Kosovopolitik (1990-1994)

Eindrücke während seines Besuches im Kosovo waren niederschmetternd. Khol sprach von einer „Situation der Besatzung, von Verängstigung und von einer als ethnische Diskriminierung empfundenen Massenarbeitslosigkeit der Albaner".[788]

Auf diese Weise konnten die Vertreter der ÖVP die Position der Jugoslawienpolitik der EDU maßgeblich beeinflussen. Die EDU-Erkundungsmissionen in Jugoslawien halfen, die Positionen der christ-demokratischen Parteienfamilie der von der ÖVP anzunähern: „Although the Steering Committee of EDU recognizes the importance of the survival of Yugoslavia as a state, in whatever form, as an element of the European order, it does not ignore the right of all peoples to self-determination in the framework of the Helsinki Final Act of 1975".[789]

Bezüglich der politischen Lage im Kosovo war die EDU[790] „deeply concerned about Serbia's repeal of the autonomous status of Kosovo in violation of the existing constitution, and about measures to suppress the human rights of the Albanian majority in this region".[791] Die EDU forderte von Belgrad „to end its non-democratic police regime over the Kosovo, which is autonomous under the Yugoslav federal constitution".[792] Im Rahmen des Parteiführertreffens der EDU im September 1991 in Paris[793] forderte der EDU-Vorsitzende Mock den Aufbau einer europäischen Friedenstruppe für Jugoslawien und weiters „dass neben dem Konflikt in Kroatien besonderes Augenmerk auch der Lage im Kosovo zugewandt werden müsse".[794] Für Außenminister Mock werde die Unterdrückung der Kosovo-Albaner durch undemokratische Kräfte Belgrads bald zu einer explosiven Lage führen und er bezeichnete das Kosovo-Problem als das „heikelste und gefährlichste" im gesamten Jugoslawien-Konflikt.[795]

Die ÖVP initiierte eine internationale Konferenz „Runder Tisch Europa" auf dem Donauschiff „Mozart" in Wien, an dem hochrangige Persönlichkeiten christdemokratischer und konservativer Parteien aus der ganzen Welt teilnahmen. Um die Kosovo-Albaner in die europäischen diplomatischen Kreise einbinden zu können, lud die ÖVP[796] die LDK

---

und militärische Involvierung in die Slowenienkrise, in: *Der Donauraum* 54 (2014), Heft 3-4, S. 234.

788 *APA*, 4. 4. 1991.
789 Paris Statement. Adopted by EDU Steering Committee on 15 June 1990, in: *European Democrat Union. Yearbook* 1990, pp. 23-24.
790 Yugoslavia after Tito: Renewal or Disintegration, in: European Democrat Union. Yearbook 1991, pp. 186-241.
791 Copenhagen Statement. Adopted by EDU Steering Committee on 22 February, 1991, in: *European Democrat Union. Yearbook* 1991, p.12.
792 Madrid Statement. Adopted by EDU Steering Committee on 10 May, 1991, in: European Democrat Union. Yearbook 1991, p.19.
793 14th EDU Party Leaders' Conference, Paris, 11-13 September 1991, in: *European Democrat Union. Yearbook* 1991.
794 *APA*, 12. 9. 1991.
795 Die EDU stand hinter den europäischen Bemühungen der EG-Friedenskonferenz, die eine „dauerhafte Lösung für die sechs Republiken und zwei autonomen Provinzen auf der Grundlage der freien Willensentscheidung der dortigen Bevölkerung finden" sollte. Esther Schollum, Die Europäische Demokratische Union (EDU) und der Demokratisierungsprozeß in Ost-, Mittel- und Südosteuropa, in: Österreichisches Jahrbuch für Politik 1991, Wien 1992, S. 507.
796 Die Konferenz „Runder Tisch Europa" fand zum ersten Mal am 11. und 12. Jänner 1990 in

4. Die österreichische Kosovopolitik der Jahre 1986-1994

von Rugova, welche als konservative Partei im Kosovo positioniert wurde, ein. Die ersten Kontakte zwischen ÖVP und LDK wurden schon bei den Besuchen von ÖVP-Politikern im Kosovo und von den LDK-Politikern in Österreich aufgebaut und weiter gepflegt.

Bei dem zweiten „Runden Tisch Europa" in Wien, auf dem im März 1991 die Themen „Ethnische Minderheiten, Nationalitäten und Regionen in der neuen Architektur Europas" diskutiert wurden, versuchte die ÖVP die politischen Vertreter des Kosovo als gleichberechtigte Partner, wie die anderen Vertreter der jugoslawischen Teilrepubliken, zu beteiligen.[797] Zahlreiche Vertreter aller ethnischen Gruppen aus Jugoslawien nahmen teil, wie Lojze Peterle, Dimitrij Rupel und Iwan Oman aus Slowenien, Zarko Domljan und Josip Sentija aus Kroatien, Alija Izetbegovic, Stjepan Klujic und Radovan Karadzic aus Bosnien-Herzegowina, Ibrahim Rugova und Lazer Krasniqi aus dem Kosovo, Andras Agoston aus der Vojvodina, Ljupco Geoergievski und Nevzat Halili aus Mazedonien (Serbien und Montenegro waren nicht vertreten).[798]

Die Verabschiedung einer gemeinsamen Deklaration wurde jedoch durch den Widerstand des einzigen anwesenden Serben (des Vorsitzenden der Serbischen Demokratischen Partei von Bosnien-Herzegowina, Radovan Karadzic) verhindert. Karadzic erklärte, dass die Grenzen von jugoslawischen Nationalstaaten zugunsten der ethnischen Interessen des serbischen Volkes geändert werden würden: „The problem of Yugoslavia is […] the problem of Serbian nation question. Once we resolve the Serbian nation question, we will solve the problem of Yugoslavia."[799]

Bezüglich des Prozesses des zerfallenden Vielvölkerstaates Jugoslawiens beklagte Rugova, dass obwohl die Albaner in Jugoslawien nach den Serben und Kroaten das drittgrößte Volk in Jugoslawien seien, sie von den Verhandlungen um die Zukunft Jugoslawiens ausgeschlossen werden. Bei der Abschlusspressekonferenz erklärte Rugova: „Wir fordern die Unabhängigkeit des Kosovo im Rahmen Jugoslawiens, sofern es Jugoslawien in nächster Zeit überhaupt noch gibt."[800] Andreas Khol unterstrich das: „Unser zentrales Anliegen war die Wiederherstellung der Autonomie des Kosovo und der alten Verfas-

---

Wien statt, an der 160 Politiker aus 28 Staaten Ost- und Westeuropas sowie aus Übersee teilgenommen haben. In einer Schlusserklärung forderten die Teilnehmer die Einführung der Marktwirtschaft und der pluralistischen Demokratie, Freiheit, Selbstbestimmung und Menschenrechte. Parallel zum „Runden Tisch Europa" fand vom 11. bis 14. Jänner 1990 auf Initiative der Jungen ÖVP (JVP) die erste gesamteuropäische Konferenz der Jungen Demokraten, der Jugendorganisationen der Konservativen und Christlichen Parteien, in Wien, statt, wobei der JVP-Obmann Othmar Karas eine besondere Rolle gespielt hat. Josef Riegler (ed.), 1st Round Table Europe. Vienna, MS Mozart. 11-12 January 1990. Politische Akademie der ÖVP, Reihe Standpunkte 22, Wien 1990. ÖVP-Obmann Josef Riegler, Vizekanzler Erhard Busek, Außenminister Alois Mock, Verteidigungsminister Werner Fasslabend, Wirtschaftsminister Wolfgang Schüssel und Exekutivsekretär der EDU und außenpolitische Sprecher der ÖVP Andras Khol waren die wichtigsten ÖVP-Persönlichkeiten, die einen besonderen Beitrag zur Beteiligung des Kosovo bei der Veranstaltung „Runder Tisch Europa" geleistet haben.

797 *Danubius*, 5. 5. 1991, S. 27.
798 Josef Riegler (ed.), 2nd Round Table Europe. Vienna, MS Mozart. 25-26 March 1991. Politische Akademie der ÖVP, Reihe Standpunkte 26, Wien 1991, S. 98-99.
799 Das Statement von Karadzic, in: Riegler, 2nd Round Table Europe, S. 20.
800 *APA*, 26. 3. 1991.

B. Vorreiterrolle Österreichs in der Kosovopolitik (1990-1994)

sung. Wir haben damals allerdings die Unabhängigkeit des Kosovo noch nicht im Auge gehabt."[801]

Zum dritten Mal fand ein von der ÖVP veranstalteter „Runder Tisch Europa" mit dem Titel „Das Neue Europa – Von der Selbstbestimmung zur Integration" von 13. bis 15. April 1992 in Wien statt, an dem sich wieder hochrangige christdemokratische Politiker aus über 50 Staaten beteiligten, und wo die ÖVP erneut versuchte, die Kosovo-Frage auf die Tagesordnung zu setzen.[802] Da Rugova von der serbischen Regierung gehindert wurde, teilzunehmen, nahm der Premierminister von Kosovo, Bujar Bukoshi, der im Exil in Deutschland lebte, teil.[803]

Die EDU-Konferenzen und Tagungen, bei denen die konservativen Parteiführer Europas vertreten waren, spiegelten die Uneinigkeit der europäischen Staaten bei den wichtigen Fragen der Balkanpolitik wider. Die Entwicklungen in Jugoslawien und vor allem die Anerkennungsfrage Sloweniens und Kroatiens waren nur einige der Fragen, wobei es oft zu keinem gemeinsamen Standpunkt innerhalb der EDU kam. Die Franzosen unter Leitung des Pariser Bürgermeisters und Oppositionsführers Jacques Chirac, die griechischen und spanischen Konservativen waren hier sehr zurückhaltend, während anderseits die ÖVP die serbische Aggressionspolitik gegen Kroatien, Bosnien-Herzegowina und die Menschenrechtsverletzungen im Kosovo scharf verurteilte, sodass es für die ÖVP-Vertreter nicht leicht war, ihre Position in der Kosovo-Frage im Rahmen der EDU-Tagungen einzubringen. Das bestätigt Andreas Khol: „In der EDU haben wir Jahre gebraucht, bis wir das positive Vorurteil der ehemaligen Alliierten Frankreich und England gegenüber Serbien überwinden konnten."[804]

Michael Spindelegger, seit 1996 außenpolitischer Sprecher der ÖVP im Parlament, der später als Außenminister ein sehr aktives Engagement in der Kosovopolitik zeigte, weist auf die Konstante der aktiven Kosovopolitik der ÖVP hin:

> Das war mir wichtig. Erstens aus Überzeugung, sozusagen das, was in der ÖVP Politik war, voranzutreiben […], denn notwendig waren diese stabilen Richtungen, diese Gleise, die gelegt wurden von Alois Mock, weiter zu bauen, damit der Zug auch fahren kann, damit es nicht zu einem Halt in einem Kopf-Bahnhof kommt und das war daher auch aus dieser Hinsicht aus meiner Sicht staatspolitisch notwendig.[805]

Aber es gab auch Meinungen in der ÖVP, die ein aktives Eintreten der ÖVP und Österreichs in der Kosovo-Frage nicht für günstig hielten:

---

801 Interview mit Andreas Khol, Wien, 2. 2. 2017.
802 *APA*, 18. 3. 1992.
803 In einem Seminar über Minderheitenproblematik in Bratislava, welches von der Christlich-Demokratischen Akademie für Mittel- und Osteuropa im Oktober 1991 veranstaltet worden ist, bei den 85 Teilnehmer von 27 Parteien aus 19 europäischen Ländern teilnahmen, wurden nach einer erfolgreichen Intervention seitens der ÖVP auch die Vertreter der LDK eingeladen. *APA*, 31. 10. 1991.
804 Interview mit Andreas Khol, Wien, 2. 2. 2017.
805 Interview mit Michael Spindelegger, Wien, 5. 7. 2017.

Auch in der ÖVP gab es durchaus Stimmen, die gesagt haben, warum wollen wir uns in einem Konflikt zwischen Serbien und dem Kosovo, der da im Entstehen ist, so stark auf eine Seite stellen, das belastet das Verhältnis zu Serbien aus der Vergangenheit, wird dadurch noch schlimmer, lassen wir doch das, nehmen wir eine neutrale Position ein.[806]

4.10.3. Opposition

Die massive Anwendung militärischer Gewalt seitens der Zentralregierung in Belgrad gegen die Kosovo-Albaner war ein außenpolitisches Problem auch für die Oppositionsparteien (FPÖ und Grüne). Als die Anzahl der Flüchtlinge, Asylbewerber und Wehrdienstverweigerer aus dem Kosovo als Resultat der serbischen Unterdrückung nach Österreich stieg, war die Kosovo-Frage ein Dauerthema sowohl für die FPÖ als auch für die Grünen. Beide Parteien vertraten zwar in der Asylpolitik eine sehr unterschiedliche Meinung. Sie stimmten aber überein in der Verurteilung der aggressiven Politik von Milošević und auch in der Unterstützung des Selbstbestimmungsrechtes aller Völker Jugoslawiens einschließlich der Kosovo-Albaner.

Die serbischen Aktionen gegen die albanische Mehrheitsbevölkerung im Kosovo wurden von der FPÖ stark kritisiert. Das Kosovo-Problem war in der Sicht der FPÖ ein Problem der Unterstützung für die demokratischen Kräfte sowohl in Jugoslawien als auch im Kosovo. FPÖ-Klubobmann Norbert Gugerbauer, die Bundesparteiobmann-Stellvertreterin der FPÖ, Heide Schmidt und FPÖ-Abgeordneter Friedhelm Frischenschlager[807] zeigten sich in den Diskussionen über der österreichischen Kosovopolitik besonders aktiv.[808] Die FPÖ kritisierte Bundeskanzler Vranitzky wegen seiner Politik gegenüber Jugoslawien. Laut FPÖ-Klubobmann Norbert Gugerbauer sollte die österreichische Außenpolitik die demokratischen Kräfte in den jugoslawischen Teilrepubliken unterstützen und nicht „die Stalinisten in Belgrad" und solange es im Kosovo Menschenrechtsverletzungen gibt, „dürfe Österreich nicht wegschauen".[809] Eine explizit antiserbische Haltung wurde vor allem vom Vorsitzenden der FPÖ, Jörg Haider, eingenommen. Haider war während des Zerfalls Jugoslawien Landeshauptmann von Kärnten (von 1989 bis 1991) und Zweiter Landeshauptmann-Stellvertreter von Kärnten (von 1991 bis 1992). So erklärte Haider im Dezember 1996 in einer Stellungnahme, „dass seine Partei gegen die Anerkennung der BRJ sei, solange das Kosovo-Problem ungelöst sei".[810] Laut Haider werde die FPÖ im Nationalrat „für das Selbstbestimmungsrecht des Volkes von Kosovo eintreten".[811]

Madeleine Petrovic, Marijana Grandits und Terezija Stoisits waren die Politikerinnen der Grünen, die in der Kosovopolitik ein besonderes Engagement gezeigt haben. Aufgrund

---

806 Ebd.
807 Heide Schmidt und Friedhelm Frischenschlager traten gemeinsam mit Thomas Barmüller und Klara Motter aus dem Klub der FPÖ im Februar 1993 aus und gründeten die Partei des Liberalen Forums seit 1993. Das LIF war seit diesem Zeitpunkt als Fraktion im Parlament vertreten.
808 Interview mit Friedhelm Frischenschlager, Wien, 28. 3. 2017.
809 *APA*, 23. 5. 1991.
810 Zit. n. Informationszentrum des Kosovo (QIK) Dezember 1992, in: ÖStA, AdR, BMAA, ZL. 322.21/67/96, Telefax-Depesche, Austroamb Belgrad an Außenamt Wien, Kosovo; Stellungnahme von Dr. Jörg Haider; Pressebericht, vom 3. Dezember 1996.
811 Ebd.

B. Vorreiterrolle Österreichs in der Kosovopolitik (1990–1994)

der Zuspitzung der politischen Situation im Kosovo forderten die Grünen den Stopp aller Kredite nach Jugoslawien bzw. an die jugoslawische Zentralregierung, solange die serbische Führung die Menschenrechte im Kosovo verletze. Für die Grünen dürfe Österreich nicht dabei zusehen, dass „die serbische Zentralregierung mit Militär und Polizei die legitimen Forderungen der Kosovo-Albaner, der Slowenen und Kroaten unterdrückt".[812] Petrovic erklärte weiter: „Je besser man die Situation kannte, desto weniger hat man geglaubt, dass es noch so eine jugoslawische Utopie gibt."[813] „Im Kosovo wurden über 20.000 Arbeiter und Arbeiterinnen, die nicht bereit waren, ihr Einverständnis mit den Repressionsmaßnahmen der Zentralregierung schriftlich zu bestätigen, entlassen, die Nationalbibliothek wurde gesperrt, die Universitäten einer strikten Kontrolle unterworfen."[814] Die Aktivitäten der Positionen der Grünen erstreckten sich insbesondere auf Menschenrechtsfragen, auf die Asylpolitik der vertriebenen und verfolgten Bürger aus dem Kosovo und auf humanitäre Aspekte. Die Abgeordneten hatten regelmäßig Treffen mit politischen Vertretern des Kosovo in Wien und versuchten die österreichische Öffentlichkeit auf die Unterdrückung der Kosovo-Albaner aufmerksam zu machen. Die Grünen unterstützten auch die kosovoalbanische Diaspora in Österreich in ihren Bestrebungen, Demonstrationen in Österreich zu organisieren und traten bei Protestkundgebungen für die Unabhängigkeit des Kosovo – wie Madeleine Petrovic und Marijana Grandits – als Redner auf.[815]

4.11. Verstärkung der politischen Kontakte zwischen dem Kosovo und Österreich

Um die Kosovo-Frage verstärkt in die internationalen Gremien zu bringen, ergriff die politische Führung des Kosovo unter Leitung von Rugova Maßnahmen, um die Internationalisierung der Kosovo-Frage auf dem diplomatischen Parkett zu verstärken. Die dominante Tendenz der internationalen Gemeinschaft, das Kosovo-Problem nur als Frage des Schutzes bzw. der Verletzung der Menschen- und Minderheitsrechte zu sehen, lehnte die politische Führung des Kosovo ab. Für sie war das Kosovo-Problem eine Frage des Selbstbestimmungsrechtes.

In dieser Situation und ohne besondere Erfahrung auf der diplomatischen Ebene hatte die politische Führung des Kosovo große Schwierigkeiten, Partner und Alliierte in der westlichen Staatengemeinschaft zu finden. Österreich und insbesondere der österreichische Außenminister Mock waren hier eine große Hilfe. Es gab zahlreiche Besuche des gewählten (aber international nicht anerkannten) Präsidenten des Kosovo, Ibrahim Rugova,

---

812 ÖStA, AdR, BMAA, GZ. 101.03.00/303-II.SL/90, Demonstration von Kosovo-Albaner; Petition, 19. Oktober 1990. Zeitbombe Jugoslawien: Österreich darf nicht länger Schweigen! Die Grüne Alternative.
813 Interview mit Madeleine Petrovic, Wien, 2. 3. 2017.
814 ÖStA, AdR, BMAA, GZ. 101.03.00/303-II.SL/90, Demonstration von Kosovo-Albaner; Petition, 19. Oktober 1990. Zeitbombe Jugoslawien: Österreich darf nicht länger Schweigen! Die Grüne Alternative.
815 Interview mit Madeleine Petrovic, Wien, 2. 3. 2017 und Interview mit Marijana Grandits, Wien, 17. 7. 2017.

4. Die österreichische Kosovopolitik der Jahre 1986-1994

in Wien. Rugova, der im Mai 1992 zum Präsidenten des Kosovo gewählt wurde, wurde als legitimer Repräsentant der Kosovo-Albaner empfangen.[816]

Am 15. September 1992 kamen Präsident Rugova und Premierminister Bukoshi zu einem einstündigen Gespräch ins Außenministerium.[817] Gegenüber Rugova, der in großer Sorge war, dass die Kosovo-Albaner von der internationalen Staatengemeinschaft im Stich gelassen wurden[818] und dessen Führungsmannschaft, versicherte Mock bei „Respekt für die Bemühungen, den Konflikt trotz widrigster Bedingungen friedlich zu lösen".[819] Rugova betonte, dass der Kosovo das erste Opfer der Zerstörung der jugoslawischen Föderation war: „Die Bevölkerung habe sich hierfür für eine ‚neutrale Unabhängigkeit zwischen Serbien und Albanien' als zeitweilige, realistische Lösung entschieden. Man verlangte nicht, dass alle Albaner in einem Staat leben und respektiere das Prinzip, daß ‚Grenzänderungen nicht möglich' seien".[820] Außenminister Mock würdigte die Haltung der kosovo-albanischen Führung, „die Bevölkerung nicht zur Gewalt aufzurufen und empfahl eine beharrliche Öffentlichkeitsarbeit sowie die Etablierung eines permanenten, direkten Kommunikationsweges per Telefon und Telefax".[821] Außenminister Mock betonte die österreichische Bereitschaft, sich aktiv für eine politische Lösung einzusetzen, sowie jede mögliche Hilfe für die politische Führung des Kosovo zu leisten.[822]

Bei allen diesen Treffen machte Rugova klar, dass das Leben im Kosovo für die Albaner – aufgrund der Verhaftungen und Ermordungen sowie durch massive Präsenz der serbischen Polizei und Armee – unerträglich sei:[823] „Die Lage wird immer schlechter. Repression, Misshandlungen und Tötungen unschuldiger Menschen sind alltäglich."[824] Rugova, der nach Wien auf Einladung des „Forum Schwarzenberg"[825] zu einem Vortrag „Kosova – Schlüsselproblem des Balkan" kam, erläuterte seine Perspektive: „sollte Kosova wieder unter serbischer Herrschaft oder als Teil eines sogenannten ‚dritten Jugoslawien' bleiben, so würde dies eine neue Tragödie und ein ungelöstes Problem bedeuten."[826] „Ein neutrales und unabhängiges Kosova wäre eine Lösung" um einen Konflikt im Kosovo zu verhindern.[827]

---

816 Interview mit Johannes Kyrle, Wien, 6. 2. 2017.
817 Außenpolitischer Bericht 1992, S. 744.
818 *Wiener Zeitung*, 16. 9. 1992, S. 1.
819 *APA*, 15. 9. 1992.
820 ÖStA, AdR, BMAA, GZ. 101.03.01/30-II.3/92, Demokratische Liga des Kosovo; Präsident Ibrahim Rugova; Gespräch mit dem HBM am 15.9.1992, Wien, S. 2.
821 Ebd.
822 Dass Rugova auch einen direkten Kommunikationszugang zu mit Außenminister Mock hatte, bestätigt die Ehefrau von Außenminister Mock, Edith Mock. Edith Mock erklärt, dass sie oft Anrufe von Mitarbeiter von Rugova in ihrem Haus empfangen hat und diese Informationen an ihren Ehemann weitergegeben hat. Interview mit Edith Mock, Wien, 7. 4. 2017.
823 *Wiener Zeitung*, 16. 9. 1992, S.1.
824 *Kurier*, 16. 9. 1992, S. 3.
825 Reise- und Aufenthaltskosten für Rugova wurden von Forum Schwarzenberg übernommen, die Dolmetsch-Kosten vom österreichischen Außenministerium.
826 ÖStA, AdR, BMAA, GZ. 101.03.01/31-II.2/92, Kosovo; Rede von Prof. Ibrahim Rugova in Wien, vom 15. September 1992, Wien, S. 4.
827 Ebd.

B. Vorreiterrolle Österreichs in der Kosovopolitik (1990-1994)

Um die politische Führung des Kosovo international salonfähig zu machen und dessen „Kurs nach besten Kräften"[828] zu unterstützen, versuchte Außenminister Mock immer wieder die internationale Aufmerksamkeit auf die Kosovo-Frage zu lenken. Mock thematisierte auch die Menschenrechtsverletzungen im Kosovo vor der 47. UN-Generalversammlung im September 1992 im Rahmen des Schutzes der Menschenrechte und kollektiven Sicherheit, und trat für einen präventiven Einsatz von UN-Friedenstruppen in den jugoslawischen Konfliktregionen – wie auch im Kosovo – ein.[829] Bei den Beratungen des KSZE-Außenministerrats im Dezember 1992 in Helsinki forderte der Vertreter des Außenministeriums[830], die Beobachter-Missionen für den Kosovo (und Mazedonien)[831] zu verstärken. Außenminister Mock warnte im April 1993, dass „alles später furchtbar explodieren" könnte, wenn man die Situation im Kosovo nicht ernster nimmt.[832]

Außenminister Mock versuchte auch Rugova klar zu machen, dass angesichts der Positionierung der EG in der Kosovo-Frage – Wiederherstellung der Autonomie, aber keine Unabhängigkeit von Serbien – auch Österreich diese Haltung einnehmen müsse. So argumentierte Mock in einem Treffen mit Rugova im Dezember 1993: „dass – bei allem Verständnis für die Anliegen der albanischen Mehrheitsbevölkerung des Kosovo – das Maximum der internationalen Haltung darin bestünde, die frühere Autonomie des Kosovo zu betonen."[833] Mock versicherte in zahlreichen Schreiben an Rugova und Bukoshi, dass er seine Bemühungen „fortsetzen werde, um die Aufmerksamkeit der Staatengemeinschaft auf dieses Problem zu lenken und eine Verbesserung der Situation herbeizuführen".[834]

Bei den zahlreichen Besuchen Rugovas im Jahr 1993 wurde er auch von Bundeskanzler Vranitzky, Nationalratspräsident Heinz Fischer und der Dritten Nationalratspräsidentin Heide Schmidt, Verteidigungsminister Werner Fasslabend sowie dem Wiener Bürgermeister Helmut Zilk empfangen. Rugovas Strategie des Verzichts auf Gewaltausübung „hat in der Argumentation eine starke Rolle gespielt",[835] so Busek.

Die Präsenz der politischen Führung des Kosovo in Wien[836] zeigt das starke Interesse Österreichs am Kosovo-Problem.[837] Johannes Kyrle, Stellvertreter Kabinettschef Außen-

---

828 *APA*, 15. 9. 1992.
829 *APA*, 15. 12. 1992.
830 In Vertretung von Außenminister Alois Mock nahm der Politische Direktor des Außenministeriums Botschafter Ernst Sucharipa teil.
831 Derzeit beschloss der UN-Sicherheitsrat die Entsendung von 700 Blauhelmen nach Mazedonien.
832 *APA*, 30. 4. 1993.
833 ÖStA, AdR, BMAA, GZ. 101.03.01/41-II.3/93, Aussprache des HBM mit Ibrahim Rugova (Kosovo), vom 3. Dezember 1993, Wien, S. 2.
834 ÖStA, AdR, BMAA, GZ. 101.03.01/38-II.3/94, Schreiben von Dr. B. Bukoshi („MP der Republik Kosovo") an HBM; Antwortentwurf, vom 12. September 1994, Wien, S. 1.
835 Interview mit Erhard Busek, Wien, 31. 1. 2017.
836 Mit dem Ziel, stärkere Präsenz in der österreichischen Öffentlichkeit zu etablieren, trat Rugova zum ersten Mal in einem Interview im ORF-Abendstudio auf. Rugova warnte vor einem „unglaublichem Massaker" im Kosovo. Die täglichen Repressionen durch die serbische Polizei gegen die Kosovo-Albaner werden bald zu „ethnischen Säuberungen" führen und um das zu verhindern, forderte Rugova ein internationales Protektorat für den Kosovo. *APA*, 1. 12. 1993.
837 Hervorzuheben ist auch hier die Rolle der albanischen Botschaft in Österreich und der Ständigen Albanischen Vertretung bei den internationalen Organisationen in Wien.

ministers Mock, sagte, dass Rugova „alle drei bis vier Wochen" in Wien war und „Rugova hat mindestens zwei Dutzend Meetings gehabt mit dem Alois Mock und ich kann nicht sagen wie viele Telefonate, er war immer wieder da."[838] Die politische Führung des Kosovo unter Leitung von Präsident Rugova, bemühte sich durch diplomatische Kontakte mit den wichtigsten westlichen Akteuren, die Problematik des Kosovo stärker in das öffentliche Bewusstsein zu rücken. Durch die Unterstützung Mocks wurde Rugova von einer Reihe von europäischen Außenministern empfangen. Als Rugova im Dezember den deutschen Außenminister Klaus Kinkel während der deutschen EU-Ratspräsidentschaft (Juli-Dezember 1994) in Bonn traf, wurde Rugova die deutsche und die EU-Position übermittelt: „Germany supported a far-reaching political and cultural autonomy for Kosovo. A confederation or independence could not be achieved because the international community didn't support this idea."[839] In all seinen Treffen proklamierte und wiederholte Rugova eine neutrale Unabhängigkeit des Kosovo, „such a repetition in diplomacy was suggested to him by the Austrian foreign minister Mock […]. Only Mock was energetic and differed from the declared options of the other diplomats, who had a clear position in regard to Kosovo."[840]

Außenminister Mock hatte im August 1994 drei Briefe über die Entwicklungen im Kosovo an den amerikanischen Staatssekretär Warren Christopher, den deutschen Außenminister Klaus Kinkel und an den Vize-Präsidenten der Europäischen Kommission Hans Van den Broek gesandt, um die Aufmerksamkeit der Staatengemeinschaft auf die Kosovo-Frage zu lenken. In einem Antwortschreiben des deutschen Außenministers Kinkel an Mock heißt es: „Die Neigung, eine dritte 'diplomatische Front' gegenüber Belgrad zu eröffnen, ist daher eher gering. In vielen Hauptstädten besteht auch die Sorge, man könnte die sezessionistischen Bestrebungen der Albaner im Kosovo, die von der Staatengemeinschaft ja nicht gebilligt werden, ermutigen."[841] Kinkel setzte fort, „dies sollte uns aber nicht von dem Versuch abhalten, die allgemeine Aufmerksamkeit auch wieder auf die Kosovo-Frage zu lenken." Ähnlich lautet die Antwort des amerikanischen Staatssekretärs Warren Christopher an Außenminister Mock: „Please be assured that we do want keep Kosovo on the international agenda and have repeatedly told Serbian leadership that there can be no normalization of the relations until there is a resolution to the Kosovo issue."[842]

4.12. Kosovo im Schatten der Kriege in Kroatien und Bosnien-Herzegowina

Am 23. April 1992 stimmten die Parlamente Serbiens und Montenegros für die Schaffung der Bundesrepublik Jugoslawien (BRJ). Dies bedeutete den endgültigen Zerfall der SFRJ. Bei der Gründung des „Dritten Jugoslawiens" bzw. bei der Ausrufung der BRJ boykot-

---

838 Interview mit Johannes Kyrle, Wien, 6. 2. 2017.
839 ÖStA, AdR, BMAA, EBZ. 7522, COREU-Depesche, COYUG-Visit of Dr. Rugova to Bonn on 16 December 1994, S. 2.
840 Baton Haxhiu, Kosova at the doors of negotiations, in: Koha, 9. 11. 1994, S. 3.
841 ÖStA, AdR, BMAA, GZ. 101.03.01/43-II.3/94, Schreiben des deutschen AM an HBM, vom 10. November 1994, Wien, S. 1.
842 Ebd., Schreiben des amerikanischen Staatssekretärs an HBM, vom 10. November 1994, Wien, S. 2.

B. Vorreiterrolle Österreichs in der Kosovopolitik (1990-1994)

tierten die EG-Staaten, die USA, Österreich und der Vatikan den Staatsakt. Nach einigen Tagen verabschiedeten Serbien und Montenegro die neue jugoslawische Verfassung, in der der Kosovo keine Erwähnung fand. Artikel 2 der neuen jugoslawischen Verfassung sah vor: „The Federal Republic of Yugoslavia shall be composed of the Republic of Serbia and the Republic of Montenegro." Am 10. Juni 1992 wurde der 71-jährige parteilose Schriftsteller Dobrica Cosic zum ersten Präsidenten der BRJ gewählt.[843]

Als die EG-Friedenskonferenz unter Lord Carrington keine Ergebnisse zeitigte und als die Lage in Bosnien-Herzegowina sich drastisch verschlechterte, sprachen sich die G7 am 7. Juli 1992 für die Ausweitung der Konferenz durch die Einbeziehung anderer internationaler Einrichtungen aus.[844] Die neu einberufene internationale Londoner Konferenz für Jugoslawien fand am 26. und 27. August in London unter dem gemeinsamen Vorsitz von EG und UN (Lord Owen und Cyrus Vance) statt.[845] Bei der Konferenz, die über die Regelung der Probleme im ehemaligen Jugoslawien beriet, nahmen die Präsidenten aus sechs Republiken der früheren SFRJ, sowie der Präsident der neu gegründeten, aber noch nicht anerkannten Bundesrepublik Jugoslawien Dobrica Cosic sowie Premierminister Milan Panic teil.[846] Zum ersten Mal wurden auch die Vertreter der Minderheiten in Jugoslawien zu parallel tagenden Arbeitsgruppen eingeladen.[847] Allerdings durften sie nicht an den Tagungen der Konferenz teilnehmen bzw. wurden nicht als gleichberechtigte Partner in den Genfer Friedensprozess einbezogen.[848] Die Arbeitsgruppen wurden an den Sitz der Vereinten Nationen in Genf verlegt.[849]

Österreich war einer der Nachbarstaaten Jugoslawiens, die bei der Londoner Konferenz teilnahm. Österreich müsse auf Grund seiner geopolitischen Lage „aktiv und soli-

---

843 Cosic als Mitglied der serbischen Akademie der Wissenschaften war eine der Hauptfiguren an dem Memorandum der serbischen nationalen Fragen von 1986. Erhard Busek, Eine Seele für Europa. Aufgaben für einen Kontinent, Wien 2008, S. 108.
844 Ahrens, Diplomacy on the Edge, S. 52. Mitglieder der G 7 (Gruppe der Sieben) sind: Deutschland, Frankreich, Italien, Japan, Kanada, Vereinigtes Königreich und die USA.
845 An der Londoner Konferenz nahmen rund 400 Vertreter von 40 Staaten und Organisationen teil, sowie die ständigen Mitglieder des UN-Sicherheitsrates, die zwölf EG-Mitgliedsstaaten, Vertreter der KSZE (Tschechoslowakei), Vertreter der NATO, Vertreter der OIC (Türkei), Vertreter der Blockfreienbewegung (Indonesien), Japan, Kanada und die Nachbarstaaten Jugoslawiens.
846 Aufgrund der Ausweitung des Krieges in Bosnien-Herzegowina trat der frühere jugoslawische Premierminister Markovic zurück. In Seiner Rücktrittserklärung sagte Markovic: „Ich kann ein Kriegsbudget nicht akzeptieren. 86 Prozent des neuen Budgets sollen für die Armee bereitgestellt werden. Das bedeutet die Fortsetzung des Krieges, von Tod, Zerstörung und das Ende jedweder wirtschaftlichen Perspektive". Die Presse, 21./22. 12. 1991, S. 2.
847 Rohan, Chronologie der Jugoslawischen Krise.
848 Am Sitz der UN in Genf haben sechs Arbeitsgruppen in ständiger Sitzung getagt: „C) Arbeitsgruppe ethnische und nationale Gemeinschaft und Minderheiten. Die Arbeitsgruppe hat die Aufgabe, Initiativen zur Lösung ethnischer Fragen im ehemaligen Jugoslawien zu empfehlen. Für die ehemalige Provinz Kosovo wird eine Sonderarbeitsgruppe eingerichtet". Erklärungen zum Abschluß der internationalen Jugoslawien-Konferenz in London vom 26. und 27. August 1998, in: Angelika Volle/Wolfgang Wagner (Hrsg.), Der Krieg auf dem Balkan. Die Hilflosigkeit der Staatenwelt. Beiträge und Dokumente aus dem Europa-Archiv, Bonn 1994, S. 178.
849 Siehe Punkt 4 der Erklärung zum Abschluss der internationalen Jugoslawien-Konferenz in London vom 26. und 27. August 1992, in: Europa-Archiv, 47. Jahr (1992), D 588.

darisch am Aufbau der künftigen europäischen Strukturen mitzuarbeiten", sagte Außenminister Mock.[850] Die österreichische Diplomatie hatte sich dafür eingesetzt, dass die Kosovo-Albaner in die europäische Friedenskonferenz eingebunden werden sollten. Um die Kosovo-Frage zu internationalisieren, bemühte sich Mock um präventive Maßnahmen und versuchte die Londoner Konferenz zu nutzen, um die internationale Präsenz im Kosovo zu verstärken. Er hat in öffentlichen Erklärungen „wiederholt sowohl auf die Menschenrechtssituation als auch auf die Explosivität der politischen Lage hingewiesen."[851] Da das Kosovo-Problem „als Quelle für neue Konflikte auf dem Balkan" zu sehen sei und mit dem Ziel, eine mögliche Ausweitung der Kämpfe auf den Kosovo zu verhindern, bekräftigte Mock seine Forderung nach einer präventiven Stationierung von UN-Truppen im Kosovo.[852]

Außer der Teilnahme der Kosovo-Albaner an der Konferenz verlangte Mock die Einrichtung einer Arbeitsgruppe für die Kosovo-Frage im Rahmen der Londoner Konferenz. Das hat dazu geführt, dass die „Kosovo Special Group" im Rahmen der Friedenskonferenz gegründet wurde. Die eingerichtete Sondergruppe Kosovo wurde ab Herbst 1992 vom deutschen Diplomaten Geert-Hinrich Ahrens geleitet.[853]

Die kosovo-albanische Delegation in Genf pflegte ständige Konsultationen mit der österreichischen Vertretung in Genf sowie mit dem österreichischen Außenministerium in Wien. Insbesondere der im deutschen Exil lebende Premierminister des Kosovo, Bujar Bukoshi, sowie die Vertretungen der LDK in Österreich unter Leitung von Skender Gashi führten ständig Gespräche mit Wien darüber, wie man das Kosovo-Thema als Gefährdung des internationalen Friedens in die Tagesordnungen der Beratungen der internationalen Staatengemeinschaft bringen könne. Außer diesen politischen Konsultationen und der Forderung präventiver Maßnahmen hat Österreich den Kosovo auch mit diplomatischen Diensten unterstützt. Das österreichische Außenministerium hat in Zusammenarbeit mit den albanischen Botschaften in Wien und Genf, den Vertretern des Kosovo, die bei Verhandlungen der Sondergruppe Kosovo in Genf teilnehmen sollten, bei der Erstellung von Visa geholfen. Von österreichischer Seite wurde die kosovo-albanische Führung beraten und ihr eine „möglichst direkte und persönliche Informierung von US-Präsidenten Clinton" empfohlen. „Hinsichtlich der Anbahnung eines allfälligen Besuches von Präs. Rugova in Washington", könne die kosovo-albanische Führung mit österreichischer Unterstützung rechnen.[854]

---

850 *APA*, 9. 9. 1992.
851 Beantwortung der parlamentarischen schriftlichen Anfrage an den Bundesminister für auswärtige Angelegenheiten zur Situation in Kosovo, Wien, 24. 1. 1992, in: BMAA (Hrsg.), Sonderdruck 1992, S. 49.
852 *APA*, 26. 8. 1992.
853 Die drei früher gegründeten Arbeitsgruppen (unter Lord Carrington und von den EG-Vertretern geleitet), die sich mit der Frage ethnischer Minderheiten und Menschenrechte befassten, wurden auch von Ahrens geleitet.
854 ÖStA, AdR, BMAA, GZ. 101.03.01/2-II.3/93, Österreich-Kosovo, Gespräch des AL II.3 mit dem kosovo-albanischen Exil-Premierminister Bukoshi, Wien am 26.1.1993; wichtigste Aussagen, vom 29. Jänner 1993, Wien, S. 3.

B. Vorreiterrolle Österreichs in der Kosovopolitik (1990-1994)

Außenminister Mock war sich bewusst, dass die Kosovo-Albaner nicht als gleichberechtigte Partner in die Friedensprozesse von London und Genf eingebunden waren, „aber",

> zum ersten Mal haben die Kosovo-Albaner eine Möglichkeit, international eine Andockstelle zu haben, wo sie ihre Meinung, die Meinung ihrer Bevölkerung deponieren, ihre Schwierigkeiten aufzeigen können und etliches mehr. Diese Untergruppe massiv zu fördern, in ihrer Tätigkeit zu unterstützen, scheint mir das Maximum zu sein.[855]

Die Londoner Konferenz kann man als erste internationale Konferenz bezeichnen, die sich mit der Kosovo-Frage unter internationaler Vermittlung bis zur Intensivierung des kriegerischen Konflikts 1998 befasst hat, obwohl dort keine bedeutsamen Entscheidungen für die Kosovo-Frage getroffen wurden. Es war das erste Mal, dass in einem internationalen Gremium mit der politischen Vertretung von Kosovo geredet wurde. Und auch das erste Mal, dass die politischen Vertreter von Kosovo mit dem jugoslawischen Premierminister Milan Panic zusammentrafen. Dennoch fanden die Forderungen der kosovarischen Vertreter nach Unabhängigkeit keine Unterstützung. Geert-Hinrich Ahrens, der an den internationalen Verhandlungen über den Kosovo von Anfang mitgearbeitet hat, schrieb in seinen Memoiren: „I must emphasize that the international community narrowed the eminently political Kosovo problem to a human rights emergency."[856] Die politische Aufmerksamkeit der internationalen Gemeinschaft war mehr auf die Situation in Kroatien und Bosnien-Herzegowina konzentriert und wegen des Widerstandes der serbischen Delegation bezüglich einer Teilnahme der Kosovo-Albaner auf der Hauptkonferenz sowie aus Angst vor einem Scheitern der Verhandlungen, machten die westlichen Staaten Konzessionen und setzten die Kosovo-Frage nicht auf die Tagesordnung. Diese Politik des Westens, der Kosovo-Frage nicht das gleiche politische Gewicht wie dem Konflikt in Kroatien und in Bosnien-Herzegowina zuzugestehen, bedeutete nicht nur eine Vernachlässigung der Kosovo-Frage,[857] sondern auch eine Minimierung des Problems der Menschenrechtsfrage und die Vernachlässigung der Frage des Selbstbestimmungsrechts der Völker.[858]

Die Forderungen nach einer starken internationalen Präsenz im Kosovo wurden auch auf einer Konferenz in Istanbul am 25. November 1992 durch eine gemeinsame Erklärung der Außenminister der Teilnehmerstaaten bekräftigt, welche angesichts der drohenden Ausweitung des Konfliktes vom türkischen Außenminister einberufen wurde.[859] In Be-

---

855 Sten. Prot. NR, XVIII. GP, 83. Sitzung, 14. Oktober 1992, S. 9071.
856 Ahrens, Diplomacy on the Edge, S. 317.
857 Außer Außenminister Mock war es auch sein deutscher Amtskollege, Klaus Kinkel, der versuchte, den Kosovo-Albanern eine Beteiligung an der Konferenz zu ermöglichen. Kinkel meinte, „die Hauptursache des Übels liegt in Belgrad", wo auch die Wurzeln für die „Verbrechen gegen die Menschlichkeit" lägen. Archiv der Gegenwart, 27. 8. 1992, S. 37095.
858 Jens Reuter, Die Kosovo-Politik der internationalen Gemeinschaft in den neunziger Jahren, in: Jens Reuter/Konrad Clewing, (Hrsg.), Der Kosovo Konflikt. Ursachen, Verlauf, Perspektive, Klagenfurt – Wien – Ljubljana – Tuzla – Sarajevo 2000, S. 321.
859 An der Tagung nahmen die Außenminister von Österreich, Albanien, Bulgarien, Kroatien, Ungarn, Italien, Mazedonien, Rumänien, Slowenien und der Türkei teil. Der Außenminister

4. Die österreichische Kosovopolitik der Jahre 1986-1994

wusstsein der extrem angespannten Situation im Kosovo und angesichts der Möglichkeit, dass eine weitere Eskalation der Spannungen die gesamte Region gefährden könnte, forderten die Außenminister der Balkanstaaten und der Länder der Region den UN-Sicherheitsrat auf, „die mögliche Entsendung von Truppen in den Kosovo, in die Wojwodina und den Sandjak zu prüfen […]".[860]

In einigen Bereichen verschlechterte sich die Lage im Kosovo drastisch. Im Gesundheitswesen wurden 1.700 Ärzte und Krankenschwestern entlassen und viele mussten das Land verlassen. Die kosovo-albanischen Familien hatten keine soziale Absicherung mehr sowie keinen Zugang zum Gesundheitsdienst.[861] Große Besorgnis über die Lage im Kosovo drückte Alois Puntigam (ÖVP) nach seiner Rückkehr aus dem Kosovo aus, den er eine Woche lang besucht hatte:

> Pristina ist eingekesselt […]. Es ist eingekesselt durch die Artillerie, die Panzer und das Militär. Es bedarf nur eines Knopfdruckes, und dann passiert Ähnliches wie in Sarajevo, nur mit dem Unterschied, daß von Pristina kein Schuß zurückkommen kann, weil die dort lebenden Menschen nicht bewaffnet sind.[862]

Um dem Dienst in der jugoslawischen Armee zu entgehen und um nicht an den Kriegen in Kroatien oder Bosnien-Herzegowina teilnehmen zu müssen, flohen 20.000 bis 30.000 junge Kosovo-Albaner ins Ausland. Kosovo mit seinen rund 2 Millionen Einwohnern wurde wie eine Kolonialmacht verwaltet, wobei etwa 15.000 reguläre serbische Truppen und 8.000 serbischen Polizisten stationiert wurden.[863]

Die Sondergruppe Kosovo in Genf befasste sich vor allem mit praktischen Problemen. Der dringlichste Bereich für die politischen Vertreter des Kosovo war der Bildungsbereich bzw. der Schulunterricht auf Albanisch. Trotz des guten Willens des jugoslawischen Premierministers Panic und des Treffens zwischen den jugoslawischen und kosovo-albanischen Vertretern unter Vermittlung von Ahrens wurden die Hoffnungen der Kosovo-Albaner mit der Wahlniederlage von Panic im Dezember 1992, der im Kampf um die serbische Präsidentschaft als stärkster Herausforderer von Milošević galt, beendet. Milošević, der mit dem Wahlsieg seine Macht nicht nur auf Republiksebene (Serbien) sondern auch auf der föderalistischen Ebene (Jugoslawien) erfolgreich ausbaute, blieb die entscheidende Person in Belgrad.[864] Durch seine Manöver in Bezug auf die Entwicklungen in

---

  von Bosnien-Herzegowina war wegen der Schließung des Flughafens von Sarajewo behindert teilzunehmen. Die Außenminister von Serbien und Griechenland nahmen die Einladung nicht an (Gemeinsame Erklärung der Außenminister des Balkans und der Länder der Region abgegeben anlässlich einer Konferenz in Istanbul am 25. November 1992, in: Europa-Archiv, 48. Jahr (1993), D 151-153.
860 Gemeinsame Erklärung der Außenminister des Balkans und der Länder der Region, abgegeben anlässlich der Konferenz in Istanbul am 25. 11. 1992, in: Volle/Wagner, Der Krieg auf dem Balkan, S. 190.
861 *Kathpress*, 19. 11. 1992.
862 Sten. Prot. NR, XVIII. GP, 92. Sitzung, 3. Dezember 1992, S. 10426.
863 Albert Rohan, Die anderen Konfliktherde: Ostslawonien, Kosovo, Sandschak, Vojvodina, Mazedonien, in: Österreichisches Jahrbuch für Internationale Politik 1996, S. 228.
864 Bei den Präsidenten- und Parlamentswahlen in Serbien und Montenegro nahmen zahlreiche

B. Vorreiterrolle Österreichs in der Kosovopolitik (1990-1994)

Bosnien-Herzegowina erreichte er es, dass die Verhandlungen über die Kosovo-Frage in der Sondergruppe abgebrochen wurden. Er lehnte es ab, dass interne Fragen Serbiens im Ausland (gemeint in Genf) behandelt werden.

Es blieben die Bemühungen und die große Besorgnis der internationalen Gemeinschaft in Bezug auf den Kosovo. Der Europäische Rat erwähnte zum ersten Mal die dortige explosive Lage in dem Schlusskommuniqué der Staats- und Regierungschefs der EG vom 12. Dezember 1992 in Edinburgh: „The autonomy of Kosovo within Serbia must be restored. The Serbian authorities must exercise restraint and the human rights of the inhabitants of Kosovo must be respected. The European Council is in favour of a UN presence in Kosovo."[865] Auch der Nordatlantikrat nahm zum ersten Mal im Dezember 1992 zu den gespannten Entwicklungen im Kosovo Stellung:

> We are deeply concerned about possible spillover of the conflict, and about the situation in Kosovo. We call urgently on all parties to act with restraint and moderation [...]. We are in favour of a UN preventive presence in Kosovo. An explosion of violence in Kosovo could, by spreading the conflict, constitute a serious threat to international peace and security and would require an appropriate response by the international community.[866]

Die Bemühungen der österreichischen Außenpolitik, „eine Zuspitzung der Kosovo-Frage zu vermeiden, führten schließlich dazu, dass sich die USA und Österreich gemeinsam um Lösungen bemühten".[867] Die stärkste Reaktion kam von US-Präsident George H. W. Bush („Christmas warning"), als er in einem Brief an Milošević am 25. Dezember diesen warnte: „In the event of conflict in Kosovo caused by Serbian action, the United States will be prepared to employ military force against the Serbians in Kosovo and in Serbia proper."[868] Diese Botschaft an den serbischen Präsidenten kam nur drei Tage nach seinem Treffen mit Außenminister Mock. Dieser war von seinen Ressortkollegen aus Ungarn, Polen und Slowenien begleitet worden, um im Rahmen der ZEI-Mission die Möglichkeiten einer internationalen Aktion in Hinblick auf die Südosteuropa-Region zu erkunden. „Die Entwicklungen in Zentral- und Osteuropa sowie die Krise im ehemaligen Jugoslawien haben das Interesse der Administration und der amerikanischen Öffentlichkeit verstärkt auf Österreich gelenkt."[869] Die österreichische Sicht der politischen Situation in Jugoslawien und im Kosovo stellte Außenminister Mock bei dem Gespräch mit US-Präsidenten George Bush in Rahmen seiner Besuches in Washington im Dezember 1992 dar: „As member states of the Central European Initiative, which due to their geographical

---

    internationale Wahlbeobachter teil. Österreich war durch die Abgeordneten Andreas Khol (ÖVP) und Marjana Grandits (Grüne) vertreten. Khol bezeichnete die Wahlen als „Betrug und Wahlfarce" APA, 23. 12. 1992.
865 Declaration on the Former Yugoslavia, Conclusions of the Presidency, Edinburgh, December 12, 1992, in: SN 456/1/92 REV 1.
866 NATO, Statement on Former Yugoslavia M-NAC-2(92) 108, 17 December 1992.
867 Manfried Rauchensteiner, Am Anfang kam Slowenien. Österreich und der Beginn der Kriege in Jugoslawien, in: Wolfgang Mueller (Hrsg.), Die Samtenen Revolutionen, Österreich und die Transformation Europas, Wien 2017, S. 166.
868 *The New York Times*, 28. 12. 1992.
869 Außenpolitischer Bericht 1992, S. 777.

position are most directly affected by the events in former Yugoslavia, we came to Washington to express our deepest concern over the dramatically deteriorating situation"[870] Um eine Ausbreitung des Konfliktes auf andere Länder der Region sowie eine Eskalation im Kosovo zu vermeiden, verlangte Außenminister Mock „preventive deployment of peace keeping troops should be envisaged. We welcome the decision of the Security Council to establish a Peace Keeping Operation in Macedonia. The same action should be taken with regards to Kosovo, where a most explosive situation prevails."[871]

Die österreichische Botschaft in Washington berichtete über die Befürchtung des Amerikanischen Nationalen Sicherheitsrates, „die serbische Führung könnte den Eindruck gewinnen, die Bush-Administration sei bereits handlungsunfähig bzw. ‚mit Somalien überbeschäftigt' und sich aufgrund dieser Fehleinschätzungen zu ethnischen Säuberungen des Kosovo entschließen."[872] Die österreichische Botschaft in Washington weiter:

> Die obzitierte Warnung des Präsidenten ist einige Tage nach dem Besuch der ZEI-Delegation erfolgt. Die Botschaft hat den Eindruck gewonnen, daß die Ausführungen des Herrn Bundesministers bzw. der von ihm geführten ZEI-Delegation die Bush-Administration in ihrer Einschätzung der serbischen Führung bestärkt und damit zur schärferen Gangart beigetragen haben.[873]

Der US-Botschafter in Belgrad Warren Zimmermann bekräftigte noch weiter die amerikanische Position: „Die Verletzung der Albaner-Rechte im Kosovo stellt meiner Meinung nach die schlimmste Mißachtung der Menschenrechte dar, die es gegenwärtig in ganz Europa gibt."[874]

Als Antwort auf die Gewaltaktionen in Bosnien-Herzegowina hat der UN-Sicherheitsrat am 30. Mai 1992 Sanktionen gegen die BRJ beschlossen, die am 26. April 1993 ausgeweitet wurden.[875] Nach der Verhängung der Sanktionen konzentrierten sich die internationalen Bemühungen darauf, den Ausschluss der gegründeten Bundesrepublik Jugoslawien von Serbien und Montenegro am 27. April 1992 aus internationalen Organisationen zu betreiben. Nachdem der Krieg in Bosnien-Herzegowina Anfang 1992 ausbrach, suspendierte die KSZE die Mitgliedschaft Jugoslawiens. Als Antwort auf diese Suspendierung reagierte Präsident Milošević mit der Beendigung der Langzeitmission der KSZE, deren Mitglieder Ende Juli 1993 Jugoslawien verlassen müssten, da ihre Visa nicht mehr von Belgrad verlängert würden.[876]

---

870 ÖStA, AdR, BMAA, GZ. 101.03.00/321-II.3/92, Situation im ehem. Jugoslawien; Mission des HBM nach Washington, Speaking notes, vom 14. Dezember 1992, Wien, S. 1.
871 Ebd.
872 ÖStA, AdR, BMAA, Telefaxdepesche, GZ. 766-A/92, Austroamb Washington an Aussenamt Wien, vom 29. Dezember 1992, Washington, S. 1.
873 Ebd.
874 Interview des US-Botschafters Warren Zimmermann in Belgrad, in: *Der Standard*, 3. 2. 1993, S. 4.
875 Der österreichische Ministerrat beschloss am 2. Juni 1992 die Durchführung des Embargos gegen Jugoslawien (Serbien und Montenegro). Das österreichische Außenministerium forderte von der BRJ eine Personalreduktion der jugoslawischen Botschaft in Wien.
876 Jens Reuter, Die OSZE und das Kosovo-Problem, in: Jens Reuter/Konrad Clewing, (Hrsg.),

5. Die österreichische Kosovopolitik in den Jahren 1995-1999

A. Die österreichische Kosovopolitik nach dem Beitritt zur Europäischen Union

5.1. EU-Beitritt Österreichs und die Post-Dayton-Phase in der Kosovopolitik

In der Post-Dayton-Phase wurde die Politik Österreichs in der Südosteuropapolitik nach dem EU-Beitritt zwar nicht geändert, allerdings wurde sie durch den Beitritt effizienter und bekam mehr Möglichkeiten.[877] In Bezug auf die österreichische EU-Mitgliedschaft erklärt Generalsekretär Rohan, dass die EU-Mitgliedschaft das österreichische Engagement keineswegs gemindert habe:

> Österreich war immer außerordentlich aktiv am Balkan [...]. Wir haben uns immer engagiert, wir haben Analysen angestellt, wir haben Vorschläge gemacht. Nur in der ersten Phase dieses Konfliktes haben uns trotz des persönlichen Einsatzes von Minister Mock eigentlich nur sehr wenige zugehört. Das war vor dem Beitritt Österreichs zur Europäischen Union. Das war eine Zeit, in der innerhalb der Europäischen Gemeinschaft tiefe Meinungsunterschiede über den Konflikt bestanden. Wir haben damals eine sehr prononcierte, eine sehr kantige Politik betrieben, aber ich glaube nicht, dass wir allzu viel Einfluss hatten. Wir wurden, auch weil wir uns damals in personeller Hinsicht nicht an Missionen am Balkan beteiligen wollten, eigentlich oft als lästige Ezzesgeber angesehen, und vor allem, wenn diese Ezzesgeber dann in ihrer Analyse recht behielten, war das besonders unangenehm für die anderen.[878]

Erst mit dem EU-Beitritt hat die österreichische Balkanpolitik besonderes Gewicht bekommen:

> Wir nehmen jetzt teil an der Formulierung der Balkanpolitik der Europäischen Union, die Partner müssen sich mit unseren Vorschlägen und Initiativen auseinandersetzen. Es wäre

---

Der Kosovo Konflikt. Ursachen, Verlauf, Perspektive, Klagenfurt – Wien – Ljubljana – Tuzla – Sarajevo 2000, S. 513. Zwischen 1993 und 1996 wurde ständig von der OSZE gefordert, Missionen in den Kosovo zu entsenden.

877 Albert Rohan, Entwicklungen auf dem Balkan aus österreichischer Sicht, in: Andreas Khol/ Günther Ofner/Alfred Stirnemann (Hrsg.), Österreichisches Jahrbuch für Politik 1996, Wien 1997, S. 523.

878 Vortrag des Generalsekretärs des Bundesministers für auswärtige Angelegenheiten, Dr. Albert Rohan; „Kosovo: Krieg oder Frieden?", Wien, am 23. Juni 1999, in: BMAA (Hrsg.), Außenpolitische Dokumentation 1999, S. 127-128.

natürlich naiv zu glauben, dass wir die EU-Politik bestimmen können, aber wir können sie beeinflussen. Wir sind also effektiver geworden. Die andere Seite der Medaille ist, dass sich die meiste Tätigkeit innerhalb der EU abspielt und daher nicht für Öffentlichkeitsarbeit geeignet ist. Es ist dies ein langwieriger Prozess der Diskussion. Wenn sich die Union einmal auf eine gemeinsame Haltung geeinigt hat, müssen auch wir uns daran halten und können nicht nationale Positionen in spektakulärer Weise in der Öffentlichkeit vertreten. Dadurch entsteht manchmal der Eindruck, dass wir keine Balkanpolitik mehr hätten oder dass diese nicht mehr prononciert ist. Das Gegenteil ist wahr: Wir haben viel mehr Wirkung, wir sind effektive, aber weniger spektakulär geworden.[879]

Wegen der geographischen Nähe, der historischen und wirtschaftlichen Beziehungen zu den südosteuropäischen Ländern sowie wegen Österreichs Ruf als Balkan-Kenner wurde von Wien im EU-Rahmen eine aktive Mitarbeit erwartet. Seit der Teilnahme Österreichs an der NATO-PfP (1995) begann eine neue Phase der Verpflichtung zu Solidarität, zur Verstärkung der nationalen Verteidigungsplanung, der Koordinierung von militärischen Aspekten und der Stärkung der Zusammenarbeit und Bereitschaft zu Einsätzen in Kriegsgebieten im Auftrag der UN und im Rahmen der OSZE.[880]

Das Dayton-Abkommen von 1995 brachte endlich das Ende des Krieges in Bosnien-Herzegowina und sicherte eine gewisse Stabilität auf dem Balkan. In diesem Zusammenhang waren auch die Unterzeichnung des griechisch-mazedonischen Abkommens vom Oktober 1995 und die Anerkennung Mazedoniens durch die BRJ wichtig.[881] Eine sichere und stabile Region stand im Einklang mit den österreichischen Interessen in seiner unmittelbaren Nachbarschaft. Der EU-Beitritt bedeutete für Österreich auch, bei seinen Bemühungen für die Sicherung der Stabilität und des Friedens in der Balkanregion eine gemeinsame Politik mit der EU zu verfolgen. Diese Politik Österreichs in Bezug auf eine gemeinsame Haltung innerhalb der EU gegenüber BRJ wurde bei der erstmaligen Teilnahme Österreichs[882] in einer GASP-ad-hoc-Arbeitsgruppe für Ex-Jugoslawien am 7. Juli 1994 erwähnt.[883]

Beim Dayton-Abkommen hatte die Behandlung der Kosovo-Frage nur am Rande Erwähnung gefunden, während im Abschlussbericht sich überhaupt kein Hinweis auf den Kosovo fand.[884] Die systematische Unterdrückung der nicht-serbischen Ethnien Jugoslawiens, vor allem der kosovo-albanischen Mehrheit im Kosovo, der Moslems im Sand-

---

879 Ebd.
880 Österreichische Vertretung bei der NATO_https://www.bmeia.gv.at/oev-nato-bruessel/oesterreich-und-die-nato/partnerschaft-fuer-den-frieden-pfp/ (abgerufen 19.03.2017).
881 Gerhard Jandl, Politische Entwicklungen in Bosnien nach Dayton, in: *Wiener Blätter zur Friedensforschung* 87, Wien 1996, S. 33.
882 ÖStA, AdR, BMAA, GZ. 101.02.02/12-II.3/94, GASP-ad-hoc-Arbeitsgruppe für Ex-Jugoslawien, erstmalige österr. Teilnahme am 7. 7. 1994, Wien.
883 Klaus Wölfer und Christopher Weidinger vertraten Österreich in der GASP-ad-hoc-Arbeitsgruppe für Ex-Jugoslawien.
884 Robert Pichler, Im Schatten von Dayton. Kosovo, Mazedonien, Albanien, in: Die Zukunft Südosteuropas. Friedensbericht 1997. Theorie und Praxis ziviler Konfliktbearbeitung, Zürich 1997, S. 127.

A. Die österreichische Kosovopolitik nach dem Beitritt zur Europäischen Union

schak und der Ungarn in der Vojvodina blieb eines der schwierigsten Hindernisse für eine mögliche positive Entwicklung am Balkan.[885]

5.2. Die Aktivitäten der österreichischen Kosovopolitik als neuer EU-Mitgliedstaat

1995 brachte eine neue personelle Situation in der österreichischen Außenpolitik. Wolfgang Schüssel wurde Außenminister und Albert Rohan Generalsekretär des Außenministeriums.[886] Schüssel war kein Spezialist für den Balkan, während für Rohan dieser Raum ein vertrautes Gebiet war.[887] Einen Unterschied in der Kosovopolitik zwischen Mock und Schüssel gab es kaum. „In der Grundausrichtung waren sich beide durchaus einig" erklärt Albert Rohan, der sehr eng mit beiden Außenministern zusammenarbeitete. „Der Unterschied mag sein, dass Mock mit seinem ganzen Herzen für dieses Problem gebrannt hat, während Schüssel ein kühler Taktiker und kühler Rechner war, der emotional nicht involviert ist."[888]

Die politische Lage im Kosovo brachte für die neue Leitung des Außenministeriums auch die Aufgabe mit sich, weiter die Aufmerksamkeit der internationalen Staatengemeinschaft auf die Entwicklungen im Kosovo zu richten. Gerhard Jandl betont, dass 1995 die österreichische Diplomatie den Eindruck hatte:

> dass mit dem Paket, das damals vereinbart und geschlossen wurde (Dayton Abkommen, F.A.), eine ganze Reihe von Problemen des ehemaligen Jugoslawien einer Lösung zugeführt wurde, aber wir hatten auch die Überzeugung, dass die Ausklammerung eines großen Themas, nämlich des Themas Kosovo, ein Fehler war.[889]

---

885 Gerhard Jandl/Richard Kühnel, Die Entwicklungen zum Frieden im ehemaligen Jugoslawien-Internationale Balkanpolitik 1995/1996, in: Andreas Khol/Günther Ofner/Alfred Stirnemann (Hrsg.), Österreichisches Jahrbuch für Politik 1995, Wien 1996, S. 574; Wolfgang Petritsch, Der Balkan als Herausforderung Europas, in: Vedran Džihić/Herbert Maurer: Sprich günstig mit dem Balkan, Wien 2011, S. 39-45; Gerhard Jandl, Österreich und die Krisen und Kriege auf dem Balkan, in: Michael Gehler/Imke Scharlemann (Hrsg.), Zwischen Diktatur und Demokratie. Erfahrungen in Mittelost- und Südosteuropa. Hildesheimer Europagespräche II, Historische Europastudien 10. Hildesheim 2013, S. 376.
886 Schüssel löste Busek als ÖVP-Bundesparteiobmann ab und war gleichzeitig auch Vizekanzler.
887 „Schüssel, who was not a 'born' foreign affairs professional like Kreisky or Mock whose brains and hearts were intertwined with this specific field of politics, suffered no disadvantage due to this fact. As a highly intelligent and pragmatic professional, he quickly learned how to make optimal use of the complicated, sometimes obstinate, institutional setting of the Austrian Foreign Ministry and to profit from the sophisticated knowledge of those collaborators and advisors he carefully chose". Otmar Höll, Wolfgang Schüssel and Austrian Foreign Policy, in: Günter Bischof/Fritz Plasser (eds.), The Schüssel Era in Austria. Contemporary Austrian Studies 18, New Orleans 2010, p. 160.
888 Interview mit Albert Rohan, Wien, 24. 2. 2017.
889 Interview mit Gerhard Jandl, Wien, 5. 4. 2017.

5. Die österreichische Kosovopolitik in den Jahren 1995-1999

Jandl beschreibt die österreichische Haltung:

> Ich erinnere mich, dass man seitens der Staatengemeinschaft damals das Gefühl hatte, man brauche Milošević dringend als Partner zur Umsetzung des Dayton-Abkommens, und aus diesem Grunde könne man das Kosovo-Problem nicht angehen, denn wenn man das täte, würde wahrscheinlich die Unabhängigkeit zur Diskussion stehen. Man war der Überzeugung, dass Milošević dann nicht mehr bereit wäre, das Dayton-Abkommen für Bosnien-Herzegowina umzusetzen. Das war nach meiner Erinnerung der Hauptgrund für die Staatengemeinschaft, das Problem Kosovo zu diesem Zeitpunkt nicht zu behandeln. Aber es war aus unserer damaligen Sicht und retrospektiv aus unserer späteren Sicht ein Fehler. Es wäre sicher besser gewesen, schon damals, bei allen Schwierigkeiten, das Thema Kosovo mit in dieses Verhandlungspaket hineinzunehmen.[890]

Österreich hatte nach der Unterzeichnung des Dayton-Vertrags wiederholt auf die ungelöste Kosovo-Frage aufmerksam gemacht. „Etliche Stimmen, darunter Österreich, hatten gefordert, in Dayton nicht nur Bosnien-Herzegowina zu regeln, sondern auch gleich den Kosovo."[891] Gerhard Jandl, der seit Oktober 1995 der österreichische Vertreter in der Balkan-Arbeitsgruppe (Committee on the Western Balkans, COWEB)[892] war, weist darauf hin, dass Österreich „anders als die meisten EU-Staaten" immer wieder auf die angespannte Situation im Kosovo hingewiesen und an die Dringlichkeit einer Lösung des potentiellen Konfliktherdes im Kosovo erinnert hat.[893] „Mehr als einmal" wurde Jandl „von den Partnern höflich aber deutlich gebeten, Österreich möge die EU nicht ständig mit dem Kosovo nerven, die Situation dort sei schließlich gar nicht so gefährlich wie von Österreich dargestellt."[894]

Die ungelöste Kosovo-Frage war für die österreichische Außenpolitik eine Frage, die in den kommenden Jahren zu einer gefährlichen Instabilität in Südosteuropa führen könnte. Bundeskanzler Vranitzky warnte schon im Juli 1995: „Im ehemaligen Jugoslawien kann der nächste zu erwartende Konflikt im Kosovo sein. Wenn die serbische Aggression belohnt wird, ist das geradezu eine Ermunterung zu einem potentiellen Blutbad."[895] Und Staatssekretärin Benita Ferrero-Waldner[896] thematisierte die Kosovo-Problematik bei der UN-Generalversammlung, als sie dort im September 1995 in Vertretung von Außenminister Schüssel eine Rede hielt.[897] Ferrero-Waldner forderte, ein umfassender Frieden

---

890 Ebd.
891 Jandl, Österreichs Rolle im Kosovo-Konflikt, S. 60.
892 Die GASP-Arbeitsgruppe für Jugoslawien „Committee on Former Yugoslavia" (COYUG) wurde nach der Einbeziehung Albaniens auf dieser Arbeitsgruppe ab 1. Oktober 1998 später COWEB genannt.
893 Jandl, Österreichs Rolle im Kosovo-Konflikt, S. 61.
894 Ebd.
895 Interview in „*Die Presse*", 15. Juli 1995.
896 Ferrero-Waldner war Staatssekretärin im Bundesministerium für auswärtige Angelegenheiten von 1995 bis 2000 und von 2000 bis 2004 Bundesministerin für auswärtige Angelegenheiten.
897 Schüssel war von 1995 bis 2000 Vizekanzler und Bundesminister für auswärtige Angelegenheiten und von 1995 bis 2007 Bundesparteiobmann der ÖVP.

A. Die österreichische Kosovopolitik nach dem Beitritt zur Europäischen Union

müsse Lösungen in der Südosteuropa-Region beinhalten, so auch für das Kosovo-Problem.[898]

Das Europäische Parlament verabschiedete am 6. April 1995 folgende Resolution über die Lage im Kosovo: „Condemns the continued persecution of the Albanian-speaking majority in Kosovo as an outrageous violation of human rights and a cause of instability in an already explosive part of the Balkans."[899] Die Parlamentarische Versammlung des Europarates äußerte ihre diesbezügliche Sorge in einer Entschließung:

> The Assembly is seriously concerned by persistent reports from many reliable sources of continuing Systematic human rights violations against the Albanian population in Kosovo, including torture, police brutality, violent house searches, arbitrary arrests, political trials and irregularities in legal proceedings.[900]

Die Einbeziehung der südosteuropäischen Länder in den europäischen Integrationsprozess stellte seit dem EU-Beitritt einen der wichtigsten Schwerpunkte der österreichischen Außenpolitik dar. Die Befriedung der südosteuropäischen Region sowie die Heranführung der südosteuropäischen Länder an die EU waren eine der vorrangigen Prioritäten der österreichischen Außenpolitik. Für Michael Spindelegger, außenpolitischer Sprecher der ÖVP, war die Kosovo-Problematik sowohl eine Menschenrechtsfrage als auch eine Frage des Selbstbestimmungsrechtes:

> Das eine war natürlich die staatspolitische Frage, ist es möglich in einer zerfallenen damaligen Staatengemeinschaft Jugoslawien, die in verschiedene Einzel-Staaten aufgesplittet wurde, da jetzt auch einen Staat Kosovo vorzusehen. Das war der staatspolitische Teil, aber natürlich Fragen gab es Fragen von Menschenrechten, die Fragen der Unterdrückten, dass Menschen auch selber bestimmen wollen, wie es bei ihnen weitergeht. Das waren die herausfordernden Dinge dieser Zeit und das Regime Miloševićs mit all den negativen Begleiterscheinungen hat natürlich auch in Österreich bewegt.[901]

Nach dem Dayton-Vertrag zeigten die EU-Mitgliedsstaaten die Bereitschaft, eine gemeinsame Linie in der Kosovo-Frage zu entwickeln. Nachdem die BRJ und Mazedonien sich am 8. April 1996 gegenseitig anerkannt hatten, verabschiedete der Europäische Rat einen Tag später eine Erklärung über die Beziehungen zur BRJ, wonach die BRJ als eine der Nachfolgestaaten der früheren SFRJ anerkannt wurde. In dieser Erklärung wurden auch Bedingungen für die Schaffung guter Beziehungen zwischen der EU und der BRJ formuliert, wie die Wiederherstellung der Autonomie des Kosovo und die Verbesserung der

---

898 Rede der Frau Staatssekretärin Dr. Benita Ferrero-Waldner vor der 50. Generalversammlung der Vereinten Nationen, New York, am 29. September 1995, in: BMAA (Hrsg.), Österreichische außenpolitische Dokumentation 1995, S. 13; Chronik zur Außenpolitik, 1. Jänner bis 31 Dezember 1995, in: Österreichisches Jahrbuch für Internationale Politik 1995, S. 227.
899 No C 109/161 Official Journal of the European Communities.
900 Council of Europe, Parliamentary Assembly, Resolution 1077 on Albanian asylum-seekers from Kosovo, 24 January 1996.
901 Interview mit Michael Spindelegger, Wien, 5. 7. 2017.

politischen und wirtschaftlichen Lage in der BRJ. Diese Bedingungen wurden auch nach dem Insistieren der österreichischen Vertreter auf klare Festlegung konkreter gefasst. Die EU strebte um eine weitgehende Autonomie des Kosovo, aber sie machte auch klar, dass sie keine Veränderung der Grenzen der BRJ wollte, und dass die Kosovo-Frage nur durch Dialog zu lösen sei. Die Wiederherstellung der Autonomie des Kosovo sollte gemeinsam mit der Normalisierung der Beziehungen zwischen EU und BRJ und mit der vollständigen diplomatischen Anerkennung der BRJ sowie ihrer Mitgliedschaft bei den internationalen Organisationen (UN, OSZE, Weltbank und IWF) erfolgen.[902] Der UN-Sicherheitsrat hatte die Wirtschaftssanktionen gegen Belgrad bereits im November 1995 aufgehoben.[903]

In der Erklärung vom 9. April über die Beziehungen zur BRJ, in der die Schaffung einer „weitreichenden Autonomie" für den Kosovo gefordert wurde, definierte die Europäische Kommission zwar nicht klar, was sie unter einer „weitreichenden Autonomie" für den Kosovo versteht: „full respect for human rights, minority rights and the right to return of all refugees and displaced persons and the granting of a large degree of autonomy for Kosovo within the FRY".[904] Allerdings war deutlich, dass die Europäische Kommission „weitreichende Autonomie" ähnlich wie bei der jugoslawischen Verfassung von 1974 meinte und nicht eine innerhalb Serbiens, wie gemäß der jugoslawischen Verfassung von 1992.

Im Anerkennungsschreiben[905] Außenminister Schüssels, gerichtet an seinen jugoslawischen Amtskollegen Milan Milutinovic, wurde die österreichische Position wie folgt definiert:

> Österreich geht davon aus, dass die Bundesrepublik Jugoslawien auf den in internationalen Vereinbarungen festgelegten Prinzipien der Demokratie, der Rechtsstaatlichkeit und der Achtung der Menschenrechte, einschließlich der Rechte aller Volksgruppen, beruht. Die volle Beachtung dieser Prinzipien [...] ist Voraussetzung für die Aufnahme in den Kreis der demokratisch-pluralistischen Staates Europas.[906]

Die Anerkennung der BRJ als einen der Nachfolgerstaaten der früheren SFRJ wurde von der Opposition heftig kritisiert. Der Vorsitzende der FPÖ, Jörg Haider, kritisierte eine Anerkennung, solange das Kosovo-Problem ungelöst sei.[907] Die Minderheitensprecherin der Grünen, Terezija Stoisits, erklärte, dass mit der Anerkennung die „Möglichkeiten aus der Hand gegeben" werden, „politischen Einfluss auf die Lage der Menschenrechte zu nehmen", da bisher nicht einmal Ansätze einer Verbesserung der politischen Lage im

---

902 Jens Reuter, Kosovo 1998, S. 205; Petritsch/Kaser/Pichler, Kosovo-Kosova, S. 194.
903 UN Security Council Resolution 1022 (1995), 22. 11. 1995.
904 Bulletin of the European Union, 4-1996, p. 58.
905 Auf der Grundlage der EU-Erklärung und mit der Ermächtigung des österreichischen Bundespräsidenten mit Schreiben vom 17. April hat Österreich die BRJ als einer der Nachfolgestaaten der früheren SFRJ anerkannt, während am 25. Juni (bzw. am 12. September) die jeweiligen diplomatischen Vertretungen Wiens und Belgrads auf Botschafterebene gehoben wurden. Außenpolitischer Bericht 1996: 66.
906 ÖStA, AdR, BMAA, GZ. 101.02.02/17-II.3c/96, Anerkennung der BRJ durch Österreich; Beschluss des Ministerrates am 16.4.1996, Wien.
907 ÖStA, AdR, BMAA, ZL. 322.21/67/96, Telefax-Depesche, Austroamb Belgrad an Außenamt Wien, Kosovo; Stellungnahme von Dr. Jörg Haider; Pressebericht, 3. Dezember 1996.

Kosovo zu sehen sind.[908] Der außenpolitische Sprecher des Liberalen Forums, Friedhelm Frischenschlager, sagte, dass die österreichische Regierung mit der Anerkennung Jugoslawiens „ein Druckmittel aus der Hand" gegeben hatte: „Bevor nicht eine Lösung für die ‚tickende Bombe Kosovo' gefunden sei, dürfe Österreich keine diplomatischen Beziehungen aufnehmen."[909]

Im Unterschied zur EU hatten die USA keine vollen diplomatischen Beziehungen zur BRJ aufgenommen. Die amerikanische Regierung machte dies von einer Lösung der Kosovo-Frage abhängig.[910] Die USA nahmen eine deutlich kritischere Haltung gegenüber Belgrad als die EU ein. Österreich musste sich hier als neues EU-Mitglied der Position der anderen EU-Staaten anpassen, denn, so Jandl, „wird Österreich schon aus Solidarität mit den EU-Partnern die USA-Haltung (die der österreichischen Position der vergangenen Jahre eher entspricht) nicht voll teilen können".[911] Neben der Solidarität mit den europäischen Partnern spielten für Österreich auch die österreichischen Wirtschaftsinteressen in Serbien eine Rolle, bei der Österreich „eine ‚realpolitische' Haltung einnehmen" müsste.[912]

Die inakzeptable Situation in den Bereichen Demokratie und Menschenrechte sowie die systematischen schweren Verletzungen der Menschenrechte und der Rechte der albanischen Volksgruppe im Kosovo blieben Hauptsorgen der österreichischen Außenpolitik. Außenminister Schüssel äußerte sich im Rahmen des EU-Rates Allgemeine Angelegenheiten im April 1996 besorgt über die Gefahr eines neuen blutigen Konflikts im Kosovo, als 60.000 serbische Polizisten im Kosovo stationiert wurden. Er plädierte für eine stärkere Einbindung der Kosovo-Frage in die EU-Außenpolitik.[913]

Als Außenminister Schüssel im Mai 1996 Tirana besuchte, erklärte er: „Die Möglichkeit eines neuen heißen Konflikts im Kosovo ist nicht nur hypothetisch, sondern realistisch."[914] Er schlug im Kreis der EU-Außenminister im Mai 1996 – gemeinsam mit seinem niederländischen Amtskollegen – vor, ein EU-Beobachtungsbüro in Prishtina einzurichten.[915] Allerdings zögerte Belgrad die Zustimmung für die Eröffnung des EU-Büros im Kosovo hinaus. Mangels Zustimmung Belgrads konnte auch die OSZE-Langzeitmission für den Kosovo, im Sandschak und in der Vojvodina nicht wiedereingerichtet werden.[916]

Die Kooperationsbereitschaft der EU gegenüber Belgrad in der Frage der Anerkennung der BRJ wurde von serbischer Seite nicht mit einem Einlenken in der Kosovo-Frage beantwortet. Es wurde bald klar, dass erstens Belgrad an einer Verbesserung der Lage im Kosovo

---

908 *APA*, 16. 4. 1996.
909 Ebd.
910 Wolfgang Libal, Kosovo nach dem Dayton-Abkommen, in: Die Zukunft Südosteuropas. Friedensbericht 1997. Theorie und Praxis ziviler Konfliktbearbeitung, Zürich 1997, S. 141.
911 Jandl, Vielschichtige Nachbarschaft, S. 22.
912 Ebd.
913 *APA*, 22. 4. 1996.
914 *Die Presse*, 11. 5. 1996.
915 Außenpolitischer Bericht 1996, S. 67.
916 Außenminister Schüssel hat gemeinsam mit seinem deutschen Ressortkollegen Kinkel gewarnt, dass die Lage im Kosovo explosiv sei und die internationale Staatengemeinschaft vor allem die EU Druck auf Serbien ausüben müsse, um die Menschenrechtsverletzungen zu stoppen. Die Wiederherstellung der Autonomie des Kosovo sei für ihn „absolut notwendig" und eine Voraussetzung für die Stabilität der südosteuropäischen Region. *Die Presse*, 9. 7. 1996.

5. Die österreichische Kosovopolitik in den Jahren 1995-1999

nicht interessiert war und dass zweitens durch die Anerkennungspolitik und die Aufhebung der Sanktionen die Einwirkungsmöglichkeiten der EU wesentlich reduziert wurden.[917]

Die Repressionspolitik Belgrads gegen die kosovo-albanische Zivilbevölkerung nahm von Tag zu Tag zu. In einer Faktenzusammenfassung des österreichischen Außenministeriums wurden für das Jahr 1995 folgende Repressionsmaßnahmen der serbischen Regierung dokumentiert:

- „11.175 Personen wurden Opfer von Folter oder anderer unmenschlicher Behandlung,
- 16 Morde durch serbische Polizei- oder Armeeangehörige (ohne Bestrafung der Täter),
- 3.487 willkürliche Verhaftungen,
- Verurteilung von 315 Albanern wegen ‚Bedrohung der territorialen Integrität der BR Jugoslawien' zu insgesamt 540 Jahren Haft,
- Ansiedlung von über 15.000 serbischen Flüchtlingen aus Krajina,
- systematische Behinderung der Rückreise von albanischsprachigen Arbeitskräften aus dem Ausland (Konfiszierung der Reisepässe, Abpressung von Beträgen bis zu DM 11.000,- für die Wiederausstellung von Pässen),
- seit 1990 willkürliche Entlassung von mehr als 140.000 albanischsprachigen Arbeitskräften."[918]

In dieser Dokumentation des österreichischen Außenministeriums, welche nur zwei Tage vor dem Besuch von Rugova in Wien ausgearbeitet wurde, könnten die Menschenrechtsverletzungen im Kosovo wie folgt zusammengefasst werden: „Im Kosovo wird eine zielgerichtete und gesetzlich legalisierte Politik der Serbisierung betrieben. Es liegt eine aktive, systematische und kollektive Verfolgung der albanischsprachigen Bevölkerung unter Einsatz der serbischen Gesetzgebung vor."[919] Das Kosovo-Helsinki-Komitee berichtete „für die Zeit vom Januar bis September 1996 [von] 2.033 Verhaftungen von Albanern, 2.383 Fälle[n] von Aufforderungen zu ‚Informationsgesprächen' bei der Polizei und 1.380 Fälle[n] von Hausdurchsuchungen, bei denen hauptsächlich nach Waffen gesucht wurde".[920]

In einem Telegramm der österreichischen Botschaft in Belgrad an das Außenministerium in Wien mit dem Titel „Die aktuelle politische und Menschenrechtslage im Kosovo" vom 9. April 1996 wurde zur Situation im Kosovo ausgeführt:

> Es ist für jemanden, welcher die Entwicklung im Kosovo kontinuierlich beobachtet, in gewisser Weise frustrierend, feststellen zu müssen, dass es nicht die geringste politische An-

---

917 Durch einen Gemeinsamen Standpunkt vom 27. Februar 1996 über die Aussetzung der Beschränkungen in den wirtschaftlichen und finanziellen Beziehungen der EU zur BRJ wurden die Wirtschaftssanktionen auf der Grundlage der Resolution 1022 des UN-Sicherheitsrates suspendiert. Dies galt nicht aber für ein Waffenembargo. Das Kooperationsabkommen zwischen EWG und SFRJ wurde am 2. April 1980 (mit Handelspräferenzen für jugoslawische Produkte) unterzeichnet und im November 1991 gekündigt.
918 Aus einem unveröffentlichten Dokument des österreichischen Außenministeriums über die „Menschenrechte im Kosovo-Hintergrundinformation" vom 10. April 1996. Kopie im Besitz des Verfassers.
919 Ebd.
920 Libal, Kosovo nach dem Dayton-Abkommen, S. 144.

A. Die österreichische Kosovopolitik nach dem Beitritt zur Europäischen Union

näherung zwischen den Standpunkten Belgrads und Pristinas gibt; ja noch mehr, dass die vielfältige serbische Repression unvermindert anhält. Diese Belgrader Politik muss von der albanischen Bevölkerung angesichts der auf die Vermeidung jedweder gewalttätiger Konfrontation ausgerichteten Politik der kosovo-albanischen Führung unter ihrem Präsidenten Ibrahim Rugova als Provokation empfunden werden.[921]

Von der österreichischen Vertretung in Belgrad wurde eine diplomatische Initiative zur Unterstützung von Rugova empfohlen:

Präsident Rugova benötigt internationale Unterstützung, einerseits um die eigene Bevölkerung weiterhin im Beharren auf der friedfertigen Politik bestärken zu können, aber andererseits auch damit gleichzeitig auf Belgrad Druck von außen ausgeübt wird, um es zur Aufnahme eines Dialogs zu bewegen.[922]

Um die politische Position Rugovas zu stärken und eine friedliche Lösung der Krise zwischen Belgrad und Prishtina zu finden, wurde Rugova im April 1996 nach Wien eingeladen. Nach Gerhard Jandl, der am Gespräch Schüssels mit Rugova teilnahm, war der Besuch von Rugova in Wien, „Teil dieser Politik, Rugova international aufs Tapet zu bringen, ihm die Möglichkeit zu geben, sich international zu präsentieren, auch damit die eigene kosovarische Bevölkerung sieht, Rugova ist ein international anerkannter Politiker, und es macht aus kosovarischer Sicht Sinn, ihn weiter zu unterstützen."[923]

Außenminister Schüssel bekräftigte den österreichischen Standpunkt zur Lösung des Kosovo-Konflikts mit friedlichen Mitteln sowie für die Wiederherstellung der Autonomie des Kosovo innerhalb der Grenzen der BRJ. Österreich sei für eine Lösung der Kosovo-Frage durch einen Dialog und Wien ist „offen für verstärkte Kontakte mit der Führung der albanischen Bevölkerung".[924]

Das Treffen zwischen Präsident Rugova und Außenminister Schüssel fand am 12. April 1996, drei Tage nachdem der Europäische Rat in der Erklärung die BRJ als eine der Nachfolgestaaten der früheren SFRJ anerkannt hat, statt. Die internationale Anerkennung der BRJ, sagte Präsident Rugova in diesem Gespräch, wurde „mit Bedauern zur Kenntnis genommen". Nach Präsident Rugova, der sich während seines Besuches auch mit Mock in dessen Funktion als Vorsitzender der EDU traf, solle die internationale Gemeinschaft die Kosovo-Frage stärker berücksichtigen, da „nur wegen der Zurückhaltung der LDK noch keine Gewalt ausgebrochen ist. Die LDK gerät aber zunehmend unter Kritik, weil der gewaltfreie Weg nach Ansicht von immer mehr Kosovaren keine Fortschritte bringe."[925]

---

921 Aus einem unveröffentlichten Dokument des österreichischen Außenministeriums über die „aktuelle politische und Menschenrechtslage im Kosovo" vom 9. April 1996. Kopie im Besitz des Verfassers.
922 Ebd.
923 Interview mit Gerhard Jandl, Wien, 5. 4. 2017.
924 Aus einem unveröffentlichten Dokument des österreichischen Außenministeriums: „Besuch des ‚Präsidenten' des Kosovo, Ibrahim Rugova", in Wien, 12. April 1996, S. 3. Kopie im Besitz des Verfassers.
925 Ebd.

5. Die österreichische Kosovopolitik in den Jahren 1995-1999

Am 1. September 1996 wurde durch die römische Gemeinschaft Sant'Egidio[926] ein Abkommen über das Erziehungswesen[927] zwischen dem jugoslawischen Präsidenten Milošević und Rugova unterzeichnet. Das Abkommen sah vor, dass mit Beginn des neuen Schuljahres die albanischen Schüler und Studenten in die offiziellen Schul- und Universitätsgebäude zurückkehren konnten und in ein einheitliches Schulsystem integriert werden (dies wurde aber nicht festgelegt und geregelt). Dieses Abkommen wurde als wichtiger Schritt auf dem Weg zu einer Normalisierung zwischen Belgrad und Prishtina angesehen. Die Unterzeichnung des Abkommens erbrachte aber keine sichtbare Verbesserung der Situation im Kosovo.[928] In Gesprächen zwischen österreichischen diplomatischen Vertretern beim Heiligen Stuhl und Vertretern der römisch-katholischen Basisgemeinschaft von Sant'Egidio wurde festgestellt, dass das Abkommen über das Erziehungswesen die politischen Fragen unberührt lasse. Dennoch wurden auch positiven Aspekte dieses Abkommen erwähnt. „Die Tatsache, dass Präsident Milošević durch seine Unterschrift unter das Übereinkommen Dr. Rugova als legitimen Vertreter der albanischen Volksgruppe des Kosovo anerkannt habe, sei ein bedeutender Faktor, der weitere Schritte erleichtern sollte."[929]

Albert Rohan, der als ranghöchster Vertreter Österreichs seit der Aussetzung des UN-Embargos in die BRJ gereist war, fuhr im September 1996 nach Belgrad und Prishtina, auf der Suche nach einer Lösung zwischen der politischen Führung des Kosovo und den Entscheidungsträgern in der BRJ. Rohan bezeichnete das Abkommen über das Erziehungswesen „als ersten Schritt in die richtige Richtung".[930]

Aber in der Frage der Eröffnung eines EU-Büros in Prishtina war die serbische Regierung nicht kompromissbereit:

> Die serbische Regierung hat das absolut abgelehnt und es hat ja auch die Europäische Union versucht, und zwar wollten sie ein Büro in Prishtina eröffnen und sie haben auch alles Mögliche vorgeschlagen, auch eine Dependance von Büros in Belgrad und das wurde immer abgelehnt und dann haben wir 1998 das selber gemacht.[931]

---

926 Die römische Gemeinschaft Sant'Egido, die im Jahr 1968 in Rom gegründet worden ist, setzte sich weltweit durch Vermittlung für den Frieden ein.

927 Am 6. März wurde die letzte Institution der Albaner im Kosovo, das „Institut für Albanologie" in Prishtina, geschlossen.

928 Außenpolitischer Bericht 1996, S. 57; Howard Clark, Civil Resistance in Kosovo, London – Sterling – Virginia 2000, p. 125; David L Phillips, Liberating Kosovo. Coercive Diplomacy and U.S. Intervention. Belfer Center for Science and International Affairs, Cambridge 2012, p. 71; Roberto Morozzo della Rocca, Kosovo: das Abkommen zwischen Milošević und Rugova http://albanisches-institut.ch/wp-content/uploads/2014/01/Kosova-della-Rocca.pdf (abgerufen 26.02.2017).

929 ÖStA, AdR, BMAA, Zl. 291/4/96, Kosovo: Einigung zwischen Präsident Milošević und Ibrahim Rugova über die Rückkehr der albanischen Schüler in die Schulen und Fakultäten; Vermittlung der Gemeinschaft S. Egidio, An das Bundesministerium für auswärtige Angelegenheiten, Rom, am 10. September 1996.

930 *APA*, 19. 9. 1996.

931 Interview mit Albert Rohan, Wien, 24. 2. 2017.

A. Die österreichische Kosovopolitik nach dem Beitritt zur Europäischen Union

Die Bereitschaft Österreichs, eine Vermittlungsrolle in der Kosovo-Frage zu übernehmen, unterstrich Außenminister Schüssel bei dem Treffen mit dem jugoslawischen Außenminister, Milan Milutinovic. Als dieser am 24. Oktober 1996 einen offiziellen Besuch in Österreich absolvierte – dies war der erste hochrangige Besuch eines serbischen Regierungsmitgliedes in Österreich seit Ausbruch der Jugoslawien-Krise – erklärte er gegenüber den österreichischen Medien,[932] dass die Kosovo-Frage „eine interne Angelegenheit, die wir im eigenen Land diskutieren müsse" sei.[933] Während des Treffens mit seinem österreichischen Amtskollegen Schüssel betonte Milutinovic: „Der Kosovo ist zugegebenermaßen ein Problem, aber ein internes. Belgrad weiß, dass die Serben 2020 eine Minderheit im eigenen Land sein werden."[934] Gerhard Jandl,[935] der an diesem Gespräch teilnahm, schreibt, dass Milutinovic Interesse an der Verbesserung der Beziehungen zwischen Österreich und BRJ äußerte, er „war aber gleichzeitig nicht zur geringsten Flexibilität in Sachen Kosovo bereit".[936]

Der österreichische Vorschlag einer EU-Präsenz im Kosovo durch die Eröffnung eines EU-Büros wurde von Milutinovic abgelehnt, „weil es den Anspruch des Kosovo auf Souveränität unterstreichen würde".[937] Während des Treffens mit Schüssel argumentierte Milutinovic, dass die Genehmigung für ein US-Büro in Prishtina – die USA haben im Februar 1996 die Genehmigung Belgrads zur Eröffnung eines Büros des United States Information Service in Prishtina erreicht – anders gelagert wäre: „Erstens geht es auf ein Abkommen aus 1961 zurück, zweitens ist es ein reines Kulturbüro, und drittens hat sich mittlerweile gezeigt, dass die Gestattung dieses Büro ohnehin ein Fehler war."[938] Schüssel machte klar, dass die angestrebte EU-Präsenz im Kosovo in Zusammenhang mit der Anerkennung der BRJ zu sehen sei, „weil der Kosovo das gravierendste offene Problem zwischen der BRJ und der EU darstellt".[939] Bundeskanzler Vranitzky betonte bei dem Gespräch mit Milutinovic, dass der Stabilität und der Demokratie im Kosovo sowie der „Medienfreiheit in der Bundesrepublik Jugoslawien gesamteuropäisch Bedeutung beigemessen werde".[940]

Im EU-Rahmen versuchte Österreich durch verschiedene Initiativen zu erreichen, dass dem Kosovo-Problem mehr Beachtung geschenkt wurde.[941] Im Rahmen der Arbeitsgrup-

---

932 „Der Kosovo hat eine Autonomie. Bitte lesen sie unsere Verfassung. Manche sind nicht glücklich mit dieser Autonomie, aber diese Leute wollen keine Autonomie, sondern die Sezession". *APA*, 24. 10. 1996.
933 *APA*, 24. 10. 1996.
934 ÖStA, AdR, BMAA, GZ. 101.18.02/9-II.3/96, Off. Besuch des jugosl. AM Milutinovic in Wien, 24.10.1996, Information, Wien, S. 3.
935 Jandl war im Zeitraum 1995-2000 Leiter des Referats für das ehemalige Jugoslawien im österreichischen Außenministerium.
936 Jandl, Vielschichtige Nachbarschaft, S. 22.
937 ÖStA, AdR, BMAA, GZ. 101.18.02/9-II.3/96, Off. Besuch des jugosl. AM Milutinovic in Wien, 24.10.1996, Information, Wien, S. 3.
938 Ebd.
939 Ebd.
940 *APA*, 24. 10. 1996.
941 Aus einem unveröffentlichten Dokument des österreichischen Außenministeriums über dem „Besuch des Präsidenten des Kosovo Ibrahim Rugova bei HBM (Wien, 12.4.1996), EU-BRJ

5. Die österreichische Kosovopolitik in den Jahren 1995-1999

pe für Jugoslawien (COYUG) schlug Österreich „the early establishment of an ECMM Office in Prishtina an important and crucial first step" vor.[942] Die Akkreditierung des jugoslawischen Botschafters in Brüssel „should be linked to the signing of a Memorandum of Understanding on the establishment of an ECMM Office in Kosovo".[943] Trotz diesbezüglichen Insistierens Österreichs gelang dies aufgrund der Uneinigkeit der EU nicht.

Österreich wurde auch im Rahmen der OSZE durch Initiativen in der Kosovopolitik aktiv. Die Haltung in der Frage der (Wieder)Aufnahme der BRJ zur OSZE bestand darin, dass eine Lösung der Frage der OSZE-Teilnahme der BRJ im Zusammenhang mit einer Wiederzulassung einer Mission für den Kosovo, den Sandschak und die Vojvodina zu sehen wäre. Auf der Grundlage der Wiederzulassung einer Mission „wäre eine flexible Lösung denkbar, d.h. weder ein ausdrücklicher Beschluß auf Aufhebung des Suspendierungsbeschlusses noch ein ausdrücklicher Aufnahmebeschluß".[944]

Das Dayton-Abkommen kann als Wendepunkt für die späteren Entwicklungen im Kosovo gelten.[945] Da die Politik der Gewaltfreiheit von Rugova gegen die serbische Repression weder Erfolg noch eine Lösung der Kosovo-Frage brachte und zu keiner Verbesserung der Situation führte, traten neue militärische und politische Akteure auf den Plan, bewaffnete Widerstandsgruppen, welche in zunehmenden Maße mit ihren Aktivitäten Unterstützung bei der kosovo-albanischen Bevölkerung gewonnen hatten, und die schließlich in der Kosovarischen Befreiungsarmee (Ushtria Çlirimtare e Kosovës, UÇK) zusammengeführt wurden. Die UÇK begann vor allem seit 1996 bewaffnete Anschläge gegen serbische Polizisten und gegen die im Kosovo stationierte jugoslawische und serbische Armee durchzuführen.[946] Ein Telegramm des österreichischen Geschäftsträgers Michael Weninger in Belgrad, gerichtet an das Außenministerium, beschreibt den Umschwung in der Haltung der kosovarischen Bevölkerung: „Es ist eine nicht genug zu würdigende Tatsache, dass es der kosovo-albanischen Führung bisher mustergültig gelungen ist, trotz der langjährigen Unterdrückungspolitik Belgrads eine erstaunliche Friedenspolitik zu verfolgen. Die Geduld der Bevölkerung scheint jedoch zusehends zu erlahmen."[947]

(Inkl. Kosovo) Wirtschaftsbeziehungen". Kopie im Besitz des Verfassers.

942 ÖStA, AdR, BMAA, REF: PESC/BON 463, COYUG-Accreditation of a FRY Ambassador to the EC-Linkage with the Kosovo issue. 2. August 1996.

943 Ebd.

944 Aus einem unveröffentlichten Dokument des österreichischen Außenministeriums über dem „Besuch des Präsidenten des Kosovo, I. Rugova, bei HBM. OSZE Gesprächsnotizen (1996)", GZl. 809.00.01/29-II.7/96. Kopie im Besitz des Verfassers.

945 Sundhaussen, Jugoslawien und seine Nachfolgestaaten, S. 368; Zum politischen Bedeutungsverlust von Rugova schreibt der deutsche Journalist Erich Rathfelder: „Der Pazifismus zementierte nur das Apartheidsystem [und] war eine allgemein diskutierte Erkenntnis. Der Stern Rugovas begann zu sinken. Da die Serben den Krieg in Kroatien und Bosnien verloren hatten, schwand zudem der bisherige Respekt vor ihrer militärischen Stärke". Erich Rathfelder, Kosovo – Geschichte eines Konflikts, Berlin 2010, S. 158.

946 Zur wissenschaftlichen Korrektheit, da manche Aktionen die jugoslawischen Einsätze nicht von serbischen zu unterscheiden waren, wird im Weiteren von jugoslawischen und serbischen Sicherheitskräften gesprochen.

947 Aus einem unveröffentlichten Dokument des österreichischen Außenministeriums über die „aktuelle politische und Menschenrechtslage im Kosovo", vom 9. April 1996. Kopie im Besitz

A. Die österreichische Kosovopolitik nach dem Beitritt zur Europäischen Union

Die Kritik an Rugovas Politik der Gewaltlosigkeit[948] intensivierte sich.[949] In einer Analyse durch die österreichische Botschaft in Belgrad wird die geschwächte Position Rugovas wie folgt analysiert:

> Seit dem Friedensabkommen von Dayton, in welches das Kosovo Problem entgegen der Hoffnungen von Rugova nicht einbezogen wurde und den wiederholten Aussagen führender Politiker bzw. Diplomaten westlicher Länder, in denen inkonsequenterweise auf die Unveränderbarkeit der Grenzen hingewiesen wurde […], scheint die politische Führung des Kosovo etwas ratlos zu agieren. Die Chancen auf die Verwirklichung der Unabhängigkeit stehen zum jetzigen Zeitpunkt schlechter denn je.[950]

5.3. Österreichische Universitäten als Studienort für die kosovo-albanischen Studenten

Nach der gewalttätigen Aufhebung der Autonomie des Kosovo hat die serbische Politik versucht, das Schul- und Unterrichtswesen im Kosovo unter serbische Kontrolle zu bringen, was aber von den Kosovo-Albanern abgelehnt wurde. Mit dem Ziel, diese Ablehnung zu sanktionieren, hatte Belgrad rechtliche Maßnahmen zur Serbisierung des Erziehungssystems im Kosovo unternommen. Das serbische Parlament verabschiedete Anfang des Jahres 1990 Gesetze über die Zuständigkeit in den Primar- und Sekundarschulen. Diese Gesetze[951] sahen vor, „that the Serbian Education Council was the sole authority for devising the curriculum".[952] Da es neue Lehrpläne gab, wobei auf der Universität Prishtina nicht mehr auf Albanisch unterrichtet werden durfte, haben die Albaner angefangen das neue System zu boykottieren. Im Wintersemester des Studienjahres 1991-1992 gab es an der Universität Prishtina und an den Schulen keine albanischen Studenten und Schüler mehr, weil „all over Kosovo, there were similar scenes: children, teachers and parents

---

des Verfassers.
948 Allerdings wurde die Liste der Kritiker an Rugovas Politik in der öffentlichen Diskussion immer länger, wie Adem Demaçi, Vorsitzender des Rates zur Verteidigung der Menschenrechte, Veton Surroi, Herausgeber der bedeutenden Wochenzeitung „KOHA", Mahmut Bakalli, ehemaliger Provinzpräsident des Bundes der Kommunisten und Azem Vllasi, ehemaliger kommunistische Jugendfunktionär.
949 Prorok, Ibrahim Rugovas Leadership, S. 13.
950 ÖStA, AdR, BMAA, Zl. 624.56/26/96, Kosovo; Verschiebung der Wahlen zum „Parlament" der Kosovo-Albaner, An das Bundesministerium für Auswärtige Angelegenheiten, 4. Juni 1996, Belgrad, S. 2.
951 Mit den nächsten Gesetzen über die Universitäten wurde erreicht, dass die bisherige bilinguale (albanische und serbokroatische) Universität von Prishtina ihre Autonomie verlor. Mit der Absicht das Erziehungssystem im Kosovo unter serbische Kontrolle zu bringen, verabschiedete das serbische Parlament noch weitere Gesetze wie das „Law on Actions of Republican Bodies in Special Circumstances" und das „Law on Labour Relations in Special Circumstances".
952 Denisa Kostovicova, Kosovo – The politics of identity and space, London – New York 2005, p. 77.

arriving at schools on 2 September to find armed police blocking their entry".[953] Fast eine halbe Million albanischer Schüler und Studenten hatten keine Möglichkeit unterrichtet zu werden. Die Universität von Prishtina wurde zugesperrt und 2.000 Lehrer und Pädagogen wurden auf die Straße gesetzt. Die kosovo-albanischen Professoren und Lehrer blieben aber nicht tatenlos. Am 5. Dezember 1991 stimmten die Leiter der Fakultäten der Universität Prishtina zu, Gegenmaßnahmen zu ergreifen. „The restarting of the university was assessed as 'the most difficult exam for Albanian professors and students'".[954] Unter Leitung des Rektors der Universität Prishtina, Ejup Statovci,[955] entschieden sich die albanischen Mitglieder der Versammlung der Universität den Schulunterricht in Privaträumen zu organisieren. Die Privaträumlichkeiten umfassten private Häuser, Wohnzimmer, Garagen, Geschäfte und Keller in ganz Kosovo. Die albanischen Lehrer und Professoren, die die Vereinigung ihres Erziehungssystems mit dem Serbiens verweigert hatten, wurden entlassen. Sie wurden nicht mehr von den staatlichen Institutionen bezahlt, sondern von den kosovo-albanischen Parallelinstitutionen.

Die Gründung von Parallelstrukturen im Schul- und Unterrichtswesen begann ab 1992. Die Kosovo-Albaner begannen, als die politische Strategie von Rugova zur Etablierung eines Parallelstaates als Erfolg zu bezeichnen war, diese Strukturen auch zu institutionalisieren bzw. dem Schattenstaat eine Bedeutung zu geben, sodass die offiziellen Dokumente im Schul- und Unterrichtswesen (wie Diplome und Zeugnisse) mit dem Stempel „Republika e Kosovës" versehen werden konnten. Die Herstellung dieser offiziellen Dokumente, mit dem Ziel, die „Realität der Staatlichkeit der Republik Kosova" zu bestätigen, fand breite Zustimmung bei den Albanern im Kosovo. „For Albanians, the resurrection of the Albanian education system made the Republic of Kosovo, whose independence was declared in 1990, more real. Importantly, the parallel education system was the only truly functioning segment of the Albanians' self-declared independent state in Kosovo."[956]

Die Diskriminierung der Kosovo-Albaner im Schul- und Unterrichtswesen im Kosovo und die Serbisierung des Erziehungssystems im Kosovo weckte große Besorgnis in Österreich.[957] Wissenschaftsminister Erhard Busek, der seit seinem ersten Kosovo-Besuch im Jahr 1987 Kontakte mit kosovo-albanischen Politikern gepflegt hatte, hat mit seinem Engagement für die kosovo-albanischen Studierenden eine besondere Rolle gespielt.[958]

---

953 Clark, Civil Resistance in Kosovo, p. 97.
954 Kostovicova, Kosovo – The politics of identity and space, p. 103.
955 Statovci wurde mehrmals von der serbischen Polizei verhaftet, gegen seine Verhaftung protestierten stark in Österreich sowohl Medien als auch der österreichischen Außen- und Wissenschaftsministerium. Im Dezember 1992 wurde Rektor Statovci vom österreichischen Wissenschaftsminister Busek nach Österreich eingeladen, um Maßnahmen der Zusammenarbeit zu konkretisieren. Während des Besuches in Wien sprach Statovci mit dem Rektor der Universität Wien, Alfred Ebenbauer, der gleichzeitig Präsident der Österreichischen Rektorenkonferenz war. Rektor Ebenbauer hatte versprochen, dass er alles tun werde, um eine Kooperation zwischen den österreichischen Universitäten und der Universität von Prishtina zu ermöglichen, Bujku, 27. 12. 1992, in: Universität von Prishtina 2009, S. 81.
956 Kostovicova, Kosovo – The politics of identity and space, p. 120.
957 Der Standard, 20. 11. 1992, S. 4.
958 Busek hatte vor allem gute Kontakte mit dem Rektor der Prishtina Universität, Ejup Statovci. „Mit Statovci habe ich aber schon vorher Kontakt gehabt, welcher dann ja auch schuld daran

A. Die österreichische Kosovopolitik nach dem Beitritt zur Europäischen Union

Busek beschreibt in seinen Erinnerungen, wie beeindruckend für ihn die Universität von Prishtina war: „Was mich allerdings noch mehr beeindruckte, waren die Erzählungen – noch mitten in der jugoslawischen Zeit –, die mir der illegale Rektor der kosovarischen Universität in Pristina nahebrachte."[959] Als Busek in späteren Jahren den Kosovo besuchte, wollte er vor Ort sehen, wie der Unterricht sich entwickelt hatte: „Ich habe auch einige Häuser besucht, in denen diese Universität ein schwieriges und kümmerliches Dasein fristete, während nur Serben die traditionellen Gebäude bevölkerten, die dadurch eigentlich leer waren."[960]

Wissenschaftsminister Busek startete eine Initiative, die Diplome der kosovo-albanischen Studenten in Österreich nach der Zuspitzung der Situation im Kosovo anzuerkennen. Sigurd Höllinger, Leiter der Hochschulsektion im Wissenschaftsministerium von 1986 bis 2005: „Das ist selten, dass der Minister initiativ ist in seiner Sache und das auch wirklich konsequent vertreten hat. Zweifellos, das war die Idee von Dr. Busek."[961] Busek betont, „dass die Anerkennung für die Zeugnisse der Studenten von dieser Universität eine gewisse Wichtigkeit hatte".[962] Er fügt hinzu: „Das war mir eigentlich klar, dass wir das machen müssen, dass es ein Zeichen der Anerkennung in Berücksichtigung der Menschenrechtssituation ist".[963]

Als der Rektor der Universität Prishtina, Ejup Statovci, von der serbischen Polizei verhaftet wurde, verurteilten Wissenschaftsminister Busek und Außenminister Mock aufs schärfste die Inhaftierung. Busek und Mock wiesen darauf hin, „dass die albanische Bevölkerungsmehrheit des Kosovo unter einer systematischen, apartheid-artigen Diskriminierung leide. Besonders unmenschlich sei die weitgehende Ausschließung der Albaner vom öffentlichen Gesundheits- und Bildungswesen."[964]

Heinz Kasparovsky, der seit 1990 die Abteilung für Internationales Hochschulrecht und Anerkennungsfragen im Wissenschaftsministerium leitete, beleuchtet die Hintergründe für die österreichischen Initiativen zur Anerkennung der Diplome der kosovo-albanischen Studierenden und zur Ermöglichung des Studiums in Österreich: „Die offizielle Sicht Serbien damals war, dass die Paralleluniversitäten rein privat sind, die anerkennen sie nicht."[965] Kasparovsky bestätigt, dass die Idee, die kosovo-albanischen Studenten in Österreich studieren zu lassen, von Busek kam und dass es dessen Einschätzung war, „dass es hier sehr viel Potential gibt, dass sehr viel ausbaufähig ist, vor allem an der Universität Prishtina viele Möglichkeiten auch im wissenschaftlichen Bereich gibt, wenn man das System von außen unterstützt".[966]

---

      war, dass wir die Prüfungen […] anerkannt haben. Das war eine wesentliche Brücke für viele um hier zu landen". Interview mit Erhard Busek, Wien, 31. 1. 2017.
959 Busek, Lebensbilder, Wien 2014, S. 201.
960 Ebd.
961 Interview mit Sigurd Höllinger, Wien, 19. 6. 2017.
962 Interview mit Erhard Busek, Wien, 31. 1. 2017.
963 Ebd.
964 ÖStA, AdR, BMAA, GZ. 101.03.01/8-II.3/93, Kosovo, Verhaftung des albanischen Rektors der Uni Prishtina; Presseerklärung des HBM, 24. März 1993, Wien.
965 Interview mit Heinz Kasparovsky, Wien, 18. 8. 2017.
966 Ebd.

5. Die österreichische Kosovopolitik in den Jahren 1995-1999

Österreichs Engagement im universitären Bereich bzw. in der Anerkennungsfrage der Diplome und Zeugnisse der nicht anerkannten Paralleluniversität (Universität Prishtina) war einzigartig in Europa. Die Frage der Anerkennung der Diplome war eine besondere Herausforderung für das österreichische Wissenschaftsministerium. Österreich und die SFRJ hatten ein bilaterales Abkommen aus dem Jahr 1976 über die Gleichwertigkeit der Reifezeugnisse und aus 1980 ein bilaterales Abkommen über die Anerkennung von Studien.[967] Aber dieses Abkommen galt nur für die staatlich anerkannten Institutionen. Da die Universität Prishtina von Belgrad als illegal eingestuft wurde und dessen Diplome mit dem Stempel der nicht international anerkannten Republik Kosovo versehen waren, wurde von Österreich in Betracht gezogen worden, die Diplome der Paralleluniversität anzuerkennen. „Erhard Busek war damals unser Minister, […] dann haben wir vereinbart, dass wir hier auf die faktischen Verhältnisse schauen und auch diese Paralleluniversitäten anerkennen."[968] Das Erziehungsabkommen zwischen Rugova und Milošević, welches nie umgesetzt wurde, konnte von Österreich genutzt werden, um Studierende zum Studium zuzulassen.[969]

Das Erziehungsabkommen zwischen Rugova und Milošević war kein Staatsvertrag, sondern ein „soft law": „Aber Österreich konnte sich darauf berufen und hatte damit wieder die Möglichkeit, die Diplome der Universität Prishtina anzuerkennen."[970] So hat Österreich dieses Abkommen genutzt, die faktische Paralleluniversität von Prishtina mit ihren 13 Fakultäten, sieben Oberschulen, 24 Grundschulen und 66 Mittelschulen indirekt anzuerkennen:

> Wir haben eine Umweg-Konstruktion gemacht. Wir brauchten eine staatliche Seite und die staatliche Seite war damals die Bundesrepublik Jugoslawien. Wir mussten irgendeinen Einheitspunkt damals haben, ob die Bundesrepublik Jugoslawien die Universität Prishtina direkt oder indirekt anerkennt. Direkt würde heißen, sie steht im Gesetz und das war natürlich nicht der Fall. Und durch diese Gespräche eben, wo ja vereinbart wurde, eine Normalisierung des Systems beizuführen, an die bisherigen Schulen oder Universitäten, da haben wir gesagt: das ist eine indirekte Anerkennung, weil ja die jugoslawische Regierung alle die Schulen, die hier in der Anlage des Abkommens angefügt sind, kennt. Das heißt, dass sie auch für die Jugoslawien existent waren.[971]

Um diese Art von Umweg-Konstruktion durchzusetzen, hat das österreichische Wissenschaftsministerium interne Schritte unternommen:

> Wir haben es so konstruiert, damit es auch legal ist, und wir haben an die Rektorenkonferenz geschrieben, und damit an die Universitäten, dass die Aufnahme von kosovarischen Studierenden eine Einzelfall-Entscheidung ist, und das Gesetz sagt, im Einzelfall kann ich diese Voraussetzungen, die ich jetzt gerade genannt habe, dispensieren.[972]

---

967 Interview mit Christoph Ramoser, Wien, 27. 11. 2017.
968 Interview mit Heinz Kasparovsky, Wien, 18. 8. 2017.
969 Erziehungsabkommen zwischen Rugova und Milošević von 1. September 1996.
970 Interview mit Heinz Kasparovsky, Wien, 18. 8. 2017.
971 Ebd.
972 Ebd.

B. Österreichs Politik in der Kosovo-Frage in den Jahren 1997-1999

In einem Schreiben von 5. November 1997 des Wissenschaftsministeriums an die Österreichische Rektorenkonferenz hat das Ministerium empfohlen, dass für die Bewerber aus dem Kosovo im Einzelfall die Möglichkeit der Anwendung der Grundlage des § 30 Abs. 3 UniStG zu überprüfen und die dementsprechende Verordnungsermächtigung zu erteilen sei.[973] „Wenigstens können die kosovarischen Studenten mit ihren Zeugnissen weiterhin an österreichischen Universitäten studieren", erklärt Gerhard Jandl, „nachdem das Wissenschaftsministerium einen gegenteiligen Erlaß […] auf Intervention des Außenamtes wieder zurücknahm."[974]

Österreichs versuchte auch andere europäische Staaten zu überzeugen, die Diplome und Zeugnisse der Universität Prishtina anzuerkennen. „Die Informationen wurden durch die Experten langsam durch Europa gestreut und die Praxis der Anerkennung von anderen Staaten übernommen. Anfangs haben uns viele Partnerzentren aus anderen Staaten gefragt, wie wir damit umgehen, und wir haben ihnen die Anerkennung empfohlen."[975]

B. Österreichs Politik in der Kosovo-Frage in den Jahren 1997-1999

5.4. Der Weg von der gewaltlosen Politik zum bewaffneten Widerstand im Kosovo

Die schon unternommenen Initiativen und Vermittlungsbemühungen seitens der internationalen Gemeinschaft – insbesondere nach dem Friedensabkommen von Dayton – scheiterten vor allem wegen des mangelnden serbischen Kooperationswillens, einen Dialog mit der politischen Führung des Kosovo zu akzeptieren. Auch das Erziehungsabkommen unter Vermittlung der Gemeinschaft Sant'Egidio im September 1996 scheiterte *aufgrund der fehlenden Bereitschaft der serbischen Regierung*. Als Anfang September 1997 tausende albanische Studenten in Prishtina protestierten und die Rückgabe ihrer Universität von den Serben verlangten, löste die serbische Polizei den friedlichen Protestmarsch mit Gewalt auf. Rund 27.000 albanische Studenten der Universität Prishtina studierten seit Anfang 1990er in Privatgebäuden.

---

973 „Gemäß § 30 Abs. 3 UniStG ist die Rektorin oder der Rektor im Rahmen eines Zulassungsverfahrens berechtigt, die Verpflichtung zur Vorlage einzelner Unterlagen nachzusehen, wenn glaubhaft gemacht wird, daß deren Beibringung innerhalb einer angemessenen Frist unmöglich oder mit übergroßen Schwierigkeiten verbunden ist, und die vorgelegten Unterlagen für eine Entscheidung ausreichen". Bundesministerium für Wissenschaft und Verkehr, GZ 68.114/136-I/B/15/97, Zulassung zum Studium, Situation der kosovo-albanischen Bewerber, Anwendbarkeit des § 30 Abs. 3 UniStG, an die Österreichische Rektorenkonferenz, 5. November 1997.
974 Gerhard Jandl, Die Balkankrise und kein Ende, in: Andreas Khol/Günther Ofner/Alfred Stirnemann (Hrsg.), Österreichisches Jahrbuch für Politik 1997, Wien 1998, S. 791.
975 Interview mit Heinz Kasparovsky, Wien, 18. 8. 2017.

5. Die österreichische Kosovopolitik in den Jahren 1995-1999

Die UÇK[976] begann in einigen Orten im Kosovo im Jahr 1997 immer öfter Angriffe gegen die jugoslawischen und serbischen Sicherheitskräfte durchzuführen. Belgrad antwortete mit Polizei- und Militärgewalt, mit Operationen und Gewaltausübung gegen kosovo-albanische Zivilisten. Die getöteten Kinder, Frauen und alten Menschen wurden als Opfer im Kampf gegen die „UÇK-Terroristen" bezeichnet.[977] Die UÇK machte immer stärker durch Bombenanschläge gegen Polizeistationen und serbische Sicherheitskräfte (Polizei und Armee) im Kosovo auf sich aufmerksam.[978]

Hochrangige österreichische Persönlichkeiten, die mit Rugova Kontakte pflegten und seine pazifistische Politik unterstützen, sahen die Abwendung vieler Kosovo-Albaner vom gewaltfreien Kurs Rugovas zum bewaffneten Widerstand als Resultat des brutalen serbischen Vorgehens gegen die Kosovo-Albaner. Ex-Bundespräsident Fischer führt aus, dass er „für die Politik von Ibrahim Rugova […] mehr Sympathie als für die Aktionen der UÇK" hatte.[979] Er fügt weiter hinzu:

> Aber ich kenne auch das Dilemma, das entsteht, wenn man zur Auffassung kommt, dass man eine gerechte Sache ohne den Einsatz von Gewalt nicht voranbringen kann. Und es entsteht unweigerlich ein Dilemma, wenn man den Grundsatz akzeptiert, dass der (gute) Zweck die Mittel heiligt. Im konkreten Fall hat die UÇK streckenweise nach dem Grundsatz gehandelt: Der Zweck heiligt die Mittel. Nicht alles, was eine Lösung beschleunigt muss deshalb richtig sein.[980]

Rugova hatte für Wolfgang Petritsch nichts „mit aggressiver nationalistischer Ideologie oder gar brutaler Machtausübung" zu tun.[981] „Ihn deshalb als pragmatisch oder gemäßigt zu beschreiben geht am Kern einer Vision vorbei. Sein Pazifismus hat den Kosovo lan-

---

976 Zur Gründung der UÇK siehe Matthias Rüb, «Phönix aus der Asche» Die UÇK: Von der Terrororganisation zur Bodentruppe der NATO?, in: Thomas Schmid (Hrsg.), Krieg im Kosovo, Hamburg 1999, S. 47-62; Jens Reuter, Wer ist die UÇK?, in: *Blätter für deutsche und internationale Politik* 3 (1999), S. 281-284; Tim Judah, Inside the KLA, in: *New York Review of Books* 10 (1999), pp. 19-23; Tim Judah, Kosovo. War and Revenge, New Haven – London 2000; Tim Judah, A History of the Kosovo Liberation Army, in: William Joseph Buckley (ed.), Kosovo. Contending Voices on Balkan Intervention, Grand Rapids, Michigan, Cambridge 2000, S. 108-115; Jens Reuter, Zur Geschichte der UÇK, in: Jens Reuter/Konrad Clewing (Hrsg.), Der Kosovo Konflikt. Ursachen, Verlauf, Perspektive, Klagenfurt 2000, S. 171-186; Pettifer, James (2005), Kosova Express: a journey in Wartime, London.
977 *APA*, 26. 3. 1998.
978 Im Jänner 1997 wurde der Rektor der serbischen Universität von Prishtina, Radivoje Popovic, durch eine Autobombe schwer verletzt. Popovic war bekannt für seine anti-albanischen Äußerungen. Er nannte die Prishtina Universität „factory of evil" (Pax Christi International, Kosovo: The Conflict Between Serbs and Albanians, Brussels 1995, S. 28. Der Biologe Popovic war gleichzeitig Abgeordnete der Partei von Milošević. Er war einer der stärksten Befürworter für die Verhängung des Ausnahmezustandes im Kosovo und wurde dank seiner antialbanischen Politik zum Rektor gewählt. Popovic wurde dann später im März 1998 seines Amtes enthoben, da er sich heftig gegen die Umsetzung des Bildungsabkommens aussprach.
979 Interview mit Heinz Fischer, Wien, 27. 4. 2017.
980 Ebd.
981 Wolfgang Petritsch, Der tragische Held. Ibrahim Rugova, in: *Profil*, 30. 1. 2006, S. 102-103.

B. Österreichs Politik in der Kosovo-Frage in den Jahren 1997-1999

ge Zeit ungreifbar gemacht."⁹⁸² Auch für Ex-Außenminister Jankowitsch hatte zwar eine friedliche Lösung Priorität, aber er betont, dass brutale Gewalt Gewalt zur Folge hat:

> Wir als Sozialdemokraten sind keine Freunde von Gewaltlösungen, das ist gar keine Frage. Wir werden immer bis zum letzten Moment versuchen, auf eine friedliche Verhandlungslösung zu bestehen. Allerdings, wenn es trotzdem dann zu Gewaltanwendung kommt, so ist es immer ein Zeichen, dass diese friedlichen Lösungen unter gewissen Umständen leider nicht möglich sind. Aber das ist für uns immer der Last Resort, und da bin ich in derselben Linie wie Rugova, da nicht sofort mit Gewalt einzugreifen, sondern alles zu versuchen. Wenn aber natürlich keine andere Möglichkeit besteht, und vor allem wenn die andere Seite Gewalt anwendet, so ist oft kein anderer Ausweg möglich. Was dann im Weiteren passiert ist, kann ich nicht beurteilen. Aber das ist nur so meine, unsere grundsätzliche Einstellung zur Lösung von Konflikten mit oder ohne Gewalt.⁹⁸³

Heinrich Neisser drückt seine Einschätzung aus, dass die Österreicher zwar mit Rugova „die Hoffnung zu einer Lösung zu kommen, verbunden haben", aber die Rolle der UÇK sieht er als Beschleunigungs-Faktor im historischen Prozess zur Unabhängigkeit des Kosovo: „Ich glaube Freiheitsbewegungen sind ein wesentliches Element in der Geschichte, um Entwicklungen zu beschleunigen. Ich kenne also viele Beispiele in anderen Ländern, wo das der Fall war und ich glaube, dass das auch hier der Fall war."⁹⁸⁴

Michael Spindelegger glaubt, dass Rugova

> eine besondere Symbolfigur am Anfang der Geschichte des Kosovo als eigenständigem Staat war und dass er sehr viel geleistet hat, im Sinn von Aufmerksamkeit erregen, in der internationalen Gemeinschaft Symbolfigur sein, aber natürlich auch, ja in diesem geschichtlichen Zusammenhang belastet zu sein von dem einen oder anderen, was in der Vergangenheit passiert ist.⁹⁸⁵

Nach Ansicht Spindeleggers ist Rugova „nicht wie der Phönix aus der Asche gestiegen, sondern hat auch eine Vergangenheit. Darum muss das auch miteinbezogen werden, aber nichtsdestotrotz war er sicherlich eine Symbolfigur, insbesondere für europäische Politiker, die auf den Kosovo geschaut haben und die Rolle der UÇK."⁹⁸⁶

Generalsekretär Rohan beschreibt seine Zusammenarbeit mit Rugova seit Anfang der 1990er Jahre:

> Ich habe ihn gefragt, 1994 oder 1995 muss das gewesen sein: diese Politik der friedlichen Mittel, die wir sehr unterstützen, wird natürlich dazu führen, dass jüngere energischere Kräfte sagen, wir erreichen nichts damit, das ist kein Fortschritt. Und was sagen Sie denen, wenn diese fragen, was haben Sie erreicht? Und da hat er mir geantwortet, ich werde Ihnen sagen, wir

---

982 Ebd.
983 Interview mit Peter Jankowitsch, Wien, 3. 2. 2017.
984 Interview mit Heinrich Neisser, Wien, 6. 4. 2017.
985 Interview mit Michael Spindelegger, Wien, 5. 7. 2017.
986 Ebd.

haben erreicht, dass wir noch immer hier sind im Kosovo. Und ich habe mir das dann überlegt, und habe gesagt, das war im Grunde keine dumme Antwort. Wenn man sich die Vertreibungsaktionen 1912 ansieht und dann die von 1998, 1999, dann hatte er schon einen head of point. Aber es ist genau das eingetreten, was ich ihm damals also gesagt habe, dass natürlich jüngere Kräfte gesagt haben, wir kommen zu nichts, wir müssen zu den Waffen greifen und damals habe ich auch gesagt, das Ziel der UÇK ist ja nicht die serbische Armee zu besiegen, das können sie nicht, sondern das Ziel ist eine internationale Intervention hervorzurufen. Und genauso ist es eingetreten, so wie in Slowenien, in Kroatien, in Bosnien, letztlich leider auch im Kosovo, hat es militärischer Mitteln bedurft, um zu einem Frieden zu kommen.[987]

Zur friedlichen Politik von Rugova und dem militärischen Widerstand der UÇK kam laut Botschafter Petritsch noch ein dritter Faktor dazu:

dass die internationale Gemeinschaft aus der Tragödie Bosnien gelernt hat. Srbrenica ist ein Stichwort, ein entscheidendes. Und es war ganz klar, insbesondere für die deutsche Außenpolitik von Kinkel als Vorgänger von Fischer, aber dann auch eben Joschka Fischer, für sie war klar, es darf kein zweites Srbrenica geben.[988]

Das vermehrte Auftreten bewaffneter kosovarischer Kräfte im Jahre 1997 hing auch mit dem Zusammenbruch der staatlichen Ordnung in Albanien zusammen. Die gestohlenen Waffen aus albanischen Kasernen dienten als Waffenarsenal für die UÇK und Nordalbanien wurde zur Basis für Operationen und militärische Ausbildungslager für die UÇK.[989] Aufgrund der fortgesetzten schweren Verbrechen und der Brutalität der jugoslawischen und serbischen Sicherheitskräfte gegen die Kosovo-Albaner begann die Anzahl der UÇK-Kämpfer zu steigen und ihre Aktionen sprunghaft zuzunehmen.

Das erste öffentliche Auftreten der UÇK am 28. November 1997 fand beim Begräbnis eines ermordeten kosovo-albanischen Dorfschullehrers in Llausha, Halit Gecaj, statt. Die serbische Polizei hatte ihn während des Unterrichts erschossen. Bei seiner Beerdigung, an der 20.000 Menschen teilnahmen, traten zum ersten Mal drei UÇK-Kämpfer öffentlich und uniformiert auf.[990] Das Begräbnis fand am 28. November statt, der als Nationalfeiertag der Albaner gilt.

Am 12. Dezember 1997 verabschiedete die UN-Generalversammlung eine Resolution, die Serbien wegen der Menschenrechtsverletzungen gegen die Kosovo-Albaner einschließlich der Gewaltanwendung der serbischen Polizeikräften gegen die friedlichen albanischen Studentenproteste verurteilte: „Expresses its deep concern about all violations of human rights and fundamental freedoms in Kosovo, in particular the repression of the ethnic Albanian population and discrimination against it, as well as acts of violence in

---

987 Interview mit Albert Rohan, Wien, 24. 2. 2017.
988 Interview mit Wolfgang Petritsch, Wien, 5. 1. 2018.
989 Rüb, «Phönix aus der Asche», S. 47-62.
990 Jens Reuter, Zur Geschichte der UÇK, in: Jens Reuter/Konrad Clewing, (Hrsg.), Der Kosovo Konflikt. Ursachen, Verlauf, Perspektive, Klagenfurt – Wien – Ljubljana – Tuzla – Sarajevo 2000, S. 172.

B. Österreichs Politik in der Kosovo-Frage in den Jahren 1997-1999

Kosovo."[991] Die Abstimmung dieser Resolution, bei der 106 Staaten dafür stimmten und 56 Staaten sich enthielten und zwei dagegen stimmten (die Russische Föderation und Indien), zeigte, dass die schweren Menschenrechtsverletzungen im Kosovo von vielen Staaten noch nicht ernst genommen wurden. Allerdings galt das nicht für die NATO, die seit Jahren die Situation im Kosovo mit Besorgnis verfolgte. Am 16. Dezember 1997 brachte sie beim Nordatlantikrat auf Außenministerebene und dann wieder am 7. Jänner 1998 bei einem NATO-Botschaftertreffen in Brüssel, ihre Sorge „angesichts der eskalierenden ethnischen Spannung im Kosovo" zum Ausdruck.[992]

Am 6. Februar 1997 wurde OSZE-Minderheitenkommissar Max van der Stoel zum OSZE-Sonderbeauftragten für den Kosovo ernannt. Er sollte zur Konfliktlösung zwischen Serbien und den Kosovo-Albanern beitragen und „to explore the possibilities for a constructive dialogue on these issues between the authorities of the Federal Republic of Yugoslavia and representatives of Albanians in Kosovo".[993] Belgrad verweigerte Max van der Stoel jedoch die Einreise in den Kosovo.

Die internationale Gemeinschaft reagierte mit Appellen zum Gewaltverzicht auf Belgrad und auf die militanten Kosovo-Albaner. Die USA schickten durch ihren Sondergesandten für den Balkan, Robert S. Gelbard, der im April 1997 ernannt worden war. Als Gelbard am 23. Februar 1998 Belgrad besuchte, betonte er nach dem Treffen mit dem jugoslawischen Präsidenten Milošević, dass die USA keine Grenzänderung unterstützen werden. Gelbards Statement, die UÇK „is, without any questions, a terrorist group",[994] wurde von ihm bei einem Hearing im House International Relations Committee in Washington zwar zurückgenommen, als er ausführte, dass die UÇK „not been classified legally by the U.S. Government as a terrorist organization".[995] Für diese Äußerungen bekam Gelbard internationale Kritik. „Durch seine unbedachte Äußerung", so Carol Landry von AFP, „habe Gelbard Belgrad den Vorwand für das brutale Vorgehen gegen die Kosovo-Albaner geliefert, das nunmehr zum ‚Kampf gegen den Terror' deklariert werde – obwohl die hochgerüsteten Serben selbst die größten ‚Terroristen' seien."[996] Nur eine Woche nach Gelbards Äußerung in Belgrad fing die serbische Offensive gegen die Kosovo-Albaner an, „which effectively gave the green light to the Yugoslav authorities to manage the problem in Kosovo at its discretion, if within the limits of prudence and restraint".[997]

Am 27. Februar 1998 starteten die serbische Polizei und die jugoslawische Armee einen Großeinsatz mit schwer bewaffneten Einheiten, so mit Kampfhubschraubern, Panzern, Maschinengewehren und starker Artillerie gegen die UÇK-Hochburgen in der Drenica-Region, die als ihr Hauptzentrum galt. Es kam zu einem Massaker als im Dorf Qirez/

---

991 General Assembly Resolution 52/139, Situation of human rights in Kosovo, 12. 12. 1997.
992 Kommuniqué des Nordatlantikrats auf Außenministerebene Brüssel, 16. 12. 1997 http://www.nato.int/docu/pr/1997/p97-155d.htm (abgerufen 27.8.2017).
993 Chairman-in-Office Appoints Personal Representative for Kosovo, OSCE Newsletter, Vol. 4, No. 2, February 1997, p. 2.
994 *The Guardian*, 18. 7. 1999.
995 *New York Times*, 13. 3. 1998.
996 *AFP* zit. n. *APA*, 16. 3. 1998.
997 Roland Dannreuther, War in Kosovo: History, Development and Aftermath, in: Mary Buckley/Sally N. Cummings (eds.), Kosovo. Perceptions of War and its Aftermath, London, New York 2001, S. 19.

5. Die österreichische Kosovopolitik in den Jahren 1995-1999

Cirez als 24 Menschen, darunter Kinder, Frauen und alte Menschen, von den serbischen Sicherheitskräften getötet wurden. Kurz danach protestierten rund 300.000 Kosovo-Albaner gegen das brutale Vorgehen in Prishtina und in anderen Städten des Kosovo. Diese friedlichen Demonstrationen wurden mit Polizeieinsatz, Tränengas und Wasserwerfern aufgelöst.[998]

Auf die zunehmend explosive Situation und das brutale Vorgehen der serbischen und jugoslawischen Behörden bei der Unterdrückung von Protesten der albanischen Bevölkerung reagierte Ex-Außenminister Mock in einer Debatte im Nationalrat. Er appellierte, nicht die Fehler der Vergangenheit zu wiederholen. Die Menschenrechtsfragen und Minderheitenrechte seien heute Aufgaben der internationalen Gemeinschaft und nicht mehr nur eine innere Angelegenheit der Nationalstaaten. Mock warnte: „Wenn wir jetzt nichts machen, […] werden wir eines Tages wieder an Gräbern, Massengräbern von Ermordeten stehen, wie es in Vukovar und Srebrenica der Fall war."[999]

Am 5. März griffen die serbische Polizei und Militäreinheiten (mit starker Artillerie, Panzern und Kampfhubschraubern) das Dorf Prekaz und die Familie Jashari an. Es wurden 56 Familienangehörige der Familie Jashari, darunter viele Kinder, Frauen und Alte, getötet.[1000] Den Tod fand auch einer der UÇK-Mitbegründer, Adem Jashari, der als UÇK-Kommandeur und als Symbol des UÇK-Befreiungskampfes galt. Die brutale Vorgehensweise der serbischen Sicherheitskräfte war für Außenminister Schüssel eine von langer Hand geplante Aktion:

> Die ersten Tage haben 80 Tote gebracht, und die Ausrede, daß das eine zufällige Aktion war, eine Polizeiaktion, zählt überhaupt nicht, denn wir wissen natürlich längst, daß dies eine von langer Hand geplante Aktion war, an der zwischen 3.000 und 4.000 Polizisten, Spezialeinheiten aus Belgrad und aus einer zweiten Stadt, beteiligt gewesen sind. Zum Teil sind Fahrzeuge der Armee verwendet worden, die extra umgespritzt wurden, um den Eindruck einer legalen Polizeiaktion zu erwecken. Wir wissen natürlich auch von der Opferbilanz, daß es sich hier nicht um Zufälle handeln konnte, denn von den 50 Toten, die in dieser speziellen Aktion zu beklagen gewesen sind, sind mehr als die Hälfte nicht Männer im wehrfähigen Alter gewesen, sondern 13 Kinder, 12 Frauen, 4 Greise.[1001]

Wenige Tage später besuchte Wolfgang Petritsch, österreichischer Botschafter in Belgrad (1997-1999), das Dorf Prekaz. Für ihn stellten diese Ereignisse den Wendepunkt des Ko-

---

998 The Independent International Commission on Kosovo 2000, S. 68
999 Sten. Prot. NR, XX. GP, 110. Sitzung, 26. Februar 1998, S. 58. In seiner Eigenschaft als EDU-Vorsitzender hatte Mock in Paris mit dem französischen Staatspräsidenten Jacques Chirac getroffen. Mock bekräftigte seine Auffassung, „daß die Einschränkung der Grund- und Freiheitsrechte der albanischen Bevölkerung im Kosovo durch die Belgrader Zentralregierung nicht hingenommen werden dürfe". *APA*, 8. 1. 1998.
1000 Rat für die Verteidigung von Menschenrechten und Freiheit, Kriegsverbrechen im Kosovo 1998-1999. Monografie 1, Prishtina 2010, S. 49; Profil, Nr. 12, 16. 3. 1998, S. 64.
1001 Vortrag des Bundesministers für auswärtige Angelegenheiten, Vizekanzler Dr. Wolfgang Schüssel, vor der Gesellschaft für Außenpolitik und Liga der Vereinten Nationen: „Internationales Krisenmanagement: Der Beitrag Österreichs, Wien, am 16. März 1998, in: BMAA (Hrsg.), Außenpolitische Dokumentation 1998, S. 35-36.

B. Österreichs Politik in der Kosovo-Frage in den Jahren 1997-1999

sovo-Konflikts dar: „Ab diesem Zeitpunkt habe ich zu zweifeln begonnen, ob es noch eine friedliche Lösung geben kann, besonders da ja Belgrad zu dem Zeitpunkt eigentlich schon sehr klar signalisiert hat, es ist ein internes Problem, wir lösen das sozusagen mit polizeilichen Maßnahmen und nicht mit politischen."[1002]

Alarmiert von der Grausamkeit und Brutalität der jugoslawischen und serbischen Sicherheitskräfte gegen die Kosovo-Albaner begann die internationale Gemeinschaft sich mit der Kosovo-Krise ernsthafter zu beschäftigen. Die Massaker gegen die Zivilisten lösten weltweit Reaktionen aus. Der Druck auf die internationale Gemeinschaft stieg. Innerhalb von wenigen Stunden nach den blutigen Aktionen im Kosovo reiste der britische Außenminister Cook in seiner Eigenschaft als Ratsvorsitzender der EU (Jänner-Juni 1998) am 4. März nach Belgrad. Er überbrachte eine „klare Botschaft" von der EU: „Eine Normalisierung der Beziehungen zwischen Jugoslawien und der EU ist ausgeschlossen, solange Belgrad keine friedliche Lösung für den Kosovo findet."[1003] Für Cook war es klar, dass Milošević ohne internationalen Druck seine Politik fortsetzen werde. Der britische Außenminister wusste aber auch, dass er eine Institution vertrat, welche über keine realen Mechanismen für eine militärische Intervention verfügte. Deswegen sollte die NATO aktiviert werden, aber gleichzeitig die Balkan-Kontaktgruppe, in der die Großmächte vertreten waren, die Führungsrolle in den Bemühungen um eine Konfliktlösung übernehmen.

Am 5. März gab der Nordatlantikrat eine Stellungnahme ab, in der die tiefe Sorge über die Situation im Kosovo ausgedrückt wurde. Es hieß dort:

> The North Atlantic Council is profoundly concerned by the violent incidents which took place in Kosovo the last few days, and in particular the Serbian police's brutal suppression of a peaceful demonstration in Pristina on 2nd March 1998. It condemns unreservedly the violent repression of non-violent expression of political views as well as terrorist acts to achieve political goals.[1004]

Auf die dramatische Situation im Kosovo reagierte auch Papst Johannes Paul II., der sich nach dem traditionellen Angelus-Gebet vor Gläubigen auf dem Petersplatz in Rom „tief besorgt" äußerte: „Ich möchte an den guten Willen aller appellieren, daß keine Bemühung unterbleibt bei der Suche nach einer raschen Lösung."[1005]

5.5. Die Kosovo-Frage als Test der internationalen Gemeinschaft

Nach der Unterzeichnung des Dayton-Friedensabkommens und der Anerkennung der BRJ im April 1996 wurden die diplomatischen Beziehungen zwischen Belgrad und Wien wieder auf Botschafterniveau aufgenommen. Österreich forderte von Belgrad die „Einleitung echter Demokratisierungsmaßnahmen, den Beginn eines konstruktiven Dialoges mit der Opposition, Reformen des Wahlrechts, des Justizwesens und der Mediengesetz-

---

1002 Interview mit Wolfgang Petritsch, Wien, 5. 1. 2018.
1003 Der Standard, 5. 3. 1998.
1004 NATO, Press Release (98) 29, 5. 3. 1998.
1005 *APA*, 8. 3. 1998.

gebung sowie volle Kooperation mit dem Kriegsverbrechertribunal in Den Haag". Als Antwort von Belgrad in „allen diesen Bereichen waren jedoch nur ungenügende Fortschritte, ja sogar Rückschläge zu verzeichnen".[1006] Die Hoffnungen Wiens auf eine Annäherung der BRJ an die EU und an andere internationale Organisationen sowie damit verbunden auch auf die Stärkung der serbischen Zivilgesellschaft wurden mit der Bildung der neuen serbischen Regierung im März 1998 begraben. Die Sozialistische Partei Serbiens (SPS) von Präsidenten Milošević bildete eine Koalition (Regierung der nationalen Einheit) mit der Partei seiner Ehefrau Mirjana Markovic (Jugoslawische Linke, JUL) und mit der Serbischen Radikalen Partei (SRS) des Ultranationalisten Vojislav Seselj. Der politische Kurs der serbischen (linken, radikal rechtextrem und stark nationalistischen orientierten) Regierung wurde damit noch weiter verschärft. Über die Zusammensetzung der neuen serbischen Regierung zeigte sich Außenminister Schüssel sehr besorgt. Die Regierungsbeteiligung des Ultranationalisten Seselj, der in seinem Parteiprogramm für die Vertreibung der Albaner aus dem Kosovo plädierte, sei „kein gutes Signal" für künftige Entwicklungen.[1007]

Als die internationale Gemeinschaft verlangte, dass ein politischer Dialog Belgrads mit den Kosovo-Albanern eingeleitet werden sollte, entschied Milošević, die serbischen Bürger zu einem Referendum aufzurufen. Auf die Frage: „Akzeptieren Sie die Teilnahme ausländischer Vermittler bei der Lösung des Problems im Kosovo?" sprachen sich 95 Prozent der serbischen Bevölkerung am 23. April 1998 gegen eine internationale Einmischung aus.[1008]

Die Parlaments- und Präsidentenwahlen der Kosovo-Albaner wurden am 22. März 1998 von der kosovo-albanischen Opposition aufgrund der schwierigen Umstände im Kosovo boykottiert. Einen Tag nach der Wiederwahl von Rugova als Präsident des Kosovo erhielt er Unterstützung aus Wien. Staatssekretärin Ferrero-Waldner äußerte sich „zufrieden mit der relativ störungsfreien Abhaltung der Wahl zu den ‚Parallelinstitutionen'" im Kosovo. In einer Aussendung ihres Büros wurde erklärt, dass die Abhaltung der Wahl „wichtig als Ausdruck der Unterstützung der kosovo-albanischen Bevölkerung für den gewaltfreien Kurs von Ibrahim Rugova" gewesen sei.[1009] Allerdings bedauerte sie, dass einige kosovo-albanischen Parteien nicht an den Wahlen teilgenommen hatten. Aufgrund der Kampfhandlungen zwischen der UÇK und jugoslawischen und serbischen Sicherheitskräften fanden in einigen Regionen des Kosovo die Parlaments- und Präsidentenwahlen nicht statt. Rugova als einziger Kandidat für das Amt des Präsidenten wurde mit einer deutlichen Mehrheit bei einer Wahlbeteiligung von 85 Prozent zum Präsidenten gewählt, während sein Opponent Adem Demaçi aus obengenannten Gründen nicht kandidierte.

Mit der Verschärfung der Kosovo-Krise gab es innerhalb der internationalen Gemeinschaft nun auch Forderungen an Rugova, dass aufgrund der Entwicklungen im Kosovo

---

1006 Außenpolitischer Bericht 1998, S. 40.
1007 *APA*, 25. 3. 1998.
1008 Henriette Riegler, Der Kosovo im (ex-jugoslawischen) Kontext, in: Österreichisches Jahrbuch für Internationale Politik 1998, S. 112. Die Wahlbeteiligung lag bei 75 Prozent. Die serbische Opposition „Allianz für den Wechsel" wurde oft für politische Gespräche nach Wien (im Jänner und November 1997) eingeladen.
1009 *APA*, 23. 3. 1998.

B. Österreichs Politik in der Kosovo-Frage in den Jahren 1997-1999

dessen politischen Vertreter eine gemeinsame Verhandlungsgruppe gründen sollten, die im Namen des Kosovo sprechen könnte. Diese sollte sowohl die Positionen Rugovas und der LDK als auch der anderen politischen Parteien wie auch von wichtigen Intellektuellen des Kosovo berücksichtigen, die andere Positionen als Rugova vertraten. Nach dem Sommer 1998 wurde auch ausdrücklich die Beteiligung der UÇK an der kosovo-albanischen Verhandlungsgruppe gefordert. Als die UÇK militärisch und politisch gestärkt wurde, war schon klar, dass die Lösung der Kosovo-Frage ohne UÇK-Beteiligung nicht vorstellbar war. Österreich pflegte Kontakte sowohl mit Rugova als auch mit oppositionellen Politikern wie Adem Demaçi und Rexhep Qosja.

Der Kontaktgruppe, der seit 1994 Deutschland, Frankreich, Großbritannien, die USA und Russland angehörten und die im Mai 1996 um Italien erweitert worden war sowie im Rahmen der Bosnien-Krise etabliert wurde, sollte zur Lösung des Kosovo-Problems aktiviert werden. Aufgrund der steigenden Krise haben sich zum ersten Mal die Außenminister der Kontaktgruppe am 24. September 1997 in New York getroffen. In einem Statement der Kontaktgruppe wurde festgestellt:

> We voiced our deep concern over tensions in Kosovo. We call on the authorities in Belgrade and the leadership of the Kosovar Albanian community to join in a peaceful dialogue. We urge the two sides to create the conditions necessary for refugees from Kosovo to return home.[1010]

Im Jänner 1998 trafen sich in Washington die Politischen Direktoren der Außenministerien der einzelnen Länder der Kontaktgruppe, to „continue to focus on Kosovo as a matter of high priority".[1011] Angesichts der Gewalteskalation und der brutalen Vorgehensweise der serbischen Polizei und des Militärs forderten die Außenminister der Kontaktgruppe in einer Stellungnahme am 9. März 1998 die serbischen und jugoslawischen Regierungen auf, innerhalb von zehn Tagen die Spezialeinheiten aus dem Kosovo abzuziehen, eine internationale Präsenz im Kosovo zu ermöglichen und die Einreise von OSZE-Sonderbeauftragtem Felipe Gonzalez zu gestalten. Weiters wurde die Zulassung der humanitären internationalen Organisationen, die Umsetzung des unterschriebenen Bildungsabkommens sowie die Einleitung eines politischen Dialogs der serbischen Regierung mit den politischen Vertretern der Kosovo-Albaner gefordert.[1012] Diese Forderungen änderten die politische Haltung in Belgrad nicht, was die Ohnmacht der Kontaktgruppe zeigte. Aus Belgrader Sicht war die Kosovo-Frage ein rein innerstaatliches Problem, deswegen benötige man keine internationale Vermittlung und es bedürfe daher auch keiner internationalen Präsenz im Kosovo.

1010 Contact Group Meeting, Statement on Kosovo, New York, 24 September 1997.
1011 Contact Group Meeting, Statement on Kosovo, Washington, 8 January 1998.
1012 Contact Group Meeting, Statement on Kosovo, London, 9 March 1998.

5. Die österreichische Kosovopolitik in den Jahren 1995-1999

5.6. Gescheiterte internationale Versuche zur Vermittlung in der Kosovopolitik

Die OSZE zeigte von Anfang Bereitschaft, eine Rolle beim Friedensbildungsprozess zu übernehmen. Das Verhältnis zwischen OSZE und BRJ war seit Jahren gespannt. Schon im Jänner 1997 versuchte die OSZE durch die Ernennung des früheren niederländischen Außenministers Max van der Stoel den Dialog zwischen Belgrad und Prishtina voranzutreiben, er war aber an der harten serbischen Haltung gescheitert. Auch Prishtina hatte Vorbehalte gegen van der Stoel, da er OSZE-Minderheitenkommissar war und die politische Führung des Kosovo nicht akzeptieren konnte, dass die albanische Mehrheit im Kosovo als Minderheit betrachtet wurde.[1013] Als van der Stoel Prishtina im Februar 1998 Kosovo besuchte, war das der Grund, dass er von Adem Demaçi, dem Chef der zweitgrößten Partei der Kosovo-Albaner, nicht empfangen wurde.

Der amtierende OSZE-Vorsitzende Bronislav Geremek rief am 2. März 1998 Belgrad und die Kosovo-Albaner zum Verzicht auf Gewaltakte und zum Dialog auf. „Die Lösung der Kosovo-Frage sei ein wesentliches Element für die Normalisierung der Beziehungen zwischen der Bundesrepublik Jugoslawien und der internationalen Gemeinschaft", erklärte Geremek.[1014] Die OSZE zeigte ihre Bereitschaft an diesem Dialogprozess durch die Einschaltung eines Vermittlers. Bei einer Sondersitzung des Ständigen OSZE-Rats wurde der frühere spanische Ministerpräsident, Felipe Gonzalez, zum neuen Vermittler ernannt. Die Ernennung von Gonzalez erfolgte in Übereinstimmung mit der NATO, mit der EU und der Kontaktgruppe.[1015] Allerdings konnte Gonzalez als Vermittler nicht tätig werden, da er kein Visum von Belgrad erhielt. Außerdem insistierte Milošević darauf, dass Gonzalez in Bezug auf die Normalisierung des Verhältnisses zwischen BRJ und OSZE tätig sein könne, nicht jedoch in Bezug auf die Frage des Dialogs mit den Kosovo-Albanern.[1016] So erklärte Präsident Milošević: „Kosovo als eine innere Angelegenheit Serbiens kann nicht Zuständigkeit eines ausländischen Sonderbeauftragten, auch nicht von Herr Gonzalez, sein."[1017] Gegen die serbische Haltung, dass die Kosovo-Frage keine internationale Angelegenheit ist, reagierte Generalsekretär Rohan im Namen der österreichischen Regierung mit dem Argument, dass die ständige Gewaltanwendung gegen eine andere

---

1013 Reuter, Die OSZE und das Kosovo-Problem, S. 514.
1014 *APA*, 2. 3. 1998
1015 Der ehemalige spanische Ministerpräsident Felipe Gonzalez war ein bekannter Name für Belgrad, der schon im Jahr 1996 als Leiter der OSZE-Mission in Serbien tätig war. Seine OSZE-Fact-Finding-Mission hatte in Serbien die Aufgabe, die Ergebnisse der serbischen Kommunalwahlen zu überprüfen, wo die serbische Opposition die Wahlen in 13 wichtigen serbischen Städten gewonnen hatte. Gonzalez war auch einer der wenigen ausländischen Politiker, der sowohl mit serbischen Regierungs- als auch Oppositionsvertretern reden konnte.
1016 Aus einem unveröffentlichten Dokument des österreichischen Außenministeriums über den „Besuch von F. Gonzalez in Wien; OSZE-BRJ, Gonzalez-Mission" vom 7. 10. 1998. Kopie im Besitz des Verfassers.
1017 *Die Presse*, 21. 3. 1998.

B. Österreichs Politik in der Kosovo-Frage in den Jahren 1997-1999

Volksgruppe keine innere Angelegenheit eines Staates sein könne: „Man muss Milošević klipp und klar sagen, dass das keine innere Angelegenheit seines Landes ist."[1018]

Der britische EU-Ratsvorsitzende Robin Cook, einer der aktivsten europäischen Außenminister in der Kosovopolitik, bemühte sich sehr, Belgrad zu einem politischen Dialog zu bewegen. Aber er sah auch, dass Appelle an Milošević diesen nicht zum Dialog mit den Kosovo-Albanern bewegen konnten. Auch die schon im Herbst 1997 unternommene deutsch-französische Initiative der beiden Außenminister Klaus Kinkel und Hubert Védrine[1019] zur Lösung des Kosovo-Konflikts wurde von Milošević abgelehnt, weil dies seiner Meinung nach eine Internationalisierung des Kosovo-Problems und Einmischung in die inneren Angelegenheiten bedeuten würde.[1020]

Erfolgreicher als die EU agierten die USA. Als im Kosovo neue Unruhen drohten, „hat sich auch Washington in die Bemühungen eingeschaltet und auch Konsultationen mit dem Wiener Außenministerium aufgenommen, das seit langem als eine der informiertesten Quellen bezüglich Ex-Jugoslawien anerkannt ist".[1021] Die USA forderten ein sofortiges Handeln der Staatengemeinschaft und drohten Milošević mit einer militärischen Intervention.[1022] Die amerikanische Außenministerin Madeleine Albright erklärte, unterstützt von Präsidenten Clinton: „I believe we had to stop Milošević immediately [...]. We are not going to stand by and watch the Serbian authorities do in Kosovo what they can no longer get away with in Serbia."[1023] Präsident Clinton führte aus: „Ich war fest entschlossen zu verhindern, dass sich der Kosovo in ein zweites Bosnien verwandelte, und Madeleine Albright unterstützte meine Position vorbehaltlos."[1024] So drängten am 25. März 1998 beim Treffen der Außenminister in Bonn Albright und Cook auf ein scharfes Vorgehen gegen Belgrad.[1025] Aufgrund der Uneinigkeit innerhalb der Kontakt-

---

1018 *Die Presse*, 12. 3. 1998. „Wenn über alle Staaten, die ungelöste innere Probleme haben, Sanktionen verhängt würden, stünden die meisten Staaten der Erde unter Sanktionen" deklarierte der heutige Außenminister von Serbien Ivica Dacic, der damals Sprecher der Sozialistischen Partei von Präsident Milošević tätig war. *Die Presse*, 7. 3. 1998.

1019 Brief von Bundesaußenminister Klaus Kinkel und Außenminister Hubert Védrine an den Präsidenten der Bundesrepublik Jugoslawien Slobodan Milošević, 19. 11. 1997, in: Stefan Troebst, Conflict in Kosovo: Failure of Prevention? An Analytical Documentation, 1992-1998. European Centre for Minority Issues (ECMI), Flensburg 1998, S. 60-61.

1020 Troebst, Conflict in Kosovo, S. 65. Bei der internationalen Implementierungskonferenz für das Dayton-Abkommen auf dem Petersberg bei Bonn am 9. Dezember 1997 protestierten die Serben gegen die Einbeziehung des Kosovo-Problems ins Schlußdokument der Konferenz. Das Schlußdokument der Konferenz sah vor, dass die Konferenz „mit wachsender Sorge die eskalierenden Spannungen in der Region, auch in Kosovo zur Kenntnis genommen habe". Die Presse, 30. 12. 1997. Mit der Begründung, dass die Einbeziehung der Kosovo-Frage eine interne serbische Angelegenheit sei, hatten die Serben die Konferenz verlassen.

1021 *Die Presse*, 24. 12. 1997.

1022 Mehr dazu siehe Louis Sell, Slobodan Milošević and the Destruction of Yugoslavia, London 2002, S. 195-317.

1023 Madeleine Albright, Madam Secretary: A Memoir, New York 2003, S. 485.

1024 Bill Clinton, Mein Leben, München 2005, S. 1286-1287.

1025 Contact Group Meeting, Statement on Kosovo, Bonn, 25 March 1998. An dem Treffen der Kontaktgruppe nahmen die Vertreter der Balkanstaaten (Albanien, Bulgarien, Griechenland, Mazedonien, Rumänien, Slowenien, Türkei und Ungarn) teil.

5. Die österreichische Kosovopolitik in den Jahren 1995-1999

gruppe über das weitere Vorgehen gegenüber Präsident Milošević wurde nur eine minimale Einigung erreicht.[1026] Am 31. März 1998 wurde gemäß UN-Resolution 1160 (1998)[1027] ein Waffen- und Militärgüterembargo gegen die BRJ verhängt. Bemerkenswert ist, dass Moskau die Verabschiedung der Resolution nicht blockiert hat. Die Kontaktgruppe hatte dem jugoslawischen Präsidenten Milošević eine Vier-Wochen-Frist für den Start eines Dialogs mit den Kosovo-Albanern gesetzt. Wenn Präsident Milošević diese Bedingungen nicht erfüllen würde, waren weitere Strafsanktionen vorgesehen. Bei Beratungen der Kontaktgruppe nahm auch Außenminister Schüssel als künftiger EU-Vorsitzender zum ersten Mal teil – Österreich übernahm in der zweiten Hälfte 1998 die EU-Ratspräsidentschaft. Bei dem nächsten Kontaktgruppe-Treffen am 29. April in Rom[1028] drohten die USA mit dem Austritt aus der Kontaktgruppe, „wenn nicht bald durchschlagende Sanktionen gegen Jugoslawien beschlossen würden".[1029] Da Präsident Milošević die Bedingungen der internationalen Gemeinschaft nicht erfüllte, hatten sich die westlichen Staaten der Kontaktgruppe auf die Ausweitung der Sanktionen im Laufe des Jahres geeinigt. Vorgesehen war hier das Einfrieren der Auslandsguthaben Jugoslawiens und Serbiens (7. Mai). Auf Vorschlag der EU wurde auch ein Verbot aller ausländischen Investitionen in Serbien gefordert (8. Juni). Die Ausweitung der Sanktionen erfolgte mit dem Flugverbot für jugoslawische Fluglinien (29. Juni) und der Verschärfung des Waffenembargos (10. August). Russland schloss sich dem Großteil der Sanktionen nicht an.[1030]

Als sich Präsident Milošević weigerte, in einen Dialog mit den Kosovo-Albanern einzutreten, setzte die amerikanische Regierung Richard Holbrooke ein, unter dessen Leitung das Dayton Abkommen erreicht wurde.[1031] Nach einer mehrtätigen Pendelmission zwischen Prishtina und Belgrad konnte der „Bulldozer-Diplomat" am 13. Mai Präsident Milošević zu einem ersten direkten Treffen mit Rugova in Belgrad bewegen. Im Bewusstsein, dass die Verhandlungsphase über die Kosovo-Krise jederzeit beginnen könne, hatte Rugova eine Verhandlungsgruppe unter seinem Vorsitz gegründet. Rugova, der bisher ein direktes Gespräch mit Milošević ohne Präsenz der internationalen Vermittlung abgelehnt hatte, akzeptierte die amerikanischen Bemühungen.[1032] Dies stellte das erste Treffen von Präsident Milošević mit der politischen Führung des Kosovo seit 1989 dar. Damals hatte er sich stark für die Aufhebung der Autonomie des Kosovo eingesetzt.[1033]

1026 Joschka Fischer, Die rot-grünen Jahre. Deutsche Außenpolitik – vom Kosovo bis zum 11. September, Köln 2007, S. 124.
1027 UN Security Council Resolution 1160 (1998), 31 March 1998.
1028 Contact Group Meeting, Statement on Kosovo, Rome, 29 April 1998.
1029 Roland Friedrich, Die deutsche Außenpolitik im Kosovo-Konflikt, Wiesbaden 2005, S. 39.
1030 Außenpolitischer Bericht 1998, S. 45.
1031 Mehr dazu siehe Richard Holbrooke, To End a War, New York 1998; Derek Chollet/Samantha Power (eds.), The Unquiet American. Richard Holbrooke in the World, New York 2011.
1032 Die kosovo-albanische Verhandlungsdelegation setzte sich aus Fehmi Agani, Mahmut Bakalli, Pajazit Nushi und Veton Surroi, zusammen.
1033 International Crisis Group: Inventory of a Windfall: Milošević's gains from the Kosovo dialogue. ICG Yugoslavia Report No. 3, 28 May 1998.

B. Österreichs Politik in der Kosovo-Frage in den Jahren 1997-1999

Die Hoffnungen, dass die Aufnahme des Dialogs auf höchstem Niveau zwischen Belgrad und Prishtina die Situation beruhigen könnte, erfüllten sich nicht. Die serbische Polizei leitete mit Unterstützung der jugoslawischen Sicherheitskräfte eine große Offensive gegen die UÇK ein. Diese hatte seit April und Mai 1998 größere Gebiete des Kosovo unter ihre Kontrolle gebracht. Die serbische und jugoslawische Offensive, die sich nicht nur gegen die UÇK, sondern auch gegen die albanischen Zivilisten richtete, hatte eine neue Welle von Flüchtlingen sowohl innerhalb des Kosovo als auch in den Anrainerstaaten wie in Montenegro, Albanien und Mazedonien, zur Folge.

Als Rugova in die USA zu einem Treffen mit US-Präsidenten Clinton reiste, machte er einen Zwischenstopp in Wien. In einem Gespräch mit Rugova versicherte Außenminister Schüssel ihm, dass Österreich alles tun werde, um den Weg zu einer friedlichen Lösung der Kosovo-Frage zu unterstützen.[1034] Da Rugova von der kosovo-albanischen Opposition für sein Treffen mit Milošević kritisiert worden war, betonte Schüssel, dass die Kosovo-Frage nur durch Dialog zu lösen wäre.

Das erste Gespräch „auf Präsidentenebene" zwischen Clinton und Rugova eröffnete eine neue Phase in der amerikanischen Kosovopolitik. Das Treffen am 29. Mai im Oval Office war ein klares Zeichen, dass die Kosovo-Frage eine Priorität der amerikanischen Außenpolitik war.[1035] Rugova versuchte diese Gelegenheit zu nutzen, vom amerikanischen Präsidenten eine Unterstützung der Unabhängigkeit des Kosovo als einzig akzeptable Lösung zu erhalten. Das jedoch wurde von Clinton nicht zugestanden. Präsident Clinton plädierte für die Notwendigkeit der Fortsetzung des Dialogs mit Belgrad und verkündete, dass die USA nicht zulassen werden, dass das, was in Bosnien geschah, sich im Kosovo wiederholen werde.[1036] Dieses Signal aus Washington beeindruckte Belgrad nicht, die serbische Polizei und das Militär verstärkten ihre Offensive gegen die UÇK.

5.7. Österreichs Aktivitäten in der Phase der Verschärfung des Kosovo-Konflikts

Nach einem Jahrzehnt an der Spitze der österreichischen Regierung (von 1986 bis 1997) und der SPÖ (von 1988 bis 1997) trat Franz Vranitzky im Jänner 1997 als Bundeskanzler und als SPÖ-Bundesparteivorsitzender zurück. Sein Nachfolger in beiden Funktionen wurde Viktor Klima, der als Finanzminister in der Regierung Vranitzky tätig war. Im März 1997 wurde Vranitzky zum OSZE-Sonderbeauftragten für Albanien ernannt (bis Oktober 1997).[1037] Nach dem Zusammenbruch der staatlichen Ordnung in Albanien schien Vranitzky die geeignete Persönlichkeit zur Beruhigung der schwierigen politischen Lage

---

1034 Chronik zur Außenpolitik, 1. Jänner bis 31. Dezember 1998, in: Österreichisches Jahrbuch für Internationale Politik 1998, S. 186.
1035 Mit Rugova reisten die zwei Mitglieder der kosovo-albanischen Verhandlungsdelegation Fehmi Agani und Veton Surroi.
1036 *Profil*, Nr. 25, 15. 6. 1998, S. 74.
1037 Vranitzky, Politische Erinnerungen, S. 404-425.

5. Die österreichische Kosovopolitik in den Jahren 1995-1999

in Albanien zu sein. Und es gelang Vranitzky auch die diesbezüglichen Erwartungen der internationalen Gemeinschaft zu erfüllen.[1038] Auf Vranitzkys Vorschlag wurde die Bildung einer „coalition of the willing" zur Entsendung multinationaler Schutztruppen nach Albanien beschlossen, an der Österreich mit einer Einheit von 115 Mann teilnahm.[1039] Im Rahmen der OSZE stellte Österreich das viertgrösste Kontingent mit 36 Wahlbeobachtern und -beratern, darunter 7 Parlamentsabgeordnete.[1040]

Österreich war einer der wenigen EU-Mitgliedsstaaten, die sich ständig und kohärent mit Konzepten und Vorschlägen für eine Lösung der Kosovo-Frage einsetzten. Diese Aktivitäten intensivirten sich in der Vorbereitungsphase der Übernahme der EU-Präsidentschaft im 2. Halbjahr 1998 durch Österreich. So plädierte Außenminister Schüssel am 18. Februar 1998 im Europäischen Parlament in Straßburg, als er die Strategie zur Vorbereitung des österreichischen EU-Vorsitzes präsentierte, für ein stärkeres Engagement der EU in der Kosovo-Frage. Einen Tag später erklärte Außenminister Schüssel nach dem Gespräch mit dem polnischen Ressortkollegen Bronislaw Geremek in dessen Funktion als OSZE-Vorsitzender, er sei für die Entsendung einer Delegation der OSZE in den Kosovo und für die Einrichtung einer Mission der EU in Prishtina.[1041]

Verteidigungsminister Werner Fasslabend warnte im Februar 1998 ausdrücklich vor dem Ausbruch eines militärischen Konflikts im Kosovo. Aufgrund der geographischen Nähe Österreichs zum Kosovo wie insgesamt zum Balkan sollten Österreich und die EU für alle möglichen Szenarien vorbereitet sein. Für Fasslabend das „Sicherheitsproblem in Europa ist nach dem Kalten Krieg nicht geringer, sondern nur anders geworden".[1042]

Als die Gewaltakte der jugoslawischen und serbischen Sicherheitskräfte gegen die kosovo-albanische Bevölkerung in der Drenica-Region Ende Februar und Anfang März 1998 dramatisch zunahmen, verurteilte Bundespräsident Klestil die „brutalen und blutigen Ereignisse im Kosovo", die „einmal mehr den unmittelbaren Zusammenhang zwischen der Achtung der Menschenrechte und der internationalen Sicherheit und Stabilität zeigen".[1043] Außenminister Schüssel kritisierte scharf „die wahllose Anwendung von Waffengewalt gegen die albanische Zivilbevölkerung im Kosovo durch serbische Sicherheitskräfte".[1044] Staatssekretärin Ferrero-Waldner verlangte die „sofortige Einstellung der Gewaltanwendung" und die Befassung des UN-Sicherheitsrates und der Kontaktgruppe mit dem Kosovo-Thema.[1045]

1038 US-Präsident Clinton hatte das Engagement von Vranitzky hoch geschätzt: „Franz Vranitzky machte Österreich zu einem überaus aktiven und lebendigen Bestandteil des neuen Europa". Vranitzky, Politische Erinnerungen.
1039 UN Security Council Resolution 1101 (1997), 28 March 1997.
1040 Außenpolitischer Bericht 1997, S. 55; Herwig Jedlaucnik, Der Albanische Staat in der Krise. Informationen zur Sicherheitspolitik, Wien 1999.
1041 *Der Standard*, 20. 2. 1998.
1042 *APA*, 18. 2. 1998.
1043 *APA*, 11. 3. 1998.
1044 *APA*, 2. 3. 1998.
1045 *Der Standard*, 7./8. 3. 1998. Ex-Außenminister Mock sprach sich in der „ZiB 2" des ORF für ein militärisches Eingreifen der internationalen Gemeinschaft als Resultat von neuen Massakern im Kosovo aus. Mock warnte vor einem Flächenbrand auf dem Balkan und verwies auf die Parallelen mit den Ausbruch des Krieges in Ex-Jugoslawien und auf die schrecklichen

B. Österreichs Politik in der Kosovo-Frage in den Jahren 1997-1999

Am 12. März forderte das Europäische Parlament in einem Entschließungsantrag die UN, NATO, OSZE und WEU auf, konkrete Maßnahmen zur Entsendung einer präventiven Eingreiftruppe in den Kosovo zu treffen.[1046] In dieser Entschließung wurde Milošević auch zu einem Dialog mit den politischen Vertretern des Kosovo aufgefordert, der jedoch von ihm als ausländische „Einmischung" in die Kosovo-Frage abgelehnt wurde. Diese Weigerung brachte er auch bei einem Besuch einer Delegation der Parlamentarischen Versammlung des Europarates in Belgrad am 13. März zum Ausdruck. Der Delegation gehörten auch die österreichischen Abgeordneten Peter Schieder (SPÖ) und Walter Schwimmer (ÖVP) an. Präsident Milošević widersetzte sich allen Initiativen, die eine Internationalisierung der Kosovo-Krise zum Ziel hatten, und rechtfertigte seine militärischen und polizeilichen Aktionen im Kosovo als „Kampf gegen die albanischen Terroristen". Außenminister Schüssel verurteilte die Gewalttaten im Kosovo, die sowohl von der UÇK als auch von der serbischen Führung durchgeführt worden sind, machte aber gerichtet an die serbische Führung klar:

> Wenn die Belgrader Führung heute allerdings von den ‚albanischen Terroristen und Banditen' spricht, dann sollte sie bedenken, daß es ihre eigene Politik war, die zu einer immer stärkeren Radikalisierung der Kosovo-Albaner geführt hat.
>
> Die Belgrader Führung sollte sich auch daran erinnern, daß sie Ibrahim Rugova, der auf kosovarischer Seite bis heute am nachhaltigsten für den Dialog und für eine friedliche Lösung des Konfliktes eintritt, durch sieben Jahre jedes Gespräch verweigert hat. Gleichzeitig regt sich Präsident Milošević aber darüber auf, daß es auch seitens der Albaner Übergriffe gibt.[1047]

Dass die blutige Situation im Kosovo keine innerstaatliche Frage sei, bekräftigte Schüssel auch gegenüber dem ständigen Anwalt des Prinzips der Nichteinmischung in innere Angelegenheiten, nämlich China. In seiner China-Reise im März 1998 versuchte Außenminister Schüssel die chinesische Regierung dazu zu bewegen, das Thema Kosovo auf der Tagesordnung des UN-Sicherheitsrates nicht zu blockieren.[1048]

Die österreichische Außenpolitik war vor allem im Rahmen der GASP aktiv. Außenminister Schüssel legte am 15. März 1998 bei einem informellen Treffen der EU-Außenminister in Edinburgh einen 10-Punkte-Aktionsplan für den Kosovo vor. Er schlug beiderseitigen Gewaltverzicht vor, den Abzug der serbischen Sonderpolizei, die Rückkehr der albanischen Studenten an die Universitäten, eine rasche Stationierung multinationaler Friedenstruppen an den Grenzen des Kosovo zur Verhinderung einer Ausweitung des Konflikts.[1049] Der letzte Punkt „wurde aber von einigen EU-Partnern als undurchführbar,

---

Erfahrungen ethnischer Säuberungen. *Kurier*, 7. 3. 1998.

1046 Chronik zur Außenpolitik, 1. Jänner bis 31. Dezember 1998, in: Österreichisches Jahrbuch für Internationale Politik 1998, S. 164.

1047 Aus der Rede des Bundesministers für auswärtige Angelegenheiten, Vizekanzler Dr. Wolfgang Schüssel, beim Europäischen Forum Alpbach: „Südosteuropa und die offene Gesellschaft", Alpbach, am 27. August 1998, in: BMAA (Hrsg.), Außenpolitische Dokumentation 1998, S. 125.

1048 *APA*, 9. 3. 1998.

1049 Außenpolitischer Bericht 1998, S. 44; Rede des Bundesministers für auswärtige Angelegenheiten, Vizekanzler Dr. Wolfgang Schüssel, beim Symposium des ORF „Zukunft Mitteleuro-

5. Die österreichische Kosovopolitik in den Jahren 1995-1999

weil eine Provokation Belgrads darstellend, erachtet. Deshalb beließ es die EU bei Mäßigungsappellen."[1050] Ein weiterer wichtiger Punkt des Kosovo-Planes von Schüssel war die Abhaltung eines Referendums im Kosovo. Die kosovo-albanische und serbische Führung einigten sich auf einen Vorschlag für den künftigen politischen Status des Kosovo, der von einer internationalen Expertengruppe ausgearbeitet werden sollte, worüber dann „die Bevölkerung des Kosovo in einem Referendum entscheiden" sollte.[1051] Dies war der erste internationale Vorschlag, der die Abhaltung eines Referendums im Kosovo vorsah.[1052]

Mit dem Ziel, die Entwicklungen im Kosovo vor Ort zu beobachten und Prishtina und Belgrad zu einer internationalen Vermittlung zu bewegen, reiste von 21. bis 24. April 1998 eine Delegation des österreichischen Außenministeriums unter Leitung von Generalsekretär Albert Rohan nach Belgrad und Prishtina.[1053] Der kühle Empfang für Rohan in Belgrad wurde dadurch deutlich, dass ein geplantes Treffen mit dem jugoslawischen Außenminister Zivadin Jovanovic in letzter Sekunde abgesagt wurde. Stattdessen absolvierte Rohan ein Gespräch mit dem Vizeaußenminister Radoslav Bulajic. Der Besuch von Rohan fand in der Zeit des serbischen Referendums statt, in der die serbischen Bürger aufgerufen wurden, über eine internationale Vermittlung in der Kosovo-Frage abzustimmen. Die Abhaltung des serbischen Referendums wurde von Rohan als „nicht nutzbringend" bezeichnet. Er betonte, daß es „ohne die Dienste des guten Willens der internationalen Gemeinschaft keinen Fortschritt bei der Lösung der Kosovo-Krise geben wird".[1054] Er rief zu einem Dialog mit den Kosovo-Albanern als einzigem Weg zur Lösung der Kosovo-Frage auf. In Prishtina traf sich Rohan mit dem serbischen Kosovo-Gouverneur Veljko Odalic, von dem gefordert wurde, die Aktionen gegen die Kosovo-Albaner zu beenden, „die Antwort bestand darin im Hinweis auf die Entschlossenheit Belgrads, eisern gegen die ‚Terroristen und Separatisten' vorzugehen".[1055] Die österreichische Delegation war auch über ein Treffen mit der demokratischen Opposition in Serbien enttäuscht, „denn diese hatte kaum andere Vorstellungen von der Kosovo-Politik als die Regierung".[1056]

Im Kosovo traf die österreichische Delegation die wichtigsten politischen Vertreter von Kosovo, wie Rugova und Fehmi Agani, der die Verhandlungsdelegation von Kosovo für die Umsetzung des Erziehungsabkommens leitete. Gesprächspartner waren auch die Kritiker von Rugova wie Adem Demaçi, Mahmut Bakalli, Rexhep Qosja und Hydajet Hyseni. Die zwei letzteren hatten vor kurzem eine neue Partei gegründet, die Demokratische Bewegung des Kosovo (LBD). Rohan betonte, dass er befürchtete, dass es im Kosovo „zu einem langen und blutigen Bürgerkrieg kommen" werde.[1057] Rohan plädierte für

---

pa": Plädoyer für Europa", Wien, am 18. März 1998, in: BMAA (Hrsg.), Außenpolitische Dokumentation 1998, S. 15.
1050 Jandl, Österreichs Rolle im Kosovo-Konflikt, S. 64.
1051 *APA*, 13. 3. 1998.
1052 Chronik zur Außenpolitik, 1. Jänner bis 31. Dezember 1998, in: Österreichisches Jahrbuch für Internationale Politik 1998, S. 168.
1053 Bei der Reise nahm Gerhard Jandl, Leiter des Balkan-Referats des österreichischen Außenministeriums, teil.
1054 *APA*, 23. 4. 1998.
1055 Jandl, Österreichs Rolle im Kosovo-Konflikt, S. 64.
1056 Ebd., S. 65.
1057 *Der Standard*, 28. 4. 1998.

B. Österreichs Politik in der Kosovo-Frage in den Jahren 1997-1999

Sanktionen gegen Belgrad wie das Einfrieren staatlichen Konto im Ausland, ein absolutes Investitionsverbot in Serbien und Erweiterung der Visa-Verbotsliste für die Spitzenpolitiker Belgrads, welche in der Tat in den kommenden Monaten von der EU durchgeführt wurden.

Verteidigungsminister Fasslabend schätzte die Lage im Kosovo als ein „Alarmzeichen höchster Stufe" ein.[1058] Der „Krieg im Kosovo hat realistisch bereits begonnen".[1059] Die internationale Gemeinschaft hatte nur zwei Möglichkeiten: „Die Krise zu Beginn sofort einzudämmen oder mit einer Situation wie in Bosnien konfrontiert zu sein, das heißt, erst wenn es 100.000 Tote und Verwundete gibt, besteht eine reale Lösungschance. Dazwischen ist nichts."[1060]

Um eine Ausweitung des Konfliktes nach Albanien zu verhindern, schlug Österreich die Entsendung einer multinationalen Schutztruppe nach Nordalbanien vor. Diesen Vorschlag machte der Generalsekretär des Außenministeriums, Albert Rohan, in Wien nach seiner Rückkehr aus dem Kosovo.[1061] Einen neuerlichen Vorschlag machte Außenminister Schüssel in einem Interview für die österreichische Tageszeitung „Die Presse". Milošević solle einer internationalen Beobachtungsmission im Kosovo zustimmen. Es müsse ein Gewaltmoratorium von allen Seiten geben, dafür würde Belgrad die Wiedereinbindung in die OSZE gewährt.[1062] Er sprach sich für das Verbleiben der UN-Truppen in Mazedonien und eine Stationierung von NATO-Einheiten in Albanien aus: „Sollte diese Strategie zu keiner Beruhigung führen, so gebe es noch andere Mittel, 'über die man jetzt nicht spricht'."[1063] In einem Vortrag zum Thema „Österreich und die EU-Präsidentschaft" in London warnte er, die „bosnische Tragödie darf sich unter keinen Umständen im Kosovo wiederholen" und die Kosovo-Frage wird eine „große Herausforderung" für die österreichische EU-Präsidentschaft sein.

Dass der Kosovo „ein bosnisches Déjà-vu" werden könnte, davor warnte der im Exil lebende Ministerpräsident von Kosovo, Bujar Bukoshi, in einem Interview mit der APA. Bukoshi, der am 12. Mai 1998 mit Generalsekretär Rohan in Wien zusammengetroffen war, erörterte die Sympathie und den Aufschwung der UÇK und die politische Schwächung der pazifistischen Politik von Rugova. In seinen Bestrebungen die Position von Rugova und der LDK mit der UÇK zu vertiefen, plädierte er für eine bessere Zusammenarbeit der politischen und militärischen Kräfte der Kosovo-Albaner, wo nicht nur seine Partei das Sagen hat, sondern auch die UÇK:

> Unsere Glaubwürdigkeit ist auf rapide Weise gesunken und in Frage gestellt. Wir können in der jetzigen Situation von den einfachen Menschen nicht mehr verlangen, daß sie an Visionen von einer besseren Welt glauben. Wir können ihnen nichts mehr bieten. Die anderen können ihnen sehr wohl etwas bieten, nämlich die Verteidigung ihrer Wohnungen und Häuser.[1064]

[1058] *APA*, 26. 4. 1998.
[1059] *APA*, 12. 5. 1998.
[1060] Ebd. [sic]
[1061] *Kurier*, 28. 4. 1998.
[1062] *Die Presse*, 4. 6. 1998.
[1063] *APA*, 3. 6. 1998.
[1064] *APA*, 13. 5. 1998.

5. Die österreichische Kosovopolitik in den Jahren 1995-1999

Die UÇK sei „ein Hoffnungsträger für den Schutz der Häuser und Wohnungen vor der serbischen Aggression" geworden.[1065]

5.8. Die österreichische Außenpolitik im Kosovo-Konflikt im Kontext des Jahres 1998

In Hinblick auf die Vorbereitungen des österreichischen EU-Vorsitzes ging Außenminister Schüssel in die diplomatische Offensive und besuchte Anfang Juni Belgrad und Prishtina. Seit Ausbruch des Konfliktes im Kosovo war Schüssel der erste EU-Minister, der dem Kosovo einen offiziellen Besuch abstattete, und gleichzeitig war es der erste Besuch eines österreichischen Außenministers im Kosovo. Der Besuch von Schüssel am 5. Juni 1998 war nach jenem von Außenminister Mock im März 1989 der zweite Besuch eines österreichischen Außenministers in Serbien.

Beim Treffen mit Milošević am 5. Juni 1998 und Außenminister Jovanovic versuchte Schüssel seine Vermittlungsbemühungen fortzusetzen.[1066] Seine dringenden Appelle stießen jedoch auf taube Ohren. Nach dem Gespräch mit der serbischen Führung war Schüssel nicht zu optimistisch, es gab aber „einige ermutigende Elemente", da er „von einem harten Gespräch in sachlicher Atmosphäre" sprach.[1067] Generalsekretär Rohan, der Außenminister Schüssel begleitete, sagte über dieses Treffen mit dem jugoslawischen Präsidenten Milošević: „Am bemerkenswertesten war allerdings die Unverfrorenheit, mit der er uns die abenteuerlichsten Märchen über die Situation im Kosovo auftischte. Selbst dem redegewandten und dialektischen brillanten Schüssel verschlug es zunächst die Sprache."[1068] Schüssel schlug ein Gewaltmoratorium vor, hatte jedoch keine Zusage von Milošević erhalten. Das Internationale Komitee vom Roten Kreuz (IKRK) sollte Zugang zu den Krisengebieten im Kosovo und an der Grenze zu Albanien erhalten und die Entsendung einer gerichtsmedizinischen Kommission zur Untersuchung des gewaltsamen Todes von Kosovo-Albanern in der Stadt Deçani ermöglicht werden. Eine Rückkehr der Flüchtlinge aus den Kampfgebieten sollte unter dem Schutz des Flüchtlingshochkommissariats UNHCR erfolgen. „Ich habe im Gespräch mit Präsident Milošević" sagte Schüssel „sehr entschieden darauf gedrängt, daß die Kämpfe im Kosovo eingestellt werden. Man kann keinen Dialog führen, wenn die jugoslawischen Ordnungskräfte ganze Dörfer in Brand setzen."[1069] Einen Monat nach seinem Treffen mit dem jugoslawischen Präsidenten Milošević machte Außenminister Schüssel in einem internen Dokument des österreichischen Außenministeriums vom 7. Juli 1998 klar, dass sein Vermittlungsversuch bei Milošević auf völlige taube Ohren stieß:

1065 Ebd.
1066 Während des Besuches in Belgrad traf Außenminister Schüssel auch mit den Oppositionsführern Zoran Djindjic und Vesna Pesic in der österreichischen Botschaft sowie den serbisch-orthodoxen Patriarchen Pavle.
1067 *APA*, 5. 6. 1998.
1068 Rohan, Diplomat am Rande der Weltpolitik, S. 202.
1069 *Der Standard*, 6./7. 6. 1998.

B. Österreichs Politik in der Kosovo-Frage in den Jahren 1997-1999

> Auf meiner Reise nach Belgrad und Prischtina Anfang Juni führte ich Gespräche mit Präs. Milošević und AM Jovanovic. Diese zeigten keine Bereitschaft zu dem von mir vorgeschlagenen Gewaltmoratorium, doch sagte Milošević zu, das IKRK zu allen Teilen des Kosovo zuzulassen, die Flüchtlingsrückkehr unter internationaler Aufsicht (UNHCR) zu akzeptieren und die Erteilung von Visa an forensische Experten voranzutreiben. Außer einer Diplomaten-Reise in die Konfliktzonen Kosovos am 7.6 und einem verbesserten Arbeitsklima für das IKRK ist noch nichts geschehen.[1070]

Von Belgrad reiste Außenminister Schüssel am 5. Juni nach Prishtina.[1071] Bei dem Treffen mit den Albaner-Vertretern Fehmi Agani und Veton Surroi – Rugova war in Washington – informierte sich Außenminister Schüssel über die politischen Ziele der Kosovo-Albaner. Botschafter Petritsch, der die Reise nach Prishtina mitorganisiert hat, erklärt, dass das Gespräch mit Agani und Surroi „ein sehr freundschaftliches Gespräch" war.[1072]

Nach den Erfahrungen seiner Reisen nach Belgrad und Prishtina bezeichnete Außenminister Schüssel im Europa-Forum Wachau die Kosovo-Krise als „die wahrscheinlich härteste sicherheitspolitische Bedrohung" in Europa.[1073] „Wer in Belgrad und in Pristina erlebt hat, wie die Dinge auseinandergehen, kann nicht optimistisch sein", betonte Außenminister Schüssel und im Kosovo wird von serbischer Seite „eine klare, ausgeklügelte Operation, begleitet von der Armee und von schweren Waffen" durchgeführt.[1074]

Während Außenminister Schüssel in Belgrad war, besuchte der britische Premierminister Tony Blair Österreich, um die Schwerpunkte der EU-Präsidentschaft zu besprechen. England war EU-Vorsitzland in der ersten Hälfte 1998. Blair erklärte kurz vor seiner Ankunft in Wien, dass er keine Option zum Kosovo ausschließt: „Wir untersuchen jede mögliche Option und werden mit unseren wichtigsten Verbündeten in den nächsten Tagen darüber diskutieren, zu welchen Schritten wir bereit sind."[1075] Nach seinem Gespräch mit Bundeskanzler Klima richteten beide Regierungschefs eine scharfe Warnung an Milošević und mahnten ihn, die Entschlossenheit der internationalen Gemeinschaft nicht zu unterschätzen.

Die Gefahr eines militärischen Konflikts wuchs Tag für Tag. Angesichts von tausenden Flüchtlingen, bombardierten Dörfern und ethnischen Säuberungen nahm der Druck auf die internationale Gemeinschaft zu. Anders als in Bosnien zeigte sich die NATO diesmal entschlossen und demonstrierte ihre Bereitschaft zu einem möglichen militärischen Einsatz und ihre militärische Stärke durch Luftmanöver über Mazedonien und Albanien. NATO-Generalsekretär Javier Solana sprach sich dafür aus, dass sich die NATO „alle Möglichkeiten offenhalte" einschließlich militärischer Optionen. „Die Zeit für Präsident

---

1070 Aus einem unveröffentlichten Dokument des österreichischen Außenministeriums über die „Außenpolitische Erklärung im Nationalrat am 7.7.98-Punktationen zum Westbalkan" vom 7. Juli 1998. Kopie im Besitz des Verfassers.
1071 In Prishtina wurde auch ein Treffen des Außenministers Schüssel mit dem serbischen Präfekt des Kosovo, Veljko Odalovic stattgefunden.
1072 Interview mit Wolfgang Petritsch, Wien, 5. 1. 2018.
1073 *APA*, 7. 6. 1998.
1074 Ebd.
1075 *APA*, 5. 6. 1998.

5. Die österreichische Kosovopolitik in den Jahren 1995-1999

Milošević zu reagieren ist begrenzt. Wir glauben, dass wir ein natürliches Recht haben zu tun, was getan werden muss", warnte US-Außenministerin Madeleine Albright.[1076] Scharfe Kritik an der Politik von Milošević kam auch vom französischen Staatspräsidenten Jacques Chirac, der den Serben vorgeworfen hatte, eine „ethnische Säuberung" im Kosovo durchzuführen. Chirac drohte Belgrad mit einem militärischen Eingreifen: „Jedermann sieht genau, dass es eine brutale Intervention der Serben gibt, die zu einem Exodus der Kosovo-Albaner, zu Konflikten, zu Toten, Verletzten führt", betonte er. „Es müssen alle notwendigen Druckmittel, einschließlich der militärischen Mittel, genutzt werden, um den Frieden wiederherzustellen."[1077]

Beim EU-Gipfeltreffen in Cardiff am 15. Juni verurteilte der Europäische Rat

> aufs entschiedenste die wahllose Gewaltanwendung der Bundesrepublik Jugoslawien und der serbischen Sicherheitskräfte zur Durchsetzung der Politik der Belgrader Regierung. Ein Staat, der seine eigenen Bürger brutal militärisch unterdrückt, kann nicht erwarten, einen Platz im modernen Europa zu finden. Präsident Milošević trägt eine schwere persönliche Verantwortung.[1078]

Am gleichen Tag zeigte die NATO ihre starke Entschlossenheit durch die Manöver „Entschlossener Falke" in Albanien und Mazedonien. Da der Druck auf Präsident Milošević immer größer wurde, setzte er auf die Unterstützung Russlands. Einen Tag nach den NATO-Manövern absolvierte er einen offiziellen Besuch in Moskau. Präsident Boris Jelzin und Präsident Milošević unterzeichneten eine gemeinsame Erklärung zur Lage im Kosovo,[1079] laut der Milošević zusicherte, dass „keine repressiven Handlungen gegen die Zivilbevölkerung unternommen" würden,[1080] und „der ungehinderte Zugang der humanitären Organisationen, des Internationalen Roten Kreuzes, des UNHCR und die Durchführung von humanitären Lieferungen" im gesamten Kosovo-Gebiet garantiert würde.[1081] Milošević erklärte sich auch bereit, Verhandlungen mit Rugova sowie die „Verhandlungen mit der OSZE über das gleichzeitige Einsetzen einer OSZE-Mission in Kosovo und die Wiederaufnahme der Bundesrepublik Jugoslawien in diese Organisation" aufzuneh-

---

1076 *APA*, 13. 6. 1998. Der deutsche Verteidigungsminister Volker Rühe hatte den jugoslawischen Präsidenten Milošević vor einem umfangreichem NATO-Einsatz gewarnt: „Wenn er nicht sofort seine verbrecherische ethnische Säuberung durch Vertreibung und Mord einstellt und zu einer politischen Lösung bereit ist, wird es nicht bei Luftmanövern bleiben können", erklärte der deutsche Verteidigungsminister Rühe. *Kurier*, 14. 6. 1998.
1077 *APA*, 13. 6. 1998.
1078 Europäischer Rat, Schlussfolgerungen des Vorsitzes, Cardiff, 15./16. Juni 1998.
1079 Joint statement by the President of the Russian Federation, Mr. Boris Yeltsin, and the President of the Federal Republic of Yugoslavia, Mr. Slobodan Milošević, 16 June 1998, in: S/1998/526, 17 June 1998.
1080 *DPA*, 16. 6. 1998.
1081 Aus einem unveröffentlichten Dokument der österreichischen Botschaft in Moskau über den „Kosovo; Milošević bei Jelzin" vom 16. Juni 1998 sowie den Text der „Gemeinsamen Erklärung des Präsidenten der Russischen Föderation B. N. Jelzin und des Präsidenten der Bundesrepublik Jugoslawien S. Milošević" übersetzt aus dem Russischen von der österreichischen Botschaft in Moskau. Kopie im Besitz des Verfassers.

B. Österreichs Politik in der Kosovo-Frage in den Jahren 1997-1999

men.[1082] Präsident Jelzin sicherte Milošević zu, dass Russland eine UN-Resolution für einen Militäreinsatz der NATO im Kosovo verhindern werde.

Botschafter Petritsch beschrieb die Bedeutung des Treffens zwischen Präsidenten Jelzin und Milošević, wo Milošević von seiner Grundposition abwich. Laut Petritsch war dieses Abkommen ein entscheidender Faktor,

> weil mit dem Juniabkommen zwischen Jelzin und Milošević zum ersten Mal eigentlich klar geworden ist, dass das Kosovoproblem nicht ein internes, serbisches, Problem ist oder ein jugoslawisches Problem, sondern ein internationales Problem, und das war sozusagen die neue Qualität.[1083]

Die internationale Gemeinschaft zeigte sich skeptisch über das Abkommen zwischen Jelzin und Milošević. NATO-Generalsekretär Solana erklärte, dass ein UN-Mandat „nicht unbedingt Voraussetzung für eine Intervention der westlichen Militärallianz im Kosovo" sei.[1084] In einem Vortrag in Den Haag wies Außenminister Schüssel darauf hin, dass das Abkommen die wichtigsten Forderungen der internationalen Kontaktgruppe nicht erfüllt habe:

> The agreement that Presidents Yeltsin and Milošević concluded in Moscow was a step in the right direction. But there is, so far, no proof that Milošević is respecting these commitments.
>
> The Yugoslav forces have mined parts of the border with Albania, thereby effectively preventing the return of many refugees. There are also reports that fighting and the shelling of Albanian villages in Kosovo by the Yugoslav forces continues.
>
> Milošević ought to be aware that, by this policy of aggression, he is provoking the very development he would like to prevent. He is weakening his only possible negotiation partners, the moderates around Rugova, and he is playing into the hands of the Kosovo Liberation Army which already controls some 30% of the territory of the region.[1085]

In einem informellen Treffen auf Ebene der politischen Direktoren der Staaten der Kontaktgruppe (ohne Russland) am 25. Juni 1998 in Bonn, wozu auch Österreich angesichts der bevorstehenden EU-Ratspräsidentschaft eingeladen worden war, wurde folgende Kritik am Abkommen Jelzin-Milošević geäußert. Erstens, dass die diplomatischen Bemühungen der russischen Föderation „von Milošević benützt und desavouiert werden. Am Tage des Milošević-Jelzin-Treffens haben die Serben kosovarische Dörfer bombardiert. Cook hat mit Primakow ein ‚sort of agreement' erreicht, daß Moskau seine Haltung überdenkt, wenn Milošević die Moskauer Zusagen nicht einhält."[1086] Der zweite Kritikpunkt

---

1082 Ebd.
1083 Interview mit Wolfgang Petritsch, Wien, 5. 1. 2018.
1084 *APA*, 10. 7. 1998.
1085 Erklärung des Bundesministers für auswärtige Angelegenheiten, Vizekanzler Dr. Wolfgang Schüssel, vor dem Clingendael Institut: „Stability in a Changed World", Den Haag, am 26. Juni 1998, in: BMAA (Hrsg.), Außenpolitische Dokumentation 1998, S. 13.
1086 Aus einem unveröffentlichten Aktenvermerk des österreichischen Außenministeriums: „BRJ; Kosovo; informelles Treffen (nicht) der KG; Bonn", vom 25. Juni 1998. Kopie im Besitz des Verfassers.

am Abkommen bezieht sich auf die UÇK. Sie „ist entscheidender Faktor geworden. Ohne Einbindung der UÇK wird keine Lösung möglich sein. UÇK muß daher in Verhandlungen einbezogen werden. Dafür erforderlich: UÇK unter die Kontrolle der kosovar. polit. Führung bringen; falls das nicht gelingt, sollte UÇK einen eigen polit. Arm (eine ‚Sinn Féin') entwickeln."[1087] Der politische Direktor des österreichischen Außenministeriums Peter Hohenfellner stellte hinzu fest: „Man muß Rugova klarmachen, daß er seine polit. Stellung verlieren wird, wenn es ihm nicht gelingt, Einfluß auf die UÇK zu nehmen."[1088]

5.9. Die ersten österreichischen Kontakte mit der UÇK

In der Tradition der österreichischen Außenpolitik der Zweiten Republik ist das Prinzip etabliert, wenn man alle Parteien eines Konfliktes erreichen will, müssen alle Seiten in den Dialog einbezogen werden. Beim EU-Außenministertreffen in Luxemburg hatte Außenminister Schüssel betont, dass die EU „mit allen politischen Vertretern im Kosovo reden muss", eine Auffassung, die nicht von allen EU-Mitgliedsstaaten vertreten wurde. Die internationale Gemeinschaft dürfe Rugova „nicht fallenlassen. Er ist aber nicht der einzige Partner", sagte Außenminister Schüssel mit Blick auf die UÇK.[1089]

Gerhard Jandl beschreibt rückblickend die Veränderung der Haltung der österreichischen Regierung gegenüber Rugova und dessen politischen Kurs der Gewaltfreiheit. „Nachdem es klar war", betont Jandl,

dass die friedliche Politik des Ibrahim Rugova nicht zum gewünschten Erfolg geführt hatte, war es logisch oder verwertbar, dass eine andere Politik versucht würde, die vielleicht stärkeren Erfolg verspricht. Man hat auch gesehen, dass durch die Aktionen der UÇK eine neue Dynamik entstanden ist, die vorher durch die friedliche Politik des Ibrahim Rugova nicht gegeben war.[1090]

Generalsekretär Rohan war einer des ersten hochrangigen europäischen Diplomaten, der sich öffentlich mit den UÇK-Vertretern am 10. Juli, in einem Dorf der Region Malishava (Malisevo) in Kerngebiet der UÇK im Zentral-Kosovo, traf. In seinen Memoiren führt Rohan hinzu aus: „Da die UÇK im Kosovo unleugbar zu einem entscheidenden Faktor geworden war, ohne aber in den politischen Prozeß in irgendeiner Weise einbezogen zu sein, entschloß ich mich, in die Höhle des Löwen zu fahren und mit dem Generalstab Kontakt aufzunehmen."[1091]

Einige Wochen vorher war es am 24. Juni zur ersten Begegnung des amerikanischen Sonderbeauftragten Richard Holbrooke mit der UÇK in Junik nahe der Grenze zu Albanien gekommen, wo es heftige Zusammenstöße zwischen der UÇK und den serbischen Sicherheitskräften gab. „Die Bilder von Holbrooke, dem Hauptarchitekten des Daytoner

---

1087 Ebd.
1088 Ebd.
1089 *Kurier*, 30. 6. 1998.
1090 Interview mit Gerhard Jandl, Wien, 5. 4. 2017.
1091 Rohan, Diplomat am Rande der Weltpolitik, S. 194–195.

B. Österreichs Politik in der Kosovo-Frage in den Jahren 1997-1999

Friedensvertrages, und dem aus dem schwedischen Exil zurückgekehrten Dichter und UÇK-Kommandanten Lum Haxhiu gingen um die Welt."[1092] Für Washington war die UÇK, die in einem Statement des US-Sondergesandtes Gelbard im Februar 1998 noch als terroristische Organisation bezeichnet wurde, nun in der Interpretation von Hoolbrooke „ein bedeutender politischer Faktor im Kosovo, ohne den eine Lösung der Kosovo-Krise nicht mehr möglich erschien".[1093]

Das Treffen von Holbrooke mit dem lokalen UÇK-Ortskommandanten Lum Haxhiu, der nicht dem zentralen Führungskreis der UÇK angehörte, hatte eine wichtige symbolische Bedeutung für die Entwicklungen im Kosovo. Mit diesem Treffen wollten die USA eine Annäherung zur UÇK signalisieren und damit ein klares Zeichen setzen, dass ihrer Meinung nach die Lösung der Kosovo-Krise ohne UÇK nicht mehr möglich war.[1094]

Anders als Holbrooke, der sich nicht mit hochrangigen UÇK-Kommandanten getroffen hatte, wollte Rohan mit jemandem vom Generalstab der UÇK persönlich Kontakt aufnehmen:

> Ich habe mir ja das nicht in dieser einen Woche überlegt, sondern vorher. Holbrooke hat genau die gleichen Überlegungen angestellt. Es gab keine wirkliche Zusammenarbeit, so schien es uns, zwischen UÇK und Rugova in Prishtina, es war eher ein Antagonismus. Und die UÇK war ja entstanden aus regionalen Widerstandsgruppen und hat sich dann irgendwann einmal eine Struktur gegeben, diesen Generalstab, von dem wir nur gehört haben, aber niemand wusste Genaueres und meine Überlegung war, dass irgendwann einmal, wenn der Krieg vorbei ist, es ja zu Verhandlungen kommen wird müssen und es wäre daher interessant für uns zu wissen, wer diese Verhandlungen führen wird. Nachdem es klar war, dass die UÇK die führende Rolle spielen wird, auch nach dem Krieg, war es wichtig, herauszufinden, wer diese Leute sind, was sie denken sie. Und Holbrooke hat einen lokalen Führer in Junik getroffen und ich habe ausdrücklich gesagt, ‚ich möchte ein Mitglied des Generalstabs treffen'. Mir nützt nichts, dass ich irgendwo in irgendeinem Teil von Kosovo einen lokalen Führer treffe: ‚Ich möchte diejenigen treffen, die die Köpfe sind'. Und das war dann Kadri Veseli.[1095]

In seinen Erinnerungen beschreibt Rohan seine erste Begegnung mit den UÇK-Vertretern, als er von Prishtina über die serbischen Polizeiposten zu den von der UÇK kontrollierten Gebieten in der Nähe von Malisheva fuhr:

1092 Rüb, «Phönix aus der Asche», S. 56.
1093 Ebd.
1094 In einem Interview für BBC erinnerte sich Hajdin Abazi (Lum Haxhiu): „Richard Holbrooke sagte mir: ‚Bist du der Schriftsteller, der mit der Waffe in der Hand, dein Land zu befreien zurückgekommen bist? Ich sagte, dass das wahr ist. Von Beruf bin ich Philosoph aber auch Schriftsteller und hätte mir niemals gewünscht, die Waffe zur Hand zu nehmen um zu kämpfen. Aber ich tat das aufgrund der Lage, in dem sich mein Volk befand. Ich sagte ihm, dass wir nicht anders als durch die Waffe von Serbien befreit werden können, so dass ich gezwungen war, die Waffe zu nehmen, um der Freiheit meines Landes zu dienen'". BBC, 14. 12. 2010 (Übersetzt vom Verfasser aus dem Albanischen).
1095 Interview mit Albert Rohan, Wien, 24. 2. 2017.

5. Die österreichische Kosovopolitik in den Jahren 1995-1999

> Es dauerte nicht lange, bis zwei in Zivil gekleidete Männer erschienen und uns diskret in ein Haus am Ortsrand geleiteten, wo wir von unseren Gesprächspartnern bereits erwartet wurden. Bei dem einen handelte es sich um den von der UÇK in Malisevo eingesetzten Bürgermeister, Gani Krasniqi, der andere stellte sich kurz als ‚Nummer Sieben' vor. Wie ich später erfuhr, war er das für Abwehr und Geheimdienst zuständige Mitglied des Generalstabes namens Kadri Veseli alias ‚Luli' und übernahm nach dem Krieg im albanisch kontrollierten Kosovo die gleichen Aufgaben [...]. Zu Beginn des Gespräches machte ‚Nummer Sieben' die interessante Bemerkung, daß die UÇK mit ‚den Politikern in Pristina' nichts zu tun haben wolle und insbesondere Ibrahim Rugova sehr kritisch gegenüberstünde. Nach Jahrzehnten des Leidens sei man nunmehr fest entschlossen, den Freiheitskampf bis zum Ende zu führen und jegliche Vereinbarung zwischen Rugova und Belgrad wäre daher wertlos. Dies gab mir die Gelegenheit darauf hinzuweisen, daß es selbst im Falle einer gewaltsamen Lösung früher oder später zu Verhandlungen kommen müsse.[1096]

In diesem Gespräch hat Generalsekretär Rohan der UÇK geraten, auf der politischen Ebene in den Verhandlungsprozess einzutreten: „Ich habe an die UÇK appelliert, mit der Entführung von Serben aufzuhören und dem Roten Kreuz den Zugang in umkämpfte Gebiete zu ermöglichen."[1097] Nach diesem kurzen Gespräch mit einem UÇK-Vertreter versuchte Rohan über die größte Tageszeitung von Kosovo „Koha Ditore" Kontakt mit der politischen Führung der UÇK aufzunehmen, was aber erfolglos blieb. Gerhard Jandl, Leiter des Balkan-Referats im Außenministerium, beschreibt in seinem Bericht die Initiativrolle der österreichischen Diplomatie. Es war der österreichische diplomatische Versuch

> Kontakt zur politischen Führung der UÇK aufzunehmen und sie gleichfalls von der Notwendigkeit einer friedlichen Lösung zu überzeugen. Unsere EU-Partner waren zum Teil irritiert, daß Österreich es unternommen hatte, mit der UÇK zu sprechen (und einige bewunderten unseren Entschluß, mitten im Krieg über die Frontlinien hinweg ins ‚UÇK-Land' zu fahren).[1098]

Die österreichischen Versuche, mit der UÇK Kontakt aufzunehmen, wurden auch vom österreichischen Botschafter in Belgrad Wolfgang Petritsch vorangetrieben. Für ihn war die Maxime seines früheren Chefs Bruno Kreisky leitend, „dass man einen Konflikt nur lösen kann, wenn man wirklich alle Beteiligten persönlich kennt und wenn man wirklich mit großer Vorsicht, Respekt und mit einem Willen zum Erfolg ausgestattet ist".[1099] Da er sich nicht mit jemanden treffen wollte, der sich dann als nicht dem engeren Führungskreis zugehörig herausstellte, beauftragte er seinen Mitarbeiter Jan Kickert im September 1998, nach den politisch wichtigen Vertretern der UÇK zu suchen.[1100]

1096 Rohan, Diplomat am Rande der Weltpolitik, S. 196-197.
1097 *Der Standard*, 11./12. 7. 1998.
1098 Jandl, Österreichs Rolle im Kosovo-Konflikt, S. 65.
1099 Interview mit Wolfgang Petritsch, Wien, 5. 1. 2018.
1100 „Er [Kickert] soll mit einem uns genannten Vertreter der UÇK namens Hashim Thaçi Kontakt aufnehmen." Interview mit Wolfgang Petritsch, Wien, 15. 7. 2011, zit. n. Ajeti/Kurbogaj-Ajeti, Die Rolle der EU-Außenpolitik im Kosovo, S. 196.

B. Österreichs Politik in der Kosovo-Frage in den Jahren 1997-1999

Als Folge der steigenden politischen Bedeutung der UÇK als neuer zentraler politischer Akteur des Kosovo versuchte die österreichische Diplomatie die Kontakte mit ihr weiter zu intensivieren. Eines der Treffen der UÇK-Vertreter war mit Außenminister Schüssel als amtierenden EU-Ratspräsidenten. Dieses Gespräch in Brüssel am 10. November zwischen Schüssel und zwei UÇK-Auslandsvertretern, Sabri Kiçmari[1101] und Bardhyl Mahmuti, die die UÇK-Delegation leiteten, wurde in der Öffentlichkeit nicht bekannt. An diesem Treffen nahmen auch Petritsch, der im Oktober zum EU-Sonderbeauftragten für den Kosovo ernannt worden war und der Politische Direktor des österreichischen Außenministeriums, Peter Hohenfellner, teil. Außenminister Schüssel meinte: Dieses Treffen

> ist das wichtigste Moment der EU und der UÇK, weil zum ersten Mal ein Treffen auf offizieller Ebene stattfindet, mit dem Sie als Organisation die Legitimität einer Partei für Gespräche über den Status des Kosovo erhalten. Wir wollen Ihnen diese Chance eröffnen und Sie sollten diese Chance nutzen.[1102]

Außenminister Schüssel rief die UÇK-Vertreter auf, ein gemeinsames albanisches Verhandlungsteam aufzustellen, das sich aus allen politischen Parteien des Kosovo zusammensetzt. Er verlangte von den UÇK-Vertretern die Freilassung von zwei serbischen Journalisten der jugoslawischen Nachrichtenagentur Tanjug, die in den UÇK-Gebieten verhaftet worden waren. Botschafter Kiçmari erwähnt in seinem Buch, dass diese Forderung von Außenminister Schüssel die Vertrauenswürdigkeit und die Bereitschaft der UÇK ihre gegebenen Versprechungen zu erfüllen, messen sollte.[1103] Die UÇK-Vertreter versprachen, dass sie mit dem UÇK-Generalstab darüber reden werden. Nach einigen Tagen wurden die serbischen Journalisten freigelassen. In Bezug auf dieses Treffen betonte Botschafter Petritsch: „Während wir im Kosovo versucht haben, die militärisch-politisch Verantwortlichen zu identifizieren", hat es dieses Treffen in Brüssel gegeben,

> dort eben mit Kiqmari und Mahmuti, die sich als sozusagen ‚diplomatische' Vertreter der UÇK ausgegeben haben, das war für uns wichtig. Von den beiden haben wir eine sehr gute Einschätzung der Situation bekommen, von Vorteil war auch, dass wir uns auf Deutsch unterhalten konnten.[1104]

[1101] Nach der Unabhängigkeit des Kosovo war Kiçmari der erste kosovarische Botschafter in Österreich.
[1102] Übersetzt aus dem Albanischen vom Verfasser: Sabri Kiçmari, Fitorja Diplomatike. Kujtime nga përfaqësimi diplomatik i Ushtrisë Çlirimtare të Kosovës (Diplomatischer Sieg. Erinnerungen von der diplomatischen Vertretungen der Kosovarischen Befreiungsarmee), Prishtinë 2017, S. 64.
[1103] Ebd., S. 67.
[1104] Interview mit Wolfgang Petritsch, Wien, 15. 7. 2011, zit. n. Ajeti/Kurbogaj-Ajeti, Die Rolle der EU-Außenpolitik im Kosovo, S. 196-197.

5. Die österreichische Kosovopolitik in den Jahren 1995-1999

Über die Einschätzung dieses Treffens mit den Vertretern der UÇK berichtete Botschafter Petritsch beim Treffen der EU-Außenminister in seiner neuen Funktion als EU-Sondergesandter war:

> Ich habe damals in meinem Statement vor den EU-Außenministern gesagt, dass ich der Meinung bin, man müsste versuchen, mit der UÇK – die ja nicht nur von Belgrad, sondern auch von etlichen EU-Mitgliedsstaaten als ‚Terroristen' angesehen wurden – direkten Kontakt aufzunehmen. Ohne die Einbeziehung der militärischen Seite des kosovarischen Widerstandes werde es wohl keine Lösung geben.[1105]

Botschafter Petritsch fügt weiter hinzu: „(W)eil es natürlich Länder gegeben hat in der EU, die gesagt haben nein, wir sollen nicht mit denen verhandeln. Und ich habe gesagt, ich beurteile das nicht nach Sympathie und Antipathie, ich beurteile das einfach danach, was bringt uns einem Kompromiss näher."[1106]

Um den vom amerikanischen US-Sonderbeauftragten für den Kosovo Christopher Hill[1107] vorgelegten Vorschlag für eine politische Übergangslösung zu diskutieren, hatte sich der EU-Sonderbeauftragte Petritsch zum ersten Mal mit dem politischen Chef der UÇK, Hashim Thaçi, am 13. November 1998 getroffen. Thaçi hatte bei diesem Treffen die Auffassung der UÇK vertreten, dass die politische Lösung der Kosovo-Frage zwischen der UÇK, der serbischen Führung und der internationalen Gemeinschaft „zu suchen sei".[1108]

Ende 1998 gab es auch ein Treffen zwischen dem außenpolitischen Sprecher der ÖVP, Michael Spindelegger, und Hashim Thaçi im Parlamentsklub der ÖVP, wobei die UÇK „damals noch keine akzeptierte politische Bewegung" war.[1109] Spindelegger im Rückblick: „Es war damals der jetzige Präsident, der Österreich besucht hat. Ich habe ihn damals im ÖVP-Klub empfangen als außenpolitischer Sprecher und wir haben ein gutes Gespräch geführt und das hat sich über die Jahre fortgesetzt bis heute."[1110] Der Klubsekretär für Außen- und Europapolitik im ÖVP-Parlamentsklub, Alexis Wintoniak, der bei diesem Gespräch dabei war, bestätigt, dass das nicht „unheikel war, da war noch nicht klar, wie sich die UÇK weiterentwickelt".[1111]

1105 Ebd., S. 197.
1106 Interview mit Wolfgang Petritsch, Wien, 5. 1. 2018.
1107 Der amerikanische Botschafter in Skopje wurde seit Anfang Mai 1998 als US-Sonderbeauftragter für den Kosovo ernannt, während Gelbard für Bosnien tätig war.
1108 *Der Standard*, 14./15. 11. 1998.
1109 Interview mit Alexis Wintoniak, Wien, 1. 3. 2017.
1110 Interview mit Michael Spindelegger, Wien, 5. 7. 2017.
1111 Interview mit Alexis Wintoniak, Wien, 1. 3. 2017.

B. Österreichs Politik in der Kosovo-Frage in den Jahren 1997-1999

5.10. Die erste österreichische EU-Ratspräsidentschaft und die Kosovo-Krise

Dreieinhalb Jahre nach dem EU-Betritt wurde Österreich zum ersten Mal mit der EU-Ratspräsidentschaft betraut (1. Juli bis 31. Dezember 1998). Die EU-Ratspräsidentschaft bedeutete für Österreich im Mittelpunkt der europäischen Politik zu stehen.[1112] Für diese sechs Monate war Österreich „Gesicht und Stimme Europas".[1113] Wichtige EU-Themen[1114] waren die Vorbereitungen zur Einführung der gemeinsamen Währung (Euro), die EU-Erweiterung und Agenda 2000, die Schaffung von Beschäftigung, der Umweltschutz, Reformen der Agrar- und Strukturpolitik, Justiz und Inneres, die Gemeinsame Außen- und Sicherheitspolitik und Menschenrechte.[1115]

Obwohl die Kosovo-Frage keinen offiziellen Schwerpunkt darstellte, bildete sie einen wichtigen Arbeitsschwerpunkt der österreichischen EU-Ratspräsidentschaft.[1116] „Im Kosovo wird sich Österreich mit aller Energie einsetzen, um das Blutvergießen zu beenden" schrieb Außenminister Schüssel ins „Programm der österreichischen EU-Präsidentschaft 1998" vor der Übernahme des EU-Vorsitzes.[1117]

[1112] „Vor 184 Jahren haben europäische Staatsmänner neun Monate lang in Wien die Nächte durchgetanzt und bei Tag an einer Nachkriegsordnung für den europäischen Kontinent gearbeitet. Das Ergebnis war ein monumentaler Vertrag. Die österreichische EU-Präsidentschaft wird kürzer als der Wiener Kongreß sein – viel kürzer, da die Sommerferien und die deutschen Wahlen den EU-Betrieb bis zu den letzten drei Monaten lahmlegen werden. Unerschrocken hat die österreichische Regierung jedoch einen ehrgeizigen Zeitplan vorgelegt: 2.300 Treffen für Beamte, 50 für Politiker zusätzlich zu den regelmäßigen EU-Gipfeln". *Times*, 3. 7. 1998, zit. n. *APA*.

[1113] Schüssel, Außenpolitischer Bericht 1998, VII.

[1114] Otmar Höll (ed.), The Austrian Presidency of the European Union. (OIIP/TEPSA Conference-Vienna, 15/16 May 1998. Österreichisches Institut für Internationale Politik, Laxenburg 1998; Otmar Höll/Sonja Puntscher Riekmann (eds.), The Austrian Presidency of the European Union: Assessment and Perspectives. (Conference-Vienna, 19/20 March 1999). Österreichisches Institut für Internationale Politik, Laxenburg 1999; Alexander Schallenberg/Christoph Thun-Hohenstein, Die EU-Präsidentschaft Österreichs. Eine umfassende Analyse und Dokumentation des zweiten Halbjahres 1998, Wien 1999.

[1115] Außenpolitischer Bericht 1998; Helmut Kramer, Die Auswirkungen der Mitgliedschaft Österreichs in der EU – eine Zwischenbilanz, in: Andreas Khol/Günther Ofner/Alfred Stirnemann (Hrsg.), Österreichisches Jahrbuch für Politik 1998, Wien 1999, S. 515-528; Kramer, Strukturentwicklung der österreichischen Außenpolitik, S. 829; Margaretha Kopeinig, EU-Ratspräsidentschaft. Aufgaben und Rolle Österreichs, Wien 1998; Lang, Die österreichische EU-Ratspräsidentschaft 1998.

[1116] Jandl, Beginnt der Balkan noch immer in Wien, S. 242; Während der österreichischen EU-Präsidentschaft, die die gesamte Brandbreite der Außenbeziehungen der Union abdeckten musste, wurden 10 gemeinsame Standpunkte und 9 gemeinsame Aktionen angenommen, 83 Erklärungen verabschiedet, 73 Demarchen durchgeführt. Schallenberg/Thun-Hohenstein, Die EU-Präsidentschaft Österreichs, S. 88.

[1117] Wolfgang Schüssel, Das Programm der österreichischen EU-Präsidentschaft 1998, in: *Die Union* 2 (1998), S. 15.

5. Die österreichische Kosovopolitik in den Jahren 1995-1999

Tatsächlich war es der österreichischen EU-Ratspräsidentschaft gelungen, in der Kosovo-Frage einen umfangreichen Plan von Maßnahmen vorzubereiten und umzusetzen. Teil der österreichischen und europäischen Rolle in der Kosovopolitik waren auch die diplomatischen Bemühungen des EU-Sondergesandten für den Kosovo Petritsch.

Bevor Österreich seinen ersten EU-Vorsitz übernommen hatte, reiste Außenminister Schüssel in fast alle EU-Hauptstädte, wo er die Schwerpunkte der österreichischen EU-Ratspräsidentschaft vorstellte. Die Kosovo-Frage stand als eine der ersten ungelösten Fragen auf der österreichischen und europäischen Tagesordnung. In diesem Zusammenhang stellte die Kosovopolitik den Schwerpunkt der österreichischen EU-Präsidentschaft im GASP-Bereich dar.[1118] Dieses Engagement der österreichischen Außenpolitik umfasste viele Ebenen, wie den EU-Ministerrat unter dem Vorsitz Schüssels, das Politischen Komitee unter dem Politischen Direktor Peter Hohenfellner[1119] und COWEB unter dem Vorsitz von Gerhard Jandl. Für den damaligen Leiter des Balkan-Referats Jandl hat die österreichische Außenpolitik durch die österreichische EU-Mitgliedschaft

> eine tiefgreifende qualitative Änderung erfahren: einerseits erscheint sie öffentlich als weniger pointiert (weil unsere Initiativen und Vorschläge meist EU-intern und nicht gegenüber der Öffentlichkeit vorgestellt werden), andrerseits ist sie wesentlich wirksamer geworden, weil wird kraft Mitgliedschaft wesentlich bessere Möglichkeiten haben und auch nutzen, die Aktionen des weltpolitischen Akteurs EU mitzugestalten.[1120]

Der österreichische Nationalrat forderte in seiner Sitzung vom 7. Juli konkrete Maßnahmen zur Beendigung der Kosovo-Krise.[1121] Außenminister Schüssel schlug eine stärkere internationale Präsenz in Mazedonien und Albanien vor, um zu verhindern, dass sich der Konflikt auf die ganze Region ausdehnt.[1122] Auf seinen Vorschlag hin wurde dann die informelle „Friends of Albania"-Arbeitsgemeinschaft als Koordinationsmechanismus in Zusammenarbeit mit der EU und den USA gegründet, die zum Ziel hatte, Prozesse über Demokratie und Wirtschaft in Albanien zu unterstützen. Der Kosovo-Konflikt war für Schüssel ein gutes Beispiel,

> dass von allen Europäern plus Amerikanern und Russen eine ganz neue Qualität an Solidarität gefordert wird. Die Sicherheit Europas und aller Europäer kann heute eben nicht mehr im

---

[1118] Aus einem unveröffentlichten Dokument des österreichischen Außenministeriums über die „Außenpolitische Erklärung im Nationalrat am 7.7.98-Punktationen zum Westbalkan" vom 7. Juli 1998. Kopie im Besitz des Verfassers.

[1119] Hohenfellner vertrat Österreich auf den Tagungen der Kontaktgruppe auf der Ebene politischer Direktoren.

[1120] Jandl, Österreichs Rolle im Kosovo-Konflikt, S. 66.

[1121] Am 7. Juli wurden zwei Entschließungsanträge betreffend Maßnahmen zur Beendigung des Konflikts im Kosovo vorgelegt. Der erste Entschließungsantrag wurde von dem Abgeordneten Wolfgang Jung (FPÖ) präsentiert, der aber keine Mehrheit hatte, während der zweite von der Abgeordneten Hans Helmut Moser (Liberales Forum), Peter Schieder (SPÖ) und Walter Schwimmer (ÖVP) angenommen wurde.

[1122] Sten. Prot. NR, XX. GP, 133. Sitzung, 7. Juli 1998, S. 44.

B. Österreichs Politik in der Kosovo-Frage in den Jahren 1997-1999

> Alleingang, sondern nur im europäischen Verbund, im Zusammenspiel UNO, Europäische Union, OSZE und natürlich – nicht zu vergessen – NATO wirksam gewährleistet werden.[1123]

Im Auftrag Schüssels reiste Generalsekretär Rohan am 8. Juli zu politischen Gesprächen nach Belgrad und Prishtina. Eine der wichtigsten Punkte war die Vorlage eines Konzeptes über ein Autonomiestatut für den Kosovo, welcher von der Kontaktgruppe ausgearbeitet worden war.[1124] In Belgrad traf er sowohl Außenminister Jovanovic als auch den außenpolitischen Berater des jugoslawischen Präsidenten Milošević, Bojan Bugarcic. Über Bugarcic und Rohan haben sich Milošević und Schüssel in Belgrad auf die Errichtung eines persönlichen Direktkontakts geeinigt.[1125]

Generalsekretär Rohan hatte sich mit den akkreditierten Botschaftern der Kontaktgruppe in Belgrad sowie mit den Botschaftern Österreichs als EU-Vorsitzstaat und Polens als OSZE-Vorsitzstaat getroffen, mit denen er über die notwendigen Schritte der internationalen Gemeinschaft diskutierte. Sein Weg führte Rohan denn nach Prishtina, wo er an die politischen Vertreter der Kosovo-Albaner appellierte, in künftigen Verhandlungen gemeinsam aufzutreten.

Am 13. Juli fand das erste Treffen der EU-Außenminister unter österreichischem Vorsitz statt. Bei diesem Anlass betonte Außenminister Schüssel, „auf außenpolitischem Gebiet sei die Kosovokrise das dringendste Thema".[1126] Als er am 15. Juli vor dem Europäischen Parlament in Straßburg das Programm[1127] der österreichischen Präsidentschaft vorstellte, erklärte er, dass der jugoslawische Präsident Milošević im Kosovo „militärisch nicht mehr gewinnen" könne. Zur gleichen Zeit äußerte Hannes Swoboda (SPÖ), in seiner Funktion als außenpolitischer Sprecher der europäischen Sozialdemokraten im Europäischen Parlament, seine Einschätzung, dass es im Kosovo nicht mehr um den Status der albanisch dominierten Region, sondern „um das Überlebensrecht der albanischen Bevölkerung" gehe.[1128] Er warnte: „Wenn es zu einem massiven Einsatz der serbischen Armee kommt, wenn alle Dörfer zerstört und Kosovo-Albaner abgeschlachtet werden, aber die Russen im UN-Sicherheitsrat dennoch ein Veto einlegen, dann darf die Nato nicht zögern."[1129] Auch päischen Parlamentse der ÖVP-Europaabgeordnete Karl Habsburg Lothringen sprach sich in diesem Kontext für den NATO-Einsatz ohne UN-Mandat aus, da der jugoslawische Präsident „nur die Sprache der Waffen" verstehe.[1130]

1123 Ebd.
1124 Contact Group Statement, Bonn, 8. 7. 1998.
1125 Obwohl Rohan später versucht hatte, sich mit seinem jugoslawischen Ansprechpartner in Kontakt zu setzen, konnte Rohan ihm nicht mehr „erreichen". Interview mit Albert Rohan, Wien, 24. 2. 2017.
1126 Chronik zur Außenpolitik, 1. Jänner bis 31. Dezember 1998, in: Österreichisches Jahrbuch für Internationale Politik 1998, S. 205.
1127 Das Programm der österreichischen EU-Präsidentschaft 1998, in: BMAA (Hrsg.), Außenpolitische Dokumentation. Sonderdruck. Erste Präsidentschaft Österreichs in der Europäischen Union – 1. Juli – 31. Dezember 1998, S. 36-70.
1128 *APA*, 15. 7. 1998.
1129 *Der Standard*, 16. 7. 1998.
1130 *Paneuropa Österreich*, 16. 9. 1998.

5. Die österreichische Kosovopolitik in den Jahren 1995-1999

Mit dem Ziel zwischen den Konfliktparteien zu vermitteln und die Verhandlungen zwischen Prishtina und Belgrad wieder aufzunehmen, reiste eine EU-Troika Delegation[1131] Ende Juli unter Leitung des Generalsekretärs Rohan gemeinsam mit den politischen Direktoren des britischen und deutschen Außenministeriums, Emyr Jones Parry und Wolfgang Ischinger, nach Belgrad. „Aufgabe der EU-Troika sei es unter anderem, sowohl der Führung der Bundesrepublik Jugoslawien als auch den Vertreter der Kosovo-Albaner eine klare Botschaft betreffend die unverzügliche Herstellung einer Waffenruhe und die eheste Aufnahme eines politischen Dialogs zu übermitteln."[1132]

Dieser Besuch stellte den vierten Aufenthalt von Rohan während des Jahres 1998 in Prishtina und Belgrad dar. „Das Positive an unserem Besuch in Pristina war es, die albanische Führung zu vereinigen. Alle Politiker haben uns zugesichert, dass das Konzept eines einheitlichen Programms und einer einheitlichen Struktur akzeptiert wird. In diese Struktur und in dieses Programm wird auch die Kosovo-Befreiungsarmee eingebunden werden."[1133] Während des Besuches in Prishtina hatten die serbischen Sicherheitskräfte eine Militäroffensive in der Region von Malisevo unternommen, in der Region wo Rohan das erste Gespräch mit zwei UÇK-Vertretern geführt hatte (siehe Unterkapitel 6.9.). Generalsekretär Rohan und die EU-Troika-Delegation fuhren in die Kampfgebiete und sahen die zerstörten Dörfer. Rohan beschreibt seine Reise wie folgt:

> wir waren zuerst in Belgrad, dann in Prishtina, dann sind wir nach Malisheva mit größten Schwierigkeiten, weil die Serben wollten uns nicht fahren lassen und da hatte Ischinger angedroht, wenn wir da nicht weiterfahren dürfen, fahren wir zurück nach Prishtina, werden eine internationale Pressekonferenz einberufen und sagen, dass offensichtlich die serbische Seite etwas verstecken will. Und da sind wir, das war schon sehr beeindruckend, da sind wir tatsächlich durch brennende Häuser gefahren, also links und rechts von der Straßen, es haben tote Kühe, verkohlte auf den Wiesen gelegen bis nach Malisheva, wo keine Menschenseele war außer einem serbischen Posten und das war mein engster Kontakt mit dem Krieg, weil offensichtlich die Armee am Vortag dort durchgekommen ist, weil es war alles noch eben wie in Flammen.[1134]

Als der jugoslawische Präsident Milošević durch die Mitglieder der EU-Troika damit konfrontiert wurde, dass die jugoslawischen Einheiten ihre Artillerie in der Nähe (in der Ortschaft Junik) zur albanischen Grenzen nicht nur gegen die UÇK-Kämpfer, sondern auch gegen Zivilisten eingesetzt hatten, erklärte Milošević in seiner Art „von diesen Vorgängen nichts zu wissen, und erteilte einem seiner Mitarbeiter den Auftrag, die Angelegenheit

---

1131 Die EU-Troika war aus einem Vertreter des EU-Vorsitzlandes, seines Vorgängers und Nachfolgers gebildet.
1132 Erklärung des Ratspräsidenten der Europäischen Union, Bundesminister für auswärtige Angelegenheiten, Vizekanzler Dr. Wolfgang Schüssel, zur Entsendung einer Troika-Mission nach Belgrad und Pristina, Wien, am 24. Juli 1998, in: BMAA (Hrsg.), Außenpolitische Dokumentation 1998, S. 132.
1133 *APA*, 30. 7. 1998.
1134 Interview mit Albert Rohan, Wien, 24. 2. 2017.

B. Österreichs Politik in der Kosovo-Frage in den Jahren 1997-1999

unverzüglich zu klären".[1135] Generalsekretär Rohan trat für einen sofortigen Beginn der Verhandlungen zwischen den Konfliktparteien ein. Entsetzt darüber, was die EU-Troika bei der letzten serbischen Offensive gesehen hatte, beschrieb Rohan die dortige Situation vor der serbischen Presse: „Der gesamte Landstrich um das Städtchen Malisevo bietet einen fürchterlichen Anblick. Von den rund 60.000 Menschen, die dort waren, findet sich kein einziger Mensch mehr, was eine schreckliche humanitäre Lage mit sich bringt."[1136]

Der Appelle von Generalsekretär Rohan wurden von Außenminister Schüssel in seiner Funktion als EU-Ratsvorsitzender unterstützt. Er forderte in einem Brief an Milošević ein sofortiges Ende der serbischen Offensive im Kosovo: „Die serbische Armee brenne Felder nieder, töte Viehbestände und beschieße auch Dörfer in Albanien mit Artillerie. Humanitäre Hilfe sei derzeit das wichtigste Thema, bevor es um Waffenruhe und Verhandlungen gehen könne."[1137] In einem Interview mit der Tageszeitung „Die Presse" sagte Schüssel, dass für die Lösung der Kosovo-Krise „alle an Bord" seien sollten: „Wir wollen eine weitestgehende Selbstregierung, die knapp unterhalb der Schwelle der Separation, der Unabhängigkeit und des Selbstbestimmungsrechts ist, und wir wollen, daß die Verhandlungspartner miteinander reden."[1138]

Eine Delegation der EU-Troika unter Leitung des österreichischen Diplomaten Jandl reiste Mitte August in einer mehrtätigen Mission nach Albanien und Mazedonien.[1139] Während des Aufenthaltes in Albanien besuchte die Delegation auch die nordalbanischen Gebiete, wobei Jandl die humanitäre Lage der Flüchtlinge als „bedrückend" bezeichnete.[1140] Um eine klare Sicht der Flüchtlingssituation vor Ort zu bekommen, besuchte Botschafter Petritsch am 14. August die westlichen Gebiete des Kosovo. Hier drohte im Hinblick auf den nahestehenden Winter eine humanitäre Katastrophe. Botschafter Petritsch erklärte, dass in dieser dringenden Frage das österreichische Außenministerium bemüht sei, einen Plan für die Rückkehr von Flüchtlingen auszuarbeiten.[1141] Einen Tag später legte er gemeinsam mit der US-Botschaft in Belgrad bei den jugoslawischen Behörden einen Protest gegen die militärische Offensive in den westlichen Regionen des Kosovo ein. „Von den jugoslawischen Behörden wurde eine sofortige Einstellung der Kampfhandlungen sowie freier Zugang für internationale Beobachter und Hilfsorganisationen verlangt", so Petritsch.[1142] Nach Angaben des UNHCR wurden bis Ende Juli ca. 260.000 Binnenvertriebene im Kosovo gezählt und 200.000 Menschen außerhalb Kosovo als vertrieben oder geflüchtet.[1143] Botschafter Petritsch warnte die serbische Führung:

1135 Rohan, Diplomat am Rande der Weltpolitik, S. 208.
1136 *Kurier*, 31. 7. 1998.
1137 Chronik zur Außenpolitik, 1. Jänner bis 31. Dezember 1998, in: Österreichisches Jahrbuch für Internationale Politik 1998, S. 214.
1138 *Die Presse*, 3 8. 1998.
1139 Mehr dazu siehe Jandl, Österreichs Rolle im Kosovo-Konflikt, S. 50-79; Gerhard Jandl, Friedenssicherung im 21. Jahrhundert: Beispiel Südosteuropa (Bosnien-Herzegowina, Kosovo, Montenegro), in: Konrad Ginther et al. (Hrsg.), Völker- und Europarecht – 25. Österreichischer Völkerrechtstag, Wien 2001, S. 27-38.
1140 *APA*, 13. 8. 1998.
1141 *APA*, 14. 8. 1998.
1142 *APA*, 15. 8. 1998.
1143 The Independent International Commission on Kosovo, The Kosovo Report. Conflict, Inter-

5. Die österreichische Kosovopolitik in den Jahren 1995-1999

Jugoslawien muß begreifen, daß seine Armee zwar Schlachten gewinnen, aber mit Repression langfristig nichts erreichen kann und im Endeffekt, fürchte ich, den Krieg und die ganze Provinz verlieren könnte. Die UÇK ist tief in der albanischen Bevölkerung verwurzelt, die zu 90 Prozent den Kosovo bewohnt.[1144]

Ende August reiste wieder eine Delegation der EU-Troika unter Leitung des österreichischen Diplomaten Jandl in die Krisen-Region. Im Kosovo führte die Delegation Gespräche mit der politischen Führung der Kosovo-Albaner sowohl über die politischen Themen als auch über die schwierige humanitäre Situation. Nach getrennten Gesprächen mit Rugova und Demaçi sagte Jandl: „Wie haben sie ermutigt, nach Möglichkeit ein einheitliches Verhandlungsteam zu bilden."[1145] Demaçi wurde am 13. August zum politischen UÇK-Vertreter des UÇK-Hauptstabes ernannt. Nach Prishtina führte die Delegation der EU-Troika der Weg nach Belgrad. Dort appellierten sie an ihren Gesprächspartner, den außenpolitischen Berater des jugoslawischen Präsidenten Milošević, Bojan Bugarcic, die laufenden Militäraktionen im Kosovo zu beenden. Jandl erklärt, wie wichtig diese Reise in den Kosovo war:

Uns war immer wichtig, mit den Akteuren vor Ort zu sprechen. Um einen direkten unmittelbaren Eindruck über die politische Lage zu bekommen, um zu sehen: was sind die politischen Prioritäten, was sind die Sorgen, die Nöte, die Wünsche die Anliegen der Akteure vor Ort, wie sehen sie die Situation? Dies, weil wir den Eindruck hatten, dass die Brüsseler Sicht oft nicht ident mit der Lage vor Ort war. Deswegen war es uns wichtig, immer wieder in die Region zu reisen, immer wieder mit den Akteuren zu sprechen, mit Politikern, aber auch mit einfachen Menschen, sich die Situation vor Ort anzusehen, sich selber vor Ort ein Bild zu machen, wie man das treffenderweise ja bezeichnet. Als wir die Präsidentschaft innehatten, ist es uns auch wichtig gewesen, diese Reisen nicht nur für uns selber zu unternehmen, sondern auch zumindest mit der Troika, zumindest mit zwei anderen Ländern, um auch ihnen die Möglichkeit zu geben, sich vor Ort ein Bild über die tatsächliche Situation zu machen. Denn unsere Erfahrung mit Brüssel war, dass man die Dinge oft nicht richtig einschätzt, wenn man mit den Akteuren vor Ort nicht spricht, wenn man die Situation vor Ort nicht kennt, wenn man nicht, um ein Beispiel zu nennen, nach Malishevo gefahren ist und sich Malishevo mit eigenen Augen angeschaut hat, oder nach Belgrad oder Prishtina.[1146]

Damit die internationale Gemeinschaft den Druck auf Präsident Milošević fortsetzen könne, der für Außenminister Schüssel „nicht die Lösung", sondern „das Problem"[1147] darstellt, schlug die Einberufung einer „zweiten Dayton-Konferenz" für eine friedliche

---

national Response, Lessons Learned, Oxford 2000, S. 74.
1144 *Der Standard*, 12. 8. 1998.
1145 *APA*, 27. 8. 1998.
1146 Interview mit Gerhard Jandl, Wien, 5. 4. 2017.
1147 Aus der Rede des Bundesministers für auswärtige Angelegenheiten, Vizekanzler Dr. Wolfgang Schüssel, beim Europäischen Forum Alpbach: „Südosteuropa und die offene Gesellschaft", Alpbach, am 27. August 1998, in: BMAA (Hrsg.), Außenpolitische Dokumentation 1998, S. 125.

B. Österreichs Politik in der Kosovo-Frage in den Jahren 1997-1999

Lösung des Kosovo-Konflikts vor. Diesen Vorschlag machte Schüssel bei seinem Vortrag vor dem Europäischen Forum Alpbach Ende August 1998, wo er erneut betonte, dass der blutige Konflikt im Kosovo die „größte Bedrohung für die Zukunft der jugoslawischen Gesellschaft und für die Stabilität der gesamten Region" darstelle.[1148]

Die Kampfhandlungen im Kosovo stellten für Verteidigungsminister Fasslabend einen Krieg dar. Er warnte: „Es geht nicht mehr darum, einen Krieg zu verhindern, sondern den Krieg in seinen Anfängen zu beenden."[1149] September und Oktober 1998 charakterisierten eine dramatische Zuspitzung der brutalen Aktionen gegen die kosovo-albanische Bevölkerung seitens der serbischen und jugoslawischen Polizei- und Militäreinheiten, wobei sich die humanitäre Situation mit der großen Anzahl von Flüchtlingen und Vertriebenen dramatisch verschlechterte.

Vor der 53. UN-Generalversammlung sprach Schüssel als EU-Ratspräsident über die Lage im Kosovo und forderte die Einstellung aller Kämpfe im Kosovo:

> The European Union is extremely concerned at the dramatic escalation of tension in Kosovo: hundreds of people have been killed, more than 250,000 people have been forced to leave their homes as a result of armed clashes, and the threat of a humanitarian catastrophe is becoming ever more real. The primary responsibility for the devastating situation rests with the Serb and Yugoslav authorities since their police and military operations have led to consequences for the civilian population that are out of any justifiable proportion. Therefore, it is up to Slobodan Milošević, as the President of the FRY, to order a halt to all repressive actions against the civilian population in Kosovo. At the same time the Union expects that all parties concerned reject all forms of violence […].
>
> Negotiations between both sides, with international involvement, should take place as soon as possible to agree upon confidence-building measures and to define a new status for Kosovo. However, without a cessation of the ongoing Serb offensive, an end to further bloodshed, and a significant improvement of the catastrophic humanitarian situation, a meaningful dialogue cannot be started. The EU hopes that progress towards democracy, which is a prerequisite for the resolution of the conflict, can be achieved in the Federal Republic of Yugoslavia. The final objective of the reform process should be the full integration of the FRY into the international community.[1150]

Die diplomatischen Aktivitäten Außenministers Schüssels in der Kosovopolitik während seines Aufenthalts in New York umfassten auch seine Rolle bei der Verabschiedung der Resolution des UN-Sicherheitsrates zur Kosovo-Frage (1199).[1151] Auf der einen Seite standen die westlichen NATO- und Kontaktgruppen-Staaten, die ein Mandat für einen möglichen Militäreinsatz anstrebten und auf der anderen Seite Russland und China, die

---

1148 Ebd.
1149 *APA*, 31. 8. 1998.
1150 Rede des Vorsitzenden des Rates der Europäischen Union, Vizekanzler Dr. Wolfgang Schüssel, vor der 53. Session der Generalversammlung: Challenges for the EU and UN at the turn of the Century", New York, am 22. September 1998, in: BMAA (Hrsg.), Außenpolitische Dokumentation 1998, S. 18-19.
1151 UN Security Council Resolution 1199 (1998), 23 September 1998.

5. Die österreichische Kosovopolitik in den Jahren 1995-1999

sich dagegen aussprachen. Nach der Sitzung der Kontaktgruppe forderte Außenminister Schüssel rasche Hilfe für die vertriebenen Menschen aus dem Kosovo, in dem mehr als 50.000 Menschen in Wäldern und unter freiem Himmel leben müßten. Die UN-Resolution, in der eine militärische Intervention gegen Belgrad nicht erwähnt wurde, verlangte von allen Konfliktparteien ohne Vorbedingungen unter internationaler Beteiligung einen Dialog aufzunehmen.

In einem Interview in der ORF TV-Sendung *Zeit im Bild (ZiB) 2* vom 24. September ging Schüssel noch weiter mit einer unerwarteten Stellungnahme, er „könne sich vorstellen, dass Milošević auf die Liste der Kriegsverbrecher kommen könnte, falls er in der Kosovo-Krise nicht einlenke".[1152] Dies war zum ersten Mal,[1153] dass ein Außenminister der EU diese Möglichkeit in den Raum stellte.[1154]

Die Brutalität gegen die kosovo-albanische Bevölkerung im Kosovo kannte keine Grenzen mehr. Am 26. September – nur drei Tage nach der Verabschiedung der UN-Resolution 1199 – kam es zur einem der brutalsten Massaker im Dorf Obri e Eperme/Gornje Obrinje, in dem serbische Sicherheitskräfte auch Kinder und alte Menschen töteten.[1155] Nach Bekanntwerden dieses Massakers hat Schüssel Petritsch beauftragt, von der jugoslawischen Führung zu fordern, internationale Experten für die Untersuchung von Massengräbern und Massenexekutionen zuzulassen und die vermuteten Gräueltaten an der Bevölkerung aufzuklären. Auf Betreiben Österreichs wurde die Initiative unternommen, forensische Experten in den Kosovo zu entsenden.[1156] Nach Zustimmung der jugoslawischen Bundesregierung wurde eine finnische gerichtsmedizinische Experten-Gruppe der Universität Helsinki unter Leitung von Helena Ranta eingeladen, um ständige Berichte über Massaker und Gräueltaten zu untersuchen.[1157] Die finnischen Experten begannen ihre Arbeit Anfang Dezember 1998 im Dorf Obri e Eperme/Gronje Obrinje, nachdem die

---

1152 *Kurier*, 25. 9. 1998.
1153 Bei einer Sitzung des österreichischen Nationalrates wurde Außenminister Schüssel vom Abgeordneten Gerhard Kurzmann (FPÖ), gefragt: „Wenn man solch starke Sprüche klopft, dann muß man doch etwas hinter sich haben, dann muß man doch Unterstützung finden. Welcher Staatschef in Europa oder in der Welt unterstützt Sie darin, daß Milošević wirklich auf die Kriegsverbrecherliste kommt?." Außenminister Schüssel hat geantwortet: „Wenn Sie mich fragen, was hinter mir steht, dann sage ich Ihnen: Die Wahrheit". Sten. Prot. NR, XX. GP, 142. Sitzung, 8. Oktober 1998, S. 20.
1154 Wolfgang Schüssel, Offengelegt. Aufgezeichnet von Alexander Purger, Salzburg 2009, S. 71.
1155 Human Rights Watch, A Week of Terror in Drenica. Humanitarian Law Violations in Kosovo, New York – Washington – London – Brussels 1999, pp. 16-47; No Kosovo Settlement without Accountability for War Crimes http://pantheon.hrw.org/legacy/english/docs/1999/02/06/serbia812.htm (abgerufen 30.09.2017); Jane Perlezoct, Serb Pullback May Forestall NATO Attack, in: *New York Times*, 5. 10. 1998.
1156 Rede des Vorsitzenden des Rates der Europäischen Union, Vizekanzler Dr. Wolfgang Schüssel, vor dem Außenpolitischen Ausschuß der Assemblée Nationale: „Prioritäten und bisherige Ergebnisse der österreichischen EU-Präsidentschaft", Paris, am 14. Oktober 1998, in: BMAA (Hrsg.), Außenpolitische Dokumentation 1998, S. 14.
1157 Gemeinsame Aktion 98/736/GASP betreffend die Entsendung kriminaltechnischer Sachverständiger in die Bundesrepublik Jugoslawien vom 22. Dezember 1998, Amtsblatt Nr. L 354, S. 3.

B. Österreichs Politik in der Kosovo-Frage in den Jahren 1997-1999

jugoslawischen Behörden die Genehmigungen erteilt hatten.[1158] Die Reaktion der internationalen Gemeinschaft gegenüber den Massakern war stark. Parallel mit der formellen Ernennung Botschafter Petritschs zum EU-Sonderbeauftragten für den Kosovo wurde auf österreichischen Vorschlag hin ein Flugverbot für die jugoslawische Luftlinie JAT erteilt.[1159]

Der Europaabgeordnete des Liberalen Forums, Friedhelm Frischenschlager, erklärte, dass aufgrund der „Massaker an unschuldigen Zivilpersonen im Kosovo" eine internationale Untersuchung gegen Milošević unternommen werden solle.[1160] Er betonte, dass die Europäischen Liberalen dafür im Europäischen Parlament eine Untersuchung fordern werden. Staatssekretärin Ferrero-Waldner betonte im Europäischen Parlament, dass die internationale Gemeinschaft „nicht weiter tatenlos zusehen" könne, wenn es im Kosovo „zu fortgesetzten Gewalttaten und Massakern kommt".[1161] Der SPÖ-Delegationsleiter im Europäischen Parlament, Hannes Swoboda, erklärte, „wenn es nicht ‚dramatische Änderungen' im Kosovo gebe, sei ein militärisches Eingreifen in der serbischen Unruheprovinz Kosovo ‚absolut notwendig'".[1162]

Während die Staatengemeinschaft eine politische Lösung für den Kosovo zu finden versuchte, berichteten internationale Hilfsorganisationen Ende September über das Schicksal der 300.000 kosovo-albanischen Flüchtlinge und weiterer 50.000 unter freiem Himmel lebenden Vertriebenen.[1163] Holbrooke reiste wieder nach Belgrad gemeinsam mit dem Sonderbeauftragten Hill und Petritsch, um Milošević zu überzeugen, die vorgesehenen Punkte der UN-Resolution zu erfüllen. Am 12. Oktober entschieden sich 16 NATO-Mitgliedsstaaten für einen Aktivierungsbefehl für Luftschläge gegen militärische Ziele in Jugoslawien. Einen Tag später, nach langen Unterredungen zwischen Holbrooke und Milošević bzw. nach massiven militärischen NATO-Drohungen, lenkte Milošević ein und stimmte einer politischen Lösung der Kosovo-Frage zu, einem Gewaltverzicht sowie einer Stationierung einer internationalen OSZE-Mission von 2.000 unbewaffneten Beobachtern im Kosovo.[1164] Laut dieser Vereinbarung wurde der NATO mit ihren (unbewaffneten) Flugzeugen die Kontrolle über dem Kosovo zugesichert. Die Überwachung

---

[1158] Helena Ranta, The Right to be buried, in: Nina Soumalainen/Jyrki Karvinen (eds.), The Ahtisaari Legacy. Resolve and Negotiate, Vantaa 2008, pp. 49-66; *QIK*, 8. 12. 1998.

[1159] Am 24. September haben die EU-Außenminister (in einer gemeinsamen Konferenz mit Vertretern der zehn EU-Bewerberstaaten sowie die Schweiz und Zypern) die schweren Menschenrechtsverletzungen im Kosovo verurteilt und den politischen Druck auf Präsident Milošević verstärkt.

[1160] *APA*, 5. 10. 1998. „Das war zurzeit nach der Drenica-Offensive der Serben, da war ich besorgt, dass Milošević alles niedermachen läßt und es mit den Kosovo-Albanern vorbei ist". Interview mit Friedhelm Frischenschlager, Wien, 28. 3. 2017.

[1161] *APA*, 7. 10. 1998.

[1162] Ebd.

[1163] *Die Tageszeitung*, 30. 9. 1998.

[1164] Rathfelder, Kosovo – Geschichte eines Konflikts, S. 219; Am 15. Oktober hatte der NATO-Befehlshaber, General Wesley Clark, und der Generalstabchef der JNA, Momcilo Perisic, das Abkommen zur NATO-Luftraumüberwachung unterzeichnet. Einen Tag später erfolgte die Unterzeichnung des Abkommens über die Verification Mission (KVM) vom OSZE-Vorsitzenden Bronislav Geremek und dem jugoslawischen Außenminister Zivadin Jovanovic.

5. Die österreichische Kosovopolitik in den Jahren 1995-1999

hatte zum Ziel, die Sicherung der OSZE-Beobachter (durch Foto-, Film-, und Satellitenmaterial) zu gewährleisten. Der US-Sondergesandte Hill sollte weiters versuchen, mit der serbischen und kosovo-albanischen Führung eine diplomatische Lösung des Kosovo-Konflikts auszuhandeln. Auf der Grundlage der verabschiedeten UN-Resolution 1203 (1998)[1165] am 24. Oktober (dritten Kosovo-Resolution) erhielt die Kosovo Verification Mission (KVM) ihr Mandat.[1166] Laut dem Abkommen könnte sich die KVM ohne Hindernis in den Kosovo bewegen, die Kooperation mit dem UNHCR über die Rückkehr der Flüchtlinge und Vertriebenen erleichtern und den Dialog zwischen den Konfliktparteien intensivieren. Am 17. Oktober reiste der EU-Sondergesandte Petritsch im Auftrag der EU nach Prishtina, um die Unterstützung für das Holbrooke-Milošević-Abkommen von der kosovo-albanischen Führung zu erhalten. Nach mehrmaligen Treffen Petritschs mit Rugova appellierte letztendlich Rugova in einer öffentlichen Erklärung zur Unterstützung des Holbrooke-Milošević-Abkommens.[1167] Petritsch forderte die Schießereien zu beenden.[1168] Obwohl die UÇK nicht in das Holbrooke-Milošević-Abkommen einbezogen wurde, hatte sie einseitig einen Waffenstillstand verkündet. Dies führte zur Stärkung der Glaubwürdigkeit der UÇK. Beim Treffen des OSZE-Ministerrates im Oslo erklärte Schüssel im Namen der EU, die KVM-Mission im Kosovo sei die größte „Herausforderung für die OSZE insgesamt".[1169]

Am 5. November gaben nach dem Ministerrat[1170] Bundeskanzler Klima und Außenminister Schüssel bekannt, dass Österreich mit 50 Beobachtern aus dem Außen-, Verteidigungs- und Innenministerium an der OSZE-Mission teilnehmen werde. Fünf Tage später billigte der Hauptausschuß des Nationalrates die Entsendung von 50 österreichischen Beobachtern, darunter 20 Soldaten und 10 Polizisten.[1171] Auf Initiative des österreichischen EU-Vorsitzes wurde beschlossen, folgende Aufträge an die WEU zu geben. Der erste Auftrag war ein verstärkter Polizeieinsatz MAPE in Albanien.[1172] Weitere Aufträge waren die Nutzung des WEU-Satellitenzentrums in Torrejón zur Überwachung der Lage im Kosovo sowie zur Unterstützung der KVM.[1173] Um die KVM-Beobachter schützen zu können, stationierte die NATO eine 1.800 Mann Notfalltruppe („Extraction Force") in Mazedonien. Leiter der KVM wurde der amerikanische Diplomat William Walker,

---

1165 UN Security Council Resolution 1203 (1998), 24 October 1998.
1166 Mit der KVM-Mission wurde auch im November 1998 auch eine weitere OSZE-Beobachtermission eingerichtet.
1167 Petritsch/Kaser/Pichler, Kosovo-Kosova, S. 244.
1168 *Der Standard*, 21. 10. 1998.
1169 *APA*, 2. 12. 1998.
1170 Nur die FPÖ stimmte dagegen.
1171 Außenpolitischer Bericht 1998, S. 129.
1172 Beschluß 98/547/GASP des Rates betreffend die Studie über die Durchführbarkeit internationaler Polizeieinsätze zur Unterstützung der albanischen Behörden vom 22. September 1998, Amtsblatt Nr. L 263, S. 1-2. MAPE (Multinational Advisory Police Element) existierte in Albanien seit Mai 1997, als der WEU-Rat beschlossen hatte, eine multinationale Polizeiberatergruppe zu entsenden, um albanische Polizeitrainer auszubilden.
1173 Beschluß 98/646/EG des Rates betreffend die Beobachtung der Lage in Kosovo vom 13. November 1999, Amtsblatt Nr. L 308, S. 1-2.

B. Österreichs Politik in der Kosovo-Frage in den Jahren 1997-1999

der im November mit dem Aufbau der Mission begann.[1174] Bis Jänner 1999 wurden rund 750 internationale Beobachter im Kosovo stationiert, darunter 23 Österreicher. Der Chef der Exilregierung der Kosovo-Albaner, Bujar Bukoshi, war was den Erfolg der OSZE-Mission im Kosovo betrifft, nicht sehr optimistisch: „Die OSZE-Mission ist ein großes Experiment, kann aber ihre Aufgaben offenbar nicht erfüllen. Zuschauen genügt nicht. Die Bevölkerung muß vor Übergriffen geschützt werden."[1175]

Während Bundeskanzler Klima einen möglichen NATO-Einsatz ohne UN-Resolution für problematisch hielt, waren für FPÖ-Obmann Haider „die bestehenden UNO-Resolutionen ausreichend für einen Militärschlag der NATO gegen Serbien".[1176] Ein weiteres Hinausschieben würde nur eine „Begünstigung der Mörderbande von Milošević" bedeuten. „Damit würde im Kosovo nur eine Situation wie in Bosnien entstehen. Durch endlose Diskussionen würde 'sehr viel Blut von Unschuldigen vergossen' werden" so der FPÖ-Vorsitzende.[1177] Schüssel erklärte, dass die internationale Gemeinschaft nicht den „Fehler des Dayton-Abkommens" wiederholen solle. Um das zu verhindern, verlangte er von Milošević eine schriftliche Garantie, dass die UN-Resolution umgesetzt wird. Am 8. Oktober verabschiedete das Europäische Parlament mit großer Mehrheit eine Resolution, in der die NATO-Vorbereitungen für einen militärischen Einsatz ausdrücklich unterstützt wurden und der Internationale Gerichtshof für Kriegsverbrechen im früheren Jugoslawien aufgefordert wurde, gegen Milošević wegen „Verbrechen gegen die Menschlichkeit und Kriegsverbrechen" zu ermitteln.[1178]

Generalsekretär Rohan vertrat in einem Gastkommentar die Auffassung, dass es ohne eine internationale militärische Präsenz keine Lösung der Kosovo-Krise geben wird: „Diplomatische Bemühungen waren nur dann erfolgreich, wenn sie durch die Androhung von Gewaltmaßnahmen abgestützt wurden. Jede Verhandlungslösung mußte und muß durch eine internationale militärische Präsenz gesichert werden, im Kosovo wird es nicht anders sein."[1179] Essentiell sei aber, dass die Vermittlungsversuche fortgesetzt werden müssen. Mitte Oktober 1998 hatte die Shuttle-Diplomatie von Petritsch und Hill zwischen Prishtina und Belgrad begonnen, mit dem Ziel direkte Verhandlungen zwischen den Konfliktparteien, die absolut gegensätzliche Positionen zur künftigen Statusfrage des

---

1174 Die Zentrale der KVM-Mission war in Prishtina, während fünf andere Regionalbüros und ein Verbindungbüro in Belgrad eingerichtet wurden.
1175 *Die Presse*, 20. 1. 1999.
1176 *APA*, 8. 10. 1998.
1177 Ebd.
1178 Entschließung zur Lage im Kosovo, Das Europäische Parlament, 8. Oktober 1998. Official Journal of the European Communities, C 328/182. Am 17. November 1998 wurde UN-Resolution 1207 (1998) verabschiedet, in der von den jugoslawischen Institutionen verlangt wurde, mit dem Internationalen Strafgerichtshof für das ehemalige Jugoslawien (ICTY) zu kooperieren (UN Security Council Resolution 1207 (1998), 17 November 1998.
1179 *Die Presse*, 24. 10. 1998. Der tschechische Präsident Vaclav Havel warf der internationalen Gemeinschaft vor, sehr spät auf die Kosovo-Krise reagiert zu haben: „Fünfzehn Jahre mußte doch jeder aufmerksame Beobachter wissen, daß es dort eines Tages zur Explosion kommen wird. Warum mußte man zuerst auf diese Explosion warten und dann überlegen, mit welchen Raketen und Flugzeugen man das menschliche Leid stoppen wird? Warum hat man früher nichts getan?". *APA*, 10. 10. 1998.

5. Die österreichische Kosovopolitik in den Jahren 1995-1999

Kosovo vertraten, zu starten. Auf der kosovo-albanischen Seite gab es Uneinigkeit in Bezug auf ein gemeinsames Verhandlungsteam. Das kosovo-albanische Verhandlungsteam, das von Rugova am 13. August präsentiert worden ist, umfaßte die Vertreter der kosovo-albanischen Opposition, aber nicht die UÇK. Petritsch und Hill versuchten die kosovo-albanische Führung zu bewegen, eine gemeinsame Plattform inklusive UÇK zu bilden.

Das Engagement Botschafter Petritschs und seine häufigen Treffen mit beiden Verhandlungsteams haben als Grundlage für weitere Gespräche gedient.

> Zwischen Oktober und Dezember wurde unter österreichischer Federführung das umfangreiche Grundsatzdokument ‚EU Comprehensive Approach on FRY/Kosovo' erarbeitet, welches die Strategie der EU definiert und welches der Rat Allgemeine Angelegenheiten am 7. Dezember formell annahm.[1180]

Ende November hatte Petritsch das Fehlen einer gemeinsamen EU-Politik gegenüber dem Kosovo bedauert.[1181] Er bezeichnete dies als Fehler der Europäer, die nicht in der Lage wären, wie die Amerikaner mit einer Stimme zu sprechen. In der EU: „gebe [es] im wesentlichen nur nationale Außenpolitiken".[1182]

Am Ende der österreichischen EU-Präsidentschaft, ein EU-Gipfel fand am 13. Dezember in Wien statt, zog Außenminister Schüssel eine Bilanz der europäischen Außenpolitik: „Europa muss seine außenpolitische Stimme stärker für Frieden und Stabilität erheben", führte er aus. „Europa braucht auch neue Instrumente, um Frieden zu schaffen."[1183] Bundeskanzler Klima schlug die Nominierung eines Repräsentanten der GASP nach der Ratifizierung des Vertrages von Amsterdam vor, denn eine „gemeinsame Außenpolitik wird die politische Rolle Europas in der Welt stärken."[1184]

Im Zusammenhang mit den Entwicklungen im Kosovo gelang es, im Rahmen der österreichischen EU-Präsidentschaft die Debatte über die Zukunft der europäischen Sicherheit und Verteidigung voranzutreiben. Diese Stärkung der Sicherheitsstruktur Europas und Stärkung der europäischen Verteidigungsrolle konnte durch die Konferenz der Verteidigungsminister aller 15 EU-Mitgliedsstaaten am 3. und 4. November in Wien unter dem Vorsitz des österreichischen Verteidigungsministers Werner Fasslabend[1185] erreicht werden.[1186] Das erstmalige Treffen der Verteidigungsminister aller EU-Staaten verfolgte

---

1180 Außenpolitischer Bericht 1998, S. 47. Mehr dazu seine „Observations by the Presidency on the status of the Kosovo (non-paper)" (o.D., o.O.).
1181 Chronik zur Außenpolitik, 1. Jänner bis 31. Dezember 1998, in: Österreichisches Jahrbuch für Internationale Politik 1998, S. 245.
1182 Ebd.
1183 *APA*, 12. 12. 1998.
1184 Ebd.
1185 „Wie ich das Verteidigungsministertreffen machen wollte, habe ich natürlich zuerst einmal versucht, ein paar Partner zu finden. D.h. ich habe lange Zeit offiziell nichts gesagt, wir sind auch nicht am offiziellen Terminplan von den Veranstaltungen gewesen. Ich habe gewusst, wenn, dann ist es nur möglich, dass man einfach kurzfristig abfahrt. Je länger es gedauert hätte, umso weniger Chance hätte es gehabt". Interview mit Werner Fasslabend, Wien, 2. 2. 2017.
1186 Paul Luif, The Changing Role of the Non-Allied Countries in the Euroepan Union's Common Foreign and Security Policy, in: Michael Gehler/Anton Pelinka/Günther Bischof (eds.), Öster-

B. Österreichs Politik in der Kosovo-Frage in den Jahren 1997-1999

das Ziel, dass die EU bei künftigen Krisen rascher und glaubwürdiger reagieren könne. In diesem Zusammenhang fanden zwei wichtige Treffen statt. Das erste offizielle Treffen eines EU-Ratsvorsitzes mit dem WEU-Vorsitz fand am 16. November in Rom statt. Zwei Wochen später, am 8. Dezember, wurde ein informelles Treffen zwischen EU-Ratspräsident Schüssel und NATO-Generalsekretär Solana abgehalten.[1187] Für Verteidigungsminister Fasslabend war deutlich,

> dass die NATO die wichtigste Organisation für europäische Sicherheit ist und wenn man sie beeinflussen und etwas tun möchte, dann muss man auch diesen Rahmen nutzen, das war klar. Ich war davon überzeugt, dass eine Lösung der Probleme in Südosteuropa nur auch mit Hilfe der NATO möglich war. Eine eigenständige europäische Struktur dafür gab es nicht, so dass man nur über Druck von der NATO kriegerische Ereignisse verhindern oder beenden konnte. Daher war es für mich ganz klar, dass wir dort aus eigenem Interesse und Sicherheitsinteressen in unserem Umfeld mitwirken müssen.[1188]

Eine Bilanz der österreichischen EU-Präsidentschaft hatte Außenminister Schüssel am 16. Dezember in seiner Rede vor dem Europäischen Parlament gezogen.[1189] Als wichtiger Schwerpunkt der österreichischen EU-Präsidentschaft nannte er das europäische Engagement in der Kosovopolitik, „es sei unter der österreichischen Präsidentschaft gelungen, die 'Sichtbarkeit' der EU zu erhöhen".[1190] Trotz des Faktums, dass die Kosovo-Frage nicht gelöst wurde, warnte Außenminister Schüssel vor einer weiteren Eskalation des Kosovo-Konflikts: „Die Zeit läuft davon."[1191]

5.11. Österreichisches Kontingent in der ECMM und KDOM

Mit der Übernahme der EU-Ratspräsidentschaft übernahm Österreich auch die Leitung der Beobachtungsmission der EU (European Community Monitoring Mission, ECMM). Der österreichische Diplomat Franz Parak hatte die Leitung der ECMM[1192] in Sarajevo für die Dauer des österreichischen EU-Vorsitzes übernommen. Die ECMM als wichtiges Instrument der GASP diente als gute Quelle für Informationen vor Ort, um zu sammeln, zu berichten und auch wenn notwendig zwischen Konfliktparteien zu vermitteln. Gerhard Jandl zur Wichtigkeit der ECMM:

---

reich in der Europäischen Union. Bilanz seiner Mitgliedschaft, Wien 2003, p. 288.
1187 Erklärung des Vorsitzenden des Rates der Europäischen Union, Vizekanzler Dr. Wolfgang Schüssel, zum ersten offiziellen Treffen zwischen EU und NATO, Wien, am 8. Oktober 1998, in: BMAA (Hrsg.) Außenpolitische Dokumentation 1999, S. 50-51.
1188 Interview mit Werner Fasslabend, Wien, 2. 2. 2017.
1189 Ergebnisbericht der österreichischen EU-Präsidentschaft 1998, in: Schallenberg/Thun-Hohenstein, Die EU-Präsidentschaft Österreichs, S. 292.
1190 *APA*, 16. 12. 1998.
1191 Ebd.
1192 Der österreichische Botschafter Herbert Grubmayr war als stellvertretender Chef tätig.

5. Die österreichische Kosovopolitik in den Jahren 1995-1999

Die ECMM war damals so organisiert, dass sie täglich Berichte lieferte, aus dem gesamten Bereich ehemaliges Jugoslawien, und diese Berichte dienten der Europäischen Union und ihren Mitgliedsstaaten als Informationsquelle über die täglichen und wöchentlichen Entwicklungen. Die Idee war, dass wir mit Kräften vor Ort die Situation beobachten und rechtzeitig und frühzeitig aufmerksam gemacht werden, wenn Ereignisse sich anbahnten, die von politischer Wichtigkeit oder von militärischer Wichtigkeit waren. Diese Informationsquellen waren sehr wichtig für die Europäische Union und für einige Mitgliedsstaaten, v.a. jene, die weniger Botschaften in der Region hatten.[1193]

Österreichs aktives Engagement in der Kosovopolitik wurde seit Anfang 1998 auch in der ECMM deutlich. Als ein ECMM-Kontingent im März 1998 in den Kosovo verlegt wurde, nahm Österreich mit einem Teilkontingent teil.[1194] Botschafter Parak sah „eine der Hauptaufgaben darin, anwesend zu sein. Allein durch unsere Anwesenheit können schon viele Konflikte präventiv verhindert werden."[1195]

Die ECMM, in der neben Diplomaten auch Militärs (als unbewaffnete Beobachter) teilnahmen, beobachtete regelmäßig die Lage im Kosovo. Die ECMM-Beobachter wurden aber von Belgrad ständig behindert im Kosovo zu operieren.

Auf der Grundlage des Jelzin-Milošević-Abkommens wurde die Diplomatische Beobachtungsmission für den Kosovo (Kosovo Diplomatic Observer Mission, KDOM) etabliert,[1196] an der die EU, die USA und Russland mit ihren Kontingenten – 15 Beobachter wurden jeweils von der USA und Russland gestellt –, teilgenommen haben.[1197] Die KDOM-Mission umfasste 30 Beobachter aus europäischen Ländern, bei der Österreich das größte Kontingent von acht Beobachtern stellte.[1198] Der österreichische Oberstleutnant Walter Ebenberger wurde zum Pressesprecher der KDOM-Mission ernannt. Aufgrund der österreichischen EU-Präsidentschaft wurde im August 1998 das österreichische Kontingent auf 63 Mann aufgestockt. „Das Ziel dieser Mission bestand in der durchgehen-

---

1193 Interview mit Gerhard Jandl, Wien, 5. 4. 2017.
1194 Am 22. Dezember 2000 wurde nach einem Beschluss der EU nunmehr als European Union Monitoring Mission (EUMM) weitergeführt. „Hauptziel der Mission, die nunmehr die Bezeichnung ‚Überwachungsmission der Europäischen Union (EUMM)' trägt, ist es, durch Zusammentragen und Analyse von Informationen entsprechend der Weisungen des Generalsekretärs/Hohen Vertreters und des Rates flexibel zur wirksamen Formulierung der Politik der Europäischen Union für den westlichen Balkan beizutragen." Artikel 1, Gemeinsame Aktion 2000/811/GASP über die Überwachungsmission der Europäischen Union vom 22. Dezember 2000, Amtsblatt Nr. L 328/53.
1195 APA, 1. 7. 1998. Seit Mai 1997 wurde das ECMM-Hauptquartier von Zagreb nach Sarajevo verlegt und auf Resultat der österreichischen Initiativen wurde am 15. April 1997 entschieden, „aus Effizienz- und Ersparnisgründen die Leitungsfunktionen unter den jeweiligen Troika-Ländern aufzuteilen". Jandl, Die Balkankrise und kein Ende, S. 802. Rund 350 EU-Beobachter arbeiteten für die ECMM im ehemaligen Jugoslawien und Albanien. Die Beobachter der ECMM-Mission waren unbewaffnet und tragen weise Uniformen.
1196 Interview mit Wolfgang Petritsch, Wien, 5. 1. 2018.
1197 Rathfelder, Kosovo – Geschichte eines Konflikts, S. 215; Für mehr Details wie die KDOM errichtet wurde, siehe Christopher R. Hill, Outpost. Life on the Frontlines of American Diplomacy: A Memoir, New York 2014, S. 132.
1198 Die Logistikfragen liefen über die ECMM.

B. Österreichs Politik in der Kosovo-Frage in den Jahren 1997-1999

den Beobachtung und Dokumentation der Ereignisse in der Provinz […]. Ihre von den Kontaktgruppen-Botschaftern in Belgrad redigierten Berichte gaben erstmals ein umfassendes und von den Regierungen der Kontaktgruppen-Länder gemeinsam erarbeitetes Lagebild des Konflikts."[1199]

Am 6. Juli hatten die Vertreter der oben genannten Länder „mit symbolischen Patrouillen" in Prishtina begonnen und danach die Kriegsschauplätze besucht.[1200] In der Phase von Juli bis Oktober waren es 130 Patrouillen.[1201] Einen besonderen Beitrag hatte die Beobachter-Mission der KDOM durch ihre Berichterstattung bezüglich der humanitären Situation geleistet. Auf dieser Basis konnten die internationalen Hilfsorganisationen ihre Hilfsmaßnahmen besser koordinieren.[1202]

Auf österreichische Initiative hin wurde ein umfassender Kosovo-Aktionsplan für Flüchtlinge und Vertriebene ausgearbeitet. Durch häufige Patrouillen in Zusammenarbeit mit internationalen Hilfsorganisationen konnten Ortschaften identifiziert werden, wo die humanitäre Situation bei den Vertriebenen besonders schwierig war. Diese Lage zu verbessern gelang vor allem durch Lieferungen von Lebensmitteln und Medikamenten. In einigen Dörfern und Regionen, wo ein Ende der Kampfhandlungen erreicht war und die Flüchtlinge und Vertriebenen unter freiem Himmel lebten, hatten die EU und ihre Partner es geschafft, auch Rückkehrprojekte für die vertriebenen Kosovo-Albaner zu etablieren. Solche „Projekt-Ortschaften" zeigten Erfolg, und zwar in Klina, Ferizaj (Urosevac), Rahovec (Orahovac) und Gjakova (Djakovica).[1203] Laut UNHCR umfasste die Zahl der Flüchtlinge aus dem Kosovo in den Nachbarstaaten im Oktober 1998 rund 300.000 Menschen.

Hervorzuheben ist der bereits kurz erwähnte und auf österreichische Initiative hin installierte EU-Aktionsplan für die Rückkehr von Flüchtlingen und Vertriebenen, „der auf den von dem EU-Sonderbeauftragten für den Kosovo ausgearbeiteten Kriterien beruht", und von der Europäischen Kommission in Höhe von 44 Mio. ECU finanziert wurde.[1204] Der „Zehn-Punkte-Plan des österreichischen Vorsitzes" sah konkrete Schritte vor, so die Entsendung internationaler Beobachter zur Gewährleistung der Sicherheit, die Bereitstellung von Unterkünften und die Versorgung, rasche Herrichtung der Unterkünfte für den Winter, Bereitstellung von Lebensmitteln, Heizung, Kleidung und medizinische Versor-

---

1199 Petritsch/Pichler, Kosovo-Kosova, S. 150.

1200 *Der Standard*, 6. 7. 1998.

1201 Mit der Unterzeichnung des Holbrooke-Milošević-Abkommen am 13. Oktober 1998 ging die KDOM in die Kosovo Verification Mission auf.

1202 Albert Rohan/Klaus Daublebsky, Krisensituation auf dem Balkan. Eine Bilanz des Jahres 1998, in: Andreas Khol/Günther Ofner/Alfred Stirnemann (Hrsg.), Österreichisches Jahrbuch für Politik 1998, Wien 1999, S. 534.

1203 Stellungnahme der Frau Staatssekretärin im Bundesministerium für auswärtige Angelegenheiten, Dr. Benita Ferrero-Waldner, im Namen des Rates der Europäischen Union zur Kosovo-Krise vor dem Europäischen Parlament, Straßburg, am 16. September 1998, in: BMAA (Hrsg.), Außenpolitische Dokumentation 1998, S. 157-162.

1204 Schlussfolgerung der 2126. Tagung des Rates Allgemeine Angelegenheiten und dem Vorsitz des Bundesministers für auswärtige Angelegenheiten, Vizekanzler Dr. Wolfgang Schüssel, Luxemburg, am 26. Oktober 1998, C/98/351, 12274/98.

5. Die österreichische Kosovopolitik in den Jahren 1995-1999

gung, Unterstützung der örtlichen Koordinierungsbemühungen des UNHCR und anderer internationaler Hilfsorganisationen.[1205]

Am 20. November 1998 verlangte Botschafter Harald Kreid, der Ständige Vertreter Österreichs bei den Vereinten Nationen in Genf, von der internationalen Staatengemeinschaft rasche Handlung angesichts der ernsthaften humanitären Lage im Kosovo und der Not der Zivilbevölkerung, der Flüchtlinge und Vertriebenen. Nach dem Besuch der betroffenen Ortschaften durch internationale Hilfsorganisationen, stand fest: „Of the 240 villages recently surveyed by UN/NGO teams, 150 have sustained varying degrees of damage. More than 10.500 houses were found destroyed beyond repair or heavily damaged."[1206]

5.12. Eröffnung der EU-Vertretung in Prishtina

Die Eröffnung einer europäischen Vertretung in Prishtina hat eine Vorgeschichte. Fast jeder europäische EU-Außenminister, der sich nach der Verschärfung der Situation im Kosovo mit der serbischen oder jugoslawischen Führung getroffen hatte, hatte verlangt, ein europäisches Büro in Prishtina zu eröffnen; dies wurde von Belgrad stets abgelehnt. Für Belgrad kam weder ein EU-Beobachtungsbüro noch Wiedereinrichtung der OSZE-Langzeitmission im Kosovo in Frage. Während die USA schon im Februar 1996 ein Informationsbüro in Prishtina eröffneten, hatte zum ersten Mal Außenminister Schüssel – gemeinsam mit seinem niederländischen Amtskollegen – im Mai 1996 vorgeschlagen, ein EU-Beobachtungsbüro in Prishtina einzurichten.[1207] Als der jugoslawische Außenminister Milutinovic im Oktober 1996 Österreich besuchte, versuchte Schüssel von ihm die Zulassung der Eröffnung eines EU-Büros in Prishtina zu erreichen, war aber nicht erfolgreich. Den gleichen ergebnislosen Versuch aber hatte auch nach der Zuspitzung der Lage im Kosovo im März 1998 der britische Außenminister Cook in seiner Tätigkeit als EU-Ratsvorsitz unternommen, als er nach Belgrad gereist war. Im Gespräch mit dem jugoslawischen Präsidenten hatte Cook die Eröffnung einer EU-Vertretung der EU gefordert, was von Milošević erneut abgelehnt wurde.

Die österreichische Diplomatie, die seit Jahren Wege zur Eröffnung einer europäischen Vertretung in Prishtina suchte, gelang es unmittelbar nach der Übernahme der EU-Präsidentschaft, eine EU-Vertretung in Prishtina zu eröffnen, ohne jedoch Belgrad zu fragen. Die Eröffnung des EU-Büros erfolgte im Juli 1998. Es wurde ein Haus gemietet, das bis zum Beginn der NATO-Luftangriffe im März 1999 als österreichische und EU-Vertretung gedient hat. Generalsekretär Rohan beschreibt dies in seinen politischen Erinnerungen:

1205 Anlage I, Zehn-Punkte-Plan des österreichischen Vorsitzes, in: Schlussfolgerung der 2126. Tagung des Rates Allgemeine Angelegenheiten und dem Vorsitz des Bundesministers für auswärtige Angelegenheiten, Vizekanzler Dr. Wolfgang Schüssel, Luxemburg, am 26. Oktober 1998, C/98/351, 12274/98.
1206 Erklärung des Ständigen Vertreters Österreichs bei den Vereinten Nationen, Botschafter Dr. Harald Kreid, im Namen der Europäischen Union auf der Humanitarian Issues Working Group des Flüchtlingshochkommissars der Vereinten Nationen, Genf, am 20. November 1998, in: BMAA (Hrsg.), Außenpolitische Dokumentation 1998, S. 128.
1207 Außenpolitischer Bericht 1996, S. 67.

B. Österreichs Politik in der Kosovo-Frage in den Jahren 1997–1999

„Ich vereinbarte daher mit unserem damaligen Botschafter in Belgrad, Wolfgang Petritsch, daß wir ohne Federlesens eine Wohnung oder kleine Villa anmieten würden und beauftragte ihn, ein entsprechendes Objekt ausfindig zu machen."[1208] Die jugoslawische Seite reagierte heftig. „Herr Rohan, Sie haben nicht wie ein Freund gehandelt, als sie hinter unserem Rücken dieses Büro in Priština errichteten. Wieso haben Sie uns nicht um Erlaubnis gefragt?", so der jugoslawische Außenminister Jovanovic zu Rohan. Rohan antwortete: „Weil Sie uns keine Genehmigung erteilt hätten […], und ich erklärte ihm, daß es sich nicht um eine EU-Vertretung, sondern um eine Außenstelle der Österreichischen Botschaft in Belgrad handle."[1209] Ähnliche Probleme hatte Botschafter Petritsch mit Jovanovic:

> ich wurde dafür auch sehr kritisiert vom damaligen jugoslawischen Außenminister, öffentlich auch, bei einem Treffen des Außenministers mit EU-Botschaftern. Worauf ich natürlich keine Antwort haben konnte und habe dem Völkerrecht entsprechend Jovanovic geantwortet, ‚na wenn ich gefragt hätte, dann hätten Sie sicher nein gesagt' und damit war das irgendwie durch ein Lachen überwunden.[1210]

Die EU-Vertretung in Prishtina erleichterte auch die Arbeit und Effizienz des Vorsitzlandes Österreich und von Botschafter Petritsch, der seit Juli 1998 die humanitären Aktivitäten koordinierte. Die Koordination wurde in Zusammenarbeit mit ECMM, KDOM, dem UN-Hochkommissariat für Flüchtlinge (UNHCR) und lokalen Hilfsorganisationen – wie der Mutter-Theresa-Organisation – durchgeführt. Politisch wichtig war die EU-Präsenz in Prishtina auch für intensive Kontakte mit allen albanischen Parteien. Dies wiederum war für die Etablierung eines gemeinsamen kosovo-albanischen Verhandlungsteams sehr nützlich. Botschafter Petritsch erklärt:

> Erstens einmal war das ein klares Signal. Wir engagieren uns. Wir als EU, als EU-Präsidentschaft, wir wollen uns hier soweit engagieren, damit es zu einer einheitlichen Positionierung der kosovarischen Seite kommt. Es hat damals einen großen internen Zwist gegeben zwischen Rugova, der LDK und anderen Parteien, vor allem jenen, die größere Sympathien für die UÇK hatten. Und uns war klar, dass diese Spaltung es unmöglich gemacht hätte, den Verhandlungsprozess weiter zu bringen.[1211]

1208 Rohan, Diplomat am Rande der Weltpolitik, S. 205. Als Untermieter wurden dann später die Österreichische Wirtschaftskammer und das Büro für humanitäre Angelegenheiten (ECHO) aufgenommen.
1209 Ebd.
1210 Interview mit Wolfgang Petritsch, Wien, 5. 1. 2018.
1211 Ebd.

5.13. Wolfgang Petritsch, erster österreichischer EU-Sondergesandte für den Kosovo

Zweifellos hat die Ernennung eines EU-Sonderbeauftragten als ein GASP-Instrument die Rolle der EU in der Weltpolitik gestärkt. Mit dem Vertrag von Amsterdam (1997, in Kraft 1999) wurde die Ernennung von EU-Sonderbeauftragten erstmals institutionalisiert, und zwar mit dem Ziel, ein einheitliches internationales Auftreten der EU zu gewährleisten.[1212]

Seit Beginn des Kosovo-Konflikts operierte die US-Diplomatie mit drei Persönlichkeiten, die sich um die Kosovo-Frage kümmerten. Gelbard, der seit April 1997 für die Balkan-Region zuständig war, wurde später von Richard Holbrooke abgelöst und auf ihn folgte der US-Botschafter in Skopje, Christopher Hill. Letzterer hatte die EU Anfang September 1998 wegen Passivität in der Kosovo-Frage kritisiert. Hill hatte erklärt, „die europäischen Staatsmänner schwelgten in 'Diskussionen über ein vereintes Europa', rührten aber keinen Finger, um dem Blutvergießen im Kosovo Einhalt zu gebieten".[1213] Die EU-Außenminister wiesen die Kritik der USA zurück, aber Washington hat damit die Ernennung eines Sonderbeauftragten für den Kosovo beschleunigt. Dies bestätigte auch Außenminister Schüssel, als er die Ernennung Petritschs wie folgt begründete: „Wir dachten dabei an einen erstklassigen Diplomaten mit politischem Gespür. Er ist die europäische Antwort zum amerikanischen Kosovo-Verhandler Hill."[1214]

Am 22. September hatten sich die EU-Außenminister bei einem Arbeitsfrühstück am Rande der 53. UNO-Generalversammlung in New York „auf die Ernennung von Wolfgang Petritsch, Österreichs Botschafter in Belgrad, zum Kosovo-Beauftragten der Europäischen Union" geeinigt.[1215] Für Schüssel bedeutete diese Ernennung für den Kosovo die Möglichkeit „vor Ort eine spezifisch europäische Komponente auch in den politischen Prozess einzubringen".[1216] Die Ernennung des EU-Sonderbeauftragten hat direkt „das Profil der Union in außenpolitischen Agenden" gestärkt.[1217] Bereits im Februar 1998 hatte Generalsekretär Rohan die Bestellung eines EU-Sonderbeauftragten für den Kosovo als dringend notwendig erachtet. Die EU müsse sofort „einen Vermittler in den Kosovo" schicken.[1218] Die Frage eines EU-Sonderbeauftragten für den Kosovo wurde auf Anregung des deutschen Außenministers Kinkel auch bei den informellen Beratungen

---

1212 Der spanische Diplomat, Miguel Ángel Moratinos, war der erste EU-Sonderbeauftragte, der 1996 für den Nahost-Friedensprozess ernannt wurde, während der Grieche, Panagiotis Roumeliotis, im Mai 1999 zum EU-Sonderbeauftragten für den Royaumont-Prozess ernannt wurde.
1213 *APA*, 6. 9. 1998.
1214 *Kurier*, 23. 9. 1998.
1215 Einigung der Europäischen Union auf die Ernennung von Botschafter Dr. Wolfgang Petritsch zum Kosovo-Beauftragten, in: BMAA (Hrsg.), Außenpolitische Dokumentation 1998, S. 164.
1216 Punktationen der Erklärung des Vorsitzenden des Rates der Europäischen Union, Vizekanzler, Dr. Wolfgang Schüssel, anlässlich des informellen Treffens der Staats- und Regierungschefs, Pörtschach, am 24. Oktober 1998, in: BMAA (Hrsg.), Außenpolitische Dokumentation 1998, S. 33.
1217 Bericht über die österreichische EU-Präsidentschaft, Stand 12. Dezember 1998, in: BMAA (Hrsg.), Sonderdruck 1999, S. 75.
1218 *Kurier*, 7. 2. 1998.

B. Österreichs Politik in der Kosovo-Frage in den Jahren 1997-1999

der EU-Außenminister in Salzburg am 7. September 1998 „nach dem Vorbild des US-Botschafters Hill" diskutiert.[1219] Trotz Vorbehalten der spanischen Regierung, die dafür eintrat, dass Felipe Gonzalez diese Funktion weiterhin ausüben sollte, gelang es der österreichischen Diplomatie, einen hochrangigen Diplomaten aus ihren Reihen für diese wichtige EU-Funktion zu nominieren.

Die Bestellung des EU-Sonderbeauftragten für den Kosovo[1220] bedeutete für die EU einen wesentlichen Schritt zur Stärkung der europäischen Präsenz im Kosovo.[1221] In einem Interview für das Nachrichtenmagazin „Format" erinnert sich Petritsch: „Ich bin als bilateraler Botschafter eines kleinen Landes nach Belgrad geschickt worden und durch die Umstände in einen größeren europäischen Rahmen geraten."[1222] Generalsekretär Rohan:

> [...] das ist so zustande gekommen und das wissen nur der Dr. Schüssel und ich. Wir haben die Präsidentschaft gehabt und die Amerikaner haben den Hill als Sondervertreter gehabt, der war Botschafter in Mazedonien und konnte daher ständig ohne Probleme auch nach Belgrad reisen. Und ich habe Schüssel unter vier Augen gesagt, ich habe ihm gesagt, wir müssen jetzt also doch irgendein Gegenstück zu den Amerikanern schaffen, damit auch die Europäische Union hier ihre Aufgabe wahrnehmen kann und Schüssel sagt, das müssen sie machen. Ich sagte ihm, dass ich nie ein Visum kriegen werde. Weil damals mussten wir Visa beantragen und wenn ich als Kosovo-Beauftragter komme, geben mir die Serben kein Visum, weil sie ja sagen, das ist eine interne Angelegenheit. Die einzige Möglichkeit war unseren Botschafter in Belgrad dazu zu ernennen, weil der ist ja sehr blass und kann also jederzeit im Außenministerium usw. mit den Behörden reden und den Sie nicht verweigern können. Und so wurde Petritsch der Sonderbeauftragte.[1223]

Einen Tag nach seiner Ernennung erklärte Botschafter Petritsch seine Schwerpunkte im ORF. Seine vordringlichste Priorität war „eine humanitäre Katastrophe im Kosovo zu verhindern", die zweite war es eine politische Lösung für den Kosovo zu finden, „sonst geraten die Dinge aus der Hand".[1224] Um ein klares Bild zu gewinnen, reiste Petritsch (gemeinsam mit den Botschaftern der Kontaktgruppe in Belgrad) in die westkosovarischen Gebiete, um Vertriebene zu besuchen, die unter freiem Himmel und ohne elementare Grundversorgung lebten.

Als EU-Sondergesandter für den Kosovo war Botschafter Petritsch auf mehrere Ebenen aktiv.[1225] Petritschs Aufgabe war es, vorrangig die EU zu informieren und ihre Politik in der Kosovo-Frage zu koordinieren. Die Besonderheit des diplomatischen Engagements von Petritsch bestand in seiner Fähigkeit zur Gesprächsbereitschaft mit allen Konfliktpar-

---

1219 Chronik zur Außenpolitik, 1. Jänner bis 31. Dezember 1998, in: Österreichisches Jahrbuch für Internationale Politik 1998, S. 220.
1220 Schlussfolgerung der 2120. Tagung des Rates Allgemeine Angelegenheiten, Luxemburg, am 5. Oktober 1998, Amtsblatt Nr. C/98/322.
1221 Schallenberg/Thun-Hohenstein, Die EU-Präsidentschaft Österreichs, S. 87.
1222 *Format*, Nr. 6/99, Nr. 47.
1223 Interview mit Albert Rohan, Wien, 24. 2. 2017.
1224 *APA*, 23. 9. 1998.
1225 Mehr dazu siehe Petritsch/Kaser/Pichler, Kosovo-Kosova; Petritsch/Pichler, Kosovo-Kosova; Petritsch, Zielpunkt Europa.

5. Die österreichische Kosovopolitik in den Jahren 1995-1999

teien. „Es war das Verdienst dieses österreichischen Spitzendiplomaten, dass im Februar in Rambouillet noch sowohl ein gewisses Maß an Gesprächsbereitschaft als auch ein Minimalkonsens gewahrt werden konnten." [1226] Außenminister Schüssel betonte in einer Debatte im Nationalrat: „Wir haben mit Wolfgang Petritsch, noch bevor die Amerikaner ihre Texte vorgelegt haben, die Inhalte eines politischen Lösungsprogramms vorgelegt und mit den Albanern diskutiert. Rambouillet basiert letztlich auf diesen Ideen, die durchaus beiden Seiten sehr ausgewogen geholfen hätten." [1227] Im Unterschied zu seinen amerikanischen und russischen Kollegen Hill und Majorski, die konträre Positionen in der Kosovo-Krise vertraten, versuchte Petritsch als EU-Vertreter eine vermittelnde Position zwischen Washington und Moskau einzunehmen. Chris Hill schätzt in seinen Erinnerungen die Rolle von Petritsch positiv ein:

> The European Union also appointed a negotiator, a knowledgeable, intelligent, and all-around good diplomat, the Austrian ambassador in Belgrade, Wolfgang Petritsch. Whether it was because he was from neighboring Austria or that his descendants were originally from Slovenia, Wolfgang knew the Balkans well. He was also a pleasure to work with. He understood the complex history, the effects of the Ottoman Empire and of the national churches on national identity, the mythologizing of the Serbs about Kosovo, but at the same time the importance of Kosovo to the Serbs. He was bright, dedicated, moderate, and worked well with everyone. I was delighted to have him as a colleague and to have the Europeans as partners in the entire process. If the endgame was to join the Balkans to Europe, a project that had been somewhat delayed by four hundred years of Ottoman occupation, it was obvious that the European Union needed to be a partner throughout. [1228]

Petritschs Aufgabe bestand darin, seine Kontakte mit Belgrad zu pflegen und auf dieser Basis mit der jugoslawischen bzw. serbischen Führung den Dialog für die Lösung des Konflikts voranzutreiben. Unter seiner Mitwirkung kam es zu einer Reihe von Vorschlägen und Lösungsalternativen, die in Verhandlungen zwischen Belgrad und Prishtina über einen neuen künftigen Status für den Kosovo dienen könnten. „Auf der Basis dieser Arbeiten legte der US-Vermittler Christopher Hill im September einen Entwurf eines Kosovo-Statuts vor und begann Pendelmissionen zwischen der serbischen und der kosovarischen Seite." [1229]

Eine weitere Aufgabe von Petritsch war es, mit den Politikern der Kosovo-Albaner ein einheitliches Team für die Verhandlungen mit Belgrad in Rambouillet zu bilden, in dem alle unterschiedlichen Strömungen innerhalb der Kosovo-Albaner vereint waren. In diesem Zusammenhang sind die diplomatischen Bemühungen Petritsch, die UÇK in die Verhandlungen miteinzubeziehen, hervorzuheben, als er, wie bereits dargestellt, auch einige EU-Mitgliedsstaaten überzeugen konnte, die UÇK als politischen Akteur zur Lösung der Kosovo-Frage zu akzeptieren. Die UÇK hatte durch Presseerklärungen deutlich gemacht, dass sie nicht gegen die serbischen Bürger kämpft, sondern gegen das Regime

---

1226 Gehler, Österreichs Außenpolitik der Zweiten Republik, S. 855.
1227 Sten. Prot. NR, XX. GP, 165. Sitzung, 21. April 1999, S. 58.
1228 Hill, Outpost, S. 129.
1229 Außenpolitischer Bericht 1998, S. 45.

B. Österreichs Politik in der Kosovo-Frage in den Jahren 1997-1999

von Milošević. Ein weiteres Element, das das internationale Vertrauen in die UÇK gestärkt hat, war die Tatsache, dass die UÇK sich entschlossen hatte, keine Kämpfer aus arabischen Ländern in die UÇK-Reihen einzubeziehen sowie ihre Angriffe gegen die serbischen oder jugoslawischen Einrichtungen nicht außerhalb des Territoriums des Kosovo zu führen. Petritsch erinnert sich an seinen Vorschlag vor den EU-Außenministern: „Nachdem ich zum EU-Sondergesandten ernannt worden bin, habe ich eine Rede gehalten im EU-Außenministerrat und den Ministern gesagt, wir müssen mit den Extremisten reden. Rugova unterschreibt uns alles, aber das wird von der UÇK garantiert nicht anerkannt werden."[1230]

Eine der wichtigen diplomatischen Aufgaben von Wolfgang Petritsch war dazu beizutragen, eine humanitäre Katastrophe im Kosovo zu verhindern.[1231] Die Aktivitäten der internationalen Staatengemeinschaft wurden aufgrund der hohen Anzahl von Flüchtlingen und Vertriebenen erschwert.[1232] Andreas Khol, Klubobmann der ÖVP, hatte die geleistete Arbeit vom Botschafter Petritsch hoch bewertet:

> Wir werden weiterhin die bewährte österreichische Diplomatie in den Dienst der Verhandlungen zwischen den Konfliktparteien stellen. Es ehrt unser Land, daß der Botschafter Wolfgang Petritsch als Vermittler hervorragend tätig war und immer noch tätig ist und damit unter Beweis stellt, wie engagiert, wie solidarisch wir sind. Das zeigt, wie sehr wir an einem Ende des Krieges interessiert sind, alles dafür einsetzen.[1233]

5.14. Operation Hufeisen

Dass Österreich seit den 1990er Jahre die internationale Gemeinschaft darauf aufmerksam gemacht hat, das Pulverfass auf dem Balkan könne explodieren, wurde erst später ernst genommen. Die österreichische Außenpolitik galt als eine der ersten Adressen für die Südosteuroparegion nicht nur auf der politischen und diplomatischen Ebene, sondern auch in Bezug auf die kriegerischen Entwicklungen, wobei Österreich trotz der Tatsache als Nicht-Kriegsteilnehmer sehr gute Kenntnisse der Vorgänge im Kosovo besaß. Vor Ausbruch des Kosovo-Kriegs im März 1999 hatte Österreichs militärischer Nachrichtendienst (das Heeresnachrichtenamt, HNA) die NATO über die geplante große Frühjahroffensive – unter dem Codenamen „Operation Hufeisen" – der serbischen und jugo-

---

1230 Interview mit Wolfgang Petritsch, Wien, 5. 1. 2018.
1231 Interview mit Wolfgang Petritsch, Wien, 5. 1. 2018.
1232 Der Einsatz von Botschafter Petritsch wurde auch von Außenminister Schüssel geschätzt: „Mit der Ernennung des österr. Botschafters in Belgrad, Wolfgang Petritsch, zum Sonderbeauftragten der EU für den Kosovo konnten wir einen europäischen Ansprechpartner vor Ort etablieren, der erfolgreiche Vermittlungstätigkeit leistet und ausgezeichnet mit dem amerikanischen Sondergesandten Hill zusammenarbeitet. Dies wird auch von der deutschen EU-Präsidentschaft durch die Weiterverwendung von Petritsch anerkannt". Rede des Bundesministers für auswärtige Angelegenheiten, Vizekanzler Dr. Wolfgang Schüssel, vor der Bertelsmann-Stiftung: „Politische Führung in Europa. Erfahrungen der EU-Ratspräsidentschaft", Gütersloh, am 14. Jänner 1999, in: BMAA (Hrsg.), Außenpolitische Dokumentation 1999, S. 47.
1233 Sten. Prot. NR, XX. GP, 165. Sitzung, 21. April 1999, S. 74.

5. Die österreichische Kosovopolitik in den Jahren 1995-1999

slawischen Polizei- und Militäreinheiten informiert. Eine systematische Vertreibung der Kosovo-Albaner und ethnische Säuberungen seien geplant. Als die internationale Gemeinschaft versuchte, in Rambouillet und Paris eine Lösung in der Kosovo-Frage zu finden, begann durch Belgrad „gleichzeitig der Versuch einer kompletten ethnischen Säuberung des Kosovo (Operation 'Hufeisen') mit den begleitenden Gewalttaten gegen die kosovarische Zivilbevölkerung fortgesetzt wurden".[1234]

Die „Washington Post"[1235] publizierte am 18. April 1999 einen Artikel, in dem berichtet wurde, das „Austrian intelligence had recently passed NATO its discovery that Belgrade planned a major spring offensive, code-named Operation Horseshoe."[1236] Als US-Außenministerin Albright Mitte Jänner 1999 vom Massaker in Reçak/Racak erfuhr, hatte sie dem Sicherheitsberater von Präsident Clinton, Sandy Berger, erklärt: „[Der] Frühling hat im Kosovo früh begonnen."[1237] Diese Erklärung Albrights bezog sich auf einen Bericht des Chefs des HNA, Alfred Schätz, von Dezember 1998. Laut diesem Bericht „werde die jugoslawische Armee im Frühjahr 1999 mit einer Offensive zur endgültigen Vertreibung der Kosovo-Albaner beginnen".[1238] Bereits im Jänner 1999 „schlug der österreichische Militärattaché in der Belgrader Botschaft Alarm und meldete die unter dem Namen Operation Hufeisen bekanntgewordene Frühjahrsoffensive der Serben".[1239] Dieses geheime Schriftstück des HNA hatte auf institutionellen Wegen[1240] auch der Generalsekretär im Außenministerium, Albert Rohan, erhalten.[1241] Auf die Frage über die Operation „Hufeisen" und über die fachliche gute Arbeit des HNA antwortete Rohan, „wir haben immer das als eine Realität angesehen, diese Operation Hufeisen."[1242] Barton Gellman, der über die Operation „Hufeisen" recherchiert hat, berichtete, dass er die Informationen über die Involvierung des HNA, „von Quellen innerhalb der US-Regierung erhalten" habe.[1243] Diese Äußerung von Gellman wird von Schüssel in einer Sitzung im Nationalrat 19. Mai 1999 bestätigt,

> Aber irgendwann einmal muß man es zur Kenntnis nehmen: Die Vertreibungen haben nicht begonnen, nachdem die Bombardements stattgefunden haben, sondern die Vertreibung von 500 000 Menschen hat im vergangenen Jahr, 1998, begonnen. Die Operation 'Hufeisen' wurde geplant und logistisch exakt durchgeführt, so lange, bis in Rambouillet absehbar war, dass es nicht mehr weitergeht. Dann begann es blitzartig. Im Jänner hat die ganze Geschichte

---

1234 Außenpolitischer Bericht 1999, S. 34.
1235 Barton Gellman, The Path to Crisis: How the United States and Its Allies Went to War, in: *Washington Post*, 18. 4. 1999 https://www.washingtonpost.com/archive/politics/1999/04/18/the-path-to-crisis-how-the-united-states-and-its-allies-went-to-war/52533b73-cf3e-4e21-a771-8f1806bc0577/?utm_term=.621c49520b57 (abgerufen 20.11.2017).
1236 Ebd.
1237 *APA*, 19. 4. 1999.
1238 *News*, 16/99, S. 23.
1239 *Format*, 17/99, S. 28.
1240 Solche geheimen Papiere gehen nur an handverlesene Dienststellen an die Präsidentschaftskanzlei, an den Kanzler, an das Außen-, Innen- und Verteidigungsministerium.
1241 *News*, 16/99, S. 22-25.
1242 Interview mit Albert Rohan, Wien, 24. 2. 2017.
1243 *News*, 16/99, S. 23.

B. Österreichs Politik in der Kosovo-Frage in den Jahren 1997-1999

begonnen. Unsere eigene Intelligence, aber auch viele andere haben rechtzeitig davor gewarnt!"[1244]

Der Masterplan Belgrads wurde nach dem Beginn der NATO-Angriffe noch weiter verstärkt, wobei Hunderttausende Kosovo-Albaner vertrieben wurden.[1245] Neun Divisionen würden nach dem serbischen Plan sich daran beteiligen, davon sechs der Sonderpolizei.[1246] Die Umsetzung der Operation „Hufeisen" sollte schon im Jänner 1999 beginnen. Wegen der Friedensverhandlungen von Rambouillet wurden die Vorbereitungen verlangsamt, während Mitte Februar die Requirierung der Kraftfahrzeuge, Mobilisierung der Sonderkommandos und der Reservisten einsetzte. Mitte März hatte der Generalstab der jugoslawischen Streitkräfte für 25. März die volle Einsatzbereitschaft angeordnet, wobei in der Drenica-Region die ersten Säuberungen beginnen sollten.[1247] Den Kosovo-Albanern wurden

> von den serbischen Kräften beim Verlassen des Kosovo Bargeld, Wertsachen sowie Papiere und Kfz-Kennzeichen abgenommen, offenbar um eine Rückkehr zu erschweren. Dem gleichen Zweck sollte offensichtlich auch die Vernichtung der Standesamtsregister und Grundbücher durch serbische Kräfte dienen.[1248]

Laut UNHCR wurden bis Anfang Juni 1999 bereits 800.000 Kosovo-Albaner vertrieben, 716.200 davon in die Nachbarstaaten des Kosovo.[1249] Der österreichische Militäranalytiker, Gustav Gustenau, erläuterte: „Es war seit Jahresbeginn 1999 aufgrund von Verstärkungen und Aufstellungen der jugoslawischen Sicherheitskräfte im und um den Kosovo klar, dass Belgrad eine Operation vorbereitete, die über die Bekämpfung der Kosovo-Befreiungsarmee UÇK weit hinausging."[1250]

Die Operation „Hufeisen" wurde aus serbischer Sicht eine militärische Endlösung der Kosovo-Frage genannt, welche für Ende März 1999 anvisiert war.[1251] Die Entdeckung der Operation „Hufeisen" durch den österreichischen Militärgeheimdienst dürfte eine entscheidende Rolle bei den westlichen Regierungen gespielt haben, um militärische Aktionen gegen Jugoslawien zu unternehmen, nachdem Belgrad das Rambouillet-Abkommen abgelehnt hatte. Generalleutnant Christian Segur-Cabanac schildert die gute Expertise Österreichs auf dem Balkan:

1244 Sten. Prot. NR, XX. GP, 169. Sitzung, 19. Mai 1999, S. 64.
1245 Jandl, Österreichs Rolle im Kosovo-Konflikt, S. 72-73; Jandl, Zur Bedeutung des Balkans für die österreichische Außenpolitik, S. 11.
1246 *Kurier*, 13. 4. 1999. Mehr dazu siehe die graphische Darstellung über die Operation „Hufeisen" in den Erinnerungen von Ex-Verteidigungsminister Rudolf Scharping, Wir dürfen nicht vergessen. Der Kosovo-Krieg und Europa, Berlin 1999. Anhang III, S. 229-232; *News*, Nr. 17/99, S. 53.
1247 *Profil*, Nr. 17, 26. 4. 1999, S. 24.
1248 Außenpolitischer Bericht 1999, S. 36.
1249 *APA*, 7. 5. 1999.
1250 *Die Presse*, 7. 4. 2000.
1251 *Profil*, 26. 4. 1999, Nr. 17, S. 24.

> Ich kann also sicher, ohne besonders zu prahlen oder aufzutrumpfen, sagen, dass es Tradition war und immer noch ist, dass das Lagebild, dass die österreichischen Nachrichtendienste vom Balkan der politischen Führung zur Verfügung stellen konnten, also der Realität sehr nahe gewesen ist.[1252]

Der österreichische Militärgeheimdienst, der rund 500 Bundesheeragenten über Vorgänge im Ausland zu Verfügung hatte, galt seit Beginn der Kosovokrise „als eine der wichtigsten Informationsanlaufstellen für die internationale Geheimdienstgemeinde".[1253] Für Wolfgang Petritsch war und ist der österreichische Geheimdienst „nach wie vor einer der am besten Informierten über den Balkan und da sind wirklich hervorragende Analytiker unterwegs und unser österreichisches Bestreben ist ja nicht jetzt Kriege vorzubereiten, sondern im Gegenteil Kriege zu verhindern".[1254]

Die Bilder der ethnischen Säuberung im Kosovo, die von der Operation „Hufeisen" verursacht worden sind, war eine Rechtfertigung für die NATO und ihre Mitgliedsstaaten für die militärische Intervention. Für Generalsekretär Rohan gab es damals zwei Alternativen: „Entweder zuzuschauen, wie diese Operation verläuft, wie die Dörfer zerstört und die Leute vertrieben werden, humanitäre Hilfe zu schicken, zu protestieren oder die Luftintervention der NATO. Eine andere Option stand nicht zur Disposition."[1255] Deutschland war einer der NATO-Mitgliedsstaaten, bei dem die Operation „Hufeisen" Spuren hinterlassen hat. Auf informellen Wegen hatte das HNA Informationen auch an den Deutschen Bundesnachrichtendienst (BND) weitergeleitet. Außenminister Joschka Fischer erklärte, es gäbe gesicherte Erkenntnisse, dass die ethnische Säuberung und die massive Vertreibung der Kosovo-Albaner unter der Operation „Hufeisen" längerfristig geplant gewesen ist.[1256] Ex-Verteidigungsminister Fasslabend rückblickend:

> Wir hatten einen ausgezeichneten Nachrichtendienst, der bestens informiert war, von dem auch die übrigen Europäer sehr viele Informationen abgeleitet bekommen haben. Österreich hat die Entwicklung sehr intensiv beobachtet und verfolgt, und war daher auch in der Lage frühzeitig über wahrscheinliche, kommende Entwicklungen Prognosen zu machen. Das war keine Überraschung, sondern das hat sich aus der Situation im Zuge der Auflösung von Jugoslawien durch die gesamten 90er Jahre hindurch ergeben.[1257]

Die gleiche Meinung wie Fasslabend vertritt auch Christian Segur-Cabanac, dass der österreichische Nachrichtendienst in Bezug auf die Balkan-Entwicklung,

---

1252 Interview mit Christian Segur-Cabanac, Wien, 21. 7. 2017.
1253 *Format*, 17/99, S. 28.
1254 Interview mit Wolfgang Petritsch, Wien, 5. 1. 2018.
1255 Vortrag des Generalsekretärs des Bundesministers für auswärtige Angelegenheiten, Dr. Albert Rohan; „Kosovo: Krieg oder Frieden?", Wien, am 23. Juni 1999, in: BMAA (Hrsg.), Außenpolitische Dokumentation 1999, S. 124-125.
1256 Fischer, Die rot-grünen Jahre, S. 170.
1257 Interview mit Werner Fasslabend, Wien, 2. 2. 2017.

B. Österreichs Politik in der Kosovo-Frage in den Jahren 1997-1999

zumindest auf Augenhöhe mit den Großen Diensten agiert hat, wenn nicht eine gewisse Themenführerschaft gehabt hat. Es gab bessere Kontakte, es gab bessere Analysen es gab bessere Analytiker, es gab bessere Anknüpfungen an historische Erfahrungen und mit der Entwicklung der Lage hat sich immer mehr herausgestellt, dass die an sich nicht mehrheitsfähigen Überlegungen und Lösungsansätze der Österreicher sich immer mehr bewahrheitet haben. Und daher immer mehr Gewicht bekommen haben.[1258]

Die Sache, dass das HNA an die NATO Informationen weitergegeben hat, führte zu einer politischen Auseinandersetzung in der österreichischen Innenpolitik. Die Grünen kritisierten das Verteidigungsministerium, das HNA habe Geheimdienstinformationen an einen kriegführenden Drittstaat weitergegeben und es handle sich um eine Verletzung der Neutralität. Verteidigungsminister Fasslabend dementierte zuerst, das HNA habe „keine Nachrichten an die Nato weitergegeben",[1259] dem Außenminister Schüssel implizit widersprach, als er erklärte, er „habe die geheimdienstlich ermittelte Information über die ‚Operation Hufeisen' bei einer EU-Außenministerkonferenz mündlich weitergegeben, was angesichts der Bedrohung Hunderttausender Menschen ja wohl selbstverständlich sei".[1260] Georg Hoffmann-Ostenhof, Leiter des Außenpolitik-Ressorts von „Profil" vertrat die Meinung, dass die Informationen des HNA nicht in Verbindung mit dem Neutralitätsgesetz gesehen werden sollten: „Der Menschenverstand sagt einem: Wer sieht, dass ein Mord geplant ist, muß schreien und wenn die Gesetze das verbieten, dann müssen halt die Gesetze geändert werden."[1261] Die gleiche Meinung vertrat auch Ex-Verteidigungsminister Frischenschlager. Laut ihm soll das HNA Geheimdienstaktivitäten weitergeben und „wenn im Kosovo Dörfer zerstört werden", soll das HNA diese Informationen nicht geheim halten.[1262]

Die grüne Abgeordnete, Ulrike Lunacek, richtete im April 2000 eine schriftliche parlamentarische Anfrage an Bundeskanzler Schüssel „betreffend österreichische Beteiligung an der internationalen Verbreitung nachrichtendienstlicher Erkenntnisse über die Operation Hufeisen (Operation der jugoslawischen Streitkräfte im Kosovo)"[1263]. Auf die Frage Lunaceks, ob Schüssel „jemals ein Originaldokument geprüft oder vorgelegt bekommen" hat, „das dem Bericht des HNA an die Bundesregierung zu Grunde liegt?", hatte Schüssel geantwortet: „Nein. Der ehemalige serbische Militärattaché in Bonn und enge Mitarbeiter des damaligen Generalstabschefs bestätigte die Anordnung der Operation ‚Hufeisen' durch Präsident Milošević."[1264] Oberst i.R. Dragan Vukšić war jugoslawischer Militärattaché in Bonn und enger Mitarbeiter des von Milošević zu Jahresende 1998 gefeuerten jugoslawischen Generalstabschefs Momčilo Perisić: „Milošević hatte für die Lösung der Kosovo-Frage keine Strategie, sondern höchstens eine Anti-Strategie: Er wollte den bewaffneten Aufstand der Albaner unterdrücken, und er wollte die ethnische Struktur im

---

1258 Interview mit Christian Segur-Cabanac, Wien, 21. 7. 2017.
1259 *News*, 16/99, S. 23.
1260 *Profil*, 26. 4. 1999, Nr. 17, S. 22.
1261 *Profil*, 26. 4. 1999, Nr. 17, S. 124.
1262 *Kurier*, 20. 4. 1999.
1263 Schriftliche Anfrage der Abgeordneten Mag. Ulrike Lunacek, Kolleginnen und Kollegen an den Bundeskanzler, 609/J XXI.GP, 06.04.2000.
1264 Schriftliche Beantwortung des Bundeskanzlers Schüssel, 616/AB XXI.GP, 06.06.2000.

Kosovo nachhaltig verändern. Zu diesem Zweck ordnete er die Operation Hufeisen an", hatte Vukšić im März 2000 bei einer Fachtagung des Instituts für Internationale Friedenssicherung an der Landesverteidigungsakademie in Wien erklärt.[1265]

5.15. Die Wende des Kosovo-Konflikts: Massaker von Reçak und der Weg nach Rambouillet

Nach der Unterzeichnung des Abkommens zwischen Holbrooke und Milošević im Oktober 1998 haben viele Balkan-Kenner ihre Skepsis geäußert, ob der serbische Präsident das Abkommen respektieren werde.[1266] Dies wurde durch die darauffolgenden Entwicklungen bestätigt. Belgrad hatte das Abkommen zwischen Holbrooke und Milošević nicht eingehalten, stattdessen wurden die Aktionen intensiviert, während die unbewaffneten KVM-Beobachter tatenlos zusehen mussten.[1267] Der Leiter der KVM William Walker machte Belgrad für die Mehrzahl der Zwischenfälle und für die Nicht-Respektierung des geforderten Waffenstillstandes verantwortlich gemacht. Die Gefechte zwischen serbischen Sicherheitskräften und der UÇK im Dezember 1998 und Jänner 1999 wurden fortgesetzt. Das mühsame erreichte Holbrooke-Milošević Abkommen war endgültig nur noch Papier.

Als am 15. Jänner 1999 internationale Beobachter der KVM im Dorf Reçak/Racak die Leichen von 45 Menschen entdeckt hatten, wobei die meisten durch Kopfschüsse getötet worden waren, sprach Walker von kaltblütigem Mord. Er bezeichnete das Massaker als eine unbeschreibliche Grausamkeit und ein Verbrechen gegen die Menschlichkeit. „Obwohl ich kein Anwalt bin – was ich sah, veranlasst mich, das Ereignis ohne zu zögern als Massaker zu beschreiben, als Verbrechen gegen die Menschlichkeit", sagte Walker.[1268] Der stellvertretende Leiter der KVM, Bernd Borchardt, erklärte, dass der Vorfall in Reçak/Racak „eine klassische Exekution" gewesen sei.[1269]

Über das Massaker in Reçak/Racak war die internationale Gemeinschaft entsetzt und es gilt ein entscheidender Wendepunkt. UN-Generalsekretär Annan zeigte sich schockiert über die Bluttat im Kosovo.[1270] Präsident Clinton sprach von einer „absichtlichen und blutwütigen Mordtat", womit Belgrad seine Zusagen an die NATO verletzt habe. Erschüttert über das Massaker zeigte sich auch Außenminister Schüssel: „Ich halte es für inakzeptabel, daß die serbische Polizei nach diesen Morden entgegen dem Drängen der KVM gegen das Dorf Racak vorgeht, bei dem die Morde stattgefunden haben, und daß damit auch die KVM-Verifikatoren zum Rückzug gezwungen wurden."[1271]

1265 *Die Presse*, 7. 4. 2000.
1266 Wolfgang Libal, Zweite Schlacht am Amselfeld, in: *Der Standard*, 13. 10. 1998.
1267 Jandl, Krieg auf dem Balkan, S. 97.
1268 Petritsch/Pichler, Kosovo-Kosova, S. 188-189.
1269 *QIK*, 16. 1. 1999.
1270 Kofi Annan, Ein Leben in Krieg und Frieden, München 2012, S. 120.
1271 Erklärung des Bundesministers für auswärtige Angelegenheiten, Vizekanzler Dr. Wolfgang Schüssel, zur Ermordung von 45 Kosovo-Albaner, Wien, am 18. Jänner 1999, in: BMAA (Hrsg.), Außenpolitische Dokumentation 1999, S. 65.

B. Österreichs Politik in der Kosovo-Frage in den Jahren 1997-1999

Generalsekretär Rohan verurteilte am gleichen Tag das Massaker an Kosovo-Albanern durch serbische Sicherheitsbehörden „auf das Schärfste" und forderte die Einschaltung des Haager Kriegsverbrechertribunals.[1272] Das Massaker war für Rohan der „bisher schwerste Schlag für die internationale Bemühungen" und es zeigte, dass Belgrad offenbar „an Verhandlungen nicht interessiert ist".[1273] EU-Beauftragter Petritsch betonte, die Ermordung von Menschen „ist durch nichts zu rechtfertigen. Das ist ein eindeutiges Massaker. Das wird auch entsprechende Konsequenzen haben müssen."[1274] Petritsch betonte weiter, dass aufgrund des neuen Massakers man die „Konstruktion der internationalen Präsenz im Kosovo anschauen müsse".[1275] Auch Moskau verurteilte zum ersten Mal deutlich das Vorgehen der serbischen Sicherheitskräfte und forderte von Belgrad eine rasche Aufklärung des „tragischen Ereignisses".[1276] Der serbische Präsident Milutinovic versuchte die internationale Kritik zurückzuweisen. Er erklärte, dass die serbischen Sicherheitskräfte den Krieg gegen Terroristen und Separatisten führen, und „bei den Toten handle es sich um Rebellen, die bei Kämpfen ums Leben gekommen sind".[1277] Und eine weitere Antwort der serbischen Regierung war es den Leiter der KVM Walker zur unerwünschten Person zu erklären und ihn zum Verlassen des Kosovo binnen 48 Stunden aufzufordern. Die Ausweisung von Walker durch Belgrad wurde von der internationalen Staatengemeinschaft nicht akzeptiert. Die OSZE-Troika, der norwegische Diplomat Knut Vollebaek, Wolfgang Schüssel und Bronislaw Geremek aus Polen, traf sich am 20. Jänner in Wien und forderten von Belgrad, die Ausweisung des OSZE-Chefs sofort zurückzunehmen.[1278] Auf Grund des starken internationalen Drucks musste Belgrad die Entscheidung suspendieren.

Da die Experten des UN-Kriegsverbrechertribunals keine Visa von den jugoslawischen Behörden erhalten haben, hatten weißrussische und finnische Experten mit der Untersuchung begonnen. Laut der Autopsie-Protokolle der weißrussischen Gerichtsmediziner, die von der serbischen Seite eingeladen worden waren, wurden die Opfer durch Schüsse aus der Entfernung getötet. Dies würde den jugoslawischen Obduktionsbericht bestätigen, in dem die Rolle des serbischen Militärs im Massaker geleugnet wird. Hingegen kam die finnische Expertengruppe (Ärzte und Polizeiexperten), die im Auftrag der EU die Umstände des Massakers untersuchten, in ihrem Untersuchungsbericht, welcher 21 Kilogramm wiegt, zwei Monate nach dem Massaker von Reçak/Racak zum Ergebnis, dass es sich um die Tötung von unbewaffneten Zivilpersonen durch Schüsse aus naher Entfernung handelte. Was nach Helena Ranta, Chefin des finnischen Expertenteams, „a crime against humanity" darstellte.[1279]

1272 Das Kriegsverbrechertribunal für das ehemalige Jugoslawien wurde am 22. Februar 1993 mit der Resolution 808 des UN-Sicherheitsrates ins Leben gerufen.
1273 *APA*, 16. 1. 1999.
1274 *Die Presse*, 17. 1. 1999.
1275 *APA*, 17. 1. 1999.
1276 *Die Presse*, 19. 1. 1999.
1277 *APA*, 17. 1. 1999.
1278 Chronik zur Außenpolitik, 1. Jänner bis 31. Dezember 1999, in: Österreichisches Jahrbuch für Internationale Politik 1999, S. 263.
1279 *The Guardian*, 18. 3. 1999. Im Jahr 2003 hatte Ranta im Gerichtsverfahren gegen den jugoslawischen Präsidenten Milošević vor dem UNO-Kriegsverbrechertribunal ihr Untersuchungsbericht bestätigt, dass die Getöteten Zivilisten seien und sie aus der Nähe erschossen worden waren.

5. Die österreichische Kosovopolitik in den Jahren 1995-1999

Am 22. Jänner hatte die Kontaktgruppe in London auf Ebene der Politischen Direktoren die Konfliktparteien zu sofortigen Verhandlungen unter internationaler Vermittlung aufgefordert.[1280] Die internationale Gemeinschaft einigte sich im Folgenden auf ein gemeinsames Vorgehen im Kosovo-Konflikt. Ein Hindernis für den Beginn der Verhandlungen war, dass die kosovo-albanische Seite noch kein gemeinsames Verhandlungsteam gebildet hatte. EU-Sondergesandter Petritsch forderte von der politischen Führung des Kosovo Verantwortung zu übernehmen, sonst werde sie die Sympathie der internationalen Gemeinschaft verlieren. Petritsch und Hill machten dies auch bei einer Aussprache mit der politischen Führung der UÇK, kurz vor ihrer Teilnahme am Außenminister-Treffen der Kontaktgruppe am 29. Jänner in London deutlich. Petritsch erklärte nach dem zweistündigen Gespräch mit den UÇK-Vertretern: „Wir haben der UÇK klar gemacht, daß unsere Geduld zu Ende ist." Der politischen Führung der UÇK wurden auch negative Konsequenzen angedroht, wenn sie nicht an den künftigen Verhandlungen teilnimmt. Trotzdem sagte Petritsch: „Ich rechne aber damit, daß wir die UÇK an Bord bekommen."[1281]

Das Außenminister-Treffen der Kontaktgruppe am 29. Jänner in London, an dem auch Hill und Petritsch teilnahmen, öffnete endlich den Weg zu Verhandlungen nach Dayton-Vorbild. Die Kontaktgruppe hatte die Konfliktparteien ultimativ innerhalb einer Woche zur Aufnahme von Friedensverhandlungen aufgefordert und innerhalb von zwei Wochen sollte ein Übergangsstatut beschlossen werden. Die Verhandlungen sollten am 6. Februar (bis 23. Februar) in Rambouillet in einem Schloss südwestlich von Paris beginnen. Der neue deutsche Außenminister Joschka Fischer, der die EU-Ratspräsidentschaft von seinem österreichischem Ressortkollegen Schüssel übernommen hatte, beanspruchte keine führende Rolle Deutschlands bei der Konferenz über die Lösung der Kosovo-Frage aufgrund der deutschen Vorgänge im Zweiten Weltkrieg in Jugoslawien. Für den deutschen Außenminister Fischer galt:

> Frankreich und Großbritannien waren seit dem Ersten Weltkrieg die Garantiemächte Serbiens und Jugoslawiens gewesen. Wenn diese historischen Freunde Serbiens die kommende Konferenz ausrichten und leiten würden, so wäre das allemal besser, als wenn Deutschland [...] die Führungsrolle übernehmen würde.[1282]

Die Außenminister Frankreichs und Großbritanniens, Hubert Vedrine und Robin Cook, übernahmen den Konferenzvorsitz, während als Chefverhandler Petritsch, Hill und Boris Majorski (Russland) bestellt wurden.[1283] Jeder Chefverhandler hatte eine Reihe von Experten zur Verfügung. „Petritschs Team bestand aus 'seinen' Kosovo-Experten, dem Österreicher Jan Kickert, Axel Dittmann vom Deutschen Außenamt und Thomas Markert, dem erfahrenen Juristen der 'Venediger Kommission' des Europarates in Straßburg."[1284] Als Grundlage der Verhandlungen in Rambouillet sollten die von Petritsch und seinem Team ausformulierten „Prinzipien und Grundelemente" (Non Negotiable Principles/Basic

---

1280 Contact Group Non-Negotiable Principles/Basic Elements, London, 22 January 1999.
1281 *Die Presse*, 20. 1. 1999.
1282 Fischer, Die rot-grünen Jahre, S. 128.
1283 Ministerial Contact Group in London, Chairmans Conclusions, 29 January 1999.
1284 Petritsch/Kaser/Pichler, Kosovo-Kosova, S. 269.

B. Österreichs Politik in der Kosovo-Frage in den Jahren 1997-1999

Elements) für den Kosovo dienen. Außenminister Schüssel erklärte, dass die Beschlüsse in London die „bisher stärkste Demonstration der Einheit der Kontaktgruppe" seien.[1285]

Belgrad hatte eine hochrangige Verhandlungsdelegation entsandt, jedoch ohne den jugoslawischen Präsidenten Milošević. Der serbische Vizepremierminister und Verfassungsrechtler, Ratko Markovic, leitete die jugoslawisch/serbische Delegation. Teil der jugoslawisch/serbischen Delegation waren auch die Vertreter zahlreicher ethnischer Gruppen des Kosovo, die als „rainbow coalition" bezeichnet wurden, wobei Belgrad hervorzuheben versuchte, „daß es hier nicht allein um ein serbisch-albanisches Problem handele, sondern daß in der Provinz eine Vielzahl von Volksgruppen lebte, denen zumindest symbolisch politisches Mitspracherecht gegeben werden sollte".[1286]

Das kosovo-albanische Verhandlungsteam hatte in der ersten Phase einen fragilen internen Konsens erreichen können.[1287] Nachdem Hashim Thaçi die Führungsrolle der UÇK von Adem Demaçi, der die Verhandlungen von Rambouillet trotz amerikanischen Drucks boykottieren wollte, übernommen hatte, führte der 29-jähriger Thaçi die kosovo-albanische Delegation und wurde so zum entscheidenden politischen Faktor in dem Friedensgespräch. Tim Judah analysiert die Rolle der UÇK. Die UÇK schreibt Judah „must rank as the most successful guerrilla organization in modern history. In the nineteen months following its first public appearance it had all but fulfilled its aims – having managed to subcontract the world's most powerful military alliance to do most of its fighting for it."[1288]

Rugova, der großes internationales Prestige genoß, spielte bei den Friedensverhandlungen von Rambouillet eine passive Rolle, aber „er war natürlich vernünftig."[1289] Die Belgrader Delegation zeigte ihre Bereitschaft zur Unterzeichnung des politischen Teils des Abkommens, während sie den militärischen Teil ablehnte. Dieser sah die Stationierung der NATO-Truppen im Kosovo vor, was die Umsetzung der Vereinbarungen gewährleisten sollte. Zur Überwachung des Friedensabkommens sollten laut NATO-Plänen etwa 30.000 Soldaten in den Kosovo entsendet werden. Außenministerin Albright erklärte, dass die NATO-Friedenstruppen keine Invasion bedeuten, „sondern dem Kosovo zu mehr Stabilität verhelfen wollen".[1290] Scharfe Kritik gegen die NATO-Pläne übte Russland. Der russische Präsident Jelzin hatte in einem Telefonat seinen amerikanischen Kollegen Clinton vor einem militärischen Einsatz von NATO-Truppen im Kosovo gewarnt: „Wir lassen nicht zu, daß der Kosovo angerührt wird."[1291]

Die kosovo-albanische Delegation stellte zwei Bedingungen, einerseits die Stationierung internationaler (NATO-)Streitkräfte im Kosovo und die Garantie, dass sie nach einer dreijährigen Übergangsphase in einem völkerrechtlich verbindlichen Referendum über den künftigen Status des Kosovo entscheiden können. Der Rambouillet-Entwurf

---

1285 *APA*, 29. 1. 1999.
1286 Petritsch/Kaser/Pichler, Kosovo-Kosova, S. 279.
1287 Das kosovo-albanische Verhandlungsteam stand unter Leitung von Hashim Thaçi (UÇK), von Rugova (LDK) und des LBD-Vorsitzenden Rexhep Qosja.
1288 Judah, A History of the Kosovo Liberation Army, S. 108.
1289 Interview mit Wolfgang Petritsch, Wien, 5. 1. 2018.
1290 *APA*, 16. 2. 1999.
1291 Nachrichtenagentur *Interfax*, zit. n. *APA*, 18. 2. 1999.

5. Die österreichische Kosovopolitik in den Jahren 1995-1999

hatte nicht ausdrücklich das von den Kosovo-Albanern geforderte Referendum beinhaltet, sondern nur den „Volkswillen":[1292]

> Three years after the entry into force of this Agreement, an international meeting shall be convened to determine a mechanism for a final settlement for Kosovo, on the basis of the will of the people, opinions of relevant authorities, each Party's efforts regarding the implementation of this Agreement, and the Helsinki Final Act, and to undertake a comprehensive assessment of the implementation of this Agreement and to consider proposals by any Party for additional measures.[1293]

Trotz einer 14-tägigen Verschiebung der Friedensgespräche kam es bei den wieder aufgenommenen Pariser Verhandlungen (14.-19. März) zu keiner Kompromissfindung. Am 18. März wurde das 82 Seiten umfassende Abkommen nur von der kosovo-albanischen Delegation unterzeichnet. Der Rambouillet-Entwurf

> stellte nach österreichischer Ansicht einen fairen Mittelweg zwischen den Vorstellungen der serbisch/jugoslawischen und der kosovarischen Seite dar. Bei halbwegs gutem Willen der Streitparteien hätte er Chancen auf Umsetzung und auf den Beginn eines ernsthaften Prozesses in Richtung einer endgültigen Lösung gehabt. Die Bestimmungen des Entwurfes wären für beide Seiten zumutbar gewesen.[1294]

Die westlichen NATO- und EU-Staaten hatten die Unterzeichnung des Abkommens durch die kosovo-albanische Delegation begrüßt. Außenminister Schüssel gratulierte der Delegation der Kosovo-Albaner zu diesem „mutigen Schritt", als Zeichen, dass sie damit ein Bekenntnis zur friedlichen Lösung des Kosovo-Konflikts abgelegt hätten.[1295] Die NATO beschloss ihre Luftkriegsordnung wahrzunehmen, während die KVM-Mitarbeiter gemäß OSZE-Entscheidung den Kosovo bis 20. März verlassen müssten. Am 22. März trafen sich Hill, Petritsch und Majorski mit Milošević in Belgrad, der in diesem letzten Treffen das Rambouillet-Abkommen als „Betrug" bezeichnete. Allein an diesem Tag wurden weitere 70.000 Zivilisten aus dem Kosovo vertrieben.[1296] Botschafter Petritsch erinnert sich an das Gespräch mit Milošević, in dem er dem jugoslawischen Präsidenten auf die Geschichte verwies:

> gerade Sie als Jugoslawe müssen wissen, dass im Zweiten Weltkrieg, die jugoslawischen Partisanen die damals mächtigste Armee Europas geschlagen hat. Das waren die Deutschen. Warum glauben Sie, dass sie mit einer regulären Armee besiegen können? Es gibt keinen militärischen Sieg und auch keine militärische Lösung.[1297]

1292 Interview mit Wolfgang Petritsch, Wien, 5. 1. 2018.
1293 Interim Agreement for Peace and Self-Government in Kosovo, 23 February 1999, in: UN Doc S/1999/648.
1294 Außenpolitischer Bericht 1999, S. 34.
1295 *APA*, 18. 3. 1999.
1296 Petritsch, Zielpunkt Europa, S. 89.
1297 Interview mit Wolfgang Petritsch, Wien, 5. 1. 2018.

B. Österreichs Politik in der Kosovo-Frage in den Jahren 1997-1999

Am gleichen Tag reiste auch Holbrooke nach Belgrad, um als gleichsam „letzte Chance" Milošević zum Einlenken zu bewegen. Auch dieses Treffen blieb ergebnislos. Wenige Stunden vor Beginn der NATO-Luftangriffe gegen Jugoslawien verließ Petritsch als letzter der Verhandlungs-Troika Belgrad.[1298]

Nachdem alle diplomatischen Versuche erschöpft waren und nachdem es klar war, dass Präsident Milošević trotz ernsthafter Drohungen der westlichen Staaten nicht einlenken würde, war der Beginn des NATO-Krieges gegen Jugoslawien nur noch eine Frage von Stunden. Am 23. März hatte NATO-Generalsekretär Solana den NATO-Oberkommandierenden in Europa, General Wesley Clark, den Befehl zu Luftangriffen gegen Jugoslawien erteilt. Mittwoch, der 24. März, war der entscheidende Tag. Der Fokus lag nicht in Berlin, wo der Gipfel des Europäischen Rats (Staats- und Regierungschefs sowie die Außenminister der EU-Mitgliedsstaaten) stattfand, sondern in Brüssel. Am Abend begannen die NATO-Luftangriffe (Operation „Allied Force") ohne UN-Sicherheitsmandat gegen Jugoslawien. Seitens der NATO und der EU wurde die Intervention als völkerrechtskonform qualifiziert, „weil sie in der Ansicht erfolgten, gröbste und schwerste Verletzungen der Menschenrechte und des humanitären Völkerrechts, sowie beginnenden Völkermord, zu stoppen".[1299] Der amerikanische Präsident Clinton erklärte in seiner Rede an die Nation das Vorgehen der NATO sei notwendig gewesen, um eine dritte Katastrophe in Europa zu verhindern; „wenn wir jetzt nicht handeln, wird alles nur noch schlimmer".[1300] In dieser Zeit erhöhten die jugoslawischen Militär- und Sicherheitskräfte sowie die paramilitärischen Formationen im Kosovo die Intensität der Vertreibung der Kosovo-Albaner.[1301]

Am gleichen Tag haben Bundeskanzler Klima und Außenminister Schüssel am Rande des Gipfels des Europäischen Rats in Berlin in einer gemeinsamen Erklärung nach dem Beginn der NATO-Luftschläge gegen Jugoslawien „die Hoffnung geäußert, daß damit dem gewaltsamen Vorgehen der serbischen Sicherheitskräfte gegen die eigene Bevölkerung Einhalt geboten wird".[1302] Laut Klima und Schüssel sei „gar nichts anderes übrig

---

1298 Wolfgang Petritsch, Kosovo 1999 – Tagebuch einer Eskalation, in: Kurier, 18. 10. 2004, S. 168; Petritsch/Pichler, Kosovo-Kosova, S. 245-255; Kurt Gritsch, Inszenierung eines gerechten Krieges? Intellektuelle, Medien und der „Kosovo-Krieg" 1999. Historische Europa-Studien – Geschichte in Erfahrung, Gegenwart und Zukunft 3), Hildesheim – Zürich – New York 2010; Hill, Outpost, S. 156-157.
1299 Jandl, Österreichs Rolle im Kosovo-Konflikt, S. 72.
1300 *Die Presse*, 25. 3. 1999. „We and our NATO allies have taken this action only after extensive and repeated efforts to obtain a peaceful solution to the crisis in Kosovo. But President Milošević, who over the past decade started terrible wars against Croatia and Bosnia, has again chosen aggression over peace. He has violated the commitments he, himself, made last fall to stop the brutal repression in Kosovo. He has rejected the balanced and fair peace accords that our allies and partners, including Russia, proposed last month a peace agreement that Kosovo's ethnic Albanians courageously accepted". Die Rede des amerikanischen Präsidenten bezüglich des Beginns der NATO-Luftanschläge gegen Serbien am 24. März 1999 https://www.rferl.org/a/1090884.html (abgerufen 29. 10. 2017).
1301 Stefan Troebst, Chronologie einer gescheiterten Prävention. Vom Konflikt zum Krieg im Kosovo, 1989-1999, in: Stefan Troebst, Zwischen Arktis, Adria und Armenien. Das östliche Europa und seine Ränder. Aufsätze, Essays und Vorträge 1983-2016, Köln 2017, S. 170.
1302 *APA*, 24. 4. 1999.

5. Die österreichische Kosovopolitik in den Jahren 1995-1999

geblieben, als das Vorgehen der jugoslawischen Armee und der serbischen paramilitärischen Verbände mit Luftschlägen zu stoppen" und eine weitere „Verschlimmerung der absolut unerträglich gewordenen humanitären Katastrophe zu unterbinden".[1303] Bei dem Gipfel des Europäischen Rats hatten die EU-Staats- und Regierungschefs am 24./25. März die militärischen Aktionen gerechtfertigt und einstimmig eine Resolution verabschiedet, um die humanitäre Katastrophe im Kosovo zu beenden: „Unsere Politik […] richtet sich gegen Sicherheitskräfte, die einen zynischen und brutalen Kampf gegen einen Teil der eigenen Bevölkerung führen. Diesem Unwesen wollen wir ein Ende setzen."[1304]

Die NATO-Luftangriffe auf Jugoslawien hatte auch UN-Generalsekretär Annan am 24. März als gerechtfertigt bezeichnet:[1305] „Es ist in der Tat tragisch, dass die Diplomatie gescheitert ist, aber es gibt Zeiten, in denen die Anwendung von Gewalt beim Streben nach Frieden legitim sein kann."[1306] Einen Tag nach dem NATO-Militärschlag gegen Belgrad äußerte sich Bundespräsident Klestil „sehr besorgt über die jüngsten Entwicklungen in Bezug auf den Kosovo", wobei „ein militärisches Eingreifen unvermeidbar" geworden sei. Er habe „großes Verständnis dafür, daß jene gegenüber einem mörderischen Regime Waffengewalt anwenden, die sich für die Achtung der Werte der Menschlichkeit einsetzen."[1307] Dass „eine humanitäre Intervention im Kosovo" unvermeidlich sei, hatte auch Generalsekretär Rohan gemeint. Rohan war eine der wenigen, der einen Tag vor dem Beginn des NATO-Militärschlages gegen Jugoslawien erklärt hat, dass „angesichts der schweren Menschenrechtsverletzungen" gegenüber den Kosovo-Albaner, „bin ich der Meinung, daß auch die Option der Unabhängigkeit nicht mehr abgelehnt werden kann".[1308] Verständnis für die Entscheidung der NATO hatte auch Botschafter Petritsch, der europäische Chefverhandler in Rambouillet gezeigt und gemeint, „dass die militärische Aktion Teil einer politischen Strategie ist. Aber das allererste Moment dieser Strategie ist natürlich, die Grausamkeiten im Kosovo zu verhindern, zu stoppen."[1309]

Ex-US-Außenminister Henry Kissinger hatte das NATO-Ultimatum an Belgrad wegen der serbischen Ablehnung des Rambouillet-Abkommens mit dem österreichisch-ungarischen Ultimatum von 23. Juli 1914 verglichen.[1310] Für ihn war das Rambouillet-Abkommen „a provocation. It served as a pretext for the launching of a bombing campaign. The Rambouillet document was such that no Serb could accept it."[1311] Der Erste Weltkrieg war nach Ansicht Kissingers „nicht wegen ethnischer Konflikte ausgebrochen. Im Gegenteil: Er ist ausgebrochen, weil man von außen in einen lokalen Konflikt eingegriffen hat."[1312] Wenn auch der Kosovo-Konflikt nicht von außen provoziert wurde, so wurde er Resultat der gezielten ständigen Repressionsmaßnahmen gegen die albanische Mehrheitsbevölkerung im Kosovo, appellierte Kissinger mit Recht: „Wer den Knoten am Balkan lösen

---

1303 Ebd.
1304 Europäischer Rat, Berlin, 24./25. März 1999, Erklärung des Europäischen Rates zum Kosovo.
1305 *APA*, 24. 4. 1999.
1306 Annan, Ein Leben in Krieg und Frieden, S. 124.
1307 *APA*, 25. 4. 1999.
1308 *Die Presse*, 23. 4. 1999.
1309 *Format*, Nr. 13/99, S. 25.
1310 Clark, Die Schlafwandler, S. 585.
1311 *Daily Telegraph*, 28. 6.1999.
1312 Henry Kissinger, Die verdrehte Geschichte, in: *Format*, Nr. 14/99, S. 28.

B. Österreichs Politik in der Kosovo-Frage in den Jahren 1997-1999

will, muß aufhören, mit schiefen historischen Vergleichen zu argumentieren",[1313] die Erfahrungen mit und am Balkan sind schon deutlich genug, genau wie die New York Times schrieb: „In the Balkans, No Wars are ‚Local'."[1314]

Bundespräsident Klestil hat am 21. April den russischen Präsidenten Jelzin ersucht, auf Belgrad einzuwirken, im Kosovo humanitäre Hilfe zu gestatten:

> Österreich ersucht derzeit gemeinsam mit anderen neutralen Ländern und dem Internationalen Komitee vom Roten Kreuz, Hilfsmaßnahmen für das nackte Überleben der im Kosovo herumirrenden Flüchtlinge zu schaffen, um dem Morden und Blutvergießen endlich ein Ende zu setzen und die Streitparteien rasch an den Verhandlungstisch zurückzubringen.[1315]

Klestil hatte die Rolle Moskaus bei der Suche nach einer friedlichen Lösung der Kosovo-Krise gewürdigt und an die russische Regierung appelliert, diese Anstrengungen fortzusetzen, „um dem Morden und Blutvergießen endlich ein Ende zu setzen und die Streitparteien rasch an den Verhandlungstisch zurückzubringen".[1316]

Am 25. April 1999 nahmen Bundeskanzler Klima, Verteidigungsminister Fasslabend und Staatssekretärin Ferrero-Waldner am „Euro-atlantischen Partnerschaftsrat" in Washington teil, dem die Staats- und Regierungschefs der 19 NATO-Mitgliedsländer sowie Vertreter von 25 PfP-Ländern, die dem Euro-Atlantischen Partnerschaftsrat angehören.[1317] Beim NATO-Gipfel in Washington erklärte Bundeskanzler Klima die Geschlossenheit der Staatengemeinschaft: „Ich glaube, daß es wichtig ist, daß Milošević nicht damit rechnen kann, die Staatengemeinschaft zu spalten und damit sein Werk der Gräueltaten fortzuführen."[1318] Auf der Tagung der OSZE-Außenminister am 28. April in Wien appellierte Außenminister Schüssel an die OSZE, die nötigen Vorbereitungen für einen Kosovo Einsatz zu unternehmen, wenn der Krieg im Kosovo beendet sein wird.[1319]

5.16. Die Kosovo-Frage und die österreichische Neutralitäts-, Sicherheits- und Solidaritätspolitik

Als sich die Situation im Kosovo Anfang 1998 zugespitzt hatte, war für die österreichische Diplomatie klar, dass die Chancen für eine friedliche Lösung der Kosovo-Frage minimiert wurden. Allerdings wurden die diplomatischen Bemühungen Österreichs für eine

---

1313 Ebd.
1314 *New York Times*, 7. 4. 1999.
1315 *APA*, 21. 4. 1999.
1316 Ebd.
1317 Michael Gehler, Vom EU-Beitritt bis zur EU-Osterweiterung: Die Außen-, Europa- und Integrationspolitik von Außenminister (1995–2000) und Bundeskanzler (2000–2006) Wolfgang Schüssel, in: Robert Kriechbaumer/Franz Schausberger (Hrsg.), Die umstrittene Wende. Österreich 2000-2006, Wien 2013, S. 485.
1318 Zit. n. Sten. Prot. NR, XX. GP, 169. Sitzung, 19. Mai 1999, S. 50.
1319 Chronik zur Außenpolitik, 1. Jänner bis 31. Dezember 1999, in: Österreichisches Jahrbuch für Internationale Politik 1999, S. 282.

5. Die österreichische Kosovopolitik in den Jahren 1995-1999

politische Lösung nicht eingestellt. „Österreich intensivierte nach seinen besten Kräften das diplomatische Engagement."[1320] Als Resultat der serbischen Ablehnung einen Dialog mit den Kosovo-Albanern zu führen, wurde die Option der militärischen Beteiligung seitens der internationalen Gemeinschaft immer größer. Die nordatlantische Allianz zeigte ihre Entschlossenheit und machte klar, dass eine militärische Intervention gegen Belgrad nicht auszuschließen wäre. Die EU-Mitgliedsstaaten waren gegenüber der weiteren militärischen Eskalation in der Kosovo-Frage gezwungen, Stellung zu nehmen. Diesbezüglich war die Haltung der neutralen EU-Mitgliedsstaaten nicht ohne Bedeutung. Vor allem zwischen den Jahren 1996 bis 1998 hatte Österreich in Vergleich zu anderen EU-Mitgliedsstaaten ein besonderes Engagement in der Kosovo-Frage durch Vermittlungsversuche und Lösungsvorschläge gezeigt.[1321] Alle diese Präventionsmaßnahmen hatten zum Ziel, eine stabile südosteuropäische Region zu schaffen, die im Einklang mit den österreichischen außenpolitischen Schwerpunkten stand.

Ein mögliches militärisches Eingreifen der NATO gegen Belgrad ohne UN-Mandat führte zu einer innenpolitischen Debatte sowohl über die österreichische Neutralitätspolitik im Kontext der europäischen Außen-, Verteidigungs- und Sicherheitspolitik, als auch über die Beteiligung Österreichs an den NATO-Aktionen gegen Jugoslawien.[1322] SPÖ und ÖVP konnten sich nicht auf eine einheitliche Haltung in der Frage der Neutralität einigen. Während die SPÖ-Politiker (mit Ausnahme von Hannes Swoboda) strikt am Konzept der Neutralität festhielten, plädierte die ÖVP für einen NATO-Beitritt.[1323]

Bundespräsident Klestil sprach sich gegen eine Militärintervention der NATO im Kosovo ohne Zustimmung des UN-Sicherheitsrates aus.[1324] Bundeskanzler Klima, der den jugoslawischen Präsidenten Milošević mit „entschlossenen Aktionen der Staatengemeinschaft" drohte, dass er mit entschlossenen Aktionen der internationalen Staatengemeinschaft zu rechnen hätte, aber nicht genau präzisierte, was mit „entschlossenen Aktionen" gemeint sei, verlangte, dass „eine militärische Intervention eines klaren Auftretens des UN-Sicherheitsrates bedarf".[1325] Als EU-Ratsvorsitzender hatte Außenminister Schüssel nicht selten Erklärungen gemacht, die für einen Außenminister eines neutralen Landes nicht als üblich zu bezeichnen sind, wie etwa: „Solange er [Milošević] in Belgrad allein das Sagen habe, werde Frieden und Stabilität am Balkan nicht erreichbar sein. Mit dieser

---

1320 Gehler, Österreichs Außenpolitik der Zweiten Republik, S. 852.
1321 Ebd., S. 852.
1322 Mit der Frage des Transports von Kriegsmaterial von fremden Staaten über Österreich wurde die österreichische Regierung während des Jahres 1998 herausgefordert. Frankreich ersuchte von der österreichischen Regierung eine Transitgenehmigung für ein französisches Militärmanöver (Truppen, Militärfahrzeuge und Panzer) in die Slowakei. Im Jänner 1999 hatte auch die ungarische Regierung für die Durchfuhr von Kriegsmaterial (per Bahn fünf Schützenpanzer und 125 Infanteristen) für ein NATO-Manöver in Oberitalien von der österreichischen Regierung eine Transitgenehmigung ersucht. Während das von der ÖVP geführte Außen- und Verteidigungsministerium zugestimmt hatte, hatte das von der SPÖ geführte Bundeskanzleramt und Innenministerium dafür keine Zustimmung aus Neutralitätsgründen gegeben.
1323 Peter Pelinka, Wolfgang Schüssel. Eine politische Biografie, Wien 2003, S. 158.
1324 *Der Standard*, 29. 6. 1998.
1325 *Profil*, Nr. 42, 12. 10. 1998, S. 90.

B. Österreichs Politik in der Kosovo-Frage in den Jahren 1997-1999

Auffassung des Außenministers setzte sich Wien deutlich vom Grundsatz der ‚Nichteinmischung' ab, die für Neutrale charakteristisch und leitend ist."[1326]

Der außenpolitische Sprecher der SPÖ im Parlament, Peter Schieder, betonte, dass die NATO ohne ein Mandat des UN-Sicherheitsrates nicht Belgrad bombardieren solle. Laut Schieder: „Ein NATO-Einsatz ohne ein Mandat des UN-Sicherheitsrates bedeutet Krieg."[1327] Einen anderen Standpunkt vertrat der außenpolitische Sprecher der ÖVP, Michael Spindelegger. Für ihn handle es sich bei der NATO-Intervention „um einen humanitären Notfall, und da stellt sich die Neutralitätsfrage nicht".[1328] Die Frage, ob die NATO eine Überflugsgenehmigung ihrer Flugzeuge von Österreich erhalten solle, sei für Spindelegger keine Frage. Österreich soll die Überflugsgenehmigungen für die NATO-Militäreinsätze erteilen.

Sowohl in der Regierung als auch in der Opposition herrschte kein Konsens. Die FPÖ verlangte eine NATO-Intervention gegen Belgrad auch ohne UN-Mandat. Innerhalb des Liberalen Forums herrschte keine einheitliche Haltung. Der liberale EU-Parlamentarier Friedhelm Frischenschlager hatte sich für einen militärischen NATO-Einsatz ausgesprochen, wenn Belgrad sein blutiges Vorgehen gegen die Kosovo-Albaner nicht stoppe.[1329] Die Grünen hatten sich strikt gegen einen Militäreinsatz ausgesprochen. Der Europaabgeordnete der Grünen, Johannes Voggenhuber, kritisierte die NATO-Pläne: „Die Tragödie kann nicht beendet werden, wenn die Bomber dort fliegen."[1330]

Aufgrund des brutalen Vorgehens der serbischen Militär- und Polizeieinheiten gegen die Kosovo-Albaner und als klar geworden war, dass die serbische Delegation die Unterzeichnung des Rambouillet-Abkommens verweigerte, begann am 24. März 1999 die NATO mit ihren Luftschlägen gegen militärische und strategische Ziele in ganz Jugoslawien ohne UN-Mandat, da die Russische Föderation und China mit ihrem Veto den UN-Sicherheitsrat blockierten.[1331] Österreich war gezwungen, Stellung zu beziehen.

Beim EU-Sondergipfel in Berlin – am Abend des Beginns der NATO-Luftangriffe – haben Bundeskanzler Klima und Außenminister Schüssel für die Erklärung, in der der NATO-Militärschlag gebilligt wurde, gestimmt. Auch bei der Abstimmung des Europäischen Rates, wo die NATO-Luftangriffe für „gerechtfertigt und notwendig" qualifiziert wurden, haben Bundeskanzler Klima und Außenminister Schüssel diese Haltung voll mitgetragen.[1332] [1333] Weiters wurde in der EU-Erklärung festgelegt:

1326 Gehler, Österreichs Außenpolitik der Zweiten Republik, S. 853.
1327 Ebd.
1328 Ebd.
1329 *Die Presse*. 7. 10. 1998.
1330 *APA*, 2. 10. 1998.
1331 Ernst Sucharipa, Kosovo und Österreich, in: *Europäische Rundschau* 27 (1999), Nr. 3, S. 5; Skuhra, Österreichische Sicherheitspolitik, S. 854.
1332 Gehler, Österreichs Außenpolitik der Zweiten Republik, S. 858; Jandl, Österreichs Rolle im Kosovo-Konflikt, S. 72.
1333 Diese Meinung teilte aber nicht die Außenministerin von Schweden, Anna Lindh. Laut Lindh stehe ihr neutrales Land nicht hinter dem NATO-Militärschlag gegen Jugoslawien, aber Schweden stehe hinter der Kosovo-Resolution des EU-Sondergipfels in Berlin, „darin wurde die ‚moralische Verpflichtung' herausgestrichen". *Die Presse*, 29. 3. 1999.

5. Die österreichische Kosovopolitik in den Jahren 1995-1999

Die Nordatlantische Allianz hat jetzt Aktionen gegen militärische Ziele in der Bundesrepublik Jugoslawien durchgeführt, um die humanitäre Katastrophe im Kosovo zu beenden. Die Bundesrepublik Jugoslawien muß nun die ihr wiederholt angedrohten harten Konsequenzen dafür tragen, daß sie nicht mit der internationalen Gemeinschaft zusammengearbeitet hat, um eine friedliche Lösung der Kosovo-Krise zu erreichen.[1334]

Für Bundeskanzler Klima und Außenminister Schüssel war diese Haltung beim EU-Gipfel im Einklang mit der österreichischen Neutralität. Sowohl Österreich als auch die anderen neutralen EU-Länder wie Finnland, Irland und Schweden haben ihr Veto nicht verwendet, sondern mit den Worten von Bundeskanzler Klima „Verständnis für eine militärische Aktion als anscheinend letztes Mittel gezeigt, nachdem die politischen Initiativen von Milošević alle verweigert wurden".[1335] Der SPÖ-Delegationsleiter im Europaparlament, Hannes Swoboda, beschuldigte Präsident Milošević, er sei der Verantwortliche der Angriffe: „Es war keine andere Entscheidung möglich."[1336]

Auch beim informellen Treffen der Staats- und Regierungschefs der EU am 14. April in Brüssel haben diese „ihre Entschlossenheit bekräftigt, das Morden und die Deportationen im Kosovo nicht hinzunehmen. Sie haben ebenfalls deutlich gemacht, daß hierzu der Einsatz militärischer Mittel nach wie vor notwendig und moralisch und politisch auch gerechtfertigt ist."[1337] Vor dem Deutschen Bundestag in Bonn erklärte am 15. April Bundeskanzler Gerhard Schröder, dass auch die neutralen Staaten diese Entscheidung mitgetragen haben: „Das Besondere liegt nun darin, daß im Europäischen Rat ja nicht nur die Staats- und Regierungschefs jener Mitgliedsländer der EU vertreten sind, die zugleich Mitglieder der NATO sind, sondern auch jener, die als neutrale Länder diese Position unterstützt haben."[1338] „Es war ein Gipfeltreffen", fügte Bundeskanzler Klima hinzu, „das unter dem Zeichen der tragischen Entwicklungen im Kosovo stand, der größten Katastrophe und Tragödie, die Europa seit dem Zweiten Weltkrieg erlebt hat".[1339] Laut Klima hatte beim EU-Gipfeltreffen

sich keiner der Staats- und Regierungschefs die Entscheidung für dieses Vorgehen, für die Militäraktion leichtgemacht […] und es schmerzt mich persönlich sehr, daß anscheinend eine Militäraktion das letzte Mittel ist, um Gräueltaten eines menschenfeindlichen, autoritären Regimes zu stoppen.[1340]

In seinen politischen Erinnerungen hatte Außenminister Schüssel erklärt: „Der folgende Militärschlag der USA gegen Serbien ist zwar völkerrechtlich gerechtfertigt, weil er die Vertreibung Hunderttausender Kosovaren verhindern will; und er stützt sich damit auch

---

1334 Erklärungen zum Kosovo, Europäischer Rat in Berlin, am 24. und 25. März 1999.
1335 Sten. Prot. NR, XX. GP, 165. Sitzung, 21. April 1999, S. 53.
1336 *APA*, 26. 3. 1999.
1337 Informelles Treffen der Staats- und Regierungschefs der EU in Brüssel am 14. April 1999 http://gerhard-schroeder.de/tag/kosovo/ (abgerufen 4.11.2018).
1338 Ebd.
1339 Sten. Prot. NR, XX. GP, 165. Sitzung, 21. April 1999, S. 50.
1340 Ebd, S. 53.

B. Österreichs Politik in der Kosovo-Frage in den Jahren 1997-1999

auf die UNO-Charta. Doch ein formelles Mandat des Sicherheitsrates für die Luftschläge gibt es nicht."[1341]

Sowohl der Krieg im Kosovo als auch die NATO-Militäraktion gegen Jugoslawien bzw. die Frage des Durchfuhr- und Überfluggenehmigungen für Militärgerät (Kriegsmaterial- und Neutralitätsgesetz) waren Dauerthemen, die die österreichische Außen-, Verteidigungs-, Sicherheits- und Innenpolitik geprägt hatten. Zwischen den völkerrechtlichen Überlegungen (Nichteinmischung oder Neutralitätsgesetz) und der humanitären Tragödie im Kosovo sollte die österreichische Regierung eine Position beziehen. Die österreichische Regierungspolitik folgte diesbezüglich einer solidarischen Haltung. Beide Regierungsparteien vertraten die Ansicht, dass aufgrund des fehlenden UN-Mandats für die militärische Aktion der NATO Österreich keine Überfluggenehmigungen erteilen dürfe. Bundeskanzler Klima, Nationalratspräsident Fischer und die SPÖ blieben in der Neutralitätsfrage gesetzestreu und einen möglichen österreichischen NATO-Beitritt lehnten sie ab.[1342] Außenminister Schüssel, Verteidigungsminister Fasslabend und die ÖVP verhehlten nicht ihren Wunsch einer stärkeren NATO-Annäherung Österreichs. Außenminister Schüssel erklärte: „Wir müssen einmal solidarisch mit den Militäraktionen sein, die ja nur den einzigen Sinn haben, jenen Frieden zu ermöglichen, der seit zwölf Monaten nicht möglich war."[1343] Nach Ansicht Außenminister Schüssels sei Österreich nicht neutral: „Außerdem sind wir ja auch im Kosovo nicht neutral" fügte Schüssel hinzu, „sondern immer auf der Seite der Opfer. Da hilft keine Neutralität, da ist Neutralität sogar widersinnig."[1344] In der Frage, ob die Neutralität vor der Solidarität steht, vertraten Außenminister Schüssel und Nationalratspräsident Fischer nicht die gleiche Ansicht. Wenn die internationale Gemeinschaft sich entschlossen habe, gegen einen Aggressor vorzugehen, hat Österreich laut Außenminister Schüssel Verpflichtungen aus der internationalen Solidarität, wobei die klassische Neutralität keinen Sinn mache. Er erklärte: „Wir wissen, daß niemand neutral bleiben kann im Konflikt zwischen dem Feuer und der Feuerwehr."[1345] Nationalratspräsident Heinz Fischer sprach dagegen von einem „Ende der klassischen Neutralität", wobei laut ihm Solidarität nicht vor Neutralität steht. Fischer betonte, dass ein hohes Maß an Konsens in der Außen- und Sicherheitspolitik Österreichs vorhanden sei, „aber es trifft nicht zu, daß dieser Konsens auf der Formel Solidarität vor Neutralität beruht".[1346]

Da es kein UN-Mandat für die NATO-Luftangriffe gegeben hatte, erteilte Österreich keine Überflugsgenehmigungen.[1347] Die Nicht-Genehmigung der Überflüge von NATO-Flugzeugen ist rückblickend nach Ansicht Verteidigungsminister Fasslabends „ein schwe-

---

1341 Schüssel, Offengelegt, S. 71.
1342 Fischer, Spaziergang, S. 123.
1343 Interview des Außenministers Schüssel, „Für den NATO-Beitritt". *Profil*, Nr. 14, 3. 4. 1999, S. 27.
1344 Ebd.
1345 *Der Standard*, 22. 6. 1998.
1346 Ebd.
1347 Paul Luif, Die neutralen/bündnisfreien EU-Mitgliedsstaaten und die Europäische Sicherheits- und Verteidigungspolitik: Eine kritische Analyse, in: Ralph Rotte/Tanja Sprungala (Hrsg.), Probleme und Perspektiven der Europäischen Sicherheits- und Verteidigungspolitik (ESVP), Münster 2004, S. 106.

5. Die österreichische Kosovopolitik in den Jahren 1995-1999

rer Fehler"[1348] gewesen, wenn sie auch rechtlich gesehen nicht möglich waren, da das Neutralitätsgesetz vom 26. Oktober 1955 die Mitgliedschaft bei militärischen Bündnissen verbietet und die Errichtung militärischer Stützpunkte fremder Staaten nicht zulässt. Für Gerhard Jandl ist im allgemeinen Völkerrecht „überdies dem Neutralen die Teilnahme, an Kriegen (im völkerrechtlichen Sinn) verboten, wobei aber solche ‚echte' Kriege in der Realität ohnehin nicht mehr stattfinden".[1349]

Die NATO und einige ihrer Mitgliedsstaaten übten Kritik an der österreichischen Haltung. Der stellvertretende NATO-Generalsekretär, der Italiener Sergio Balanzino, hatte Ende März der österreichischen NATO-Vertretung in Brüssel die Kritik einiger NATO-Mitgliedsstaaten (USA, Deutschland, Großbritannien und die Niederlande) über die österreichische Haltung mitgeteilt.[1350] Die Kritik bestand auch darin, dass Österreichs Verhalten als Teil der PfP nicht im Einklang mit seinen Verpflichtungen stand.[1351] „Wir vermissen die Solidarität Österreichs als Mitglied der NATO-Partnerschaft für den Frieden nicht zum ersten Mal" hatte ein NATO-Diplomat erklärt.[1352] Außenminister Schüssel erklärte: „Wir sind gesetzlich sehr stark eingegrenzt. Es gibt keinen Ermessensspielraum." Außenminister Schüssel wurde von seinem deutschen Kollegen Fischer gefragt, ob deutsche Maschinen die Überflugsgenehmigung bekommen könnten, darauf hatte Schüssel geantwortet: „Ich habe Fischer darauf hingewiesen, daß es wohl etwas seltsam wäre, wenn ein grüner Außenminister von Österreich Flexibilität verlangt und dann die Grünen im Wiener Parlament dagegen Strafantrag einbringen könnten und dann die rot-schwarze Koalition in Handschellen dasteht."[1353] Der außenpolitische Sprecher der CDU/CSU-Fraktion, Karl Lamers, erklärte, dass die Weigerung Österreichs, NATO-Flugzeuge gegen Jugoslawien über Österreich fliegen zu lassen, auf Unverständnis stieß: „Wenn in Deutschland sogar die Grünen trotz ihrer eigenen Schwierigkeiten mit dem Thema zugestimmt haben, frage er sich, weshalb Österreich hier nicht solidarisch sei."[1354] Die österreichische Haltung zur NATO hatte auch die US-Botschafterin in Österreich, Swanee Hunt, kritisiert: „Ich habe dafür wenig Verständnis. Ich glaube, wenn die österreichische Führung hilfsbereit hätte sein wollen, hätte sie einen Weg gefunden, keine Verfassungskrise auszulassen. Aber ich weiß nicht, was bei eurer Innenpolitik wirklich los ist. Es ist jedenfalls kein Stück österreichischer Glorie."[1355] Auf die NATO-Kritik gegen Österreich hatte Generalsekretär Rohan geantwortet, dass Österreich zwar großes Verständnis für die NATO-Intervention habe: „Man ist nicht überrascht, man ist aber auch nicht erfreut über die österreichische Haltung. Aber man wird sie wohl zur Kenntnis nehmen müssen."[1356]

1348 Interview mit Werner Fasslabend, Wien, 2. 2. 2017.
1349 Gerhard Jandl, Die Neutralität (erneut) als Identitätsmerkmal?, in: *Wiener Blätter zur Friedensforschung* 170, Wien 2017, S. 18.
1350 *Profil*, Nr. 14, 3. 4. 1999, S. 34.
1351 *Die Presse*, 30. 3. 1999.
1352 *Profil*, Nr. 14, 3. 4. 1999, S. 34.
1353 *Die Presse*, 26. 3. 1999.
1354 *APA*, 25. 3. 1999.
1355 *News*, Nr. 13/99, S. 30 [sic].
1356 Interview in „Die Presse" des Generalsekretärs Rohan, „Das Ziel ist die Vertreibung von möglichst vielen Albanern". *Die Presse*, 2. 4. 1999.

B. Österreichs Politik in der Kosovo-Frage in den Jahren 1997-1999

Die Nicht-Erteilung von Überflugsgenehmigungen war für den österreichischen Historiker Michael Gehler

> eine politisch nicht korrekte bzw. unzeitgemäße, aber völker- und neutralitätsrechtlich argumentierbare Position, die unterstrich, dass sich Österreichs Außenpolitik außerhalb des EU-Rahmens noch als souverän zu begreifen versuchte. Alsbald wurde von Wien auch ein Signal für den spezifischen österreichischen Beitrag zur Konfliktbewältigung gegeben und für eine abgestufte Vorgangsweise in der Bewältigung des Exodus der Flüchtlinge aus dem Kosovo plädiert.[1357]

Die ambivalente österreichische Haltung, einerseits keine NATO-Überflugsgenehmigungen zu erteilen, andererseits als EU-Mitgliedsstaat politisch die NATO-Luftschläge gegen Jugoslawien mitzutragen, hat eine große Debatte vor der EU-Wahl und den Nationalratswahlen im Herbst 1999 ausgelöst. Bundeskanzler Klima betonte, dass aufgrund der österreichischen Verfassungslage eine aktive Teilnahme Österreichs betreffend Überflugsgenehmigungen ohne UN-Mandat nicht möglich sei: „Österreich hat eine klare Verfassungslage. Sie sieht die Neutralität vor."[1358] Staatssekretärin Ferrero-Waldner hielt die Argumentationslinie der SPÖ und des Bundeskanzlers für falsch:

> Bundeskanzler Klima beschließt in Köln mit, daß die WEU mit der EU verschmelzen soll, und verhindert nicht, dass Österreich zukünftig keine Überflüge verbieten oder die Durchfuhr von militärischem Gerät untersagen kann [...]. Ich begrüße ausdrücklich, daß Viktor Klima diese Beschlüsse mitträgt. Ich kritisiere aber, daß Klima den Österreicherinnen und Österreichern nicht die ganze Wahrheit sagt.[1359]

Österreich als kleines Mitglied der EU benötigt

> ein unverwechselbares Profil in außenpolitischen Fragen. Dass für dieses Profil das, was an „differenzieller" (Rest-)Neutralität übrig geblieben ist, nicht mehr ausreicht, liegt auf der Hand: zu ambivalent und widersprüchlich wurden die unterschiedlichen Aussagen österreichischer Politiker, egal welcher Parteifarbe [...] im Ausland wahrgenommen, als dass Österreich als ‚Neutraler' noch ausreichende Glaubwürdigkeit genießen könnte.[1360]

Gerhard Jandl, Leiter des Balkanreferats im Außenministerium (1995-2000), ist „völlig überzeugt, dass diese Operation zur Verhinderung weiterer massiver und gravierender Menschenrechtsverletzungen und Verletzungen des humanitären Völkerrechts erforderlich und dadurch auch ohne Vorliegen einer Sicherheits-Autorisierung völkerrechtlich

---

1357 Gehler, Vom EU-Beitritt bis zur EU-Osterweiterung, S. 484.
1358 *Der Standard*, 30. 3. 1999.
1359 Vortrag der Frau Staatsekretärin im Bundesministerium für auswärtige Angelegenheiten, Dr. Benita Ferrero-Waldner, vor dem Forum Frau und Finanzen: „Hintergründe des Kosovo-Konflikts", Salzburg, am 9. Juni 1999, in: BMAA (Hrsg.), Außenpolitische Dokumentation 1999, S. 73.
1360 Höll, 50 Jahre österreichische Außenpolitik, S. 20.

gerechtfertigt war."[1361] Christian Segur-Cabanac, der ab 1993 mit der Leitung der Operationsabteilung im Bundesministerium für Landesverteidigung betraut und daher auf der obersten militärstrategischen Ebene verantwortlich für die Führung des Bundesheeres bei Einsätzen im In- und Ausland war, erklärt seine Sicht über die Frage der *Überflugs- und Transitrechte für Kriegsmaterial der NATO* wie folgt: „Rein rechtlich gesehen, kann ich das nicht befürworten. Es wäre aber eine durchaus pragmatische politische Entscheidung gewesen, gleichzeitig mit der Aussage die NATO-Luftangriffe seien legitim, auch den Transit von Militär und Militärgütern zu gestatten."[1362] In Vergleich zum SPÖ-Klubobmann Peter Schieder hatte der SPÖ-Abgeordnete Josef Cap eine andere Meinung: „Milošević hat uns keine andere Wahl gelassen, als zu versuchen, mit einer militärischen Intervention den Menschenrechten zum Durchbruch zu verhelfen."[1363] Der außenpolitische Sprecher der ÖVP, Michael Spindelegger, hatte Verständnis für die militärischen NATO-Aktionen, da es laut Spindelegger genug Möglichkeiten für Verhandlungen gegeben habe.[1364] Die österreichische Neutralität von 1955 sei im Laufe der Geschichte nach Ansicht Spindeleggers mehrfach an die Gegebenheiten „angepaßt" worden.[1365] Die „immerwährende" Neutralität sei nach Spindeleggers Meinung jetzt bloß noch „restliche" Neutralität und müsse weiter „eingeschränkt" werden.[1366] Der NATO-Einsatz war für FPÖ-Chef Haider unverzichtbar und die österreichische Regierung sollte die Kosovo-Krise zum Anlass nehmen, „der Bevölkerung beim Dauerthema ‚Neutral oder Nato' endlich reinen Wein einzuschenken. Denn de facto sei Österreich schon Nato-Mitglied."[1367] Die Grünen verurteilten die NATO-Luftangriffe gegen Jugoslawien und befürworteten eine Positionierung Österreichs als Vermittler im Kosovo-Krieg. Sie kritisierte auch die Bundesregierung durch ihr Gutheißen der NATO-Aktion, wodurch sie das Neutralitätsgesetz gebrochen habe.[1368]

Im Vergleich mit Bundeskanzler Klima hatte Nationalratspräsident Fischer offene Kritik an den NATO-Luftangriffen geübt. Er stützte seine Argumente auf legalistischer Basis, dass sich das neutrale Österreich an den militärischen NATO-Aktionen nur mit einem UN-Mandat beteiligen dürfe.[1369] Fischer kritisierte die NATO-Luftangriffe gegen Jugoslawien ohne UN-Mandat. Er deklarierte, dass der Kosovo-Konflikt nur durch Verhandlungen zu lösen sei. So Fischer:

> Die Geschichte hat uns gelehrt, dass es viele Probleme gibt, die (zunächst) ohne den Einsatz militärischer Gewalt nicht lösbar erscheinen und dennoch ist der Grundsatz, wonach man in allen diesen Fällen ‚moralisch' ermächtigt ist zu Gewalt zu greifen […]. Denn die Geschichte hat uns gelehrt, dass die Resultate, die nach dem Einsatz militärischer Gewalt erzielt werden,

---

1361 Jandl, Friedenssicherung im 21. Jahrhundert, S. 34.
1362 Interview mit Christian Segur-Cabanac, Wien, 21. 7. 2017.
1363 *News*, Nr. 16/99, S. 28.
1364 *APA*, 24. 3. 1999.
1365 Ebd.
1366 *Profil*, 29. 3. 1999, Nr. 13, S. 118.
1367 *Die Presse*, 25. 3. 1999.
1368 Sten. Prot. NR, XX. GP, 133. Sitzung, 7. Juli 1999; *Profil*, 29. 3. 1999, Nr. 13, S. 118.
1369 Gehler, Vom EU-Beitritt bis zur EU-Osterweiterung, S. 483; Chronik zur Außenpolitik, 1. Jänner bis 31. Dezember 1999, in: Österreichisches Jahrbuch für Internationale Politik 1999, S. 277.

B. Österreichs Politik in der Kosovo-Frage in den Jahren 1997-1999

meistens nicht besser sind als die Resultate, wenn man auf den Einsatz von Gewalt verzichtet. Der Einsatz militärischer Gewalt gegen Nordvietnam war eindeutig falsch. Der Einsatz militärischer Gewalt gegen Saddam Hussein war wahrscheinlich falsch, der Einsatz militärischer Gewalt gegen Muammar al-Gaddafi war wahrscheinlich falsch. Die Maßnahmen Russlands auf der Krim habe ich ebenfalls verurteilt und auch die Bombardierung Belgrads durch die NATO konnte ich aus grundsätzlichen Gründen nicht unterstützen. Sie hat jedenfalls nicht der UNO-Charta entsprochen.[1370]

Ex-Verteidigungsminister und Europaabgeordneter des Liberalen Forums, Friedhelm Frischenschlager, stellte fest, dass Österreich „sich mit der vollen Unterstützung des NATO-Kosovo-Einsatzes im Rahmen einer EU-Ratserklärung bei gleichzeitiger Betonung der Neutralität ‚eine außenpolitische Peinlichkeit ersten Ranges geleistet'" habe.[1371] Das Vetorecht im UN-Sicherheitsrat ist nach Ansicht Frischenschlagers ein Relikt des Kalten Krieges, das endlich geändert werden müsse. „Es ist vollkommen klar, daß der NATO-Schlag ein klassischer Neutralitätsfall ist, der Österreich daher zur absoluten Gleichbehandlung der Konfliktparteien verpflichten würde", betonte Frischenschlager.[1372]

Eine Umfrage des Linzer Market-Institutes erbrachte, dass jeder zweite Österreicher (47 Prozent) die NATO-Luftanschläge gegen Jugoslawien für gerechtfertigt hielt. 45 Prozent waren der Meinung, dass diese keine politischen Fortschritte bewirken können. 60 Prozent hatten sich gegen einen Materialtransport der NATO über österreichisches Gebiet ausgesprochen, während 26 Prozent dafür waren.[1373] In einer anderen Umfrage Anfang April hatte die Mehrheit der Österreicher den NATO-Militärschlag gegen Jugoslawien für gerechtfertigt gehalten (64 Prozent), während 20 Prozent ihn für ungerechtfertigt hielten.[1374]

Aufgrund der immer schlimmer werdenden Situation der systematischen Massenvertreibungen der Kosovo-Albaner und der Verschärfung des Flüchtlingsdramas, wo laut UNHCR-Angaben seit Beginn des Kosovo-Konflikts bis Ende März 1999 mindestens 550.000 Menschen aus dem Kosovo auf der Flucht waren, engagierte sich das neutrale Österreich besonders in den humanitären Aufgaben. „Solidarität ist gefragt und Österreich hilft", erklärte Bundeskanzler Viktor Klima nach einer Ministerrat-Sitzung.[1375] Für Bundeskanzler Klima hatte Österreich im Kosovo-Krieg keine militärische Aufgabe, „sondern als neutraler Staat seine Stärken in der humanitären und politischen Problemlösung einbringen kann, das auch mit voller Kraft wahrnimmt".[1376]

In einem Entschließungsantrag im Nationalrat im April 1999 haben die Regierungspartner SPÖ und ÖVP die Bundesregierung ersucht, „zu den Bemühungen der Staatengemeinschaft zur Bewältigung der Kosovo-Krise weiterhin aktiv beizutragen" und „der darin enthaltenen Positionen Österreichs im Rahmen der Europäischen Union, die zu

---

1370 Interview mit Heinz Fischer, Wien, 27. 4. 2017.
1371 *APA*, 26. 3. 1999.
1372 Ebd.
1373 *APA*, 26. 3. 1999.
1374 Siehe die Umfrage des Gallup-Instituts im Auftrag von News. *News* 15/99, S. 8.
1375 *APA*, 7. 4. 1999.
1376 Sten. Prot. NR, XX. GP, 165. Sitzung, 21. April 1999, S. 53.

5. Die österreichische Kosovopolitik in den Jahren 1995-1999

einer politischen, friedlichen Lösung der Krise führen sollen".[1377] Der Entschließungsantrag legte fest: „Die Bundesregierung wird ersucht, im Rahmen der politischen und rechtlichen Möglichkeiten Österreichs alle Kräfte einzusetzen, um die größte Not der von der Vertreibungspolitik von Slobodan Milošević Betroffenen zu lindern und humanitäre Hilfe zu leisten."[1378]

Aufgrund seiner Neutralität hatte Österreich keine Überflugsgenehmigungen der NATO für militärische Zwecke erteilt. Trotzdem blieb die österreichische Außenpolitik weiterhin aktiv auf der Ebene, wo sie als neutrales Land ungehindert agieren konnte, nämlich auf humanitärer Ebene.

5.17. Die humanitäre Hilfe Österreichs in der Kosovopolitik

Seit der Ungarnkrise 1956 (180.000 Ungarn), dem Einmarsch der Warschauer Pakt-Truppen in der Tschechoslowakei 1968 (162.000 Tschechen und Slowaken), der Ausrufung des Kriegsrechts in Polen 1980/81 (33.000 Polen) und der Kriege in Jugoslawien (95.000 Menschen aus Kroatien und vor allem aus Bosnien) wurden in Österreich über zwei Millionen Flüchtlinge aufgenommen.[1379]

Die österreichische Regierung und die österreichischen Hilfsorganisationen zeigten ein besonderes Engagement in der kosovo-albanischen Flüchtlings- und Asylpolitik. Österreichische Nichtregierungs- und Hilfsorganisationen (wie Caritas, Österreichisches Rotes Kreuz), die seit 1990er Jahre im Kosovo tätig waren, führten zahlreiche Hilfsaktivitäten und -projekte für die Kosovo-Albaner durch. Insbesondere nach 1997 hatte die Caritas Österreich vor Ort Einzelprojekte unterstützt, wie die Einrichtung eines Entbindungsheims in Prishtina in Zusammenarbeit mit der Hilfsorganisation Mutter-Theresa-Vereinigung.[1380] In dieser Klinik kamen im Jahr 1998 6.400 Kinder zur Welt und 300 Operationen wurden durchgeführt.[1381] Auch in der Stadt Gjakova wurde ein solches Einzelprojekt unterstützt, wie ein Frauen- und Kinderheim.[1382] Das Österreichische Rote Kreuz (ÖRK) beteiligte sich im Jahr 1998 mit der Lieferung von 12 Tonnen Babynahrung, 20.360 Lebensmittel-Paketen und 10.000 Bettwäsche-Sets.[1383]

Aufgrund des brutalen Vorgehens der serbischen Militär- und Polizeieinheiten auch gegen die Zivilisten wurden mehrere Wellen von Flüchtlingsströmen seit dem Ausbruch der Kosovo-Krise Anfang März 1998 ausgelöst. Bis Oktober 1998 flohen rund 300.000 Flüchtlinge und Kosovo-Albaner vor allem in die Anrainerstaaten des Kosovo und da-

---

1377 Ebd., S. 110.
1378 Ebd.
1379 Franz Küberl/Barbara Tóth, Mein armes Österreich. Und wie es reicher sein könnte, Wien 2010, S. 39-65; Jandl, Zur Bedeutung des Balkans für die österreichische Außenpolitik, S. 8.
1380 Die Hilfsorganisation „Mutter-Theresa-Vereinigung" verfügte über 44 Verteilungsstellen mit rund 640 Nebenstationen im ganzen Territorium des Kosovo.
1381 *APA*, 2. 2. 1999.
1382 Finanziell wurde das Frauen- und Kinderheim auch von Caritas St. Pölten und Feldkirch unterstützt. Mehr dazu siehe den Jahresbericht 1998 von der Caritas Erzdiözese Wien, S. 22.
1383 Leistungsbericht 1998 des ÖRK, S. 25.

B. Österreichs Politik in der Kosovo-Frage in den Jahren 1997-1999

nach in westliche Länder. Bis zu 80.000 Flüchtlinge und Vertriebene haben monatelang ohne Versorgung in den Wäldern des Kosovo unter freiem Himmel gelebt.[1384]

Während des Jahres 1998 hatte Österreich zahlreiche Hilfsprojekte finanziell unterstützt. Auf 12 Millionen Schilling beliefen sich die humanitären Aktivitäten im Kosovo. Für Menschenrechtsaktivitäten im Kosovo wurden 10 Millionen Schilling zur Verfügung gestellt (5 Millionen Schilling für UNHCR und 5 Millionen Schilling für UNHCHR), für die Flüchtlingshilfe im Kosovo (UNHCR) 4 Millionen Schilling. Die Winterhilfe im Kosovo (für Caritas und Care) betrug 1.8 Millionen Schilling. Österreich gab für die Flüchtlingshilfe in Albanien noch weitere finanzielle Unterstützung: 6 Millionen Schilling fürs ÖRK und 220.000 Millionen Schilling für Volkshilfe. Flüchtlingshilfe in der BRJ, in Albanien und Makedonien belief sich auf 6.5 Millionen Schilling.[1385]

Die Zahl der Flüchtlinge und Vertriebenen hing von der Kampfentwicklung im Kosovo ab. Die größte Massenfluchtbewegung der Kosovo-Albaner nach Westeuropa ging in Richtung Österreich, die Schweiz und Deutschland. Im Jahr 1998 wurden rund 90.000 Asylanträge in Österreich von Staatsangehörigen der BRJ gestellt, wobei die überwiegende Mehrheit der Asylanträge von Kosovo-Albanern stammte.

In der österreichischen Regierung gab es keine einheitliche Haltung in der Frage der Aufnahme von kosovo-albanischen Flüchtlingen. Innenminister Schlögel (SPÖ) sprach sich dafür aus, dass die kosovo-albanischen Flüchtlinge, die über Drittstaaten wie Ungarn oder Slowenien nach Österreich gekommen sind, wieder nach Ungarn oder Slowenien abgeschoben werden sollen. Während des Jahres 1998 wurden rund 600 Kosovo-Albaner nach Ungarn abgeschoben. Dies wurde von Außenminister Schüssel scharf kritisiert. Er forderte einen Abschiebestopp für die Kosovo-Albaner, nicht nur für diejenigen, die auf unterschiedlichen Wegen nach Österreich gekommen sind, sondern auch für künftige Flüchtlinge. Laut Schüssel: „Österreich werde in der Tradition ‚des offenen Geistes Barmherzigkeit üben' und niemanden drängen, in den Kosovo zurückzugehen."[1386] Die führenden österreichischen und nicht-österreichischen Hilfs- und Flüchtlingsorganisationen protestierten über das Vorgehen des Innenministers. Gegen die Abschiebung von Kosovo-Albaner reagierte Caritas-Präsident Franz Küberl, der für ein humanitäres EU-Aufenthaltsrecht plädierte. Wiens-Caritas Direktor Michael Landau äußerte sich mehrmals empört darüber, dass sich viele Flüchtlinge aus dem Kosovo in Schubhaft befinden und von Abschiebung bedroht sind. Er verlangte einen Abschiebestopp und eine vorläufige Aufenthaltsbewilligung.[1387] „Formaljuristisch" gesehen sei die Abschiebung zwar korrekt für Landau, aber in der Sache „unmenschlich" und „unrichtig".[1388] Die Ablehnung von Asylanträgen von Kosovo-Albanern wurde auch von der Evangelischen Kirche und vom Flüchtlingsdienst der evangelischen Diakonie scharf kritisiert. Ein großer Teil der Kosovo-Flüchtlinge wurde von Österreich bis Mitte Mai 1998 gemäß der Drittlandklausel

---

1384 Im Jahre 1998 gab die Caritas rund 11 Millionen Schilling für den Kosovo aus. Die Hälfte der Summe kam von der Caritas Wien. Im Jahr 1998 wurden von der Caritas 55 Transporte mit notwendigen Lebensmitteln, Medikamenten und Brennstoffen in den Kosovo organisiert.
1385 Außenpolitischer Bericht 1998, S. 208.
1386 *APA*, 9. 6. 1998.
1387 *Kurier*, 6. 6. 1998.
1388 *Kathpress*, 10. 6. 1998.

5. Die österreichische Kosovopolitik in den Jahren 1995-1999

nach Ungarn oder Slowenien abgeschoben.[1389] Auch die Grünen und das Liberale Forum kritisierten diese Politik. Anfang Juli 1998 gab Innenminister Schlögel bekannt, dass die kosovo-albanischen Flüchtlinge nicht mehr in Drittstaaten abgeschoben werden, auch wenn diese sichere Drittländer sind.[1390]

Seit der Übernahme der EU-Ratspräsidentschaft hatte Außenminister Schüssel aufgrund der steigenden Anzahl der Flüchtlingswellen vor einer humanitären Katastrophe im Kosovo gewarnt. Nach Angaben des Außenministeriums waren dort rund 150.000 Flüchtlinge im August auf der Flucht. Im Juli und August 1998 gab es drei Missionen der EU-Troika in der Krisenregion, die erste unter Leitung von Generalsekretär Rohan und die zwei letzteren unter Leitung von Gerhard Jandl, mit dem Ziel ein reales Bild von der humanitären Lage im Kosovo zu bekommen.[1391] Im September wurden im Rahmen der österreichischen EU-Ratspräsidentschaft humanitäre Arbeitsgruppen in Genf und Belgrad eingerichtet, mit dem Ziel die Hilfe für die Flüchtlinge aus dem Kosovo zu koordinieren und eng mit internationalen humanitären Hilfsorganisationen zusammenzuarbeiten. In Bezug auf die Flüchtlingsfrage im Kosovo auf europäischer Ebene legte Außenminister Schüssel im Oktober im EU-Außenministerrat einen Flüchtlings-Aktionsplan zur Bewältigung der humanitären Krise vor.[1392]

Während des Jahres 1999 war die Situation im Kosovo nicht nur ein Schwerpunkt der österreichischen Außenpolitik, sondern auch für die österreichischen Hilfsorganisationen (Kosovo-Fokus der Caritas-Osteuropahilfe 1999). Nach Beginn der NATO-Angriffe gegen Jugoslawien, wobei täglich Tausende Kosovo-Albaner, unter ihnen viele Kinder, vertrieben wurden, gab es in Österreich unterschiedliche Meinungen gegenüber dem Umgang mit den Kosovo-Flüchtlingen. Innenminister Schlögl trat für eine Hilfe für die Flüchtlinge vor Ort und Stelle, bzw. in den Nachbarstaaten der BRJ, wo die Mehrheit der Kosovo-Flüchtlinge dort eine neue Heimat gefunden hat, ein. Eine aktive Aufnahmeaktion wie im Fall der Bosnien-Flüchtlingskrise lehnte Innenminister Schlögl ab: „Wir können nicht wieder Zehntausenden eine neue Heimat geben wie nach dem Bosnienkrieg."[1393] Diese Erklärung von Innenminister Schlögl und von SPÖ-Klubobmann Peter Kostelka, die geäußert hatten, dass die NATO auch schuld an der Flüchtlingswelle sei und die NATO-Länder daher den Kosovo-Flüchtlingen helfen sollten, stießen auf scharfe Kritik.[1394] So distanzierte sich Außenminister Schüssel von der Aussage Schlögls und trat dafür ein, dass Österreich keine Flüchtlinge abweisen werde. Er erklärte: „Wir sind im Kosovo-Konflikt nicht neutral, sondern solidarisch",[1395] und fügte weiter hinzu: „Schon vor Beginn des NATO-Bombardements gab es 400.000 Vertriebene [...]. Dafür die NATO verantwortlich zu machen, wie es Herr Schlögl tut, spricht ja nun von blühender Unkennt-

---

1389 Bernhard Salomon, Zähes Ringen um kleine Chance, in: Caritas Zeitschrift, Nr. 1/99, S. 10-11.
1390 *APA*, 9. 7. 1998.
1391 Mehr dazu siehe Unterkapitel 6.10.
1392 Außenpolitischer Bericht 1998, S 43.
1393 *Kurier*, 30. 3. 1999.
1394 Ebd.
1395 *Kurier*, 33. 3. 1999.

B. Österreichs Politik in der Kosovo-Frage in den Jahren 1997-1999

nis der Situation."[1396] Verteidigungsminister Fasslabend reagiert „schockiert" über Innenminister Schlögl und SPÖ-Klubobmann Kostelka.[1397]

Auch in der SPÖ wurden kritische Stimmen gegen Schlögl und Kostelka laut. Frauenministerin Barbara Prammer forderte eine gemeinsame Hilfe Europas für die Kosovo-Flüchtlinge. Sie sagte, dass die reichen westlichen Staaten die wirtschaftlich schwachen Nachbarstaaten der BRJ „mit dem Flüchtlingsansturm nicht alleine zu lassen" hätten.[1398] Unterrichtsministerin Elisabeth Gehrer appellierte an Schlögl: „Wir dürfen die Kosovo-Flüchtlinge nicht alleine lassen, wir müssen den Menschen helfen. Jetzt ist Menschlichkeit angesagt."[1399] Der Vorsitzende der Grünen, Alexander van der Bellen, forderte „offene Türen" in der EU für die Kosovo-Flüchtlinge.[1400] Andererseits forderte die FPÖ, dass von Österreich „Hilfe an Ort und Stelle geleistet werden" soll, damit es nicht zu unkontrollierter Zuwanderung wie in der Vergangenheit kommt, wobei die bosnischen Flüchtlinge nicht mehr zurückgekehrt sind.[1401]

Am 30. März 1999 beschloss der österreichische Ministerrat eine Hilfe von 10 Millionen Schilling (726.726 Euro) zur Flüchtlingsbetreuung vor Ort.[1402] Neun Tage nach Beginn der NATO-Angriffe trafen in einer Sondersitzung die Außenminister der EU-Troika gemeinsam mit den Außenministern der Nachbarländer Jugoslawiens zusammen. Sie entschieden sich für eine Hilfsaktion als Soforthilfe in der Höhe von 70 Millionen Euro für die betroffenen Anrainerstaaten Jugoslawiens.[1403] Am 7. April fand eine Krisensitzung der EU-Innenminister zur Flüchtlingsproblematik statt. Sie konnten sich nicht auf eine faire Aufteilung der Kosovo-Flüchtlinge einigen und sprachen sich für eine Hilfe vor Ort für die Kosovo-Flüchtlinge in der Region aus.[1404] Sie beschlossen 150 Millionen Euro in die Hilfe vor Ort zu investieren, während die Europäische Kommission 250 Millionen Euro (humanitäre Hilfe und Mittel für Albanien, Mazedonien und Montenegro) bereitstellten.[1405]

Die Hilfsprogramme der österreichischen Organisationen waren sehr umfangreich. Bundespräsident Klestil appellierte an alle Österreicher, den Kosovo-Flüchtlingen zu helfen. Ende März 1999 startete die Caritas ein Unterstützungsprogramm von über 10 Millionen Schilling. Als Soforthilfe schickte Caritas etwa 1.000 Zelte und Lebensmittel nach Albanien. Die Lieferungen von Care Österreich beinhalteten Lebensmittel, Babynahrung,

---

1396 *Profil*, 3. 4. 1999, Nr. 14, S. 27.
1397 *Format*, Nr. 14/99, S. 43.
1398 *APA*, 30. 3. 1999.
1399 Ebd.
1400 *Kurier*, 30. 3. 1999. Scharfe Kritik an Innenminister Schlögl übten die Sozialistische Jugend (SJO) und der Verband Sozialdemokratischer Studenten Österreichs (VSStÖ) aufgrund des Umgangs mit Kosovo-Flüchtlingen aus: „Schlögls Zynismus aus der warmen Wiener Amtsstube ist sofern nicht mehr zu ertragen", sagte Eva Czernohorsky VSStÖ-Vorsitzende. *APA*, 31. 3. 1999.
1401 *Oberösterreichische Nachrichten*, 2. 4. 1999.
1402 *Die Presse*, 31. 3. 1999.
1403 *Kurier*, 2. 4. 1999.
1404 Sadako Ogata, The Turbulent Decade. Confronting the Refugee crises of the 1990s, New York – London 2005, p. 154.
1405 Sonderteil: Der Kosovo-Konflikt, in: Österreichisches Jahrbuch für Politik 1999, S. 753.

5. Die österreichische Kosovopolitik in den Jahren 1995-1999

Decken und Medikamente. Anfang April wurde der erste Hilfstransport des ÖRK nach Albanien geschickt, mit Hilfsgütern in Wert von einer Million Schilling.

Als „Exodus von biblischen Ausmaßen" hatte UNHCR die Flüchtlingswelle aus dem Kosovo beschrieben, wobei alleine am 2. April 40.000 Flüchtlinge den Kosovo verlassen hatten. Angesichts des Flüchtlingsdramas im Kosovo hatte Bundeskanzler Klima einen Krisenstab mit österreichischen nichtstaatlichen Hilfsorganisationen am 5. April einberufen. „Angesichts der menschlichen Tragödie im Kosovo ist Solidarität gefragt – und Österreich hilft", erklärte Bundeskanzler Klima.[1406] Der Ministerrat beschloss ein Flüchtlings-Hilfspaket von 500 Millionen Schilling und die Einrichtung eines Österreich-Camps[1407] in Nordalbanien, um so 5.000 Menschen ein Dach über den Kopf, Verpflegung und medizinische Versorgung zu gewähren. Parallel dazu wurde geplant 5.000 vertriebene Kosovo-Albaner aus Mazedonien in die Bund-Länder-Aktion in Österreich aufzunehmen.[1408] Laut Bundeskanzler Klima sei man sich in der EU einig, dass die Flüchtlinge möglichst vor Ort (in den Anrainerstaaten Jugoslawiens) zu betreuen seien, denn eine Aufteilung der Kosovo-Flüchtlinge in EU-Länder „würde der Absicht des jugoslawischen Präsidenten Slobodan Milošević, den Kosovo ‚ethnisch zu säubern', entgegenkommen".[1409]

Unter Leitung von Gustav Kaudel, Leiter des österreichischen Krisenmanagements, wurde eine Steuerungsgruppe eingesetzt, die sich aus Vertretern der betroffenen österreichischen Ministerien (Außen-, Innen- und Verteidigungsministerium) und der Hilfsorganisationen Österreichs zusammensetzte und für die betroffenen Länder mit Kosovo-Flüchtlingen (Albanien, Mazedonien und Montenegro) zuständig war.[1410] Es wurde auch die Wiederbelebung der Aktion „Nachbar in Not" beschlossen, die während des Bosnien-Kriegs eine Milliarde Schilling gesammelt hatte. Verteidigungsminister Fasslabend kündigte an, dass neben dem Österreich-Camp auch ein Feldspital mit einem Zentrum zur medizinischen Behandlung von Frauen und Kindern eingerichtet wird.[1411] Allein in diesem Feldspital wurden mehr als 23.000 Behandlungen vorgenommen.[1412]

Am 21. April 1999 hatte der Nationalrat sich mit der humanitären Kosovopolitik beschäftigt. Die Koalitionspartner SPÖ und ÖVP hatten einen Entschließungsantrag im Nationalrat eingebracht, in dem sich weiterhin aktiv für eine politische und friedliche

---

1406 *Die Presse*, 8. 4. 1999.
1407 300 Millionen Schilling (21,8 Millionen Euro) wurden für das Österreich-Camp vorgesehen. Am 7. April wurden 3 Hubschrauber des österreichischen Bundesheeres zur Hilfe für die Kosovo-Flüchtlinge nach Albanien geschickt, um Menschen und Hilfsgüter zu transportieren.
1408 Ex-Vizekanzler Busek hatte scharfe Kritik am Verhalten Österreichs und der EU in der Kosovo-Flüchtlingsfrage geübt. Er forderte von der österreichischen Bundesregierung mehr Flüchtlinge aufzunehmen: „Nur 5.000 wären lächerlich und eher peinlich. So viele wie im Fall Bosnien, 95.000, müßten es schon sein". News, Nr. 14/99, S. 44. Die grüne Klubobfrau Madeleine Petrovic kritisierte auch die österreichische Regierung für die Aufnahme von 5.000 Kosovo-Albaner als lächerlich. Laut ihr sollte Österreich 50.000 Flüchtlinge aufnehmen.
1409 *Kurier*, 8. 4. 1999.
1410 Chronik zur Außenpolitik, 1. Jänner bis 31. Dezember 1999, in: Österreichisches Jahrbuch für Internationale Politik 1999, S. 277-278.
1411 *Die Presse*, 6. 4. 1999; *Kathpress*, 8. 4. 1999.
1412 Sonderteil: Der Kosovo-Konflikt, S. 759.

5. Die österreichische Kosovopolitik in den Jahren 1995-1999

Lösung der Kosovo-Krise ausgesprochen wurde. Bundeskanzler Klima betonte, dass Österreich mehr als 5.000 Kosovo-Flüchtlinge aufnehmen wird, falls dies notwendig sei:

> Es ist Krieg in Europa, und Menschen werden zu Hunderttausenden vertrieben, gequält, ermordet, ein Krieg, der nicht erst mit den Luftschlägen begonnen hat. Es ist Tatsache, dass die jugoslawische Führung parallel zu den Verhandlungen mit der internationalen Staatengemeinschaft die Vorarbeiten zu einer unbeschreiblich grausamen Aktion der ethnischen Säuberung, der Vertreibung gegen die albanische Mehrheit im Kosovo getroffen hat […]. Ich glaube, bei allen Differenzen, die wir haben, stimmen wir hier in diesem Hohen Haus in einem wohl alle überein: Vertreibung, Mord und Deportation dürfen niemals als Mittel der Politik geduldet werden![1413]

Einen Tag später stimmten die SPÖ und ÖVP im Hauptausschuss des Nationalrates einer Verordnung über die Aufnahme von 5.000 Kosovo-Albanern in Österreich zu. Diese Verordnung sah vor, dass den Kosovo-Flüchtlingen ein „vorübergehender Aufenthalt" in Österreich gewährt werden soll sowie eine Einbeziehung in die Krankenversicherung. Die Aufnahme von 5.000 Flüchtlingen war für Außenminister Schüssel „nur ein Tropfen aus dem heißen Stein."[1414] Die Kosovo-Flüchtlinge wurden entsprechend den Einwohnerzahlen auf die Bundesländer aufgeteilt und untergebracht, wobei die Kosten von Bund und Land gemeinsam übernommen wurden.[1415] Allein aus Mazedonien wurden 5.123 Kosovo-Albaner mit befristeter Aufenthaltserlaubnis aufgenommen, während 7.500 bis 8.000 Kosovo-Vertriebene sich in Österreich befanden.[1416]

5.17.1. Österreich-Camp

Nach Konsultationen in der österreichischen Bundesregierung hatte Verteidigungsminister Fasslabend am 3. April ein erstes Vorauskommando des Bundesheeres[1417] nach Albanien zur Vorbereitung der Entsendung eines Bundesheer-Kontingents „ATHUM/ALBA" (Austrian Humanitarian Contingent in Albania) im Rahmen der Humanitarian Operation Allied Harbour geschickt, einen geeigneten Standort für das Österreich-Camp in Nordalbanien – nahe der albanischen Stadt Shkodra – zu finden.[1418] Außer der mangelnden Luft-

---

1413 Sten. Prot. NR, XX. GP, 165. Sitzung, 21. April 1999, S. 50.
1414 *Kurier*, 8. 4. 1999. Mehr dazu siehe Erklärung des Bundesministers für auswärtige Angelegenheiten, Vizekanzler Dr. Wolfgang Schüssel, vor dem 104. Ministerkomitee des Europarates, Budapest, am 7. Mai 1999, in: BMAA (Hrsg.), Außenpolitische Dokumentation 1999, S. 52-54.
1415 *News*, 16/99, S. 18.
1416 Außenpolitischer Bericht 1999, S. 196-197.
1417 Das Vorauskommando umfasste 7 Soldaten unter Leitung des Kontingentskommandanten, Oberst Nikolaus Egger.
1418 Aufgrund der mangelnden Lufttransportkapazität des österreichischen Bundesheeres wurde der Lufttransport nach Albanien durch Armeen von befreundeten Ländern unterstützt. Christian Segur-Cabanac, Die Teilnahme des Österreichischen Bundesheeres an der humanitären Operation ALLIED HARBOUR vom 03 04 99 – 04 08 99, in: Erich Reiter, Der Krieg um das Kosovo 1998/99, Mainz 2000, S. 170. Österreich hatte damals keine gepanzerten Hubschrauber

5. Die österreichische Kosovopolitik in den Jahren 1995-1999

transportkapazität des österreichischen Bundesheeres war auch die unkoordinierte Arbeit zwischen Innen- und Verteidigungsministerium zu kritisieren. Einerseits hatte Schlögl bei Beratungen der EU-Innenminister bekannt gegeben, dass das Österreich-Camp in der albanischen Stadt Durres (Zentralalbanien) eingerichtet wird.[1419] Anderseits bemühte sich das Kontingent des Bundessheeres eine geeignete Fläche nicht in Zentralalbanien, sondern in Nordalbanien zu finden. Die logistischen Bemühungen von Experten des Verteidigungsministeriums hatten vor allem auch das Ziel, einen geeigneten Standort zu finden.

Die Entscheidung war schließlich auf die nordalbanische Stadt Shkodra gefallen. In der Geschichte der österreichischen-albanischen Beziehungen wurde die Stadt Shkodra oft als „österreichische Stadt" bezeichnet.[1420] Auf Vorschlag des Einsatzleiters des österreichischen Bundesheeres, Brigadier Christian Segur-Cabanac, wurde Shkodra als geeigneter Standort für die Aufnahme der Kosovo-Flüchtlinge ausgewählt.[1421] Generalleutnant Segur-Cabanac erklärt die Gründe für die Ortsauswahl: „Natürlich im Hinterkopf war immer, dass das sehr nahe am Morina Pass sein sollte, wo man sehr leicht in den Kosovo hinüber gehen konnte und natürlich war das von Interesse, einen Fuß in der Tür haben, falls es zu einer Kosovo-Force kommt, an der wir uns beteiligen."[1422] Aber er erwähnt, dass die geschichtliche Erfahrung „auch sicherlich ein Grund" war, wieso er nordalbanische Stadt Shkodra bevorzugt habe.[1423]

Seit Ende März 1999 flüchteten laut UNHCR-Angaben rund 445.000 Kosovo-Albaner nach Albanien (entspricht 13% der Bevölkerung Albaniens), wo die Mehrheit der Vertriebenen (280.000 Personen) bei albanischen Gastfamilien Unterkunft gefunden hat. 400 österreichische Soldaten und ca. 60 Vertreter von NGOs arbeiteten an der Schaffung des Flüchtlingslagers im Österreich-Camp auf einem ehemaligen Flugfeld in Nordalbanien.[1424] Das ÖRK wurde von der österreichischen Bundesregierung mit einem Dringlichkeitsbeschluss am 5. April beauftragt, die zivile Leitung des Österreich-Camps zu übernehmen. Zwei Drittel der Zelte des Österreich-Camps wurden vom ÖRK, ein Drittel

---

und keine Flugzeuge, die hoher als 4000 Meter hoch fliegen konnten. Die Hilfsgüter, Fahrzeuge und Geräte des Bundesheers wurden nach Albanien von angemieteten privaten russischen „Iljuschin 76"-Maschine transportiert. Generalleutnant Segur-Cabanac klärt die Situation innerhalb der österreichischen Militärkontigente auf: „Österreich hat sich zunächst beteiligt an der Mission in Albanien, mit einem Kontingent bestehend aus dem Jagdkommando. Wenn es nicht ‚state of the arts' gewesen wäre, dass es auch ohne Mobilmachung einen Friedensnutzen des Bundesheeres geben muss, dann wäre das Bundesheer in seiner erwartbaren Aufgabenerfüllung gescheitert". Interview mit Christian Segur-Cabanac, Wien, 21. 7. 2017.

1419 *APA*, 7. 4. 1999; siehe auch Michael Völker, Des Innenministers späte Einsicht, in: *Der Standard*, 8. 4. 1999.
1420 Siehe dazu Kapitel II.
1421 „Diese Fläche, ein ehemaliges Flugfeld und daher von der Bodenstruktur her ideal geeignet, hatte eine Größe von ca. 15 ha und war ein Streifen von ca. 800 m Länge und etwa 250 m Breite. Dieser Raumbedarf war für ein Kriegsvertriebenencamp mit einer Kapazität von bis zu 5.000 Personen errechnet worden". Segur-Cabanac, Die Teilnahme, S. 171.
1422 Interview mit Christian Segur-Cabanac, Wien, 21. 7. 2017.
1423 Ebd.
1424 Das Österreich-Dorf hatte die Arbeit am 31. Juli beendet.

5. Die österreichische Kosovopolitik in den Jahren 1995-1999

von der Caritas zur Verfügung gestellt, insgesamt umfasste es 500 Zelte, 13.000 Decken und 5.000 Feldbetten.[1425]

Am 17. April wurden die ersten 150 Kriegsvertriebenen in die „österreichische Kleinstadt" aufgenommen. Generalleutnant Segur-Cabanac stellt die Schwierigkeiten des Aufbaus dar:

> Einer der Hauptprobleme vor Ort war die Sicherstellung einer Frischwasserversorgung für die Kapazitäten des Vollbetriebes im Österreich-Camp sowie die gesicherte Abwasser- und Fäkalienbeseitigung. An der zufriedenstellenden Lösung dieser Frage sind eine Reihe anderer Kriegsvertriebenencamps vor Ort gescheitert. Österreich hat auch im Hinblick auf die monatelange Trockenperiode in Albanien von vorne herein den Bedarf von eigenen Brunnen zur Frischwasserversorgung beurteilt und insgesamt 4 Brunnen mit einer Tiefe von 16 – 35 m durch örtliche Firmen bohren lassen. Damit konnte der tägliche Wasserbedarf bei Vollbelegung von ca. 200.000 l problemlos sichergestellt werden. Das Wasser wurde nach österreichischen Hygienenormen aufbereitet und permanent durch Laboruntersuchungen in Österreich überwacht.[1426]

Der größte Heerestransport in der Zweiten Republik Österreichs umfasste Pionier-, Sanitäts-, Transport und Sicherungselemente (400 Mann, vier Heeres-Transporthubschrauber, 60 LKW, 35 Kleinfahrzeuge, 22 Anhänger).[1427] 156 Mitarbeiter vom ÖRK und 68 von Caritas, Malteser Hospitaldienst und Diakonie waren im Einsatz.[1428] Bundeskanzler Klima besuchte am 29. April das Flüchtlingslager in Stankovec in Mazedonien[1429] und am 5. Mai das Österreich-Camp im Nord Albanien. Erschüttert über die Berichte der Flüchtlinge erklärte Bundeskanzler Klima: „Das ist die Apokalypse".[1430] Er sagte, dass Wien das Österreich-Camp auf 7.200 Personen ausweiten wird.[1431] Außenminister Schüssel, der am 30. April offiziell das Österreich-Camp eröffnete, hat das Camp „Insel der Menschlichkeit" genannt. Vor den Kosovo-Flüchtlingen verwies er auf die Erfahrungen in der Vergangenheit: „Auch uns ist es einmal schlechtgegangen. Jetzt können wir Ihnen helfen."[1432] Großes Lob für Österreich kam von internationalen Organisationen wie NATO, OSZE und UNHCR, die die rot-weiß-roten Helfer als „vorbildliche Anlaufstelle der Hilfsmaßnahmen" bezeichnet haben und „Österreich ist die erste Nation, die ein intaktes, vorbildhaftes Camp hingestellt hat."[1433] Am 22. Mai befand sich Verteidigungsminister Fasslabend zum dritten Mal in Albanien. Bei dem Besuch des Österreich-Camps betonte er die

---

1425 Die Hilfsprojekte des ÖRK für den Kosovo im Jahr 1999 beliefen sich auf 113.208.815,51 Schilling. Leistungsbericht 1999 des ÖRK, S. 23-27.
1426 Segur-Cabanac, Die Teilnahme, S. 172.
1427 *Kurier*, 21. 4. 1999.
1428 Leistungsbericht 1999 des ÖRK, S. 23.
1429 Caritas Wien hat bei der Versorgung von 80.000 Flüchtlingen in Mazedonien geholfen. Mehr dazu siehe den Jahresbericht 1999 von der Caritas Erzdiözese Wien, S. 18-21.
1430 *Format*, Nr. 18/99, S. 23.
1431 Chronik zur Außenpolitik, 1. Jänner bis 31. Dezember 1999, in: Österreichisches Jahrbuch für Internationale Politik 1999, S. 284.
1432 *Profil*, 3. 5. 1999, Nr. 18, S. 51.
1433 *APA*, 21. 4. 1999.

5. Die österreichische Kosovopolitik in den Jahren 1995-1999

Entschlossenheit der österreichischen Regierung die Hilfe fortzusetzen: „Wir müssen den Menschen helfen, ganz egal, wo sie sich befinden."[1434]

Trotz der enormen Hilfsleistungen und der vorbildlichen Ausstattung des Österreich-Camps gab es auch Kritik von Hilfsorganisationen, dass dort weniger Flüchtlinge aufgenommen wurden, als ursprünglich konzipiert war.[1435] Das Österreich-Camp hatte 3.500 Kosovo-Flüchtlinge aufgenommen. Am 13. Juli hat der letzte Flüchtling das Camp verlassen.

5.17.2. Nachbar in Not – Kosovo: Österreicher helfen

Die Erfahrungen im Rahmen der Bund-Länder-Aktion für bosnische Flüchtlinge wurden wieder aktualisiert. Am 5. April wurde die Spendenkampagne Nachbar in Not – nach Beratungen im Ministerrat – ins Leben gerufen.[1436] Einen Tag später wurde die Aktion Nachbar in Not mit dem Untertitel „Kosovo-Österreicher helfen" gestartet und als eine nationale Plattform aufgebaut. Die Hilfsaktivitäten von ORF, Caritas und Rotem Kreuz wurden von weiteren österreichischen Hilfsorganisationen wie Care Österreich, Diakonie, Hilfswerk Austria, Malteser Hospitaldienst, Samariterbund Österreich, Volkshilfe Österreich unterstützt. Diese Spendenaktion fand breite Unterstützung auch in österreichischen Zeitschriften und Zeitungen,[1437] Verlagen und Radiosender.[1438] Ex-Außenminister Jankowitsch betonte: „wir sind eines der Länder, wo man am meisten darüber lesen kann. Also gerade in der New York Times oder im Le Monde werden Sie nicht so viel lesen wie in österreichischen Zeitungen und daher hat das natürlich sicher der Bewusstseinsbildung sehr geholfen."[1439] Nur zwei Tage nach dem Beginn der Aktion „Nachbar in Not" wurden 51 Millionen Schilling gespendet, am dritten Tag 89 Millionen Schilling.

Kurt Bergmann, Nachbar in Not-Organisator und Leiter der Aktion Nachbar in Not, bezeichnete den österreichischen Rundfunk als „elektronischen Klingelbeutel der Na-

---

1434 *APA*, 22. 5. 1999.
1435 *News*, 21/99, S. 58-59.
1436 Unterrichtsministerin Elisabeth Gehrer hatte schon am 31. März als Erste an den ORF appelliert, die erfolgreiche Aktion „Nachbar in Not" während des Bosnien-Krieges wieder zu starten. *APA*, 30. 3. 1999.
1437 „Der Standard", „Die Presse", „Format", „Gewinn", „Kärntner Tageszeitung", „Kleine Zeitung", „Konstruktiv, „Kurier", „Neue Kronen Zeitung", „Neue Zeit", „Neuer Grazer", „Neues Volksblatt", „News", „Niederösterreichische Nachrichten", „Oberösterreichische Nachrichten", „ORF-Nachlese", „Profil", „Raiffeisen-Zeitung", „Salzburger Volkszeitung", „Salzburger Nachrichten", „Solidarität", „Tiroler Tageszeitung", „Trend", „tv-media", „Vorarlberger Nachrichten", „Wiener Zeitung", „WirtschaftsBlatt", Manstein-Verlag, Österreichischer Wirtschaftsverlag, Verband der Regionalmedien (Gratiszeitungen). *APA*, 10. 4. 1999.
1438 Österreichische Bischöfe, Österreichisches Jugendrotkreuz, Ärzte ohne Grenzen, UNiCEF-Österreich, Evangelische Kirche, Katholische Aktion, Kinderfreunde, Israelitische Kultusgemeinde, Rettet das Kind-Österreich, Ökumenischer Rat der Kirchen Österreichs, Pensionistenverband Österreichs, World Vision Österreich, Ärztekammer, Psychotherapeuten von Österreichischen Bundesverband für Psychotherapie.
1439 Interview mit Peter Jankowitsch, Wien, 3. 2. 2017.

5. Die österreichische Kosovopolitik in den Jahren 1995-1999

tion".[1440] Nach dem Vorbild von „Licht ins Dunkel" wurden Spendenanrufe organisiert.[1441] Laut einer Umfrage des Gallup-Instituts im Auftrag von „News" waren fast 40 Prozent der Befragten dafür, mehr Flüchtlinge als die von Innenminister Schlögl angekündigten 5.000 Menschen aufzunehmen. 47 Prozent der Befragten wollten an diesem Limit festhalten, während nur 9 Prozent gegen jede Aufnahme waren. Mehr als ein Drittel der Österreicher war bereit, Vertriebene aus dem Kosovo privat bei sich aufzunehmen.[1442] In einer Profil-Umfrage haben sich 67 Prozent der Österreicher für die Aufnahme von Kosovo-Flüchtlingen ausgesprochen.[1443]

Große Hilfsbereitschaft für die Aktion „Nachbar in Not" wurde auch von österreichischen politischen Spitzenvertretern gezeigt. Die drei Präsidenten des Nationalrates, Heinz Fischer (SPÖ), Heinrich Neisser (ÖVP) und Willi Brauneder (FPÖ), hatten am 7. April in einer gemeinsamen Erklärung die Kosovopolitik der österreichischen Bundesregierung in der humanitären Frage unterstützt:

> Wir ersuchen die Österreicherinnen und Österreicher ohne Unterschied der politischen Orientierung oder der Weltanschauung, durch Spenden zur Linderung der Not der betroffenen Männer, Frauen und Kinder beizutragen, so wie wir uns selbstverständlich auch selbst an der Spendenaktion beteiligen werden.[1444]

Der zweite Nationalratspräsident Neisser erinnert sich: „wir wollten ein Signal setzen, eine Art auch moralische Geste oder moralischen Appell von der Seite des Parlaments" für die Kosovo-Flüchtlinge.[1445] Auch Bundespräsident Klestil rief die Österreicher zur Mithilfe auf:

1440 *APA*, 7. 4. 1999.
1441 Die größte Hilfsbereitschaft kam von der österreichischen Bevölkerung, die in kurzer Zeit Spendenrekorde erzielte. Nur an einem Benefiztag am 17. April appellierte der ORF 16 Stunden (von 9.00 bis 24.00 Uhr) in einer ununterbrochenen Benefiz-Unterhaltungssendung an die Österreicher für die Aktion „Nachbar in Not" zu spenden. Die Spenden waren für das Österreich-Camp und für Hilfstransporte für Flüchtlinge vorgesehen. Rund 91.000 Anrufer meldeten sich telefonisch und stellten rund 63 Millionen Schilling (4,58 Millionen Euro) bereit, auch via Internet 3,6 Millionen Schilling gehen Spenden ein. Organisationen und Unternehmen stellten zusätzliche Spenden von rund 3,27 Millionen Euro. Dieses sensationelle Spendenergebnis für die Flüchtlinge im Kosovo umfasste rund 112 Millionen Schilling (8,5 Millionen Euro. Sonderteil: Der Kosovo-Konflikt, S. 754; 1992-2012 Nachbar in Not: 20 Jahre Hilfe aus Österreich, S. 29.
1442 *News*, 15/99, S. 9.
1443 *Profil*, Nr. 14, 3. 4. 1999. Das Nachrichtenmagazin „News" hat gemeinsam mit der Caritas, Care Österreich und der Evangelischen Diakonie eine eigene Aktion „Wir helfen!" gestartet, wobei 1,3 Millionen Leser von „News" aufgerufen wurden, für die Flüchtlinge aus dem Kosovo zu spenden. Diese Aktion wurde von prominenten Österreichern wie Franz Vranitzky, Margot Klestil-Löffler, Sonja Klima, Kardinal Franz König, Helmut Zilk, Barbara Coudenhove-Kalergi, Hermann Maier und Niki Lauda unterstützt. *News*, 14/99, S. 11.
1444 *APA*, 7. 4. 1999.
1445 Interview mit Heinrich Neisser, Wien, 6. 4. 2017.

5. Die österreichische Kosovopolitik in den Jahren 1995-1999

> Europa erlebt derzeit die schlimmste humanitäre Katastrophe seit dem Zweiten Weltkrieg. Not, Elend, Zerstörung und menschliches Leid haben im Kosovo ein unvorstellbares Ausmaß erreicht. Die grauenvollen Fernsehbilder zeigen uns tagtäglich, wie hunderttausende Menschen – Mütter mit Kindern, Alte und Gebrechliche – aus ihren Dörfern vertrieben werden. Und das alles findet nur wenige hundert Kilometer von der österreichischen Grenze entfernt statt.[1446]

Die Aktivierung der ORF-Spendenkampagne für die Kosovo-Vertriebenen fand breite Unterstützung durch zahlreiche prominente österreichische Persönlichkeiten. Bundespräsident Klestil und Bundeskanzler Klima spendeten persönliche je 100.000 Schilling. Finanzielle Mittel zu Verfügung stellten sowohl die österreichischen Bundesländer als auch die österreichischen Städte und Gemeinden.

Aufgrund der humanitären Katastrophe der Kosovo-Flüchtlinge wurde als Ergänzung zur Aktion „Nachbar in Not" eine neue Service-Sendung gestartet. Bundeskanzler Klima erklärte nach einer Sitzung des Ministerrates am 20. April, dass Österreich „als Stimme der Hilfe und Menschlichkeit auch ein Radio Nachbar in Not einrichten" werde.[1447] Die Servicemeldungen auf Kurz- und Mittelwelle, vor allem Suchmeldungen über Vertriebene aus dem Kosovo, wurden auf Albanisch, Deutsch, Englisch und Serbokroatisch gesendet, um vermisste Familienangehörige zu finden.[1448]

Unterrichtsministerin Gehrer und Frauenministerin Prammer hatten eine Initiative „Frauen gegen den Krieg" unternommen, um den zahlreichen Opfern von Massenvergewaltigungen zu helfen. Die Aktion der beiden Ministerien sah die Einsetzung einer mobilen gynäkologischen Ambulanz vor, die den traumatisierten Frauen helfen sollte und eine psychosoziale Betreuung anbot. Fünf Millionen Schilling im Rahmen der Aktion „Nachbar in Not" wurden dieser Initiative zugeteilt.[1449]

In Relation zur Einwohnerzahl stand Österreich mit dieser Hilfsleistung an der Spitze der EU-Staaten.[1450] Für den „Vater" der Aktion Nachbar in Not, Kurt Bergmann, war die Spendenkampagne erfolgreich und „weltrekordverdächtig". Er fügte hinzu, dass er „keine ähnliche Aktion" kennt, die in nur acht Wochen rund 500 Millionen Schilling gesammelt hat.[1451] In einem Entschließungsantrag bedankte sich auch der Nationalrat „für die in eindrucksvoller Weise bewiesene Hilfsbereitschaft und Spendenbereitschaft und bittet die Österreicherinnen und Österreicher, diese Hilfsbereitschaft fortzusetzen".[1452]

Außenminister Schüssel hat die humanitären Hilfsleistungen Österreichs hervorgehoben:

1446 *APA*, 12. 4. 1999.
1447 *APA*, 20. 4. 1999.
1448 Das Programm war fast 11 Monate lang auf Sendung bis 21. März 2000.
1449 *APA*, 2. 6. 1999.
1450 Gehler, Österreichs Außenpolitik der Zweiten Republik, S. 859.
1451 Interview von Kurt Bergmann, „Das ist weltrekordverdächtig". *Caritas Zeitschrift*, Nr. 3/99, S. 13.
1452 Sten. Prot. NR, XX. GP, 165. Sitzung, 21. April 1999, S. 110.

5. Die österreichische Kosovopolitik in den Jahren 1995-1999

> Mehr als wir hat kein anderes europäisches Land gemacht, und so soll, so muß es auch in Zukunft bleiben. So wie wir hat noch kein anderes europäisches Land seine Herzen und seine Geldtaschen geöffnet. Ich habe vorgestern eine Statistik gesehen, in der die einzelnen Leistungen der Regierungen aufgezeichnet sind. Da sind noch nicht einmal die Bürger mit eingerechnet, die bei der Aktion ‚Nachbar in Not' gespendet haben. Da liegen wir absolut und natürlich erst recht relativ in der Pro-Kopf-Zahl mit unserer Spenden-freudigkeit, mit unserer konkret angebotenen Hilfe an der Spitze.[1453]

Als Resultat der Spendenfreudigkeit der Österreicherinnen und Österreicher hatte die Aktion „Nachbar in Not" internationale Anerkennung erhalten. Papst Johannes Paul II. hatte zu „Nachbar in Not" erklärt: „Die Initiative möchte ich herzlich empfehlen", da sie „auf sehr konkrete Weise die Aufforderung Christi zu Ausdruck bringt: Ich war hungrig und ihr habt mir zu essen gegeben'. Ich wünsche sehr, dass die Aktion ihr gestecktes Ziel überschreitet."[1454] Und US-Präsident Bill Clinton schrieb: „Der humanitäre Einsatz des österreichischen Volkes hat für andere in der Welt ein nachahmenswertes Beispiel gesetzt."[1455] Der Krieg im Kosovo stellte die „größte Menschenbewegung in Europa seit dem Zweiten Weltkrieg" dar, wobei sich eine „Gesamtzahl von etwa 1,3 Millionen Flüchtlinge und Vertriebene (bei einer Gesamtbevölkerung von ca. 1,8 bis 2 Millionen Menschen)" ergibt.[1456]

[1453] Ebd., S. 60.
[1454] 1992 – 2012 Nachbar in Not: 20 Jahre Hilfe aus Österreich, S. 31.
[1455] Ebd.
[1456] Jandl, Österreichs Rolle im Kosovo-Konflikt, S. 73.

6. Die Entwicklungen in den österreichisch-kosovarischen Beziehungen bis 2010

Nachdem Belgrad den Prinzipien-Plan[1457] der Außenminister der G-8 am 3. Juni 1999[1458] angenommen hatte und nachdem das Militärtechnische Abkommen zwischen NATO und Jugoslawien über den jugoslawischen Abzug aus dem Kosovo in Kumanovo unterzeichnet worden war, erfolgte die Verabschiedung der UN-Resolution 1244, die die Einrichtung einer internationalen zivilen Interimsverwaltung unter der Ägide der UN (United Nations Interim Administration Mission in Kosovo, UNMIK) und eine internationale militärische Präsenz (Kosovo Force, KFOR) vorsah.[1459]

Für die Kosovo-Albaner endete die Phase der serbischen Herrschaft, die mit den Beschlüssen der Londoner Botschafterkonferenz des Jahres 1912/13 begann, im Jahr 1999. Und vor allem seit dem Machtaufstieg von Milošević und seiner Unterdrückungspolitik gegen die Kosovo-Albaner hatte Belgrad das moralische Recht verloren, wieder den Kosovo zu regieren. Für Botschafter Petritsch hat Milošević Schlachten gewonnen, aber den Krieg verloren.[1460]

Unmittelbar nach dem Ende des Kosovo-Kriegs bis Ende August 1999 sind nach Angaben der UNHCR 720.000 Kriegsflüchtlinge in den Kosovo (in die etwa 2.000 Städte und Dörfer, wo 150.000 Häuser total zerstört oder beschädigt waren) zurückgekehrt.[1461] Die Rückkehrmotivation der Kosovo-Albaner in ihre Heimat war einzigartig und spontan. Sie hatten die regionalen Flüchtlingslager schnell verlassen und waren von den weiter entfernten Aufnahmestaaten zurückgekehrt.[1462] Busek erinnert sich, dass er und viele „überrascht" waren,

> wie rasch die Kosovaren aus dem Flüchtlingslager zurück nach Kosovo gegangen sind. Wir haben hier diskutiert in Österreich mit ‚Nachbar in Not', was tun wir, weil auch der Winter

---

1457 Die Außenminister der G-8-Staaten (G-7-Staaten und Russland) einigten sich am 6. Mai auf einen Friedensplan und konkretisierten die Kriterien zur politischen Lösung des Kosovo-Krieges (Erklärung des Vorsitzenden zum Abschluss des Treffens der Außenminister der G-8 auf dem Petersberg am 6. Mai 1999.

1458 Der 5-Prinzipien-Plan wurde vom finnischen Präsidenten Martti Ahtisaari und vom russischen Sondervermittler Viktor Tschernomyrdin in Belgrad überbracht. Zuerst hatte das serbische Parlament in einer Sondersitzung am 3. Juni den Plan angenommen und danach der jugoslawische Präsident Milošević. Katri Merikallio/Tapani Ruokanen, The Mediator: A Biography of Martti Ahtisaari, London 2015, pp. 213-234; Strobe Talbott, The Russia Hand: A Memoir of Presidential Diplomacy, Toronto 2003, pp. 298-331.

1459 Offiziell hatte die NATO ihre Operation Allied Force am 20. Juni beendet, als sich keine jugoslawischen Soldaten oder serbische Polizei im Kosovo befand.

1460 Interview mit Wolfgang Petritsch, Wien, 5. 1. 2018.

1461 Sonderteil: Der Kosovo-Konflikt, S. 761.

1462 Henriette Riegler, Kosovo nach dem Krieg – Probleme und Perspektiven eines Quasiprotektorats, in: Henriette Riegler (Hrsg.), Der Kosovokonflikt – Bestandsaufnahme und Lösungsszenarien. OIIP Arbeitspapier 28, Wien 2000, S. 30-36.

6. Die Entwicklungen in den österreichischen-kosovarischen Beziehungen bis 2010

bevor stand, bezüglich winterfesten Quartieren usw. – ein ungeheures Problem, und plötzlich waren die Flüchtlinge wieder weg und zu Hause.[1463]

Als die UNMIK und die KFOR die Kontrolle über das Land übernommen hatten, wurde auch die Gewalt mit interethnischem Bezug gegen die anderen Minderheiten im Kosovo geringer.[1464] Die EU versuchte unmittelbar nach der Beendigung des Kosovo-Krieges durch ihre Hilfsmaßnahmen und -projekte die Flüchtlingskrise im Kosovo zu verbessern. Schon Anfang Juni 1999 gründete die Europäische Kommission eine Task Force (EC TAFKO) für humanitäre Hilfe und Wiederaufbauprogramme[1465] und aktivierte das Europäische Amt für die Humanitäre Hilfe (ECHO), die für die Flüchtlinge und humanitären Hilfsleistungen zuständig war. Durch beide Einrichtungen versuchte die EU, sich vor allem auf dringende und humanitäre Unterstützung wie Ernährung, Wasser, Wohnbau und medizinische Versorgung zu konzentrieren.[1466][1467]

Um eine effiziente Arbeit zu leisten, wurden die UNMIK-Aufgaben zwischen den internationalen und europäischen Organisationen im Sinne eines „An-einem-Strang-ziehen" aufgeteilt, wobei die Struktur der UNMIK sich aus einem Vier-Säulen-System zusammensetzte.[1468] Justiz und Polizei sowie Ziviladministration (die beiden ersten Säulen) wurden von der UN geleitet. Bezüglich Stärkung der Demokratisierung, Bildung der Institutionen, Wahlorganisation und Förderung der Medien und der Zivilgesellschaft wurde die OSZE beauftragt (dritte Säule).[1469] Die EU spielte eine führende Rolle im Bereich der wirtschaftlichen Entwicklung und Rekonstruktion (vierte Säule) sowie in der Etablierung der ökonomischen Strukturen und eines modernen Finanzbereiches (privater Banksektor und Steuersystem).[1470]

Österreich engagierte sich rasch in vielen Bereichen. Die Spenden aus der Aktion „Nachbar in Not" in der Höhe von 400 Millionen Schilling (29 Millionen Euro) wurden von der österreichischen Hilfsorganisation Wiederbauhilfe verwaltet. In den Kriegsregionen von Istog und Suhareka haben die Österreicher insgesamt 77 Dörfer betreut, in denen 2.300 Häuser winterfest gemacht wurden.[1471] Österreich beteiligte sich mit einem Bundesheer-Kontingent (AUCON) mit bis zu 490 Soldaten an KFOR.[1472] Das österrei-

---

1463 Interview mit Erhard Busek, Wien, 31. 1. 2017.
1464 Aus Angst vor den Kosovo-Albanern verließen rund 200.000 Personen, davon 170.000 Serben, 28.000 Roma, Ashkali sowie Ägyptens und 8000 Bosniaken den Kosovo. Thomas Mühlmann, Internationale Verwaltung am Beispiel des Kosovo, phil. Diss. Wien 2002, S. 402.
1465 Die Schlussfolgerungen des Vorsitzes, Europäischer Rat in Köln, den 3. und 4. Juni 1999.
1466 Ajeti/Kurbogaj-Ajeti, Die Rolle der EU-Außenpolitik im Kosovo, S. 102.
1467 Ab Februar 2000 hatte die Europäische Agentur für den Wiederaufbau (EAR) die Aufgaben der EC TAFKO übernommen.
1468 Mühlmann, Internationale Verwaltung am Beispiel des Kosovo, S. 36.
1469 Am 1. Juli 1999 wurde mit einem Beschluss des Ständigen Rates Nr. 305 die Entsendung der OSZE Mission im Kosovo beschlossen.
1470 Helmut Kramer/Vedran Džihić, Die Kosovo-Bilanz. Scheitert die internationale Gemeinschaft? Wien 2005, S. 24.
1471 Sonderteil: Der Kosovo-Konflikt, S. 761.
1472 In einer Sitzung des Ministerrates Mitte Februar 1999 wurden die ersten Gespräche, über die Beteiligung Österreichs an einer möglichen internationalen Friedensmission im Kosovo,

6. Die Entwicklungen in den österreichischen-kosovarischen Beziehungen bis 2010

chische Infanterie-Bataillon mit Pandur-Panzern wurde im deutschen Sektor in Suhareka stationiert. Außer dem militärischen Aspekt beteiligte sich Österreich auch an UNMIK mit 50 Exekutivbeamten und 10 Verbindungsoffizieren. Als die OSZE-Mission im Kosovo von 456 internationalen Experten etablierte wurde, beteiligte sich Österreich bis Ende 1999 mit 20 Personen. Bei der internationalen Polizei im Kosovo bis Ende April 2005 nahmen 3083 Polizisten und Polizistinnen aus unterschiedlichen Ländern der Welt, 29 davon aus Österreich teil. Österreich nahm aktiv an den Hilfsmaßnahmen der EU und der internationalen Organisationen für Wiederaufbau teil. Die rein österreichischen Wiederaufbaumaßnahmen im Jahr 1999 betrugen 15.5 Millionen Schilling für den Schul- und Universitätsbereich.[1473]

Nach der Etablierung der KFOR wurde in Prishtina eine Außenstelle der Österreichischen Botschaft eingerichtet.[1474] Generalsekretär Rohan und Balkan-Abteilungsleiter Jandl besuchten den Kosovo schon im Juli und September 1999. Botschafter Jandl erinnert sich an seinen ersten Besuch nach dem Krieg:

> Gleichzeitig konnten wir die gewaltige Aufbruchsstimmung in der kosovarischen Bevölkerung erleben, und eine unglaubliche Bereitschaft, rasch wenngleich mit unzureichenden Mitteln an den Wiederaufbau der Infrastruktur, aber auch des ganzen sozialen Gefüges heranzugehen.[1475]

Um sich über die Lage der zurückgekehrten Flüchtlinge im Winter vor Ort zu informieren, reiste Außenminister Schüssel im November in den Kosovo. Gemeinsam mit Schüssel reisten Verteidigungsminister Fasslabend, Generalsekretär Rohan, Caritas-Präsident Küberl, Leiter der Aktion „Nachbar in Not" Kurt Bergmann und Vertreter des Arbeiter-Samariterbundes. Außenminister Schüssel war beeindruckt über die bisher erbrachten Leistungen der österreichischen Hilfsorganisationen.[1476] So haben in der Region von Istog mehr als 1.500 Familien Material im Rahmen der Aktion „Dach über dem Kopf", die von „Nachbar in Not" finanziert wurden, erhalten. Dieses Projekt wurde vom Roten Kreuz und der Caritas ausgeführt. Außenminister Schüssel rief die Kosovo-Politiker aller Ethnien auf, die Sicherheitssituation im Land für alle Bürger zu verbessern. Diese Aufforderung wurde am

---

geführt, im Falle einer Unterzeichnung des Abkommens von Rambouillet. Am 25. Juni 1999 hatte die österreichische Regierung die Entsendung eines österreichischen Kontingents für die KFOR-Friedenstruppen im Kosovo beschlossen.

1473 Außenpolitischer Bericht 1999; Jandl, Österreichs Rolle im Kosovo-Konflikt. Weitere österreichische Persönlichkeiten hatten führende Funktionen im Kosovo. Ex-Verteidigungsminister Friedhelm Frischenschlager war Direktor des Departments für Demokratieaufbau der OSZE-Mission im Kosovo (2001-2003) und Mitglied des Direktoriums von Radio Television Kosovo. Der österreichische Diplomat Werner Almhofer (2008-2012) war als Leiter der OSZE-Mission im Kosovo tätig.

1474 Verteidigungsminister Fasslabend erklärte bei seinem ersten Besuch österreichische KFOR-Soldaten im Kosovo im August 1999: „Was hier passiert, ist der Ausdruck internationaler Friedenspolitik". APA, 26. 8. 1999. Nach seinem zweiten Besuch im November reiste er anlässlich der Weihnachtsfeiertage wieder in den Kosovo.

1475 Jandl, Österreichs Rolle im Kosovo-Konflikt, S. 78.

1476 *APA*, 26. 11. 1999.

6. Die Entwicklungen in den österreichischen-kosovarischen Beziehungen bis 2010

5. November wiederholt, als Hashim Thaçi, Obmann der neugegründeten Demokratischen Fortschritts-Partei des Kosovo (PPDK, später umgewandelt in die Demokratische Partei des Kosovo-PDK) in Wien von Außenminister Schüssel empfangen wurde.[1477]

Nicht nur durch konkrete Hilfsmaßnahmen, sondern auch durch häufige Besuche der österreichischen Entscheidungsträger in den Kosovo wurde die Unterstützung Österreichs für den Institutionenaufbau bekräftigt.[1478] Als Österreich im Jahr 2000 den OSZE-Vorsitz übernahm, besuchte die neue ernannte österreichische Außenministerin Benita Ferrero-Waldner (2000-2004) in ihrer Funktion als amtierende OSZE-Vorsitzende und Generalsekretär Rohan im Februar 2000 den Kosovo. Für den österreichischen EU-Vorsitz galt die Tätigkeit auf dem Balkan, insbesondere im Kosovo, als einer der Schwerpunkte der österreichischen OSZE-Präsidentschaft 2000, in der die OSZE mit der EU intensiv bei der ersten lokalen Wahlvorbereitung zusammenarbeitete.[1479]

Im Juli 2000 besuchte Bundespräsident Thomas Klestil, als erster österreichischer Bundespräsident den Kosovo. Im Rahmen seines Kosovo-Besuchs am 5. Juli 2000 appellierte er an die Vertreter der kosovo-albanischen und der kosovo-serbischen Gemeinschaft, „konkrete Maßnahmen zu setzen, um der Gewalt ein Ende zu bereiten".[1480]

Im Zuge des Aufbaus demokratischer und funktionierender Institutionen wurden unter dem österreichischen OSZE-Vorsitz zum ersten Mal im Oktober 2000 lokale Wahlen im Kosovo abgehalten. Der demokratische und faire Wahlverlauf wurde von der internationalen Gemeinschaft und der österreichischen Außenpolitik als „Beweis der politischen und demokratischen Reife der Kosovaren gewertet".[1481]

Während des österreichischen OSZE-Ratsvorsitzes im Jahr 2000 wurden zahlreiche Projekte im Medienbereich unterstützt. Drei Ausbildungsprojekte für Journalisten und die Umgestaltung von Radio Television Kosovo zu einem öffentlich-rechtlichen Sender waren ein Schwerpunkt der OSZE-Mission im Kosovo, der mit 1,8 Millionen Schilling unterstützt wurde. Ein weiteres Projekt war die Unterstützung durch Österreich eines multi-ethnischen Radio Contact mit 210.000 Schilling und die unabhängige Nachrichtenagentur „Kosovalive" mit 140.000 Schilling. Die österreichische Regierung hatte ein von der OSZE eingerichtetes Frauenhaus in Prishtina mit finanziellen Mitteln (700.000 Schilling) unterstützt, in dem verschleppte Frauen eine Unterkunft bis zur Regelung der Rückkehr in ihre Heimatländer finden konnten.[1482]

2001 war ein wichtiges Jahr für die neue Demokratie des Kosovo. Im November wurden die ersten Parlamentswahlen abgehalten, bei denen die provisorischen Selbstverwaltungsinstitutionen des Kosovo gewählt werden sollten.[1483] Nach einer schwierigen Phase

---

1477 Thaçi wurde auch von Ex-Außenminister Mock empfangen.
1478 Der neue österreichische Verteidigungsminister Herbert Scheibner (FPÖ) (2000-2003) besuchte den Kosovo zwei Mal während des Jahres 2000 im April und zwar im Dezember.
1479 Aufruf der Bundesministerin für auswärtige Angelegenheiten, Dr. Benita Ferreo-Waldner, zur Aussöhnung im Kosovo, Wien, am 21. Februar 2000, in: BMAA (Hrsg.), Außenpolitische Dokumentation 2000, S. 94-95.
1480 Außenpolitischer Bericht 2000, S. 46.
1481 Ebd., S. 157.
1482 Außenpolitischer Bericht 2000, S. 102.
1483 Die Partei von Rugova (LDK) ging mit 46 Prozent der Stimmen (47 Sitze) als Wahlsieger hervor. Die Partei von Thaçi (Demokratische Partei des Kosovo, PDK) mit 25,54 Prozent (26

6. Die Entwicklungen in den österreichischen-kosovarischen Beziehungen bis 2010

der Regierungsbildung gelang nach drei Monaten die Bildung einer Koalition von drei kosovovarisch-albanischen Parteien LDK, PDK und AAK. Im März 2002 wurde Rugova zum Präsidenten[1484] und Bajram Rexhepi (PDK) zum Premierminister gewählt.

Vier Jahre nach dem Kosovo-Krieg setzte Österreich seine diplomatische Vermittlungsoffensive fort. Im Oktober 2003 fanden die ersten internationalen Gespräche zwischen dem Kosovo und Serbien im Wiener Bundeskanzleramt statt.[1485] Diese ersten Gespräche zwischen Prishtina und Belgrad zeigten, wie diametral ihre Positionen in Bezug auf den künftigen politischen Status des Kosovo waren. Für Präsident Rugova war die Unabhängigkeit Kosovos die einzige akzeptable Lösung und er verlangte, dass sie „so schnell wie möglich" von der internationalen Staatengemeinschaft anerkannt wurde. Die serbische Regierung kritisierte die Haltung der kosovarischen Delegation, nach der es sich keineswegs „um Gespräche zwischen Vertretern zweier Staaten, sondern um jene zwischen der Republik Serbien und 'Vertretern einer ihrer Teile'" handelte.[1486]

Wien wird wieder zur Schauplatz-Diplomatie und das „Bindeglied"[1487] für die Verhandlungen über den künftigen Status des Kosovo sein. Nach fast 6 Jahren der internationalen UN-Administration des Kosovo unternahm der UN-Generalsekretär Kofi Annan den Versuch die Verhandlungen über den Kosovo-Statusprozess zu beginnen. Um diesen Prozess zu leisten, hatte der UN-Generalsekretär Annan den früheren finnischen Präsidenten Martti Ahtisaari[1488] zum Sonderbeauftragten für den Kosovo-Statusprozess im November 2005 ernannt, den Mann, der den jugoslawischen Präsidenten Milošević überzeugt hatte, die Forderungen der internationalen Gemeinschaft im Juni 1999 zu akzeptieren.[1489] Annan

---

Sitze), die serbische Sammelbewegung Povratak mit 10,96 Prozent (22 Sitze) und die Partei von Ramush Haradinaj (Allianz für die Zukunft Kosovos, AAK) mit 7,83 Prozent (8 Sitze). 17 Sitze gingen an andere kleine Parteien. Die Wahlbeteiligung lag bei 64,3 Prozent. Das Parlament umfasst 120 Sitze, 20 davon sind für die nicht-albanischen Volksgruppen reserviert. Ramet, Die drei Jugoslawien, S. 474).

1484 Rugova starb am 21. Jänner 2006 an Lungenkrebs.

1485 Die kosovarische Delegation wurde von Rugova und Parlamentspräsident Nexhat Daci geleitet. Die serbische Delegation setzte sich aus dem Premierminister Zoran Zivkovic und dessen Stellvertreter Nebojsa Covic zusammen. Bei diesen Direktgesprächen nahmen NATO-Generalsekretär George Robertson, der außenpolitische Beauftragte der EU Javier Solana, der niederländische Außenminister Jaap de Hoop Scheffer (als amtierender Vorsitzender der OSZE) und der Leiter der UN-Übergangsverwaltung im Kosovo Harri Holkeri teil.

1486 *APA*, 14. 10. 2003.

1487 Interview mit Eva Nowotny, Wien, 7. 4. 2017. Mehr dazu siehe Eva Nowotny, Die österreichische EU-Präsidentschaft in Washington – Sechs spannende Monate in den transatlantischen Beziehungen, in: Anton Pelinka/Fritz Plasser (Hrsg.), Europäisch Denken und Lehren. Festschrift für Heinrich Neisser, Innsbruck 2007, S. 213-218.

1488 „The selection of the Special Envoy of the UNSG who would lead the Status negotiations, which itself was based on consultations within the Contact Group and with the UN, was not difficult. The former President of Finland, Martti Ahtisaari, was a rather obvious choice. He had not only an excellent record as an international mediator (most recently in ending the conflict in Aceh/Indonesia), he also had played a crucial role in ending the Kosovo war in Spring 1999". Stefan Lehne, Resolving Kosovo`s Status. Policy Paper. Austrian Institute for International Affairs (OIIP) 2019, S. 4.

1489 Am 24. Oktober 2005 beschloss der UN-Sicherheitsrat, dass Verhandlungen über die Status-

6. Die Entwicklungen in den österreichischen-kosovarischen Beziehungen bis 2010

schätzte die Rolle von Ahtisaari in der Konfliktvermittlung sehr hoch ein: „I often point to the fact that Martti is the only man I know who has built peace on three different continents."[1490] Ahtisaari nahm das Vermittlungsangebot von Annan mit einer Bedingung an: „I take this job, I wanted Albert Rohan as my number two."[1491]

Die Durchführung des politischen Prozesses zur Festlegung des künftigen Status des Kosovo stellte die letzte Phase in der Umsetzung, der schon im Juni 1999 beschlossenen Resolution 1244 dar.[1492] Abgesehen von der Ernennung von Rohan zum Stellvertreter spielte Österreich im Prozess der Statusklärung eine wichtige Rolle. „Österreich stellte nicht nur mit Rohan einen seiner besten und am Balkan erfahrensten Diplomaten zur Verfügung, sondern übernahm auch die Kosten für das in Wien angesiedelte UNOSEK-Büro sowie für die Verhandlungen in der österreichischen Hauptstadt."[1493] In Wien wurde der Sitz der UNOSEK-Mission[1494] eingerichtet, an dem 17 Verhandlungsrunden zwischen Serbien und dem Kosovo stattfanden. Weiters wurde der österreichische Diplomat, Stefan Lehne, vom Rat der Allgemeinen Angelegenheiten und Außenbeziehungen im November 2005 zum EU-Beauftragten für den Prozess der Festlegung des künftigen Status des Kosovo ernannt, der von 2002 bis 2008 als Direktor für den Westlichen Balkan, Osteuropa und Zentralasien im Generalsekretariat des Rates der EU tätig war.[1495] Die kosovarische Seite bildete ihre Verhandlungsdelegation (Kosovo Unity Team), in der alle politischen Parteien teilnahmen. Die serbische Seite war durch hochrangige Staats- und Regierungsvertreter repräsentiert.

Ahtisaari und Rohan arbeiteten sehr eng auch mit der Kontaktgruppe zusammen, die nach vielen Jahren wieder einberufen wurde und die „Guiding Principles" für die Verhandlungslösung ausarbeitete.[1496] Neben der Sicherstellung der Teilnahme aller ethnischen Gemeinschaften an den künftigen kosovarischen Institutionen und der Absicherung einer Multiethnizität des Landes wurden auch drei weitere Kriterien für den künftigen Status des Kosovo festgelegt: Keine Rückkehr zur Situation des Kosovo vor 1999, keine Teilung oder Verbindung mit einem anderen Staat und keine Veränderung der territorialen Integrität des Kosovo.[1497] Bei einem Außenminister-Treffen der Kontaktgruppe in Lon-

---

frage zwischen Serbien und dem Kosovo aufgenommen werden könnten.
1490 Zit. n. Merikallio/Ruokanen, The Mediator, S. 330.
1491 Ebd.
1492 UN Security Council Resolution 1244 (1999), 10 June 1999.
1493 Jandl, Zur Bedeutung des Balkans für die österreichische Außenpolitik, S. 14.
1494 Office of the Special Envoy of the Secretary-General of the United Nations for the Future Status Process for Kosovo.
1495 Mitteilung an die Presse, 2687. Tagung des Rates Allgemeine Angelegenheiten und Außenbeziehungen, Brüssel, den 7. November 2005 http://europa.eu/rapid/press-release_PRES-05-274_de.htm (abgerufen 22.07.2018).
1496 Marti Ahtisaari, Kosovo is not the Problem – Is Serbia?, in: Nina Soumalainen/Jyrki Karvinen (eds.), The Ahtisaari Legacy. Resolve and Negotiate, Vantaa 2008, pp. 15-36; Albert Rohan, Diplomatie und Realität am Balkan, in: Vedran Džihić/Herbert Maurer, Sprich günstig mit dem Balkan, Wien 2011, S. 59-68; Albert Rohan, Kosovos langer Weg in die Unabhängigkeit, in: Europäische Rundschau 46 (2018), Nr. 1, S. 8.
1497 Albert Rohan, Quo vadis Europa?, in: Hannes Androsch/Herbert Krejci/Peter Weiser (Hrsg.), Das Neue Österreich. Denkanstöße, Wien 2006, S. 13-24; Albert Rohan, Kosovos langer Weg

don[1498] am 31. Jänner 2006 wurde festgestellt, dass die Lösung der künftigen Statusfrage für die Bevölkerung des Kosovo akzeptabel sein müsse:

> Ministers recall that the character of the Kosovo problem, shaped by the disintegration of Yugoslavia and consequent conflicts, ethnic cleansing and the events of 1999, and the extended period of international administration under UNSCR 1244, must be fully taken into account in settling Kosovo's status. UNSCR 1244 remains the framework for the ongoing status process, with the Security Council and Contact Group continuing to play key roles [...]. Ministers look to Belgrade to bear in mind that the settlement needs, inter alia, to be acceptable to the people of Kosovo.[1499]

Diese Erklärung wurde auch vom russischen Außenminister Sergej Lawrow mitgetragen. Auf dieser Grundlage erklärte Ahtisaari nach einem Monat:

> Die Zeichen sind klar: Die internationale Staatengemeinschaft hat festgelegt, dass der jetzige Status so nicht weiterbestehen kann. Und bei ihrem letzten Treffen in London einigte sich die Kontaktgruppe, dass am Ende die Bevölkerung des Kosovo darüber befinden soll, wie die Zukunft der Provinz aussieht. 90 Prozent sind Albaner – wie werden die sich wohl entscheiden?[1500]

Vorsichtiger als Ahtisaari erklärte sein Stellvertreter Rohan im Mai 2006 in einem Interview:

> Für uns ist jedes Resultat akzeptabel, auf das sich beide Seiten einigen. Grundsätzlich ist eine Unabhängigkeit damit für uns ebenso eine Option wie die weitreichende Autonomie, die Belgrad vorschlägt. Die Staatengemeinschaft lässt allerdings eine Tendenz in Richtung einer Souveränität des Kosovo erkennen.[1501]

Insbesondere ab Juni 2006, als es zu einem Treffen zwischen dem amerikanischen und dem russischen Präsidenten, George Bush Jr. und Vladimir Putin, kam, wo in der Frage des Kosovo kein Fortschritt erreicht werden konnte, begann die russische Seite klarzustellen, dass sie die Unabhängigkeit des Kosovo nicht akzeptieren werde. Für den österreichischen Spitzendiplomaten Petritsch wurde der Kosovo das erste „Opfer" der neuen russischen Außenpolitik, „die sich ‚an präzise kalkulierten ökonomischen, politischen und strategischen Zielen' orientiert".[1502]

---

in die Unabhängigkeit, in: *Europäisches Journal für Minderheitenfragen* 2 (2008), S. 120; Jandl, Österreich und die Krisen und Kriege auf dem Balkan, S. 404-407; Jandl, Zur Bedeutung des Balkans für die österreichische Außenpolitik, S. 13.
1498 Kosovo Contact Group Statement, London, 31 January 2006 https://2001-2009.state.gov/p/eur/rls/or/62459.htm (abgerufen 22.07.2018).
1499 Ebd.
1500 Interview in „*Der Spiegel*", 22. 2. 2006, Nr. 8, S. 114.
1501 Interview in „*Die Presse*", 31. 5. 2006, S. 8.
1502 Wolfgang Petritsch, Kosovo und die Rückkehr Russlands auf den Balkan, in: *Die Presse*, 22. 2. 2008 https://diepresse.com/home/spectrum/zeichenderzeit/364936/Kosovo-und-die-Rue-

6. Die Entwicklungen in den österreichischen-kosovarischen Beziehungen bis 2010

Für die kosovarische Delegation war die Unabhängigkeit des Kosovo die einzig akzeptable Lösung, die kompatibel mit dem Wunsch von rund 90 Prozent der Kosovaren sei. Während die serbische Verhandlungsdelegation eine Formel „mehr als Autonomie, weniger als Unabhängigkeit" vorschlug, war dies für die kosovarische Seite inakzeptabel.[1503] Aufgrund der diametral entgegengesetzten Positionen zwischen Belgrad und Prishtina präsentierten Ahtisaari und sein Team am 2. Februar 2007 (in Belgrad und Prishtina) ein Dokument mit dem Titel „Umfassender Vorschlag zur Lösung des Kosovo-Status".[1504] Im März und April wurde der Ahtisaari-Plan im UN-Sicherheitsrat diskutiert, fand aufgrund der russischen Ablehnung aber keine Zustimmung. Der Ahtisaari-Plan sah einen Kompromiss vor, eine „überwachte Unabhängigkeit" des Kosovo.[1505] Gewisse Einschränkungen in der Ausübung der Souveränität sollten durch die Präsenz eines Internationalen Zivilbüros (ICO), einer EU-Rechtsstaatlichkeitsmission (EULEX)[1506] und eines EU-Sonderbeauftragten (EUSR) mit einem Doppelmandat gewährleistet werden. Es wurden auch umfassende Maßnahmen zum Schutz der serbischen Gemeinschaft im Kosovo unternommen, wie die Fortsetzung der Dezentralisierung und die Schaffung von weiteren neuen serbischen Mehrheitsgemeinden. Weiters waren auch folgende institutionelle Regelungen vorgesehen: 10 Sitze im Parlament für die serbische Gemeinschaft, 10 weitere Sitze für die anderen Gemeinschaften, Serbisch wurde zur zweiten Amtssprache erklärt, 2 Ministerposten und weitere institutionelle Rechte wurden den Serben und anderen Minderheiten im Kosovo zugesichert.[1507]

Bundespräsident Fischer bezeichnete den Ahtisaari-Plan als „gute und faire Grundlage" und als „ausbalanciertes Dokument"[1508] und diese Auffassung vertrat er auch anlässlich des Staatsbesuches des russischen Präsidenten Putin im Mai 2007 in Österreich. Zu den schwerwiegenden Bedenken Putins gegen den Ahtisaari-Plan bemerkte Bundeskanzler Gusenbauer (2007-2008): „Präsident Putin kommt immer mit Vergleichsfällen wie Südossetien. Kosovo ist aber ein einzigartiger Fall, weil es eine Verantwortung der

---

ckkehr-Russlands-auf-den-Balkan (abgerufen 22.07.2018).
1503 Vedran Džihić/Helmut Kramer, Der Kosovo nach der Unabhängigkeit. Hehre Ziele, enttäuschte Hoffnungen und die Rolle der internationalen Gemeinschaft. 2008, S. 5; Wieland Schneider, Kosovo/Kosova in der albanisch-serbischen und der internationalen Auseinandersetzung. Diplomarbeit Wien 2008, S. 177.
1504 Comprehensive proposal for a Kosovo status settlement, 2 February 2007 https://www.kuvendikosoves.org/common/docs/Comprehensive%20Proposal%20.pdf (abgerufen 26.07.2018).
1505 „Der ‚Ahtisaari-Plan' ist ein echter Kompromissvorschlag, der Zugeständnisse von beiden Seiten erfordert. Belgrad lehnte ihn rundweg ab, da er die Unabhängigkeit des Kosovo, wenngleich in eingeschränkter Form, vorsah. Priština war nicht gerade begeistert, vor allem weil die Bestimmungen zugunsten der Kosovo-Serben eine beträchtliche Belastung für die Funktionalität der staatlichen Verwaltung darstellten, akzeptierte den Vorschlag jedoch als Preis für die erhoffte Unabhängigkeit". Rohan, Kosovos langer Weg in die Unabhängigkeit, S. 121-122.
1506 Zur Rolle der EULEX siehe Vedran Džihić/Helmut Kramer, Der unabhängige Kosovo im Herbst 2009. Kann die EULEX-Mission ihre Aufgaben erfüllen? Internationale Politikanalyse. 2009 http://library.fes.de/pdf-files/id/ipa/06746.pdf (abgerufen 19.11.2018).
1507 Rohan, Kosovos langer Weg in die Unabhängigkeit, S. 8-9.
1508 *APA*, 7. 5. 2007.

B. Österreichs Politik in der Kosovo-Frage in den Jahren 1997-1999

internationalen Staatengemeinschaft gibt."[1509] Drei Monate vor der Unabhängigkeitserklärung des Kosovo deutete Gusenbauer bei einem „Runden Tisch" des ORF die künftige Position Österreichs in der Anerkennungsfrage des Kosovo an, in dem er ausführte, dass Österreich „sicherlich nicht zu denen gehören" kann, „die sich zurücklehnen und warten, bis alle anderen die Entscheidungen getroffen haben".[1510] Er fügte hinzu, dass Österreich „bei denjenigen sein [werde], die klar sagen, in welche Richtung das gehen soll, und daher am Beginn dabei sein".[1511]

Auf der Grundlage des Ahtisaari-Plans und nach Rücksprache mit den USA und den wichtigsten europäischen Staaten erklärte Kosovo in einer Sondersitzung im Parlament am 17. Februar 2008 seine Unabhängigkeit als demokratischer und multiethnischer Staat. Die Unabhängigkeit der Republik Kosovo ist die des siebten Staates aus der ehemaligen jugoslawischen Föderation. Der Ausrufung der Unabhängigkeit folgte eine rasche Anerkennungswelle durch zahlreiche Staaten der Welt, wobei einer der ersten Österreich war.[1512] Einen Tag nach der Unabhängigkeitserklärung des Kosovo erklärte die österreichische Außenministerin Ursula Plassnik (2004-2008), dass Wien „innenpolitisch eng akkordiert" sei, den Kosovo anzuerkennen. Laut Plassnik war die Anerkennung für Österreich „ein besonderer Moment. Wir haben die blutigen Auseinandersetzungen in den 90er Jahren mitbekommen und wollen, dass dies die letzten blutigen Auseinandersetzungen auf europäischem Boden waren."[1513] Bundeskanzler Gusenbauer führte aus: „Die Unabhängigkeitserklärung, die vom kosovarischen Parlament am Sonntag angenommen wurde, kam nicht überraschend, sondern war der Kulminationspunkt einer langen Entwicklung."[1514]

Die österreichische Regierung leitete rasch das mehrstufige Anerkennungsverfahren ein. Am 20. Februar beschloss sie die Anerkennung des Kosovo. Gusenbauer erklärte nach der Regierungssitzung, man werde Bundespräsident Fischer „die Aufnahme diplomatischer Beziehungen und die Anerkennung der Unabhängigkeit des Kosovo" vorschlagen.[1515] Als Fischer nach einer Afrika-Reise zurückkehrte, hatte er am 27. Februar Außenministerin Plassnik die offizielle Ermächtigung erteilt, den Kosovo anzuerkennen.[1516] Fischer erinnert sich an den Akt der Unterzeichnung:

> Nachdem es aber nicht um den Grundsatz gegangen ist, sondern nur um die Frage des Zeitpunktes der Anerkennung habe ich den Antrag nach meiner Rückkehr von einer Auslandsreise unterschrieben und habe keinen Sinn darin gesehen, den Antrag zunächst einige Wochen liegen zu lassen und erst dann zu unterschreiben.[1517]

1509 *Süddeutsche Zeitung*, 14. 6. 2007.
1510 *APA*, 13. 12. 2007.
1511 Ebd.
1512 Sie wurde auch bei internationalen wichtigen Organisationen aufgenommen wie bei der Weltbank und dem Internationalen Währungsfonds (IWF).
1513 *APA*, 18. 2. 2008.
1514 *Die Presse*, 19. 2. 2008.
1515 *APA*, 20. 2. 2008.
1516 Siehe die Ermächtigungsschreiben des Bundespräsidenten Fischer an Außenministerin Plassnik vom 27. Februar 2008.
1517 Interview mit Heinz Fischer, Wien, 27. 4. 2017.

6. Die Entwicklungen in den österreichischen-kosovarischen Beziehungen bis 2010

Plassnik erklärte am 28. Februar im Anerkennungsschreiben: „beehre ich mich, Ihnen im Namen der österreichischen Regierung mitzuteilen, dass die Republik Österreich den Kosovo als unabhängiges und souveränes Mitglied der Staatengemeinschaft anerkennt".[1518] Am 20. März wurden die wechselseitigen diplomatischen Beziehungen mit Notenwechseln aufgenommen und das Österreichische Verbindungsbüro (das seit Juli 1998 im Rahmen der erstmaligen österreichischen EU-Ratspräsidentschaft eingerichtet worden war) wurde in eine Botschaft umgewandelt. Im Oktober 2008 wurde die kosovarische Botschaft in Wien als eine der ersten 10 Botschaften eröffnet.[1519]

Einen Tag nach der Erklärung der Unabhängigkeit des Kosovo trafen sich die EU-Außenminister in Brüssel und diskutierten stundenlang darüber. Aufgrund des Widerstandes einiger EU-Mitgliedsstaaten (Griechenland, Rumänien, Slowakei, Spanien und Zypern) gelang es nicht, eine gemeinsame Haltung zu finden.[1520] Allerdings nahm der Rat die Unabhängigkeitserklärung des Kosovo zur Kenntnis und hielt fest, „dass die Mitgliedsstaaten im Einklang mit ihren nationalen Gepflogenheiten und dem Völkerrecht über ihre Beziehungen zum Kosovo beschließen werden".[1521] Für Albert Rohan war die Nicht-Anerkennung des Kosovo seitens der EU „ein trauriges Zeichen für die ‚Gemeinsame Außenpolitik' der Union, daß nicht einmal in einer rein europäischen Frage wie jener des Kosovo, die noch dazu von begrenzter weltpolitischer Dimension ist, eine einheitliche Haltung herbeigeführt werden kann."[1522]

Während sich die oppositionellen Parteien Bündnis Zukunft Österreich (BZÖ) und die Grünen für eine Anerkennung der Unabhängigkeit des Kosovo aussprachen, war die größte Oppositionspartei im Parlament, die FPÖ, nicht zur Anerkennung bereit. Ein Grund für diese Haltung war auch die große Anzahl der Menschen mit serbischen Wurzeln in Wien.[1523] Für Außenminister Spindelegger war damith – durch die Haltung der FPÖ – der politische Konsens „absolut nicht" gebrochen. Er war überzeugt, dass es

---

1518 Das Anerkennungsschreiben von Außenministerin Ursula Plassnik an den Präsidenten und den Ministerpräsidenten des Kosovo vom 28. Februar 2008. GZ.: BMeiA-XX.8.19.02/0010-I.2/2008.

1519 Clewing/Ajeti, Kosovo und die österreichisch-albanischen Beziehungen, S. 42; Faruk Ajeti/Konrad Clewing, Österreich und der Kosovo: Wiedergänge zweier Republiken, in: *Die Presse*, 16. 02. 2018, S. 29.

1520 Albert Rohan, Die Zukunft des Balkans liegt in der Europäischen Union, in: Patrick Horvath/Herbert Skarke/Rupert Weinzierl (Hrsg.), Die „Vision Zentraleuropa" im 21. Jahrhundert. Festschrift zum 90. Geburtstag von Heinz Kienzl, Wien 2012, S. 82; Wolfgang Ischinger/Oliver Joachim Rolofs, Kosovo und Serbien: Möglichkeiten für einen Modus vivendi?, in: *Südosteuropa Mitteilungen* 4-5 (2010), S. 8; Wolfgang Ischinger, Welt in Gefahr. Deutschland und Europa in unsicheren Zeiten, Berlin 2018, S. 209.

1521 Tagung des Rates, Allgemeine Angelegenheiten und Außenbeziehungen (2851), Brüssel, den 18. Februar 2008 http://www.consilium.europa.eu/ueDocs/cms_Data/docs/pressData/de/gena/99070.pdf (abgerufen 24.7.2018).

1522 Albert Rohan, Die Europäische Union darf im Kosovo nicht versagen!, in: *Europäische Rundschau* 39 (2011), Nr. 4, S. 43.

1523 Laut Statistik-Austria leben in Wien etwa 300.000 Menschen mit serbischen Wurzeln (Serbische Community zählt rund 300.000 Personen) http://medienservicestelle.at/migration_bewegt/2014/03/11/serbische-community-zaehlt-rund-300-000-personen/ (abgerufen 26. 07. 2018); Adelheid Wölf, Strache gegen die Unabhängigkeit des Kosovo, in: *Der Standard*, 18. 2. 2008, S. 2.

6. Die Entwicklungen in den österreichischen-kosovarischen Beziehungen bis 2010

wichtig war, klare Positionen in den Vordergrund zu stellen, staatspolitisch Verantwortung zu übernehmen. Diese Anerkennung ergab sich aus der Rolle Österreichs in der Kosovo-Frage und war daher auch richtig. Und dass eine Partei eben dem nicht zugestimmt hat, ja auch das bleibt in der Geschichte übrig, aber hat am Verlauf nichts geändert und das war das Entscheidende.[1524]

Ähnlich argumentiert Ex-Außenminister Peter Jankowitsch:

> da war immer ein eindeutiger Konsens, da gab es überhaupt keine Unterschiede zwischen den einzelnen Parteien. Es war immer klar, dass es hier zu einer Lösung zur Unabhängigkeit kommen muss […]. Kosovo muss genauso behandelt werden wie alle anderen Teile Jugoslawiens.[1525]

Als Österreich den Kosovo anerkannte, hatte Serbien seinen Botschafter in Wien zu Konsultationen nach Belgrad einberufen und eine Kontaktsperre auf Minister- und Staatssekretärebene erlassen.[1526] Der österreichische Botschafter in Serbien, Gerhard Jandl (2005-2008),[1527] der die Entwicklung in der Zeit der Unabhängigkeitserklärung des Kosovo in Belgrad miterlebte, beschreibt die Situation wie folgt:

> Logischerweise entstand dann unmittelbar vor der Unabhängigkeit des Kosovo auch für uns Diplomaten eine sehr schwierige Situation, v.a. für die Diplomaten jener Länder, die für die Unabhängigkeit des Kosovo eingetreten sind. Es gab Ausschreitungen gegen Botschaften, es gab Sicherheitsprobleme für uns Diplomaten, etc. Ich möchte hier nicht in die Details gehen, außer zu betonen, dass es eine schwierige Lage war. Ich hatte allerdings trotzdem den Eindruck, dass die Diplomaten jener Länder, die keinen Zweifel daran gelassen hatten, dass sie für die Unabhängigkeit des Kosovo waren, im Endeffekt doch besser behandelt wurden, als die Diplomaten jener Länder, die Belgrad ursprünglich auf seiner Seite glaubte und die plötzlich doch für die Unabhängigkeit waren. Man hat in Belgrad die österreichische Überzeugung, dass eine Lösung nur in der Unabhängigkeit bestehen kann, nicht goutiert, aber man hat sie akzeptiert.[1528]

Aufgrund der Zustimmung für die Unabhängigkeitserklärung Kosovos durch Österreich musste Jandls Nachfolger, Clemens Koja (2008-2012), als neuer akkreditierter österreichischer Botschafter in Serbien einige Monaten warten, bis er das Agrément vom serbi-

---

1524 Interview mit Michael Spindelegger, Wien, 5. 7. 2017.
1525 Interview mit Peter Jankowitsch, Wien, 3. 2. 2017.
1526 Außenpolitischer Bericht 2008, S. 38.
1527 Gerhard Jandl, Die Quadratur des Kreises, in: *Academia*, Nr. 6 (2006), S. 26-27; Gerhard Jandl, Die EU als (erfolgreicher?) Krisenmanager auf dem Balkan – ein Erfahrungsbericht aus mitgliedsstaatlicher Perspektive, in: Hubert Isak (Hrsg.), Krise Kompetenz Kooperation – Beiträge zum 9. Österreichischen Europarechtstag 2009, Wien 2010, S. 49-84; Gerhard Jandl, Zur Bedeutung des Balkans für die österreichische Außenpolitik, in: *Wiener Blätter zur Friedensforschung*, Wien 2014, Nr. 160, S. 1-32.
1528 Interview mit Gerhard Jandl, Wien, 5. 4. 2017.

6. Die Entwicklungen in den österreichischen-kosovarischen Beziehungen bis 2010

schen Präsidenten Boris Tadic (2004-2012) erhielt. Botschafter Koja erinnert sich an die Überreichung seines Beglaubigungsschreibens an Präsident Tadic:

> Das war interessant, ich habe natürlich eine Rede geschrieben, wo ich das Thema aktiv angesprochen habe. Ich habe gesagt, Österreich hat nicht aus irgendeinem anti-serbischen Affekt den Kosovo heraus anerkannt, sondern aus der Anerkennung einer historischen Tatsache, dass Jugoslawien zerfallen ist, und dies der letzte Teil dieses Prozesses darstelle. Ich habe dann ein paar Dinge gesagt über die Unmöglichkeit in einem gemeinsamen Staat miteinander zu leben und wir wollen sowohl mit Serbien als auch mit Kosovo gute Beziehungen haben und das hat er nicht geschätzt, er hat gesagt: ‚We agree to disagree' aber es war dann trotzdem ein sehr gutes Gespräch.[1529]

Generalleutnant Segur-Cabanac betont, „dass gerade das neutrale Österreich hier sozusagen bei den Vorreitern, bei den ersten Anerkennungen des Kosovo als unabhängiger Staat mit dabei gewesen ist, dass halte ich für bemerkenswert".[1530] Und er bemerkt weiter zur Rolle Österreichs,

> dass sich Österreich vor dem Krieg und während des Krieges sehr sehr weit aus dem Fenster gelehnt hat, weit mehr als man es von einem neutralen Klein-Staat hätte erwarten können und dass wir in der ersten Reihe der Anerkenner eines unabhängigen Kosovo waren, war keine Selbstverständlichkeit.[1531]

Die österreichische Unterstützung für den Kosovo erstreckte sich auch auf andere Bereiche. Im Bereich der Entwicklungszusammenarbeit war der Kosovo seit 1999 ein Schwerpunktland der Österreichischen Entwicklungszusammenarbeit (OEZA), wo unmittelbar nach dem Kosovo-Krieg in Prishtina eine Außenstelle des Auslandsbüros in Belgrad eröffnet wurde. Nach der Unabhängigkeit des Kosovo eröffnete die OEZA in Pristina ein Büro der Austrian Development Agency (ADA).[1532] Nach der Eröffnung eines ADA-Büros in Prishtina konzentrierte sich die OEZA vor allem auf den Hochschulbereich, den Aufbau und die Modernisierung des kosovarischen Bildungssystems, Demokratisierung und Menschenrechte sowie auf wirtschaftliche Entwicklung mit Fokus auf den ländlichen Raum.[1533] Die OEZA-Aktivitäten förderten weiters die Kapazitätenentwicklung der kosovarischen Institutionen, die Stärkung der Zivilgesellschaft, von Frauen und Minderheitenrechten und den Umweltschutz.[1534]

1529 Interview mit Clemens Koja, Wien, 24. 7. 2017.
1530 Interview mit Christian Segur-Cabanac, Wien, 21. 7. 2017.
1531 Ebd.
1532 Laut ADA-Statistik haben die öffentlichen Entwicklungshilfeleistungen Österreichs an den Kosovo von 2008 bis 2016 93,47 Millionen Euro betragen (Kosovo: Länderinformation (2018) https://www.entwicklung.at/fileadmin/user_upload/Dokumente/Laenderinformationen/LI_Kosovo_Mai2018.pdf (abgerufen 26.07.2018).
1533 Ebd.
1534 Kosovo: Country Strategy 2013–2020 https://www.entwicklung.at/fileadmin/user_upload/Dokumente/Publikationen/Landesstrategien/CS_Kosovo_2013-2020.pdf (abgerufen 26.07.2018).

B. Österreichs Politik in der Kosovo-Frage in den Jahren 1997-1999

Im Bildungswesen, wo Österreich schon in den 1990er Jahren ein besonderes Engagement gezeigt hatte, als es Studierende aus dem Kosovo die Möglichkeit eines Abschlusses in österreichischen Universitäten ermöglichte, gab es eine Reihe weiterer Maßnahmen und damit blieb Österreich einer der verlässlichsten Partner im Aufbau des Bildungswesens.[1535] Die Unterstützungsmaßnahmen umfassten Stipendien für Professoren der Universität von Prishtina, die Einbeziehung des Kosovo (und die anderen südosteuropäischen Ländern) in den europäischen Hochschulraum (Bologna-Erklärung), Curriculum-Entwicklung und zahlreiche Projekte für Hilfsmaßnahmen für Forschungsinfrastruktur.[1536] Durch die Unterstützung der zuständigen Ministerin der österreichischen Regierung wurde die Einbindung Kosovos im CEEPUS, Tempus und Erasmus Plus Programm ermöglicht.[1537] Die österreichischen Universitäten haben sich bemüht, die Ausstattung der Universität Prishtina mit Geräten, Labor-Ausstattungen (auf naturwissenschaftlicher und auch medizinischer Ebene)[1538] sowie mit Fachliteratur zu verbessern.[1539] Ganz bedeutsam war die österreichische Hilfe[1540] bei der Einrichtung der Akkreditierungsagentur[1541] des Kosovo nach europäischen Standards und die Einrichtung eines Informationszentrums für Anerkennung.[1542]

Österreich gilt als einer der größten und wichtigen Unterstützer der jungen Republik bezüglich der Mitgliedschaft bei den regionalen, europäischen und internationalen Organisationen, die „Staatlichkeit des Kosovo zu stärken und für seine universelle Anerkennungen einzutreten".[1543] Auf Betreiben Österreichs wurde der Kosovo als Mitglied im Vienna Economic Forum (VEF) im Jahr 2009 aufgenommen, dies war eine der ersten europäischen Organisationen mit Sitz in Wien, bei der die kosovarische Republik als Mitglied beitrat. Erhard Busek, Präsident der VEF (2005-2016), zur Aufnahme von Kosovo: „Das war meine Initiative und es gab jede Menge von Widerständen."[1544] Aus Protest gegen die Mitgliedschaft des Kosovo beim VEF haben Serbien und Rumänien ihre Mitgliedschaft zurückgelegt.

Außenminister Spindelegger (2008-2013) beschreibt seine Bemühungen, wie er versuchte die europäischen Partner zu überzeugen, die nicht bereit waren, die Unabhängigkeit des Kosovo anzuerkennen:

1535 Im Jahr 2000 wurde eine österreichische Bibliothek in Prishtina eröffnet.
1536 Von der Bedeutung war das Projekt „HigherKos" (1,75 Mio. EUR) (Austrian Development Agency: Evaluation Higher KOS: Evaluation Report (Final Version-January 2014).
1537 Interview mit Barbara Weitgruber und Christian Gollubits, Wien, 27. 7. 2017.
1538 Diese Geräte wurden mit Flugzeugen des österreichischen Bundesheers als Transporter für wissenschaftliche Ausstattung verwendet.
1539 Interview mit Christoph Ramoser, Wien, 27. 11. 2017.
1540 Sigurd Höllinger war bei der Ausarbeitung des neuen Universitätsgesetzes und als Mitglied des Boards der Prishtina Universität sehr engagiert und von der österreichischen Regierung bezahlt worden. Interview mit Sigurd Höllinger, Wien, 19. 6. 2017.
1541 Österreich finanziert bis heute einen internationalen Experten.
1542 Interview mit Heinz Kasparovsky, Wien, 18. 8. 2017.
1543 Jandl, Beginnt der Balkan noch immer in Wien, S. 248.
1544 Interview mit Erhard Busek, Wien, 31. 1. 2017.

6. Die Entwicklungen in den österreichischen-kosovarischen Beziehungen bis 2010

> Ich habe damals alle Außenminister der fünf Länder der EU, die den Kosovo nicht anerkannt haben, versucht zu überzeugen, das habe ich damals den kosovarischen Politikern immer wieder zugesichert und auch getan. Ich habe besonders beim Nachbarland Slowakei angesetzt, weil ich dachte, dort sehe ich am wenigsten eine Begründung warum diese merkwürdige Haltung, den Kosovo nicht anzuerkennen, vorhanden ist, und habe mich bemüht bei Dzurinda und auch bei seinem Nachfolger Miroslav Lajcak das immer wieder zu tun. Das ist mir leider nicht gelungen, aber steter Tropfen höhlt den Stein.[1545]

Aufgrund der aktiven österreichischen Unterstützung für den Kosovo kam es zwei Jahre später zu einem diplomatischen Zwischenfall in den Beziehungen zwischen Österreich und Serbien. Während eines Besuches des österreichischen Außenministers Spindelegger in Belgrad am 10. Februar 2010 wurde die österreichische Delegation einige Minuten vor dem geplanten Treffen mit dem serbischen Premierminister Mirko Cvetkovic informiert, dass der geplante Termin ausfallen wird. Außenminister Spindelegger erklärte, dass die Annullierung des Termins ohne bestimmte Gründe „selbstverständlich" mit dem Engagements Österreichs bei der Anerkennung des Kosovo zusammenhing:

> Das hat immer eine besondere Rolle gespielt und das habe ich gespürt, ja. Das wurde mir vom damaligen Außenminister Vuk Jeremic immer wieder gesagt: ‚Unmöglich was Ihr da macht, das akzeptieren wir nicht'. Aber es hat uns nicht gehindert unsere Politik fortzusetzen und in diese Richtung weiter zu treiben. Aber wir haben den serbischen Kollegen immer wieder gesagt, das ändert nichts daran, dass wir auch den Weg Serbiens in Richtung EU proaktiv unterstützen.[1546]

Botschafter Koja erklärte mehr die Details der Hintergründe dieser peinlichen diplomatischen Verwicklung: „Nachher sind wir dem nachgegangen und da hat uns jemand gesagt, das war Jeremic persönlich. Jeremic hat den Ministerpräsidenten anrufen lassen und gesagt ‚der Termin wird abgesagt', und dann ist er abgesagt worden."[1547]

Das starke Engagement von der Grünen-Europaabgeordneten Ulrike Lunacek (2009-2017), die vom Europäischen Parlament zur Kosovo-Berichterstatterin ernannt wurde, hatte wesentlichen Anteil daran, dass der Kosovo zum ersten Mal von einer der drei zentralen EU-Institutionen den Europäischen Parlament als unabhängiger Staat anerkannt wurde.[1548] Mit ihrem ersten Bericht am 8. Juli 2010, konnte Ulrike Lunacek zwei Drittel der Abgeordneten des Europäischen Parlaments überzeugen und ihr Bericht wurde mit 455 zu 155 Stimmen bei 28 Enthaltungen angenommen.[1549] Die EU-Abgeordneten nahmen die Entschließung an und forderten die fünf EU-Mitgliedsstaaten, die bisher den Kosovo nicht anerkannt haben, auf, die Unabhängigkeit des Kosovo anzuerkennen und „ihren gemeinsamen Ansatz gegenüber dem Kosovo mit dem Ziel des Beitritts des Kosovo zur

---

1545 Interview mit Michael Spindelegger, Wien, 5. 7. 2017.
1546 Ebd.
1547 Interview mit Clemens Koja, Wien, 24. 7. 2017.
1548 Lukas Mandl, In der Tradition von Mock, Busek, Petritsch, in: *Die Furche*, Nr. 13, 29. 3. 2018.
1549 Lunacek, Frieden bauen heißt weit bauen, S. 30.

6. Die Entwicklungen in den österreichischen-kosovarischen Beziehungen bis 2010

EU zu stärken, damit die Politik der EU mehr Wirkung auf die gesamte Bevölkerung des Kosovo entfaltet".[1550]

Ganz wichtig für den Kosovo waren die Anerkennung durch die ehemalige jugoslawische Republiken Slowenien, Kroatien, Mazedonien und Montenegro. Aufgrund der ablehnenden Haltung der Republik Srpska erkannte Bosnien und Herzegowina den Kosovo nicht an. In seinen Bemühungen die Unabhängigkeit des Kosovo auf diplomatischer Ebene zu bekämpfen, stellte Serbien am 8. Oktober 2008 einen Antrag in der UN-Generalversammlung, der Internationale Gerichtshof (IGH) in Den Haag möge die Frage der Rechtmäßigkeit der Unabhängigkeit Kosovo überprüfen, ob die einseitige Ausrufung der Unabhängigkeit des Kosovo mit dem internationalen Recht im Einklang sei. Das Rechtsgutachten des IGH,[1551] – das als juristische Expertise galt und nicht bindend ist – hatte am 22. Juli 2010 festgestellt: „[…] the Court considers that general international law contains no applicable prohibition of declarations of independence. Accordingly, it concludes that the declaration of independence of 17 February 2008 did not violate general international law".[1552]

Österreich war einer der unterstützenden Staaten, das eine schriftliche (16. April 2009)[1553] und mündliche (3. Dezember 2009)[1554] Stellungnahme abgab.[1555] Der Leiter des Völkerrechtsbüros des österreichischen Bundesministeriums Helmut Tichy[1556] und Nadia Kalb, Referentin in diesem Völkerrechtsbüro, erklärten, wie im österreichischen Außenministerium die von Österreich geteilte Rechtsauffassung vorbereitet wurde:[1557]

Diese Entscheidung wurde im Völkerrechtsbüro des österreichischen Außenministeriums mit Genugtuung aufgenommen, ist doch der IGH in vielen Punkten den österreichischen

---

1550 Entschließung des Europäischen Parlaments zum Prozess der europäischen Integration des Kosovo (29. 6. 2010) http://www.europarl.europa.eu/sides/getDoc.do?type=MOTION&reference=B7-2010-0409&language=DE (abgerufen 24.07.2018).

1551 10 von 15 ICJ-Richtern stimmten für die Unabhängigkeitserklärung des Kosovo.

1552 Summary of the Advisory Opinion, 22 July 2010 http://www.icj-cij.org/docket/files/141/16010.pdf (abgerufen 23.07.2018).

1553 Written Statement of Austria in the ICJ Advisory Proceedings, 16 April 2009 http://www.icj-cij.org/files/case-related/141/15620.pdf (abgerufen 23.07.2018)

1554 Oral Statement of Austria in the ICJ Advisory Proceedings, 3 December 2009 http://www.icj-cij.org/docket/Þles/141/15716.pdf (abgerufen 23.07.2018)

1555 Die österreichische Stellungnahme wurde im Außenministerium unter Leitung vom Völkerrechtsexperten Univ.-Prof. Dr. Gerhard Hafner verfasst.

1556 Mehr dazu siehe Christian Pippan, Die Unabhängigkeit des Kosovo im Lichte des Völkerrechts: Fünf Thesen, in: Stephan Wittich/August Reinisch/Andrea Gattini (Hrsg.), Kosovo – Staatsschulden – Notstand – EU-Reformvertrag – Humanitätsrecht: Beiträge zum 33. Österreichischen Völkerrechtstag 2008 in Conegliano, Frankfurt am Main 2009, S. 3-20; Helmut Tichy, Rechtsfragen bei der Anerkennung der Unabhängigkeit des Kosovo, in: Stephan Wittich/August Reinisch/Andrea Gattini (Hrsg.), Kosovo – Staatsschulden – Notstand – EU-Reformvertrag – Humanitätsrecht: Beiträge zum 33. Österreichischen Völkerrechtstag 2008 in Conegliano, Frankfurt am Main 2009, S. 41-50.

1557 Mehr dazu siehe Gerhard Hafner/Nadia Kalb, Struktur und Inhalt der Stellungnahmen Österreichs im IGH-Gutachtenverfahren zu Kosovo, in: Peter Hilpold (Hrsg.), Das Kosovo-Gutachten des IGH vom 22. Juli 2010, Leiden – Boston 2012, S. 259-268; Peter Hilpold (Hrsg.), Das Kosovo-Gutachten des IGH vom 22. Juli 2010, Leiden – Boston 2012.

6. Die Entwicklungen in den österreichischen-kosovarischen Beziehungen bis 2010

Argumenten gefolgt. Österreich, das die Unabhängigkeit des Kosovo als einer der ersten Staaten anerkannt hat, vertrat in diesem Verfahren die Auffassung, dass das allgemeine Völkerrecht Unabhängigkeitserklärungen nicht verbietet und dass auch im Fall des Kosovo das durch Resolution 1244 geschaffene UN-Übergangsregime der Unabhängigkeitserklärung nicht entgegenstand.[1558]

Gerhard Hafner, Rechtskonsulent des Außenministeriums, hatte die Stellungnahme verfasst. Hafner erklärt: „Ich entwickelte eine bestimmte Position, die vom Außenministerium akzeptiert wurde und die ich im Kontakt mit dem Außenministerium schließlich ausarbeitete."[1559]

Helmut Tichy, der die mündliche Stellungnahme Österreichs beim IGH vorgetragen hatte, beschreibt das Vorgehen des Außenministeriums:

[Wir haben, F.A.] im Völkerrechtsbüro des Außenministeriums natürlich zunächst einmal das Vorliegen der drei Staatsvoraussetzungen geprüft […], dass es sich dabei in Wirklichkeit um eine einzige Voraussetzung handelt, nämlich um das Bestehen einer effektiven souveränen Staatsgewalt, die sich auf einem Gebiet und für die Bewohner dieses Gebiets auswirkt, ob diese nun einer oder mehreren Volksgruppen angehören. Entscheidend ist die Effektivität der neuen Staatsgewalt.[1560]

Der österreichische Jurist Hafner erklärt die Gemeinsamkeiten im Gutachten des Internationalen Gerichtshofes und der österreichischen Stellungnahme:

Das Rechtsgutachten des Internationalen Gerichtshofs entspricht weitgehend den österreichischen Stellungnahmen (schriftlich und mündlich). Die Gemeinsamkeiten beziehen sich insbesondere darauf, dass es sich bei der Erklärung um kein Element einer Staatsgründung handelte und das Völkerrecht dazu nichts aussage.[1561]

Nach der Veröffentlichung des Gutachtens des IGH versuchte Außenminister Spindelegger eine vermittelnde Position einzunehmen. Laut ihm sei das Gutachten „kein Grund für Triumphrufe von der einen oder der anderen Seite. Das Gutachten sollte vielmehr von Belgrad und Prishtina als Chance genutzt werden, um ein neues Kapitel in den Beziehungen Serbien-Kosovo aufzuschlagen."[1562] Er fügte in einer späteren Stellungnahme hinzu: „Wir verstehen schon, dass Serbien den Kosovo nicht schon morgen anerkennen will, aber wir können nicht akzeptieren, dass die Unabhängigkeit des Kosovo nochmals infrage gestellt wird."[1563]

1558 Helmut Tichy/Nadia Kalb, Kosovo: IGH folgt der Rechtsansicht Österreichs, in: *Die Presse*, 6. 8. 2010 https://diepresse.com/home/recht/rechtallgemein/585993/Kosovo_IGH-folgt-der-Rechtsansicht-Oesterreichs (abgerufen 24.07.2018)
1559 Interview mit Gerhard Hafner, Wien, 31. 8. 2018.
1560 Tichy, Rechtsfragen bei der Anerkennung der Unabhängigkeit des Kosovo, S. 44.
1561 Ebd.
1562 *APA*, 22. 7. 2010.
1563 *APA*, 5. 9. 2010.

6. Die Entwicklungen in den österreichischen-kosovarischen Beziehungen bis 2010

Am 2. Juli 2012 erhielt der Kosovo seine volle Souveränität.[1564] Die Internationale Lenkungsgruppe (International Steering Group/ISG)[1565] beschloss in Wien, die internationale Überwachung der Unabhängigkeit des Kosovo zu beenden.[1566] Der kosovarische Premierminister Hashim Thaçi bezeichnete dies als „historischen Tag".[1567] Bei einer Festsitzung des kosovarischen Parlaments in Prishtina, wo das Ende der Überwachung der Unabhängigkeit des Kosovo gefeiert wurde, hatte Außenminister Spindelegger – als einziger Spitzenvertreter eines befreundeten Staates und Unabhängigkeits-Unterstützer – eine Rede gehalten und erklärt: „Für Österreich ist es eine Ehre, den Kosovo auf seinem Weg in die Eigenstaatlichkeit begleitet zu haben [...]. Wir verstehen uns als enger Partner und Anwalt Ihrer rechtmäßigen Bestrebungen."[1568] Er fügte weiter hinzu: „Eine Übergangsperiode endet für den Kosovo, und eine neue Ära beginnt: Sein Weg in Richtung EU."[1569]

Am Westbalkan, eine der zentralen Schwerpunktregionen der österreichischen Außenpolitik, setzte Außenminister Kurz (2013-2017) die Arbeit fort.[1570] Österreich gelang es im Rahmen des „Europa-Forum Wachau 2013" die Regierungschefs des Kosovo und Serbiens, Hashim Thaçi und Ivica Dačić, erstmals bilateral zusammenzuführen.[1571] Kurz besuchte die Westbalkan-Staaten oft und versicherte ihnen die Unterstützung Österreichs auf dem Weg der EU-Annäherung: „Dort wo wir können, werden wir jederzeit unterstützend tätig sein."[1572] Als Vorsitzland der Zentraleuropäischen Initiative versammelte Österreich zehn Außenminister aus der Region im Juni 2014 in Wien, um die europäische Perspektive zu bekräftigen. Auch bei der Initiative der deutschen Bundeskanzlerin Angela Merkel, im sogenannten „Berlin-Prozess", war die österreichische Diplomatie sehr aktiv. So kam es zu einem Westbalkan-Gipfel in Wien im August 2015, bei dem wichtige Infrastruktur-Pläne für die Westbalkanstaaten diskutiert und besprochen wurden.

Der Kosovo sowie auch die anderen Westbalkanstaaten können sich in ihren weiteren Bemühungen auf die ständige Unterstützung aus Österreich verlassen. „Es ist die einzige Gegend der Welt, in der die Alpenrepublik etwas zu sagen hat: wirtschaftlich und

---

1564 Der 2. Juli hatte schon einen wichtigen Platz in der Geschichte des Kosovo eingenommen. Schon am 2. Juli 1990 hatten die kosovo-albanischen Abgeordneten vor den Toren des Parlaments in Prishtina den Kosovo zu einem unabhängigen und gleichberechtigten konstitutiven Element der jugoslawischen Föderation erklärt.

1565 Am 28. Februar 2008 wurde auf Einladung der kosovarischen Institutionen die ISG auf Grundlage des Ahtisaari-Plans etabliert, die sich aus Unterstützern der Unabhängigkeit des Kosovo zusammensetzte. Die ISG war die höchste Instanz zur Überwachung der Durchsetzung des Ahtisaari-Planes.

1566 *Wiener Zeitung*, 2. 7. 2012.

1567 *APA*, 2. 7. 2012.

1568 *Der Standard*, 22. 9. 2012.

1569 *APA*, 10. 9. 2012.

1570 Lukas Mandl/Thomas Goiser, Kosovo: Europäische Integration im Fokus Die (neue) Österreichisch-Kosovarische Freundschaftsgesellschaft als Promotorin einer guten Zukunft im gemeinsamen Europa, in: Andreas Khol/Günther Ofner/Stefan Karner/Dietmar Halper (Hrsg.), Österreichisches Jahrbuch für Politik 2016. Eine Publikation der Politischen Akademie, Wien 2017, S. 197.

1571 Außen- und Europapolitischer Bericht 2013, IV.

1572 *APA*, 26. 2. 2014.

6. Die Entwicklungen in den österreichischen-kosovarischen Beziehungen bis 2010

politisch."[1573] Aufgrund der vielfältigen Verbindungen zwischen Österreich und den Westbalkanstaaten versucht Österreich seit Jahren vor allem im EU-Rahmen eine führende Rolle zu übernehmen, diese Länder im europäischen Integrationsprozess zu unterstützen. Die österreichische Außenpolitik versucht als treibende Kraft die europäischen Werte in dieser Region zu verankern und gleichzeitig ruft sie die Westbalkanstaaten auf, die Kriterien für die EU-Mitgliedschaft zu erfüllen. Die Einbeziehung des Westbalkans in die EU ist eine der wichtigsten Prioritäten und Schwerpunkte der österreichischen Außenpolitik. Wenn Österreich diese Region als einen zentralen Verantwortungsraum sieht, so sehen die Westbalkanstaaten Österreich als einen natürlichen Partner und als Brücke zur Annäherung an die EU. Wenn Südosteuropa oder der Westbalkan als Peripherie der EU oft bezeichnet werden, ist die österreichische Außenpolitik diejenige, die darüber am meisten sich kümmert, um die europäische Integration in diesem 'europäischen Hinterhof' zu beschleunigen.

1573 Rainer Nowak/Thomas Prior/Christian Ultsch, Flucht: Wie der Staat die Kontrolle verlor, Wien 2017, S. 171.

7. Zusammenfassung der Ergebnisse

Eine der zentralen Zielsetzungen dieser Untersuchung ist es, die österreichische Kosovopolitik darzustellen. Die folgenden Punkte fassen die wichtigen Dimensionen und Schwerpunkte des aktiven Engagements Österreichs im Kosovo-Konflikt in der Periode von 1986 bis 1999 zusammen:

1. Österreich besitzt international den Ruf, über eine besondere Expertise bezüglich Südosteuropa zu verfügen. Die Frühwarnungs-Funktion Österreichs vor der Krise im Kosovo und in Jugoslawien wurde von der internationalen Staatengemeinschaft oft nicht ernst genommen. Die österreichische Außenpolitik unternahm zahlreiche Maßnahmen und setzte viele Initiativen zur Internationalisierung der Kosovo-Frage durch Einschaltung von internationalen Organisationen.
2. Die österreichischen Regierungsvertreter, vor allem Bundeskanzler Vranitzky und Außenminister Mock, haben die Entwicklungen in Jugoslawien richtig interpretiert und versuchten ihre europäischen Partner über den sich zuspitzenden Konflikt zu alarmieren. Auch wenn es zwischen Bundeskanzler Vranitzky und Außenminister Mock unterschiedliche Meinungen vor allem bei der Anerkennungsfrage Sloweniens und Kroatiens gab, nahmen sie in der Kosovopolitik eine gemeinsame Position ein. Der einzige Unterschied war, dass Mock aktiver und engagierter war. Dies gilt vor allem im Hinblick auf die Internationalisierung der Kosovo-Frage und die Einschaltung der internationalen Organisationen insbesondere durch die Initiativen der ersten und zweiten Stufe des KSZE-Mechanismus der Menschlichen Dimension.
3. Die besondere Rolle Österreichs in der Kosovopolitik spiegelt sich auch in den häufigen Besuchen der politischen Führung des Kosovo in Wien wider. Alois Mock war der erste Außenminister, der die kosovo-albanischen Spitzenpolitiker häufig im Außenministerium empfangen hat. Die Besuche der kosovo-albanischen Führung in Österreich stellten für sie eine besonders wichtige politische internationale Aufwertung dar. Sie wurden nicht nur von Außenminister Mock empfangen, sondern auch von Vertretern der wichtigsten politischen Kräfte.
4. Die Gewaltfreiheit und die pazifistische Politik der Kosovo-Albaner unter Leitung von Rugova genossen besondere Sympathie und Unterstützung seitens der österreichischen Entscheidungsträger und der Öffentlichkeit. Die Gründung des Parallelstaates „Republika e Kosovës" sowie die Etablierung von weiteren Parallelstrukturen im Gesundheits-, Verwaltungs- und Schulwesen wurden in Österreich als realistische und sinnvolle politische Strategie betrachtet.
5. Die österreichische Außenpolitik war während der Jugoslawienkrise vor allem von politischen Repräsentanten der ÖVP geprägt. Neben Außenminister Mock ist hier die Rolle von Erhard Busek hervorzuheben, sowie von Andreas Khol, vor allem durch dessen Funktionen in der EDU. Alle drei galten als Verfechter des Selbstbestimmungsrechtes, wobei in den theoretischen Überlegungen die Südtirol-Frage nicht ohne Bedeutung war. Neben Bundeskanzler Vranitzky zeigten sich in der SPÖ vor allem Heinz Fischer und Peter Jankowitsch besonders aktiv in der Kosovopolitik. Die Proteste gegen ständige Menschenrechtsverletzungen im Kosovo waren für

7. Zusammenfassung der Ergebnisse

die Sozialdemokraten ein wichtiges Anliegen, und ihre Überzeugung war, dass das Selbstbestimmungsrecht für alle Völker Jugoslawiens gelten muss. Nicht nur innerhalb der österreichischen Regierungsparteien gab es einen breiten Konsens in Hinsicht Kosovopolitik, sondern auch innerhalb der österreichischen Opposition (FPÖ, Grüne und LIF) sowie der Öffentlichkeit und der Medien.

6. In den Jahren 1989-1994 leistete Österreich in vielfacher Hinsicht Unterstützung für den Kosovo: Vorschläge zur Lösung der Frage, Forderungen nach präventiven Maßnahmen, diplomatische Dienste, Türöffner-Funktion und Ratschläge für die politische Führung, humanitäre Hilfe, Asylangebot für kosovo-albanische Politiker, Flüchtlinge und ihre Familien, Anerkennung von Diplomen und Zeugnissen der Universität von Prishtina.

7. Für Österreich war die Kosovo-Frage mehr als nur eine Menschenrechtsfrage und keinesfalls eine innere Angelegenheit Belgrads. Darüber herrschte ein breiter Konsens in der österreichischen Parteienlandschaft. Sowohl die österreichische Regierung als auch die im Parlament vertretenen Parteien beschäftigten sich wiederholt mit dem Kosovo. Der Nationalrat zeigte sich in der Kosovo-Frage ständig aktiv, durch parlamentarische Anfragen an die Regierung und Entschließungsanträge. Österreichische Abgeordnete reisten in den Kosovo, um sich über die politische und wirtschaftliche Lage zu informieren.

8. Besonders aktiv war Österreich im Rahmen der EU, wenn es um die Suche nach Lösungen für die Krise im Kosovo oder die Verbesserung der politischen und wirtschaftlichen Lage in Südosteuropa ging, wie bei der Anerkennung der BRJ durch die EU-Mitgliedsstaaten (April 1996), durch aktives Engagement zur Verwirklichung des Erziehungsabkommens zwischen Belgrad und Prishtina (September 1996), bei der Vermittlungsrolle von Ex-Bundeskanzler Vranitzky in Albanien (März 1997) und bei der Erarbeitung einer Jugoslawien-Strategie (August 1997).

9. Als Anfang 1998 die Lage im Kosovo sich drastisch zuspitzte, reagierte die österreichische Außenpolitik im März 1998 mit konkreten Maßnahmen zur Lösung des Kosovo-Konflikts, wie mit dem Vorschlag der 10-Punkte zur Beilegung der Kosovo-Krise, die Stationierung multinationaler Streitkräfte in Nordalbanien, die Teilnahme österreichischer Kontingente wie im Rahmen der EU-Beobachtermission (ECMM), der Kosovo Diplomatic Observer Mission (KDOM) und der Kosovo Verification Mission (KVM).

10. Österreich befasste sich mit der Kosovo-Frage auch im Rahmen internationaler und europäischer Foren im Bereich Krisenmanagement und Konfliktverhütung, wie in der UN, der Kontaktgruppe, NATO-PfP, OSZE, Europarat, WEU und ZEI. Aktiv hatte Österreich auch an der Ausformulierung von Sanktionen gegen die politische Führung in Belgrad mitgewirkt.

11. Als Österreich zum ersten Mal den EU-Ratsvorsitz (Juli-Dezember 1998) innehatte, stellte die Kosovo-Krise einen der wichtigsten Arbeitsschwerpunkte sowohl in der österreichischen Außenpolitik als auch im Rahmen der GASP dar. Anfang Juli 1998 gelang dem österreichischen EU-Vorsitz die Eröffnung eines EU-Büros in Prishtina ohne Genehmigung der serbischen Behörden. Im Juli und August fanden auf Betreiben der österreichischen EU-Präsidentschaft die Missionen der EU-Troika nach Belgrad und in den Kosovo statt. Unter Mitwirkung der österreichischen EU-Prä-

7. Zusammenfassung der Ergebnisse

sidentschaft wurden wichtige Maßnahmen gesetzt, wie die Entsendung einer gerichtsmedizinischen Kommission zur Untersuchung der Kriegsverbrechen (August 1998), die Einrichtung der humanitären Arbeitsgruppen in Genf und Belgrad mit der Absicht, die Hilfe für die Flüchtlinge mit internationalen humanitären Hilfsorganisationen zu koordinieren (September 1998), und die Vorlage eines Flüchtlings-Aktionsplans zur Bewältigung der humanitären Krise (Oktober 1998).

12. Eine der bedeutsamsten Erfolge im Rahmen der österreichischen EU-Präsidentschaft war die Ernennung des österreichischen Botschafters in Belgrad, Wolfgang Petritsch, zum EU-Sondergesandten für den Kosovo. Er war zusammen mit seinem amerikanischen Kollegen Christopher Hill das Gesicht der EU bei den Verhandlungen der Konfliktparteien. Petritschs Rolle ist insbesondere bei den diplomatischen Bemühungen und Vorschlägen zur Lösung des Kosovo-Konflikts hervorzuheben. Seine Fähigkeit zur Gesprächsbereitschaft sowohl mit den Konfliktparteien als auch mit Washington und Moskau führte dazu, dass er seine Funktion weiterhin als EU-Sondergesandter über das Ende der EU-Präsidentschaft bei der Erarbeitung des Abkommensentwurfs von Rambouillet behielt.

13. Unter aktiver österreichischer Mitarbeit gab es zahlreiche Initiativen die polarisierende kosovo-albanische Parteienlandschaft zu einen und ein gemeinsames kosovo-albanisches Verhandlungsteam zu schaffen. Der erfahrene österreichische Spitzendiplomat Albert Rohan galt als Schlüsselfigur in der österreichischen Kosovopolitik, der mit der Materie schon seit 1990 betraut war. In diesem Zusammenhang sind die ersten österreichischen Kontakte mit der UÇK hervorzuheben. Für die österreichischen außenpolitischen Vertreter war im Gegensatz zu vielen europäischen Partnern klar, dass ohne eine Beteiligung der UÇK die Lösung der Kosovo-Frage nicht mehr möglich war.

14. Die Aufdeckung der Operation „Hufeisen" durch den österreichischen Militärgeheimdienst und die Weitergabe der Informationen an die NATO spielten eine entscheidende Rolle bei den NATO-Mitgliedsstaaten in der Vorbereitung und der Legitimierung der militärischen Aktionen gegen Belgrad. Der Krieg im Kosovo stellte für die Wiener Ballhausplatz-Diplomatie den vierten Krieg des Slobodan Milošević dar.

15. Nachdem die serbisch/jugoslawische Delegation das Rambouillet-Abkommen abgelehnt hatte, erfolgte die NATO-Intervention gegen die BRJ. Trotz der fehlenden Zustimmung des UN-Sicherheitsrates für eine Militärintervention waren Luftanschläge der NATO aus Ansicht der NATO und der EU als rechtskonform qualifiziert, da sie die Absicht hatten, einen Völkermord wie in Bosnien und Herzegowina zu verhindern. Diese Intervention der NATO gegen Jugoslawien hatte Österreich durch Bundeskanzler Klima und Außenminister Schüssel im Rahmen des Europäischen Rates am 24. März 1999 mitgetragen. Jedoch aus Neutralitätsgründen hatte Österreich die Durchfuhr- und Überfluggenehmigungen für Militärgerät der NATO über sein Territorium nicht erteilt.

16. Österreich hat in der Kosovo-Krise große Solidarität bewiesen und eindrucksvolle humanitäre Hilfe basierend auf der Spendenbereitschaft der österreichischen Bevölkerung geleistet. Durch die Reaktivierung der Spendenaktion „Nachbar in Not", an der zahlreiche österreichische Nichtregierungs- und Hilfsorganisationen beteiligt waren, gelang es, zahlreiche Spenden für Vertriebene und Flüchtlinge zu sammeln.

7. Zusammenfassung der Ergebnisse

Besonders aktiv in der Flüchtlingshilfe zeigte sich Österreich durch die Aufnahme von rund 15.000 Kosovo-Flüchtlingen sowie durch die Schaffung des Flüchtlingslagers im Österreich-Camp in Nordalbanien und dies stellte Österreich an die Spitze der EU-Mitgliedsstaaten bezüglich Hilfsbereitschaft.

17. Diese aktive österreichische Haltung für den Kosovo wurde auch nach dem Ende des Kosovo-Kriegs weitergeführt, nicht nur auf humanitärer Ebene, sondern auch auf militärischer Ebene mit der Stationierung eines Bundesheer-Kontingents von etwa 450 Soldaten im Rahmen der internationalen Friedenstruppe im Kosovo (KFOR) und bei Wiederaufbaumaßnahmen, Entwicklungszusammenarbeit, Leistungen im Kultur-, Schul- und Universitätsbereich sowie wirtschaftlichen Investitionen.

18. Die Rolle Österreichs war eng mit dem Prozess der Erlangung der Unabhängigkeit des Kosovo verbunden. So wurden in Wien die Statusverhandlungen zwischen dem Kosovo und Serbien (Wiener Gespräche) abgehalten. Albert Rohan war stellvertretender UN-Chefverhandler für den Kosovo. Österreich hat den Kosovo im Jahr 2008 als unabhängigen und souveränen Staat anerkannt und pflegt seitdem mit Prishtina freundschaftliche und enge Beziehungen auf allen Gebieten. Die österreichische Außenpolitik unterstützte die junge Republik in Bezug auf die Mitgliedschaft in den regionalen, europäischen und globalen Organisationen und Österreich gilt nach wie vor als einer der wichtigsten und verlässlichsten EU-Partner, der sich für den Erfolg der Bemühungen des kosovarischen Staates sowie der Westbalkan-Staaten insgesamt bezüglich ihrer EU-Mitgliedschaftsambitionen einsetzt.

Chronologie[1574]

Jänner 1986 – Die Petition gegen den „albanischen Nationalismus und Separatismus" und „Verfolgung der Serben im Kosovo" ist erschienen.

2. August 1986 – Slobodan Milošević wird Vorsitzender der Liga der Kommunisten Serbiens.

24. September 1986 – Das Memorandum der Serbischen Akademie der Wissenschaften und Künste wird veröffentlicht.

23. November 1986 – Nationalratswahl in Österreich, bei der die SPÖ unter Franz Vranitzky als stärkste Partei 43,1 Prozent und die ÖVP unter Alois Mock 41,3 Prozent der Stimmen bekamen.

21. Jänner 1987 – Die neue österreichische Bundesregierung wird angelobt: Franz Vranitzky wird Bundeskanzler (bis 17. Jänner 1997) und Alois Mock Außenminister Österreichs (bis 4. Mai 1995).

Februar 1987 – Bundeskanzler Vranitzky besucht zum ersten Mal Jugoslawien.

Dezember 1987 – Slobodan Milošević wird Präsident der jugoslawischen Teilrepublik Serbien.

Februar 1989 – Die Bergarbeiter von Trepça organisieren einen Hunger– und Generalstreik als Resultat der eingeleiteten serbischen Verfassungsänderungen.

23. März 1989 – Das Parlament des Kosovo verabschiedet unter massivem Druck Belgrads die Verfassungsänderung im Kosovo und die Ausrufung des Ausnahmezustandes.

8. Juni 1989 – Der österreichische Nationalrat beschäftigt sich mit der Verschlechterung der politischen Lage im Kosovo.

27. Juni 1989 – Der österreichische und der ungarische Außenminister, Alois Mock und Gyula Horn, durchschneiden symbolisch den Eisernen Vorhang.

28. Juni 1989 – Slobodan Milošević hält eine Rede anlässlich des 600. Jahrestages der Schlacht auf dem Amselfeld.

17. Juli 1989 – Außenminister Mock überreicht den Antrag Österreichs für einen EG-Beitritt.

1574 Eigene Darstellung nach der relevanten Literaturliste (siehe Literatur).

23. Dezember 1989 – Die Demokratische Liga des Kosovo wird unter Leitung von Ibrahim Rugova gegründet.

Jänner/Februar 1990 – Blutige Auseinandersetzungen zwischen Kosovo-Albanern und der Bundespolizei, die aus serbischen Einheiten besteht. Das Ergebnis der Gewaltausübung: 34 Tote.

20.-22. Jänner 1990 – Findet die letzte Sitzung des Bundes der Kommunisten Jugoslawiens (XIV. Außerordentlichen Kongress des BdKJ) statt, nachdem die Forderungen Sloweniens und Kroatiens nach Demokratisierung der Kommunistischen Partei abgelehnt worden waren. Die slowenische und die kroatische Delegation verlassen den Kongress.

13. Februar 1990 – Ibrahim Rugova reist auf Einladung des Vorsitzenden der Internationalen Helsinki-Föderation für Menschenrechte, Karl Schwarzenberg, nach Wien.

4.-6. April 1990 – Bundeskanzler Vranitzky trifft in Belgrad während seines dritten Besuches in Jugoslawien Vertreter alternativer Gruppen und neu gegründeter Parteien in Jugoslawien.

6. Juni 1990 – Erklärung von Außenminister Mock zur Situation in Jugoslawien zur Aufhebung der Autonomie des Kosovo durch Serbien.

2. Juli 1990 – 114 kosovo-albanischen Abgeordnete erklären vor dem Parlament in Prishtina die Selbständigkeit der Provinz Kosovo zur „gleichberechtigten und unabhängigen Einheit" in der jugoslawischen Föderation.

5. Juli 1990 – Das serbische Parlament löst das Parlament und die Regierung des Kosovo auf.

15. August 1990 – Österreich setzt gemeinsam mit anderen Staaten die erste Stufe des KSZE-Mechanismus der Menschlichen Dimension gegenüber Jugoslawien angesichts der Situation im Kosovo in Gang.

7. September 1990 – Die kosovo-albanischen Abgeordneten verabschieden in einer geheimen Sitzung eine eigene Verfassung für eine „Republik Kosovo" (sog. Kaçanik-Verfassung) und proklamieren die Unabhängigkeit des Kosovo im Rahmen des jugoslawischen Staates.

28. September 1990 – Mit der Verabschiedung der neuen serbischen Verfassung werden die Autonomie von Kosovo und Vojvodina praktisch aufgehoben.

7. Oktober 1990 – Findet die Nationalratswahl in Österreich statt, bei der die SPÖ unter Bundeskanzler Franz Vranitzky 42,8 Prozent und die ÖVP unter Vizekanzler Josef Riegler 32,1 Prozent der Stimmen erhielt.

Chronologie

Oktober 1990 – Ibrahim Rugova wird im Nationalrat und im Außenministerium in Wien empfangen.

1. Jänner 1991 – Österreich wird für zwei Jahre Mitglied des UN-Sicherheitsrates.

16. Jänner 1991 – Der österreichische Nationalrat beschließt einstimmig einen Entschließungsantrag über die Situation im Kosovo.

28. März 1991 – Österreich setzt die zweite Stufe des KSZE-Mechanismus der Menschlichen Dimension gegenüber Jugoslawien angesichts der Situation im Kosovo in Gang.

17. April 1991 – Der österreichische Nationalrat äußert seine Besorgnis über die Lage im Kosovo.

Mai 1991 – Außenminister Mock schlägt die Bildung eines internationalen „Weisenrates" eminenter europäischer Politiker für Jugoslawien vor, der als internationaler Vermittler in Jugoslawien dienen soll.

8.-9. Mai 1991 – Österreich legt ein 13-Punkte-Papier über die Lage im Kosovo in Belgrad vor.

25. Juni 1991 – Slowenien und Kroatien erklären sich für unabhängig.

27. Juni 1991 – Erster jugoslawischer Krieg: Massives Eingreifen der Jugoslawischen Volksarmee in Slowenien.

Juli 1991 – Zweiter jugoslawischer Krieg: Die Jugoslawische Volksarme greift Kroatien an.

5.-8. August 1991 – Eine Delegation österreichischer Parlamentarier mit den Delegationsleitern Peter Schieder (SPÖ) und Andreas Khol (ÖVP) reist nach Jugoslawien.

7. August 1991 – Österreich lenkt als erster Staat schriftlich die Aufmerksamkeit des UN-Sicherheitsrates auf die Lage in Jugoslawien.

7. September 1991 – Die Europäische Gemeinschaft lädt die Vertreter der jugoslawischen Teilrepubliken zur Friedenskonferenz nach Den Haag ein; als Folge wird die Schiedskommission unter dem französischen Verfassungsgerichtspräsidenten Robert Badinter eingerichtet.

26.-30. September 1991 – Findet ein illegal durchgeführtes Referendum im Kosovo statt. Bei einer Wahlbeteiligung von 87 Prozent stimmen mehr als 90 Prozent der Kosovo-Albaner für die Republik Kosovo als unabhängigen und souveränen Staat.

Chronologie

26. Oktober 1991 – Mazedonien erklärt seine Unabhängigkeit von Jugoslawien.

5. Dezember 1991 – Die Leiter der Fakultäten der Universität Prishtina ergreifen Maßnahmen zur Fortsetzung des Studiums in Privaträumlichkeiten.

7. Dezember 1991 – Laut Gutachten der Schiedskommission der Friedenskonferenz ist die SFRJ im „Prozess der Auflösung".

15. Jänner 1992 – Slowenien und Kroatien werden von der EG, Österreich und zahlreichen anderen Staaten anerkannt.

3. März 1992 – Bosnien-Herzegowina proklamiert seine Unabhängigkeit.

März/April 1992 – Dritter jugoslawischer Krieg: Beginn der Kampfhandlungen in Bosnien-Herzegowina.

23. April 1992 – Serbien und Montenegro beschließen die Föderative Republik Jugoslawien und erklären sie zur Rechtsnachfolgerin der SFRJ.

11. Mai 1992 – Österreich und die EG rufen ihre Botschafter aus Belgrad zurück.

24. Mai 1992 – Im Kosovo finden illegale Parlaments– und Präsidentschaftswahlen statt. Die LDK gewinnt die Mehrheit, 96 von 130 Sitzen. Ibrahim Rugova als einziger Kandidat bei den Präsidentschaftswahlen erhält 99,5 Prozent der Stimmen. Bujar Bukoshi wird zum Premierminister gewählt.

10. Juli 1992 – Findet die erste Sitzung der Kosovo-Arbeitsgruppe unter Leitung von Außenminister Mock statt.

8. Juli 1992 – Thomas Klestil wird Bundespräsident Österreichs (bis 6. Juli 2004).

22. September 1992 – Die BRJ wird aus der UN ausgeschlossen.

15. September 1992 – Außenminister Mock empfängt Ibrahim Rugova im Außenministerium.

8. Oktober 1992 – Findet die zweite Sitzung der Kosovo-Arbeitsgruppe in Wien statt.

27.-29. Oktober 1992 – Humanitäre Erkundungsmission des Wiener Landtags in den Kosovo.

25. Dezember 1992 – US-Präsident Bush („Christmas warning") warnt die serbische Führung vor einer Ausweitung des Krieges in den Kosovo. Die USA wären bereit, auch militärisch gegen die Serben im Kosovo vorzugehen.

25. März 1993 – Außenminister Mock und Wissenschaftsminister Busek protestieren gegen die neuerliche Verhaftung des Rektors der Universität von Prishtina, Ejup Statovci.

22. Juli 1993 – Jugoslawien wird von der KSZE suspendiert, worauf Belgrad die Langzeitmission der KSZE im Kosovo, Vojvodina und Sandjak beendet.

November/Dezember 1993 – Ibrahim Rugova wird von Bundeskanzler Vranitzky, Nationalratspräsident Fischer, der Dritten Nationalratspräsidentin Heide Schmidt, Außenminister Mock, Verteidigungsminister Werner Fasslabend sowie dem Wiener Bürgermeister Helmut Zilk empfangen.

3. Februar 1994 – US-Präsident Clinton empfängt Ibrahim Rugova in Washington.

12. Juni 1994 – Die Volksabstimmung über den EU-Beitritt Österreichs erbringt 66,6 Prozent Pro-Stimmen.

9. Oktober 1994 – Bei der Nationalratswahl in Österreichs erhält die SPÖ unter Bundeskanzler Franz Vranitzky 34,9 Prozent und die ÖVP unter Vizekanzler Erhard Busek 27,7 Prozent der Stimmen.

11.-12. November 1994 – Der österreichische Nationalrat stimmt dem EU-Beitritt mit 141 gegen 40 Stimmen zu.

1. Jänner 1995 – Österreich tritt der Europäischen Union bei.

10. Februar 1995 – Außenminister Mock unterzeichnet in Brüssel die NATO-Partnerschaft für den Frieden.

23. April 1995 – Außenminister Mock tritt aus Krankheitsgründen von seinem Amt zurück. Wolfgang Schüssel löst Mock als Außenminister Österreichs ab (bis 4. Februar 2000).

21. November 1995 – In Dayton (Ohio) vereinbaren die Kriegsparteien einen Friedensplan (Dayton-Abkommen), der am 14. Dezember in Paris unterzeichnet wird.

17. Dezember 1995 – Bei der österreichischen Nationalratswahl bekommt die SPÖ unter Bundeskanzler Franz Vranitzky 38,1 Prozent und die ÖVP unter Wolfgang Schüssel 28,3 Prozent der Stimmen.

Februar 1996 – Die UÇK tritt mit Anschlägen in Erscheinung.

9. April 1996 – Die EU anerkennt die BRJ als einen der Nachfolgestaaten der früheren SFRJ.

12. April 1996 – Außenminister Schüssel trifft Präsident Rugova in Wien.

7. Mai 1996 – Rugova trifft Alois Mock in dessen Funktion als EDU-Vorsitzender.

1. September 1996 – Der jugoslawische Präsident Milošević und Präsident Rugova unterzeichnen das Abkommen über das Erziehungswesen durch Vermittlung von Sant'Egidio.

17.-19. September 1996 – Der Generalsekretär für auswärtige Angelegenheiten, Albert Rohan, absolviert eine mehrtägige Reise nach Belgrad und Prishtina.

24. Oktober 1996 – Der jugoslawische Außenminister Milan Milutinovic besucht Österreich zum ersten Mal seit Ausbruch der Jugoslawien-Krise.

17. Jänner 1997 – Bundeskanzler Vranitzky tritt als Bundeskanzler und auch als SPÖ-Bundesparteivorsitzender zurück. Sein Nachfolger in beiden Funktionen wird Viktor Klima.

4. März 1997 – Franz Vranitzky übernimmt das Mandat des OSZE-Sonderbeauftragten für Albanien (bis Oktober 1997).

September 1997 – Tausende albanische Studenten in Prishtina protestieren gegen das serbische Vorgehen, um für die Öffnung der Universität Prishtina zu demonstrieren.

24. September 1997 – Die Außenminister der Kontaktgruppe treffen sich zum ersten Mal in New York angesichts der Situation im Kosovo.

28. November 1997 – Beim Begräbnis eines von der Polizei erschossenen albanischen Lehrers tritt die UÇK erstmals öffentlich auf.

27. Februar-5. März 1998 – Die serbische Polizei und Militäreinheiten (mit starker Artillerie, Panzern und Kampfhubschraubern) startet eine Großoffensive gegen die UÇK in Drenica (Likoshan/Likosane, Qirez/Cirez, Prekaz/Prekaze).

15. März 1998 – Außenminister Schüssel legt bei einem informellen Treffen der EU-Außenminister in Edinburgh einen 10-Punkte-Aktionsplan für den Kosovo vor.

22. März 1998 – Im Kosovo finden Parlaments- und Präsidentenwahlen statt. Bei einer Wahlbeteiligung von 85 Prozent wird Rugova als einziger Kandidat zum Präsidenten gewählt.

31. März 1998 – Der UN-Sicherheitsrat verabschiedet die Resolution 1160 (1998) für ein Waffen- und Militärgüterembargo über die Bundesrepublik Jugoslawien.

Chronologie

21.-24. April 1998 – Eine Delegation des österreichischen Außenministeriums reist unter Leitung des Generalsekretärs des Außenministeriums, Albert Rohan, nach Belgrad und Prishtina.

12. Mai 1998 – Der im Exil lebende Premierminister Bujar Bukoshi trifft in Wien Generalsekretär Rohan.

15. Mai 1998 – Das erste Treffen zwischen dem jugoslawischen Präsidenten Milošević und Ibrahim Rugova findet in Belgrad statt.

27. Mai 1998 – Ibrahim Rugova macht auf seiner Reise nach Washington einen Zwischenstopp in Wien und trifft in Wien den Außenminister Schüssel.

29. Mai 1998 – Die kosovo-albanische Verhandlungsdelegation unter Leitung von Ibrahim Rugova trifft US-Präsidenten Clinton im Oval Office.

5. Juni 1998 – Außenminister Schüssel besucht Belgrad und Prishtina.

16. Juni 1998 – In Moskau wird ein inoffizielles Gentlemen Agreement zwischen dem russischen und dem jugoslawischen Präsidenten, Boris Jelzin und Slobodan Milošević, geschlossen.

24. Juni 1998 – Der US-Sondergesandte Richard Holbrooke trifft in Junik einen regionalen UÇK-Führer.

1. Juli-31. Dezember 1998 – Erstmalige EU-Präsidentschaft Österreichs.

Juli 1998 – Österreich eröffnet das EU-Büro in Prishtina.

7. Juli 1998 – Der österreichische Nationalrat fordert konkrete Maßnahmen zur Beendigung der Kosovo-Krise.

7.-10. Juli 1998 – Generalsekretär Rohan reist zu politischen Gesprächen nach Belgrad und Prishtina.

10. Juli 1998 – Albert Rohan ist einer des ersten hochrangigen europäischen Diplomaten, der die UÇK-Vertreter in einem Dorf der Region Malishava (Malisevo) trifft.

28.-30. Juli 1998 – Eine Delegation der EU-Troika unter Führung des Generalsekretärs des Außenministeriums, Albert Rohan, reist zu politischen Gesprächen mit Spitzenpolitikern über Lösungen der Kosovo-Krise nach Belgrad und Prishtina.

11.-14. August 1998 – Eine Delegation der EU-Troika unter Leitung des österreichischen Diplomaten Gerhard Jandl besucht in einer mehrtägigen Mission Albanien und Mazedonien.

26.-27. August 1998 – Eine Delegation der EU-Troika unter Leitung des österreichischen Diplomaten Gerhard Jandl reist nach Prishtina und Belgrad.

22. September 1998 – Der österreichische Botschafter in Belgrad, Wolfgang Petritsch, wird zum EU-Sondergesandten für den Kosovo ernannt.

23. September 1998 – Der UN-Sicherheitsrat verabschiedet die Resolution 1199 (1998) zur Konflikt-Eskalation im Kosovo.

13. Oktober 1998 – Das Holbrooke-Milošević-Abkommen wird in Belgrad unterzeichnet, mit dem eine Stationierung von 2.000 unbewaffneten OSZE-Beobachtern im Kosovo (KVM-Mission) vorgesehen wird.

24. Oktober 1998 – Der UN-Sicherheitsrat beschließt die Resolution 1203 (1998), mit der die KVM-Mission ihr Mandat erhielt.

12. November 1998 – Der EU-Sonderbeauftragte für den Kosovo Petritsch trifft sich zum ersten Mal mit dem politischen Chef der UÇK, Hashim Thaçi.

Dezember 1998/Jänner 1999 – Die serbisch/jugoslawischen Kräfte beginnen die Offensive „Operation Hufeisen", deren Ziel die komplette ethnische Säuberung des Kosovo ist.

15. Jänner 1999 – In Reçak/Racak werden 45 albanische Zivilisten massakriert. Der KVM-Leiter William Walker bezeichnet das Massaker als ein Verbrechen gegen die Menschlichkeit.

29. Jänner 1999 – Die Außenminister der Kontaktgruppe fordern in London ultimativ die Vertreter der Konfliktparteien auf, die Verhandlungen über den Kosovo in Rambouillet zu beginnen.

6.-23. Februar 1999 – Die ersten jugoslawisch-serbisch und kosovo-albanischen Verhandlungen in Rambouillet.

15.-19. März 1999 – Die zweiten jugoslawisch-serbisch und kosovo-albanischen Verhandlungen bei der Folgekonferenz von Paris.

18. März 1999 – Die Kosovo-Albaner unterzeichnen das Rambouillet-Abkommen, aber die jugoslawisch-serbische Delegation nicht.

24. März 1999 – Die NATO beginnt mit den Luftangriffen (Operation „Allied Force) gegen Jugoslawien, die 78 Tage lang dauern.

24.-25. März 1999 – Beim Gipfel des Europäischen Rats in Köln bezeichnen die EU-Staats- und Regierungschefs die militärischen Aktionen der NATO als „gerechtfertigt und notwendig".

30. März 1999 – Der österreichische Ministerrat beschließt eine Hilfe von 10 Millionen Schilling (726.726 €) zur Flüchtlingsbetreuung vor Ort.

5. April 1999 – Bundeskanzler Klima beruft einen Krisenstab mit österreichischen nichtstaatlichen Hilfsorganisationen zu Beratungen angesichts des Flüchtlingsdramas im Kosovo ein

21. April 1999 – Der österreichische Nationalrat verabschiedet einen Entschließungsantrag für eine friedliche Lösung der Kosovo-Krise.

6. Mai 1999 – Die G-8-Außenminister einigen sich in Bonn auf einen 5-Prinzipien-Plan zur Beendigung des Kosovo-Krieges.

27. Mai 1999 – Der Jugoslawische Präsident Slobodan Milošević wird vor dem Haager Kriegsverbrechertribunal wegen Kriegsverbrechen und Verbrechen gegen die Menschlichkeit im Kosovo angeklagt.

Anfang Juni 1999 – Laut UNHCR-Angaben wurden 850.000 Kosovo-Albaner vertrieben.

3. Juni 1999 – Das serbische Parlament und der jugoslawische Präsident Milošević nehmen den Friedensplan der G-8 an.

7. Juni 1999 – Die Außenminister der G-8-Staaten beraten über den Entwurf einer UNO-Resolution zum Kosovo-Konflikt.

9. Juni 1999 – Einigung bei den Verhandlungen zwischen NATO und Jugoslawien über den jugoslawischen Abzug aus dem Kosovo in Kumanovo („Militär-Technisches Abkommen"). Mit dem Rückzug der serbischen Kräfte Richtung Serbien beginnt der Einmarsch der KFOR-Truppen in den Kosovo.

10. Juni 1999 – Der UN-Sicherheitsrat verabschiedet die Resolution 1244, die eine internationale zivile (UNMIK) und militärische Präsenz im Kosovo (KFOR) vorsieht.

10. Juni 1999 – Der Stabilitätspakt für Südosteuropa wird in Köln beschlossen.

20. Juni 1999 – Die NATO-Operation Allied Force wird mit dem vollständigen Rückzug der serbischen Kräfte aus dem Kosovo beendet.

21. Juni 1999 – KFOR-General Michael Jackson und Hashim Thaçi unterzeichnen ein Abkommen über die Entwaffnung der UÇK.

25. Juni 1999 – Der Ministerrat beschließt die Entsendung eines 450 Mann starken österreichischen Kontingents für die KFOR-Friedenstruppen im Kosovo.

7.-9. Juli 1999 – Der Generalsekretär im Außenministerium, Albert Rohan, besucht den Kosovo.

27. August 1999 – Verteidigungsminister Werner Fasslabend besucht Prishtina.

24.-26. September 1999 – Der Generalsekretär im Außenministerium, Albert Rohan, besucht wieder den Kosovo.

26. November 1999 – Außenminister Schüssel und Verteidigungsminister Fasslabend besuchen Prishtina.

5. Juli 2000 – Bundespräsident Thomas Klestil besucht als erster österreichischer Bundespräsident den Kosovo.

28. Oktober 2000 – Durchführung von ersten Kommunalwahlen im Kosovo.

17. November 2001 – Durchführung von ersten Parlamentswahlen im Kosovo.

6. November 2002 – Startet die EU das Instrument des SAP-Kontrollmechanismus (Stabilisation and Association Process Tracking Mechanism, STM) für den Kosovo.

14. Oktober 2003 – Die ersten Gespräche zwischen Vertretern Belgrads und Prishtinas vier Jahre nach dem Krieg im Wiener Bundeskanzleramt.

17.-18. März 2004 – Es kommt zu gewalttätigen Unruhen im Kosovo, die innerethnischen Charaktere hatten.

5. Oktober 2005 – Der UN-Sondergesandte für den Kosovo Kai Eide spricht sich in seinem Bericht dafür aus, dass die Verhandlungen zwischen dem Kosovo und Serbien über die Statusfrage des Kosovo beginnen sollen.

24. Oktober 2005 – Der UN-Sicherheitsrat beschließt über den Beginn der Verhandlungen über die Statusfrage zwischen dem Kosovo und Serbien.

21. Jänner 2006 – Tod von Ibrahim Rugova, des ersten gewählten Präsidenten des Kosovo.

17. Februar 2008 – Das kosovarische Parlament ruft einen unabhängigen und souveränen Staat auf der Grundlage des Ahtisaari-Plans aus.

28. Februar 2008 – Österreich anerkennt die Unabhängigkeit der Republik Kosovo.

Chronologie

29. Juni 2009 – Die Republik Kosovo tritt der Weltbank und dem Internationalen Währungsfond (IWF) bei.

20. März 2008 – Die diplomatischen Beziehungen zwischen Österreich und der Republik Kosovo werden aufgenommen.

16. April 2009 – Österreich als einer der unterstützenden Staaten hat eine schriftliche Stellungnahme und am 3. Dezember 2009 eine mündliche Stellungnahme zugunsten der Republik Kosovo abgegeben.

22. Juli 2010 – Der Internationale Gerichtshof (IGH) entscheidet, dass die Unabhängigkeitserklärung weder das allgemeine Völkerrecht noch Resolution 1244 (1999) des UN-Sicherheitsrats verletzt.

29. Juni 2010 – Das Europäische Parlament verabschiedet eine Resolution, mit der fünf EU-Mitgliedsstaaten (Griechenland, Rumänien, Slowakei, Spanien und Zypern) aufgefordert werden, die Unabhängigkeit des Kosovo anzuerkennen.

2. Juli 2012 – Die Internationale Lenkungsgruppe (International Steering Group/ISG) mit Sitz in Wien beschließt die internationale Überwachung der Unabhängigkeit des Kosovo zu beenden.

Interviews

Interview mit Erhard Busek (†), Wien, 31. Jänner 2017. Busek war von 1978 bis 1987 Vizebürgermeister und Landeshauptmann-Stellvertreter der Stadt Wien (ÖVP). Als Bundesminister für Wissenschaft und Forschung war er von 1989 bis 1991 und von 1991 bis 1994 war er mit der Leitung des Bundesministeriums für Wissenschaft und Forschung betraut. Busek übte die Funktion des Vizekanzlers und des Bundesparteiobmanns der ÖVP von 1991 bis 1995 aus. Er war von 2002 bis 2008 Sonderkoordinator des Stabilitätspaktes für Südosteuropa tätig.

Interview mit Werner Fasslabend, Wien, 2. Februar 2017. Fasslabend war seit 1987 Abgeordneter zum Nationalrat (ÖVP). Er war von 1990 bis 2000 Bundesminister für Landesverteidigung. Von 2000 bis 2002 übte er das Amt des Dritten Präsidenten des Nationalrates aus und bis 2007 Abgeordneter zum Nationalrat.

Interview mit Heinz Fischer, Wien, 27. April 2017. Fischer war Stellvertretender Vorsitzender der SPÖ von 1979 bis 2004 und von 1992 bis 2004 Stellvertretender Vorsitzender der Sozialdemokratischen Partei Europas (SPE). In den Jahren 1983 bis 1987 war er Bundesminister für Wissenschaft und Forschung tätig. Er übte die Funktion des Präsidenten des Nationalrates von 1990 bis 2002 und Zweiter Präsident des Nationalrates von 2002 bis 2004 aus. Fischer war von 2004 bis 2016 in zwei Amtszeiten Bundespräsident Österreichs.

Interview mit Friedhelm Frischenschlager, Wien, 28. März 2017. Frischenschlager war seit 1983 bis 1986 Bundesminister für Landesverteidigung und Abgeordneter zum Nationalrat von 1986 bis 1993 (FPÖ). Nach dem Austritt aus dem Klub der FPÖ war er Stellvertretender Bundessprecher des Liberalen Forums (LIF) und Abgeordneter zum Nationalrat von 1993 bis 1999. In den Jahren von 1996 bis 1999 war Frischenschlager Abgeordneter des Liberalen Forums im Europäischen Parlament.

Interview mit Christian Gollubits, Wien, 27. Juli 2017 – Gollubits ist seit Jahren in der Abteilung für Internationale Forschungskooperationen im Bundesministerium für Wissenschaft und Forschung tätig.

Interview mit Marijana Grandits, Wien, 17. Juli 2017. Grandits war Abgeordnete zum Nationalrat von 1990 bis 1994 (Grüne). Seit Jahren ist sie akademische Koordinatorin des internationalen postgradualen Lehrgangs Vienna Master of Arts in Human Rights an der Universität Wien.

Interview mit Gerhard Hafner, Wien, 31. August 2018. Hafner war Leiter des Instituts für Europarecht, Internationales Recht und Rechtsvergleichung an der Universität Wien. Von 1993 bis 1995 war er Leiter der Abteilung allgemeines Völkerrecht des Bundesministeriums für auswärtige Angelegenheiten. Er war Mitglied der International Law Commission (ILC) von 1997 bis 2001. Er nahm im Schiedsrichter am OSZE-Gerichtshof teil und war Mitglied im OSZE-Büro und Mitglied des ständigen Schiedsgerichtshof. Als Rechtskonsulent des österreichischen Außenministeriums hatte Hafner die Stellungnahme Österreichs in der Frage der Völkerrechtswidrigkeit der Unabhängigkeitserklärung des Kosovo im Internationalen Gerichtshof (IGH) verfasst.

Interview mit Josef Höchtl, Wien, 4. April 2017. Höchtl war Abgeordneter zum Nationalrat (ÖVP) von 1975 bis 1999. Er übte die Funktion des Sprechers der ÖVP für Menschenrechtsfragen von 1989 bis 1995 aus sowie Präsident der „Österreichischen Liga für Menschenrechte" von 1990 bis 1996.

Interview mit Sigurd Höllinger, Wien, 19. Juni 2017. Höllinger war Leiter der Hochschulsektion in den für die Universitäten und Fachhochschulen zuständigen Bundesministerien von 1986 bis 2005. Er fungierte als Berater und Mitarbeiter in Universitätsprojekten im Kosovo und von Mai 2008 bis Mai 2016 war er bei der Ausarbeitung des neuen Universitätsgesetzes im Kosovo engagiert.

Interview mit Gerhard Jandl, Wien, 5. April 2017. Jandl war Mitglied der österreichischen Vertretung in New York (1991-1992 Mitgliedschaft im Sicherheitsrat, zuständig für Ex-Jugoslawien und Irak/Kuwait). Von 1993 bis 1995 war stellvertretender Missionschef an der Botschaft Tunis. Er war Leiter des Balkanreferats im Außenministerium von 1995 bis 2000, danach Botschafter in Sarajevo von 2000 bis 2005 und in Belgrad von 2005 bis 2008. Als Sicherheitspolitischer Direktor im Außenministerium von 2008 bis 2018.

Interview mit Peter Jankowitsch, Wien, 3. Februar 2017. Jankowitsch war Vorsitzender der Arbeitsgruppe für Beziehungen mit politischen Bewegungen der Dritten Welt in der Sozialistischen Internationale von 1971 bis 1972. In den Jahren 1973 bis 1974 war er erster Vertreter Österreichs im UN-Sicherheitsrat. Jankowitsch war Abgeordneter zum Nationalrat (SPÖ) in der Legislaturperiode von 1983 bis 1986, von 1987 bis 1990 und von 1992 bis 1993. Als Bundesminister für Auswärtige Angelegenheiten war er von 1986 bis 1987 tätig und von 1990 bis 1992 Staatssekretär für Integration und Entwicklungszusammenarbeit im Bundeskanzleramt. Als österreichischer Ständiger Vertreter Österreichs bei der OECD in Paris war er von 1993 bis 1998.

Interview mit Heinz Kasparovsky, Wien, 18. August 2017. Kasparovsky ist seit 1979 in der österreichischen Hochschulverwaltung tätig. Seit 1990 Abteilungsleiter für Internationales Hochschulrecht im heutigen Bundesministerium für Wissenschaft, Forschung und Wirtschaft sowie Leiter des ENIC NARIC AUSTRIA (Informationszentrum für akademische Anerkennung).

Interview mit Andreas Khol, Wien, 2. Februar 2017. Khol war Abgeordneter zum Nationalrat (ÖVP) in der Legislaturperiode von 1983 bis 2006, Dritter Präsident des Nationalrates von 1999 bis 2000 und Präsident des Nationalrates von 2002 bis 2006. Das Amt des Exekutivsekretärs der Europäischen Demokratischen Union übte er seit 1978 bis 1994 aus. Er war auch tätig als Direktor der Politischen Akademie der ÖVP von 1974 bis 1992 und Klubobmann der ÖVP von 2000 bis 2002 sowie von 1994 bis 1999.

Interviews

Interview mit Clemens Koja, Wien, 24. Juli 2017. Koja leitete die Abteilung für Südeuropa im Außenministerium von 2003 bis 2008. Als Botschafter Österreichs war er in Serbien (2008-2012) und in Slowenien (2012-2016) tätig. Von Juli 2016 bis September 2018 war Koja Ständiger Vertreter Österreichs bei der OSZE.

Interview mit Johannes Kyrle (†), Wien, 6. Februar 2017. Kyrle war stellvertretender Kabinettschef bei den Außenministern Jankowitsch, Mock und Schüssel von 1985 bis 1996 tätig. Er leitete die Protokollabteilung im Außenministerium von 1997 bis 2002. Kyrle war Generalsekretär im österreichischen Außenministerium von 2002 bis 2013.

Interview mit Paul Leifer, Wien, 29. März 2017. Leifer leitete die Abteilung für multilaterale Wirtschaftsangelegenheiten von 1982 bis 1983. Als Botschafter Österreichs in Belgrad (Jugoslawien) und mitakkreditiert in Albanien war er von 1985 bis 1991 tätig und in Marokko von 1991 bis 1994. Leifer war Direktor der Diplomatischen Akademie Wien von 1994 bis 1999 und österreichischer Botschafter in Irland von 1999 bis 2002.

Interview mit Edith Mock, Wien, 7. April 2017. Die Ehegattin von Alois Mock war Lehrerin bei den Allgemeinbildenden höheren Schulen und Direktorin der Vereinigung Christlicher Lehrer und Lehrerinnen (VCL).

Interview mit Heinrich Neisser, Wien, 6. April 2017. Neisser übte die Funktion des Staatssekretärs im Bundeskanzleramt von 1969 bis 1970 und des Bundesministers für Föderalismus und Verwaltungsreform im Bundeskanzleramt von 1987 bis 1989 aus. Er war Abgeordneter zum Nationalrat (ÖVP) in der Legislaturperiode von 1975 bis 1987 und von 1989 bis 1999. Als Zweiter Präsident des Nationalrates war Neisser von 1994 bis 1999 tätig.

Interview mit Eva Nowotny, Wien, 7. April 2017. Nowotny war bei der Österreichischen Vertretung bei den Vereinten Nationen in New York von 1978 bis 1983 tätig. Als Außenpolitische Beraterin von Bundeskanzler Sinowatz und Vranitzky war sie von 1983 bis 1992. Als österreichische Botschafterin in Frankreich war sie von 1992 bis 1997 und in Großbritannien von 1997 bis 1999 tätig. Nowotny leitete die Sektion für Europäische Integration und wirtschaftliche Angelegenheiten des Außenministeriums von 1999 bis 2003. Von 2003 bis 2008 war sie österreichische Botschafterin in den USA

Interview mit Wolfgang Petritsch, Wien, 5. Jänner 2018. Petritsch war von 1977 bis 1983 Sekretär von Bundeskanzler Kreisky. Von September 1997 bis Juli 1999 war er österreichischer Botschafter in der Bundesrepublik Jugoslawien. Im Oktober 1998 wurde er EU-Sonderbeauftragter für den Kosovo und europäischer Chefverhandler in Rambouillet und Paris ernannt. Von 1999 bis 2002 übte die Funktion des Hohen Repräsentanten der Internationalen Gemeinschaft Zivilverwalter von Bosnien und Herzegowina aus. Von 2002 bis 2008 war Petritsch Botschafter bei UNO und WTO in Genf und von 2008 bis 2013 war er Leiter der ständigen Vertretung Österreichs bei der OECD in Paris tätig.

Interview mit Madeleine Petrovic, Wien, 2. März 2017. Petrovic war Abgeordnete zum Nationalrat (GRÜNE) von 1990 bis 2003. Sie war Obfrau des Grünen Klubs von 1992 bis 1999, Bundessprecherin der Grünen von 1994 bis 1996 und Klubobmann-Stellvertreterin des Grünen Klubs von 1999 bis 2003.

Interview mit Alois Puntigam, Wien, 3. Juli 2017. Puntigam war Abgeordneter zum Nationalrat (ÖVP) von 1981 bis 1994 und Obmannstellvertreter des Parlamentsklubs der ÖVP von 1986 bis 1990.

Interview mit Christoph Ramoser, Wien, 27. November 2017. Ramoser war seit 1991 im österreichischen Bundesministerium für Wissenschaft und Forschung tätig und seit 2001 leitet er die Abteilung für Internationalisierung der Hochschulen und Förderung des wissenschaftlichen Nachwuchses.

Interview mit Albert Rohan (†), Wien, 24. Februar 2017. Nach dem Eintritt in die Dienste des österreichischen Außenministeriums im Jahr 1963 war er danach in den österreichischen Botschaften in Belgrad und London dienstzugeteilt. Er war Kabinettschef des damaligen UN-Generalsekretärs Kurt Waldheim und von 1985 bis 1990 war er Botschafter in Argentinien, Uruguay und Paraguay. Rohan galt als ausgewiesener Balkan-Experte, der seit 1990 bis 1995 die Abteilung Zentral-, Ost- und Südosteuropa im österreichischen Außenministerium leitete. Von 1995 bis 2001 war er Generalsekretär im Wiener Außenministerium und von 2005 bis 2007 stellvertretender UN-Chefverhandler für den Kosovo (Wiener Gespräche).

Interview mit Christian Segur-Cabanac, Wien, 21. Juli 2017. Segur-Cabanac war seit 1993 mit der Operationsabteilung im Bundesministerium für Landesverteidigung und für die Führung des Bundesheeres bei Einsätzen im In- und Ausland betraut. Von 1999 bis 2001 war er Stellvertreter des Leiters der Generalstabsgruppe B und von 2008 bis 2013 war er Leiter der Sektion IV – Einsatz im Bundesministerium für Landesverteidigung und Sport.

Interview mit Walter Siegl, Wien, 22. Februar 2017. Siegl trat im Jahr 1965 in die Dienste des österreichischen Außenministeriums ein. Er war als Diplomat bei dem Generalkonsulat in Mailand, Kairo, Madrid und Moskau dienstzugeteilt. Als Botschafter in Kenia war er von 1986 bis 1991 und in Jugoslawien von 1991 bis 1992.

Interview mit Rainer Stepan, Wien, 5. Oktober 2017. Stepan war Mittelosteuropa-Referent von ÖVP-Chef Alois Mock. Als Studienleiter und Geschäftsführer war er bei diversen Instituten tätig und lange Jahren Mitarbeiter in der Metropolen-Außenpolitik der Stadt Wien.

Interview mit Michael Spindelegger, Wien, 5. Juli 2017. Spindelegger war Mitglied des Bundesrates (ÖVP) von 1992 bis 1993, Abgeordneter zum Nationalrat von 1993 bis 1995 und von 1996 bis 2008 sowie Abgeordneter im Europäischen Parlament von 1995 bis 1996. Als Zweiter Präsident des Nationalrates war er von 2006 bis 2008 tätig, Bundesminister für europäische und internationale Angelegenheiten von 2008 bis 2013 sowie Bundesminister für Finanzen von 2013 bis 2014. Die Funktion des Vizekanzlers und Bundesparteiobmannes der ÖVP übte er von 2011 bis 2014 aus.

Telefoninterview mit Michael Weninger, Vatikan/Wien, 23. Februar 2017. Weninger trat im Jahr 1982 in die Dienste des österreichischen Außenministeriums ein. Er war Diplomat an den österreichischen Botschaften in Moskau (1983-1984), in Madrid (1984-1986), in Warschau (1986-1991) und in Kiew (1991-1992) tätig. Die Funktion des Geschäftsträgers in Belgrad übte er von 1993 bis 1996 aus und von 1996 bis 1997 war er Botschafter in Belgrad.

Interview mit Barbara Weitgruber, Wien, 27. Juli 2017. Weitgruber leitet ab 1993 das Büro für Europäische Bildungskooperation im ÖAD. Von 1994 bis 2001 war sie in verschiedenen Funktionen (Abteilungs-, Gruppen-, Stabstellen- und Sektionsleiterin) in den für Wissenschaft und Forschung zuständigen Ministerien tätig. Seit 2010 ist sie Leiterin der Sektion II (Wissenschaftliche Forschung und Internationale Angelegenheiten) im Bundesministerium für Wissenschaft und Forschung.

Interview mit Alexis Wintoniak, Wien, 1. März 2017. Wintoniak war von 1992 bis 1994 Studienleiter an der Politischen Akademie und von 1995 bis 2002 Klubsekretär für Außen- und Europapolitik im ÖVP-Parlamentsklub und internationaler Sekretär der ÖVP-Bundespartei. Die Funktion des Exekutivsekretärs der EDU übte er von 1996 bis 2002 aus und von 2000 bis 2002 stellvertretender Generalsekretär der EVP.

Interview mit Klaus Wölfer, Wien, 15. Dezember 2017. Wölfer trat 1981 in die Dienste des Außenministeriums. Danach war er in den österreichischen Botschaften in Rom, Belgrad, Budapest und Konsul am österreichischen Generalkonsulat in Zagreb dienstzugeteilt. Seit 1991 wurden er in der Politischen Sektion (Bereiche Balkan-Konflikt, Nachfolgestaaten Jugoslawiens und Ungarn) zugeteilt. Er leitete das österreichische Kulturinstitut in Rom von 1996 bis 2002 aus und von 2002 bis 2006 die Sektion für Kunstangelegenheiten im Bundeskanzleramt.

Interviews im Annex

Interview mit Dr. Gerhard Jandl

Ajeti: Herr Dr. Jandl, wann haben Sie angefangen, sich mit der Kosovo-Frage zu beschäftigen, und wie haben Sie die Natur des Kosovo-Problems gesehen?

Dr. Jandl: Ich war ab Anfang 1991 einer der österreichischen Delegierten im Sicherheitsrat. Wir haben im Sommer des Jahres 1991 als österreichische Delegation den Sicherheitsrat mit der Thematik Jugoslawien befasst und in diesem Zusammenhang war natürlich die Kosovo-Thematik auch Gegenstand unserer Überlegungen.

Ajeti: Sie schreiben in einem Artikel, dass etliche Stimmen, darunter die Österreichs, in Dayton gefordert hatten, nicht nur Bosnien-Herzegowina zu regeln, sondern auch gleich den Kosovo.

Dr. Jandl: Wir hatten 1995 den Eindruck, dass mit dem Paket, das damals vereinbart und geschlossen wurde, eine ganze Reihe von Problemen des ehemaligen Jugoslawien einer Lösung zugeführt wurde, aber wir hatten auch die Überzeugung, dass die Ausklammerung eines großen Themas, nämlich des Themas Kosovo, ein Fehler war. Man hat 1995 mit dem Dayton-Abkommen und mit dem Föderationsabkommen das Problem Bosnien-Herzegowina einer Lösung zugeführt, es gab das Erdut-Abkommen zu Ostslawonien, es gab das Abkommen zwischen Griechenland und Mazedonien und einige weitere. Doch der Problemkreis, der damals nicht gelöst wurde, war der Kosovo. Ich erinnere mich, dass man seitens der Staatengemeinschaft damals das Gefühl hatte, man brauche Milošević dringend als Partner zur Umsetzung des Dayton-Abkommens, und aus diesem Grunde könne man das Kosovo-Problem nicht angehen, denn wenn man das täte, würde wahrscheinlich die Unabhängigkeit zur Diskussion stehen. Man war der Überzeugung, dass Milošević dann nicht mehr bereit wäre, das Dayton-Abkommen für Bosnien-Herzegowina umzusetzen. Das war nach meiner Erinnerung der Hauptgrund für die Staatengemeinschaft, das Problem Kosovo zu diesem Zeitpunkt nicht zu behandeln. Aber es war aus unserer damaligen Sicht und retrospektiv aus unserer späteren Sicht ein Fehler. Es wäre sicher besser gewesen, schon damals, bei allen Schwierigkeiten, das Thema Kosovo mit in dieses Verhandlungspaket hineinzunehmen.

Ajeti: Nach der Unterzeichnung des Dayton-Abkommens gab es eine Enttäuschung der Kosovo-Albaner nicht nur gegenüber der Politik von Rugova, sondern auch gegenüber der internationalen Gemeinschaft. Im April 1996 hat Außenminister Schüssel Ibrahim Rugova nach Wien eingeladen. War diese Einladung aus der Sicht des österreichischen Außenministeriums eine Möglichkeit und ein Versuch, Rugova politisch zu retten?

Dr. Jandl: Für uns war Rugova immer ein sehr positiver Partner, denn wir haben seine Politik des friedlichen Widerstandes, des friedlichen Protestierens, des zivilen Ungehorsams immer unterstützt und waren zum damaligen Zeitpunkt auch überzeugt, dass diese Politik die bessere war, besser als eine Politik, die auf Gewalt abstellt. Uns war aber auch klar, dass durch die geringen Fortschritte, die es gegeben hat, die Unterstützung der Kosovaren für Rugova wahrscheinlich geringer werden und ein beträchtlicher Teil der Kosovaren eher gewaltsamen Aktionen zuneigen würde, wenn diese erfolgversprechender erschienen als die friedliche Politik Rugovas. Das war auch ein Grund, warum Außenminister Schüssel und andere österreichische Akteure Rugova sehr stark unterstützt haben. Der von Ihnen erwähnte Besuch in Wien war Teil dieser Politik, Rugova international aufs Tapet zu bringen, ihm die Möglichkeit zu geben, sich international zu präsentieren, auch damit die eigene kosovarische Bevölkerung sieht: Rugova ist ein international anerkannter Politiker, und es macht aus kosovarischer Sicht Sinn, ihn weiter zu unterstützen. Es war später so, dass die Politik Rugovas doch nicht zu dem von uns erhofften Erfolg geführt hat, was an verschiedenen Faktoren lag, wahrscheinlich in erster Linie am Faktor Milošević, der Rugova viel zu wenig ernst genommen und offenbar gedacht hat, diese Politik des friedlichen Widerstandes könne man ignorieren. Damit ist es dann dazu gekommen, dass sich eine stärker auf Gewalt setzende Politik durchgesetzt hat, auch auf kosovarischer Seite, siehe UÇK usw.

Ajeti: Sie waren im März 1998 beteiligt an einem Kontingent der EU Beobachter-Mission, also ECMM, in den Kosovo. Was für einen Beitrag hat Österreich in der Richtung geleistet?

Dr. Jandl: Österreich hatte damals als EU-Präsidentschaft auch die Präsidentschaft der ECMM inne, in der Person des Botschafters Franz Parak als Chef der ECMM und des Botschafters Herbert Grubmayr als stellvertretendem Chef und einiger weiterer Beobachter. Die ECMM war damals so organisiert, dass sie täglich Berichte lieferte, aus dem gesamten Bereich ehemaliges Jugoslawien, und diese Berichte dienten der Europäischen Union und ihren Mitgliedsstaaten als Informationsquelle über die täglichen und wöchentlichen Entwicklungen. Die Idee war, dass wir mit Kräften vor Ort die Situation beobachten und rechtzeitig und frühzeitig aufmerksam gemacht werden, wenn Ereignisse sich anbahnten, die von politischer Wichtigkeit oder von militärischer Wichtigkeit waren. Diese Informationsquellen waren sehr wichtig für die Europäische Union und für einige Mitgliedsstaaten, v.a. jene, die weniger Botschaften in der Region hatten. Ich glaube, dass wir mit den beiden genannten Botschaftern Parak und Grubmayr zwei wirkliche Spezialisten hatten, die über große Expertise verfügten.

Ajeti: Die pazifistische Politik von Rugova hat die Internationalisierung der Kosovo-Frage erreicht. Aber die Rolle der UÇK hat die Lösung der Kosovo-Frage beschleunigt. Sehen Sie das auch so?

Dr. Jandl: Das sehe ich auch so. Ich glaube, nachdem es klar war, dass die friedliche Politik des Ibrahim Rugova nicht zum gewünschten Erfolg geführt hatte, war es logisch oder verwertbar, dass eine andere Politik versucht würde, die vielleicht stärkeren Erfolg verspricht. Man hat auch gesehen, dass durch die Aktionen der UÇK eine neue Dynamik entstanden ist, die vorher durch die friedliche Politik des Ibrahim Rugova nicht gegeben war.

Interviews im Annex

Ajeti: Während der ersten österreichischen EU-Ratspräsidentschaft war Kosovo einer der Schwerpunkte der österreichischen Außenpolitik, sowohl im GASP mit Dr. Schüssel als auch im COWEB mit Ihnen und dem politischen Direktor. Können Sie mir darüber erzählen, was Österreich intern gemacht hat, was die Kosovo-Frage betrifft?

Dr. Jandl: Es war damals im Außenministerium völlig klar, dass die Lage am Balkan die absolute österreichische außenpolitische Priorität darstellt, hier wurden Ressourcen gebündelt, hier gab es entsprechende Aufmerksamkeit, auch von der Führung des Hauses, also durch den Außenminister Schüssel, und Generalsekretär Rohan hat damals eine Rolle eingenommen, die weit über die übliche Rolle eines Generalsekretärs hinausging. Man könnte ihn als eine Art „Vizeminister für Balkanangelegenheiten" betrachten. Er hat durch seine große Expertise, seine Sachkenntnis und seine vielen Aktivitäten, durch Reisen in die Region, Gespräche, Verhandlungen, etc. dazu beigetragen, dass dieses Thema das ganz zentrale Thema der österreichischen Außenpolitik dieser Jahre war.

Ajeti: Andreas Khol hat Dr. Rohan als „Mastermind" des Außenministeriums was den Balkan betrifft, genannt.

Dr. Jandl: Das ist sicherlich richtig. Ich habe Rohan einmal in einer Publikation als den Architekten der Mock'schen Außenpolitik bzw. der Mock'schen Balkan-Politik bezeichnet. Es hat niemand widersprochen. Ich glaube also, es ist durchaus fair, es so zu sagen und so zu sehen. Durch die Person Albert Rohan ist die Balkan-Politik inklusive die Kosovo-Politik Österreichs sehr stark akzentuiert und ins Zentrum gerückt worden.

Ajeti: Also Juli, August 1998 haben drei EU-Troika-Missionen nach Jugoslawien stattgefunden. Zwei von denen wurden von Ihnen geleitet. Können Sie mir darüber erzählen?

Dr. Jandl: Uns war immer wichtig, mit den Akteuren vor Ort zu sprechen. Um einen direkten unmittelbaren Eindruck über die politische Lage zu bekommen, um zu sehen: was sind die politischen Prioritäten, was sind die Sorgen, die Nöte, die Wünsche die Anliegen der Akteure vor Ort, wie sehen sie die Situation? Dies, weil wir den Eindruck hatten, dass die Brüsseler Sicht oft nicht ident mit der Lage vor Ort war. Deswegen war es uns wichtig, immer wieder in die Region zu reisen, immer wieder mit den Akteuren zu sprechen, mit Politikern, aber auch mit einfachen Menschen, sich die Situation vor Ort anzusehen, sich selber vor Ort ein Bild zu machen, wie man das treffenderweise ja bezeichnet. Als wir die Präsidentschaft innehatten, ist es uns auch wichtig gewesen, diese Reisen nicht nur für uns selber zu unternehmen, sondern auch zumindest mit der Troika, zumindest mit zwei anderen Ländern, um auch ihnen die Möglichkeit zu geben, sich vor Ort ein Bild über die tatsächliche Situation zu machen. Denn unsere Erfahrung mit Brüssel war, dass man die Dinge oft nicht richtig einschätzt, wenn man mit den Akteuren vor Ort nicht spricht, wenn man die Situation vor Ort nicht kennt, wenn man nicht, um ein Beispiel zu nennen, nach Malishevo gefahren ist und sich Malishevo mit eigenen Augen angeschaut hat, oder nach Belgrad oder Prishtina.

Ajeti: Wie war die Kooperation zwischen österreichischen Institutionen in der Kosovo-Politik, also Bundespräsident, Bundeskanzler, Außenministerium?

Dr. Jandl: Ich kann aus meiner Sicht in erster Linie darstellen, wie es im Außenministerium war. Das Außenministerium war unter den österreichischen Stellen die treibende Kraft, und das ist ja auch logisch, denn das Außenministerium ist in erster Linie für die Außenpolitik zuständig. Man kann durchaus sagen, dass es damals, vielleicht von Nuancen abgesehen, einen sehr weitreichenden Konsens aller maßgeblichen politischen Kräfte in Österreich gab, was die Kosovo- und die Balkanpolitik generell anbetraf. Wie gesagt, Nuancen zwischen verschiedenen Stellen und zwischen verschiedenen Politikern gab es, aber die große Linie war von einem breiten Konsens getragen. Aber es ist natürlich klar, dass das Außenministerium in dieser seiner Eigenschaft hier das maßgebliche Ministerium war und ist.

Ajeti: Unmittelbar nach dem Krieg hat Außenminister Schüssel den Kosovo besucht. Sie haben ihn auch gemeinsam mit Dr. Rohan begleitet und er hat versucht, gemeinsam mit Bernard Kouchner einen Teil von Mitrovica zu verhindern. D.h. Außenminister Schüssel war sehr interessiert, also eine mögliche Teilung des Kosovo zu verhindern.

Dr. Jandl: Dieses Gespräch zwischen Kouchner und Schüssel war ein sehr offenes Gespräch. Ich kann mich erinnern, dass Schüssel sehr beeindruckt von der großen Expertise, von der Sachkenntnis und auch vom Realismus war, den Kouchner damals an den Tag gelegt hat. Ich kann mich erinnern, es ist damals über die verschiedenen Möglichkeiten einer Kosovolösung geredet worden. Es war kein Gespräch, das sich nur auf die damals gängige Linie der Staatengemeinschaft beschränkt hätte, sondern es wurde sehr offen über verschiedene andere Möglichkeiten hin bis zu einer möglichen Teilung des Kosovo oder letztlich einer Unabhängigkeit des Kosovo gesprochen. Es entstand der Eindruck, dass Kouchner das eigentlich als die vermutlich kommende Lösung sah.

Ajeti: Von 2005 bis 2008 waren Sie österreichischer Botschafter in Belgrad. Wie haben Sie die Entwicklung kurz vor der Unabhängigkeitserklärung und nach der Unabhängigkeitserklärung des Kosovo aus Belgrad miterlebt?

Dr. Jandl: Als ich 2005 nach Belgrad kam, haben mir viele Gesprächspartner vorsichtig, aber doch in einer gewissen Deutlichkeit, vermittelt, dass man sich in Belgrad bewusst war, dass der Kosovo für Serbien verloren sei. Man hat gesagt, durch die Politik Miloševićs sei das so gekommen, und das sei sehr bedauerlich auf Grund der starken emotionalen Bindung der Serben an den Kosovo.

Ajeti: Gab es vernünftige Personen, die auch die Realität dieser Geschichte akzeptiert haben?

Dr. Jandl: Ja, es gab sehr viele Persönlichkeiten, Intellektuelle, Professoren, Journalisten etc., die wie gesagt sehr vorsichtig, aber doch angedeutet haben, dass sie sich dessen bewusst waren, dass es eine Zukunft des Kosovo innerhalb Serbiens nicht geben würde. Die Situation hat sich dann Ende 2005, Anfang 2006 gedreht. Meine persönliche Überzeugung ist, dass diese Änderung durch das politische Wirken des damaligen Premierministers Kostunica eingetreten ist, der sehr stark auf eine „ewige Zugehörigkeit des Kosovo zu Serbien" gepocht hat, der gesagt hat, es möge jetzt im Augenblick schwierig erscheinen, aber dennoch müsse der Kosovo serbisch bleiben. Ich glaube schon, dass es Premierminister Kostunica durch dieses sehr starke politische Akzentuieren gelungen ist, die Stimmung der serbischen Bevölkerung in diese Richtung zu drehen, sodass auch jene Gesprächspartner, die vorher eine Unabhängigkeit des Kosovo durchaus akzeptiert hätten, dann etwa ein oder zwei Jahre später gesagt haben: nein, es sei nicht möglich, dass der Kosovo unabhängig wird, der Kosovo muss doch – in welcher Form auch immer und vielleicht auch nur formal oder nominell – ein Teil Serbiens bleiben. Es war für mich erstaunlich, wie die Stimmung in Serbien sich geändert hat. Logischerweise entstand dann unmittelbar vor der Unabhängigkeit des Kosovo auch für uns Diplomaten eine sehr schwierige Situation, v.a. für die Diplomaten jener Länder, die für die Unabhängigkeit des Kosovo eingetreten sind. Es gab Ausschreitungen gegen Botschaften, es gab Sicherheitsprobleme für uns Diplomaten, etc. Ich möchte hier nicht in die Details gehen, außer zu betonen, dass es eine schwierige Lage war. Ich hatte allerdings trotzdem den Eindruck, dass die Diplomaten jener Länder, die keinen Zweifel daran gelassen hatten, dass sie für die Unabhängigkeit des Kosovo waren, im Endeffekt doch besser behandelt wurden als die Diplomaten jener Länder, die Belgrad ursprünglich auf seiner Seite glaubte und die plötzlich doch für die Unabhängigkeit waren. Man hat in Belgrad die österreichische Überzeugung, dass eine Lösung nur in der Unabhängigkeit bestehen kann, nicht goutiert, aber man hat sie akzeptiert. Und ich glaube, das trifft auch auf die Länder zu, die dieselbe Haltung wie Österreich hatten. Wir haben gesagt: wir wissen, wie schwer es für Serbien ist, auf den Kosovo zu verzichten, wir wissen und können es emotional nachvollziehen, dass es eine ganz große Belastung ist, als Serbe die Unabhängigkeit des Kosovo zu akzeptieren, aber wir glauben, das ist die einzig gangbare Lösung nach all den Entwicklungen, nach den jahrelangen Verhandlungen, die nicht zum Erfolg geführt haben usw. Und ich denke, dass diese unsere Haltung uns mehr Respekt in Belgrad beschert hat als die Haltung jener Länder, die eine Art Zickzackkurs gefahren haben und im Endeffekt die Unabhängigkeit des Kosovo dann doch akzeptiert haben, obwohl Belgrad gehofft hatte, sie würden es nicht tun.

Wien, 5. April 2017

Interview mit Dr. Paul Leifer

Ajeti: Herr Botschafter, ich habe über Ihre diplomatische Karriere recherchiert, welche sehr faszinierend ist. Sie waren Geschäftsträger in Chile, Gesandter der österreichischen Botschaft in Moskau, Botschafter in Nigeria, Ghana, Liberia, Sierra Leone, dann in der Abteilung für multilaterale Wirtschaftsbeziehungen im Außenministerium, dann Botschafter in Jugoslawien und Albanien sowie in Marokko, Direktor der Diplomatischen Akademie, Österreichischer Botschafter in Irland. Kann man Ihre Tätigkeit in Jugoslawien als besonders bezeichnen?

Dr. Leifer: Ja, ich hatte verschiedene Funktionen bilateraler und multilateraler Natur und habe meine fünfeinhalb Jahre Jugoslawien eigentlich als den Höhepunkt meiner beruflichen Laufbahn empfunden, weil es meine professionell herausforderndste Aufgabe war. Ich hatte auch andere zum Teil sehr gefährliche Missionen wie Chile usw. oder psychologisch sehr schwierige Missionen wie als Gesandter in Moskau in den 70er Jahren, aber das, was das professionell herausforderndste war, war Jugoslawien, nicht nur wegen der Kompliziertheit der Lage und des Umstandes, dass das alles in die österreichische Innenpolitik hineingespielt hat, sondern auch, weil ich als Gesprächspartner im jugoslawischen Außenministerium ganz hervorragende Professionals hatte, und das hat mir auch sehr viel Befriedigung gegeben mit solchen Leuten die feine Klinge zu führen.

Ajeti: Sie waren österreichischer Botschafter in Belgrad von 1985 bis 1991, Sie haben den Beginn des Zerfalls Jugoslawiens miterlebt. Wie hat der Zerfall des jugoslawischen Staates aus Ihrer Sicht begonnen, bzw. hat der Zerfall mit der Aufhebung der Autonomie des Kosovo im März 1989 begonnen?

Dr. Leifer: Also aus meiner persönlichen Sicht hat der Zerfall Jugoslawiens – der ja sehr viele Gründe hat und nur unter bestimmten Rahmenbedingungen erfolgen konnte, vor allem auch dem Ende des Kalten Krieges – eigentlich begonnen mit dem Coup, den Milošević gegen Stambolic gemacht hat. Im April 1987 war Milošević als Vertreter von Stambolic in Kosovopolje. Dort hat er Lunte gerochen, dort hat er die berühmte Rede gehalten und hat gesehen wie das Volk auf seine Worte reagiert. Für mich war das die psychologische Wende, die machtpolitische Wende kam dann mit der Entmachtung von Stambolic. Alles andere, auch die Aufhebung der Autonomie des Kosovo, ist schon eine Folge dessen, was innerhalb der serbischen KP passiert ist.

Ajeti: Herr Sinan Hasani war 1986-1987 Vorsitzender des Präsidiums der Sozialistischen Föderativen Republik Jugoslawien und damit auch jugoslawischer Staatspräsident. Er war der letzte Politiker aus dem Kosovo, der eine wichtige Funktion im ehemaligen Jugoslawien hatte. Ich nehme an, Sie haben Herrn Sinan Hasani öfter getroffen?

Dr. Leifer: Nein, ich habe ihn nicht öfter getroffen. Ich habe mein Beglaubigungsschreiben dem damaligen Vertreter von Vojvodina im Staatspräsidium überreicht. Hasani habe ich erst getroffen, wie der damalige Außenminister Peter Jankowitsch im Juli 1986 seinen Besuch in Jugoslawien machte. Da gab es auch einen Besuch beim Vorsitzenden des Staatspräsidiums und da habe ich Hasani kennengelernt. Es wurde nicht über Kosovo gesprochen.

Ajeti: Also Kosovo war damals kein Thema.

Dr. Leifer: Das war kein Thema.

Ajeti: Wie würden Sie die Beziehung zwischen Österreich und Jugoslawien während Ihrer Zeit als österreichischer Botschafter in Jugoslawien darstellen?

Dr. Leifer: Damals gingen unsere Beziehungen durch verschiedene Phasen. Als ich ankam, stand die Erneuerung des Durchführungsabkommens des Kulturabkommens mit Jugoslawien an. Diese Verhandlungen sind damals gescheitert an der Forderung, dass im Durchführungsabkommen neben Klagenfurt auch Celovec stehen müsse. Ich habe nach den Kulturverhandlungen mit meinen Mitarbeitern in der Botschaft, zu denen auch Valentin Inzko gehört hat, eine Besprechung abgehalten und habe ihn mit einer Bemerkung völlig überrascht. Ich habe nämlich gesagt, „soweit ich bisher mit Vertretern aus anderen Regionen Jugoslawiens gesprochen habe, ist es denen völlig egal, ob in dem Abkommen Celovec drinnen steht oder nicht. Mein Verdacht ist, dass es die slowenischen Kommunisten nur deswegen zustande gebracht haben, dass das auf Bundesebene als Forderung gegenüber Österreich gestellt wird, weil sie die Bundesebene unter Druck setzen konnten mit ihrer Zustimmung zum Budget." Das war meine damalige These. Eine zweite schwierige Phase war die Waldheim-Affäre.

Ajeti: Hat das eine Rolle in der jugoslawisch-österreichischen Beziehung gespielt?

Dr. Leifer: Ja, und ich werde Ihnen sagen, warum. Bereits in der Waldheim-Affäre kamen die innerjugoslawischen Spannungen zum Tragen. Die Serben haben die Waldheim-Affäre dazu benützt, um Tito weiter anzuschwärzen. Was war das für einen Staatschef, der nicht gewusst hat, dass Waldheim ein Kriegsverbrecher war. Das wurde ganz bewusst von den Serben gespielt, soweit sogar, dass sie einen Journalisten, den ich gut kannte, dazu gebracht haben, ein Buch herauszugeben, wo ein gefälschtes Dokument veröffentlicht wurde, das sozusagen beweisen sollte, dass Waldheim Kriegsverbrechen auf dem Balkan begangen hat.

Ajeti: War er ein serbischer Journalist?

Dr. Leifer: Kein österreichischer, ich habe seinen Namen noch.

Ajeti: Aber ein serbischer Journalist?

Dr. Leifer: Ja, ein serbischer Journalist, Stanko Vasovic. Die Serben haben ihn dazu angeleitet, er wurde wahrscheinlich bezahlt, ein Dokument zu fälschen, damit dann ein Buch herauskommen kann, wo man beweisen konnte, dass Waldheim ein Kriegsverbrecher war. Also zum Anschwärzen Titos, zur Untergrabung der Autorität Titos ist die Waldheim-Affäre benützt worden. Dann kam noch etwas dazu: Ministerpräsident Mikulic sollte seinen Gegenbesuch in Österreich machen und ich wusste vom jugoslawischen Innenminister, dass im Staatspräsidium auf Druck der Serben ein Beschluss gefasst worden war: wenn Mikulic zum offiziellen Besuch nach Österreich kommt, darf er nicht nach Wien, denn sonst müsste er in die Hofburg gehen und Waldheim die Hand schütteln. Deswegen hat der Gegenbesuch von Mikulic dann in der Wachau stattgefunden. Also darum sage ich Ihnen, die Waldheimgeschichte war ein schwieriges Kapitel, und wie Loncar dann 1991 uns vorgeworfen hat, dass die österreichischen Politiker ungleiche Beziehungen zu der Bundesebene einerseits und der Republiksebene andererseits pflegen, also eine Unausgewogenheit der Kontakte, habe ich Loncar daran erinnert, dass das vielleicht nicht so ein guter Vergleich ist, denn ich könne mich noch an einen Beschluss erinnern, dass man nicht mit dem österreichischen Bundespräsidenten in Kontakt treten sollte.

Ajeti: D.h. er hat versucht darzustellen, dass es gibt eine asymmetrische...

Dr. Leifer: Asymmetrische Beziehungen, wir würden viel mehr mit den Slowenen und den Kroaten reden und nicht mit der Bundesebene, das war der Vorwurf.

Ajeti: Das war die zweite Phase.

Dr. Leifer: Ja. Ansonsten haben wir auch das Problem gehabt, dass wir ja nicht Deutschunterricht auf jugoslawischen Boden anbieten durften. Anderseits haben wir im wirtschaftlichen Bereich eine hervorragende Rolle gespielt, die Jugoslawen sind immer zu uns gekommen mit dem Ersuchen, ihnen zu helfen bei der Bankenkrise, bei ihren Aspirationen gegenüber dem Europarat, gegenüber der EFTA, und diese positive Rolle haben die Jugoslawen immer anerkannt. Deswegen waren die Beziehungen – von den Dingen abgesehen, die ich ihnen jetzt gesagt habe – eigentlich sehr gut, bis es eben dann offensichtlich wurde, dass es innerhalb der österreichischen Regierung unterschiedliche Auffassungen gibt zu Slowenien und Kroatien, und ich muss ehrlich sagen, das ist dann immer auf meinem Rücken ausgegangen. Wann immer Busek oder Mock in Ljubljana etwas gesagt haben, hat mich schon Loncar zu sich zitiert, „Herr Botschafter, bitte erklären Sie mir das, was soll das heißen?" Das war nicht sehr lustig.

Ajeti: Haben Sie damals gewusst, dass einige österreichische Politiker, insbesondere von der ÖVP-Seite, Kontakte mit Intellektuellen oder Dissidenten oder Regierungsgegnern aus Jugoslawien gehabt haben?

Dr. Leifer: Nein, das hat man mir vorenthalten.

Ajeti: Weil zum Beispiel hat Dr. Busek zu mir gesagt, er hat zum ersten Mal zum Beispiel Kosovo im Jahr 1987 besucht und er hat damals mit Rugova, mit Ejup Statovci, er war damals Rektor der Prishtina Universität, gesprochen?

Dr. Leifer: Ah, ich kann mich genau an den Besuch von Busek, er war damals Vizebürgermeister von Wien, erinnern.

Ajeti: Haben Sie ihn damals begleitet?

Dr. Leifer: Nicht in den Kosovo. Ich habe für Busek und seine Journalistendelegation einen Heurigen gegeben in meiner Residenz in Beograd und habe dort auch jugoslawische Journalisten eingeladen.

Ajeti: Ich nehme auch an, es war auch jemand aus dem Kosovo da.

Dr. Leifer: Könnte sein, ich weiß es jetzt nicht mehr.

Interviews im Annex

Ajeti: Der zweite Besuch von Vranitzky im Ausland als Bundeskanzler war am 19. Februar 1987 in Jugoslawien. Der erste Besuch war traditionsgemäß in der Schweiz. Und sein zweiter Besuch überhaupt im Ausland war in Jugoslawien. Und er hat Mikulic in Bled getroffen. Sie haben als österreichischer Botschafter in Jugoslawien an diesem Treffen teilgenommen. Das Gespräch dauerte drei Stunden und Mikulic bezeichnete das Gespräch als freundschaftlich und konstruktiv. In einer APA-Meldung vom 19. Februar 1987 wurde berichtet, dass Bundeskanzler Vranitzky mit dem jugoslawischen Ministerpräsidenten Mikulic auch die Lage im Kosovo diskutiert hat. War das für Sie das erste hochrangige Gespräch, bei dem das Thema Kosovo zur Sprache kam, erstens und wenn ja, was genau wurde da über Kosovo besprochen?

Dr. Leifer: Ich konnte mich nicht mehr genau erinnern, habe mir daher die Akten ausheben lassen und habe mir notiert, was ich in den Akten gefunden habe. Es gab sehr lange Gespräche zwischen den Finanzministern Lacina und den damaligen jugoslawischen Ministern und dann gab es ein Delegationsgespräch, über das es Aufzeichnungen gibt, und was in diesen enthalten ist, kann ich Ihnen kurz sagen. Darüberhinaus gab es ein Gespräch im kleinsten Kreis: Vranitzky, Mikulic und Dolmetsch, da war ich nicht dabei. Was dort gesprochen worden ist, wurde auch nie schriftlich festgehalten. Einige Zitate aus dem, was ich gefunden habe: Mikulic sagte: „Die Menschenrechtsdiskussion hat sich nach Helsinki zu verpolitisieren begonnen. Loncar kritisierte den Vorschlag von 17 westlichen Staaten, darunter Österreichs, den vier Phasen-Mechanismus zur Kontrolle und Verwirklichung der Menschenrechte einzusetzen. Dies hätte einen negativen Einfluss auf die N + N Gruppe und überschreite die Finalakte als eine Einmischung in innere Angelegenheiten." Ansonsten fand ich noch eine Bemerkung von Mikulic dahingehend, „na ja wir haben viele Probleme, aber wir haben schon viele Probleme ausgehalten und wir werden auch die konterrevolutionären Aktivitäten im Kosovo aushalten." Hauptthemen waren wirtschaftliche Fragen, Banken, Investitionen, ein bisschen die Volksgruppen und die Klage der Jugoslawen, dass sie mit der Haltung der EFTA, der EG und des Internationalen Währungsfonds sehr unzufrieden sind, weil man immer wieder Forderungen stellte, diese oder jene Reformen müssten gemacht werden. Das waren also die Hauptpunkte. In dem Protokoll steht dann noch: „Vranitzky hat Österreichs Interesse an stabilen Verhältnissen in den Nachbarstaaten, v.a. auch in Jugoslawien zum Ausdruck gebracht."

Ajeti: Also am 19. Februar heißt es wieder in einer APA-Meldung. "Österreichischer Botschafter in Belgrad Dr. Paul Leifer ergänzte, es sei ein offenes Gespräch wie zwischen Freunden gewesen und er sei erstaunt gewesen über die Offenheit, mit der Mikulic seine Probleme dargelegt hat."

Dr. Leifer: Das waren hauptsächlich Wirtschaftsprobleme. Aus den Akten über die Begegnung in Bled habe mir die wesentlichen Dinge herausgeschrieben. Es ist offensichtlich, entweder hat das Mikulic von sich aus angesprochen, oder hat Vranitzky die Frage gestellt, dass Mikulic die Bemerkung mit den „konterrevolutionären Aktivitäten im Kosovo" gemacht hat.

Ajeti: Haben Sie damals Azem Vllasi, Kaqusha Jashari, also die Kommunisten von Kosovo getroffen?

Dr. Leifer: Nein, das habe ich nicht. Ich bin mindestens einmal im Jahr nach Albanien gefahren und habe meist entweder bei der Hinfahrt – ich bin immer mit dem Auto gefahren – oder bei der Rückfahrt im Kosovo Station gemacht. Habe aber keinerlei Aufzeichnungen bei mir zuhause gefunden.

Ajeti: D.h. Sie haben keinen Vertreter der kommunistischen Partei aus Kosovo getroffen?

Dr. Leifer: Es kann sein, aber ich kann mich jetzt nicht erinnern. Ich weiß es einfach nicht.

Ajeti: Der zweite Besuch von Bundeskanzler Vranitzky in Jugoslawien war anlässlich des symbolischen Durchschlags des Karawankentunnels am 16. Juni 1989. Da kam es zu einem informellen Treffen (in Brdo) zwischen Bundeskanzler Vranitzky und dem jugoslawischen Regierungschef, Ante Marković. Und es kam zu blutigen Auseinandersetzungen zwischen Sicherheitskräften und Kosovo-Albanern, wobei es viele Todesopfer gab. Bundeskanzler Vranitzky hat die Vorbehalte der österreichischen Regierung gegen das Vorgehen der Staatsgewalt von Belgrad vorgebracht. Laut ihm sei um solches Vorgehen Belgrads wie im Kosovo der Vertrauensbildung nicht dienlich. Da Sie dabei waren, können Sie mir bitte mehr darüber erzählen?

Dr. Leifer: Dieser Besuch litt unter dem Umstand, dass es zunächst ein vier-Augengespräch zwischen Markovic und Vranitzky geben sollte und nachher Delegationsgespräche. Dieses vier-Augengespräch hat über zwei Stunden gedauert, sodass für die Delegationsgespräche nicht viel mehr als eine halbe Stunde geblieben ist. Im Aktenvermerk über dieses vier-Augengespräch habe ich folgendes Satz gefunden: „Herr Bundeskanzler verwies auf den hohen Stellenwert, dem eine politische Lösung der Kosovo-Frage im Rahmen der Annäherung Jugoslawiens an Europa, die aktiv von Österreich unterstützt wird, zukommt." Das heißt, wir haben immer eine Lösung der Kosovo-Frage im Rahmen der verfassungsmäßigen Ordnung innerhalb Jugoslawiens gesehen, denn nur dann, wenn sie so gelöst werden kann, hat Jugoslawien eine Chance, einen weiteren Schritt nach Europa zu machen, was in unserem besonderen Interesse lag. Und dann steht noch: „Der Besuch bot die Gelegenheit, die österreichische Unterstützung für den Reformprozess in Gesamt-Jugoslawien als Bedingung für den Erhalt der Gesamtstaatlichkeit darzustellen."

Die Tischreden bei den offiziellen Besuchen sind sehr wichtig. Wörtliches Zitat aus der Vranitzky-Rede: „Wir sind zuversichtlich, dass es Jugoslawien mit einer erfolgreichen Wirtschaftsreform und einem tiefgreifenden Demokratisierungsprozess gelingen wird, auch gleichzeitig ein neues Konzept für ein Zusammenleben in Dialog und Verständigung zu erarbeiten. Ein Konzept, das es den Mitgliedern aller Nationen und Volksgruppen unter Wahrung ihrer Grundfreiheiten und Menschenrechte ermöglicht, als gleichberechtigte Partner an den wirtschaftlichen und politischen Reformen mitzuwirken und damit die territoriale Integrität Jugoslawiens in Zukunft sicherzustellen."

Interviews im Annex

Ajeti: Haben Sie mit dem Bundeskanzler Vranitzky über die Kosovo-Frage diskutiert?

Dr. Leifer: Wir haben über alles gesprochen. Wir waren immer für einen politischen Dialog unter Wahrung der Grundrechte und Menschenrechte. Das war unsere Linie.

Ajeti: Aber anderseits auch für die Bewahrung der territorialen Integrität Jugoslawiens und damit fängt auch die Uneinigkeit zwischen Vranitzky und Mock in der Jugoslawienpolitik an.

Dr. Leifer: Ja, aber das hat nicht mit dem Kosovo zu tun. Das hat mit Slowenien und Kroatien zu tun. Ich glaube, in der Kosovo-Frage waren Vranitzky und Mock auf derselben Linie.

Ajeti: Und die Linie war?

Dr. Leifer: Die Linie war, dass man diesen Konflikt nicht mit Gewalt, sondern nur durch einen politischen Dialog lösen müsse, und dass die Lösung des Konfliktes – das haben wir schon vorher gesagt – Voraussetzung für den Erhalt der Gesamtstaatlichkeit und die Annäherung an Europa ist.

Ajeti: Die Kosovo-Albaner wurden damals nicht als Staatsvolk Jugoslawiens bezeichnet.

Dr. Leifer: Nein, sie wurden nicht als Staatsvolk gesehen. Ich wollte Ihnen noch etwas erzählen über den berühmten Gazimestan. Es haben natürlich alle Botschafter eine Einladung bekommen, hinunter zu fahren. Ich habe mich sofort mit meinem schwedischen und schweizerischen Kollegen und dann mit den EG-Botschaftern beraten, und wir waren uns einig, wir fahren nicht hin.

Ajeti: Aus welchem Grund?

Dr. Leifer: Weil wir gewusst haben, wie Milošević das instrumentalisieren wird. Wir wollten nicht sozusagen Zeuge sein, das war ja eine ungeheuerliche Demonstration, auch gegen die albanische Minderheit.

Ajeti: Der dritte Besuch von Vranitzky in Belgrad war 5. April 1990. Dass die bedeutende Entwicklung zu Pluralismus und Menschenrechten in Jugoslawien höchste Priorität haben muss. Trotzdem hat Bundeskanzler Vranitzky in Belgrad darauf verwiesen, dass „die Unterstützung durch Österreich für das jugoslawische Reformprogramm durch die Vorgänge im Kosovo erschwert wurde." Das ist ein Direktsatz von einer APA-Meldung. Das war sein vorletzter Besuch in Jugoslawien. Weil es gab dann auch später einen im Juni 1991, damals waren Sie nicht mehr Botschafter. Können Sie mir mehr über diesen Besuch erzählen?

Dr. Leifer: Was Kosovo betrifft, habe ich Folgendes gefunden: ich hatte angeregt, dass der Herr Bundeskanzler auch Gelegenheit bekommt, mit Vertretern sogenannter alternativer Bewegungen bzw. neuen Parteien zusammen zu kommen, und habe das dann in Belgrad organisiert. Ich habe die Liste gefunden, 18 alternative Bewegungen und was Sie vielleicht interessieren würde, aus Kosovo habe ich den Jusuf Buxhovi vom Demokratischen Bund (LDK), eingeladen. Der hat zugesagt und ist auch gekommen. Um mich nicht dem Vorwurf auszusetzen, dass ich einseitig einlade, habe ich auch einen Vertreter des Komitees für die Wahrheit über Kosovo eingeladen, der nicht gekommen ist. Das war ja nicht sehr einfach auszuwählen, auch bei den Parteien aus den verschiedenen Republiken. Es war so, dass zum Beispiel die Slowenen nicht gekommen sind und wissen Sie aus welchem Grund?

Ajeti: Nein.

Dr. Leifer: „Wir wollen mit den Österreichern nicht in Belgrad sprechen." [Lacht]

Ajeti: Sondern entweder in Slowenien oder in Österreich.

Dr. Leifer: Ja, soweit war das damals schon.

Ajeti: Und die Kroaten sind gekommen?

Dr. Leifer: Ich weiß es nicht, ich habe es mir nicht aufgeschrieben.

Ajeti: Ja und was Buxhovi betrifft, hat er darüber gesprochen?

Dr. Leifer: Er hat das Wort ergriffen, es gibt kein Protokoll über diese Begegnung des Bundeskanzlers. Aber jedenfalls haben wir den Jugoslawen ausdrücklich gesagt, der Herr Bundeskanzler möchte sich auch mit alternativen Bewegungen treffen.

Ajeti: Das war auch die Zeit, wo auch die oppositionellen Parteien erlaubt waren.

Dr. Leifer: Ganz richtig, deswegen habe ich das gemacht.

Ajeti: Haben Sie Rugova getroffen?

Dr. Leifer: Rugova habe ich einmal getroffen.

Ajeti: Wo und wann?

Dr. Leifer: Ich glaube es war in Prishtina, aber ich wusste nichts über die Besuche und Gespräche Rugovas in Wien.

Ajeti: Sie wussten nicht davon?

Dr. Leifer: Nein, das hat man mir nicht mitgeteilt.

Interviews im Annex

Ajeti: Also Rugova wurde im Dezember 1989 zum Vorsitzenden seiner Partei gewählt. Im Februar 1990 hat er seinen ersten Auslandsbesuch in Wien gehabt. Er hat sich im Nationalrat mit Dr. Jankowitsch getroffen. Dann war er wieder im November 1990 in Wien. Er hat wieder den Jankowitsch getroffen und nach 1991 war der „Runde Tisch Europa", der von der ÖVP im Schiff veranstaltet wurde. Also alle zwei drei Monate war Rugova -.

Dr. Leifer: Gut, aber das waren natürlich lauter informelle Treffen, über die das Außenministerium keine Unterlagen bekommen hat. Daher habe ich auch nichts bekommen. Ist eigentlich ganz logisch, ganz verständlich.

Ajeti: Gehen wir zurück zu dem ersten und letzten Besuch von Alois Mock in Jugoslawien. Also von meinen Akten ich glaube das war sein erster und letzter Besuch in Jugoslawien. Während des Besuchs in Belgrad fragte Außenminister Mock den früheren Außenminister und Vorsitzenden des Staatspräsidiums Raif Dizdarevic, "Warum haben Sie die Truppen in den Kosovo geschickt?" Dizdarevic antwortete, dass sie Truppen hingeschickt haben, um weiteres Blutvergießen zu vermeiden, "Seien Sie versichert, wir wissen, dass die Schwierigkeiten dort politisch gelöst werden müssen." Das habe ich aus dem Buch von Dr. Mock zitiert. Dies war eine der ersten Reaktionen von Mock in seiner Funktion als Außenminister in Bezug auf die Kosovo-Frage. Trotz Mocks Hoffnungen sowie Versicherungen seitens der jugoslawischen Seite, dass die Anwendung von Gewalt keinen Platz zur Lösung der Probleme haben würde, geschah genau das Gegenteil. Sie haben Außenminister Mock begleitet. Können Sie sich an diesem Besuch bzw. an diesem Gespräch erinnern?

Dr. Leifer: Ja, ich kann mich erinnern. Mock war auch bei Markovic und bei Dizdarevic. Mit Markovic ist sehr viel über Demokratisierung gesprochen worden. Ich habe gefunden, was festgehalten wurde aus dem Gespräch Mock-Markovic und Mock-Dizdarevic (übergibt eine Niederschrift). Dizdarevic war viel differenzierter.

Ajeti: Er konstatierte eine unbefriedigende Gestaltung der Beziehungen zwischen der Republik Serbien und ihren beiden autonomen Provinzen, indem die Bindungen Letzterer zu Föderation stärker als zu ihrer eigenen Republik entwickelt gewesen sind.

Dr. Leifer: Dizdarevic als Bosnier hat genau gewusst, welche Gefahr das bedeutet. Ihm war das viel eher bewusst als Markovic.

Ajeti: Ja, also auch aus einigen Akten geht hervor, er hat versucht sich von Milošević zu distanzieren.

Dr. Leifer: Ja, das Tolle war ja, dass der Vertreter Bosnien-Herzegowinas im Staatspräsidium ein Serbe war und der hat immer mit Drnovsek, Mesic und Tupurkovski als Viertem gestimmt, sodass das Präsidium blockiert war.

Ajeti: Vier gegen vier.

Dr. Leifer: Ja. Ein Serbe aus Bosnien. Deswegen konnte ja Milošević nie den Ausnahmezustand verhängen, was er immer wieder versuchte. Aber es gab immer wieder die Patt-Situation Vier-Vier. Weil alle in Bosnien gewusst haben, ob Moslems oder Serben oder Kroaten, was das für ein Pulverfass ist. Und daher sieht man auch sehr schön, dass Dizdarevic das gespürt hat.

Ajeti: Aber zurück zu diesem Gespräch.

Dr. Leifer: Wir sagten immer wieder dasselbe. Es war unsere Linie: ja nicht mit Gewalt, nur durch politischen Dialog. Ich habe viele Berichte über die Menschenrechtssituation im Kosovo gefunden, darunter einen, der ungefähr ein oder zwei Monate nach einer Erklärung von Mock gekommen ist. Weiters einen Bericht ungefähr einen Monat danach, wo ich zum Schluss komme, dass der politische Dialog, den wir empfohlen haben, total zusammengebrochen und chancenlos ist. März 1990.

Ajeti: Wurden Sie damals vom österreichischen Außenministerium beraten, Kontakte mit politischen Vertretern des Kosovo aufzunehmen?

Dr. Leifer: Nein.

Ajeti: Haben Sie Dr. Mock nach der Aufhebung der Autonomie des Kosovo ständig informiert?

Dr. Leifer: Stösse von Berichten, nicht nur über die Menschenrechtssituation im Kosovo, sondern auch über die Verhandlungen, den sogenannten Dialog, der dann zusammengebrochen ist.

Ajeti: Mit welchem politischen Vertreter des Kosovo haben Sie sich nach der Aufhebung der Autonomie des Kosovo getroffen?

Dr. Leifer: Ja, Rugova habe ich getroffen. Wo, kann ich mich nicht erinnern.

Ajeti: Die erste Stufe des KSZE-Mechanismus. Ich nehme an, Sie waren damals stark daran beteiligt. Wie ist es Österreich gelungen, die erste Stufe des KSZE-Mechanismus am 15. August 1990 der menschlichen Dimension gegenüber Jugoslawien in Anspruch zunehmen? Also die erste Stufe sah eine schriftliche Auskunft des Status über den Vorfall vor. Können Sie mir bitte mehr darüber erzählen, da es sehr wenig Literatur gibt?

Dr. Leifer: Die Akten habe ich gestern im Staatsarchiv gefunden. Ich habe am 15. August 1990 zusammen mit dem schwedischen Geschäftsträger ein Aide-Mémoire im Außenministerium in Belgrad übergeben. Den Originalwortlaut habe ich ja dann auch Wien vorgelegt, den habe ich in den Akten gefunden. Es geht hier um ein Ersuchen um Information zu vier Maßnahmen Serbiens gegenüber der albanischen Bevölkerung.

Ajeti: Welche waren diese vier?

Dr. Leifer: Ich sage es Ihnen auf Englisch, weil es auf Englisch formuliert war.
- Arbitrary arrests,
- suspension of Albanian language broadcasts and censorship,
- police actions towards contacts of Albanians with representatives of Yugoslavia, Yugoslav and international press,
- legal measures of June 26 and July 5. Wissen Sie was die zwei sind? "June 26" ist "activities of the republics institutions under special circumstances", und "July 5" ist "termination of the activities of the Assembly in the Executive Council of Kosovo".

Der schwedische Geschäftsträger und ich, wir waren also die Ersten. Ich habe einfach die Weisung bekommen, und die habe ich ausgeführt.

Ajeti: D.h. Sie haben die Weisung vom österreichischen Außenministerium bekommen?

Dr. Leifer: Natürlich, ja. Weil ich gut vernetzt war, habe ich sofort erfahren, dass der Schwede dasselbe zu machen hatte. Ok, machen wir es zusammen, dann hat ja das Ganze ein ganz anderes Gesicht. Die EG war zu diesem Zeitpunkt noch nicht so weit. Die haben noch untereinander beraten, was sie formulieren sollen. Gleichzeitig mit uns waren nur die Norweger. Die Norweger haben aber nicht ein Aide-Mémoire überreicht, sondern eine Verbalnote, deren Kopie ich auch in unseren Akten gefunden habe. Und erst lange nach uns hat die EG auch die Fragen gestellt um Information, und schließlich die USA.

Ajeti: Also nach Österreich und Schweden.

Dr. Leifer: Also das ist, was ich gestern gefunden habe. Was ich nicht gefunden habe, ist mein Bericht, wie diese Vorsprache verlaufen ist. Soweit ich mich erinnern kann, haben die Gesprächspartner im jugoslawischen Außenministerium gesagt: naja, das ist eine schriftliche Anfrage, wir werden das jetzt studieren und wir werden Ihnen bei gegebener Zeit eine Antwort erteilen. Das war im August. Und dann haben wir offensichtlich eine Antwort bekommen von den Jugoslawen, die gleiche Antwort, die dann alle anderen, die diesen Mechanismus dann auch in Gang gesetzt haben, auch bekommen haben, und wir alle haben diese Antwort für unbefriedigend erklärt. Dann bin ich auf Urlaub gegangen im September. Das ist jetzt ganz interessant, was ich gefunden habe: Mein damaliger Vertreter, der Gesandte Kotschy, berichtete über seine Vorsprache, wo er vorgebracht hat, dass wir unzufrieden sind mit der Antwort, die Jugoslawien auf unser erstes Aide-Mémoire gegeben hat. Kotschy berichtete, dass ihm der damalige neue serbische Sektionsleiter für multilaterale Angelegenheiten Jovanovic, das war ein ganz Scharfer.

Ajeti: Der wurde dann später Außenminister.

Dr. Leifer: Ja. Der Ultraserbe Jovanovic, der gerade vorher Botschafter in Athen gewesen war, hat Kotschy folgende Antwort erteilt: „In Jugoslawien überschreitet der Minderheitenschutz den internationalen Standard, Punkt 1. Aber hier in Kosovo handelt es sich um ganz etwas anderes, hier will eine Minderheit sich zum Staatsvolk machen und innere Grenzen verändern. Das können wir nicht hinnehmen. Dritter Punkt: Die Albaner haben – es ging um die bevorstehenden Wahlen – ihre Partei auf Bundesebene registrieren lassen, aber nicht auf Republiksebene, daher können sie nicht teilnehmen. Nächster Punkt: Durch die neue serbische Verfassung verliert der Kosovo lediglich die Eigenschaft als staatstragende Gebietskörperschaft, die kulturelle und territoriale Autonomie bleibt unbenommen. Nächster Punkt: Die Sondermaßnahmen werden nach den Wahlen in Serbien aufgehoben und, letzter Punkt: nicht die censorship, sondern Rilindja hat die Pressefreiheit missbraucht, daher mussten wir einschreiten." Ist ganz interessant, wie sie argumentiert haben.

Ajeti: Selbstverständlich. D.h. die erste Stufe des KSZE-Mechanismus wurde von Wien initiiert.

Dr. Leifer: Ja. Ich habe die Weisung erhalten und habe aufgrund der Weisung mit verschiedenen Punkten dieses Aide-Mémoire konzipiert auf Englisch.

Ajeti: Haben Sie die Kosovo-Frage als Menschenrechts-Frage, also Minderheits-Frage, oder als Frage des Selbstbestimmungsrechts gesehen?

Dr. Leifer: Da ging es nicht um meine persönliche Meinung, sondern wir, Österreich, haben das immer als Menschenrechtsfrage gesehen.

Ajeti: Damals.

Dr. Leifer: Ja.

Ajeti: bis April 1991?

Dr. Leifer: Ja. Das sehen Sie auch aus der Mock-Erklärung. Wir waren immer für den politischen Dialog. Uns war es eben wichtig, Jugoslawien nach Europa zu ziehen. Wir waren die großen Befürworter, kann mich genau erinnern, wie Botschafter Steiner in Belgrad war, als wir über den fraglichen Status Jugoslawiens beim Europarat gesprochen haben, wo es natürlich auch um die Menschenrechte gegangen ist. Die Jugoslawen haben immer gesagt, wir wollen in den Europarat. Unsere Antwort war: „ja wunderbar, aber bitte dann müsst Ihr die Menschenrechte respektieren." Das war auch ein anderes Vehikel, über das wir gearbeitet haben.

Ajeti: Ich nehme an, Sie haben damals auch mit Ihren Kollegen aus den westlichen Staaten über die Entwicklungen in Jugoslawien und über den möglichen Zerfall Jugoslawiens gesprochen? Damals gab es auch wichtige westliche Länder wie Großbritannien oder Frankreich, wobei für sie die Auflösung Jugoslawiens nicht vorstellbar war.

Dr. Leifer: So ist es.

Ajeti: Auch die Amerikaner bis Juni 1991 sind immer für die Bewahrung der Einheit Jugoslawiens gewesen. Hatten Sie solche Gespräche mit Ihren Kollegen gehabt?

Interviews im Annex

Dr. Leifer: Ja, sehr viele. Mein bester Freund war Warren Zimmermann, der amerikanische Botschafter, mit dem ich fast täglich gesprochen habe. Wir haben gemeinsam Tennis, Paddel-Tennis und Bridge gespielt. Unsere beiden Frauen waren sehr gut befreundet. Ich wusste sehr viel von ihm, von dem, was er an Weisungen bekommen hat.

Ajeti: Und was für eine Anweisung hat er bekommen?

Dr. Leifer: Er hat mir zunächst einmal von der berühmten CIA-Studie erzählt, die den Zerfall Jugoslawiens voraussagt.

Ajeti: Wann war das?

Dr. Leifer: Das war Anfang 1990. Und dann kam der Besuch von Assistant Secretary of State Lawrence Eagleburger. Als er mir erzählte, was Eagleburger zu Milošević gesagt hatte, sage ich Warren, „seid Ihr wahnsinnig, wenn Ihr jetzt sagt, dass die territoriale Einheit Jugoslawiens bewahrt werden muss und die USA sich weiterhin für die territoriale Einheit einsetzen, so wird das Milošević ermutigen." Und so war es.

Ajeti: Aber Zimmermann wurde auch also vorgeworfen, dass er eine pro-serbische Haltung gehabt hat. Was würden Sie dazu sagen?

Dr. Leifer: Das ist eine Falschinterpretation.

Ajeti: D.h. er hat keine pro-serbische oder pro-jugoslawische Linie gehabt?

Dr. Leifer: Nein, keine pro-serbische Linie, da tut man ihm Unrecht. Um Ihnen das zu erläutern: Ich war immer sehr verärgert, weil die EG-Botschafter ihren eigenen Zirkel gehabt haben und einmal im Monat ein Mittagessen organisierten, wo sie jugoslawische und serbische Politiker eingeladen haben. Als neutraler Österreicher war ich ausgeschlossen, mich hat das ziemlich geärgert, auch weil ich damals schon der Acting Dean war, der am längsten akkreditierte Botschafter in Jugoslawien. Dann habe ich die Initiative zur Schaffung eines eigenen Kreises ergriffen: „Botschafter der OECD-Staaten minus EG-Botschafter." Das ist auch gelungen. Da waren neben den Neutralen auch Zimmermann, der kanadische, türkische und japanische Botschafter dabei.

Wir haben auch begonnen, die Politiker einzuladen. Ich habe heute noch die Kopie des Briefes, mit dem ich als Vorsitzender dieser Gruppe Milošević zu einem Mittagessen eingeladen habe. Milošević kam am 20. März 1990 und das war unheimlich interessant. Der war von einer Freundlichkeit, gerade, dass er uns nicht abgeknutscht hat. Beim Kaffee nachher habe ich zu ihm gesagt, „na ja, es war sehr interessant, was Sie uns erzählt haben über die Probleme in Jugoslawien, wie stellen Sie sich die Lösung des Jugoslawien-Problems vor?" „Sehr einfach, Herr Botschafter, es brauchen nur zwei Grundsätze berücksichtigt zu werden: Erstens, dort wo ein Serbe lebt, ist Serbien und zweitens, kein Serbe darf je Teil einer Minderheit auf jugoslawischem Boden sein." Bei unseren nächsten Treffen hat dann Warren Zimmermann die Kopie eines Telegramms an Washington verteilt, das er nach dem Treffen mit Milošević geschrieben hat. Das war ein sprachliches und psychologisches Meisterwerk, in dem er Milošević als herausragenden Schauspieler charakterisierte.

Ajeti: Und die Franzosen und die Briten?

Dr. Leifer: Mein unmittelbarer Nachbar war der französische Botschafter am Fuße des Kalemegdan. Mir war wichtig, auch mit meinem französischen Kollegen immer Kontakt zu haben, und bin so ein-zwei Mal im Monat mit ihm am Kalemegdan spazieren gegangen. Anfang der 90er Jahre, als die ersten freien Wahlen in den Republiken stattfanden, bin ich in jede Republik gefahren. Mit Hilfe unseres ersten Computers in der Botschaft haben wir begonnen, eine Datei aufzustellen über die neuen Parteien, ihre Parteiprogramme und wer die voraussichtlichen führenden Persönlichkeiten sein werden. Als ich wieder einmal von einer Reise zurückkam, ich weiß nicht, ob aus Sarajewo (wo ich auch Karadzic besuchte) oder aus Ljubljana, spazierte ich mit meinen französischen Kollegen und sagte, ich war jetzt gerade, ich weiß nicht in Sarajewo, oder in Ljubljana, war ganz interessant, was ich dort gehört habe. „Das interessiert mich nicht, ich bin der französische Botschafter in Jugoslawien und meine einzigen Gesprächspartner sind die Bundespolitiker." Das war der französische Botschafter.

Ajeti: Und die Briten?

Dr. Leifer: Zu diesem Zeitpunkt war leider schon ein neuer britischer Botschafter, zu dem ich ein distanziertes Verhalten hatte, während sein Vorgänger ein alter Freund von mir aus Moskauer Zeiten war. Mit dem hatte ich wunderbare Kommunikation und dann kam der neue und das hängt ja sehr von der Chemie ab. Aber ich kann nur eines dazu sagen, sowohl die Briten als auch die Franzosen haben noch immer die Mentalität des Ersten Weltkrieges gehabt.

Ajeti: Und wahrscheinlich des Zweiten Weltkrieges auch?

Dr. Leifer: Na, v.a. des Ersten Weltkrieges. Die Entente.

Ajeti: Gegen die „Mittelmächte"

Dr. Leifer: Ja. Bei den Franzosen hängt das auch noch mit dem Schulsystem zusammen. Die bekommen das noch immer eingeimpft.

Ajeti: Als österreichischer Botschafter in Jugoslawien waren Sie gleichzeitig auch für Albanien zuständig. Als Sie Albanien besucht haben, dann haben sie natürlich über Kosovo gesprochen.

Dr. Leifer: Ich habe eine sehr gutes Gesprächsverhältnis mit Ramiz Alia gehabt.

Ajeti: Wirklich?

Interviews im Annex

Dr. Leifer: Komisch, ja. Es gibt Dinge, die man in der Ausbildung von Diplomaten vermitteln kann. Aber es gibt Dinge, die noch wichtiger sind und die man nicht vermitteln kann und die jede einzelne Persönlichkeit mitbringen muss.

Ajeti: Sie haben das gut formuliert.

Dr. Leifer: Irgendwie ist das sehr gut mit Ramiz Alia gegangen. Ein paar Wochen nach dem Massaker auf dem Tian'anmen-Platz in Peking kam ich wieder einmal nach Tirana. Bei dem üblichen Tour d'Horizon, was so in der Welt alles passiert, vom Kalten Krieg usw, sind wir eben auch auf die Ereignisse in Peking zu sprechen gekommen. Dabei meinte Ramiz Alia, „na ja wissen Sie, wer A sagt, muss auch B sagen. Zunächst haben sie eine Liberalisierung im Bereich A gemacht, dann blieb Ihnen nichts anderes übrig, als auch woanders zu liberalisieren. Wir machen den Schritt A nicht." Zu Jugoslawien kann ich Ihnen wirklich nur sagen, dass ich immer nur eines gehört habe: die großalbanische Frage gibt es nicht. Jugoslawien ist ein ideologisch so anderes System, dass wir nichts mit denen zu tun haben wollen. Ich habe also nie eine Andeutung bekommen, dass die Albaner Interesse an einer Integration mit Kosovo angestrebt haben, damals.

Ajeti: Also es gibt jetzt neue Gerüchte, dass bei den Demonstrationen im Kosovo 1981 die albanische Regierung auch eine Rolle gespielt hat.

Dr. Leifer: Das haben nicht einmal die Jugoslawen behauptet.

Ajeti: Wie waren Ihre Beziehungen mit deutschen Diplomaten in Belgrad?

Dr. Leifer: Wenn man auf einen neuen Posten kommt und einen Kollegen wieder trifft, den man auf einen anderen Posten schon gekannt hat, dann war man immer schon Freund, und es gibt sofort ein Vertrauensverhältnis. In diesem Fall war es Jörg Eiff, der Konsul an der Botschaft in Tel Aviv war, als ich 1967 als Zugeteilter nach Tel Aviv gegangen bin

Ajeti: Und in Belgrad war er Botschafter.

Dr. Leifer: Ja. Ich hatte also eine sehr gute Beziehung zu Jörg Eiff und wusste ziemlich genau, was er an Instruktionen aus Bonn bekam. Er war einer derjenigen, der zusammen mit meinem italienischen Kollegen, den ich wieder aus Moskau kannte immer wieder gesagt hat, „bitte passt auf, wenn Ihr einen Alleingang in der Anerkennungsfrage macht, dann schadet Ihr Euren Ambitionen, der EG beizutreten." Und das habe ich in einer Unzahl von Variationen immer wieder nach Wien berichtet. Natürlich haben das gewisse Leute in Wien nicht goutiert.

Ajeti: Also das war auch die Zeit, wo die österreichische Außenpolitik versucht hat, den Prozess der Europäisierung der österreichischen Außenpolitik mit der EG anzupassen.

Dr. Leifer: Das war das große Werk von Mock, der das ja begonnen hat. Das, was ich immer wieder von meinen EG-Kollegen gehört habe, die ich sehr gut kannte, habe ich natürlich berichtet. Mock hat immer gesagt: „wo immer ich hingegangen bin, hat man uns nicht geglaubt. Wir haben es gewusst. Man hat uns nicht geglaubt."

Ajeti: D.h. die österreichische Expertise war besser im Vergleich mit anderen westlichen Staaten...

Dr. Leifer: Wir waren gut informiert, ja. Aber man hat uns nicht geglaubt, man wollte uns nicht glauben.

Ajeti: D.h. haben auch die anderen westlichen Länder die Österreicher nicht „ernst genommen"?

Dr. Leifer: Ich weiß nicht, ob „nicht ernst genommen" der richtige Ausdruck ist, wir waren kein Gewicht.

Ajeti: Als Kleinstaat?

Dr. Leifer: Ja.

Wien, 29. März 2017

Interview mit Dr. Eva Nowotny

Ajeti: Frau Botschafterin, Ihre diplomatische Laufbahn ist durch viele wichtige Funktionen charakterisiert: nach Kairo und New York, wo Sie für die Vereinten Nationen tätig waren, sind Sie nach Österreich zurückgekehrt. Eine der wichtigsten Funktionen war ohne Zweifel Ihre Tätigkeit als außenpolitische Beraterin Bundeskanzler Sinowatz und dann später Franz Vranitzkys. Wann haben Sie angefangen, sich mit der jugoslawischen Krise zu beschäftigen?

Dr. Nowotny: Außenpolitisch haben wir uns mit Jugoslawien immer beschäftigt, mit der jugoslawischen Krise dann ab Mitte der 1980er Jahre. Jugoslawien war für uns immer ein ganz wichtiger Partner und gerade in den Jahren, als ich in New York bei den Vereinten Nationen tätig war, haben wir immer versucht, eine enge Partnerschaft mit der Blockfreien Bewegung zu haben, und da war Jugoslawien für uns ein Schlüsselspieler. Es gab auch hervorragende jugoslawische Diplomaten aus den verschiedenen Landesteilen. Als ich nach Wien zurückgekommen bin und für Bundeskanzler Sinowatz gearbeitet habe, waren wir immer wieder in intensivem Kontakt mit Belgrad, weil gerade Bundeskanzler Sinowatz einen großen Fokus auf Nachbarschaftspolitik gelegt hat. Wir waren oft in Belgrad, wir waren in Zagreb, wir waren in Laibach, also sehr oft in der Region unterwegs und wir haben uns immer wieder mit den Entwicklungen beschäftigt. Das Bewusstsein, dass sich in Jugoslawien Dinge zuspitzen, und dass dieses System sehr brüchig wird und gefährlich wird, begann für uns spürbar zu werden gegen Ende der 80er Jahre, ich würde sagen so 1987, 1988. Und durch das Nachbarschaftsverhältnis, war da eine ständige

Interviews im Annex

Kommunikation und das hat vielleicht ein bisschen die Sensibilität dafür geschärft, dass wir gemerkt haben, dass diese Spannungen zunehmen. Wir haben immer versucht, auch bei unseren Kontakten mit anderen europäischen Regierungen ein Bewusstsein dafür zu erwecken, dass in Jugoslawien Spannungen entstehen, die sich unter Umständen auf eine dramatische Art und Weise entladen können. Leider haben wir relativ wenig Interesse dafür gefunden, gerade in diesen Jahren.

Ajeti: Genau in diesem Zusammenhang, als Resultat der Ereignisse in Jugoslawien fing Österreich als einer der wenigen europäischen Staaten an, sich mit der Krise aktiv zu beschäftigen. Die Krise in Jugoslawien war nicht nur ein nachbarschaftliches Problem der österreichischen Außenpolitik, es wurde auch ein Problem der österreichischen Innenpolitik für die Großkoalition. Diese ambivalente Politik der SPÖ und ÖVP kennzeichnete die sogenannte „Außenpolitik der zwei Geschwindigkeiten". Nach meiner Recherche, scheint mir, dass die SPÖ und Bundeskanzler Vranitzky – im Vergleich zu Osteuropapolitik – an der Erhaltung des Status quo in Jugoslawien interessiert waren. Auf welcher Motivationslinie oder auf welchen Gründen basierte diese SPÖ-Interpretation zur Aufrechterhaltung der jugoslawischen Föderation?

Dr. Nowotny: Wir haben natürlich sehr viel gewusst, auch über die dramatische Geschichte Jugoslawiens und die Spannungen, die aus dieser Geschichte bis in die Gegenwart und bis zu diesem Konflikt weitergewirkt haben. Daher entstand auch die Sorge, dass sich ein Zerfall Jugoslawiens auf eine sehr dramatische Art und Weise entwickeln könnte. Und aus dieser Sorge rührte der Versuch, irgendwie entweder das Gefüge zusammenzuhalten oder zumindest einen Prozess auf eine so vernünftige Art und Weise zu steuern, dass man die gewaltsame Lösung, das Militärische, vermeiden kann. Beides ist nicht gelungen. Ich weiß, Bundeskanzler Vranitzky hat sich in diesem Zusammenhang sehr bemüht, damals noch mit Premierminister Ante Markovic. Aber es waren dann die zentrifugalen Kräfte schon zu stark – Milošević mit diesem extremen serbischen Nationalismus, Tudjman, der die gleiche Politik verfolgt hat nur unter anderen Vorzeichen von Kroatien aus und wo die Eskalation dann immer weitergetrieben wurde. Im Rahmen der EFTA wurde dann noch ein letzter Versuch gestartet, durch einen Industrieansiedlungsfonds, das waren -.

Ajeti: 100 Millionen Schilling.

Dr. Nowotny: Es waren 100 Millionen Schilling, ein Beitrag zur wirtschaftlichen Stabilisierung, aber es hat alles nichts mehr genützt. Was dann die innerösterreichischen Schwierigkeiten betroffen hat, da war die ÖVP überhaupt nicht einverstanden mit den Versuchen Jugoslawien noch zusammenzuhalten. Das hat ihrer politischen Linie überhaupt nicht entsprochen.

Ajeti: Wieso?

Dr. Nowotny: Ich weiß nicht warum. Das war eine ständige Auseinandersetzung und letzten Endes kam dann die große Krise beim Auseinanderbrechen Jugoslawiens um die gegenseitige Anerkennung. Und da war Bundeskanzler Vranitzky auf der Linie, dass Österreich gemeinsam in einem europäischen Konzert vorgehen sollte. Das war einerseits politisch klug, andererseits haben damals schon unsere Bemühungen in Richtung Europäische Union eine Rolle gespielt. Bundeskanzler Vranitzky beharrte darauf, dass Österreich gemeinsam mit den anderen EU-Staaten vorgeht. Demgegenüber hat Außenminister Mock immer wieder verlangt, dass Österreich das erste Land sein müsse, welches eine offizielle Anerkennung ausspricht. Das war eine innenpolitisch äußerst schwierige Situation, weil es natürlich auch innerhalb der SPÖ viele gegeben hat, die gefunden haben, wir sollten sofort Kroatien und Slowenien als unabhängige und souveräne Staaten anerkennen.

Ajeti: Wie der Wiener Bürgermeister Zilk?

Dr. Nowotny: Wie der Bürgermeister Zilk zum Beispiel, aber auch Lokalpolitiker aus der Steiermark.

Ajeti: Manche ÖVP-Politiker, wie zum Beispiel Mock, Busek und Khol haben versucht mit den jugoslawischen Republiken Kontakte zu knüpfen. Nach meiner Ansicht hat Bundeskanzler Vranitzky ein gutes Verständnis mit Ante Markovic gehabt.

Dr. Nowotny: Ja, das kann man schon so sehen, er hat sicher ein gutes Verhältnis mit Ante Markovic gehabt und Vorbehalte, sehr starke Vorbehalte gegenüber Milošević und auch Tudjman, die Politik von Tudjman. Da hat zum Beispiel eine Sitzung der sogenannten Pentagonale, der Vorläuferorganisation der CEI, in Dubrovnik stattgefunden. Ante Markovic war noch Premierminister und es war Vranitzky dort, Andreotti aus Italien und einige andere Regierungschefs. Wir hatten dann ein feierliches Abendessen im Rahmen der Konferenz, Ante Markovic hat die Begrüßungsrede gehalten und dann ist Tudjman aufgestanden und hat gesagt: „Sie glauben, Sie sind hier zu Gast in Jugoslawien, aber das stimmt nicht. Sie sind hier zu Gast in Kroatien und sozusagen ich bin eigentlich Ihr Gastgeber." Und es war eine sehr unangenehme Situation. Das war noch vor dem endgültigen Zerfall Jugoslawiens.

Ajeti: Ich glaube, das war der letzte Besuch Vranitzkys in Jugoslawien?

Dr. Nowotny: Ja. Er hatte auch ein gutes Verhältnis zu anderen lokalen Politikern.

Ajeti: Zum Beispiel?

Dr. Nowotny: Zum Beispiel, Stipe Mesic war ein alter Bekannter aus blockfreien Zeiten, also mit dem hatte er ein gutes Verhältnis, auch gute Kontakte zu einigen der slowenischen Politiker. Es war nicht so, dass er ausschließlich nach Belgrad geschaut hat, aber mit Ante Markovic hatte er sicherlich ein Vertrauensverhältnis.

Ajeti: Wahrscheinlich hat auch die Chemie gepasst?

Dr. Nowotny: Ja.

Interviews im Annex

Ajeti: Nach der Einführung des Mehrparteiensystems in Jugoslawien wurden in manchen jugoslawischen Teilrepubliken neue sozialistische oder sozialdemokratische Parteien gegründet. Eigentlich haben nur in Serbien und in Montenegro die Sozialisten, welche von der Kommunistischen Partei zur Sozialistischen Partei umgewandelt worden sind, eine entscheidende Rolle nach dem Zerfall Jugoslawiens gespielt. Wie war die Haltung der SPÖ gegenüber der Sozialistischen Partei Serbiens (SPS) oder gab es eine Zusammenarbeit zwischen SPÖ und SPS?

Dr. Nowotny: Nein, überhaupt nicht. Wir haben Milošević natürlich gelegentlich treffen müssen. Auf einer Parteiebene gab es da überhaupt keine Kontakte.

Ajeti: Und bei der Sozialistischen Internationalen?

Dr. Nowotny: Bilaterale Parteikontakte zur SPS gab es nicht.

Ajeti: Und innerhalb der Sozialistischen Internationalen? Ich weiß es nicht, ob die Sozialistische Partei Serbiens dabei war oder nicht.

Dr. Nowotny: Da bin ich jetzt auch überfragt.

Ajeti: Österreich hat sich von Anfang an für die Internationalisierung der jugoslawischen Krise eingesetzt und es haben, glaube ich, sowohl Bundeskanzler Vranitzky als auch Außenminister Mock die Internationale Gemeinschaft versucht zu überzeugen, dass der Konflikt in Jugoslawien ein sehr blutiger Konflikt werden kann, aber diese Vorwarnung von Österreich wurde von der Internationalen Gemeinschaft nicht berücksichtigt. Heißt das, dass damals Österreich als nicht EG-Mitgliedsland nicht ernst genommen wurde?

Dr. Nowotny: Nein, das Problem war nicht, dass wir nicht ernst genommen wurden. Aber es gab eine spürbare Zurückhaltung, sich mit der Eskalation in Jugoslawien und den möglichen Konsequenzen zu beschäftigen. So als wäre Jugoslawien eher ein Deckel auf einem Topf, in dem viele unangenehme Sachen drinnen waren, und man wollte diesen Deckel nicht aufheben. Das war das Eine. Auf der anderen Seite gab es zweifellos das Gefühl, wir übertreiben und es wird schon nicht so schlimm sein. Ich war selbst dabei bei einem Gespräch, das Vranitzky mit Margaret Thatcher gehabt hat, da wurde schon gekämpft in Jugoslawien, und das muss vor 1990 gewesen sein, sie war noch Premierministerin und Vranitzky hat über Jugoslawien gesprochen und sie hat gesagt, „Franz, you exaggerate so." [Lacht] „You exaggerate so. We have lived with Ulster for so long. You will learn to live with it", hat sie gesagt. Und dann erzähle ich Ihnen noch eine andere Anekdote. Ich war bei einem Kongress, bei einer Konferenz, es gab ein Essen und ich saß an einem Tisch mit Gianni de Michelis, der war damals der italienische Außenminister, Charles Powell war außenpolitischer Berater von Mrs. Thatcher und Jacques Attali, der außenpolitische Berater von Präsident Mitterrand, war noch am Tisch. Wir haben über die Situation in Jugoslawien gesprochen. Gianni de Michelis und ich selbst wussten sehr gut Bescheid über die ganze Geschichte Jugoslawiens, von der Schlacht am Amselfeld bis zum Ersten und Zweiten Weltkrieg. Und Jacques Attali hat dann gemeint, „das ist alles viel zu kompliziert. Da wird am einfachsten sein, wir machen das so, wie wir es beim Ersten Weltkrieg gemacht haben, Ihr unterstützt die Kroaten, wir unterstützen die Serben und damit ist die Geschichte erledigt." [Lacht] Da gab es schon äußerst vereinfachte Einstellungen. Interessanterweise waren es die Amerikaner, Präsident George Bush und Politiker wie Lawrence Eagleburger oder Richard Holbrooke, bei denen wir Gehör gefunden haben und die auch Verständnis für die Dramatik der Situation hatten.

Ajeti: Warren Zimmermann?

Dr. Nowotny: Warren Zimmermann. Die haben ein Verständnis oder eine Sensibilität dafür gehabt, dass das eine gefährliche Situation ist, aber Europa hat das, meiner Meinung nach, völlig ausgelassen, also auch in der Analyse und nicht nur in der Umsetzung, sondern auch im Verständnis für die Problematik.

Ajeti: Viele ÖVP-Politiker haben gesagt, dass die ÖVP im Vergleich mit der SPÖ Kontakte mit Dissidenten, Intellektuellen oder Regimegegnern in Südost- und Osteuropa gehabt hatte. Mit welchen Dissidenten hat die SPÖ Kontakte damals gehabt?

Dr. Nowotny: Na ja wir haben …

Ajeti: Weil es wurde auch berichtet, dass zum Beispiel im Jahr 1987 Bundeskanzler Vranitzky bei seinem Besuch in Polen sich geweigert hat, Lech Walesa zu treffen oder ein Jahr später Vaclav Havel und wenn ich mich nicht irre, Sie haben die beiden Herren getroffen. Nicht Bundeskanzler Vranitzky.

Dr. Nowotny: Also das Eine stimmt, das Andere stimmt nicht. Also er hat Lech Walesa selbstverständlich getroffen, und zwar mehrfach und er hat auch Vaclav Havel mehrfach getroffen und bei verschiedensten Anlässen. Bei diesem einen Besuch in Prag, den die ÖVP immer wahnsinnig gerne zitiert, war es so, dass wir ein Treffen gehabt haben mit Vaclav Havel und anderen Mitgliedern der Charta 77 in der österreichischen Botschaft in Prag, und gleichzeitig ist Vranitzky angeboten worden ein Termin mit dem Kardinal Tomasek, dem Fürsterzbischof von Prag. Und da war dann die Frage, sozusagen soll er das wahrnehmen oder nicht. Also er hat ja Vaclav Havel ja ohnehin gekannt und da es um ein paar konkrete Anliegen ging, die wir mit den Leuten von der Charta zu besprechen hatten, habe ich diesen Termin in seinem Auftrag wahrgenommen. Es gibt ein paar Dinge, wo man meiner Meinung nach völlig zu Unrecht Vranitzky ein Vorwurf gemacht wird, als ob er die Zeichen der Zeit nicht verstanden hätte. Und das ist das Eine und das Zweite, das ist auch eine typische ÖVP-Propaganda, die immer wieder kommt, dass man ihm vorwirft, dass er nach dem Fall der Berliner Mauer in die DDR gefahren ist, um Premierminister Modrow zu treffen. Und das hatte auch einen völlig anderen Hintergrund, das war auf ein ausdrückliches Ersuchen von Bundeskanzler Kohl und nach Rücksprache mit Präsident Mitterrand. Man war der Meinung, er wäre der Geeignete, jetzt noch einmal schnell nach Berlin zu fahren, um einfach herauszufinden, wie die Stimmungslage ist, und was sich sozusagen diese Regierungsmannschaft, die da jetzt nach Honegger gekommen ist, überhaupt vorstellt über ihre eigene Zukunft. Und wir hatten damals ein Wirtschaftsübereinkommen in der Pipeline und die Unterzeichnung dieses Wirtschaftsübereinkommens wurde schnell als Vorwand genommen, um so einen Besuch zu machen. Und das war der eigentliche Hintergrund. Aber wir haben Kontakte gehabt mit den Dissidenten und mit den Bewegungen, mit Intellektuellen, mit Künstlern usw., es war kein Privileg der ÖVP oder kein ausschließliches Privileg der ÖVP.

Ajeti: Wer war damals von der SPÖ aktiv in der Außenpolitik, ich nehme an, also erstens Bundeskanzler Vranitzky, Heinz Fischer, Peter Jankowitsch, Peter Schieder?

Dr. Nowotny: Peter Schieder v.a. im Weg des Europarats. Er war unglaublich aktiv und auch sehr angesehen im Europarat. Auf wirtschaftlicher Ebene natürlich Ferdinand Lacina, der Wirtschaftsminister und dann Finanzminister gewesen ist.

Ajeti: Wann haben Sie angefangen, sich mit der Kosovo-Frage zu beschäftigen, oder wie haben Sie die Natur des Kosovo-Problems gesehen?

Dr. Nowotny: Die Kosovo-Frage war für uns von Anfang an ein Detail-Problem in der ganzen Problematik, also Ex-Jugoslawien, denn wir haben schon gewusst, dass das problematisch ist, die Rückführung dieser doch sehr weitgehenden Autonomie, die durch Milošević noch stattgefunden hat. Die ersten Unruhen in Kosovo waren schon die ersten Alarmsignale, dass da etwas kommt, dann die Zuordnung vom Kosovo zu Serbien, wo wir auch gemerkt haben, das wird problematisch, das wird nicht so einfach gehen und es war in Österreich auch in der Sozialdemokratie und nicht nur in der Regierung, sondern auch in der Partei, immer eine große Unterstützung für den Kosovo da. Und wir haben uns dann ja auch sehr engagiert.

Ajeti: Ich habe auch einige APA-Meldungen gefunden, wo Bundeskanzler Vranitzky seit 1988 nicht nur durch Interviews, sondern auch durch Botschaften zum Verstehen gegeben hat, dass es ständige Menschenrechtsverletzungen im Kosovo gibt.

Dr. Nowotny: Die Menschenrechtsverletzungen, die Beschneidung der Autonomie, die Übergriffe.

Ajeti: Aber wie wurde damals die Kosovo-Frage gesehen, gleich mit der slowenischen oder kroatischen Selbstbestimmungsfragen?

Dr. Nowotny: Ja schon. Also es war dann schon ein Selbstbestimmungsproblem, man muss es schon als Selbstbestimmungsrecht der kosovarischen Bevölkerung betrachten.

Ajeti: Und das hat auch Bundeskanzler Vranitzky gesehen?

Dr. Nowotny: Ja.

Ajeti: Der erste offizielle Besuch von Bundeskanzler Vranitzky in Jugoslawien war im Februar 1987 in Bled. Waren Sie auch dabei?

Dr. Nowotny: Da war ich dabei, ja.

Ajeti: Während des Gespräches mit dem jugoslawischen Ministerpräsidenten Branko Mikulic kam das Thema der Unruhen im Kosovo zum ersten Mal zwischen den hochrangigen Ministerpräsidenten auf. Die ethnischen Spannungen im Kosovo bezeichnete Bundeskanzler Vranitzky als eine ernste Frage, während die jugoslawische Seite die Lage im Kosovo als ruhig einschätzte. Können Sie sich an das erinnern?

Dr. Nowotny: Es stimmt ganz genau, ich war dabei, wir haben uns damals in Bled getroffen. Wir haben damals schon die Situation im Kosovo sehr ernst genommen und auch wirklich genau verfolgt.

Ajeti: Der zweite Besuch von Bundeskanzler Vranitzky in Jugoslawien war im Juni 1989. Es gab ein informelles Treffen zwischen Bundeskanzler Vranitzky und dem jugoslawischen Regierungschef, Ante Markovic, in Brdo. Zu den blutigen Auseinandersetzungen zwischen jugoslawischen Sicherheitskräften und Kosovo-Albanern, wobei es viele Todesopfer gab, hat Bundeskanzler Vranitzky die Vorbehalte der österreichischen Regierung gegen das Vorgehen der Staatsgewalt von Belgrad vorgebracht. Laut Bundeskanzler Vranitzky seien solche Vorgänge Belgrads wie im Kosovo der Vertrauensbildung nicht dienlich. Waren Sie auch dabei?

Dr. Nowotny: Ja, da war ich auch dabei, in Brdo.

Ajeti: Beim dritten Besuch in Jugoslawien äußerte sich Vranitzky wieder über die Entwicklungen im Kosovo. Im April 1990 hat Bundeskanzler Vranitzky in Belgrad darauf verwiesen, ich zitiere, „dass die Unterstützung durch Österreich für das jugoslawische Reformprogramm durch die Vorgänge im Kosovo erschwert werden" (APA, 5. April 1990).

Dr. Nowotny: Ja, also das passt genau in das Bild.

Ajeti: Und der letzte Besuch von Bundeskanzler Vranitzky in Jugoslawien war beim Treffen der Regierungschefs bei der Hexagonale.

Dr. Nowotny: Bei der Hexagonale in Dubrovnik.

Ajeti: Das war das berühmteste Treffen, wobei auch Tudjman teilgenommen hat, der gesagt hat, wir befinden uns nicht in Jugoslawien, sondern ...

Dr. Nowotny: ... sondern in Kroatien.

Ajeti: Da Sie dabei waren, waren bei diesen Treffen von jugoslawischer Seite nur Ante Markovic und Tudjman von Kroatien dabei oder gab es auch Vertreter von anderen jugoslawischen Republiken? Können Sie sich erinnern?

Dr. Nowotny: Beim Treffen war eigentlich nur Ante Markovic und seine sozusagen Diplomaten, sein Team. Tudjman war ja nur beim Abendessen dabei. Er war nicht bei den Sitzungen dabei. Jugoslawien war damals das Mitglied in der Hexagonale.

Ajeti: Wann haben Sie persönlich sich zum ersten Mal mit einem politischen Vertreter des Kosovo getroffen?

Dr. Nowotny: Das weiß ich nicht mehr. [Lacht]. In dieser Zeit sicherlich, also in den späten 80er Jahren.

Ajeti: Aber haben Sie den ehemaligen Präsidenten Rugova getroffen?

Dr. Nowotny: Ja.

Ajeti: Gab es ein Treffen zwischen Rugova und Vranitzky in Wien?

Dr. Nowotny: Ja, ich weiß aber jetzt nicht mehr, wann. Aber ich weiß, dass Rugova in Wien war.

Ajeti: Und Bundeskanzler Vranitzky getroffen hat.

Dr. Nowotny: Ja.

Ajeti: Wie hat Bundeskanzler Vranitzky die pazifistische Politik von Rugova eingeschätzt?

Dr. Nowotny: Also ich wüsste jetzt nicht zu sagen, wie er es wirklich persönlich eingeschätzt hat, aber grundsätzlich glaube ich, dass Rugova schon als politische Persönlichkeit respektiert wurde und dass man eigentlich bereit war, gut mit ihm zusammenzuarbeiten.

Ajeti: Haben Sie persönlich, also Sie mit Bundeskanzler Vranitzky über seine Politik oder über die Entwicklungen im Kosovo öfter diskutiert oder gesprochen?

Dr. Nowotny: Sicherlich, aber das ist jetzt schon so lange her.

Ajeti: Und Sie haben gesagt, dass Sie die Kosovo-Frage als Frage des Selbstbestimmungsrechtes gesehen haben. Hat auch der Bundeskanzler Vranitzky es so gesehen?

Dr. Nowotny: Ja. Also das weiß ich ganz genau.

Ajeti: Während der Phase des Zerfalls von Jugoslawien, also nach 1988 oder 1989 bis 1999 in Belgrad waren es vier österreichische Botschafter – Paul Leifer, Walter Siegl, Michael Weninger und Wolfgang Petritsch. Wie würden Sie ihre Arbeit, insbesondere, weil Sie als Beraterin für außenpolitische Angelegenheiten damals viel mit Paul Leifer zu tun gehabt haben, einschätzen?

Dr. Nowotny: Ja, ich hatte viel mit Paul Leifer zu tun, ich hatte viel mit Walter Siegl zu tun und natürlich auch mit Wolfgang Petritsch. Am wenigsten kannte ich Michael Weninger, dessen Arbeit ich auch schwer einschätzen kann. Walter Siegl, Paul Leifer und Wolfgang Petritsch sind ausgezeichnete Diplomaten mit einem großen Wissen und mit viel Empathie und Fingerspitzengefühl, die, glaube ich, eine sehr wichtige und sehr konstruktive Rolle in Belgrad gespielt haben. Und Wolfgang Petritsch hat dann natürlich auch durch seine Rolle als Europäischer Vertreter eine große Rolle gespielt. Michael Weninger hat ja zumindest ein sehr starkes Naheverhältnis zur ÖVP gehabt, also auch mit klerikalen Kreisen, nicht nur mit dem Vatikan, aber auch zum Beispiel mit dem Franziskanerorden in Kroatien, die einen sehr nationalistischen Drall gehabt haben. Also da ist viel gelaufen und ich würde mich nicht wundern, wenn Michael Weninger da ein bisschen mitgespielt hat, aber das ist ein anderes Kapitel, aber das sollte man vielleicht einmal recherchieren.

Ajeti: Wurden nach Jugoslawien Botschafter geschickt, die starke Persönlichkeiten waren, wie Sie gesagt haben: „ausgezeichnete Diplomaten mit einem großen Fingerspitzengefühl"?

Dr. Nowotny: Also alle waren krisenerprobt und haben sich durch profunde Kenntnis der Situation ausgezeichnet.

Ajeti: Von Februar 1992 bis April 1997 waren Sie österreichische Botschafterin in Frankreich. Wie wurde in Frankreich die Kosovo-Frage betrachtet? In Paris ist v.a. ein starkes Zentrum der serbischen intellektuellen Diaspora gewesen.

Dr. Nowotny: Ja. Also an und für sich sind die Franzosen im Detail zu Kosovo gestanden. Die Franzosen haben die ganze österreichische Jugoslawienpolitik mit viel Skepsis verfolgt. Sie hatten die Befürchtung, wir wollen uns da einmischen und wir haben wieder den Zug zurück zur Adria und wir wollen da wieder eine Rolle spielen, und sie haben nicht verstehen können, dass wir einfach als Nachbar und mit vielen Verbindungen ein Interesse an der Entwicklung in diesem Land haben.

Ajeti: Aber ich glaube in dieser Richtung haben die historischen Gründe eine Rolle gespielt. Der Erste und Zweite Weltkrieg.

Dr. Nowotny: Ja. Und dann gab es eben in Paris diese sehr einflussreiche serbische Diaspora. Serbische Intellektuelle, Künstler usw., die in Paris gelebt haben und die sehr einflussreich waren, auch Einfluss gehabt haben auf die französischen Intellektuellen, und auch die ganze Diskussion, die dann entstanden ist um Peter Handke zum Beispiel, müssen Sie aus diesem Blickwinkel sehen, der durch seine Kontakte in Paris und durch seine Kindheitserlebnisse und die slowenische Mutter geprägt wurde.

Ajeti: Wurde damals oft über Kosovo gesprochen, also in den diplomatischen Kreisen?

Dr. Nowotny: Also über Kosovo als ausschließliches Thema nicht, aber über Kosovo im Zusammenhang mit der Entwicklung in der ganzen Region ja.

Interviews im Annex

Ajeti: Von 1997 bis 1999 waren Sie österreichische Botschafterin in London, d.h. während des Kosovo-Krieges. Wie hat man im Vereinigten Königreich die Kosovo-Frage betrachtet? Gab es einen Unterschied zu Paris?

Dr. Nowotny: Ja. Also, es gab sicherlich einen Unterschied, weil in Paris gab es eben durch diese starke Präsenz von serbischen Intellektuellen und diese alten Verbindungen ein stärkeres Interesse, für Großbritannien war das mehr wieder ein Problemherd, mit dem man sich irgendwie beschäftigen muss. Aber sozusagen ein Anliegen oder ein Engagement oder so war es eigentlich nicht.

Ajeti: Im Februar 1998, also d.h. während des Krieges hat Bundeskanzler Viktor Klima London besucht und mit dem britischen Premier Tony Blair die kommende EU-Präsidentschaft Österreich und über die Situation im Kosovo diskutiert. Nach seinem Treffen mit Blair gab es auch eine Pressekonferenz in Ihrer Residenz in London. Was wurde damals über Kosovo besprochen, da Sie in diesem Gespräch als österreichische Botschafterin teilgenommen haben?

Dr. Nowotny: Also das Gespräch, ich kann mich noch genau erinnern, das Gespräch mit Tony Blair war ein Vier-Augen-Gespräch. Da hat niemand von uns teilgenommen. Da war also nur der Bundeskanzler und Tony Blair.

Ajeti: Hat er Ihnen dann davon später erzählt?

Dr. Nowotny: Nein, ich kann mich auch nicht mehr daran erinnern, ehrlich gesagt, ich kann mich nur an eine völlig andere Geschichte erinnern, es ging damals um die Vorbereitung eines informellen Regierungscheftreffens in Pörtschach und um europäische Sicherheitspolitik, wo Bundeskanzler Klima damals Tony Blair für eine größere Rolle bei diesem Pörtschach-Treffen gewinnen wollte. Das war eigentlich damals das Hauptthema, das mir in Erinnerung geblieben ist, aber er wird sicherlich über Jugoslawien und Kosovo damals gesprochen haben, gar keine Frage.

Ajeti: Also nach Paris und London waren Sie in Washington?

Dr. Nowotny: Na ja, nein, nicht unmittelbar, ich war dann noch vier Jahre in Wien und in der EU-Sektion im Außenministerium und bin dann erst 2003 nach Washington gegangen.

Ajeti: Also bis Dezember 2008 waren Sie in Washington?

Dr. Nowotny: Bis November 2008.

Ajeti: Und im Februar 2008 ist Kosovo unabhängig geworden. Wie haben Sie die Unabhängigkeitserklärung des Kosovo als österreichische Botschafterin in Washington gesehen, wobei ohne die USA wäre wahrscheinlich Kosovo nicht unabhängig geworden?

Dr. Nowotny: Nein, ohne die USA wäre Kosovo nicht unabhängig geworden. Es war damals eines der Themen, also die ganze Situation Südosteuropa, Westbalkan usw., war eines der Themen, wo wir wirklich ein enges Zusammenarbeitsverhältnis gehabt haben mit dem State Department und mit den zuständigen Leuten im State Department. Das war einer der Punkte, wo man auch echt das Gefühl gehabt hat, Einschätzungen der Situation aus Österreich werden ernst genommen, und man hört uns zu und man arbeitet gerne mit uns zusammen. Was auch sicherlich damit im Zusammenhang stand, dass wir ja auch Truppensteller waren mit KFOR, die Rolle von Petritsch als Hoher Repräsentant nicht zu vergessen. Und das war ein ständiges Thema und dann waren wir ja 2006 das zweite Mal in der EU-Präsidentschaft und da war die österreichische Botschaft in Washington sozusagen das Bindeglied zwischen Brüssel, Wien, Washington. Da sind sehr viele Kontakte über uns gelaufen.

Ajeti: In Bezug auf Kosovo?

Dr. Nowotny: Nicht nur in Bezug auf Kosovo, sondern überhaupt. Also wir hatten damals jede Woche eine Konsultation mit dem National Security Council und mit dem State Department, wo Sie uns sozusagen gesagt haben, was ihre Vorstellungen sind, was die EU machen soll, und wir das weitergeleitet haben nach Brüssel usw., wir waren damals eine Schaltstelle.

Ajeti: Das war die Zeit, wo die Verhandlungen zwischen Kosovo und Serbien in Wien stattgefunden haben.

Dr. Nowotny: Ja, genau. Und da war also Washington natürlich höchst interessiert an diesen Sachen, meiner Meinung nach auf eine sehr positive Art und Weise, denn ohne das große Engagement von Washington, das ja auch für viele andere Staaten eine Orientierung auch in der Frage der Anerkennung dann letzten Endes war. Also da hat schon Washington eine große Rolle gespielt.

Ajeti: Im April 1991 und dann im März 1992 wurde von Österreich die erste und die zweite Stufe des damaligen KSZE-Mechanismus der Menschlichen Dimension gegenüber Jugoslawien in Gang gebracht, vom österreichischen Außenministerium. Waren Sie damals an diesem Prozess beteiligt?

Dr. Nowotny: Nein. Ich wusste davon, aber ich war nicht unmittelbar beteiligt. Das war die OSZE und das Außenministerium, und ich war ja eben damals noch beim Bundeskanzler.

Ajeti: Ist für Sie heute die Südosteuropa-Region oder die Balkan-Region die einzige Region Europas oder überhaupt auf der Welt, wo Österreich eine aktive Außenpolitik spielt oder eine Konstante der österreichischen Außenpolitik ist?

Dr. Nowotny: Ja ich würde sagen, wir haben durch viele Jahrzehnte versucht, im Bereich des Nahen Ostens eine sehr aktive Rolle zu spielen. Die ist mehr oder weniger eingeschlafen durch die Veränderung vor Ort, aber auch durch die Mitgliedschaft in der Europäischen Union. Aber bei Südosteuropa spielen wir nach wie vor eine wichtige Rolle.

Ajeti: In der Zeit der Anerkennung von Slowenien und Kroatien hat die ÖVP eine andere Linie – im Vergleich mit der SPÖ – verfolgt. Hat Bundeskanzler Vranitzky in der Phase der EG-Mitgliedschaft versucht, die österreichische Außenpolitik der europäischen Außenpolitik anzupassen, also die Europäisierung der österreichischen Außenpolitik, da er die EG-Linie zu verfolgen versucht hat?

Dr. Nowotny: Ja, absolut, das war eines der Argumente, dass wir gesagt haben, wir stellen uns ein auf die europäische Linie. Zum Zweiten hat aber schon mitgespielt, dass die Anerkennung allein durch Österreich sinnlos ist, wir müssen in einem größeren Konzert agieren, nur dann hat das Ganze überhaupt eine Wirkung. Wir haben uns vorbereitet auf die Verhandlungen und vorbereitet auf die Mitgliedschaft in der Europäischen Union und haben dadurch auch automatisch versucht, uns anzupassen.

Ajeti: Sehen Sie einen Unterschied zwischen Außenminister Mock und Außenminister Schüssel in der Kosovo-Politik?

Dr. Nowotny: Nein, eigentlich nicht. Einen großen Unterschied im Stil und einen großen Unterschied im Auftreten. Mock war, mit allen Vorbehalten, die man auch gegen ihn haben kann, ein unglaublich harter Arbeiter, der unglaublich viel gelesen hat, der also nächtelang im Ministerium gewesen ist. Mock hat noch wirklich das Außenministerium geführt mit Akten, mit Einsichtsbemerkungen, wo also Schriftstücke zurückgekommen sind mit seinen handschriftlichen Anmerkungen usw. Der hat wirklich noch das Außenministerium geführt und war eigentlich also der Letzte, der das auf diese Art und Weise gemacht hat. Bundeskanzler Schüssel hat sehr viel gewusst, er war sehr belesen und hat über ausgezeichnete Kontakte verfügt, aber er hat eigentlich niemanden gebraucht, der ihn berät.

Ajeti: Wirklich?

Dr. Nowotny: Als ich noch Sektionsleiterin war, mussten wir immer die Ratssitzungen in Brüssel für ihn vorbereiten, da gab es also dann Mappen mit Unterlagen und da hat er gesagt, er braucht das alles nicht, er will ein Mäppchen haben, das also so klein war, dass er es in die Jackentasche stecken konnte. Er hat es nie auch nur angeschaut und er hatte eine gewisse Verachtung für Beamte. Also er hat sich auch gar nicht interessiert für das Ministerium als Organisation und immer seine eigenen Kontakte gehabt. Also das war ein großer Unterschied.

Wien, 07. April 2017

Interview mit Dr. Wolfgang Petritsch

Ajeti: Wann haben Sie angefangen sich mit der Kosovo-Frage zu beschäftigen?

Dr. Petritsch: Während meines Studiums in Wien. Ich habe ost- und südosteuropäische Geschichte studiert und über ein slowenisches Thema dissertiert. Die Kosovo-Frage hat damals, Ende der 1960-er, Anfang der 1970-er Jahre, noch nicht diese Rolle gespielt wie dann ab den Studentenprotesten 1981. Aber es war für jemanden, der sich mit der Region intensiver auseinandergesetzt hat, bereits ein nicht unwichtiges Thema. Damals war bereits absehbar, dass da ein nicht zu unterschätzendes soziales und ethnisches Konfliktpotential vorhanden ist. Doch es bestand unausgesprochen die Vorstellung, dass gezielte wirtschaftliche Maßnahmen die notorische Unterentwicklung dieses Teiles Jugoslawiens ausgleichen könnte. Die Entwicklung nach 1980, also nach dem Tod Titos, ist bekanntermaßen anders verlaufen.

Ajeti: Die Krise in Jugoslawien war nicht nur ein nachbarschaftliches Problem für die österreichische Außenpolitik, sie wurde auch ein Problem für die österreichische Innenpolitik und für die Große Koalition während der Jugoslawienkriege. Diese ambivalente Politik der SPÖ und ÖVP kennzeichnete die sogenannte „Außenpolitik der zwei Geschwindigkeiten". Nach meiner Recherche scheint mir, dass die SPÖ und Bundeskanzler Vranitzky – im Vergleich zur Osteuropapolitik – an der Erhaltung des Status quo in Jugoslawien interessiert waren. Worauf basierte diese SPÖ-Interpretation zur Aufrechterhaltung der jugoslawischen Föderation?

Dr. Petritsch: Bundeskanzler Vranitzky hat sich damals an der anglo-amerikanischen Position orientiert hat, die länger als Deutschland an der Integrität Jugoslawiens festgehalten hat. Die Memoiren des letzten US-Botschafters in Belgrad, Warren Zimmermann, illustrieren dies auf das Anschaulichste. Dem gegenüber hat Außenminister Mock relativ frühzeitig auf eine Anerkennungspolitik gesetzt und damit gehofft, dass die internationale Anerkennung der Sezession von Slowenien, Kroatien, dann Bosnien und Mazedonien den Krieg verhindern würde. Tatsächlich stand dem Fortbestehen von Titos Jugoslawien die weit fortgeschrittene Zerklüftung zwischen den Teilrepubliken entgegen. Ein weiteres Zusammenbleiben – etwa in einer Konföderation – war damit aussichtslos geworden. Mock allerdings hat sich in seiner Annahme geirrt, dass bei einem einseitigen Auseinanderbrechen Jugoslawiens potentielle Konfliktherde in Kroatien und vor allem Bosnien entschärft werden könnten. Auch Kosovo gehört dazu. Kurz, überall wo ethnische Serben gelebt haben, hat Belgrad territoriale Ansprüche formuliert. Insofern ist der immer schon vorsichtig agierende Vranitzky, der ja später dann auch wichtige Vermittlungsarbeit in Albanien geleistet, sozusagen zurückhaltender gewesen als Mock, der sich hier sehr stark an Genscher angelehnt hat. Auch in der Bundesrepublik hat es zwischen Kanzler Kohl und Außenminister Genscher deshalb Spannungen gegeben.

Ajeti: Aufgrund der neuen krisenhaften Ereignisse in Jugoslawien und v.a. der Repressionsmaßnahmen im Kosovo begann AM Mock als erster europäischer Außenminister sich intensiv mit der Kosovo-Frage zu beschäftigen. Wie haben Sie die Rolle von AM Mock in der Kosovo-Frage damals eingeschätzt?

Dr. Petritsch: Ich war damals als Diplomat in New York tätig und war gerade während der Zeit der österreichischen Mitgliedschaft im UNO-Sicherheitsrat ziemlich nahe dran an den Entscheidungen. Das Faktum der österreichischen Mitgliedschaft im UN-Sicherheitsrat hat uns einen gewissen Informationsvorsprung gegeben. Es war für mich auch klarer erkennbar, dass es hier grob gesprochen zwei Lager gab in der internationalen Gemeinschaft, zumal in Europa. Frankreich und Großbritannien, die sich eher skeptisch und quasi a la Vranitzky verhalten haben und Deutschland insbesondere, das sich der Realität – wie sie Genscher gesehen hat, zu stellen und den Zerfall zu akzeptieren. Zu Ende des Kalten Krieges wurde ja eher ein militärischer Konflikt auf dem Territorium der Sowjetunion befürchtet. Da wollte man sozusagen diesen möglichen großen Konflikt nicht durch einen zusätzlichen zwar kleineren, aber uns Österreich näher liegenden, Konflikt noch verstärken. Tatsächlich war zu diesem frühen Zeitpunkt – also 1991 – ein so brutaler Konflikt, wie er dann in Bosnien geschehen ist, unvorstellbar. Darauf haben aber vor allem der US-Sondergesandte Cyrus Vance und Europas Stoltenberg in ihren Vermittlungsversuchen immer wieder hingewiesen. Freilich hat sich die militärische Situation so rasch entwickelt, dass die internationale Gemeinschaft keine Zeit fand, sich auf eine einhellige Vorgehensweise zu verständigen. Gerade der Jugoslawienkonflikt ist in wenigen Monaten zu einem veritablen Krieg mitten in Europa eskaliert.

Daher bin ich heute der Überzeugung, dass beide Positionen – Festhalten an der Integrität Jugoslawiens versus frühzeitige Anerkennung – schlechte Optionen gewesen sind. Das Fehlen einer einheitlichen politischen Linie der europäischen und amerikanischen Akteure hat schließlich zu dem Drama beigetragen; konnte jedenfalls ein friedliches Auseinandergehen (wie später zwischen Tschechen und Slowaken) nicht bewirken.

Ajeti: Es gab einen Artikel im Nachrichtenmagazin „Profil", mit Untertitel „Alois Mock im Außenamt und dann noch die Waldheim-Affäre – das bedeutete Karrierestopp als Diplomat." Stimmt das? Hat hier ihre Tätigkeit (von 1977 bis 1983) als Sekretär von Bundeskanzler Bruno Kreisky eine Rolle gespielt?

Dr. Petritsch: Ja, leider hat das eine Rolle gespielt, weil Kreisky mit Mock ein sehr schlechtes Verhältnis hatte. Das war leider eine persönliche, emotional aufgeladene Aversion. Daher war es für mich persönlich kein Vorteil, als schließlich Mock ausgerechnet das Außenministerium in der Regierung Vranitzky übernommen hat. Mein berufliches Weiterkommen im Haus am Ballhausplatz war zwar gedrosselt. Ich hatte aber das Glück, dass ich in der Europäischen Union (im Kosovo und in Bosnien) und später dann als UNO-Abrüstungsbotschafter (als Vorsitzender der Landminenkonvention bzw. des Verbotes von Streumunition) international einiges bewegen konnte.

Ich fühle mich nicht als Opfer der österreichischen Parteipolitik. Das muss ich ausdrücklich hinzufügen, da ich als homo politicus auch zu meinen nicht immer regierungskonformen Meinungen gestanden bin. Daher hat mir besonders die Waldheim-Affäre persönlich und beruflich zugesetzt.

Ajeti: Wieso?

Dr. Petritsch: Weil ich in meinen diplomatischen Berichten schon sehr früh auf die außenpolitischen Folgen von Waldheims Umgang mit seiner Vergangenheit hingewiesen habe. Ich war ja damals in New York als Direktor für Presse und Information zuständig. Natürlich hatte ich sehr gute Kontakte mit den Medien, aber auch mit den jüdischen Organisationen. Daher war es mir rasch klar geworden, dass die Waldheimaffäre stark negative Auswirkungen auf Österreichs Standing in der westlich-demokratischen Welt haben würde. Das aber hat man in Mocks Außenministerium nicht gerne gehört. Überdies habe ich bereits unter sozialdemokratischen Außenministern darauf hingewiesen, dass wir uns intensiver mit unserer eigenen Rolle im Nationalsozialismus, insbesondere im Holocaust, auseinandersetzen müssen. Insofern hat Waldheim einen positiven Effekt gehabt. Seit diesen turbulenten Tagen hat sich in Österreich selbst vieles zum Besseren verändert. Wir stehen heute mehr zu unserer Mitverantwortung. Der Staat Österreich ist zwar das erste Opfer Hitlers gewesen. Aber gleichzeitig haben unverhältnismäßig viele Österreicher an den Verbrechen der Nazis – oft an führender Stelle – mitgewirkt. Die breit und staatlich geförderte Differenzierung des eigenen Opferstatus steht etwa im ehemaligen Jugoslawien immer noch aus. Jede Nation sieht sich dort nur und ausschließlich als Opfer und übersieht dabei die harsche Wirklichkeit, durchaus gleichzeitig Opfer und Täter sein zu können.

Ajeti: Kann man sagen, dass mit Ihnen als österreichischer Botschafter in Belgrad und Ihrer Beschäftigung mit dem Kosovo, Ihre internationale Karriere begonnen hat?

Dr. Petritsch: Es war letztlich ein glücklicher Zufall, dass ich zum Botschafter in Belgrad ernannt wurde. Denn meine Bewerbung für Tel Aviv wurde abgelehnt. Und dies trotz der Tatsache, dass ich mich als Kreiskys enger Mitarbeiter im Nahen Osten ziemlich gut ausgekannt habe.

Ajeti: Und wieso ist es nicht gelungen, nach Tel Aviv zu gehen?

Dr. Petritsch: Das ist halt immer eine politische Entscheidung und ich hatte halt keine wirklichen Fürsprecher. Im Nachhinein muss ich sagen, das Schicksal hat es gut mit meiner Berufskarriere gemeint.

Ajeti: Nach ein paar Monaten, nachdem Sie österreichischer Botschafter in Belgrad wurden, gab es in den österreichischen Medien oft Meldungen, dass Sie einen ungewöhnlichen Arbeitsstil hätten: „Monatelang war Petritsch mindestens so oft im Kosovo zu finden wie in Belgrad." Was heißt das für Sie?

Dr. Petritsch: Na, ich glaube schon, dass ich mich irgendwie als Schüler von Bruno Kreisky betrachten kann, weil Bruno Kreisky sehr genau erkannt hat, dass man einen Konflikt nur lösen kann, wenn man möglichst viele Beteiligte persönlich kennt und mit großer Umsicht, menschlichem Respekt und mit einem Willen zum Erfolg vorgeht. Das heißt auch, großer persönlicher Einsatz ist ebenso notwendig wie umfangreiches Wissen,

Interviews im Annex

eine Kommunikationsfähigkeit ist notwendig und das Erkennen der Widersprüche, die in jedem solchen Konflikt drinnen stecken. Erst dann kann die Suche nach einem Kompromiss erfolgreich sein.

Ajeti: Als die Gewaltakte in der Drenica-Region Ende Februar und Anfang März 1998 dramatisch zugenommen hatten, reagierte die österreichische politische Spitze wie Bundespräsident Klestil, Bundeskanzler Klima, Außenminister Schüssel. Was bedeutete für Sie diese militärische Aktion gegen die Albaner in der Drenica-Region?

Dr. Petritsch: Ich meine, dass die Polizeigewalt gegen die des Terrorismus beschuldigten Familien – und ich war ja wenig später auch dort – den Wendepunkt im Kosovokonflikt markiert. Ab diesem Zeitpunkt hatte ich starke Zweifel, ob es noch eine friedliche Lösung zwischen Belgrad und Prishtina geben kann. Milošević hat stets wiederholt, dass es sich um ein internes Problem handle, das er mit polizeilichen Maßnahmen lösen werde und nicht mit politischen, schon gar nicht unter Mitwirkung externer Kräfte wie die UNO, OSZE oder die Europäer. Das hat sich dann erst im Juni 1998 geändert, als Milošević in Moskau war und es zur sogenannten Jelzin-Milošević-Vereinbarung gekommen ist. Das Sensationelle daran war, dass Milošević auf Drängen Moskaus externe Beobachter aus Europa, den USA und Russland zugelassen hat. Die darauf gegründete Kosovo Diplomatic Observer Mission, kurz KDOM genannt, hat über die nächsten Monate hinweg tatsächlich Pionierarbeit geleistet, indem von den drei genannten Mächten koordinierte Situationsberichte erstellt worden sind. Diese haben erstmals ein Bild der Gegebenheiten im Kosovo geliefert und dem Sicherheitsrat eine bessere Lagebeurteilung ermöglicht.

Ajeti: Wann und wie haben Sie erfahren, dass ein bewaffneter Widerstand im Kosovo existiert? Hatten Sie Informationen, bevor Sie österreichischer Botschafter wurden, dass ein möglicher bewaffneter Widerstand im Kosovo existiert?

Dr. Petritsch: Der österreichische Auslandsgeheimdienst, auch die diplomatischen Vertretungen in der Region, besitzen traditionell sehr gute Informationen über den Balkan. Wir haben auch immer Botschafter in Belgrad gehabt, die ganz hervorragend waren, du hast ja einige interviewt. D.h. ich habe sehr gut vorbereitet meinen Posten angetreten. Der bewaffnete Widerstand hat sich jedoch erst nach der Enttäuschung über den Friedensvertrag von Dayton entwickelt, der zwar den Bosnienkrieg beendet, nicht aber den friedlichen Widerstand der Kosovaren mit Ibrahim Rugova an der Spitze gewürdigt hat. Das hat die UÇK auf den Plan gerufen. Aber ich habe sehr lange nicht gewusst, was da wirklich dahintersteckt.

Ajeti: Wurden Sie von Ihrem Vorgänger Michael Weninger darüber informiert?

Dr. Petritsch: Nein, das war damals kein Thema.

Ajeti: Haben Sie Informationen gehabt, bevor Sie Botschafter in Belgrad wurden, dass im Jahr 1992 eine Arbeitsgruppe-Kosovo gegründet worden ist? Diese Arbeitsgruppe unter Vorsitz von Außenminister Mock wurde aus Wissenschaftlern, politischen Praktikern und

Persönlichkeiten mit besonderer Kenntnis der Kosovo-Frage zusammengesetzt, die Vorschläge zu einer Lösung des Kosovo-Problems erarbeiten sollten.

Dr. Petritsch: Ich war da nicht dabei. Ich habe damals in der Abteilung für multilaterale Wirtschaftsangelegenheiten gearbeitet.

Ajeti: Aber haben Sie Informationen gehabt?

Dr. Petritsch: Nein.

Ajeti: In einem Interview von mir mit Dr. Erhard Busek sagt er: „Petritsch war immer ein bisschen unter Verdacht proserbisch zu sein, Diplomaten und erst recht Regierungsmitglieder haben immer eine gewisse Neigung in Richtung dort, wo sie mit Ministern und Bürokratien von Ländern zu tun hatten. Und er hatte eben in Serbien zu tun und ist sicher durch seine Zeit in Belgrad gewissermaßen beeinflusst worden, weil er von dort Informationen bekommen hat. Das habe ich ja auch mit ihm diskutiert. Das hat er gar nicht bestritten, also, dass er sozusagen längere Zeit die serbische Sicht zu allem Möglichen gelernt hat und die anderen nicht so kannte. Er hat ein eher kritisches Verhältnis zu den Kroaten, aber er war dann auch in seiner Funktion in Sarajewo, da waren die Bosniaken auch nicht sehr zufrieden mit ihm." Was sagen Sie dazu?

Dr. Petritsch: Leider ein völliges Missverständnis und stimmt in dieser Form auch nicht. Mein Bestreben als Diplomat war stets, nicht zu sehr vom Ort meiner Tätigkeit beeinflusst zu werden. Daher meine erwähnten ausgedehnten Reisen in den Kosovo.
Stets hab ich mich auch um Stimmen der kritischen Zivilgesellschaft bemüht. Rasch habe ich gute Kontakte zu Sonja Biserko vom Helsinki Komitee, oder zu Natasa Kandic und Sonja Licht und Borka Pavicevic aufgebaut. Als nach dem Massaker von Drenica im Belgrader Zentrum für kulturelle Dekontamination ein Video über das Massaker in Drenica vorgeführt wurde, war ich als einziger Botschafter an jenem grauen Sonntagvormittag anwesend.
Ich habe versucht, möglichst viele unterschiedliche Informationen zu bekommen, und von meiner politischen Grundeinstellung her ist mein Herz auch immer auf der Seite der Unterdrückten gewesen – und ist es auch heute noch. Das habe ich vor nicht allzu langer Zeit dem serbischen Präsidenten gesagt, der mir anti-serbische Sentiments vorgehalten hat. Da habe ich ihm geantwortet, dass ich als Sozialdemokrat immer auf Seiten der Schwächeren stehe, damals waren eben die Kosovaren die Schwächeren.

Ajeti: Aber was würden Sie zu Busek sagen?

Dr. Petritsch: Ich schätze Busek sehr, aber da hat er etwas nicht ganz auf die Reihe gebracht. Ich schätze ihn als Pionier der Öffnung Österreichs Richtung Ost- und Südosteuropa während des Kalten Krieges. Aber das ist eine völlige Fehlinterpretation von ihm. Gerade auch in Sarajewo war es ja so, dass man tatsächlich öfter mit den Bosniaken zusammengetroffen ist. Daher wiederholt die Mahnung an meine MitarbeiterInnen: Don't go local! Es war mir daher ein Anliegen, so oft wie möglich in anderen Teilen des geteilten Landes unterwegs zu sein und mit den Menschen zu reden. Von der Bevölkerung, den Medien und auch von einzelnen Politikern habe ich viel Zuspruch bekommen. Immer wieder bin ich aber auch als anti-bosniakisch, anti-serbisch oder anti-kroatisch bezeichnet worden. Also muss ich irgendetwas richtig gemacht haben...

Ajeti: Der Besuch von Außenminister Schüssel am 5. Juni 1998 war der erste Besuch eines österreichischen Außenministers in Serbien. Der damalige AM Mock war der letzte österreichische Außenminister, der im März 1989 Belgrad besucht hatte. Sie haben Außenminister Schüssel begleitet, wie war das Gespräch mit Milošević und mit Jovanovic?

Dr. Petritsch: Ich kann mich jetzt nicht mehr an die Details erinnern. Schüssel ist bekanntlich ein sehr nüchterner Politiker gewesen, den Fakten zugeneigt. Die damaligen Gespräche würde ich rückblickend betrachtet als besorgt, aber korrekt bezeichnen. Das Misstrauen war auf beiden Seiten überdeutlich. Schüssel hat ja wenige Wochen später den EU-Vorsitz übernommen und es gab doch noch die Hoffnung, dass man diesen letzten großen historischen Konflikt auf dem Territorium des ehemaligen Jugoslawien friedlich werde lösen können. Ich erinnere mich, dass Schüssel unmissverständlich den Einsatz der OSZE eingemahnt hat.

Ajeti: Das Gespräch mit Miloševićs hat eine Stunde gedauert, mit Jovanovic drei Stunden. Und nach einigen Monaten hat Außenminister Schüssel gesagt, dass er wusste, dass Miloševićs sie anlügt.

Dr. Petritsch: Das war immer ganz klar, ich kann eine Episode aus meiner Erfahrung mit Milošević erzählen. Nach einer längeren Suada über die Schuld (der anderen) und die eigene Unschuld habe ich ihn unterbrochen und gemeint „Herr Präsident, Sie wissen wir sind vom selben südslawischen Stamm, Sie brauchen mir da nichts zu erzählen." Da hat er etwas verdutzt dreingeschaut und das Thema gewechselt. Also ich habe ihm bei einigen wenigen Gelegenheiten schon recht deutlich zu verstehen gegeben, mit mir nicht.

Bereits bei der offiziellen Übergabe meiner Akkreditierung an Präsident Milošević hatte ich beschlossen, diese Gelegenheit nicht wie üblich mit der Bekundung formeller Freundlichkeiten vorübergehen zu lassen. Das schien mir angesichts der fortbestehenden Krisensituation unangebracht. Ich habe daher von den üblichen diplomatischen Floskeln von den ausgezeichneten Beziehungen zwischen unseren Staaten Abstand genommen und bin ziemlich direkt auf die damals aktuellen Fragen – Kosovo, Schutz der Bürger- und Menschenrechte, Zusammenarbeit mit dem Kriegsverbrechertribunal in Den Haag – gekommen.

Ajeti: Wann war das?

Dr. Petritsch: Das war im Oktober 1997.

Ajeti: Das war Ihr erstes Treffen mit Milošević?

Dr. Petritsch: Ja. Ich habe wie üblich Deutsch gesprochen, das wurde dann konsekutiv ins Serbische übersetzt und während der Dolmetscher sprach, habe ich mir gedacht, na gut, der wird mich jetzt hinauswerfen. Denn diese Abweichung vom Protokoll hätte auch als unfreundliche Haltung gesehen werden können, ein diplomatischer Affront sozusagen.

Milošević zeigte sich danach im kleinen Besprechungsraum, abseits der TV-Kameras und der üblichen Journalistengruppe, zwar etwas brüskiert und hat wortreich versucht zu erklären, warum das und jenes eben nicht möglich ist, angesichts der albanischen Terroristen und der antiserbischen Haltung Europas. Das habe ich als ziemlich positiv empfunden, dass jemand, der sich üblicherweise als Gewaltherrscher über die Regeln und Normen internationaler Beziehungen hinwegsetzt, mich nun tatsächlich von seinen Argumenten überzeugen möchte.

Ajeti: Botschafter Walter Siegl hat im Interview mit mir gesagt: „Generell hielt man Milošević für einen intelligenten Strategen, und niemand hätte geglaubt, dass er in einem Kriegsverbrechergefängnis enden würde."

Dr. Petritsch: Milošević hat vielleicht Schlachten gewonnen, aber den großen Krieg um die Nachfolge Titos verloren.

Ajeti: Welche Schlachten hat er nach Ihrer Ansicht gewonnen? Gegen Stambolic?

Dr. Petritsch: Als Machtpolitiker hat er sich gegen seinen Mentor Stambolic durchgesetzt; und ihn – eine integre Persönlichkeit die Serbien viel hätte ersparen können – später wohl auch töten lassen. Damit hat Milošević aber auch die Weichen zur Selbstzerstörung Jugoslawiens gestellt. Er hat mit seiner militärischen Übermacht eine zeitlang Teile Kroatiens in der Krajna und in Slawonien beherrscht, dann in wirklich schlimmer Weise in Bosnien. Der jugoslawische Konfliktbogen hat mit der Zerstörung der Autonomie Kosovos 1986 seinen Ausgang genommen und ist schließlich mit der NATO-Intervention 1999 zu seinem blutigen Ende gekommen. Selbst Montenegro wollte nicht bei Serbien bleiben. Somit ist Milošević nicht nur hauptverantwortlich für die gewaltsame Zerstörung Jugoslawiens (er hat allerdings in Tudjman einen kongenialen Mitverursacher gehabt), sondern hat mit seinem System auch zum geistig-moralischen Niedergang einer ganzen Region beigetragen. Insofern war Milošević gewiss kein begnadeter Stratege seines politischen Zieles. Die Folgen werden uns noch einige Zeit beschäftigen.

Ajeti: Nach Belgrad reiste Außenminister Schüssel nach Prishtina. Bei dem Treffen mit den Albaner-Vertretern Fehmi Agani und Veton Surroi – Rugova war in Washington – hatte Außenminister Schüssel die politischen Ziele der Kosovo-Albaner zur Unabhängigkeit des Kosovo gehört, wobei die internationale Gemeinschaft Druck auf Belgrad ausüben müsse. Haben Sie ihn begleitet?

Dr. Petritsch: Es war ein sehr freundschaftliches Gespräch und professionell, wie das bei Schüssel fast immer der Fall gewesen ist. Gewiss weniger emotional als zum Beispiel bei Mock, ja, das muss man sagen. Vielleicht auch weniger engagiert, aber insgesamt korrekt und ich meine, dass er auf dieser Reise viel gelernt hat. Ich habe die Reise mitorganisiert

Interviews im Annex

und ich wollte unbedingt, dass er auch nach Prishtina fährt. Das war ja damals für einen offiziellen Besuch nicht so leicht.

Ajeti: Das war eigentlich der erste Besuch eines österreichischen Außenministers im Kosovo.

Dr. Petritsch: Genau. Generalsekretär Albert Rohan war dabei. In den zahlreichen Gesprächen ist es Schüssel wohl klar geworden, dass das EU-Vorsitzland Österreich diese Frage ernst nehmen müsse. Das wurde ihm damals von allen Gesprächspartnern sehr deutlich gemacht. Veton Surroi hat mit seinen bekannten analytischen Fähigkeiten den Außenminister doch ziemlich beeindruckt.

Ajeti: Wenn man alle Kräfte eines Konfliktes erreichen will, müssen alle Seiten in den Dialog einbezogen werden. Sie haben einmal erzählt, dass Sie den Ersten Botschaftssekretär, Jan Kickert, beauftragt hatten, mögliche Kontakte zur UÇK Führung zu erkunden.

Dr. Petritsch: Es war ja die bekannte Episode mit Richard Holbrooke, der im Juni 1998 einen regionalen UÇK-Führer getroffen hat und gemäß kosovarischem Brauch vor Betreten des Wohnzimmers seine Schuhe ausgezogen. Dieses Bild des ersten Kontaktes eines US-Offiziellen mit der UÇK ist um die Welt gegangen. Bloß hat sich herausgestellt, dass dieser Mann eben nicht zur Führungsgarnitur gehörte. Wir wollten uns eine solche Blamage ersparen, zumal Österreich im zweiten Halbjahr 1997 den EU-Vorsitz innehatte. Die USA waren hinsichtlich der UÇK schwankend. Nicht allzu lange vor Holbrooke hatte der amerikanische Gesandte Gelbard die UÇK noch als terroristische Organisation bezeichnet. Mir hingegen war es darum gegangen, die EU und meine amerikanischen und russischen Partner zu überzeugen, dass es ohne die Einbeziehung der UÇK keine friedliche Lösung geben könne. Das war eine persönliche Lehre, die ich von Kreiskys bezogen habe, der im Nahostkonflikt die PLO – damals noch als terroristische Organisation von jeder Friedensinitiative ausgeschlossen – an den Verhandlungstisch bringen wollte.

Ajeti: Zurück zur UÇK…

Dr. Petritsch: Ich war als EU-Vertreter unter kritischer Beobachtung der EU-Mitglieder; nicht alle waren leicht zu überzeugen. Transparenz, Nachvollziehbarkeit meiner Argumente, war daher das oberste Gebot, weil es verständlicherweise Regierungen gegeben hat, die gesagt haben – nein, mit Terroristen verhandeln wir nicht. Meine Meinung dazu war, ich beurteile das nicht nach Sympathie und Antipathie, ich beurteile das einfach danach, was uns einer friedlichen Lösung näherbringt. Und wenn wir die UÇK nicht miteinbeziehen, dann werden die womöglich keine Verantwortung übernehmen und werden als Spoiler eines möglichen Friedensprozesses auftreten.

Ajeti: Wann und wo haben Sie Thaçi persönlich zum ersten Mal getroffen?

Dr. Petritsch: Das weiß ich jetzt offengestanden nicht. Da müsste ich einmal nachschauen in meinen Berichten an Brüssel.

Ajeti: *Ich konnte nicht feststellen, wann und wo Sie sich zum ersten Mal mit ihm getroffen haben.*

Dr. Petritsch: Wir hatten Thaci als eine der politischen Führungspersonen der UÇK zwar relativ rasch im Laufe 1998 identifiziert. Ich kann mich auch erinnern, dass ich um den 10. Jänner 1999 im Zuge der Verhandlungen über einen Austausch von jugoslawischen Soldaten die von der UÇK gefangengenommen worden sind, das Ok für den Vorschlag, wie das ablaufen soll, von Thaci telefonisch bekommen habe. Ich hatte gegenüber Chris Hill, dem amerikanischen Vermittler, und dem Chef der OSZE-Mission Kosovo Verification Mission, William Walker, den Vorteil, dass ich mit Thaci deutsch sprechen konnte; sein Englisch war damals noch eher brüchig. Dabei hat mir Thaci auch den Beweis geliefert, dass er in der UÇK was zu sagen hat; wichtig für die Vorbereitungen unseres Verhandlungsprozesses.

Ajeti: *Mitte August 1998 hatten die Verhandlungen der Shuttle-Diplomatie der europäischen und amerikanischen Hauptvermittler Petritsch und Hill zwischen Prishtina und Belgrad begonnen, mit dem Ziel, die Verhandlungen zwischen den Konfliktparteien zu starten, da diese gegenteiligen Positionen zum künftigen Status des Kosovo vertraten. Das aktive Engagement Botschafter Petritschs und seine Treffen mit beiden Verhandlungsteams haben als Grundlage für weitere Gespräche gedient. Kann man sagen, dass der US-Vorschlag für die Interimslösung für den Kosovo (Erster „Hill Entwurf") eigentlich auf den diplomatischen Bemühungen von Wolfgang Petritsch basiert?*

Dr. Petritsch: Na ja, ich bin ja erst im September 1998 ernannt worden. Da war ich noch tätig im Rahmen von KDOM. Also insofern muss man schon sagen, dass die Amerikaner die ersten Entwürfe eines Vertrages bereits selbständig skizziert hatten. Es war Chris Hill und vor ihm eben Gelbart, die da bereits Ideen Washingtons zu Papier gebracht hatten.

Ich habe bereits zu Beginn der österreichischen EU-Präsidentschaft im Juli 1998, noch ehe ich Anfang Oktober offiziell zum EU Special Envoy ernannt worden bin, Kontakt mit Chris Hill gesucht und dazu beitragen, dass wir, basierend auf der Arbeit von KDOM, die Eckpunkte der Balkankontaktgruppe im Vertragsentwurf berücksichtigt wurden. Die europäischen Mitglieder der Kontaktgruppe – Deutschland, Frankreich, Großbritannien, Russland und die EU – hatten sich auf die Wiederherstellung der substanziellen Autonomie geeinigt, jedenfalls keine Unabhängigkeit, das hätte weder Brüssel noch Moskau akzeptiert. Dieses living document im Lauf der Monate unserer shuttle diplomacy zwischen Belgrad und Prishtina konkretisiert, ergänzt und bei den Treffen der Kontaktgruppe in London, Paris, Rom oder Bonn akkordiert.

Ajeti: *Einer der Schwerpunkte der österreichischen EU-Präsidentschaft (Juli-Dezember 1998) war ohne Zweifel die Kosovo-Frage. Wie würden Sie das österreichische Engagement in der Kosovopolitik während der österreichischen EU-Präsidentschaft einschätzen und hätte Österreich mehr tun können?*

Dr. Petritsch: Ich glaube, dass wir während unserer Präsidentschaft tatsächlich sehr aktiv gewesen sind. Immerhin gab es in der Zentrale in Wien mit Albert Rohan und seinen

Interviews im Annex

Mitarbeitern großes know-how und Erfahrung. Vor allem von Rohan sind viele Impulse, Ideen und Vorschläge über die EU-Präsidentschaft auf die europäische Ebene gelangt. Ich selbst habe mich in regelmäßigen Treffen mit den restlichen vierzehn EU-Botschaftern ausgetauscht. Und wir haben da schon sehr intensiv alle Fragen diskutiert. Insgesamt war die internationale Kosovo-Politik gewissermaßen eine amerikanisch-europäische Parallelaktion. Drenica war in Wirklichkeit der Punkt, wo die Aufmerksamkeit wirklich hochgegangen ist. Ich besitze ein Foto von der Botschafterdelegation in Prekaz, auf dem auch der russische Botschafter zugegen ist. Heute kaum noch vorstellbar, dass sich Moskaus Vertreter direkt an einen solchen Ort begeben würde.

Ajeti: Mit der Übernahme der EU-Ratspräsidentschaft wurde von Österreich gleichzeitig auch die Leitung in der Beobachtungsmission der EU (European Community Monitoring Mission, ECMM) übernommen. Der österreichische Diplomat Franz Parak hatte die Leitung der ECMM in Sarajevo für die Dauer des österreichischen EU-Vorsitzes übernommen. Was für eine Rolle hat damals diese Mission in Kosovo gespielt, wobei Österreich damals mit einem Kontingent teilgenommen hat.

Dr. Petritsch: Ich glaube, dass die ECMM in gewisser Weise im Kosovo die Idee vorbereitet hat, dass es schließlich und endlich dann zu KDOM kommen konnte. Also man sollte ECMM-KDOM und dann die dritte Stufe, die Kosovo Verification Mission, als einzelne wichtige Schritte zu je größerem internationalem Engagement im Kosovo sehen. Wobei natürlich KDOM entscheidend war, weil mit dem sogenannten Juniabkommen zwischen Jelzin und Milošević erstmals der internationale Charakter des Kosovokonfliktes festgeschrieben worden war – eine neue Qualität im langen Ringen um die Lösung. Die ECMM war eine rein europäische Beobachtermission, deren Zuständigkeit für den gesamten Raum des ehemaligen Jugoslawien Geltung besaß, aber nicht überall tätig werden konnte.

Ajeti: Also Serbien hat die ECMM abgelehnt und dann wurde der Name in Kosovo Diplomatic Observer Mission geändert.

Dr. Petritsch: Nein. KDOM war eine Neugründung, basierend auf dem Milošević-Jelzin Abkommen vom 17. Juni 1998.

Ajeti: Sie haben die jugoslawischen Behörden bezüglich der Eröffnung des EU-Büros in Prishtina nicht kontaktiert bzw. nicht gefragt. Welche Aufgabe hat das Büro damals gehabt?

Dr. Petritsch: Ja wir haben uns das damals an unserer Botschaft in Belgrad wirklich gründlich überlegt, um sodann im engen Einvernehmen mit dem Generalsekretär des Außenministeriums, Botschafter Rohan, diesen ungewöhnlichen und politisch nicht ungefährlichen Schritt zu setzen. Ohne das Einvernehmen mit dem Gastland war gewiss den besonderen Umständen geschuldet. Das war erstmalig in der österreichischen Diplomatie, und ich wurde dafür vom damaligen jugoslawischen Außenminister Jovanovic im Kreis der EU-Botschafter kritisiert. Da diese Initiative nicht den üblichen diplomatischen Gepflogenheiten entsprochen hatte, konnte ich dem Außenminister bloß erwidern„na wenn ich gefragt hätte, dann hätten Sie sicher nein gesagt". Damit war das dann irgendwie aus der Welt geschafft und wir konnten bis zum Beginn der NATO-Bombardierung unsere Dependance benützen. Wir hatten uns genau überlegt, welche Funktion dieses Büro haben soll. Zunächst ganz praktisch ein Stützpunkt für unsere doch sehr dichten Aktivitäten im Kosovo, für die wiederholten Besuche und Treffen, etwa mit anderen diplomatischen Missionen die in Pristina keinen Ort hatten, oder mit den EU-Vertretern, denen wir Unterschlupf gewähren konnten. Außer Österreich hatte dort nur noch die USA ein Büro.

Ajeti: Hat Kickert das Büro geleitet?

Dr. Petritsch: Jan war mein wichtigster Kosovo-Mitarbeiter – unser *Point Man*. Aber es gab sonst keine formellen Hierarchien, da war genug Arbeit für alle.

Ajeti: Aber wer war sozusagen verantwortlich für das Büro?

Dr. Petritsch: Wir hatten dort eine sogenannte *sur place* Kraft, an die Einzelheiten kann ich mich jedoch nicht mehr erinnern. Es war ein gemietetes Privathaus, dort haben wir einfach die österreichische und die EU-Flagge gehisst, gewissermaßen ein Akt der Selbstermächtigung.

Ajeti: Hat das EU-Büro auch eine Rolle gespielt, um die kosovo-albanischen Parteien in einem gemeinsamen Verhandlungsteam zu integrieren?

Dr. Petritsch: Erstens einmal war das ein klares Signal des Engagements der österreichischen EU-Präsidentschaft – und später des EU-Special Envoy – am Ort des Geschehens. Umgekehrt wollten wir von kosovarischer Seite eine einheitliche Positionierung. Prishtinas politische Klasse war tief gespalten. Der Riss verlief am deutlichsten zwischen den etablierten Parteien um Präsident Rugova und den Rebellen der UÇK. Rugovas Stern war zu unserer Sorge am Sinken, während die UÇK-Unterstützung immer größer wurde. Uns war klar, dass diese Spaltung die Bildung eines gesamt-kosovarischen Verhandlungsteams erschweren würde. Wer spricht für Kosovo? Mit wem können wir verhandeln? Das waren Fragen, die uns sehr beschäftigt haben.

Ajeti: *Außenminister Schüssel hat zur Ernennung des österreichischen Diplomaten zum EU-Sondergesandten vom Kosovo gesagt:„Wir dachten dabei an einen erstklassigen Diplomaten mit politischem Gespür. Er ist die europäische Antwort zum amerikanischen Kosovoverhandler Hill". Wie würden Sie die Rolle des EU-Sonderbeauftragten des Kosovo einschätzen?*

Dr. Petritsch: Na ja, das ist ähnlich wie mit dem Büro in Prishtina, weil auch der EU-Sondergesandte ein neuer Versuch gewesen ist, mit den USA gleichwertig tätig werden zu können. Dem bisherigen EU und OSZE-Sondergesandten, dem ehemaligen spanischen Premierminister Felipe Gonzales, wurde von Belgrad das Visum verweigert; er war zur Unitätigkeit verurteilt und musste ersetzt werden.

Interviews im Annex

Tatsächlich hatte die EU bislang nur zwei Sondergesandte eingesetzt, einen für den Nahen Osten und einen für die Region der Grossen Seen in Afrika. Ich werde in der EU-Statistik als dritter *Special Envoy* geführt.

Ajeti: Und der erste österreichische Diplomat, der eine wichtige EU-Funktion hatte.

Dr. Petritsch: Abgesehen von unserem Engagement und der Kompetenz der Mitarbeiter hatte meine Ernennung auch eine praktische Seite. Ich hatte bereits die diplomatische Immunität in Jugoslawien und musste um kein Visum ansuchen. Freilich hätte man mich jederzeit zur *persona non grata* erklären können, wie dies Anfang 1999 William Walker passiert ist. Der Auftrag stellte eine schwierige Gratwanderung dar, da mir bewusst war, dass wir nur das Ziel erreichen können, wenn wir beide Konfliktparteien gleichermaßen engagieren. Das wurde von Belgrad abgelehnt. Milošević wollte der kosovarischen Seite verständlicherweise nicht auf Augenhöhe begegnen, er sah die UÇK als Terrororganisation, mit der nicht zu verhandeln wäre. Wenn ich mit ihm von den zwei Konfliktparteien sprach, hat er mich schroff unterbrochen und gesagt, ich bin hier der Chef, auch im Kosovo, und die anderen sind die Rebellen und die Terroristen. Und mit denen rede ich nicht. Was immer Sie mir da vorlegen, es ist meine Entscheidung, ob ich ja oder nein sage. Ich nehme nicht zur Kenntnis, dass Sie hier die andere Seite als gleichberechtigt betrachten.

Ajeti: "In Rambouillet wird Weltgeschichte gemacht und Wolfgang Petritsch spielt in dieser Geschichte eine Hauptrolle", schrieb Georg Hoffmann-Ostenhof, Leiter des Außenpolitikressorts des Nachrichtenmagazins Profil. Was würden Sie dazu sagen?

Dr. Petritsch: Eine schmeichelhafte Feststellung, gegen die ich nichts haben kann, aber ich wurde da doch ziemlich unversehens in eine internationale Konfliktsituation hineinversetzt, wo vieles von dem, was ich dort gemacht habe, für mich Neuland gewesen ist. Ich kann nur sagen, ich hab mich wirklich sehr bemüht. Vielleicht ist die beste Bestätigung, dass ich keine gravierenden Fehler gemacht habe, die Tatsache, dass mich Milošević in Den Haag persönlich ins Kreuzverhör genommen hat und ich alle seine – oft polemischen Fragen – zur Zufriedenheit des Tribunals beantworten konnte.

Ajeti: "Jeder Chefverhandler in Rambouillet hat eine Reihe von Experten zur Verfügung. Petritsch's Team bestand aus seinem Kosovoexperten, dem Österreicher Jan Kichert, Axel Dietmann vom deutschen Außenamt und Thomas Markert, dem erfahrenen Juristen, der Venedig-Kommission des Europarates in Strassburg." Das ist ein Zitat von Ihrem Buch. Was für eine Rolle haben Deine damaligen Mitarbeiter gespielt?

Dr. Petritsch: Wir waren ein unglaublich kleines Team. Das war tatsächlich das Kernteam. Ich muss aber hinzufügen, dass wir eine große Unterstützung durch die deutsche EU-Präsidentschaft und auch die Europäische Union hatten. Im Vergleich zur amerikanischen Delegation war das europäische Team winzig; nur das russische Team meines Co-Verhandlers Boris Majorski war noch bescheidener. Alle drei Teams haben jedoch gut zusammengearbeitet. Entscheidend war das wirklich gute Einvernehmen zwischen Hill, Majorski und mir. Das war wohl das so ziemlich letzte Mal, dass Amerikaner, Europäer und Russen so vertrauensvoll zusammengearbeitet haben. Da herrschte wirklich respektvolle Kooperation.

Man muss aber auch hinzufügen, dass wir aufgrund der monatelangen intensiven Phase der *shuttle diplomacy* bereits mit einem weitgehend abgestimmten Text nach Rambouillet gekommen sind. Sowohl Belgrad als auch Prishtina kannten alle Elemente der zivilen Aspekte des Vertrages. Also die Verfassung, die Aufteilung der Macht zwischen Serben und Kosovaren in den Institutionen, Polizei und Verwaltung etc. Wir haben aus den Schwächen des vier Jahre zuvor abgeschlossenen Bosnien Friedensvertrages von Dayton unsere Schlüsse gezogen. So enthält Rambouillet eine besser funktionierende institutionelle Architektur. Es ist uns darum gegangen, der weitaus kleineren Gruppe der Serben gewisse rechtliche Kompensationen zu geben und etwa die im Kosovo befindlichen orthodoxen Klöster, Kirchen und anderen Heiligtümer einen besonderen Status zu geben. Die Stärkung der Minderheiten – neben den Serben sind das insbesondere die Roma, Aschkali, Ägypter, Türken, Bosniaken und Goranen, war uns im Geiste der Europäischen Menschenrechtskonvention ein besonderes Anliegen. Wir haben gewusst, dass der größte Widerspruch von Belgrad kommen würde. Und wir wollten es der serbischen Seite so schwer wie möglich machen, abzulehnen. Ich habe alles unternommen, um in Belgrad Zustimmung zu unseren Kompromissvorschlägen zu erhalten. Besonders in Erinnerung ist mir ein langes Gespräch mit dem damaligen Vizepremierminister Vuk Draskovic geblieben. Am Ende hat er dennoch nein gesagt mit dem poetischen Hinweis – er ist ja Schriftsteller – dass die *Braut Rambouillet* zu wenig geschmückt sei... Jahre später hat eben dieser Draskovic in einem Interview auf die Frage, was er aus seiner Zeit als Politiker heute anders machen würde, gemeint, *mein größter Fehler war, dass Serbien Rambouillet nicht unterschrieben hat.* Man könnte das einer gewissen Balkan-Mentalität zuschreiben, dass man erst Jahre später erkennt, was man hätte machen sollen. *Inat* bestimmt allzu oft die serbische Politik.

Lassen Sie mich dazu eine persönliche Anmerkung machen. Vielleicht kennzeichnet dieses Eingeständnis Draskovics das besondere Schicksal Serbiens, womöglich der gesamten Region, Kosovo eingeschlossen. Nämlich zu spät das *window of opportunity* erkannt zu haben. Im gesamten Konflikt des Zerfalls Jugoslawiens hat letzten Endes Serbien am meisten verloren, an Einflussmöglichkeiten, am Zugang zum Meer, an der Multikulturalität, an der Fortentwicklung zu einem modernen europäischen Staat. Denn dieses Jugoslawien war ja in gewisser Weise bereits eine Europäische Union im Kleinen. Das alles haben die Völker Jugoslawiens verloren, da sie nicht imstande gewesen sind, friedlich auseinanderzugehen. Und jetzt ist man mühsam dabei etwas Neues aus den Trümmern der verlorenen Größe zu bauen; aber das alles läuft jetzt über Brüssel und nicht mehr über Belgrad.

Ajeti: *Grundlage der Verhandlungen, trotz amerikanischer Skepsis in Rambouillet, waren die von Petritsch und seinem Team ausformulierten Prinzipien und Grundelemente (Nonnegotiable Principles bzw Basic Elements) für den Kosovo. Was heißt das?*

Dr. Petritsch: Ja, das heißt einfach, dass es für mich irgendwo klar war, wir müssen hier bestimmte Grundlagen – wir haben sie *Guiding Principles and Basic Elements* genannt – außer Streit stellen. Warum? Angesichts der Erfahrung mit der Phase der *Shuttle Diplom-*

acy, wo die Wegmarken sozusagen nach Belieben gewechselt worden sind, war es für mich klar, dass es so etwas wie nicht verhandelbare Prinzipien für den Verhandlungsprozess geben müsse. Diese wurden zwar anfangs von der US-Delegation abgelehnt – man wollte sich damit auch selbst nicht binden lassen – dann jedoch akzeptiert angesichts der Heterogenität der Balkan Kontaktgruppe. Meine Überlegung war, dass wir als amerikanisch-russisch-europäische Verhandlungstroika auf einer soliden – und eben schriftlich festgehaltenen – Basis zusammenarbeiten mussten. Nichts ist gefährlicher in einer akuten Krisenlage als Missverständnisse oder unpräzise Vorgaben über den Verhandlungsgegenstand. Dieses von meinem Team entwickelte Dokument wurde selbstverständlich mit der Kontaktgruppe abgestimmt und – das ist besonders relevant – der Einladung an Belgrad und Prishtina nach Rambouillet – die eher einer nicht ablehnbaren Aufforderung entsprach – beigefügt. So hatten wir von Beginn an in Rambouillet bei allen Beteiligten für eine gewisse Klarheit gesorgt, in welchem Rahmen sich die Gespräche – ohnehin von tiefem gegenseitigen Misstrauen bestimmt – bewegen werden. Eine, wie sich im Lauf der Verhandlungen herausstellen sollte, nicht unwichtige Entscheidung.

Ajeti: Aber wieso waren die Amerikaner skeptisch?

Dr. Petritsch: Die Amerikaner haben gesagt damals, das brauchen wir nicht, wir wollen hier mehr Flexibilität und Freiheit haben. Ich aber war der Meinung, wir benötigen möglichste Klarheit in einem ohnehin vergifteten Verhandlungsklima, wo unterschiedliche Interpretationen von Begriffen oder Textteilen sehr rasch eskalieren und das Zeug zum Abbruch in sich tragen. Und gerade die erprobten Belgrader Verhandler, Diplomaten oder Verfassungsjuristen wie etwa der Belgrader Chefverhandler Markovic, der Verfasser der jugoslawischen (serbisch-montenegrinischen) Verfassung, verstanden die Strategie des Hinauszögerns, wie wir feststellen konnten. Die erste Rambouillet-Woche verging ohne den geringsten Fortschritt.

Ajeti: Wer war die vernünftige Person von der kosovarischen Seite in Rambouillet?

Dr. Petritsch: Rugova, den wir a priori als Delegationsleiter gesehen haben, war von Anfang an im Schloss Rambouillet äußerst zurückhaltend, bemerkenswert passiv, hat sich in den ersten zwei Tagen kaum – und wenn doch, dann bloß zustimmend den Verhandlern gegenüber – zu Wort gemeldet. Vielleicht war das aus seiner Sicht „vernünftig", hat er doch die wesentlichen Vertragsinhalte bereits aus der Phase der *shuttle diplomacy* gekannt und daher den Verhandlern – jedenfalls den beiden westlichen – voll vertraut.

Anders die etwas disparate Gruppe der UÇK-Vertreter in der kosovarischen Delegation. Sie hatten sich realtiv rasch auf Hashim Thaci als Leiter der kosovarischen Verhandlungsdelegation geeinigt. Das war es dann aber auch schon. Sie sind jedenfalls nach aussen geschlossen aufgetreten und haben Thaci unterstützt.

Die für die inhaltlichen Gespräche wichtigsten Kosovaren waren die zwei sogenannten „Unabhängigen" Veton Surroi und Blerim Shala, die weder dem Rugovalager noch jenem der UÇK zuzuzählen waren. Surroi und Shala, beide erfahrene Publizisten, hatten im Lauf des langen Konfliktes besondere Erfahrung im Umgang mit uns „Internationalen" gesammelt. Ich kannte beide und hatte auch Vertrauen in deren – stets kosovarische – Ansichten und Einschätzungen der politischen Situation. Jedes Gespräch mit dem großen Ego Veton und Blerims warmer Freundlichkeit habe ich mit großem Gewinn verlassen; und es hat im Lauf der intensiven Monate zwischen Herbst 1997 und Rambouillet im Februar/März 1999 viele gegeben. Die beiden – womöglich Veton noch entscheidender – haben die kosovarische Delegation eigentlich argumentativ zusammengehalten. Ohne die beiden hätte es wohl keinen Erfolg für die kosovarische Seite gegeben.

Ajeti: Ich dachte, es war Agani?

Dr. Petritsch: Das war die eine Seite. Rugovas wichtigster Berater war zweifellos Fehmi Agani, der auf der Flucht aus dem Kosovo im Frühjahr 1999 schändlich ermordet wurde. Er war die inhaltliche Stütze der LDK und hat Wesentliches zum Zusammenhalt der Delegation beigetragen. Der später offen ausgebrochene Konflikt zwischen Thaci und Rugova hatte sich in Rambouillet bereits deutlich manifestiert; nicht zuletzt indem der junge Thaci seinem Präsidenten mittels numerischer Überzahl der UÇKler praktisch in letzter Sekunde die Leitung der Delegation an sich gerissen hatte.

Wir sind von der Entscheidung überrascht worden, aber letztlich war es für unsere Strategie gut, dass Thaci die Leitung übernommen hat. Denn letzten Endes ist es ja um die Demobilisierung der UÇK – im Gegenzug zur Räumung Kosovos durch die jugoslawischen Sicherheitskräfte – gegangen. Diese völlige Demilitarisierug Kosovos war Voraussetzung für die vorgesehene Stationierung einer NATO-geführten Friedenstruppe, der KFOR.

Die militärische Seite des Friedensvertrages war der Knackpunkt. Das war uns von Anfang an bewusst und hat beiden Seiten größte Schwierigkeiten bereitet, dem zuzustimmen. Während Thaci schließlich zugestimmt hat, seine Unterschrift unter ein Dokument zu setzen, womit seine eigene Organisation – die UÇK – auflöst wird, hat am Ende Belgrad – und es war Milošević, der diese Entscheidung allein getroffen hat, wie wir heute wissen – die Unterschrift verweigert. Aber da greife ich der Chronologie etwas vor.

Der zivile Teil des Abkommens war weniger kontroversiell, da musste die kosovarische Seite auf die geforderte Unabhängigkeit verzichten und sich mit der Wiederherstellung einer substantiellen Autonomie zufriedengeben. In diesem Punkt stand Moskau hinter Belgrad. Damit war der Verhandlungsspielraum von abgesteckt.

Ajeti: Hashim Thaci war der jüngste der Delegationsmitglieder der kosovarischen Delegation. Er war damals 29 Jahre alt. Wie würden Sie seine Rolle damals einschätzen?

Dr. Petritsch: Thacis Alter und seine Unerfahrenheit waren zwei Faktoren, die wir beachten mussten. Ich erinnere mich an die ersten persönlichen Gespräche mit ihm, als er langsam zu realisieren begann, dass er vielleicht zu unüberlegt diese Position angestrebt hat. Schließlich war damit die Verantwortung für das Schicksal nicht bloß seiner UÇK, sondern die Zukunft Kosovos insgesamt verbunden. Zweifellos eine schwere Bürde für einen unerfahrenen Verhandler; aber er hat rasch gelernt.

Gegen Ende der Verhandlungen als die Außenminister in Rambouillet zusammentrafen, um von den beiden Leitern der Verhandlungsteams zu hören, ob sie nun prinzipiell dem Entwurf zustimmen könnten, war Thaci sichtlich gezeichnet und machte auf mich den Eindruck extremer Überforderung. In dieser Situation, wenige Minuten vor dem entscheidenden Treffen mit den Außenministern, haben Joschka Fischer und ich mit Thaci ein – man kann ohne Übertreibung sagen – dramatisch angespanntes Gespräch geführt, da er offensichtlich in seiner Panik nicht willens war, auf die entscheidende Frage der versammelten Kontaktgruppen-Außenminister eine eindeutige Antwort zu geben. Zustimmen und womöglich die tödliche Rache seiner UÇK zu spüren bekommen, oder abzulehnen und damit die Konferenz zum Scheitern zu bringen – das umschreibt kurz und prägnant die vor ihm stehenden Alternativszenarien.

Und da habe ich gemerkt, ok lieber Freund, an die Konsequenzen der Übernahme der Leitung der Delegation, nämlich die Auflösung der UÇK unterschreiben zu müssen, hast du nicht gedacht. Das war auch der Kernpunkt meiner sehr intensiven Auseinandersetzung mit Thaci. Wenn er der Entwaffnung der UÇK zustimmt, dann läuft er Gefahr als Verräter der UÇK dazustehen, und dann ist er seines Lebens nicht mehr sicher, wenn er zurückkehrt. Was also tun? Wie kommen wir aus diesem Eck heraus? Und da uns zur Hilfe gekommen, dass auch die Belgrader Seite gesagt hat, das geht uns viel zu schnell. Wir können in der kurzen Zeit nicht unterschreiben. Die erste Verhandlungsphase hatte gerade einmal 8 Tage gedauert und dann wurde von der Kontaktgruppe noch einmal 8 Tage dazugegeben.

Uns war klar, dass die rote Linie für die Kosovaren die Auflösung der UÇK gewesen ist, und die rote Linie für Belgrad war die Sicherheitsgarantie durch Internationalen Truppen im Kosovo, also praktisch fremde Truppen auf jugoslawischem Territorium.

Um beiden Seiten mehr Zeit zu geben unter sich, aber im Falle Belgrads mit Milošević zu beraten, haben wir gesagt, ok dann unterbrechen wir die bereits weit gediehenen Verhandlungen und treffen uns nach ca drei Wochen wieder zur Schlussrunde.

Ajeti: Hat Hashim Thaci die Erwartungen der Internationalen Gemeinschaft erfüllt?

Dr. Petritsch: Naja, Hashim ist natürlich unglaublich unter Druck geraten. Ich erinnere mich noch an etliche Gespräche vor dem Ende der zweiten Rambouillet-Woche, als es darum gegangen ist, ob die kosovarische Delegation mit dem was bisher erreicht wurde einverstanden wäre. Das sollte von beiden Seiten – also von Belgrad und Prishtina – den Kontaktgruppen-Außenministern klar und deutlich gesagt werden. Wir sind zu dritt zusammengesessen, Joschka Fischer und ich und Hashim ist immer steifer geworden, innerlich angespannt. Die Außenminister haben bereits gewartet, schließlich ist Thaci zu ihnen gestoßen und hat total herumgeredet; es war nicht ja, nicht nein. Die Außenminister haben schließlich gemeint, das wäre ein ja, und haben der Unterbrechung zugestimmt. Es sollte ein Konsultationsprozess mit den lokalen Kommandanten werden um sie zu überzeugen dem Vertrag zuzustimmen.

Ajeti: Das Abkommen von Rambouillet kann man in einen politischen und einen militärischen Teil gliedern. Die Serben hatten dem politischen Teil zugestimmt, aber den militärischen abgelehnt. Sie haben Milošević ein letztes Mal wenige Stunden vor dem Beginn des Bombardements getroffen. Wie war es möglich, dass Milošević die militärischen Bedingungen für Bosnien akzeptiert hat, aber nicht für den Kosovo.

Dr. Petritsch: Das ist eigentlich das große Rätsel, das sich wahrscheinlich nur aus der Emotion erklären kann, was nämlich Kosovo für die Serben bedeutet. Ich glaube, dass eben Bosnien für die Serben weniger wichtig war als Kosovo. Die Wiege des Serbentums und die Schlacht am Amselfeld, die Klöster und die Mythologisierung der mittelalterlichen serbischen Geschichte, diese Überhöhung des Begriffes Kosovo, ja Kosovo als Symbol für die Existenz der serbischen Kultur und Orthodoxie und damit letztlich der kollektiven Identität – das hat, glaube ich, eine so starke Rolle gespielt (und spielt immer noch). Das alles haben wir möglicherweise unterschätzt. Schließlich kam hinzu, dass Rambouillet eine Vorstufe zur Unabhängigkeit sein könnte. Immerhin ist im letzten Paragraphen des Vertrages der Passus enthalten, dass nach drei Jahren eine internationale Konferenz den endgültigen Status festlegen würde. Dann würde gefragt, was sind die Fortschritte, was ist nicht erreicht worden und wie machen wir weiter. Schließlich ist auch die Rede vom „Willen des Volkes", also eine Volksabstimmung, freilich unter Beachtung der OSZE-Prinzipien, die besagen, dass es Grenz- und Statusänderungen nur bei Zustimmung beider Seiten geben könne.

Das ist ganz wichtig, weil nur dann versteht man, dass auch eine Volksabstimmung allein, die natürlich bei euch 90% pro Unabhängigkeit ausgegangen wäre, noch keine endgültige Trennung von Serbien bedeutet hätte. Prishtina hätte sich – so ist dieser Paragraph zu verstehen – um die Zustimmung Belgrads bemühen müssen.

Ajeti: D.h. das Wort Referendum wurde nicht explizit erwähnt.

Dr. Petritsch: Nein, aber „will of the people", der Volkswille, besagt das. Referenden haben beim Zerfall Jugoslawiens eine unheilvolle Rolle gespielt – etwa in Bosnien, wo die Abstimmung direkt in den Bürgerkrieg geführt hat.

Ajeti: Christopher Clark zieht in seinem Buch Die Schlafwandler *die Parallele zwischen dem Ultimatum von Österreich-Ungarn an Serbien und dem militärischen Teil des Rambouillet-Abkommens.*

Dr. Petritsch: Es war für mich eine wirkliche Überraschung, ich war damals in Harvard und habe im Harvard-Bookstore das Buch durchgeblättert und prompt stoße ich auf Rambouillet. Denke mir, was macht Rambouillet im Ersten Weltkrieg? Ich habe dann Clark geschrieben und ihm die entsprechenden Passagen aus Dayton und Rambouillet zugeschickt.

Er möge doch, schrieb ich, diese Texte vergleichen, sie sind nahezu wortident. Warum hat Milošević dann Dayton unterschrieben und Rambouillet nicht? Er konnte mir keine befriedigende Antwort geben, hat aber wohl bemerkt, dass er sich da vertan hat.

Ajeti: Aber Sie sehen keine Parallelen zwischen dem Ultimatum von Österreich-Ungarn und Serbien und Rambouillet-Abkommen?

Dr. Petritsch: Interessanterweise hat Milutinovic genau dasselbe Argument verwendet wie Christopher Clark, obwohl Clark gegenüber Serbiens Politik 1914 eher kritisch eingestellt ist. In der Frage militärische Intervention folgt er Kissinger, der sich als Realist stets gegen militärische Abenteuer ausgesprochen hat, so eben auch gegen die NATO-Intervention.

Ajeti: Die EU-Mitgliedsstaaten einschließlich Österreich haben die NATO-Luftangriffe gegen Jugoslawien unterstützt. Der damalige Bundeskanzler Viktor Klima bezeichnete die NATO-Luftangriffe als gerechtfertigt und notwendig, aber andererseits hat die österreichische Regierung nicht das Überflüge und Transporte der NATO über österreichisches Territorium bewilligt. War das ein doppelter Standard im Sinne von – in Brüssel waren die dafür, in Wien dagegen?

Dr. Petritsch: Der Status der permanenten Neutralität verlangt von Österreich, dass es keine fremden Truppenstationierung in Österreich erlaubt und das inkludiert eben auch den Überflug bzw. den Transit. Politisch hat Klima jedoch die Intervention unterstützt und gesagt, diese sei gerechtfertigt. Ich meine, diese ganze Diskussion über die völkerrechtliche Frage der Intervention ohne UNO-Mandat, die scheint mir sehr wichtig zu sein, da – wie wir wissen – bis hin zur Okkupation der Krim durch Russland der Fall Kosovo eine Rolle spielt.

Ajeti: D.h. für Sie war es legitim aber nicht legal?

Dr. Petritsch: Ja. Es war völkerrechtlich nicht legal, weil es eben keinen UNO-Sicherheitsratsbeschluss gegeben hat. Der konnte nicht kommen, weil Russland und China dagegen waren.

Und das zeigt natürlich auch die Schwierigkeiten, die daraus entstehen, dass bei massiven Verletzungen des humanitären Völkerrechtes der UNO-Sicherheitsrat zu keiner Einstimmigkeit kommt. Damit ist die UNO in entscheidenden Konfliktsituationen paralysiert. Syrien ist das bislang letzte Beispiel des Versagens der Internationalen Gemeinschaft.

Die Kosovo-Intervention ohne Sicherheitsmandat hat ganz entscheidend dazu beigetragen, dass sich Russland unter Putin vom Westen sicherheitspolitisch entfernt hat und es zu politischen Spannungen – zu einem neuen Kalten Krieg – gekommen ist. Die Folgen sind bekannt. Kosovo wird seither von Moskau als der große Sündenfall des Westens gebrandmarkt. Selbst freilich handelt Moskau in der Ukraine ebenfalls völkerrechtswidrig. Das ist die neue Machtpolitik die Regeln und Normen des zivilisierten Umgangs der Völkergemeinschaft ignoriert.

Ajeti: War der NATO-Krieg für den Kosovo ein „linker" Krieg? 11 der 15 EU-Mitgliedsstaaten wurden von sozialdemokratischen Regierungen geleitet. In den USA regierte eine demokratische Administration, nämlich Clinton, der NATO-Generalsekretär Javier Solana selbst ist auch dem linken Lager der spanischen Sozialisten zuzuzählen.

Dr. Petritsch: Ich würde sagen, nicht so sehr die Linke hat da eine Rolle gespielt, sondern schon eine auch von Sozialdemokraten vertretene liberale Menschenrechtsposition. Ich glaube, das ist das Entscheidende. Besonders für die deutsche rot-grüne Regierung Schröder/Fischer war Kosovo eine äußerst schwierige Entscheidung, gewissermaßen ein deutscher Tabubruch. Für Bonn – damals war noch Bonn die Hauptstadt – hatte dieser erste „out-of-area" Einsatz der NATO weitreichenden Folgen für den innenpolitischen Diskurs.

Ajeti: Was die österreichische Kosovo-Politik betrifft, kann man von einem politischen Konsens in Österreich reden? Also hinsichtlich Regierung, Opposition, Medien, öffentliche Meinung?

Dr. Petritsch: Im Großen und Ganzen ja. Also ich zum Beispiel bin kritisiert worden von sehr linker, doktrinär kommunistischer Seite. Meiner Meinung nach aus dem Missverständnis heraus, dass man eben Milošević mit einem Linken verwechselt hat, und das hat natürlich zu tun mit einer gewissen Nostalgie für Titos Jugoslawien und Non-Aligned Bewegung.
Die tieferen politischen Ursachen des serbisch-albanischen Konfliktes liegen eindeutig in Belgrad. Nun hege ich keine Sympathien für „militärische Lösungen", aber leider haben weder die USA in Dayton noch Europa Rugovas friedliche Proteste gewürdigt oder gar unterstützt.

Ajeti: ... nicht unterstützt hat?

Dr. Petritsch: Nein, eben nicht. Das habe ich stets bedauert und tue das auch noch heute. Es wäre dem „Friedensprojekt EU" gut angestanden, Rugovas Strategie des friedlichen Widerstandes anzuerkennen.

Ajeti: Wann und wie haben Sie zum ersten Mal über Operation Hufeisen gehört und von wem?

Dr. Petritsch: Ich habe gewisse Gerüchte aus Militär- und Geheimdienstkreisen gehört; während der Verhandlungen in Rambouillet und auch aus Bonn direkt.
Für mich ist die Frage, ob es einen Plan dieses Namens tatsächlich gegeben hat oder nicht, eine sekundäre Frage. Für mich ist entscheidend, wie rasch und wie systematisch nach dem Scheitern von Rambouillet und mit Beginn der NATO-Intervention die jugoslawische Armee und Spezialeinheiten ihre Bodenoperation durchgeführt haben und wie systematisch und gezielt die Vertreibungen stattgefunden haben.

Ajeti: Haben die Österreicher, also der österreichische Geheimdienst das zum ersten Mal entdeckt? Ich glaube Sie haben davon gehört?

Dr. Petritsch: Der österreichische Geheimdienst war natürlich einer der am besten Informierten über den Balkan. Da sind wirklich hervorragende Analytiker unterwegs und unser österreichisches Bestreben ist ja nicht jetzt Kriege vorzubereiten, sondern im Gegenteil, Kriege zu verhindern.

Ajeti: Haben Sie einen Akt Operation Hufeisen gesehen?

Dr. Petritsch: Nein, ich habe mich um diese Sache nicht eigens gekümmert, weil für meine Bewertung die Erkenntnis entscheidender war, wie systematisch und geplant die jugoslawischen Sicherheitskräfte vorgegangen sind. Allein wenn man weiß, wie offensichtlich genau man gewusst hat, wo in Prishtina Albaner und wo Serben leben. Ich habe es selbst von meiner Albanisch Dolmetscherin erfahren. Sie hat mir erzählt, dass selbst dann, wenn Albaner auf ihrem Wohnungsschild einen serbischen Namen draufgeschrieben hatten, die serbischen Sicherheitskräfte ganz genau gewusst haben, dass da Albaner wohnen – und sie vertrieben wurden.

Also da gibt es viele Geschichten, die darauf hinweisen, dass das offensichtlich systematisch vorbereitet wurde. Wie man die Aktion dann nennt, ist für mich von sekundärer Bedeutung.

Ajeti: Aber wurden Sie von österreichischer Seite über diese Vorgehensweise der Operation Hufeisen informiert?

Dr. Petritsch: Das war während des Krieges. Vorher war das kein Thema – wir hatten doch auf einen friedlichen Ausgang hingearbeitet.

Aber die Fakten sprechen für sich. Eine systematische Vertreibung von 800.000 Menschen aus ihren angestammten Wohngebieten kann wohl kaum ohne Vorbereitung durchgeführt werden.

Ajeti: Die damalige Geschäftsträgerin der jugoslawischen Botschaft in Wien, Dubravka Zverzhanovski, hatte die neutrale Haltung Österreichs gewürdigt, dass Wien das Überflugs- und Transitmaterial der USA und NATO über österreichisches Territorium nicht bewilligt hatte. Trotzdem hat sie kritisiert, dass Sie das Rambouillet-Abkommen mit den „Separatisten unterzeichnet" haben.

Dr. Petritsch: Nun das war die offizielle Sprachregelung Belgrads. Zverzhanovski ist dieser gefolgt, wie dies bei diplomatischen Vertretern üblich ist.

Gut, Separatisten. Da hatte sie so unrecht nicht. Es ist doch davon auszugehen, dass wohl die meisten Kosovoalbaner einen unabhängigen Staat Kosovo wollten. Insofern wurden sie zurecht von Belgrad als Separatisten betrachtet. Man darf aber nicht vergessen, dass es der Balkan-Kontaktgruppe in Rambouillet um die Wiederherstellung der Autonomie gegangen ist. Klar gab es keine Illusion in der Kontaktgruppe (inklusive Moskau), dass Kosovo langfristig bei Serbien bzw Jugoslawien bleiben würde. Aber es hätte zumindest einen geregelten Prozess der Sezession geben können. Diese Abnabelung von Serbien erleben wir heute im Belgrad-Prishtina Dialog.

Ajeti: Wenn Sie mit Bundeskanzler Kreisky nicht gearbeitet hätten, hätten Sie die UÇK anders beurteilt?

Dr. Petritsch: Eine so schwierige Herausforderung wie die Entscheidung ob man mit „Terroristen" verhandeln soll, hätte ich ohne meine Erfahrung bei Kreisky wahrscheinlich mit weniger Überzeugung verfolgt. Mir war klar, dass es nur dann einen politischen Prozess im Kosovo geben könne, wenn alle Beteiligten eingebunden werden. Gerade die

UÇK – ähnlich wie die PLO – hätte jeden Versuch, sie auszuschließen mit der Torpedierung der Verhandlungen beantwortet. In diesem Sinne habe ich den EU-Außenministern in Brüssel im Oktober 1998 empfohlen, mir zu gestatten, mit der UÇK Führung Kontakte zu suchen (die ich ja bereits zuvor – inoffiziell – etabliert hatte).

Ganz im Sinne von Kreiskys PLO-Strategie habe ich den Standpunkt vertreten, dass wir als EU mit den Vertretern der UÇK reden müssten. Ich habe damals gemeint, Rugova würde alles unterschreiben, aber das wird von der UÇK garantiert nicht anerkannt werden.

Das aber heißt, wir müssen versuchen, den bewaffneten Arm des Widerstandes in den Verhandlungsprozess hereinzubringen – unter der Voraussetzung, dass der bewaffnete Kampf eingestellt wird. Beides – schießen und verhandeln – geht nicht, war meine unmissverständliche Warnung an die UÇK.

Ajeti: Ich habe bisher viele Interviews mit österreichischen Diplomaten und Politikern geführt. Die Rolle von Dr. Albert Rohan in der Kosovo-Frage wird positiv bewertet. War er wirklich der Mastermind des österreichischen Außenministeriums, was den Kosovo betrifft?

Dr. Petritsch: Dem stimme ich voll zu. In der Zentrale war er sicher derjenige, der mit großer Sachkenntnis und mit ruhiger Hand sozusagen die österreichische Kosovo-Politik gesteuert hat. Rohan war ja auch immer wieder in Belgrad auf Besuch und wir sind gemeinsam nach Prishtina gefahren, vor und während der Zeit der EU-Präsidentschaft in der zweiten Hälfte 1998.

Dass Österreich eine derart wichtige Rolle erringen konnte, hängt mit dem Engagement Rohans zusammen, der die EU-Präsidentschaft – und die fiel ja in die heiße Phase des Konfliktes – sehr geschickt genützt hat. Mit seinem vis-a-vis im Bonner Außenamt, Wolfang Ischinger, hat er dafür gesorgt, dass die Linie dann auch von der deutschen EU-Präsidentschaft weitergeführt worden ist. In Rambouillet habe ich persönlich die deutsche EU-Präsidentschaft in mein Verhandlungsteam integriert. Das war entscheidend, dass die Deutschen mich voll unterstützt haben. Eine wirklich gute Zusammenarbeit war das damals.

Die EU hatte damals ja bloß 15 Mitglieder; eine Gruppe, die was weitergebracht hat in Belgrad. Ich erinnere mich an zahlreiche Expeditionen in die umkämpften Gebiete, zu temporären Flüchtlingslagern in den Bergen mitsamt den Versuchen, humanitäre Leistungen zu improvisieren. Wir haben damals Prekaz besucht nach dem Massaker an der Jashari Familie. Da war sogar der russische Botschafter dabei; heute unvorstellbar. Für mich war es wichtig, uns persönlich und unabhängig eine Meinung zu schaffen. Aus dem Grund haben wir sehr viel mit den Betroffenen, den Überlebenden und den Geflüchteten.

Nach einer der großen jugoslawischen Offensiven haben wir das Hauptquartier – die heimliche UÇK-Hauptstadt – Malishevo besucht und eine Geisterstadt vorgefunden. Der ganze Ort sah aus wie ein Tableau des Schweizer Künstlers Daniel Spoerri. Da standen die leeren Coca-Cola Flaschen, die halb ausgetrunkenen Gläser auf den Tischen vor den Cafés, kaum berührte Speisen auf Plastiktellern, umgekippte Sessel, derangierte Gastgärten. Auf den Straßen verstreute Unterlagen aus einem UÇK-Büro. Streunende Hunde zwischen den leeren Tischen.

Unsere Absicht war klar: Wir wollten uns selbst ein Bild machen, und das halte ich auch für notwendig in der Diplomatie, ganz grundsätzlich gesagt. Diplomatie am Schreibtisch oder in Konferenz- und Verhandlungssälen ist die eine – wichtige – Sache. Aber man muss sich, gerade wenn es darum geht, besser zu verstehen, was da los ist, auch vor Ort bewegen.

Ajeti: Der Weg des gewaltlosen Widerstandes der Kosovoalbaner unter Leitung von Rugova und die Politik der internationalen Gemeinschaft im Stil brav weitermachen, ging zu Ende. Rugova, der immer für friedlichen Widerstand eingetreten war, wurde unter politischen Druck gesetzt, insbesondere nach Dayton als viele Kosovo-Albaner den einzigen Ausweg im militärischen Erfolg sahen. Vertreten Sie auch die Meinung, dass die Politik von Rugova die Internationalisierung der Kosovo-Frage erreicht hat, aber die Beschleunigung der Lösung der Kosovo-Frage die UÇK gebracht hat?

Dr. Petritsch: Ja, das ist sicher so, ich würde aber als dritten Faktor dazu nehmen, dass die internationale Gemeinschaft aus der Tragödie Bosnien gelernt hat. Srebrenica ist ein Stichwort, ein entscheidendes. Und es war ganz klar für die westlichen Staaten, insbesondere für die deutsche Außenpolitik von Kinkel, aber dann auch eben auch bei Joschka Fischer, für sie war klar, es darf kein zweites Srebrenica geben. Aus dem Grund ist ja dann auch nach dem Massaker in Reçak gesagt worden, wo es relativ wenige schrecklich Opfer gegeben hat, ok das ist zu viel, jetzt muss gehandelt werden. Die Amerikaner forderten – nach bosnischem Vorbild – umgehend einen NATO-Luftschlag gegen die jugoslawischen Sicherheitskräfte. Diese Beschleunigung, die die UÇK mit ihren Terroranschlägen erreicht hat, hat gewissermaßen Verständnis gefunden bei der internationalen Gemeinschaft, die eben in Bosnien erlebt hat, dass ein Zögern, ein Zurückweichen die Sache nur verschlimmert. Das gerade wollte man in Kosovo vermeiden.

Ajeti: Noch zwei Fragen. International hat die österreichische Diplomatie den Ruf von großer Balkankenntnis und Balkanerfahrung. Wieso haben die Österreicher den Ruf als Balkanexperten, aufgrund ihrer besonderen Expertise für den Balkan?

Dr. Petritsch: Naja, ich bin ja sozusagen, etwas salopp formuliert, der Meinung, dass Österreich ein Teil des Balkans ist – jedenfalls finden sich viele Mentalitätselemente gerade in Wien, das stets auch ein Sehnsuchtsort der Völker des Balkans gewesen ist. Das ist heute nicht anders. Wien wäre ohne Serben, Kroaten, Albaner, Bosniaken eine andere – weniger bunte – Metropole.

Es gibt eine lange historische Verbindung, enge kulturelle Verbindungen. Seit jeher gab es fruchtbare und nicht immer friktionsfreie politische Beziehungen. Und es gibt die Erkenntnis, dass Österreich ohne Südosteuropa, ohne den Balkan, eigentlich eine europäische Randexistenz fristen würde. Das Ende des Kalten Kriegs, die Öffnung Ost- und Südosteuropas, hat Österreich die einmalige historische Chance geboten, wieder ein zentraler europäischer Staat zu werden.

Das hat sich auch in der österreichischen Außenpolitik niedergeschlagen. Nicht immer zufriedenstellend, aber immer wieder wichtig für Europa.

Ajeti: Wie würden Sie die Rolle Österreichs während des Kosovo-Krieges in der Flüchtlingsfrage darstellen? Österreich hat ein „Österreich-Camp" Nordalbanien eingerichtet, in dem 5000 Flüchtlinge Unterkunft gefunden haben, 5000 weitere Flüchtlinge wurden nach Österreich gebracht. Die Aktivierung der ORF-Spendenkampagne „Nachbar in Not" für die Kosovovertriebenen fand breite Unterstützung sowohl bei den österreichischen Bürgern als auch in zahlreichen Printmedien.

Dr. Petritsch: Nach der letzten großen Flüchtlingswelle 2015 – die natürlich wesentlich größer war – denke ich immer wieder daran, wie positiv Österreich in den 1990er Jahren auf das Leid in Jugoslawien reagiert hat.

Selbst noch 1999. Ich habe in Shkodra das dort vom Bundesheer errichtete Feldspital besucht. Das waren eigentlich jene Schritte, die Österreichs Militär auf die neuen Herausforderungen in Europa vorbereitet haben, nämlich Frieden zu schaffen und die eigenen Interessen auch dort zu verteidigen, wo es zu Konflikten kommt, die leicht zu uns überschwappen können.

Also insofern war – wenn man da überhaupt etwas Positives sehen will an den schrecklichen Konflikten in Jugoslawien – das auch eine große Lehre für unser Selbstverständnis, für unsere Sicherheitsinteressen und gewissermaßen ein Test unserer Humanität, wenn Sie so wollen.

Ajeti: „Wo bleibt Österreich", *gab es eine Analyse in der* „Tiroler Tageszeitung" *(8. Mai 1999):* „Dank der nimmersatten Sozialdemokraten nach immerwährender Neutralität verschwimmt Österreichs politische Position in der schwerwiegenden Balkankrise bis zur Unkenntlichkeit. Es gibt dabei nur zwei Ausnahmen. Einer heißt Wolfgang Petritsch, die andere „Nachbar in Not". Aber seit Petritsch & Co. nicht mehr diplomatisch-politisch mitmischen, ist das offizielle Österreich aus der Balkanpolitik draußen. Denn die Aktion „Nachbar in Not" sowie der großartige Einsatz zahlreicher Helfer vor Ort haben nichts mit entschlossener Politik am Wiener Ballhausplatz zu tun, sondern mit der Einstellung der handelnden und spendenden Personen. Das ist viel, aber nicht alles, was Österreich zu leisten hätte." *Würden Sie was dazu sagen?*

Dr. Petritsch: Diesen Kommentar kannte ich gar nicht. Gut, das ist vielleicht überspitzt formuliert, aber letzten Endes ist es ja so, dass Politik und Diplomatie von Menschen gemacht wird, von Menschen, die was tun oder etwas unterlassen. Sich engagieren oder eben nur ihre Beamtenpflicht erfüllen. Ich war da schon immer ziemlich mitten drin.

Aus dem Grund habe ich meinen größten Respekt vor Diplomaten wie eben Albert Rohan, oder auch Jan Kickert, meinem Kosovo-Assistenten in Rambouillet. Später, in Bosnien, konnte ich mich auf so hervorragende junge Diplomaten wie Gregor Kössler oder Helfried Carl stützen. Dass wir heute einige der besten österreichischen Diplomaten in Ost- und Südosteuropa als Botschafter haben, hängt auch damit zusammen. Könnte man als österreichische „Balkandiplomatie" bezeichnen. Sie hat sich über die Jahre entwickelt. Ich denke da insbesondere an Helmut Liedermann oder Paul Leifer und Walter Siegl. Wir haben voneinander gelernt und unser Wissen und unser Engagement weitergegeben.

Wien, 5. Jänner 2018[1575]

1575 Das Interview wurde am 5. Jänner 2018 durchgeführt und im März 2019 ergänzt.

Interviews im Annex

Interview mit Dr. Albert Rohan

Ajeti: Dr. Rohan, bevor ich meine Fragen stelle, möchte ich sagen, dass ich bis jetzt viele Interviews mit vielen österreichischen Diplomaten und Politikern durchgeführt habe, die mir unterschiedliche Antworten, was die Rolle Österreichs im Kosovo betrifft, gegeben haben. Nur eine Antwort war bis jetzt einheitlich und das war das Engagement von Dr. Albert Rohan für den Kosovo. Ihre Rolle in der Kosovo-Frage wird positiv bewertet. Sie wurden oft als Schlüsselperson genannt und auch Dr. Andreas Khol hat Sie als Mastermind des Außenministeriums in Bezug auf den Kosovo genannt. Waren Sie wirklich der Mastermind des Außenministeriums, was den Kosovo betrifft?

Dr. Rohan: Das würde ich in aller Bescheidenheit nicht so sagen. Der Mastermind war Alois Mock, und ich war in dieser Frage sein engster Mitarbeiter. Ich war vorher Botschafter in Argentinien, 1989 bin ich zurückgekommen und habe im Herbst 1989 die Abteilung übernommen, die zuständig war für die Sowjetunion, Mitteleuropa und den Balkan. Wir waren die größte Abteilung im Haus und ab 1989 ist in unserem Amtsbereich alles Mögliche passiert: Die Auflösung der Sowjetunion, der Tschechoslowakei, die Unabhängigkeit der mitteleuropäischen Staaten und die Jugoslawien-Krise. Mock war mit Leib und Seele interessiert an zwei Dingen – an Mitteleuropa und am Balkan. Und er war schon der Mastermind, aber in seinem Auftrag, war es meine Aufgabe als Leiter der zuständigen Abteilung nicht nur seine Ideen umzusetzen. Mock hat praktisch täglich neue Ideen gehabt, neue Vorschläge und wir mussten diese auf ihre Praktikabilität prüfen und umsetzen. Aber darüber hinaus haben wir auch unsere eigenen Rollen gehabt und ich habe einige sehr gute Mitarbeiter gehabt.

Ajeti: Sind Sie auch der Meinung, dass die Kosovo-Frage keine breite Geschichte für die österreichische Außenpolitik nach März 1989 war und mit dieser Thematik es eine bestimmte, also eine kleine Nummer von bestimmten Persönlichkeiten in Österreich, die sich mit der Kosovo-Frage beschäftigt haben, gab, also Dr. Mock, Dr. Busek, Dr. Khol, Sie, Dr. Fasslabend, Dr. Schüssel, Dr. Heinz Fischer?

Dr. Rohan: Es war ein kleiner Kreis, die ganze Kosovo-Geschichte war nicht sehr bekannt hier und eine Person, die Sie nicht vergessen sollten, die gerade was das Bekanntwerden des Themas betrifft, doch eine sehr wichtige Rolle gespielt, war Christine von Khol und auch ihr Mann, Wolfgang Libal. Sie haben sehr viel beigetragen, dass das Thema überhaupt bekannt wurde. Damals waren für Österreich, für die österreichische Öffentlichkeit, Slowenien und in zweiter Hinsicht Kroatien die wichtigen Themen, das waren unsere Nachbarn. Daher hat sich die breite Öffentlichkeit nicht mit dem Kosovo befasst. Da waren Leute wie Christine von Kohl doch sehr wichtig, diese Leute haben veröffentlicht und in Diskussionsveranstaltungen teilgenommen.

Ajeti: Während der Amtszeit von Kurt Waldheim als UN-Generalsekretär waren Sie mit der Leitung des Kabinetts des Generalsekretärs betraut. Haben Sie damals mit Jugoslawien zu tun gehabt oder wie wurde damals Jugoslawien gesehen?

Dr. Rohan: Mehr mit der Rolle Jugoslawiens als eine führende Macht der Blockfreien Bewegung. Tito war ja einer der Gründer der Blockfreien Bewegung und dort lag unser Interesse nicht an internen jugoslawischen Dingen. Ich war zum Beispiel auch beim Begräbnis vom Tito mit Waldheim dabei. Das war ein sensationelles Ereignis. Alle Staatsoberhäupter waren anwesend, kommunistische, Diktatoren, Könige, Demokraten.

Ajeti: Im 19. Jahrhundert hat Österreich-Ungarn eine entscheidende Rolle in der Albanien-Politik gespielt. Der mögliche Zusammenbruch der europäischen Türkei stellte das Ende der sogenannten „Orientalischen Frage" dar und eröffnete gleichzeitig die „Albanische Frage". In dieser Zeit hat der ehemalige österreich-ungarische Außenminister Graf Goluchowksi von Goluchow drei Geheimkonferenzen, was die Albanien-Politik betrifft, veranstaltet. Er wollte damals einen albanischen Staat gründen, als Hindernis für die mögliche Erweiterung des Panslawismus. Die Expansion des Panslawismus und die Verstärkung der russischen Tendenzen am Balkan mit Serbien als Verbündete von Moskwa wurden damals als Gefahr für Österreich-Ungarn betrachtet. Haben Sie sich mit dieser Zeit der „Albanische Fragen" beschäftigt?

Dr. Rohan: Nein, ich habe mich erst mit der „Albanischen Frage" während der Balkan-Kriege, also 1912 und 1913 beschäftigt. Und mit der Londoner Konferenz. Und da war ja die Politik Österreich-Ungarns ganz klar, wir wollten ein Großalbanien haben. Nicht zuletzt um Serbien und damit Russland den Zugang zur Adria zu verweigern.

Ajeti: Ich möchte Sie etwas über Ihren Großvater, Graf Albert Apponyi, fragen. Ich habe sein Buch „Erlebnisse und Ergebnisse" gelesen, welches im Jahr 1933 erschienen ist. Hatte er damals einen Bezug zu Albanien oder zu Albanern gehabt?

Dr. Rohan: Er nicht, aber sein Schwager, der Bruder meiner Großmutter, der österreichische Botschafter in London, auch bei der Londoner Konferenz, Albert Mensdorff-Pouilly. Er war auch mein Taufpate. Und er hat die Verhandlungen geführt und es war die Idee, dass ein Albanien geschaffen werden soll, in dem alle Albaner leben. Russland wollte ein Mini-Albanien und der Kompromiss war dann, was heute Albanien ist, was größer war, als Russland wollte, kleiner als Österreich wollte und daher leben fast die Hälfte der Albaner außerhalb Albaniens.

Ajeti: Mock war fast der erste und einzige europäische Außenminister, dem ganz bewusst war, dass Jugoslawien als Vielvölkerstaat keine Zukunft haben würde. Wie konnte er davon so überzeugt gewesen sein?

Dr. Rohan: Er hat das nicht als eine a priori Gewissheit gesehen. Ich habe, ich glaube 1993, für Mock eine Expertise geschrieben, die erklärt, warum Jugoslawien auseinandergefallen ist. Mock hat dann meine Überlegungen übernommen. Warum musste Jugoslawien zerfallen? Vereinfacht gesagt, war die These die, dass im Jahr 1990, zwei Dynamiken in Jugoslawien aufeinandergestoßen sind, die widersprüchlich waren. Das eine war aus Slowenien und auch aus Kroatien eine Dynamik Richtung Öffnung, Liberalität, Ende des Kommunismus, parallel zu Ungarn und Böhmen und der Slowakei. Und die andere Dynamik war die Strategie von Milošević genau das Gegenteil zu erreichen, eine Rezentralisierung Jugoslawiens, basierend auf das berühmte Gutachten der Akademie der Wissenschaften von 1986. Und mit diesem Gedanken waren weniger Rechte für die Bundesrepubliken und mehr Zentralismus nach Belgrad verbunden. Und diese Gedanken sind aufeinandergestoßen und es war klar, das Milošević bereit ist, seine Planung mit den militärischen Mitteln, die ihm zur Verfügung standen, durch die Volksarmee, durchzusetzen. Und daher konnte musste Jugoslawien auseinanderfallen.

Ajeti: Ist diese Expertise bei der EDU veröffentlicht?

Dr. Rohan: Nein, sie ist nirgends und nie veröffentlicht worden. Ich habe es in meinem Buch zitiert, in dem Kapitel über „Warum musste Jugoslawien zerfallen?". Das wurde auf Englisch und Französisch übersetzt und verschickt. Das war sozusagen die Synthese von dem, was Mock und wir geglaubt haben. Und ab diesem Moment, und dieser Moment ist schon ziemlich früh eingetreten, das war schon Ende 1990, haben wir gesagt, es geht jetzt nur mehr darum, ob dieses Auseinanderfallen friedlich oder blutig erfolgt, daher auch die vielen Vorschläge vom Mock, wie zum Beispiel, dass ein Weisenrat gebildet werden soll von internationalen Persönlichkeiten, die die jugoslawischen Republiken beraten sollen, um friedlich auseinanderzugehen.

Ajeti: Und für diese Initiative wurde Mock stark kritisiert, das war im Mai 1991 und dann zwei, drei Monate später wurde die Troika eingerichtet.

Dr. Rohan: Nicht nur die Troika, sondern auch Lord Carrington, der nichts anderes war als ein Ein-Mann-Weisenrat, aber es war die gleiche Idee, dass das von innen nicht friedlich gelöst werden kann, daher muss von außen Hilfe kommen. Das war die Mock'sche Idee.

Ajeti: In diesem Weg war auch der Vorschlag für die Einrichtung einer Friedenstruppe für Jugoslawien beinhaltet.

Dr. Rohan: Ja. Ich glaube, das war unsere Schwäche. Wir haben zwar immer eine Friedenstruppe vorgeschlagen, aber gleichzeitig gesagt haben, Österreich würde sich nicht beteiligen, und ich habe ihm mehrmals gesagt, das wird so nicht durchgehen, weil jeder wird fragen, wieviel wird Österreich dazu beitragen. Also das war ein Geburtsfehler dieses Vorschlages, dass wir nur mit den Soldaten anderer marschieren wollten

Ajeti: Mock definierte sich „als Anwalt für die bedrängten Völker Jugoslawiens".

Dr. Rohan: Das stimmt. Man darf nicht vergessen, damals hat Serbien die Macht gehabt, Serbien war der Starke, Serbien war das einzige Land, welches über eine Armee verfügt hat. Kroatien, Slowenien haben ja nur die territoriale Verteidigung gehabt. Die Volksarmee hat ihnen ja zum Teil die Waffen weggenommen. Also so gesehen stimmt diese Aussage.

Ajeti: Dr. Vranitzky schreibt in seinem Buch, dass der Zerfall Jugoslawiens für seinen Außenminister „ein Wunsch, ein Ziel war. ... Sein einziger Ziel- und Angriffspunkt war Belgrad, für ihn Inbegriff des zu bekämpfenden Kommunismus"?

Dr. Rohan: Das ist völlig falsch. Das ist die These, die Vranitzky und auch zum Teil Paris und London immer gehabt haben, und das ist falsch. Mock war überzeugt, dass Jugoslawien nicht zusammenbleiben kann. Aus den besagten Gründen und sein Ziel war zu erreichen, dass das Auseinandergehen, was unvermeidbar schien, in einer friedlichen Weise erfolgt und nicht auf den Köpfen der Republiken und Völker, die schwächer sind und der Völker und daher hat er sich als Anwalt derer gesehen. Aber das Ziel war es in keiner Weise.

Ajeti: Zwei enge Mitarbeiter von Mock: Martin Eichtinger und Helmut Wohnout, schreiben in ihrem Buch, dass Mock ein erfahrenes Team, was die Entwicklungen in Jugoslawien betrifft, hatte. Sie waren eine der engsten Berater von Mock, gemeinsam mit Johannes Kyrle, Ernst Sucharipa, Thomas Klestil, Andreas Khol und Ludwig Steiner. Stimmt das?

Dr. Rohan: Also sicherlich, Andreas Khol war ein Freund, Höchtl war auch ein Freund. Mock hatte die Angewohnheit, mitten in der Nacht Freunde anzurufen, wenn ihm etwas eingefallen ist und einer davon war Höchtl. Ja, mit ihm hat er sicher über diese Fragen gesprochen.

Ajeti: Aber was ich wissen will, wer war der engste, mit dem Mock über Kosovo diskutiert hat?

Dr. Rohan: Das war schon ich, kraft meiner Funktion, und auch Kyrle, weil dieser im Kabinett war und auch täglich mit Mock im Auto gefahren ist und da redet man. Wahrscheinlich auch Frau Mock. Sucharipa als politischer Direktor, und Klestil als Generalsekretär.

Ajeti: D.h., das Tandem Mock-Rohan waren die zwei wichtigsten Persönlichkeiten, was den Kosovo betrifft?

Dr. Rohan: Ja, wir mussten ja auch die Ideen umsetzen und ich habe Mock immer begleitet. Ich bin dann nach Hause gekommen, immer mit einer Menge von Instruktionen, wir sollen diesem Außenminister schreiben und jenem Außenminister. Ich sollte auch überprüfen, ob Präsident Izetbegovic ein Islamist ist oder nicht. So musste ich die islamische Deklaration von Izetbegovic lesen und habe dann eine Analyse gemacht, ob er jetzt Islamist ist oder nicht. Also solche Sachen haben wir am laufenden Band machen müssen. Übrigens einen, den Sie befragen sollten, Botschafter Gerhard Jandl, er war einer meiner Mitarbeiter.

Ajeti: In Ihrem Buch schreiben Sie, dass die Reaktion der internationalen Staatengemeinschaft auf die Vorgänge in Jugoslawien durch mangelndes Verständnis der Zusammenhänge gekennzeichnet war. Was heißt das konkret?

Interviews im Annex

Dr. Rohan: Für diese Leute war das eine Revelation, die haben Jugoslawien als ein gut funktionierendes Land gesehen und haben den Widerstand nicht verstanden, den ganzen Prozess der Liberalisierung und der Öffnung. Frankreich und England haben Jugoslawien noch als Kriegspartner gesehen.

Ajeti: Gab es damals Einflussgruppen oder Lobbys im Entscheidungsprozess in Bezug auf die Jugoslawienpolitik, wie pro-slowenische, pro-kroatische oder pro-albanische Gruppierungen?

Dr. Rohan: Es war klar, dass die öffentliche Meinung hier weniger auf Kosovo-Seite stand, mehr auf slowenisch-kroatischer. Das hat historische Gründe und religiöse Gründe. Auch, weil wir engere Verbindungen hatten mit diesen Ländern. Und was Mock immer zur Kenntnis zu bringen versucht hat, auch in den anderen Ländern, waren die Menschenrechtsverletzungen im Kosovo. Er hat darauf immer wieder auch in seinen endlosen Telefonaten mit Genscher, hingewiesen darauf, dass die Menschenrechte systematisch verletzt werden.

Ajeti: Aufgrund der Menschenrechtsverletzungen im Kosovo hat Österreich die erste Stufe des KSZE-Mechanismus der menschlichen Dimension gegenüber Jugoslawien zur Anwendung gebracht. Ich nehme an, Sie waren damals stark daran beteiligt. Wie ist es Österreich gelungen, die erste Stufe des KSZE Mechanismus, das war am 15. August 1990, der menschlichen Dimension gegenüber Jugoslawien in Anspruch zu nehmen? Wer hat diese Idee vorgeschlagen?

Dr. Rohan: Mock hatte diese Idee. Er kam zu mir mit dieser Idee und wir haben dann, soweit ich mich erinnern kann, Weisungen an unsere Botschaften in anderen Ländern der OSZE erteilt in diesem Zusammenhang zu Demarche, um darauf aufmerksam zu machen und indem wir gebeten haben, dass sich andere Länder anschließen an diese erste Stufe. Und es haben sich auch einige angeschlossen, ich kann mich nicht mehr genau erinnern, ich glaube Schweden war dabei, es waren glaube ich 4 oder 5 Länder, die mit uns die erste Demarche durchgeführt haben, durch unseren Botschafter in Belgrad.

Ajeti: Die erste Stufe war schriftlich, während die zweite Stufe ein bilaterales Treffen war.

Dr. Rohan: Darauf kam eine nicht befriedigende Antwort, und Mock hat beschlossen, die zweite Stufe in Kraft zu setzen.

Ajeti: Das war im März 1991.

Dr. Rohan: Das war dann eine Unterredung. Da hat niemand mehr mitgemacht, da waren wir allein.

Ajeti: Auf der Grundlage der Stufe zwei des KSZE-Mechanismus fand ein bilaterales Treffen am 8. und 9. Mai 1991 in Belgrad statt, wobei Österreich ein 13 Punkte umfassendes „Sündenregister" legte. Waren Sie direkt beteiligt?

Dr. Rohan: Nein, das hat unser Botschafter gemacht.

Ajeti: Am 16. Jänner 1991 hat die ÖVP gemeinsam mit der SPÖ einen Entschließungsantrag zum ersten Mal eingebracht, wo der Außenminister aufgefordert wurde, eine Analyse nur über den Kosovo zu bringen. Im April 1991 hat der österreichische Nationalrat zum zweiten Mal seine Besorgnis zur Lage der albanischen Volksgruppen in Jugoslawien geäußert. Also es scheint mir im Vergleich mit anderen europäischen Staaten die parlamentarische Ebene aktiv gewesen zu sein.

Dr. Rohan: Ja, das ist schon richtig. Mock hat ziemlich frühzeitig unsere Abteilung beauftragt, einen Kalender anzulegen mit allen Ereignissen im Zusammenhang mit Jugoslawien und für uns war das eine fürchterlich mühselige Angelegenheit, weil wir mussten jeden Abend oder einmal in der Woche eintragen, das und das ist geschehen usw. Ich habe das noch und ich muss im Nachhinein sagen, das ist das eine irrsinnige Hilfe, weil ich dadurch Daten feststellen kann, die ich sonst völlig vergessen hätte.

Ajeti: Die erste internationale Konferenz für Jugoslawien war in Den Haag, die Zweite war in London. Die Kosovo-Albaner wurden eingeladen, aber nicht als gleichberechtigte Teilnehmer und das war nur im Rahmen der Menschenrechte und wurde nicht als politisches oder verfassungsrechtliches Problem eingeschätzt. Sie haben sich sehr früh mit der Kosovo-Frage zu beschäftigen begonnen. War für Sie seit dieser Zeit Kosovo ein Menschenrechtsproblem oder etwas mehr?

Dr. Rohan: Das war schon klar, dass es mehr ist. Natürlich hat man a priori die Menschenrechte gesehen, auch darf man nicht vergessen, dass es für die österreichische Außenpolitik am leichtesten war, Interesse für Kosovo zu wecken, indem man das als Menschenrechtssituation dargelegt hat. An Menschenrechten haben alle Interesse und jeder Staat will die Menschenrechte schützen. Wenn es darum geht, einen Staat neu zu ordnen, ist das schon viel heikler. Für die Menschenrechte gibt es keine Ausnahme. Mit dem Auseinanderfall Jugoslawiens gegen Ende 1991 war ja klar, dass auch der Status des Kosovo als föderale Einheit wegfällt und das musste auch Auswirkungen auf Kosovo haben.

Ajeti: Jetzt sind wir im September 1992 als Rugova zum ersten Mal von Mock empfangen wurde. Können Sie mir mehr erzählen, was wurde dort besprochen?

Dr. Rohan: Wir haben das Gefühl gehabt, dass Rugova die Chance dieses Besuches nicht voll ausgenützt hat. Ich glaube, er war im Fernsehen und das war nicht sehr überzeugend.

Ajeti: Beim ORF?

Dr. Rohan: Ich bin ziemlich sicher. Rugova war ja, das haben wir ihm ja später immer wieder vorgeworfen, sehr passiv und nicht sehr kontaktfreudig, aber wir waren ja voll auf seiner Seite. Wir hatten sehr freundschaftliche Beziehungen.

Ajeti: Und Dr. Mock war beeindruckt von diesem Treffen?

Interviews im Annex

Dr. Rohan: Wahrscheinlich hatte er das gleiche Gefühl wie ich. Dass es eine verlorene Chance war, dass er mehr herausholen hätte können.

Ajeti: Wer hat Ihnen geholfen Kontakte mit Rugova aufzunehmen, Christine von Kohl?

Dr. Rohan: Das ist möglich.

Ajeti: Wie kam es dazu?

Dr. Rohan: Ich glaube, über normale Kanäle. Unser Botschafter in Belgrad konnte ja in den Kosovo fahren. Er konnte auch telefonieren.

Ajeti: Gab es auch eine andere „besondere Linie" zwischen Mock und Rugova?

Dr. Rohan: Nicht, dass ich wüsste.

Ajeti: Waren Sie die Brücke zwischen Mock und Rugova?

Dr. Rohan: Nein, zwischen Rugova und Khol und Mock war kein Sonderverhältnis. Er war Repräsentant von Kosovo, daher hat man mit ihm verkehrt. Mock war viel intimer mit Silajdzic aus Bosnien oder mit Kučan in Slowenien. Da war ein persönlicher Rapport, der bei Rugova nicht der Fall war.

Ajeti: Was die Kosovo-Frage betrifft, gab es einen Unterschied zwischen Waldheim und Klestil als Bundespräsident?

Dr. Rohan: Mir ist keine politische Aktion des Bundespräsidenten Waldheim bekannt oder in Erinnerung. Klestil war sicherlich völlig auf der Seite Mocks in der Sache.

Ajeti: Erzählen Sie mehr bitte über die Unterschiede oder Gemeinsamkeiten zwischen Mock und Schüssel. Sie haben eng mit beiden gearbeitet.

Dr. Rohan: In der Grundausrichtung waren sich beide durchaus einig. Schüssel hatte sehr gute Beziehungen zu Albanien, zu Berisha gehabt, und Schüssel war sehr aktiv, zum Beispiel hat er einmal alle serbischen demokratischen Parteien nach Wien eingeladen. Aber es war eine andere Zeit, Jugoslawien war zerfallen, Slowenien und Kroatien waren unabhängige Staaten geworden, auch Bosnien, Mazedonien. Der Unterschied mag sein, dass Mock mit seinem ganzen Herzen für dieses Problem gebrannt hat, während Schüssel ein kühler Taktiker und kühler Rechner war, der emotional nicht involviert ist. Dort, wo Schüssel noch am emotionalsten ist, wenn es um die Europäische Union geht, um die Integration, da glaubt er wirklich fest daran. Aber das sind die unterschiedlichen Charaktere, aber in der Sache glaube ich nicht, dass sie da große Unterschiede gehabt hätten.

Ajeti: Die Situation im Kosovo war keineswegs entspannt, aber nicht zum Krieg eskaliert, deswegen wurde die politische Führung des Kosovo nicht in Dayton berücksichtigt oder eingeladen, oder in die Verhandlungen einbezogen. War dies auch eine politische Taktik des Westens?

Dr. Rohan: Nein, es war nicht eine Taktik, sondern es war die Überlegung, dass die Bosnien-Frage so schwierig ist und so schwierig zu lösen ist, dass man diese Frage nicht belasten wollte durch ein zusätzliches unlösbares Problem. Man war schon glücklich, dass man Bosnien lösen konnte. Und hätte man jetzt noch den Kosovo hineingenommen, dann wäre die Sache noch schwieriger gewesen. Ich glaube, das war die Überlegung von allen im Westen.

Ajeti: Hat Österreich besondere Persönlichkeiten als Botschafter nach Jugoslawien geschickt? Also Dr. Paul Leifer, Dr. Walter Siegl, Dr. Michael Weninger und Dr. Wolfgang Petritsch.

Dr. Rohan: Ja, die sind alle sehr gut, also wir haben sicher mitunter die besten dorthin geschickt.

Ajeti: Ein österreichischer Journalist, der sich mit der Südosteuropa Politik beschäftigt und für eine österreichische Tageszeitung arbeitet, hat zu mir gesagt, dass nach 1995 der offizielle Außenminister Wolfgang Schüssel war, aber der reale Außenminister, was Kosovo betrifft, war Albert Rohan. Wolfgang Schüssel hat die Überlegungen und Einschätzungen von Albert Rohan umgesetzt. Stimmt das?

Dr. Rohan: Ich bin 1995 Generalsekretär geworden und habe ganz bewusst den gesamten Balkan Dossier mitgenommen, wie wenn ich Abteilungsleiter wäre. Ich bin auch selber immer wieder hingereist in den Kosovo und habe die Medien eingespannt als Mithilfe, wir konnten ja über die Medien unsere Ideen transportieren. Ich habe die Medien immer als Freunde und Mithelfer aufgefasst. Schüssel hat keine allzu große Erfahrung mit dem Balkan gehabt, ich schon. Und Schüssel war übrigens überhaupt sehr froh, wenn das Außenministerium von selbst läuft, er war das Gegenteil von Mock in der Technik. Mock wollte jede Einzelheit wissen und hat jede Einzelheit diskutiert. Ich würde sagen, dass Schüssel die große Linie vorgab und wir das dann in der Praxis umgesetzt haben. Die Ideen sind dann zum Teil schon von uns gekommen, weil wir ja die Sache bearbeitet haben. Ich weiß nicht einmal, wie wir da 1998 das erste Mal mit der UÇK Verbindung aufgenommen haben –, ich meine, das habe ich schon alleine entschieden, da habe ich nicht gefragt, ob ich das darf.

Ajeti: Das war Ihre Entscheidung?

Dr. Rohan: Das war meine Entscheidung, die ich für richtig hielt. Oder einmal habe ich ein Interview gegeben, da gab es zwischen Kosovo und Serbien doch eine Flugverbotszone von 5 Kilometern oder so. Und irgendwann einmal, viel später habe ich dort ein Interview gegeben. Ich habe sehr wenig um Weisungen gefragt, das muss man sagen und das ist auch bei der Ferrero so geblieben und die hat mir das auch einmal gesagt, schauen Sie, ich halte mich absichtlich aus dem Balkan heraus, weil da kennst du dich gut aus.

Interviews im Annex

Ajeti: *Im April 1996 haben Sie Jugoslawien nach der Aufhebung der Sanktionen besucht. Während des Besuches in Belgrad haben Sie mit jugoslawischen bzw. serbischen Vertretern den Wunsch der EU in Prishtina ein Büro zu eröffnen geäußert, wobei Belgrad sehr zurückhaltend war. Das haben Sie mit dem Vize-Außenminister Radoslaw Bulajic und dem Generalsekretär des Außenministeriums, Radovan Matovic, diskutiert.*

Dr. Rohan: Die serbische Regierung hat das absolut abgelehnt und es hat ja auch die Europäische Union versucht, und zwar wollten sie ein Büro in Prishtina eröffnen und sie haben auch alles Mögliche vorgeschlagen, auch eine Dependence von Büros in Belgrad und das wurde immer abgelehnt und dann haben wir 1998 das selber gemacht.

Ajeti: *Wie würden Sie die Rolle der öffentlichen Meinung und auch die NGOs, was Kosovo betrifft, sehen?*

Dr. Rohan: Also die öffentliche Meinung war zuerst pro-slowenisch und pro-kroatisch und nur durch die Verbindung des Problems mit Kosovo ist man grundsätzlich auch pro-kosovarisch in der österreichischen öffentlichen Meinung gewesen. NGOs sind mir eigentlich aus der Zeit nicht in Erinnerung.

Ajeti: *Was die österreichische Kosovo-Politik betrifft, kann man von einem politischen Konsens in Österreich reden, also hinsichtlich Regierung, Opposition, Medien, öffentliche Meinung?*

Dr. Rohan: Lange Zeit ja, in letzter Zeit, nachdem die FPÖ ja eine Art von russischer Dependence geworden ist, jedenfalls eine russophile Politik betreibt, außerdem draufgekommen ist, dass es sehr viele serbische Wähler in Österreich gibt und daher eine ausdrücklich pro-serbische Politik betreibt, kann man von diesem Konsens eh nicht mehr sprechen. Weil sowohl der Herr Hofer wie auch Strache ja immer wieder unter großem Applaus Belgrad erklären: „Kosovo gehört zu Serbien." Und das war ja auch eine der gefährlichen Aspekte vor der Bundespräsidentenwahl, weil Hofer auch diese Meinung zum Ausdruck gebracht hat und wäre er Bundespräsident geworden, hätte es einen Konflikt mit der Regierung geben können. Die Regierung hat ja einen Konsens, was Kosovo betrifft. Die Grünen, also ich kenne keine Äußerungen von Grünen überhaupt zur Kosovo-Frage, aber ich könnte mir vorstellen, dass sie auch einverstanden sind. Aber die FPÖ ist völlig auf der anderen Seite.

Ajeti: *Sie trafen auch den jugoslawischen Generalstabschef Momcilo Perisic in seiner Villa in Dedinje. Sie erwähnen in Ihrem Buch, dass Sie mit ihm über eine mögliche Revolte oder eines Militärputsches gesprochen haben, also nicht so direkt für einen möglichen Militärputsch, aber Sie wollten mehr über das Klima in der Armee wissen?*

Dr. Rohan: Man muss aufpassen, es ist nicht so, dass wir einen Militärputsch wollten, sondern wir wollten herausfinden, ob eine solche Möglichkeit bestünde, ob das Militär überlegt, einen Militärputsch zu machen und mein Eindruck war eben, dass das nicht der

Fall ist. Das war mein Eindruck aus diesem Gespräch. Es geschehe, was wolle, die Armee wird sich nicht gegen Milošević stellen.

Ajeti: Perisic hat Ihnen gesagt, dass es eine Tradition der jugoslawischen Streitkräfte gibt, dass die Armee sich nicht gegen die legale Macht auflehnt. Aber das stimmt nicht, weil es die serbischen Generale waren, die im Jahr 1903 den serbischen König und seine Familie massakriert haben. Aber zurück zu dem Treffen zwischen Schüssel und Milošević, das Hauptthema war ohne Zweifel Kosovo, Sie waren auch dabei.

Dr. Rohan: Ich kann mich nicht mehr erinnern. Aber es gibt sicher genaue Aufzeichnungen, die wahrscheinlich der Botschaftsvertreter, der dabei war, gemacht hat. Damals war dies Petritsch. Also Petritsch könnte darüber mehr wissen, ich weiß nur, dass halt da die alte Leier immer gekommen ist, dass das eine interne Sache ist und dass es den Kosovaren eh so gut geht und dass nur einige terroristische Separatisten eine Trennung wollten und in Wahrheit das gesamte kosovarische Volk ja ohnehin sehr zufrieden ist. Diese These haben wir ja oft gehört.

Ajeti: Da die UÇK zu einem entscheidenden Faktor geworden war, ohne aber in den politischen Prozess einbezogen zu sein, schreiben Sie in Ihrem Buch, „entschloss ich mich in die Höhle des Löwen zu fahren um mit dem Generalstab Kontakt aufzunehmen". Das war Ihr erstes Treffen mit der UÇK. Das war eigentlich nur eine Woche nach dem Treffen von Holbrooke mit der UÇK.

Dr. Rohan: Ja. Ich habe mir ja das nicht in dieser einen Woche überlegt, sondern vorher. Holbrook hat genau die gleichen Überlegungen angestellt. Es gab keine wirkliche Zusammenarbeit, so schien es uns, zwischen UÇK und Rugova in Prishtina, es war eher ein Antagonismus. Und die UÇK war ja entstanden aus regionalen Widerstandsgruppen und hat sich dann irgendwann einmal eine Struktur gegeben, diesen Generalstab, von dem wir nur gehört haben, aber niemand wusste genaueres, und meine Überlegung war, dass irgendwann einmal, wenn der Krieg vorbei ist, es ja zu Verhandlungen kommen wird müssen und es wäre daher interessant für uns zu wissen, wer diese Verhandlungen führen wird. Nachdem es klar war, dass die UÇK die führende Rolle spielen wird, auch nach dem Krieg, war es wichtig, herauszufinden, wer diese Leute sind, was sie denken sie. Und Holbrooke hat einen lokalen Führer in Junik getroffen und ich habe ausdrücklich gesagt, „ich möchte ein Mitglied des Generalstabs treffen". Mir nützt nichts, dass ich irgendwo in irgendeinem Teil von Kosovo einen lokalen Führer treffe: „Ich möchte diejenigen treffen, die die Köpfe sind." Und das war dann Kadri Veseli.

Ajeti: Haben Sie dann später Botschafter Petritsch vorgeschlagen, auch Kontakte mit der UÇK aufzunehmen?

Dr. Rohan: Nein, ich habe ihm keine Weisungen erteilt. Ich glaube auch nicht, dass er irgendjemanden getroffen hat.

Interviews im Annex

Ajeti: Vertreten Sie auch die Meinung, dass die Politik von Rugova die Internationalisierung der Kosovo-Frage erreicht hat, aber die Beschleunigung der Lösung der Kosovo-Frage die UÇK gebracht hat?

Dr. Rohan: Wir waren immer der Meinung, dass Rugova viel aktiver hätte sein sollen. Er war sehr zögerlich. Also wir hätten uns einen pro-aktiveren kosovarischen Führer gewünscht.

Ajeti: Und das war Rugova nicht?

Dr. Rohan: Rugova war viel zu passiv. Ich habe ihn gefragt, 1994 oder 1995 muss das gewesen sein: diese Politik der friedlichen Mittel, die wir sehr unterstützen, wird natürlich dazu führen, dass jüngere energischere Kräfte sagen, wir erreichen nichts damit, das ist kein Fortschritt. Und was sagen Sie denen, wenn diese fragen, was haben Sie erreicht? Und da hat er mir geantwortet, ich werde Ihnen sagen, wir haben erreicht, dass wir noch immer hier sind im Kosovo. Und ich habe mir das dann überlegt, und habe gesagt, das war im Grunde keine dumme Antwort. Wenn man sich die Vertreibungsaktionen 1912 ansieht und dann die von 1998, 1999, dann hatte er schon einen head of point. Aber es ist genau das eingetreten, was ich ihm damals also gesagt habe, dass natürlich jüngere Kräfte gesagt haben, wir kommen zu nichts, wir müssen zu den Waffen greifen und damals habe ich auch gesagt, das Ziel der UÇK ist ja nicht die serbische Armee zu besiegen, das können sie nicht, sondern das Ziel ist eine internationale Intervention hervorzurufen. Und genauso ist es eingetreten, so wie in Slowenien, in Kroatien, in Bosnien, letztlich leider auch im Kosovo, hat es militärischer Mittel bedurft, um zu einem Frieden zu kommen.

Ajeti: Mit dem Ausbruch des Kosovo-Krieges wurde Botschafter Petritsch als EU-Sonderbeauftragter für den Kosovo ernannt. War das ein österreichischer Erfolg, dass er die EU vertreten hat?

Dr. Rohan: Ja, das ist so zustande gekommen und das wissen nur der Dr. Schüssel und ich. Wir haben die Präsidentschaft gehabt und die Amerikaner haben den Hill als Sondervertreter gehabt, der war Botschafter in Mazedonien und konnte daher ständig ohne Probleme auch nach Belgrad reisen. Und ich habe Schüssel unter vier Augen gesagt, ich habe ihm gesagt, wir müssen jetzt also doch irgendein Gegenstück zu den Amerikanern schaffen, damit auch die Europäische Union hier ihre Aufgabe wahrnehmen kann und Schüssel sagt, das müssen sie machen. Ich sagte ihm, dass ich nie ein Visum kriegen werde. Weil damals mussten wir Visa beantragen und wenn ich als Kosovo-Beauftragter komme, geben mir die Serben kein Visum, weil sie ja sagen, das ist eine interne Angelegenheit. Die einzige Möglichkeit war unseren Botschafter in Belgrad dazu zu ernennen, weil der ist ja sehr blass und kann also jederzeit im Außenministerium usw. mit den Behörden reden und den Sie nicht verweigern können. Und so wurde Petritsch der Sonderbeauftragte und ist dann automatisch nach Rambouillet mitgegangen.

Ajeti: Die OSZE hat damals versucht den ehemaligen spanischen Premierminister, Felipe Gonzalez, als Special Envoy für Kosovo zu ernennen, aber er hat dann kein Visum bekommen?

Dr. Rohan: Das zeigt das, was damals Schüssel gesagt hat. Er hat gesagt, „ach so". Sage ich: ja, so ist es. Wir können mich ernennen, aber ich werde nicht hineinkommen, und so wurde Petritsch der Beauftragte.

Ajeti: D.h. Sie haben gemeinsam mit Dr. Schüssel darüber entschieden.

Dr. Rohan: Ja, das war die einzige Möglichkeit.

Ajeti: Hat hier Präsident Ahtisaari eine Rolle gespielt?

Dr. Rohan: Am Petersberg hat sich eine große russische Delegation getroffen, lauter Generäle und Chernomyrdin und eine amerikanische Delegation mit dem damaligen Stellvertreter Strobe Talbott. Die kamen zu einer Einigung, wie die Kapitulation von Milošević ausschauen muss. Und dann war die Frage, wer sagt das dem Milošević.

Ajeti: Aber wer hat Ahtisaari vorgeschlagen?

Dr. Rohan: Ich glaube, Strobe Talbott, die waren befreundet, finnisch, neutral und er hat dann gesagt: bitte, damit das einen Sinn hat, muss Chernomyrdin mitfahren und dann sind sie hinuntergefahren und die Amerikaner haben sich im Hintergrund gehalten und Chernomyrdin und Marti fuhren zu Milošević und haben dann dort Milošević ein Papier überreicht, die Kapitulation. Milošević hat dieses Papier kurz angeschaut, hat es an den Außenminister Jovanovic weitergegeben und Jovanovic hat angefangen, einzelne Punkte zu kritisieren und anzusprechen. Dann hat ihm der Ahtisaari gesagt, „Wir sind nicht hier zu verhandeln, sondern wir überreichen Ihnen dieses Papier und wir wollen nur ein Ja oder ein Nein", und Milošević hat den Chernomyrdin angeschaut, Chernomyrdin saß so da, hat nicht die Wimper gerührt, da hat Milošević gewusst, die Russen stehen dahinter und hat sofort umgeschaltet und gesagt, bitte kommen Sie am Nachmittag wieder, ich muss das Parlament befragen. Verabschiedet. Am Nachmittag hat er gesagt, wir akzeptieren und das war das Ende. Dann kam das Kumanovo-Abkommen, er wurden erneut die Details ausgehandelt, aber das war die Kapitulation.

Ajeti: Solche Details sind schwierig zu finden.

Dr. Rohan: Ich meine, das Essentielle war, dass Ahtisaari sofort jegliche Diskussion abgeschnitten hat und dass Chernomyrdin offensichtlich dem zugestimmt hat, indem er nichts gesagt hat.

Ajeti: Ich habe auch einen Artikel von Ihnen gelesen im Buch „Was haben wir falsch gemacht", gemeinsam mit Dr. Busek. Gibt es etwas oder irgendeine Nation bezüglich der Entwicklungen in Jugoslawien, die etwas falsch gemacht hat?

Dr. Rohan: Ich glaube, man hätte durch ein hartes Auftreten gegenüber Serbien wahrscheinlich die Kriege vermeiden können. Und das schreibe ich auch im Buch. Die Tatsache, dass einer nach dem anderen, beginnend mit Außenminister Baker und dann den europäischen Außenministern, immer wieder gesagt haben, Jugoslawien muss zusammenbleiben und eine militärische Intervention ist ausgeschlossen, das wurde von einem Typ wie Milošević als ein grünes Licht aufgefasst, militärisch sein Ziel zu erreichen. Und das war, glaube ich, der Fehler. Das hat Mock sehr genau erkannt und auch immer wieder für ein hartes Auftreten plädiert, um einen Krieg zu vermeiden. Man darf nicht vergessen, damals war, glaube ich, gerade ein Präsidentschaftswechsel. Und Clinton hat auch sehr lange gebraucht, bis er sich mit Bosnien beschäftigt hat. Aber auch die Europäer, die Europäer waren sich ganz einfach des Problems nicht bewusst.

Ajeti: Sie schreiben auch ein interessantes Faktum in einem Buch, Sie haben ein Gespräch in Paris 1991 gehabt, wo Sie über einen künftigen Krieg in Jugoslawien diskutiert haben.

Dr. Rohan: Das war ein Gespräch im Außenministerium. Da waren die ganzen Abteilungsleiter, und der politische Direktor ist mir gegenübergesessen und ich habe ihnen gesagt, erstens, Jugoslawien wird auseinanderfallen, das ist nicht eine Frage, ob wir das wollen oder nicht wollen. Es wird auseinanderfallen. Und es geht nur darum, ob es friedlich oder blutig geschieht. Und es wird dort ein fürchterlicher Krieg entstehen, wenn wir das nicht verhindern, wir der Westen und alle haben gelacht.

Ajeti: Aber nach einem Jahr haben sie nicht gelacht...

Dr. Rohan: Ja, nach einem Jahr kam ich dann wieder und dann haben sie nicht mehr gelacht, dann habe ich ihnen gesagt, dass war im Herbst 1991, bitte passen Sie auf, Bosnien wird noch blutiger werden als Kroatien, wenn nicht irgendwas geschieht und dann hat ja Mock diesen verzweifelten Versuch gemacht. Er hat den UNO-Generalsekretär Pérez de Cuéllar einen Brief geschrieben, wo er eine Entsendung der präventiven Friedenstruppen nach Bosnien verlangt.

Ajeti: September 1991?

Dr. Rohan: Und die Antwort war, das ist im Konzept nicht vorgesehen, denn zuerst muss ein Krieg da sein und dann muss ein Frieden sein und dann kommen die Truppen.

Ajeti: Deswegen haben die Österreicher den Ruf als Balkan-Experten aufgrund ihrer besseren Expertise für Südosteuropa?

Dr. Rohan: Ja, unsere Schwäche bei der ganzen Sache war, dass wir immer gesagt haben, Ihr müsst kämpfen, aber wir nicht, das war die große Schwäche und das hat Mock nicht so genau eingesehen. Wir haben es ihm oft gesagt, aber es ist ja dann doch zum militärischen Einsatz gekommen und hätte man das frühzeitig angedroht, wäre wahrscheinlich eine andere Lösung zustande gekommen.

Ajeti: Eine Frage, was die „Operation Hufeisen" betrifft. Der österreichische Geheimdienst war sehr gut informiert und es gab einen Artikel in der Presse, dass der österreichische Geheimdienst diese Information von dem bulgarischen Geheimdienst bekommen hat, das wurde dann veröffentlicht. Stimmt das?

Dr. Rohan: Wir haben immer das als eine Realität angesehen, diese Operation Hufeisen. Und ich war ja als Leiter der Troika im Juli 1998 mit Wolfgang Ischinger und einem englischen Kollegen, wir waren zuerst in Belgrad, dann in Prishtina, dann sind wir nach Malisheva mit größten Schwierigkeiten, weil die Serben wollten uns nicht fahren lassen und da hatte Ischinger angedroht, wenn wir da nicht weiterfahren dürfen, fahren wir zurück nach Prishtina, werden eine internationale Pressekonferenz einberufen und sagen, dass offensichtlich die serbische Seite etwas verstecken will. Und da sind wir, das war schon sehr beeindruckend, da sind wir tatsächlich durch brennende Häuser gefahren, also links und rechts von der Straßen, es haben tote Kühe, verkohlte auf den Wiesen gelegen bis nach Malisheva, wo keine Menschenseele war außer einem serbischen Posten, und das war mein engster Kontakt mit dem Krieg, weil offensichtlich die Armee am Vortag dort durchgekommen ist, weil es war alles noch eben wie in Flammen. Und am Nachmittag sind wir dann mit Milošević zusammengetroffen und dann haben wir eine Pressekonferenz im Pressezentrum in Belgrad gehalten. Also ich habe viele Pressekonferenzen gemacht, aber ich habe noch nie so viele Journalisten gesehen, da waren ungefähr 40 Fernsehgesellschaften. Aber was sagen wir, wir wussten, Milošević sagt zu allem ja. Wir wollten erstens, dass die Bombardierung von Junik, von diesem Dorf, eingestellt wird und dass überhaupt die militärische Operation eingestellt wird und, weil ja das Ziel erreicht war, nämlich die Kontrolle über das Land – ja selbstverständlich, machen wir. Wir haben ja gewusst, dass er natürlich lügt, und haben uns überlegt, was wir machen sollen. Wir haben gesagt, wir werden einfach so tun, als ob wir es glauben, und ich habe dann namens der Troika verkündet das Ergebnis, unser Gespräch mit Milošević ist, die militärische Operation wird eingestellt und die Bombardierung von Junik wird aufgegeben. Wir haben ja gewusst, dass das alles nix ist und dann habe ich, das haben Sie sicher gelesen, einen ziemlich scharfen Artikel in der Presse veröffentlicht, wo ich sage, das ist Wortbruch durch Milošević. Aber es war gespenstisch.

Ajeti: Wie war so ein Gespräch mit Milošević? Ich habe von manchen Leuten gehört, die Milošević getroffen haben, welche gesagt haben, dass Milošević freundlich war und...

Dr. Rohan: Also erstens einmal, er ist mir vorgekommen wie ein Bankdirektor, er war nicht so ein Politiker, er war eher trocken, aber er war auch der erste balkanesische Politiker, der nicht das Gespräch bei Adam und Eva begonnen hat oder im Mittelalter, serbisches Reich und so, sondern kurz angebunden, trocken. Sein Englisch war auch sehr präzise, aber nicht sehr farbenreich, durchaus freundlich und immer vernünftig und er hat gelogen. Er hat so gelogen, beim Schüssel schon, der ja wirklich nicht auf den Mund gefallen ist, dem einmal die Spucke weggeblieben ist, weil er gewusst hat, der Mann lügt.

Wien, 24. Februar 2017

Interviews im Annex

Interview mit Dr. Michael Spindelegger

Ajeti: Herr Dr. Spindelegger, wann haben Sie angefangen, sich mit der Kosovo-Frage zu beschäftigen?

Dr. Spindelegger: Als außenpolitischer Sprecher der ÖVP war ich natürlich seit 1996 mit den Fragen immer wieder beschäftigt. Es gab Besuche von kosovarischen Politikern in Österreich. Und darum war ich in der Sache natürlich eingearbeitet, aber besonders als Außenminister ab Dezember 2008 habe ich mich intensiver mit den Fragen auseinandergesetzt und habe alle Hochs und Tiefs miterlebt.

Ajeti: Ich habe fast alle Stenografischen Protokolle des österreichischen Nationalrates gelesen und laut dieser Stenografischen Protokolle waren Sie seit 1995/1996 sehr aktiv, was die Menschenrechtsverletzungen im Kosovo betrifft. Sie haben sehr oft Reden gehalten und die serbische Politik von Miloševićs für die Verschlechterung der politischen und wirtschaftlichen Lage im Kosovo verantwortlich gemacht. Wie haben Sie damals die Natur der Kosovo-Frage gesehen, als Menschenrechtsfrage oder als Frage des Selbstbestimmungsrechtes?

Dr. Spindelegger: In beiderlei Richtung. Das eine war natürlich die staatspolitische Frage, ist es möglich in einer zerfallenen damaligen Staatengemeinschaft Jugoslawien, die in verschiedene Einzel-Staaten aufgesplittert wurde, da jetzt auch einen Staat Kosovo vorzusehen. Das war der staatspolitische Teil, aber natürlich Fragen wegen Menschenrechten, die Fragen der Unterdrückten, daß Menschen auch selber bestimmen wollen, wie es bei ihnen weitergeht. Das waren die herausfordernden Dinge dieser Zeit und das Regime Miloševićs mit all den negativen Begleiterscheinungen hat natürlich auch in Österreich bewegt.

Ajeti: Seit der Aufhebung der Autonomie des Kosovo im Jahre 1989 war die österreichische Außenpolitik sehr aktiv, was die verschlechternde politische und wirtschaftliche Lage im Kosovo betraf. In diesem Zusammenhang hat die ÖVP innerhalb der österreichischen Politik eine Vorreiterrolle gespielt. Die österreichische Außenpolitik unter Mock war als treibende Kraft in der Richtung. Mock war der erste Außenminister eines europäischen Staates, der die politische Führung des Kosovo 1992 im Außenministerium empfangen hat. Nach Mock begannen auch die anderen westlichen Kanzleien die Türen für die politische Führung des Kosovo zu öffnen, sodass Wien eine der ersten und wichtigsten Auslandsstationen für den Kosovo war. Haben Sie als ÖVP-Politiker und als Außenminister diese aktive Politik Österreichs und auch der ÖVP in der Kosovo-Frage vorangetrieben oder anders gesagt, diese Konstante der aktiven Kosovopolitik der ÖVP voranzutreiben?

Dr. Spindelegger: Das war mir wichtig. Erstens aus Überzeugung, sozusagen das, was in der ÖVP Politik war, voranzutreiben, aber auch insgesamt. Ich habe gesehen, wie stark diese Balkan-Müdigkeit der Länder Stück für Stück vorangeschritten ist. Balkan-Müdigkeit im Sinn von „ah was haben wir alles für Probleme mit den West-Balkan-Ländern, beschäftigen wir uns mit anderen Fragen." Das war vorherrschend in der Europäischen

Union bei meinen Kollegen, die halt nicht so nahe dran waren, sich nicht so beschäftigt haben und da war es auch Deutschland, das sehr stark nachgelassen hat in diesen Bemühungen und dann ist es aber gelungen, mit Westerwelle als Außenminister Deutschlands diese Frage wieder ordentlich auf die Tagesordnung zu bringen, voranzutreiben, mit den Ländern in einen intensiveren Kontakt zu treten. Das war aus meiner Sicht auch ganz wichtig, denn notwendig waren diese stabilen Richtungen, diese Gleise, die gelegt wurden von Alois Mock, weiter zu bauen, damit der Zug auch fahren kann, damit es nicht zu einem Halt in einem Kopf-Bahnhof kommt und das war daher auch aus dieser Hinsicht aus meiner Sicht staatspolitisch notwendig.

Ajeti: Wie war die Haltung der ÖVP in der Kosovo-Frage? Waren Sie damals der Meinung, also nach 1995, 1996, dass Kosovo unabhängig sein sollte wie andere jugoslawische Republiken?

Dr. Spindelegger: Um es offen zu sagen, das war eine gespaltene Meinung. Auch in der ÖVP gab es durchaus Stimmen, die gesagt haben, warum wollen wir uns in einem Konflikt zwischen Serbien und dem Kosovo, der da im Entstehen ist, so stark auf eine Seite stellen, das belastet das Verhältnis zu Serbien aus der Vergangenheit, wird dadurch noch schlimmer, lassen wir doch das, nehmen wir eine neutrale Position ein. Aber ich war immer dagegen, weil ich gesehen habe, um eine ordentliche Befriedung im West-Balkan zu erreichen, ist es notwendig, dass Kosovo ein eigener Staat wird, dass man dort den Menschen die Möglichkeit gibt, sich selbst eine Zukunft zu bauen, und daher war ich klar auf dieser Seite.

Ajeti: Wann haben Sie persönlich sich zum ersten Mal mit einem politischen Vertreter des Kosovo getroffen?

Dr. Spindelegger: Das muss Ende der 90-er Jahre gewesen sein. Es war damals der jetzige Präsident, der Österreich besucht hat. Ich habe ihn damals im ÖVP-Club empfangen als außenpolitischer Sprecher und wir haben ein gutes Gespräch geführt und das hat sich über die Jahre gezogen bis heute.

Ajeti: Die drohenden NATO-Angriffe auf Jugoslawien im März 1999 haben heftige Reaktionen der österreichischen Parteien vor allem im Hinblick auf Überfluggenehmigungen ausgelöst. Laut einer APA-Meldung äußerten Sie Verständnis für ein Eingreifen der NATO gegen Jugoslawien: „Es gab genug Möglichkeiten für Verhandlungen." War das im Einklang mit der österreichischen Neutralität?

Dr. Spindelegger: Das war eine der Fragen, wie die Neutralität sich unter unserem EU-Beitritt fortentwickelt hat, und ich war damals der Meinung, dass die österreichische Neutralität durch den Beitritt Österreichs zur EU klar in der Richtung geändert wurde, dass gemeinsame Beschlüsse der Europäischen Union eben auch diese Neutralität überlagern. Das war eine Entwicklung, die man einfach sehen musste. D.h. die Neutralität blieb eine Rest-Neutralität gegenüber dem Rest der Welt, aber nicht was Europa-Angelegenheiten betroffen hat. Ja, da gab es auch heftige Diskussionen darüber, aber soweit ich mich erinnern kann, hat ja auch der österreichische damalige Bundeskanzler, der von der SPÖ gestellt wurde, Klima, diese Beschlüsse mitgetragen, und darum war es auch für die SPÖ, die eigentlich anderer Meinung war, schwierig hier eine andere Meinung zu vertreten.

Ajeti: *10 Tage nach der Unabhängigkeitserklärung des Kosovo hat Österreich den Kosovo anerkannt. Historisch gesehen gab es einen breiten politischen Konsens in der österreichischen Politik, was den Kosovo betrifft. Um konkreter zu sein: nur die FPÖ war gegen die Anerkennung der Republik Kosovo. In dieser Frage haben Sie eine Diskussion mit Heinz Christian Strache im Nationalrat gehabt. Sie haben deklariert, dass die Anerkennung des Kosovo kein völkerrechtswidriger Akt ist und kein Neutralitätsbruch gewesen sei, sondern „die richtige Reaktion auf die Realität im Kosovo". Sind Sie auch der Meinung, dass die FPÖ den breiten politischen Konsens in der österreichischen Politik, was den Kosovo betrifft, gebrochen hat?*

Dr. Spindelegger: Nein, absolut nicht. Ich glaube, wichtig war, klare Positionen in den Vordergrund zu stellen, staatspolitisch Verantwortung zu übernehmen. Diese Anerkennung ergab sich aus der Rolle Österreichs in der Kosovo-Frage und war daher auch richtig. Und dass eine Partei eben dem nicht zugestimmt hat, ja auch das bleibt in der Geschichte übrig, aber hat am Verlauf nichts geändert und das war das Entscheidende aus meiner Sicht. Wichtig ist es manchmal, einen Schritt auch tapfer und mutig nach vorne zu machen, auch wenn vielleicht nicht alle gleich mitgehen. Ich glaube, heute weiß jeder, das war der Durchbruch, Österreich hat damit ein klares Zeichen gesetzt als eines der ersten Länder und heute sehen wir uns bestätigt. Heute würde kaum mehr jemand den Kosovo in irgendeiner Weise in Frage stellen.

Ajeti: *Fünf EU-Mitgliedsstaaten zögern immer noch den Kosovo anzuerkennen. Mit welchem europäischen Außenminister haben Sie über die Unabhängigkeit des Kosovo geredet bzw. haben Sie versucht, jemanden zu überzeugen, Kosovo anzuerkennen? Nach meinen Akten, glaube ich, haben Sie auch versucht den slowakischen Außenminister Dzurinda zu überzeugen, Kosovo anzuerkennen?*

Dr. Spindelegger: [Lacht] Ich habe damals alle Außenminister der fünf Länder der EU, die den Kosovo nicht anerkannt haben, versucht zu überzeugen, das habe ich damals den kosovarischen Politikern immer wieder zugesichert und auch getan. Ich habe besonders beim Nachbarland Slowakei angesetzt, weil ich dachte, dort sehe ich am wenigsten eine Begründung, warum diese merkwürdige Haltung, den Kosovo nicht anzuerkennen, vorhanden ist, und habe mich bemüht bei Dzurinda und auch bei seinem Nachfolger Miroslav Lajcak, das immer wieder zu tun. Das ist mir leider nicht gelungen, aber steter Tropfen höhlt den Stein. [Lacht] Vielleicht, wenn ich noch länger Außenminister geblieben wäre, wäre es gelungen. Bei Griechenland war das eine andere Situation wegen der Frage Mazedonien usw. Das muss man sehen in diesem Kontext, aber ja manche Dinge brauchen länger. Also, es wird noch ein wenig dauern, bis auch die fünf Länder den Kosovo anerkennen.

Ajeti: Im Februar 2010 haben Sie Serbien besucht. Die österreichische Delegation hat kurzfristig erfahren, dass ein zuvor geplantes Treffen mit dem serbischen Premier Mirko Cvetkovic ausfallen würde. Hat die Anerkennung des Kosovo hier eine Rolle gespielt?

Dr. Spindelegger: Na sicher, selbstverständlich. Das hat immer eine besondere Rolle gespielt und das habe ich gespürt, ja. Das wurde mir vom damaligen Außenminister Vuk Jeremic immer wieder gesagt: „Unmöglich was Ihr da macht, das akzeptieren wir nicht." Aber es hat uns nicht gehindert, unsere Politik fortzusetzen und in diese Richtung weiter zu treiben. Aber wir haben den serbischen Kollegen immer wieder gesagt, das ändert nichts daran, dass wir auch den Weg Serbiens in Richtung EU proaktiv unterstützen. Das wussten die Kollegen auch und haben das auch sehr befürwortet. Der Europaminister damals von Serbien hat das auch anerkannt. Ja ich verstehe schon, das Ganze hat eine historische Dimension zwischen Serbien und Kosovo. Aber auch das muss über die Generationen überwunden werden und muss zu einem gemeinsamen Miteinander führen und ich glaube, wir sind jetzt im Vergleich zu damals schon viele Schritte weitergekommen und es wird einfach pragmatischer heute über diese Fragen geredet, wenngleich sie noch immer nicht gelöst sind.

Ajeti: Im Juli 2010 hat der Präsident des Internationalen Gerichtshofs bei der Verlesung des Gutachtens in Den Haag festgehalten, dass die Ausrufung der Unabhängigkeit des Kosovo das „allgemeine internationale Recht nicht verletzt" habe. Sie haben am gleichen Tag in Brüssel deklariert: „Das Gutachten ist kein Grund für Triumphrufe von der einen oder der anderen Seite. Das Gutachten sollte vielmehr von Belgrad und Prishtina als Chance genutzt werden, um ein neues Kapitel in den Beziehungen Serbien-Kosovo aufzuschlagen."

Dr. Spindelegger: Ja das war ein wichtiger Moment, aber für mich war –

Ajeti: War das auch eine Bestätigung der österreichischen Außenpolitik und ihres Engagements in der Kosovopolitik?

Dr. Spindelegger: Aber dennoch war es damals mein Empfinden und das würde ich heute auch genauso wieder tun, dass man das nicht nützen darf, um eine andere Seite jetzt bloßzustellen, sondern dass man das auch nüchtern betrachten muss und eben als Chance begreifen muss, jetzt gemeinsam fortzufahren und einen Konsens herzustellen. Diesbezüglich war das schwierig, wir wissen das, und eine Befürchtung war, dass die radikalen Kräfte in der serbischen Republik dadurch halt einen besonderen Anlass sehen, sich wieder stärker radikalisierend in der Kosovo-Frage stark zu machen und das war die Befürchtung, die natürlich von so einem Urteil oder so einem Gutachten ausgehen kann, und darum diese beschwichtigenden Worte.

Ajeti: „Wir verstehen schon, dass Serbien den Kosovo nicht schon morgen anerkennen will, aber wir können nicht akzeptieren, dass die Unabhängigkeit des Kosovo nochmals infrage gestellt wird", haben Sie am 5. September 2010 gesagt. Was heißt das konkret?

Dr. Spindelegger: Ja, dass im Zuge dieser aufgeheizten Debatte klar war, Fakten sind geschaffen. Der Kosovo ist ein von Staaten anerkannter eigener Staat und mit dieser Realität muss man sich einfach arrangieren, abfinden und muss eben jetzt, was die serbische Bevölkerung im Norden des Kosovo anlangt, in den grenznahen Gebieten pragmatische Lösungen suchen. Das wurde ja auch immer wieder mit österreichischer Hilfe versucht. Ich war selber auch in diesen serbischen Gebieten. Habe auch mit Bürgermeistern dort geredet. Und habe gemerkt, da wird sehr vieles nach wie vor aus der historischen Sicht betrachtet, und nichtsdestotrotz war es notwendig, mit gemeinsamer europäischer Hilfe auch anderer europäischer Unionsstaaten diese Frage zu befrieden und in eine Richtung Zukunft zu führen, wo beide einen Vorteil sehen. Das ist nicht immer gelungen, wie gesagt, diese Müdigkeit in den Balkanfragen, die war sehr stark vorhanden, und da habe ich mich bemüht, besonders mit Deutschland und dem Außenminister Westerwelle da etwas voranzutreiben. Das ist uns dann auch immer wieder geglückt. Wir haben gemeinsam eine Balkankonferenz in Berlin abgehalten und in Österreich, und haben so versucht Initiativen voranzutreiben.

Ajeti: Am 10. September 2012 wurde im kosovarischen Parlament das Ende der internationalen Überwachung der Unabhängigkeit des Kosovo gefeiert. Auf einer Festsitzung im Parlament haben Sie – als einziger Spitzenvertreter eines befreundeten Staates und Unabhängigkeits-Unterstützers – eine Rede gehalten: „Eine Übergangsperiode endet für den Kosovo, und eine neue Ära beginnt: Sein Weg in Richtung EU."

Dr. Spindelegger: Ja, das war auch für mich ein emotionales Erlebnis, in einem Parlament durchaus auch mit gemischten Gefühlen der Parlamentarier, das habe ich gespürt, so etwas zu sagen, aber mir war es wichtig, eben auch zu dokumentieren, dass wir als Österreicher auch besonderen Anteil nehmen. Dieses Ende dieser langen Phase war auch ein Moment der besonderen Freude. Ein Teil der Abgeordneten hat ja nicht teilgenommen an dieser Sitzung, weil man protestiert hat, aber ich glaube trotzdem, es war ein bewegender Augenblick und wahrscheinlich wird es erst so in 20 oder 30 Jahren auch für den Kosovo als ein in der Geschichtsaufarbeitung wichtiger Moment angesehen werden und ich war froh und stolz und es war eine Ehre dort dabei zu sein.

Ajeti: Kosovo hat in seiner Geschichte bis jetzt zwei Außenminister eines Staates einen Staatsorden gegeben und das sind: Sie und Alois Mock. Sie haben den Staatsorden für „Frieden, Demokratie und Humanismus" erhalten. Was bedeutete das damals für Sie als Außenminister?

Dr. Spindelegger: Eine ganz besondere Ehre, weil Alois Mock, den ich auch verehrt habe, der gerade erst gestorben ist, diese Grundsteine gelegt hat und da habe ich schon gesehen, irgendwo darf ich da auch in dieser Reihe sein und das hat einen besonderen Ehrenplatz bei mir zu Hause. Das ist ja kein Orden in dem Sinn, wie es sonstige Orden gibt, die man an der Brust trägt, oder eine Schärpe, er hat einen Symbolcharakter, der ein ganz besonderer ist, und darum ist das einer, über den ich mich wirklich gefreut habe.

Ajeti: In Ihrem Buch „Meine Thesen für die Zukunft Österreichs" schreiben Sie: „Der Westbalkan bleibt ein Schwerpunkt der österreichischen Europa- und Außenpolitik ... Meine Vision für Europa ist, dass wir bis 2020 alle Westbalkanstaaten in die EU aufnehmen können." Meine Frage ist: Haben die Westbalkanstaaten den Zug verpasst oder sind sie immer noch zu spät?

Dr. Spindelegger: [Lacht] Ich glaube, dass die Verspätung Gründe auf beiden Seiten hat, um es offen zu sagen. Einerseits haben viele der Westbalkanstaaten – wenn ich jetzt an Bosnien zum Beispiel denke – versäumt, ihre Reformen, ihre notwendigen Grundlagen zu stellen und auf der anderen Seite hat die EU mit der Flüchtlingsproblematik jetzt usw. den Blick auf die Westbalkanstaaten ein wenig vernachlässigt und es hat mich ein wenig getroffen, wie der jetzige Kommissionspräsident am Beginn seiner fünfjährigen Kommissionstätigkeit gesagt hat, „in dieser Periode wird es keinen Beitritt geben zur EU." Das finde ich kein gutes Signal, denn die EU muss offen bleiben für die Westbalkanländer. Das ist Europa, keine Frage, und darum würde ich mir wünschen, dass man diese Fragen des Beitritts auch wieder ordentlich vorantreibt.

Ajeti: Mit wem haben Sie damals seit 1995 in der ÖVP über Kosovo gesprochen?

Dr. Spindelegger: Das war Alois Mock damals, der natürlich sehr bestimmend in dieser Frage war, auch wie er nicht mehr Außenminister, sondern Parlamentarier war. Wir haben damals auch mit Ludwig Steiner, der lange Zeit im Parlament war, solche Gespräche geführt. Es war damals Walter Schwimmer als Generalsekretär des Europarats, später wurde er Parlamentarier. Mit diesem Kreis haben wir gemeinsam die außenpolitischen Fragen geklärt. Ich war damals 1996 außenpolitischer Sprecher der ÖVP. Und alle diese Personen, die ich jetzt genannt habe, waren in der Fraktion der ÖVP im außenpolitischen Ausschuss und ich durfte deren Vorsitzender sein, von Alois Mock, Ludwig Steiner, Walter Schwimmer, alles erfahrene Außenpolitiker und das war eine schöne Zeit.

Ajeti: Wie haben Sie die pazifistische Politik von Rugova eingeschätzt? Sind Sie auch der Meinung, dass die Politik von Dr. Rugova die Internationalisierung der Kosovo-Frage erreicht hat? Ist die Kosovarische Befreiungsarmee (UÇK) ein Katalysator der Kosovo-Frage gewesen?

Dr. Spindelegger: Ich glaube, dass er eine besondere Symbolfigur am Anfang der Geschichte des Kosovo als eigenständigem Staat war und dass er sehr viel geleistet hat, im Sinn von Aufmerksamkeit erregen, in der internationalen Gemeinschaft Symbolfigur sein, aber natürlich auch, ja in diesem geschichtlichen Zusammenhang belastet zu sein von dem einen oder anderen, was in der Vergangenheit passiert ist. Das ist natürlich bei allen historischen Persönlichkeiten so. Und er ist ja nicht wie der Phönix aus der Asche gestiegen, sondern hat auch eine Vergangenheit. Darum muss das auch miteinbezogen werden, aber nichtsdestotrotz war er sicherlich eine Symbolfigur, insbesondere für europäische Politiker, die auf den Kosovo geschaut haben und die Rolle der UÇK. Das darf man auch nicht jetzt in der historischen Betrachtung ausblenden, das muss einfach auch aufgearbeitet werden. Ja, so wie alles, was eben auf einem Weg zur Freiheit führt, muss auch das mit allen positiven und negativen Seiten betrachtet werden.

Ajeti: Bei der Eröffnung der Ausstellung „Skanderbegs Waffen in Albanien" anlässlich der 100 Jahr-Feier der Unabhängigkeit Albaniens haben Sie Tirana besucht. Nächstes Jahr ist das Jubiläum der bilateralen Beziehungen zwischen Österreich und dem Kosovo. Kann man die Rolle der österreichischen Außenpolitik in der Kosovo-Frage also historisch sehen, gibt es für Sie eine Konstante der österreichischen Außenpolitik in der albanischen Frage, gemeint Albanien und Kosovo?

Dr. Spindelegger: Ich glaube, dass die österreichische Politik, was die ganze Balkanregion anlangt, schon eine große Konstante hat, nämlich getragen eben von dieser Initiative von Alois Mock, der als erster europäischer Außenminister diese Anerkennung ausgesprochen hat, der auch nicht gescheut hat, in diesem Konflikt klar Position zu beziehen, dass das sich fortgesetzt hat bis heute und dass wir sozusagen als Freund der Balkanländer angesehen werden können, aller Balkanländer, aber insbesondere auch derjenigen, die besonders auf Unterstützung angewiesen waren, und darum freut es mich, wenn das auch im Kosovo so gesehen wird, und würde mich sehr freuen, wenn das auch in Zukunft in der österreichischen Außenpolitik eine Fortsetzung findet.

Wien, 05.07.2017

Quellen- und Literaturverzeichnis

1. Ungedruckte Quellen

Akten des österreichischen Staatsarchives, Wien

A) Akten des Haus-Hof- und Staatsarchivs, Wien (HHStA)

   1) Politisches Archiv (PA)
      PA I (Allgemeines und Österreich-Ungarn), Karton: 473, 499, 503, 874.
      PA XII (Türkei IV), Karton: 256.

   2) Gesandschafts- und Konsulararchiv (1617-1924)
      (General-)Konsulat Scutari, Karton: 9.

B) Kriegsarchiv (KA)

   1) Alte Feldakten (AFA)
      AFA, Türkenkriege X-XII 1689, Karton 195, Fasz. 13-1.
      AFA, Türkenkriege X-XII 1689, Karton 195, Fasz. 13-2, Fol. 974.

   2) Militärkanzlei Franz Ferdinands nach Stichwortkatalog von 1910-1914
      Operationsbureau, Fasz. 46.

   3) Armee Ober Kommando (AOK) – Operationsabteilung (OP)
      Op (Akten), Fasz. 50.

   4) 3. Armee Kommando (Akdo)
      1916, Fasz. 19.

C) Archiv der Republik (AdR)

   Akten des Bundesministeriums für Auswärtige Angelegenheiten (BMAA)
   Akten der österreichischen Botschaften im Ausland

2. Gedruckte Quellen

Publizierte Akten

Die Grosse Politik der Europäischen Kabinette 1871-1914. Sammlung der Diplomatischen Akten des Auswärtigen Amtes, Hrsg. von Johannes Lepsius/Albrecht Mendelssohn-Bartholdy/Friedrich Thimme, (18. Band), Berlin 1924.

Die Politischen Geheimverträge Österreich-Ungarns 1879-1914. Nach den Akten des Wiener Staatsarchivs. Hrsg. und. bearb. von Alfred Franzis Pribram, (Erster Band), Wien, Leipzig 1920.

Diplomatische Aktenstücke betreffend die Ereignisse am Balkan 13. August 1912 bis 6. November 1913. K.U.K. Ministerium des Äusseren, K.K. Hof- und Staatsdruckerei, Wien 1914.

Diplomatische Aktenstücke zur Vorgeschichte des Krieges 1914. Die Österreichisch-Ungarischen Dokumente zum Kriegsausbruch, Hrsg. von Staatsamt für Äußeres in Wien (Erster Teil, 28 Juni bis 23. Juli 1913), Berlin 1923.

Österreich-Ungarns Außenpolitik von der Bosnischen Krise 1908 bis zum Kriegsausbruch 1914, Diplomatische Aktenstücke des österreichisch-ungarischen Ministeriums des Äusseren. Hrsg. Veröffentlichungen der Kommission für neuere Geschichte Österreichs, bearb. von Ludwig Bittner/Hans Uebersberger (9 Bände, 1930), Wien.

Offizielle Dokumente

BMAA (Hrsg.), Außenpolitischer Bericht. Jahrbuch der österreichischen Außenpolitik, Wien 1986-2010.

BMAA (Hrsg.), Österreichische außenpolitische Dokumentation. Sonderdruck Jugoslawische Krise, Wien 1992.

BMAA (Hrsg.), Österreichische Mitgliedschaft im Sicherheitsrat, Bericht 1991-1992, Wien 1993.

BMAA (Hrsg.), Österreichische außenpolitische Dokumentation. Texte und Dokumente, Wien 1995-2000.

BMAA (Hrsg.), Außenpolitische Dokumentation. Sonderdruck. Erste Präsidentschaft Österreichs in der Europäischen Union – 1. Juli-31. Dezember 1998, Wien 1999.

Caritas Erzdiözese Wien (Hrsg.), Jahresbericht, Wien 1998-1999.

Europäische Demokratische Union (Hrsg. und Verleger), Yearbook, Wien 1990-1993.

Österreichisches Rotes Kreuz (Hrsg.), Leistungsbericht, Wien 1998-1999.

Stenographisches Protokoll, NR XVII. GP (17.12.1986-04.11.1990).

Stenographisches Protokoll, NR XVIII. GP (05.11.1990-06.11.1994).

Stenographisches Protokoll, NR XIX. GP (07.11.1994-14.1.1996).

Stenographisches Protokoll, NR XX. GP (15.01.1996-20.10.1999).

Verfassung der Republik von Kosovo, vom 7. September 1990.

Verfassung der Sozialistischen Föderativen Republik Jugoslawiens des Jahres 1974.

Quellen- und Literaturverzeichnis

Unveröffentlichte Dokumente[1576]

Aktenvermerk des österreichischen Außenministeriums: „BRJ; Kosovo; informelles Treffen (nicht) der KG; Bonn", vom 25. Juni 1998.
Das Anerkennungsschreiben von Außenministerin Ursula Plassnik an den Präsidenten und den Ministerpräsidenten des Kosovo vom 28. Februar 2008 (GZ.: BMeiA-XX.8.19.02/0010-I.2/2008).
Dokument der österreichischen Botschaft in Belgrad: „Zum Entwurf des Memo. d. Serb. Akad. d. Wi. 1986".
Dokument der österreichischen Botschaft in Belgrad: „Milošević, die Kosovo-Frage und die Folgen (1989)."
Dokument der österreichischen Botschaft in Belgrad über das „Gespräch zwischen Dizdarevic und Mock" vom 29. März 1989.
Dokument des österreichischen Außenministeriums über die „Arbeitsgruppe Kosovo unter Vorsitz von Außenminister Mock" (1992).
Dokument des österreichischen Außenministeriums „Perspektiven der zukünftigen politischen und rechtlichen Stellung Kosovos" (1992).
Dokument des österreichischen Außenministeriums über dem „Besuch des Präsidenten des Kosovo, I. Rugova, bei HBM. OSZE Gesprächsnotizen (1996)", GZ: 809.00.01/29-II.7/96.
Dokument des österreichischen Außenministeriums über die „aktuelle politische und Menschenrechtslage im Kosovo" vom 9. April 1996.
Dokument des österreichischen Außenministeriums über die „Menschenrechte im Kosovo – Hintergrundinformation" vom 10. April 1996.
Dokument des österreichischen Außenministeriums: „Besuch des ‚Präsidenten' des Kosovo, Ibrahim Rugova", in Wien, 12. April 1996.
Dokument des österreichischen Außenministeriums über dem „Besuch des Präsidenten des Kosovo Ibrahim Rugova bei HBM (Wien, 12.04.1996), EU-BRJ (Inkl. Kosovo) Wirtschaftsbeziehungen".
Dokument der österreichischen Botschaft in Moskau über den „Kosovo; Milošević bei Jelzin" vom 16. Juni 1998.
Dokument des österreichischen Außenministeriums über die „Außenpolitische Erklärung im Nationalrat am 7.7.98-Punktationen zum Westbalkan" vom 7. Juli 1998.
Dokument des österreichischen Außenministeriums über den „Besuch von F. Gonzalez in Wien; OSZE-BRJ, Gonzalez-Mission" vom 7. Oktober 1998.
Ermächtigungsschreiben des Bundespräsidenten Fischer an Außenministerin Plassnik vom 27. Februar 2008.

Dokumente der Vereinten Nationen

General Assembly Resolution 52/139, Situation of human rights in Kosovo, 12 December 1997.
UN Security Council Resolution 1160 (1998), 31 March 1998.
UN Security Council Resolution 1199 (1998), 23 September 1998.
UN Security Council Resolution 1203 (1998), 24 October 1998.
UN Security Council Resolution 1207 (1998), 17 November 1998.
UN Security Council Resolution 1244 (1999), 10 June 1999.
Comprehensive proposal for a Kosovo status settlement, 2 February 2007.

1576 Kopie im Besitz des Verfassers.

Dokumente der EU-Institutionen

Beschluß 98/547/GASP des Rates betreffend die Studie über die Durchführbarkeit internationaler Polizeieinsätze zur Unterstützung der albanischen Behörden vom 22. September 1998, Amtsblatt Nr. L 263.

Beschluß 98/646/EG des Rates betreffend die Beobachtung der Lage in Kosovo vom 13. November 1999, Amtsblatt Nr. L 308.

Einheitliche Europäische Akte, Luxemburg, 17. Februar und Den Haag, 28. Februar 1986 http://europa.eu/eu-law/decision-making/treaties/pdf/treaties_establishing_the_european_communities_single_european_act/treaties_establishing_the_european_communities_single_european_act_de.pdf (abgerufen 26.03.2016).

Entschließung des Europäischen Parlaments zum Prozess der europäischen Integration des Kosovo (29. Juni 2010) http://www.europarl.europa.eu/sides/getDoc.do?type=MOTION&reference=B7-2010-0409&language=DE (abgerufen 24.07.2018).

Entschließung zur Lage im Kosovo, Das Europäische Parlament, 8. Oktober 1998. Official Journal of the European Communities, C 328/182.

Europäischer Rat, Schlussfolgerungen des Vorsitzes, Cardiff, 15./16. Juni 1998.

Gemeinsame Aktion 98/736/GASP betreffend die Entsendung kriminaltechnischer Sachverständiger in die Bundesrepublik Jugoslawien vom 22. Dezember 1998; Amtsblatt Nr. L 354.

Gemeinsame Aktion 2000/811/GASP über die Überwachungsmission der Europäischen Union vom 22. Dezember 2000, Amtsblatt Nr. L 328/53.

Schlussfolgerung der 2120. Tagung des Rates Allgemeine Angelegenheiten, Luxemburg, am 5. Oktober 1998, Amtsblatt Nr. C/98/322.

Schlussfolgerung der 2126. Tagung des Rates Allgemeine Angelegenheiten, Luxemburg, am 26. Oktober 1998, C/98/351, 12274/98.

Schlussfolgerungen des Vorsitzes, Europäischer Rat in Köln, den 3. und 4. Juni 1999.

Verträge zur Gründung der EWG und von Euratom, Rom, 25. März 1957. Konsolidierte Fassung http://europa.eu/eu-law/decision-making/treaties/pdf/consolidated_version_of_the_treaty_establishing_the_european_atomic_energy_community/consolidated_version_of_the_treaty_establishing_the_european_atomic_energy_community_de.pdf (abgerufen 26.03.2016).

Vertrag über die Europäische Union, Maastricht, 7. Februar 1992. Konsolidierte Fassung http://europa.eu/eu-law/decision-making/treaties/pdf/treaty_on_european_union/treaty_on_european_union_de.pdf (abgerufen 26.03.2016).

Vertrag von Amsterdam, Amsterdam, 2. Oktober 1997 http://europa.eu/eu-law/decision-making/treaties/pdf/treaty_of_amsterdam/treaty_of_amsterdam_de.pdf (abgerufen 19.04.2016).

Dokumente der Kontaktgruppe

Contact Group Meeting, Statement on Kosovo, New York, 24 September 1997.
Contact Group Meeting, Statement on Kosovo, Washington, 8 January 1998.
Contact Group Meeting, Statement on Kosovo, London, 9 March 1998.
Contact Group Meeting, Statement on Kosovo, Bonn, 25 March 1998.
Contact Group Meeting, Statement on Kosovo, Rome, 29 April 1998.
Contact Group Statement, Bonn, 8 July 1998.
Contact Group Non-Negotiable Principles/Basic Elements, London, 22 January 1999.
Kosovo Contact Group Statement, London, 31 January 2006.
Ministerial Contact Group in London. Chairmans Conclusions, 29 January 1999.

Quellen- und Literaturverzeichnis

Memoiren, Tagebücher, Autobiographien

Albright, Madeleine Madam Secretary: A Memoir, New York 2003.
Annan, Kofi, Ein Leben in Krieg und Frieden, München 2012.
Baker, James A. III, The Politics of Diplomacy. Revolution, War and Peace 1989-1992, New York 1995.
Baier, Stephan/Demmerle, Eva, Otto von Habsburg 1912-2011, Wien 2012.
Busek, Erhard, Österreich und der Balkan. Vom Umgang mit dem Pulverfaß Europas, Wien 1999.
Busek, Erhard, Eine Seele für Europa. Aufgaben für einen Kontinent, Wien 2008.
Busek, Erhard, Lebensbilder, Wien 2014.
Clinton, Bill, Mein Leben, München 2005.
Drnovšek, Janez, Der Jugoslawien-Krieg. Meine Wahrheit, Kilchberg – Zürich 1998.
Durham, Edith, Twenty years of Balkan tangle (Hrsg. von Hermann Lutz), Stuttgart 1923.
Eichtinger, Martin/Wohnout, Helmut, Alois Mock. Ein Politiker schreibt Geschichte, Wien u.a., 2008.
Fischer, Heinz, Wende-Zeiten. Ein österreichischer Zwischenbund. Buchverlage Kremayr & Scheriau, Wien u.a., 2003.
Fischer, Heinz, Spaziergang durch die Jahrzehnte: Heinz Fischer; begleitet von Herbert Lackner, Salzburg, München 2018.
Fischer, Joschka, Die rot-grünen Jahre. Deutsche Außenpolitik – vom Kosovo bis zum 11. September, Köln 2007.
Genscher, Hans-Dietrich, Erinnerungen, Berlin 1999.
Hahn, Johann Georg von, Reise durch die Gebiete von Drin und Wardar, Wien 1867.
Hahn, Johann Georg von, Reise von Belgrad nach Salonik: nebst vier Abhandlungen zur alten Geschichte des Morawagebietes, Wien 1868.
Hantsch, Hugo, Leopold Graf Berchtold. Grandseigneur und Staatsmann (Band I u. II). Styria, Graz u.a., 1963.
Hill, Christopher R., Outpost. Life on the Frontlines of American Diplomacy: A Memoir, New York 2014.
Holbrooke, Richard, To End a War, New York 1998.
Hötzendorf, Franz Conrad von, Aus meiner Dienstzeit: 1906 – 1918. Die Zeit des libyschen Krieges und des Balkankrieges bis Ende 1912 (Zweiter Band), Wien u.a., 1922.
Khol, Andreas, Mein politisches Credo. Aufbruch zur Bürgersolidarität, Wien 1998.
Kiçmari, Sabri, Fitorja Diplomatike. Kujtime nga përfaqësimi diplomatik i Ushtrisë Çlirimtare të Kosovës (Diplomatischer Sieg. Erinnerungen von der diplomatischen Vertretungen der Kosovarischen Befreiungsarmee), Prishtinë 2017.
Kreisky, Bruno, Erinnerungen: Das Vermächtnis des Jahrhundertpolitikers. Hrsg. von Oliver Rathkolb. Styria, Wien, Graz, Klagenfurt 2007.
Küberl, Franz/Tóth, Barbara, Mein armes Österreich. Und wie es reicher sein könnte, Wien 2010.
Lunacek, Ulrike, Frieden bauen heißt weit bauen: Von Brüssel ins Amselfeld und retour: Mein Beitrag zu Kosovos/Kosovas Weg in die EU, Klagenfurt, Celovec *2018.*
Merikallio, Katri/Ruokanen, Tapani, The Mediator: A Biography of Martti Ahtisaari, London 2015.
Mock, Alois, Mensch, Arbeit, Gesellschaft, Wien 1972.
Mock, Alois (Hrsg.), Das Balkan-Dossier. Der Aggressionskrieg in Ex-Jugoslawien-Perspektiven für die Zukunft. Dokumentiert von Herbert Vytiska, Wien 1997.
Nopca, Franz Baron, Reisen in den Balkan. Die Lebenserinnerungen des Franz Baron Nopcsa (Hrsg. von Robert Elsie). Albanian Studies 11. Centre for Albanian Studies, London 2015.

Ogata, Sadako, The Turbulent Decade. Confronting the Refugee crises of the 1990s, New York, London 2005.
Pelinka, Peter, Wolfgang Schüssel. Eine politische Biografie, Wien 2003.
Petritsch, Wolfgang, Bruno Kreisky. Die Biografie, St. Pölten, Salzburg 2010.
Rohan, Albert, Diplomat am Rande der Weltpolitik. Begegnungen, Beobachtungen, Erkenntnisse, Wien 2002.
San Giuliano, Antonio Marchese di, Briefen über Albanien, Leipzig 1913.
Sazonov, Sergej D., Sechs schwere Jahre, Berlin 1927.
Scharping, Rudolf, Wir dürfen nicht vergessen. Der Kosovo-Krieg und Europa, Berlin 1999.
Schüssel, Wolfgang, Offengelegt. Aufgezeichnet von Alexander Purger, Salzburg 2009.
Talbott, Strobe, The Russia Hand: A Memoir of Presidential Diplomacy, Toronto 2003.
Vlora, Eqrem Bej, Kujtime 1885-1925 (Lebenserinnerungen 1885-1925), Tirana 1973.
Vlora, Ismail Kemal Bey, The Memoirs of Ismail Kemal Bey (ed. by Sommerville Story), London 1920.
Vranitzky, Franz, Politische Erinnerungen, Wien 2004.

3. Sekundärliteratur

Adanir, Fikret, Die makedonische Frage. Ihre Entstehung und Entwicklung bis 1908, Wiesbaden 1989.
Adanir, Fikret, Semi-autonomus Provincial Forces in the Balkans and Anatolia, in: Faroqhi, Suraiya N. (ed.), The Cambridge History of Turkey, Cambridge 2006, p. 157-185.
Adanir, Fikret/FAROQHI, Suraiya N. (eds.), The Ottomans and the Balkans. A Discussion of Historiography, Leiden 2002.
Ahrens, Geert-Hinrich, Diplomacy on the Edge: Containment of Ethnic Conflict and the Minorities Working Group of the Conferences on Yugoslavia, Baltimore 2007.
Ahtisaari, Marti, Kosovo is not the Problem – Is Serbia?, in: Soumalainen, Nina/Karvinen, Jyrki (eds.), The Ahtisaari Legacy. Resolve and Negotiate, Vantaa 2008, p. 15-36.
Ajeti, Faruk/Kurbogaj-Ajeti, Resmije, Die Rolle der EU-Außenpolitik im Kosovo (1989-2010), Kreisky, Eva/Kramer, Helmut (Hrsg.), Politik und Demokratie (Band 30), Frankfurt am Main – Wien – Berlin 2013.
Alecu De Flers, Nicole, EU-Mitgliedschaft und österreichische Außenpolitik. Institutionelle und inhaltliche Konsequenzen 1989-2003, Berlin 2007.
Alecu De Flers, Nicole, EU Foreign Policy and the Europeanization of neutral states. Comparing Irish and Austrian foreign policy, London, New York 2012.
Anderson, Matthew Smith, The Eastern Question 1774-1923: a study in international relations, New York 1966.
Androsch, Hannes/Fischer, Heinz/Ecker, Bernhard (Hrsg.), 1848-1918-2018: 8 Wendepunkte der Weltgeschichte, Wien 2017.
Androsch, Hannes/Krejci, Herbert/Weiser, Peter (Hrsg.), Das Neue Österreich, Denkanstöße, Wien 2006.
Angelow, Jürgen, Der Erste Weltkrieg auf dem Balkan. Perspektiven der Forschung, Berlin-Brandenburg 2011.
Angerer, Thomas, Regionalization and Globalization in Austrian Foreign Policy since 1918, in: Bischof, Günter/Pelinka, Anton/Gehler, Michael (eds.), Austria in the European Union. Contemporary Austrian Studies 10, New Brunswick – London 2002, p. 22-55.
Ara, Angelo, Die Haltung Italiens gegenüber der Habsburgermonarchie, in: Wandruszka, Adam/Urbanitisch, Peter, Die Habsburgermonarchie 1848-1918. Die Habsburgermonarchie im System der Internationalen Beziehungen, Wien 1993 (Band VI/2), S. 190-246.

Quellen- und Literaturverzeichnis

Archiv der Gegenwart. Die weltweite Dokumentation für Politik und Wirtschaft, (gegr. von Heinrich v. Siegler), Wien 1990-1994.

Auerswald, E. Philip/Auerswald, P. David (eds.), The Kosovo Conflict. A diplomatic History through Documents, Cambridge – The Hague 2000.

Bartl, Peter, Albanien: vom Mittelalter bis zur Gegenwart, München 1995.

Bedzeti (Bexheti), Nuri, Die Teilnahme der Albaner am „Großen Türkenkrieg" 1683-99, phil. Diss. Wien 2005.

Behnen, Michael, Rüstung, Bündnis, Sicherheit. Dreibund und informeller Imperialismus 1900-1908, Tübingen 1985.

Benedek, Wolfgang, Österreichs Außenpolitik in den Nord-Süd-Beziehungen, in: Kicker, Renate/Khol, Andreas/Neuhold, Hanspeter: Außenpolitik und Demokratie in Österreich. Strukturen-Strategien-Stellungnahmen. Ein Handbuch, Salzburg 1983, S. 321-370.

Benedek, Wolfgang, Der Friedensbeitrag der aktiven Neutralität Österreichs aus völkerrechtlicher Sicht sowie aus Sicht einer internationalen Verantwortungsethik, in: Österreichisches Institut für Friedensforschung und Friedenserziehung (Hrsg.), Österreichische Neutralität und Friedenspolitik, Dialog – Beiträge zur Friedensforschung (Band 6), Schlaining 1986, S. 293-369.

Benna, Anna Hedwig, Studien zum Kultusprotektorat Österreich-Ungarns in Albanien im Zeitalter des Imperialismus (1888-1908), in: *Mitteilungen des österreichischen Staatsarchives* 7, Wien 1954, S. 13-46.

Bickel, Otto, Rußland und die Entstehung des Balkanbundes. Ein Beitrag zur Vorgeschichte des Weltkrieges, Berlin 1933.

Bieber, Florian/Galijaš, Armina, Yugoslavia 1989: The Revolutions that did (not) Happen, in: Mueller, Wolfgang/Gehler, Michael/Suppan, Arnold (eds.), The Revolutions of 1989. A Handbook, Wien 2015.

Bielka, Erich, Österreich und seine volksdemokratischen Nachbarn, in: Bielka, Erich/Jankowitsch, Peter/Thalberg, Hans (Hrsg), Die Ära Kreisky. Schwerpunkte der österreichischen Außenpolitik, Wien 1983, S. 195-232.

Bielka, Erich/Jankowitsch, Peter/Thalberg, Hans (Hrsg.), Die Ära Kreisky, Schwerpunkte der österreichischen Außenpolitik, Wien 1983.

Biondich, Mark, The Balkans. Revolution, War & Political Violence since 1878, New York 2011.

Bischof, Günter/Pelinka, Anton (eds.), Austria in the New Europe. Contemporary Austrian Studies 1, New Brunswick – London 1993.

Bischof, Günter/Pelinka, Anton/Gehler, Michael (eds.), Austria in the European Union. Contemporary Austrian Studies 10, New Brunswick – London 2002.

Bischof, Günter/Pelinka, Anton/Karlhofer, Ferdinand (eds.), The Vranitzky Era in Austria. Contemporary Austrian Studies 7, New Brunswick – London 1999.

Bischof, Günter/Pelinka, Anton/Wodak, Ruth (eds.), Neutrality in Austria. Contemporary Austria Studies, Volume 9, New Brunswick – London 2001.

Bischof, Günter/Plasser, Fritz (eds.), The Schüssel Era in Austria. Contemporary Austrian Studies 18, New Orleans 2010.

Bloed, Arie, The Conference on Security and Cooperation in Europe. Analysis and Basic Documents 1972-1993, Dordrecht 1993.

Boeckh, Katrin, Von den Balkankriegen zum Ersten Weltkrieg. Kleinstaatenpolitik und ethnische Selbstbestimmung auf dem Balkan, München 1996.

Brait, Andrea/Gehler, Michael (Hrsg.), Grenzöffnung 1989. Innen- und Außenperspektiven und die Folgen für Österreich, Wien u.a., 2014.

Randeck-Bocquet, Gisela (Hrsg.), Europäische Außenpolitik. GASP- und ESVP-Konzeptionen ausgewählter EU-Mitgliedsstaaten. Würzburger Universitätsschriften zu Geschichte und Politik (Band 3), Baden-Baden 2002.

Breuss, Fritz, Bereits eingetretene und noch zu erwartende Integrationseffekte, in: Khol, Andreas/Ofner, Günther/Stirnemann, Alfred (Hrsg.), Österreichisches Jahrbuch für Politik 1995. Verlag für Geschichte und Politik, Wien 1996, S. 361-382.
Breuss, Fritz, Erweiterungs- und Nachbarschaftspolitik der EU, in: WIFO-Monatsberichte 80 (2007), 8, S. 641-660.
Breuss, Fritz, Die österreichische Wirtschaft seit der Ostöffnung, in: Stiefel, Dieter/Schumpeter Gesellschaft (Hrsg.), Der „Ostfaktor" — Österreichs Wirtschaft und die Ostöffnung 1989 bis 2009. Böhlau, Wien u.a., 2010, S. 115-157.
Breuss, Fritz, Auswirkungen der Ostöffnung 1989 auf Österreichs Wirtschaft, in: Brait, Andrea/Gehler, Michael (Hrsg.), Grenzöffnung 1989: Innen- und Außenperspektiven und die Folgen für Österreich, Wien u.a., 2014, S. 67-108.
Breuss, Fritz, Österreichs Erfahrungen mit der EU und dem Euro, in: Maurer, Andreas/Neisser, Heinrich/Pollak, Johannes (Hrsg.), 20 Jahre EU-Mitgliedschaft Österreichs. Facultas, Wien 2015, S. 119-132.
Breuss Fritz/Schebeck Fritz, Ostöffnung und Osterweiterung der EU: Ökonomische Auswirkungen auf Österreich, in: WIFO-Monatsberichte 2 (1996), S. 139-151.
Breuss Fritz/Schebeck, Fritz, Kosten und Nutzen der EU-Osterweiterung für Österreich, in: WIFO-Monatsberichte 71 (1998), 11, S. 741-750.
Breycha, Arthur, Österreich-Ungarn und Albanien, in: Albanien. *Mitteilungen des österreichischen Vereins zur Forderung Albaniens (Albanienkomitee)*, Nr. 1, Wien 1914, S. 3-4.
Bridge, Francis Roy, Österreich(-Ungarn) unter den Grossmächten, in: Wandruszka, Adam/Urbanitisch, Peter, Die Habsburgermonarchie 1848-1918. Die Habsburgermonarchie im System der Internationalen Beziehungen, Wien 1989 (Band VI/1), S. 196-373.
Brix, Emil/Busek, Erhard, Mitteleuropa revisited. Warum Europas Zukunft in Mitteleuropa entschieden wird, Wien 2018.
Brunmayr, Hans, Die EU-Präsidentschaft Österreichs, in: Khol, Andreas/Ofner, Günther/Stirnemann, Alfred (Hrsg.), Österreichisches Jahrbuch für Politik 1998, Wien 1999, S. 481-498.
Buchmann, Bertrand Michael, Österreich und das Osmanische Reich. Eine bilaterale Geschichte, Wien 1999.
Buckley, Mary/CUMMINGS, Sally N. (eds.), Kosovo. Perceptions of War and is Aftermath, London, New York 2001.
Buckley, William Joseph (ed.), Kosovo. Contending Voices on Balkan Intervention, Cambridge 2000.
Busek, Erhard, Die Verbesserung von Mitteleuropa – aber wie?, in: Österreichisches Jahrbuch für Internationale Politik 1990, Wien 1990, S. 75-77.
Busek, Erhard/Khol, Andreas/Neisser, Heinrich (Hrsg.), Politik für das dritte Jahrtausend. Festschrift für Alois Mock zum 60. Geburtstag, Graz 1994.
Büchele, Herwig/Pelinka, Anton (Hrsg.), Friedensmacht Europa: Dynamische Kraft für Global Governance?, Innsbruck 2011.
Calic, Marine-Janine, Jugoslawienpolitik am Wendepunkt, in: *Aus Politik und Zeitgeschichte*. Beilage zur Wochenzeitung Das Parlament 1993, S. 11-20.
Cap, Josef, Respekt vor Mock, dem Berechenbaren, in: Wachter, Hubert, Alois Mock. Ein Leben für Österreich, St. Pölten – Wien 1994, S. 223-229.
Caplan, Richard, Europe and the Recognition of New States in Yugoslavia, Cambridge 2005.
Castellan, Georges, Historia e Ballkanit. Çabej, Tirana 1991. (Originaltitel: Histoire des Balkans (XIVe-XXe siècle).
Castellan, Georges, History of the Balkans. From Mohammed the Conqueror to Stalin, New York 1992.

Quellen- und Literaturverzeichnis

Cede, Franz, Österreichs Neutralität und Sicherheitspolitik nach dem Beitritt zur Europäischen Union, in: *Zeitschrift für Rechtsvergleichung, Internationales Privatrecht und Europarecht* 36 (1995), 4, S. 142-148.

Cede, Franz/Prosl, Christian, Anspruch und Wirklichkeit. Österreichs Außenpolitik seit 1945. Studienverlag, Innsbruck u.a., 2015.

Chiari, Bernhard/Kesselring, Agilolf (Hrsg.), Kosovo. Wegweiser zur Geschichte. Ferdinand Schöningh, Paderborn u.a., 2008

Chlumecky, Leopold Freiherr von, Die Italo-Albanesen und die Balkanpolitik, in: Österreichische *Rundschau* 1906 (Band V), S. 331-352.

Chlumecky, Leopold Freiherr von, Österreich-Ungarn und Italien. Das westbalkanische Problem und Italiens Kampf um die Vorherrschaft in der Adria, Leipzig, Wien 1907.

Chlumecky, Leopold Freiherr von, Bahnprojekte in Nordalbanien, in: Österreichische Rundschau 1908 (Band XVI), S. 149-159.

Chlumecky, Leopold Freiherr von, Österreich-Ungarns und Deutschlands Interesse an einem starken Albanien, in: Österreichische Rundschau 1913 (Band XXXIV), S. 253-268.

Chlumecky, Leopold Freiherr von, Unser und Albaniens Leidensweg, in: Österreichische Rundschau 1913 (Band XXXV), S. 1-4.

Chollet, Derek/Power, Samantha (eds.), The Unquiet American. Richard Holbrooke in the World, New York 2011.

Clark, Christopher, Die Schlafwandler. Wie Europa in den Ersten Weltkrieg zog, München 2013.

Clark, Howard, Civil Resistance in Kosovo, London – Sterling – Virginia 2000.

Clewing, Konrad, Mythen und Fakten zur Ethnostruktur in Kosovo. Ein geschichtlicher Überblick, in: Reuter, Jens/Clewing, Konrad (Hrsg.), Der Kosovo Konflikt. Ursachen-Verlauf-Perspektiven, Klagenfurt, Celovac 2000, S. 17-63.

Clewing, Konrad, Bevölkerungsentwicklung und Siedlungspolitik: Die ethnische Zusammensetzung des Kosovo, in: Chiari, Bernhard/Kesselring, Agilolf (Hrsg.), Kosovo. Wegweiser zur Geschichte, Paderborn 2008, S. 15-25.

Clewing, Konrad, Zur Kontinuität des Kosovo-Konfliktes 1878 bis 2008, in: Chiari, Bernhard/Kesselring, Agilolf (Hrsg.), Kosovo. Wegweiser zur Geschichte. Ferdinand Schöningh, Paderborn 2008, S. 113-123.

Clewing, Konrad, Balkankriege 1912/1913 und Griechenland, in: Blume, Horst-Dieter/Lienau, Cay (Hrsg.), Choregia, Münstersche Griechenland-Studien 12, Münster 2014, S. 13-26.

Clewing, Konrad/Ajeti, Faruk, Kosovo und die österreichisch-albanischen Beziehungen: Bilder einer Geschichte (Hrsg. von der Botschaft der Republik Kosovo in Österreich, vom Albanien-Institut e.V. und der Österreichisch-kosovarischen Freundschaftsgesellschaft), München 2018.

Csarmann, Mira/Heinrich, Hans-Georg, Grenzüberschreitende regionale Zusammenarbeit zwischen Österreich und Jugoslawien, in: Höll, Otmar (Hrsg.), Österreich-Jugoslawien. Determinanten und Perspektiven ihrer Beziehungen, Wien 1988, S. 33-70.

Dachs, Herbert/Gerlich, Peter/Gottweis, Herbert/Kramer, Helmut/Lauber, Volkmar/Müller, Wolfgang C./Tálos, Emmerich (Hrsg.), Politik in Österreich. Das Handbuch, Wien 2006.

Dammann, Michael, Internationale Bearbeitung des Kosovokonflikts 1990-1999. Trierer Arbeitspapiere zur Internationalen Politik Universität. Trier Lehrstuhl für Außenpolitik und Internationale Beziehungen 2000.

Dannreuther, Roland, War in Kosovo: History, Development and Aftermath, in: Buckley, Mary/Cummings, Sally N. (eds.), Kosovo. Perceptions of War and its Aftermath. Continuum, London, New York 2001, S. 12-29.

Deusch, Engelbert, Das Albanerkonvikt in Wien, in: Österreichische Osthefte 24 (1982), Nr. 3, S. 330-351.

Deusch, Engelbert, Das k. (u.) k. Kultusprotektorat im albanischen Siedlungsgebiet in seinem kulturellen, politischen und wirtschaftlichen Umfeld, Wien 2009.

Devetak, Richard/Burke, Anthony/George, Jim, An Introduction to International Relations Australian Perspectives, Cambridge 2007.
Diersburg, Röder von/Freiherr, Philipp, Des Markgrafen Ludwig Wilhelm von Baden Feldzüge wider die Türken, Karlsruhe 1839.
Djordevic, Dimitrije/Fischer-Galati Stephen, The Balkan Revolutionary Tradition, New York 1981.
Draschtak, Raphael, Endspiel 1995. Die USA beenden den Balkankrieg, Wien 2005.
Džihić, Vedran/Kramer, Helmut, Der Kosovo nach der Unabhängigkeit. Hehre Ziele, enttäuschte Hoffnungen und die Rolle der internationalen Gemeinschaft. Internationale Politikanalyse 2008 http://library.fes.de/pdf-files/id/ipa/05695.pdf (abgerufen 19.11.2018).
Džihić, Vedran/Kramer, Helmut, Der unabhängige Kosovo im Herbst 2009. Kann die EULEX-Mission ihre Aufgaben erfüllen? Internationale Politikanalyse 2009 http://library.fes.de/pdf-files/id/ipa/06746.pdf (abgerufen 19.11.2018).
Džihić, Vedran/Maurer, Herbert, Sprich günstig mit dem Balkan, Wien 2011.
Elsie, Robert, Keeping an Eye on the Albanians. Selected writings in Albanian Studies. Centre for Albanian Studies, London 2015.
Epstein, Klaus, The development of German-Austrian war aims in the spring of 1917, in: Journal of Central European Affairs 17 (1957), p. 24-47.
Europa-Archiv, 46. Jahr, *Zeitschrift für Internationale Politik*. Dokumente. Deutsche Gesellschaft für Auswärtige Politik, Bonn 1991.
Europa-Archiv, 47. Jahr, *Zeitschrift für Internationale Politik*. Dokumente. Deutsche Gesellschaft für Auswärtige Politik, Bonn 1992.
Europa-Archiv, 48. Jahr, *Zeitschrift für Internationale Politik*. Dokumente. Deutsche Gesellschaft für Auswärtige Politik, Bonn 1993.
Falkner, Gerda, Zur „Europäisierung" des österreichischen politischen Systems, in: Dachs, Herbert et al. (Hrsg.), Politik in Österreich. Das Handbuch, Wien 2006, S. 82-94.
Faroqhi, Suraiya N., Coping with the Central State, Coping with the Local Power: Ottoman Regions and Notables from the Sixteenth to the Early Nineteenth Century, in: Adanir, Fikret/Faroqhi, Suraiya N. (eds.), The Ottomans and the Balkans. A Discussion of Historiography, Leiden 2002, p. 351-381;
Faroqhi, Suraiya N. (ed.), The Cambridge History of Turkey, Cambridge 2006.
Faveyrial, Jean Claud, Histoire d'Albanie [Historia më e vjetër e Shqipërisë], Tiranë 2004.
Feichtinger, Walter/Steppan, Christian (Hrsg.), Gordischer Knoten Ukraine. Eine gesamtstrategische Betrachtung. Militärwissenschaftliche Publikationsreihe der Landesverteidigungsakademie, Wien 2017.
Fischer, Heinz, Begrüßungs- und Eröffnungsreden bei den Internationalen Konferenz, in: Gashi, Skender/von Khol, Christine (Hrsg.), Die Wiederkehr der albanischer Frage-Ihre Bedeutung für den Balkan und Europa. *Dardania, Zeitschrift für Geschichte, Kultur, Literatur und Politik*, Wien 1997 (Band 5), S. 31-34.
Fischer, Heinz, Österreichs Sicherheitspolitik im Hinblick auf NATO und WEU, in: Khol, Andreas/Ofner, Günther/Stirnemann, Alfred (Hrsg.), Österreichisches Jahrbuch für Politik 1997, Wien 1998, S. 117-130.
Frantz, Eva Anne, Gewalt und Koexistenz. Muslime und Christen im spätosmanischen Kosovo (1870-1913), München 2016.
Frasheri, Kristo, The History of Albania. A Brief Survey, Tirana 1964.
Freudenschuss, Helmut, Von der Neutralitäts- zur Solidaritätspolitik? — Österreich im Sicherheitsrat der Vereinten Nationen 1991/92 — Versuch einer Bilanz, in: *International* 2-3 (1993), S. 25-31.
Freundlich, Leo, Albaniens Golgatha, Anklageakten gegen die Vernichter des Albanervolkes, Wien 1913.
Freundlich, Leo, Die Albanische Korrespondenz. Agenturmeldungen aus Krisenzeiten (Juni 1913 bis August 1914) (Hrsg. von Robert Elsie), München 2012.

Quellen- und Literaturverzeichnis

Friedrich, Roland, Die deutsche Außenpolitik im Kosovo-Konflikt, Wiesbaden 2005.
Frischenschlager, Friedhelm, Eine europäische Perspektive für das Kosovo? EU-Krisenmanagement durch Beitrittsstrategie, in: Reiter, Erich (Hrsg.), Jahrbuch für internationale Sicherheitspolitik 2004, *Hamburg* 2004, S. 349-371.
Frölich-Steffen, Susanne, Die österreichische Identität im Wandel. Studien zur politischen Wirklichkeit, Herausgegeben von Anton Pelinka (Band 15), Wien 2003.
Gagnon Jr, V. P., „Minorities" and Political Space: The Yugoslav Wars of the 1990s, in: Riegler, Henritte (ed.), Nationhood, War and the multinational State in former Yugoslavia. Österreichisches Institut für Internationale Politik, Arbeitspapier 39 (2002), p. 45-58.
Gallagher, Tom, The Balkans after the Cold War. From Tyranny to Tragedy, London 2003.
Gärtner, Heinz, Thesen zur Neutralität und zur österreichischen Sicherheitspolitik, in: Alfred Klahr Gesellschaft, Österreich auf dem Weg in Militärbündnisse? Die Militarisierung der Europäischen Union und die österreichische Neutralität, Wien 2008, S. 23-32.
Gärtner, Heinz/Höll, Otmar/Luif, Paul, Österreichische Außen- und Sicherheitspolitik, in: Gustenau, Gustav E. (Hrsg.), Österreich als außen- und sicherheitspolitischer Akteur (2005). Anspruch und Wirklichkeit http://www.bundesheer.at/pdf_pool/publikationen/15_0105_akteur _03.pdf (abgerufen 19.03.2016).
Gashi, Skender/Khol, Christine von (Hrsg.), Die Wiederkehr der albanischer Frage-Ihre Bedeutung für den Balkan und Europa. *Dardania, Zeitschrift für Geschichte, Kultur, Literatur und Politik*, Wien 1997 (Band 5).
Gashi, Dardan/Steiner, Ingrid, Albanien: Archaisch, Orientalisch, Europäisch, Wien 1997.
Gebhard, Carmen, Neutralität und Europäische Integration. Österreich und Schweden im sicherheitspolitischen Vergleich. Schriftenreihe der Landesverteidigungsakademie 9, Wien 2005.
Gehl, Günter (Hrsg.), Münster – Versailles – Dayton: Konfliktlösungen gestern – heute – morgen, Weimar – Trier 2000.
Gehler, Michael, Österreichs Außenpolitik der Zweiten Republik. Von der alliierten Besatzung bis zum Europa des 21. Jahrhunderts (2 Bände), Innsbruck 2005.
Gehler, Michael, Die zweite Republik – zwischen Konsens und Konflikt. Historischer Überblick (1945-2005), in: Dachs, Herbert et al. (Hrsg.), Politik in Österreich. Das Handbuch, Wien 2006, S. 35-51.
Gehler, Michael, Vom EU-Beitritt bis zur EU-Osterweiterung: Die Außen-, Europa- und Integrationspolitik von Außenminister (1995–2000) und Bundeskanzler (2000–2006) Wolfgang Schüssel, in: Kriechbaumer, Robert/Schausberger, Franz (Hrsg.), Die umstrittene Wende. Österreich 2000-2006, Wien – Köln – Weimar 2013, S. 461-550.
Gehler, Michael, Europa. Ideen – Institutionen – Vereinigung – Zusammenhalt, Reinbek 2018.
Gehler, Michael/Brait, Andrea (Hrsg.), Am Ort des Geschehens in Zeiten des Umbruchs. Lebensgeschichtliche Erinnerungen aus Politik und Ballhausplatzdiplomatie vor und nach 1989. Historische Europa-Studien, Hildesheim – Zürich – New York 2018.
Gehler/Michael, Pelinka, Anton/Bischof, Günther (Hrsg.), Österreich in der Europäischen Union. Bilanz seiner Mitgliedschaft, Wien 2003.
Gehler, Michael/Scharlemann, Imke (Hrsg.), Zwischen Diktatur und Demokratie. Erfahrungen in Mittelost- und Südosteuropa. Hildesheimer Europagespräche II, Historische Europastudien 10. Hildesheim 2013.
Gerlich, Peter (Hrsg.), Österreichs Nachbarstaaten. Innen- und außenpolitische Perspektive. Schriftenreihe des Zentrums für angewandte Politikforschung, Wien 1997.
Glenny, Misha, The Balkans. Nationalism, War, and the Great Powers 1804-2011, London 2012.
Gostentschnigg, Kurt, Die Verflechtung von Wissenschaft und Politik am Beispiel der österreichisch-ungarischen Albanologie, in: *Südost-Forschungen* 58 (1999), S. 221-245.

Gostentschnigg, Kurt, Albanerkonvikt und Albanienkomitee Instrumente der Handels- und Verkehrspolitik Österreich-Ungarns gegenüber Albanien im Dienste des informellen, in: *Südost-Forschungen* 65-66 (2006), S. 313-337.

Gostentschnigg, Kurt, Wissenschaft im Spannungsfeld von Politik und Militär. Die österreichisch-ungarische Albanologie 1867-1918, Wiesbaden 2018.

Gottsmann, Andreas, Konkordat oder Kultusprotektorat? Die Donaumonarchie und die diplomatischen Aktivitäten des Heiligen Stuhls in Südosteuropa 1878-1914, in: *Römische Historische Mitteilungen* 48 (2006), S. 409-464.

Grandits, Hannes/Clayer, Nathalie/Pichler, Robert (eds.), Conflicting loyalties in the Balkans. The Great Powers, the Ottoman Empire and Nation-Building, London 2011.

Grimm, Gerhard, Johann Georg von Hahn (1811-1869). Leben und Werk, Wiesbaden 1964.

Gritsch, Kurt, Inszenierung eines gerechten Krieges? Intellektuelle, Medien und der „Kosovo-Krieg" 1999. Historische Europa-Studien – Geschichte in Erfahrung, Gegenwart und Zukunft (Band 3), Hildesheim 2010.

Grothe, Hugo, Das albanische Problem. Politisches und Wirtschaftliches, Halle (Saale) 1914.

Grünberg, Karl, Die handelspolitischen Beziehungen Österreich-Ungarns zu Rumänien, Serbien und Bulgarien, in: Schriften des Vereins für Sozialpolitik. Beiträge zur neuesten Handelspolitischen Österreichs (Band 93), Leipzig 1901, S. 103-148.

Hacisalihoğlu, Mehmet, Die Zeit der Osmanenherrschaft, in: Chiari, Bernhard/Kesselring, Agilolf (Hrsg.), Kosovo. Wegweiser zur Geschichte. Ferdinand Schöningh, Paderborn 2008, S. 35-41.

Hafner, Gerhard, Die politischen Änderungen in Europa und die dauernde Neutralität, in: Neuhold, Hanspeter/Simma, Brunno (Hrsg.), Neues europäisches Völkerrecht nach dem Ende des Ost-West-Konfliktes?, Baden-Baden 1996, S. 115-140.

Hafner, Gerhard/Kalb, Nadia, Struktur und Inhalt der Stellungnahmen Österreichs im IGH-Gutachtenverfahren zu Kosovo, in: Hilpold, Peter (Hrsg.), Das Kosovo-Gutachten des IGH vom 22. Juli 2010, Leiden – Boston 2012, S. 259-268.

Hahn, Johann Georg von, Albanische Studien, Heft 1-3, Wien 1853.

Hahn, Johann Georg von, Griechische und albanesische Märchen (Band I u. II), Berlin 1918.

Hála, József, Franz Baron von Nopcsa. Anmerkungen zu seiner Familie und seine Beziehungen zu Albanien. Eine Bibliographie, Wien 1993.

Hall, Richard C., The Balkan Wars 1912-1913. Prelude to the First World War, London 2000.

Hamburger, Friedrich, Die Neutralitätsdebatte des Jahres 1992, in: Khol, Andreas/Ofner, Gunther/Stirnemann, Alfred (Hrsg.), Österreichisches Jahrbuch für Politik 1992. Verlag für Geschichte und Politik, Wien 1993, S. 211–232.

Handl, Vladimir, Die CEFTA – mehr als bloß Freihandel?, in: Hatschikjan, Magarditsch (Hrsg.), Jenseits der Westpolitik: Die Außenpolitik der osteuropäischen Staaten im Wandel, Opladen 2000, S. 111-134.

Hannig, Alma, Die Balkanpolitik Österreichs-Ungarn vor 1914, in: Angelow, Jürgen (Hrsg.), Der Erste Weltkrieg auf dem Balkan. Perspektiven der Forschung, Berlin-Brandenburg 2011, S. 35-56.

Hantsch, Hugo, Die Geschichte Österreichs, Graz 1953.

Hatschikjan, Magarditsch (Hrsg.), Jenseits der Westpolitik: Die Außenpolitik der osteuropäischen Staaten im Wandel, Opladen 2000.

Hauser, Gunther, Das Jahr 1989 aus österreichischer und internationaler sicherheitspolitischer Perspektive, in: Brait, Andrea/Gehler, Michael (Hrsg.), Grenzöffnung 1989. Innen- und Außenperspektiven und die Folgen für Österreich, Wien 2014, S. 331-347.

Haymerle, Heinrich, Die Beziehungen zur Großmacht im Osten, in: Bielka, Erich/Jankowitsch, Peter/Thalberg, Hans (Hrsg.), Die Ära Kreisky. Schwerpunkte der österreichischen Außenpolitik, Wien 1983, S. 143-194.

Heaton-Armstrong, Duncan, The Six Month Kingdom. Albania 1914 (ed. by Gervase Belfield/Bejtullah Destani), London 2005.

Quellen- und Literaturverzeichnis

Helmreich, Ernst Christian, The Diplomacy of the Balkan Wars 1912-1913, Cambridge 1938.
Heydecker, Joe J., Der Grosse Krieg 1914-1918. Von Sarajewo bis Versailles, Berlin 1988.
Hilpold, Peter (Hrsg.), Das Kosovo-Gutachten des IGH vom 22. Juli 2010, Leiden – Boston 2012.
Hinteregger, Gerald, Die Erweiterung der Europäischen Union, in: Khol, Andreas/Ofner, Gunther/Stirnemann, Alfred (Hrsg.), Österreichisches Jahrbuch für Politik 1998, Wien 1999, S. 455-480.
Höll, Otmar, Kleinstaaten-Theorien und Abhängigkeit, in: Kramer, Helmut (Projektleiter u. Hrsg.), Österreich im internationalen System. Zusammenfassung und Ergebnisse und Ausblick, Wien 1983, S. 34-42.
Höll, Otmar, Small States in Europe and Dependence, Wien 1983.
Höll, Otmar (Hrsg.), Österreich-Jugoslawien. Determinanten und Perspektiven ihrer Beziehungen. Österreichisches Institut für Internationale Politik, Wien 1988.
Höll, Othmar, Die außenpolitischen Beziehungen Österreichs zu seinen Nachbarstaaten, in: Gerlich, Peter (Hrsg.), Österreichs Nachbarstaaten. Innen- und außenpolitische Perspektive. Schriftenreihe des Zentrums für angewandte Politikforschung, Wien 1997, S. 279-316.
Höll, Otmar (ed.), The Austrian Presidency of the European Union, (OIIP/TEPSA Conference-Vienna, 15/16 May 1998), Österreichisches Institut für Internationale Politik, Laxenburg 1998.
Höll, Otmar, Außen- und Sicherheitspolitik, in: Neisser, Heinrich/Puntscher Riekmann, Sonja (Hrsg.), Europäisierung der österreichischen Politik: Konsequenzen der EU-Mitgliedschaft. WUV-Universitätsverlag, Wien 2002, S. 369-395.
Höll, Otmar, 50 Jahre österreichische Außenpolitik. Lange Schatten der Vergangenheit, in: *International* 3-4 (2005), S. 16-21.
Höll, Otmar, Wolfgang Schüssel and Austrian Foreign Policy, in: Bischof, Günter/Plasser, Fritz (eds.), The Schüssel Era in Austria. Contemporary Austrian Studies 18, New Orleans 2010, p. 159-182.
Höll, Otmar/Puntscher Riekmann, Sonja (eds.), The Austrian Presidency of the European Union: Assessment and Perspectives (Conference-Vienna, 19/20 March 1999). Österreichisches Institut für Internationale Politik, Laxenburg 1999.
Horstenau, Edmund Glaise von, Österreich-Ungarns letzter Krieg 1914-1918, Wien 1938.
Hort, Peter, Europas Außenpolitik – ein Fernziel, in: *Europa-Archiv* (1991), S. 577-582.
Hösch, Edgar, Geschichte des Balkans, München 2011.
Horvath, Patrick/Skarke, Herbert/Weinzierl, Rupert (Hrsg.), Die „Vision Zentraleuropa" im 21. Jahrhundert. Festschrift zum 90. Geburtstag von Heinz Kienzl, Wien 2012.
Human Rights Watch, A Week of Terror in Drenica. Humanitarian Law Violations in Kosovo. New York 1999.
Hummer, Waldemar, Neutralitätsrechtliche und neutralitätspolitische Fragen im Zusammenhang mit einem möglichen EG-Beitritt Österreichs, in: Khol, Andreas/Ofner, Gunther/Stirnemann, Alfred (Hrsg.), Österreichisches Jahrbuch für Politik 1988, Wien 1989, S. 55–78.
Hummer, Waldemar, Solidarität versus Neutralität, in: Österreichische Militärische Zeitschrift 2 (2001), S. 147-166.
Hummer, Waldemar (Hrsg.), Staatsvertrag und immerwährend Neutralität Österreichs. Eine juristische Analyse, Wien 2007.
Internationales Institut für Liberale Politik Wien, Überlegungen zur Neutralität. Sozialwissenschaftliche Schriftenreihe 25, Wien 2008.
Ippen, Theodor A., Novibazar und Kossovo (Das alte Rascien), Wien 1892.
Ippen, Theodor A., Das Gewohnheitsrecht der Hochländer in Albanien, in: *ZfE* 33 (1901), S. 43-57, 352-363 (gekürzt und abgedruckt in: IAF 1 [1916], S. 389-408).
Ippen, Theodor A., Das religiöse Protektorat Österreich-Ungarns in der Türkei, in: *Die Kultur* III (1901/1902), S. 298-310.
Ippen, Theodor A., Beiträge zur inneren Geschichte Albaniens im 19. Jahrhundert, in: Österreichisch-ungarische Revue 23 (1902), S. 35-49.

Ippen, Theodor A., Über die geographischen Namen in Albanien, in: Mitt. d. geo. Ges. 47 (1904), S. 2-10.
Ippen, Theodor A., Denkmäler verschiedener Alterstufen in Albanien, in: WMBH 10 (1907), S. 3-70.
Ischinger, Wolfgang, Welt in Gefahr. Deutschland und Europa in unsicheren Zeiten, Berlin 2018.
Ischinger, Wolfgang/Rolofs, Oliver Joachim, Kosovo und Serbien: Möglichkeiten für einen Modus vivendi?, in: *Südosteuropa Mitteilungen* 4-5 (2010), S. 6-18.
Jandl, Gerhard, Politische Entwicklungen in Bosnien nach Dayton, in: *Wiener Blätter zur Friedensforschung* 87, Wien 1996, S. 20-34.
Jandl, Gerhard, Vielschichtige Nachbarschaft – Überlegungen zur außenpolitischen Option Österreichs im Bereich des ehemaligen Jugoslawien, in: Österreichischen Monatshefte 6-7 (1996), S. 17-24.
Jandl, Gerhard, Von Sarajewo nach Dayton – Historische Betrachtungen zum Balkan-Konflikt, in: Österreichischen Monatshefte 7-8 (1997), S. 31-36.
Jandl, Gerhard, Die Balkankrise und kein Ende, in: Khol, Andreas/Ofner, Günther/Stirnemann, Alfred (Hrsg.), Österreichisches Jahrbuch für Politik 1997, Wien 1998, S. 773 – 803.
Jandl, Gerhard, Österreichs Rolle im Kosovo-Konflikt, in: Österreichisches Jahrbuch für internationale Politik 1999, Wien 2000, S. 50-79.
Jandl, Gerhard, Krieg auf dem Balkan – Konsequenz woraus?, in: Gehl, Günter (Hrsg.), Münster – Versailles – Dayton: Konfliktlösungen gestern – heute – morgen, Weimar – Trier 2000, S. 79-98.
Jandl, Gerhard, Friedenssicherung im 21. Jahrhundert: Beispiel Südosteuropa (Bosnien-Herzegowina, Kosovo, Montenegro), in: Ginther, Konrad et al. (Hrsg.), Völker- und Europarecht – 25. Österreichischer Völkerrechtstag, Wien 2001, S. 27-38.
Jandl, Gerhard, Die Quadratur des Kreises, in: *Academia*, Nr. 6 (2006), Wien, S. 26-27.
Jandl, Gerhard, Die EU als (erfolgreicher?) Krisenmanager auf dem Balkan – ein Erfahrungsbericht aus mitgliedstaatlicher Perspektive, in: Isak H. (Hrsg.), Krise Kompetenz Kooperation – Beiträge zum 9. Österreichischen Europarechtstag 2009, Wien 2010, S. 49-84.
Jandl, Gerhard, Österreichs Mitgliedschaft im Sicherheitsrat 1991/1992: Ein Erfahrungsbericht, in: Troy, Jodok (Hrsg.), Im Dienst der internationalen Gemeinschaft – Österreich in den Vereinten Nationen, Innsbruck 2013, S. 23-33.
Jandl, Gerhard, Österreich und die Krisen und Kriege auf dem Balkan, in: Gehler, Michael/Scharlemann, Imke (Hrsg.), Zwischen Diktatur und Demokratie. Erfahrungen in Mittelost- und Südosteuropa. Hildesheimer Europagespräche II, Historische Europastudien 10, Hildesheim 2013, S. 371-441.
Jandl, Gerhard, The Role of Member States in the Common Foreign and Security Policy to come, in: Pichler, Johannes W./Balthasar, Alexander (eds.), The Report of the Future of Europe-Striking the Balance between „Unity" and „Diversity"? Proceedings of the Conference on European Democracy 2013, Wien – Graz 2014, p. 49-55.
Jandl, Gerhard, Zur Bedeutung des Balkans für die österreichische Außenpolitik, in: *Wiener Blätter zur Friedensforschung* 160, Wien 2014, S. 1-32.
Jandl, Gerhard, Neutralität und die österreichische Sicherheitspolitik, in: Schöpfer, Gerald (Hrsg.), Die österreichische Neutralität. Chimäre oder Wirklichkeit?, Graz 2015, S. 193-206.
Jandl, Gerhard, Beginnt der Balkan noch immer in Wien?, in: Maurer, Andreas/Neisser, Heinrich/Pollak, Johannes (Hrsg.), 20 Jahre EU-Mitgliedschaft Österreichs, Wien 2015, S. 235-249.
Jandl, Gerhard, Die Ukraine-Krise und die europäische (und österreichische) Sicherheitspolitik, in: Feichtinger, Walter/Steppan, Christian (Hrsg.), Gordischer Knoten Ukraine. Eine gesamtstrategische Betrachtung. Militärwissenschaftliche Publikationsreihe der Landesverteidigungsakademie 2017, S. 223-231.
Jandl, Gerhard, Die Neutralität (erneut) als Identitätsmerkmal?, in: *Wiener Blätter zur Friedensforschung* 170, Wien 2017, S. 17-22.

Quellen- und Literaturverzeichnis

Jandl, Gerhard/Kühnel, Richard, Die Entwicklungen zum Frieden im ehemaligen Jugoslawien- Internationale Balkanpolitik 1995/1996, in: Khol, Andreas/Ofner, Günther/Stirnemann, Alfred (Hrsg.), Österreichisches Jahrbuch für Politik 1995, Wien 1996, S. 549-575.

Jankowitsch, Peter, Österreich im Sicherheitsrat, in: Österreichische Zeitschrift für Außenpolitik 15/2 (1975).

Jankowitsch, Peter, Österreich und die dritte Welt, in: Bielka, Erich/Jankowitsch, Peter/Thalberg, Hans (Hrsg.), Die Ära Kreisky. Schwerpunkte der österreichischen Außenpolitik, Wien 1983, S. 257-292.

Janz, Oliver, Der große Krieg, Frankfurt am Main 2013.

Jedlaucnik, Herwig, Der Albanische Staat in der Krise. Informationen zur Sicherheitspolitik, Wien 1999.

Jedlaucnik, Herwig, Der Weg zur Anerkennung: Österreichs politische und militärische Involvierung in die Slowenienkrise, in: *Der Donauraum* 3-4 (2014), S. 231–256.

Jelavich, Barbara, History of the Balkans. Eighteenth and Nineteenth Centuries, Cambridge 1984.

Jelavich, Barbara, History of the Balkans. Twentieth Century, Cambridge 1985.

Jelavich, Barbara, Modern Austria. Empire and Republic 1815-1986, Cambridge 1987.

Jelavich, Barbara, Russia's Balkan entanglements 1806-1914, Cambridge 1991.

Judah, Tim, The Serbs: History, Myth and the Destruction of Yugoslavia, New Haven 1997.

Judah, Tim, Inside the KLA, in: New York Review of Books 10 (1999), p. 19-23.

Judah, Tim, Kosovo. War and Revenge, New Haven – London 2000.

Judah, Tim, A History of the Kosovo Liberation Army, in: Buckley, William Joseph (ed.), Kosovo. Contending Voices on Balkan Intervention, Michigan – Cambridge 2000, S. 108-115.

Kammerhofer, Leopold, Diplomatie und Pressepolitik 1848-1918, in: Wandruszka, Adam/Urbanitisch, Peter, Die Habsburgermonarchie 1848-1918. Die Habsburgermonarchie im System der Internationalen Beziehungen. Verlag der Österreichischen Akademie der Wissenschaften, Wien 1989 (Band VI/1), S. 456-495.

Kann, Robert A., A History of the Habsburg Empire 1526-1918, Berkeley 1974.

Kann, Robert A., Die Prochaska-Affäre vom Herbst 1912. Zwischen kaltem und heissem Krieg, Wien 1977.

Kaplan, Robert D., Balkan ghosts: a journey through history, New York 1993.

Karner, Stefan/Tschubarjan, Alexander O. (Hrsg.), Die Moskauer Deklaration 1943. Österreich wieder herstellen, Wien 2015.

Kaser, Karl, Der Balkan und der Nahe Osten – eine gemeinsame Geschichte, in: *Südost-Forschungen* 69-70 (2010), S. 397-430.

Katzenstein, Peter J., Disjoined Partners. Austria and Germany since 1815, Berkeley 1976.

Khol, Andreas, Österreichs Beziehungen zu den Nachbarstaaten, in: Kicker, Renate/Khol, Andreas/Neuhold, Hanspeter, Außenpolitik und Demokratie in Österreich. Strukturen-Strategien-Stellungnahmen. Ein Handbuch, Salzburg 1983, S. 371-410.

Khol, Andreas, Österreich und Europa in Annus Mirabilis Europae 1989, in: Khol, Andreas/Ofner, Günther/Stirnemann, Alfred (Hrsg.), Österreichisches Jahrbuch für Politik 1989, Wien 1990, S. 813-841.

Khol, Andreas, Neutralität– ein überholtes Instrument österreichischer Sicherheitspolitik?, in: Khol, Andreas/Ofner, Günther/Stirnemann, Alfred (Hrsg.), Österreichisches Jahrbuch für Politik 1990, Wien 1991, S. 677–709.

Khol, Andreas, Konturen einer neuen Sicherheitspolitik: Von der Neutralität zur Solidarität, in: Khol, Andreas/Ofner, Gunther/Stirnemann, Alfred (Hrsg.), Österreichisches Jahrbuch für Politik 1992, Wien 1993, S. 47-86.

Khol, Andreas, Die österreichischen Außenpolitik-Prioritäten im dritten Jahrtausend, in: Busek, Erhard/Khol, Andreas/Neisser, Heinrich (Hrsg.), Politik für das dritte Jahrtausend. Festschrift für Alois Mock zum 60. Geburtstag, Graz 1994, S. 253-266.

Khol, Andreas, Europäische Sicherheitsarchitektur im Pilgerschnitt?, in: Khol, Andreas/Ofner, Günther/Stirnemann, Alfred (Hrsg.), Österreichisches Jahrbuch für Politik 1993, Wien 1994, S. 731-737.

Khol, Andreas, EDU's Challenge to Lead Europe, in: Tobisson, Lars/Khol, Andreas/Wintoniak, Alexis, Twenty Years European Democrat Union 1978-1998. Europäische Demokratische Union, Wien 1998, p. 19-79.

Khol, Andreas/Ofner, Günther/Stirnemann, Alfred (Hrsg.), Österreichisches Jahrbuch für Politik 1988, Wien 1989.

Khol, Andreas/Ofner, Günther/Stirnemann, Alfred (Hrsg.), Österreichisches Jahrbuch für Politik 1989, Wien 1990.

Khol, Andreas/Ofner, Günther/Stirnemann, Alfred (Hrsg.), Österreichisches Jahrbuch für Politik 1990, Wien 1991.

Khol, Andreas/Ofner, Günther/Stirnemann, Alfred (Hrsg.), Österreichisches Jahrbuch für Politik 1991, Wien 1992.

Khol, Andreas/Ofner, Günther/Stirnemann, Alfred (Hrsg.), Österreichisches Jahrbuch für Politik 1992, Wien 1993.

Khol, Andreas/Ofner, Günther/Stirnemann, Alfred (Hrsg.), Österreichisches Jahrbuch für Politik 1993, Wien 1994.

Khol, Andreas/Ofner, Günther/Stirnemann, Alfred (Hrsg.), Österreichisches Jahrbuch für Politik 1995, Wien 1996.

Khol, Andreas/Ofner, Günther/Stirnemann, Alfred (Hrsg.), Österreichisches Jahrbuch für Politik 1996, Wien 1997.

Khol, Andreas/Ofner, Günther/Stirnemann, Alfred (Hrsg.), Österreichisches Jahrbuch für Politik 1997, Wien 1998.

Khol, Andreas/Ofner, Günther/Stirnemann, Alfred (Hrsg.), Österreichisches Jahrbuch für Politik 1998, Wien 1999.

Khol, Andreas/Ofner, Günther/Burkelet-Dottolo, Günther/Stirnemann, Alfred (Hrsg.), Österreichisches Jahrbuch für Politik 1999, Wien 2000.

Khol, Andreas/Ofner, Günther/Karner, Stefan/Halper, Dietmar (Hrsg.), Österreichisches Jahrbuch für Politik 2016. Eine Publikation der Politischen Akademie, Wien 2017.

Khol, Christine von, Albanien, München 2003.

Kicker, Renate/Khol, Andreas/Neuhold, Hanspeter, Außenpolitik und Demokratie in Österreich. Strukturen-Strategien-Stellungnahmen. Ein Handbuch, Salzburg 1983, S. 371-410.

Kicker, Renate, Die Außenpolitik Österreichs in der Zweiten Republik, 2002 http://www.demokratiezentrum.org/fileadmin/media/pdf/kicker.pdf (abgerufen 02.02.2016).

Kirchschläger, Rudolf, Integration und Neutralität, in: Bielka, Erich/Jankowitsch, Peter/Thalberg, Hans (Hrsg.), Die Ära Kreisky. Schwerpunkte der österreichischen Außenpolitik, Wien 1983, S. 61-96.

Klenner, Markus, Eisenbahn und Politik 1758-1914. Vom Verhältnis der europäischen Staaten zu ihren Eisenbahnen, Wien 2002.

Klestil, Thomas, Die Entwicklung aus österreichischer Sicht, in: Österreichisches Jahrbuch für internationale Politik 1989, Wien 1989, S. 156-161.

Kopeinig, Margaretha, EU-Ratspräsidentschaft. Aufgaben und Rolle Österreichs, Wien 1998.

Kos, Franz-Josef, Die politischen und wirtschaftlichen Interessen Österreich-Ungarns und Deutschland in Südosteuropa 1912-1913. Die Adriahafen-, die Saloniki- und die Kavallfrage, Wien 1996.

Kostovicova, Denisa, Kosovo – The politics of identity and space, London – New York 2005.

Kramer, Helmut (Projektleiter u. Hrsg.), Österreich im internationalen System. Zusammenfassung und Ergebnisse und Ausblick, Wien 1983.

Kramer, Helmut, Wende in der österreichischen Außenpolitik? Zur Außenpolitik der SPÖ-ÖVP-Koalition, in: Österreichische Zeitschrift für Politikwissenschaft 2 (1988), S. 117-122.

Quellen- und Literaturverzeichnis

Kramer, Helmut, Öffentliche Meinung und die österreichische EG-Entscheidung im Jahre 1989, in: *SWS Rundschau* 31 (1991), S. 191-202.

Kramer, Helmut, Kleinstaaten-Theorie und Kleinstaaten-Außenpolitik in Europa, in: Waschkuhn, Arno (Hrsg.), Kleinstaat-Grundsätzliche und aktuelle Probleme, Vaduz 1993, S. 247-259.

Kramer, Helmut, Die Auswirkungen der Mitgliedschaft Österreichs in der EU – eine Zwischenbilanz, in: Khol, Andreas/Ofner, Günther/Stirnemann, Alfred (Hrsg.), Österreichisches Jahrbuch für Politik 1998, Wien 1999, S. 515-528.

Kramer, Helmut, Österreich eine Brücke zu Osteuropa?, in: Kreisky, Eva/Liebhart, Karin/Pribersky, Andreas (Hrsg.), Go East. Festschrift für Hans-Georg Heinrich, Wien 2005, S. 1-13.

Kramer, Helmut, Strukturentwicklung der österreichischen Außenpolitik (1945-2005), in: Dachs, Herbert et al. (Hrsg.), Politik in Österreich. Das Handbuch, Wien 2006, S. 807-837.

Kramer, Helmut, Österreich ist „hinternational". Zur Stagnation und Krise der österreichischen Außenpolitik, in: *International* 1 (2010), S. 4-8 https://homepage.univie.ac.at/helmut.kramer/helmut.kramer/Publikationen_files/Int110_Kramer.pdf (abgerufen 24.02.2016).

Kramer, Helmut, Österreichs Beitrag zur europäischen und globalen Sicherheit. Ein Plädoyer für mehr Selbstbewußtsein im Bekenntnis zu aktiver Neutralitäts- und Friedenspolitik, in: Roithner, Thomas/Frank, Johann/Huber, Eva (Hrsg.), Wieviel Sicherheit braucht der Friede?, Wien 2013, S. 89-100.

Kramer, Helmut, Plädoyer für eine Reaktivierung der Außen- und Neutralitätspolitik Österreichs, in: Roithner, Thomas/Gamauf, Ursula (Hrsg.), Am Anfang war die Vision vom Frieden. Wegweiser in eine Zukunft jenseits von Gewalt und Krieg. Festschrift zum 90. Geburtstag von Gerald Mater, Wien 2016, S. 343-356.

Kramer, Helmut, Austrian Foreign Policy 1995–2015, in: *Austrian Journal of Political Science* 45 (2016), 2, p. 49-57.

Kramer, Helmut/Džihić, Vedran, Die Kosovo-Bilanz. Scheitert die internationale Gemeinschaft?, Wien 2005.

Kramer, Helmut/Höll, Otmar, Österreich in der internationalen Entwicklung, in: Dachs, Herbert et al. (Hrsg.), Handbuch des politischen Systems Österreich, Wien 1991, S. 50-77.

Kramer, Helmut/Liebhart, Karin/Stadler, Friedrich (Hrsg.), Österreichische Nation-Kultur-Exil und Widerstand. In Memoriam Felix Kreissler, Wien 2006.

Kramer, Helmut, Österreichs Wirtschaft am Vorabend des EG-Beitritts, in: Khol, Andreas/Ofner, Günther/Stirnemann, Alfred (Hrsg.), Österreichisches Jahrbuch für Politik 1991, Wien 1992, S. 341-356.

Kramer, Helmut, Österreichs Wirtschaftspolitik im Rahmen der EU, in: Neisser, Heinrich/Riekmann, Sonja Puntscher (Hrsg.), Europäisierung der österreichischen Politik, Wien 2002, S. 267-294.

Krause, Adalbert Gottfried, Das Problem der albanischen Unabhängigkeit in den Jahren 1908-1914, phil. Diss. Wien 1970.

Kreisky, Bruno, Neutralität und Koexistenz, München 1975.

Kreisky, Bruno, Reden II, Wien 1981.

Kreisky, Eva/Liebhart, Karin/Pribersky, Andreas (Hrsg.), Go East. Festschrift für Hans-Georg Heinrich, Wien 2005.

Krejci, Herbert/Reiter, Erich/Schneider, Heinrich (Hrsg.), Neutralität. Mythos und Wirklichkeit, Wien 1992.

Kriechbaumer, Robert, Geschichte der ÖVP, in: Kriechbaumer, Robert/Schausberger, Franz (Hrsg.), Volkspartei – Anspruch und Realität. Zur Geschichte der ÖVP seit 1945. Böhlau, Wien 1995, S. 11-102.

Kriechbaumer, Robert/Schausberger, Franz (Hrsg.), Volkspartei – Anspruch und Realität. Zur Geschichte der ÖVP seit 1945, Wien 2005.

Kriechbaumer, Robert/Schausberger, Franz (Hrsg.), Die umstrittene Wende. Österreich 2000-2006, Wien 2013.
Krieger, Heike (ed.), The Kosovo Conflict and International Law: An Analytical Documentation 1974-1999, Cambridge 2001.
Lackner, Christian/Mazohl, Brigitte/Pohl, Walter/Rathkolb, Oliver/Winkelbauer, Thomas (Hrsg.), Geschichte Österreichs, Stuttgart 2015.
Lambretz, Maximilian, Albanisches Lesebuch 1, Leipzig 1948.
Lampe, John R./Jackson, Marvin R., Balkan Economic History 1550-1950, Bloomington 1982.
Lanc, Erwin, Von der Moskauer Deklaration 1943 zum Memorandum 1955. Außenpolitik als Existenzsicherung, in: *International* 3-4 (2005), S. 10-14.
Lanc, Erwin, Für eine entschiedene Friedenspolitik. Die österreichische Außenpolitik im 21. Jahrhundert, in: *International* 3 (2009), S. 2–6.
Lang, Helmut, Die österreichische EU-Ratspräsidentschaft 1998, Frankfurt am Main 2002.
Lang, Winfried, Österreichs Entscheidung für Europa-I. Akt, in: Khol, Andreas/Ofner, Günther/Stirnemann, Alfred (Hrsg.), Österreichisches Jahrbuch für Politik 1989, Wien 1990, S. 317–337.
Lange-Akhund, Nadine, Die Interventionspolitik der Großmächte in Mazedonien vor 1914, in: Angelow, Jürgen (Hrsg.), Der Erste Weltkrieg auf dem Balkan. Perspektiven der Forschung, Berlin-Brandenburg 2011, S. 13-34.
Lehne, Stefan, Resolving Kosovo`s Status. Policy Paper. Austrian Institute for International Affairs (OIIP), 2009 http://www.oiip.ac.at/fileadmin/Unterlagen/Dateien/Arbeitspapiere/Policy_Paper_Status_of_Kosovo.pdf (abgerufen 22.07.2018).
Leifer, Paul, Die Jugoslawen hatten ein Interesse daran, mit den Botschaftern der Nachbarstaaten zu reden, in: Gehler, Michael/Brait, Andrea (Hrsg.), Am Ort des Geschehens in Zeiten des Umbruchs. Lebensgeschichtliche Erinnerungen aus Politik und Ballhausplatzdiplomatie vor und nach 1989. Historische Europa-Studien, Hildesheim 2018, S. 271-308.
Lendvai, Paul, Das einsame Albanien. Reportage aus dem Land der Skipetaren, Osnabrück 1985.
Libal, Wolfgang, Das Ende Jugoslawiens. Selbstzerstörung, Krieg und Ohnmacht der Welt, Wien – Zürich 1993.
Libal, Wolfgang, Kosovo nach dem Dayton-Abkommen, in: Die Zukunft Südosteuropas. Friedensbericht 1997. Theorie und Praxis ziviler Konfliktbearbeitung, Zürich 1997, S. 141-148.
Libal, Michael, Limits of Persuasion, Germany and the Yugoslav Crisis 1991-1992, Westport 1997.
Libal, Wolfgang/Kohl, Christine von, Kosovo: Gordischer Knoten des Balkan, Wien – Zürich 1992.
Liedermann, Helmut, Österreichs Image im ehemaligen Jugoslawien, in: Rathkolb, Oliver/Maschke, Otto M./Lütgenau, Stefan August (Hrsg.), Mit anderen Augen gesehen. Internationale Perzeptionen Österreichs 1955-1990. Österreichische Nationalgeschichte nach 1945 (Band 2), Wien 2002, S. 523-562.
Liszt, Franz von, Das Völkerrecht, Berlin 1920.
Löding, Dörte, Deutschlands und Österreich-Ungarns Balkanpolitik von 1912-1914 unter besonderer Berücksichtigung ihrer Wirtschaftsinteressen, phil. Diss. Hamburg 1969.
Löhr, Hanns Christian, Die Albanische Frage. Konferenzdiplomatie und Nationalstaatsbildung im Vorfeld des Ersten Weltkriegs unter besonderer Berücksichtigung der deutschen Außenpolitik, phil. Diss. Bonn 1992.
Löhr, Hanns Christian, Die Gründung Albaniens. Wilhelm zu Wied und die Balkan-Diplomatie der Großmächte 1912-1914, Frankfurt am Main 2010.
Luif, Paul, Neutralität und Frieden. Grundlegende Bemerkungen zu Geschichte und Gegenwart, in: Österreichisches Institut für Friedensforschung und Friedenserziehung (Hrsg.), Österreichische Neutralität und Friedenspolitik, Dialog – Beiträge zur Friedensforschung (Band 6), Schlaining 1986, S. 17-76.
Luif, Paul, Neutrale in die EG? Die westeuropäische Integration und die neutralen Staaten, Wien 1988.

Quellen- und Literaturverzeichnis

Luif, Paul, Die österreichische Integrationspolitik, in: Neuhold, Hanspeter/Luif, Paul (Hrsg.), Das außenpolitische Bewusstsein der Österreicher, Wien 1992, S. 37-86.

Luif, Paul, Austrian Neutrality and the Europe of 1992, in: Bischof, Günter/Pelinka, Anton (eds.), Austria in the New Europe. Contemporary Austrian Studies 1, New Brunswick – London 1993, p. 19-41.

Luif, Paul, On the road to Brussels: the political dimension of Austria's, Finland's and Sweden's accession to the European Union, Vienna 1995.

Luif, Paul, Der Wandel der österreichischen Neutralität. Ist Österreich ein sicherheitspolitischer „Trittbrettfahrer"? Österreichisches Institut für Internationale Politik, Laxenburg 1998.

Luif, Paul, Zehn Thesen zur österreichischen Neutralität. Gravierende Fehldeutungen der EU-Entwicklung, in: *Neue Zürcher Zeitung*, Internationale Ausgabe 2000 http://daten.schule.at/dl/Originaltext_Neutraliteat_Paul_Luif.pdf (abgerufen 24.02.2016).

Luif, Paul, The Changing Role of the Non-Allied Countries in the Euroepan Union's Common Foreign and Security Policy, in: Gehler/Michael, Pelinka, Anton/Bischof, Günther (eds.), Österreich in der Europäischen Union. Bilanz seiner Mitgliedschaft, Wien 2003, p. 275-296.

Luif, Paul, Die neutralen/bündnisfreien EU-Mitgliedsstaaten und die Europäische Sicherheits- und Verteidigungspolitik: Eine kritische Analyse, in: Rotte, Ralph/Sprungala, Tanja (Hrsg.), Probleme und Perspektiven der Europäischen Sicherheits- und Verteidigungspolitik (ESVP), Münster 2004, S. 88-120.

Luif, Paul, Österreich und die Europäische Union, in: Dachs, Herbert et al. (Hrsg.), Politik in Österreich. Das Handbuch, Wien 2006, S. 862-882.

Luif, Paul, Die Neutralität. Taugliche sicherheitspolitische Maxime?, in: Hummer, Waldemar (Hrsg.), Staatsvertrag und immerwährende Neutralität Österreichs. Eine juristische Analyse, Wien 2007, S. 363-389.

Luther, Kurt Richard, Austria's Social Democracy During the „Vranitzky Era": The Politics of Asymmetrical Change, in: Bischof, Günter/Pelinka, Anton/Karlhofer, Ferdinand (eds.), The Vranitzky Era in Austria. Contemporary Austrian Studies 7, New Brunswick 1999, S. 5-30.

Macartney, C. A., The Habsburg Empire 1790-1918, London 1968.

Magaš, Branka, Citizenship and War: Yugoslavia, Croatia and Kosovo, in: Riegler, Henritte (ed.), Nationhood, War and the multinational State in former Yugoslavia. Österreichisches Institut für Internationale Politik 2002, p. 7-24.

Malcolm, Noel, Kosovo a short History, London 2002.

Maliqi, Shkëlzen, Die politische Geschichte des Kosovo, in: Melcic, Dunja (Hrsg.), Der Jugoslawien-Krieg. Handbuch zu Vorgeschichte, Verlauf und Konsequenzen, Wiesbaden 1999, S. 120-134.

Mandl, Lukas/Goiser, Thomas, Kosovo: Europäische Integration im Fokus Die (neue) Österreichisch-Kosovarische Freundschaftsgesellschaft als Promotorin einer guten Zukunft im gemeinsamen Europa, in: Khol, Andreas/Ofner, Günther/Karner, Stefan/Halper, Dietmar (Hrsg.), Österreichisches Jahrbuch für Politik 2016. Eine Publikation der Politischen Akademie, Wien 2017, S. 193-203.

Maruzsa, Zoltán, *Die Außenpolitik Österreichs vom Fall des Eisernen Vorhangs bis zum Eintritt in die Europäische Union 1989-1995*, 2007, S. 95-116 http://tortenelemszak.elte.hu/data/17212/maruzsa.pdf (abgerufen 22.01.2016).

Mathis, Herbert, Die wirtschaftliche Entwicklung in der Franz-Joseph-Zeit, Wien 1958, München.

Matsch, Erwin, Der Auswärtige Dienst von Österreich(-Ungarn) 1720-1920, Wien 1986.

Matschke, Klaus-Peter, Das Kreuz und der Halbmond. Die Geschichte der Türkenkriege, Düsseldorf – Zürich 2004.

Maurer, Andreas/Neisser, Heinrich/Pollak, Johannes (Hrsg.), 20 Jahre EU-Mitgliedschaft Österreichs, Wien 2015.

Maurer, Andreas/Neisser, Heinrich/Pollak, Johannes, Österreichs Weg in die und in der Europäischen Union, in: Maurer, Andreas/Neisser, Heinrich/Pollak, Johannes (Hrsg.), 20 Jahre EU-Mitgliedschaft Österreichs, Wien 2015, S. 9-62.

May, Arthur J., Trans-Balkan Railway Schemes, in: *The Journal of Modern History*, Nr. 24/4 (1952), S. 352–367.

Mayer, Thomas, Frei in Europa. Österreich rückt ins Zentrum eines turbulenten Kontinents, Wien 2014.

Mayr-Harting, Thomas, 1991-ein Jahr der Herausforderungen für Österreichs Außenpolitik, in: Khol, Andreas/Ofner, Günther/Stirnemann, Alfred (Hrsg.), Österreichisches Jahrbuch für Politik 1991, Wien 1992, S. 313–327.

Mazohl, Brigitte, Die Habsburgermonarchie 1848-1918, in: Lackner, Christian/Mazohl, Brigitte/Pohl, Walter/Rathkolb, Oliver/Winkelbauer, Thomas (Hrsg.), Geschichte Österreichs, Stuttgart 2015, S. 391-476.

Mazower, Mark, The Balkans. A Short Story, New York – Toronto 2000.

Mazower, Mark, The Balkans. From the End of Byzantium to the Present Day, Phoenix 2003.

Mccarthy, Justin, Death and Exile. To the Ethnic Cleansing of Ottoman Muslims 1821-1922, New Jersey 1996.

Meier, Viktor, Wie Jugoslawien verspielt wurde, München 1995.

Meier, Viktor, Die Frage der Anerkennung Sloweniens und Kroatiens, in: Österreichisches Jahrbuch für Internationale Politik 1996, Wien 1996, S. 163-177.

Melcic, Dunja (Hrsg.), Der Jugoslawien-Krieg. Handbuch zu Vorgeschichte, Verlauf und Konsequenzen, Wiesbaden 1999.

Meyer, Gustav, Etymologisches Wörterbuch der Albanesischen Sprache, Strassburg 1891.

Michal-Misak, Silvia/Quendler, Franz, Österreich in internationalen Organisationen, in: Dachs, Herbert et al. (Hrsg.), Politik in Österreich. Das Handbuch, Wien 2006, S. 905-924.

Mock, Alois, Österreichs Platz im neuen Europa, in: Österreichisches Jahrbuch für Internationale Politik 1990, Wien 1990, S. 33-40.

Mock, Alois, Neutralität und Solidarität als Säulen der österreichischen Außenpolitik, in: Österreichisches Jahrbuch für Internationale Politik 1991, Wien 1991, S. 142-149.

Mock, Alois, Konflikt im „Ehemaligen Jugoslawien" Ursachen – Natur – Ausblicke, in: *Commentaire*, Paris 1993 http://albanisches-institut.ch/wp-content/uploads/2011/12/Alois-Mock.pdf (abgerufen 28.12.2016).

Mock, Alois (Hrsg.), Heimat Europa. Der Countdown von Wien nach Brüssel, Wien 1994.

Mock, Alois, Die Haltung Österreichs in der Balkankrise und die Beziehungen zu den Nachfolgestaaten auf dem Gebiet des ehemaligen Jugoslawien, in: Khol, Andreas/Ofner, Günther/Stirnemann, Alfred (Hrsg.), Österreichisches Jahrbuch für Politik 1993, Wien 1994, S. 113–138.

Mock, Alois, Begrüßungs- und Eröffnungsreden bei den Internationalen Konferenz, in: Gashi, Skender/Khol, Christine von (Hrsg.), Die Wiederkehr der albanischer Frage-Ihre Bedeutung für den Balkan und Europa. *Dardania, Zeitschrift für Geschichte, Kultur, Literatur und Politik*, Wien 1997 (Band 5), S. 37-40

Molnár, Monika, Der Friede von Karlowitz und das Osmanische Reich, in: Strohmeyer, Arno/Spannenberger, Norbert (Hrsg.), Frieden und Konfliktmanagement in interkulturellen Räumen. Das Osmanische Reich und die Habsburgermonarchie in der Frühen Neuzeit, Stuttgart 2013, S. 197–220.

Möller, Horst, Die Moskauer Außenministerkonferenz von 1943. Einleitende Bemerkungen, in: Karner, Stefan/Tschubarjan, Alexander O. (Hrsg.), Die Moskauer Deklaration 1943. Österreich wieder herstellen, Wien 2015, S. 25-27.

Mommsen, Wolfgang J., Das Zeitalter des Imperialismus, Frankfurt am Main 1969.

Quellen- und Literaturverzeichnis

Morozzo Della Rocca, Roberto, Kosovo: das Abkommen zwischen Milosević und Rugova http://albanisches-institut.ch/wp-content/uploads/2014/01/Kosova-della-Rocca.pdf (abgerufen 26.02.2017).

Mueller, Wolfgang, Die sowjetische Besatzung in Österreich 1945-1955 und ihre politische Mission, Wien 2005.

Mueller, Wolfgang (Hrsg.), Die Samtenen Revolutionen, Österreich und die Transformation Europas, Wien 2017.

Mueller, Wolfgang/Gehler, Michael/Suppan, Arnold (eds.), The Revolutions of 1989. A Handbook, Wien 2015.

Mühlmann, Thomas, Internationale Verwaltung am Beispiel des Kosovo, phil. Diss. Wien 2002.

Mülinen, Eberhard Graf von, Die lateinische Kirche im Türkischen Reiche, Berlin 1901.

Münkler, Herfried, Der Große Krieg. Die Welt 1914 bis 1918, Berlin 2017.

Mussi, Ingo, Bruno Kreisky und der schöpferische Dialog mit den Vereinigten Staaten, in: Bielka, Erich/Jankowitsch, Peter/Thalberg, Hans (Hrsg.), Die Ära Kreisky. Schwerpunkte der österreichischen Außenpolitik, Wien 1983, S. 117-142.

Nachbar In Not, 20 Jahre Hilfe aus Österreich. 20 Jahre „Nachbar in Not" – Chronologie und Bilanz einer einzigartigen, österreichischen Hilfsaktion. Von der Jugoslawienhilfe bis zur Österreich-Dachmarke von ORF und NGOs für internationale Hilfseinsätze.

Nećak, Dušan, Die österreichisch-jugoslawischen Beziehungen im 20. Jahrhundert, in: Rathkolb, Oliver (Hrsg.), Außenansichten. Europäische (Be)Wertungen zur Geschichte Österreichs im 20. Jahrhundert, Innsbruck – Wien 2003, S. 179-203.

Neisser, Heinrich, The Schüssel Years and the European Union, in: Bischof, Günter/Plasser, Fritz (eds.), The Schüssel Era in Austria. Contemporary Austrian Studies 18, New Orleans 2010, p. 183-205.

Neisser, Heinrich/Riekmann, Sonja Puntscher (Hrsg.), Europäisierung der österreichischen Politik, Wien 2002.

Neuhold, Hanspeter (Hrsg.), Grundsatzfragen der Außenpolitik Österreichs und Jugoslawiens. Informationen zur Weltpolitik 10, Österreichisches Institut für Internationale Politik, Wien 1988.

Neuhold, Hanspeter, Austria still between East and West? Österreichisches Institut für Internationale Politik, Laxenburg 1995.

Neuhold, Hanspeter, Die österreichische Außenpolitik an der Schwelle zum 3. Jahrtausend, in: Österreichisches Jahrbuch für Internationale Politik 1996, Wien 1996, S. 120-162.

Neuhold, Hanspeter/Luif, Paul (Hrsg.), Das außenpolitische Bewusstsein der Österreicher, Wien 1992.

Neuhold, Hanspeter/Simma, Brunno, Neues europäisches Völkerrecht?, in: Neuhold, Hanspeter/Simma, Brunno (Hrsg.), Neues europäisches Völkerrecht nach dem Ende des Ost-West-Konfliktes?, Baden-Baden 1996, S. 13-42.

Neuhold, Hanspeter/Simma, Brunno (Hrsg.), Neues europäisches Völkerrecht nach dem Ende des Ost-West-Konfliktes?, Baden-Baden 1996.

Niederberger, Judith, Österreichische Sicherheitspolitik zwischen Solidarität und Neutralität, in: Spillmann, Kurt R./Wenger, Andreas, Bulletin 2001 zur schweizerischen Sicherheitspolitik. Forschungsstelle für Sicherheitspolitik und Konfliktanalyse, Zürich 2001, S. 69-94.

Nopca, Franz Baron, Zur Geologie der Küstenketten Nordalbaniens. Mitteilungen aus dem Jahrbuch der kgl. Ungarischen Geologischen Anstalt (Band 24), Budapest 1925.

Nopca, Franz Baron, Albanien. Bauten, Trachten und Geräte Nordalbaniens, Berlin – Leipzig 1925.

Nopca, Franz Baron, Geographie und Geologie Nordalbaniens. Geologica Hungarica, Series Geologica, Vol. 3, Budapest 1929.

Nopca, Franz Baron, Traveler, Scholar, Political Adventurer. A Transylvanian Baron at the Birth of Albanian Independence. The Memoirs of Franz Nopcsa (ed. by Robert Elsie), Budapest – New York 2014.

Nowak, Rainer/Prior, Thomas/Ultsch, Christian, Flucht: Wie der Staat die Kontrolle verlor, Wien 2017.
Nowotny, Thomas, Das Avis der EG-Kommission zum österreichischen Beitrittsansuchen, in: Khol, Andreas/Ofner, Günther/Stirnemann, Alfred (Hrsg.), Österreichisches Jahrbuch für Politik 1991, Wien 1992, S. 253–272.
Nowotny, Eva, Die österreichische EU-Präsidentschaft in Washington – Sechs spannende Monate in den transatlantischen Beziehungen, in: Pelinka, Anton, Fritz, Plasser (Hrsg.), Europäisch Denken und Lehren. Festschrift für Heinrich Neisser, Innsbruck 2007, S. 213-218.
Nowotny, Eva, Vergebene Chancen, vertane Möglichkeiten – Österreichische Außenpolitik im Rückblick, in: *Europäische Rundschau* 44 (2016), Nr. 2, S. 11-18.
Nowotny, Eva, Von Kontinuitäten und Brüchen – Gedanken zur österreichischen Außenpolitik, in: *Europäische Rundschau* 45 (2017), Nr. 4, S. 95-99.
Ortner, M. Christian, Die Feldzüge gegen Serbien in den Jahren 1914 und 1915, in: Angelow, Jürgen (Hrsg.), Der Erste Weltkrieg auf dem Balkan. Perspektiven der Forschung, Berlin-Brandenburg 2011, S. 123-142.
Österreichische Gesellschaft für Außenpolitik und Internationale Beziehungen (Hrsg.), Österreichisches Jahrbuch für Internationale Politik 1989-2000. Böhlau, Wien.
Pallaver, Günther, Nel mezzo del cammin: Das politische System Italiens im Wandel, in: Gerlich, Peter (Hrsg.), Österreichs Nachbarstaaten. Innen- und außenpolitische Perspektive. Schriftenreihe des Zentrums für angewandte Politikforschung, Wien 1997, S. 217-258.
Palotás, Emil, Die Außenwirtschaftsbeziehungen zum Balkan und zu Russland, in: Wandruszka, Adam/Urbanitisch, Peter, Die Habsburgermonarchie 1848-1918. Die Habsburgermonarchie im System der Internationalen Beziehungen, Wien 1989 (Band VI/1), S. 584-629.
Palotás, Emil, Die Rolle der Wirtschaftsbeziehungen zwischen Österreich-Ungarn und den Balkanländern in den letzten Jahrzehnten des 19. Jahrhunderts, in: Haselsteiner, Horst (Hrsg.), Wirtschafts- und Kulturbeziehungen zwischen dem Donau- und dem Balkanraum seit dem Wiener Kongress (Zur Kunde Südosteuropas, II/17), Graz 1991, S. 65-81.
Paulsen, Thomas, Die Jugoslawienpolitik der USA 1989-1994. Begrenztes Engagement und Konfliktdynamik, Baden-Baden 1995.
Pax Christi International, Kosovo: The Conflict Between Serbs and Albanians. Brussels 1995.
Peinsipp, Walther, Das Volk der Shkypetaren. Geschichte, Gesellschafts- und Verhaltensordnung. Ein Beitrag zur Rechtsarchäologie und zur soziologischen Anthropologie des Balkan, Wien 1985.
Pelinka, Anton/Fritz, Plasser (Hrsg.), Europäisch Denken und Lehren. Festschrift für Heinrich Neisser, Innsbruck 2007.
Pelinka, Anton/Rosenberger, Sieglinde, Österreichische Politik. Grundlagen Strukturen Trends, Wien 2007.
Petritsch, Wolfgang, Zielpunkt Europa. Von den Schluchten des Balkans und den Mühen der Erbe, Klagenfurt – Celovac 2009.
Petritsch, Wolfgang, Der Balkan als Herausforderung Europas, in: Džihić, Vedran/Maurer, Herbert, Sprich günstig mit dem Balkan, Wien 2011, S. 39-45.
Petritsch, Wolfgang, Österreichs Aufgabe in Südosteuropa, in: *Europäische Rundschau* 40 (2012), Nr. 3, S. 9-21.
Petritsch, Wolfgang, Herbst in Bosnien-Herzegowina. Erfahrungen und Perspektiven, in: *Europäische Rundschau* 43 (2015), Nr. 4, S. 23-31.
Petritsch, Wolfgang, Epochenwechsel – Unser digital-autoritäres Jahrhundert, Wien 2018.
Petritsch, Wolfgang/Kaser, Karl/Pichler, Robert, Kosovo-Kosova. Mythen Daten Fakten, Klagenfurt – Wien 1999.
Petritsch, Wolfgang/Pichler, Robert, Kosovo-Kosova. Der lange Weg zum Frieden; [mit internationalen Lösungsvorschlägen], Klagenfurt – Celovac 2005.
Pettifer, James, Kosova Express: a journey in Wartime, London 2005.

Phillips, David L, Liberating Kosovo. Coercive Diplomacy and U.S. Intervention. Belfer Center for Science and International Affairs, Cambridge 2012.
Pichler, Robert, Im Schatten von Dayton. Kosovo, Mazedonien, Albanien, in: Die Zukunft Südosteuropas. Friedensbericht 1997. Theorie und Praxis ziviler Konfliktbearbeitung, Zürich 1997, S. 127-140.
Pichler, Johannes W./Balthasar, Alexander (eds.), The Report of the Future of Europe-Striking the Balance between „Unity" and „Diversity"? Proceedings of the Conference on European Democracy 2013, Wien – Graz 2014.
Pippan, Christian, Die Unabhängigkeit des Kosovo im Lichte des Völkerrechts: Fünf Thesen, in: Wittich, Stephan/Reinisch, August/Gattini, Andrea (Hrsg.), Kosovo – Staatsschulden – Notstand – EU-Reformvertrag – Humanitätsrecht: Beiträge zum 33. Österreichischen Völkerrechtstag 2008 in Conegliano, Frankfurt am Main 2009, S. 3-20.
Plasser, Fritz/Ulram, Peter A., Trends and Ruptures: Stability and Change in Austrian Voting Behavior 1986-1996, in: Bischof, Günter/Pelinka, Anton/Karlhofer, Ferdinand (eds.), The Vranitzky Era in Austria. Contemporary Austrian Studies 7, London 1999, p. 31-55.
Poller, Bettina, Die Wurzel des Übels. Von der bosnischen Annexionskrise bis zum Zerfall Jugoslawiens, in: Androsch, Hannes/Fischer, Heinz/Ecker, Bernhard (Hrsg.), 1848-1918-2018: 8 Wendepunkte der Weltgeschichte, Wien 2017, S. 39-61.
Prešlenova, Rumjana, Probleme der Handelsbeziehungen Osterreich-Ungarns zu den Balkanstaaten am Ende des 19. und Anfang des 20. Jahrhunderts, in: Haselsteiner, Horst (Hrsg.), Wirtschafts- und Kulturbeziehungen zwischen dem Donau- und dem Balkanraum seit dem Wiener Kongress (Zur Kunde Südosteuropas, II/17), Graz 1991, S. 83-90.
Prorok, Christiane, Ibrahim Rugovas Leadership. Eine Analyse der Politik des kosovarischen Präsidenten. Kreisky, Eva/Kramer, Helmut (Hrsg.), Politik und Demokratie (Band 1), Frankfurt am Main 2004.
Puto, Arben, Londoner Konferenz in zwei Ausgaben, in: Gashi, Skender/Khol, Christine von (Hrsg.), Die Wiederkehr der albanischer Frage-Ihre Bedeutung für den Balkan und Europa. *Dardania, Zeitschrift für Geschichte, Kultur, Literatur und Politik*, Wien 1997 (Band 5), S. 47-54.
Ramcharan, B. G., The International Conference on the Former Yugoslavia. Official Papers, Volume 1. Kluwer Law International, The Hague – London – Boston 1997.
Ramet, Sabrina P., Die drei Jugoslawien. Eine Geschichte der Staatsbildungen und ihrer Probleme, München 2011.
Ramhardter, Günther, Propaganda und Außenpolitik, in: Wandruszka, Adam/Urbanitisch, Peter, Die Habsburgermonarchie 1848-1918. Die Habsburgermonarchie im System der Internationalen Beziehungen. Verlag der Österreichischen Akademie der Wissenschaften, Wien 1989 (Band VI/1), S. 496-536.
Ranta, Helena, The Right to be buried, in: Soumalainen, Nina/Karvinen, Jyrki (eds.), The Ahtisaari Legacy. Resolve and Negotiate, Vantaa 2008, p. 49-66.
Këshilli për Mbrojtjen e të Drejtave dhe Lirive të Njeriut, Krimet e luftës në Kosovë. Monografia 1, Prishtinë (Rat für die Verteidigung von Menschenrechten und Freiheit (2010), Kriegsverbrechen im Kosovo 1998-1999. Monografie 1, Prishtina 2010).
Rathfelder, Erich, Kosovo – Geschichte eines Konflikts, Berlin 2010.
Rathkolb, Oliver, International Perceptions of Austrian Neutrality post 1945, in: Bischof, Günter/Pelinka, Anton/Wodak, Ruth (eds.), Neutrality in Austria. Contemporary Austria Studies, Volume 9, New Brunswick – London 2001, p. 69-91.
Rathkolb, Oliver (Hrsg.), Außenansichten. Europäische (Be)Wertungen zur Geschichte Österreichs im 20. Jahrhundert, Innsbruck 2003.
Rathkolb, Oliver, Die paradoxe Republik. Österreich 1945 bis 2015, Wien 2015.

Rathkolb, Oliver/Maschke, Otto M./Lütgenau, Stefan August (Hrsg.), Mit anderen Augen gesehen. Internationale Perzeptionen Österreichs 1955-1990. Österreichische Nationalgeschichte nach 1945, Wien 2002.

Rauchensteiner, Manfried, Entschlossenes Zuwarten. Österreich und das Werden Sloweniens 1991. Archiv für Vaterländische Geschichte und Topographie (Band 102), Klagenfurt am Wörthersee 2011.

Rauchensteiner, Manfried, Unter Beobachtung. Österreich seit 1918, Wien 2017.

Rauchensteiner, Manfried, Am Anfang kam Slowenien. Österreich und der Beginn der Kriege in Jugoslawien, in: Mueller, Wolfgang (Hrsg.), Die Samtenen Revolutionen, Österreich und die Transformation Europas. New Academic Press, Wien 2017, S. 160-171.

Rauchensteiner, Manfried/Broukal, Josef, Der Erste Weltkrieg und das Ende der Habsburgermonarchie 1914-1918 in aller Kürze, Wien 2015.

Razumovsky, Dorothea Gräfin, Chaos Jugoslawien, München 1992.

Reiter, Erich, Der Krieg um das Kosovo 1998/99, Mainz 2000.

Reiter, Erich (Hrsg.), Jahrbuch für internationale Sicherheitspolitik 2004, *Hamburg* 2004.

Reiter Erich, Die Neutralität als österreichische Ideologie, in: *International* (2007), Nr. 4, S. 9-11.

Reuter, Jens, Der Bürgerkrieg in Jugoslawien. Kriegsmüdigkeit, Kriegspsychose und Wirtschaftsverfall, in: *Europa-Archiv* 1991, S. 703-709.

Reuter, Jens, Kosovo 1998. S. 203-214, 1998 https://ifsh.de/file-CORE/documents/jahrbuch/ 98/ OSZE_Jahrbuch_1998.pdf (abgerufen 25.02.2017).

Reuter, Jens, Wer ist die UÇK?, in: *Blätter für deutsche und internationale Politik* 3 (1999), S. 281-284.

Reuter, Jens, Die Kosovo-Politik der internationalen Gemeinschaft in den neunziger Jahren, in: Reuter, Jens/Clewing, Konrad (Hrsg.), Der Kosovo Konflikt. Ursachen, Verlauf, Perspektive, Klagenfurt 2000, S. 321-334.

Reuter, Jens, Die OSZE und das Kosovo-Problem, in: Reuter, Jens/Clewing, Konrad (Hrsg.), Der Kosovo Konflikt. Ursachen, Verlauf, Perspektive, Klagenfurt 2000, S. 513-522.

Reuter, Jens, Zur Geschichte der UÇK, in: Reuter, Jens/Clewing, Konrad (Hrsg.), Der Kosovo Konflikt. Ursachen, Verlauf, Perspektive, Klagenfurt – Wien – Ljubljana – Tuzla – Sarajevo 2000, S. 171-186.

Reuter, Jens/Clewing, Konrad (Hrsg.) (2000), Der Kosovo Konflikt. Ursachen, Verlauf, Perspektive. Wieser, Klagenfurt, u.a.

Rhode, Gotthold, Die Staatensüdosteuropas vom Berliner Kongreß Bis zum Ausgang des I- Weltkriegs (1878-1918), in: Schieder, Theodor (Hrsg.), Handbuch der Europäischen Geschichte, Stuttgart 1973, S. 547-609

Rieder, Bernhard, Die österreichisch-jugoslawischen Beziehungen von 1918-1991 unter besonderer Berücksichtigung der Entwicklungen im ehemaligen Jugoslawien, Diplomarbeit Wien 1995.

Riegler, Henriette, Der Kosovo im (ex-jugoslawischen) Kontext, in: Österreichisches Jahrbuch für Internationale Politik 1998, Wien 1999, S. 99-116.

Riegler, Henriette, Kosovo nach dem Krieg – Probleme und Perspektiven eines Quasiprotektorats, in: Riegler, Henriette (Hrsg.), Der Kosovokonflikt – Bestandsaufnahme und Lösungsszenarien. OIIP Arbeitspapier 28, Wien 2000, S. 30-37.

Riegler, Henriette (Hrsg.), Der Kosovokonflikt – Bestandsaufnahme und Lösungsszenarien. OIIP Arbeitspapier 28, Wien 2000.

Riegler, Henriette (ed.), Nationhood, War and the multinational State in former Yugoslavia. OIIP Arbeitspapier 39, Wien 2002.

Riegler, Henriette/PAIC, Hrvoje, Österreichische Außenpolitik und Jugoslawienkrise. Österreichisches Institut für Internationale Politik, Wien 2005 (Unveröffentlichtes Manuskript).

Riegler, Josef (ed.), 1st Round Table Europe. Vienna, MS Mozart. 11-12 January 1990. Politische Akademie der ÖVP, Reihe Standpunkte 22, Wien 1990.

Quellen- und Literaturverzeichnis

Riegler, Josef (ed.), 2nd Round Table Europe. Vienna, MS Mozart. 25-26 March 1991. Politische Akademie der ÖVP, Reihe Standpunkte 26, Wien 1991.

Robel, Gert, Franz Baron Nopcsa und Albanien. Ein Beitrag zu Nopcsas Biographie. Albanische Forschungen 5. Otto Harrassowitz, Wiesbaden 1966.

Rohan, Albert, Der Konflikt im ehemaligen Jugoslawien. Hintergründe, Reaktionen, Argumente, in: Österreichisches Jahrbuch für Internationale Politik 1993, Wien 1993, S. 1-20.

Rohan, Albert, Chronologie der Jugoslawischen Krise 1994 (Unveröffentlichtes Manuskript). Kopie im Besitz des Verfassers.

Rohan, Albert, Die anderen Konfliktherde: Ostslawonien, Kosovo, Sandschak, Vojvodina, Mazedonien, in: Österreichisches Jahrbuch für Internationale Politik 1996, Wien1996, S. 228-236.

Rohan, Albert, Entwicklungen auf dem Balkan aus österreichischer Sicht, in: Khol, Andreas/Ofner, Günther/Stirnemann, Alfred (Hrsg.), Österreichisches Jahrbuch für Politik 1996, Wien 1997, S. 523-543.

Rohan, Albert, Quo vadis Europa?, in: Androsch, Hannes/Krejci, Herbert/Weiser, Peter (Hrsg.), Das Neue Österreich. Denkanstöße, Wien 2006, S. 13-24.

Rohan, Albert, Kosovos langer Weg in die Unabhängigkeit, in: *Europäisches Journal für Minderheitenfragen* 2 (2008), S. 119-123.

Rohan, Albert, Diplomatie und Realität am Balkan, in: Džihić, Vedran/Maurer, Herbert, Sprich günstig mit dem Balkan, Wien 2011, S. 59-68.

Rohan, Albert, Die Europäische Union darf im Kosovo nicht versagen!, in: *Europäische Rundschau* 39 (2011), Nr. 4, S. 41-46.

Rohan, Albert, Die Zukunft des Balkans liegt in der Europäischen Union, in: Horvath, Patrick/Skarke, Herbert/Weinzierl, Rupert (Hrsg.), Die „Vision Zentraleuropa" im 21. Jahrhundert. Festschrift zum 90. Geburtstag von Heinz Kienzl. Arbeitsgemeinschaft für wissenschaftliche Wirtschaftspolitik, Wien 2012, S. 81-84.

Rohan, Albert, Der blutige Weg nach Dayton, in: *Europäische Rundschau* 43 (2015), Nr. 4, S. 5-14.

Rohan, Albert, Kosovos langer Weg in die Unabhängigkeit, in: *Europäische Rundschau* 46 (2018), Nr. 1, S. 7-14.

Rohan, Albert/Daublebsky, Klaus, Krisensituation auf dem Balkan. Eine Bilanz des Jahres 1998, in: Khol, Andreas/Ofner, Günther/Stirnemann, Alfred (Hrsg.), Österreichisches Jahrbuch für Politik 1998, Wien 1999, S. 113–138.

Rohan, Albert/Wölfer, Klaus, Österreich und die zentraleuropäischen Nachbarstaaten, in: Österreichisches Jahrbuch für Internationale Politik 1994, Wien 1994, S. 216-222.

Rohan, Albert/Wölfer, Klaus, Österreich und die Friedensbemühungen im Balkan-Konflikt, in: Österreichisches Jahrbuch für Internationale Politik 1994, Wien 1994, S. 18-40.

Roithner, Thomas, Erste Verteidigungslinie oftmals im Ausland. Zur globalen Auslandseinsatzpolitik der EU und Österreichs, in: Roithner, Thomas/Frank, Johann/Huber, Eva (Hrsg.), Wieviel Sicherheit braucht der Friede?, Wien 2013, S. 112-134.

Roithner, Thomas/Frank, Johann/Huber, Eva (Hrsg.), Wieviel Sicherheit braucht der Friede?, Wien 2013.

Roithner, Thomas/Gamauf, Ursula (Hrsg.), Am Anfang war die Vision vom Frieden. Wegweiser in eine Zukunft jenseits von Gewalt und Krieg. Festschrift zum 90. Geburtstag von Gerald Mater, Wien 2016.

Rossos, Andrew, Russia and the Balkans: Inter-Balkan Rivalries and Russian Foreign Policy 1908-1914, Toronto 1981.

Rotte, Ralph/Sprungala, Tanja (Hrsg.), Probleme und Perspektiven der Europäischen Sicherheits- und Verteidigungspolitik (ESVP), Münster 2004.

Rotter, Manfred, Begründung und Ausgestaltung der immerwährenden Neutralität, in: Hummer, Waldemar (Hrsg.), Staatsvertrag und immerwährende Neutralität Österreichs. Eine juristische Analyse, Wien 2007, S. 179-196.

Rotter, Manfred, Beistandspflicht oder Neutralität. Österreichs Außen- und Sicherheitspolitik am Scheideweg, in: *International* 4 (2007), S. 12-17.
Rumpler, Helmut, Die rechtlich-organisatorischen und sozialen Rahmenbedingungen für die Außenpolitik der Habsburgermonarchie 1848-1918, in: Wandruszka, Adam/Urbanitisch, Peter, Die Habsburgermonarchie 1848-1918. Die Habsburgermonarchie im System der Internationalen Beziehungen (Band VI/1), Wien 1989, S. 1-121.
Rüb, Matthias, Jugoslawien unter Milošević, in: Melcic, Dunja (Hrsg.), Der Jugoslawien-Krieg. Handbuch zu Vorgeschichte, Verlauf und Konsequenzen, Opladen – Wiesbaden 1999, S. 332-344.
Rüb, Matthias, «Phönix aus der Asche» Die UÇK: Von der Terrororganisation zur Bodentruppe der NATO?, in: Schmid, Thomas (Hrsg.), Krieg im Kosovo, Hamburg 1999, S. 47-62.
Schallenberg, Alexander/Thun-Hohenstein, Christoph, Die EU-Präsidentschaft Österreichs. Eine umfassende Analyse und Dokumentation des zweiten Halbjahres 1998, Wien 1999.
Schanderl, Hanns Dieter, Die Albanienpolitik Österreich-Ungarns und Italiens 1877-1908. Otto Harrassowitz, Wiesbaden 1971.
Schieder, Theodor (Hrsg.), Handbuch der Europäischen Geschichte (Band 6), Stuttgart 1973.
Schindler, Dietrich, Die politischen Änderungen in Europa und die dauernde Neutralität, in: Neuhold, Hanspeter/Simma, Brunno (Hrsg.), Neues europäisches Völkerrecht nach dem Ende des Ost-West-Konfliktes?, Baden-Baden 1996, S. 141-146.
Schlesinger, Thomas O., Austrian Neutrality in Postwar Europe: The Domestic Roots of a Foreign Policy, Wien 1972.
Schmidt, Fabian, Menschenrechte, Politik und Krieg in Kosovo 1989 bis 1999, in: Reuter, Jens/Clewing, Konrad (Hrsg.), Der Kosovo Konflikt. Ursachen, Verlauf, Perspektive, Klagenfurt 2000, S. 187-212.
Schmid, Thomas (Hrsg.), Krieg im Kosovo, Hamburg 1999.
Schmitt, Oliver Jens, Kosovo. Kurze Geschichte einer zentralbalkanischen Landschaft, Wien 2008.
Schneeweis, Felix, Albanien im Spiegel Österreichischer Volkskundeforschung, in: Albanien-Symposion 1984. Referate der Tagung: „Albanien. Mit besonderer Berücksichtigung der Volkskunde, Geschichte und Sozialgeschichte". Hrsg. Beitl, Klaus, Kitseer Schriften zur Volkskunde, Kittsee 1986, S. 9-14.
Schneider, Wieland, Kosovo/Kosova in der albanisch-serbischen und der internationalen Auseinandersetzung. Diplomarbeit Wien 2008.
Schollum, Esther, Die Europäische Demokratische Union (EDU) und der Demokratisierungsprozeß in Ost-, Mittel- und Südosteuropa, in: Österreichisches Jahrbuch für Politik 1991, Wien 1992, S. 491–524.
Schöpfer, Gerald (Hrsg.), Die österreichische Neutralität. Chimäre oder Wirklichkeit?, Graz 2015.
Schubert, Gabriella, Südosteuropäische Identität in einem sich wandelnden Europa, in: *Südosteuropa Mitteilungen* 2 (2005), S. 30-40.
Schurman, Jacob Gould, The Balkan Wars: 1912-1913 (3rd Ed.). [Place of publication not identified] 2008.
Schüssel, Wolfgang, Das Programm der österreichischen EU-Präsidentschaft 1998, in: Die Union 2 (1998), S. 7-19.
Schüssel, Wolfgang, Er hat sehr früh die Zeichen der Zeit erkannt, in: Alois Mock. Visionen im Spiegel der Zeit. Alois Mock Institut – Forum für Zukunftsfragen, Bad Traunstein 2014, S. 27-42.
Schwanda, Herbert Peter, Das Protektorat Österreich-Ungarns über die Katholiken Albaniens, Diss. phil. Wien 1965.
Schwanke, Helmut, Zur Geschichte der österreichisch-ungarischen Militärverwaltung in Albanien (1916-1918), Diss. phil. Wien 1982.

Quellen- und Literaturverzeichnis

Schwanke, Robert, Österreichs Diplomaten in der Türkei. Ihre Verdienste zur Erweckung und Förderung landeskundlicher Forschung in Albanien, in: Albanien-Symposion 1984. Referate der Tagung: „Albanien. Mit besonderer Berücksichtigung der Volkskunde, Geschichte und Sozialgeschichte", Hrsg. Beitl, Klaus, Kitseer Schriften zur Volkskunde, Kittsee 1986, S. 15-36.

Segur-Cabanac, Christian, Militärischer Sicherungseinsatz 1991. Schutz der Staatsgrenze gegenüber Jugoslawien, in: Truppendienst 2 (1992), S. 167-177.

Segur-Cabanac, Christian, Die Teilnahme des Österreichischen Bundesheeres an der humanitären Operation ALLIED HARBOUR vom 03 04 99 – 04 08 99, in: Reiter, Erich, Der Krieg um das Kosovo 1998/99, Mainz 2000, S. 169-178.

Sell, Louis, Slobodan Milošević and the Destruction of Yugoslavia, London 2002.

Siebertz, Paul, Albanien und die Albanesen: Landschafts- und Charakterbilder, Wien 1910.

Sieder, Reinhard/Steinert, Heinz/Tálos, Emmerich, Wirtschaft, Gesellschaft und Politik in der Zweiten Republik. Eine Einführung, in: Sieder, Reinhard/Steinert, Heinz/Tálos, Emmerich (Hrsg.), Österreich 1945 – 1995: Gesellschaft, Politik, Kultur. Österreichische Texte zur Gesellschaftskritik (Band 60), Wien 1995, S. 9-34.

Siegl, Walter, Die österreichische Jugoslawienpolitik, in: Khol, Andreas/Ofner, Günther/Stirnemann, Alfred (Hrsg.), Österreichisches Jahrbuch für Politik 1992, Wien 1993, S. 825-842.

Skendi, Stavro, The Albanian National Awakening 1878-1912, Princeton 1967.

Skuhra, Anselm, Österreichische Sicherheitspolitik, in: Dachs, Herbert et al. (Hrsg.), Politik in Österreich. Das Handbuch, Wien 2006, S. 838-861.

Sosnosky, Theodor von, Die Balkanpolitik Österreich-Ungarns seit 1866, Stuttgart – Berlin 1914.

Soumalainen, Nina/Karvinen, Jyrki (eds.), The Ahtisaari Legacy. Resolve and Negotiate, Vantaa 2008.

Spillmann, Kurt R./Wenger, Andreas, Bulletin 2001 zur schweizerischen Sicherheitspolitik. Forschungsstelle für Sicherheitspolitik und Konfliktanalyse, Zürich 2001.

Stadtlmeier, Sigmar, Dynamische Interpretation der dauernden Neutralität. Schriften zum Völkerrecht (Band 95), Berlin 1991.

Stadtmüller, Georg, Die Islamisierung bei den Albanern, in: *Jahrbücher für Geschichte Osteuropas* (Band 3), München 1955, S. 404-429.

Staffelmayr, Emil, Die Dynamik der Entwicklung in Europa – Die Pentagonale als Beispiel einer neuen Nachbarschaftspolitik Österreichs, in: Khol, Andreas/Ofner, Günther/Stirnemann, Alfred (Hrsg.), Österreichisches Jahrbuch für Politik 1990, Wien 1991, S. 711-722.

Sterbling, Anton, Aktuelle Identitätsprobleme in Südosteuropa, in: *Südosteuropa Mitteilungen* 2 (2005), S. 6-15.

Stern, Georg, Das alte Rascien: der Sandschak Novipazar und dessen Anland unter der k. u. k. Militärverwaltung, (nach einer im Jahre 1892 erschienenen Studie von Th. A. Ippen), Wien 1916.

Stiefel, Dieter/Schumpeter Gesellschaft (Hrsg.), Der „Ostfaktor" — Österreichs Wirtschaft und die Ostöffnung 1989 bis 2009, Wien 2010, S. 115-157.

Sucharipa, Ernst, Kosovo und Österreich, in: *Europäische Rundschau* 27 (1999), Nr. 3, S. 3-6.

Sundhaussen, Holm, Europa balcanica. Der Balkan als historischer Raum Europas, in: Geschichte und Gesellschaft 25 (1999), 4, S. 626-653.

Sundhaussen, Holm, Kosovo: „Himmlisches Reich" und irdischer Kriegsschauplatz. Kontroversen über Recht, Unrecht und Gerechtigkeit, in: *Südosteuropa* 48 (1999), Nr. 5-6, S. 237-257.

Sundhaussen, Holm, Kosovo: Eine Konfliktgeschichte, in: Reuter, Jens/Clewing, Konrad, Der Kosovo Konflikt. Ursachen-Verlauf-Perspektiven, Klagenfurt 2000, S. 65-88.

Sundhaussen, Holm, Der Balkan: Ein Plädoyer für Differenz, in: Geschichte und Gesellschaft 29 (2003), Nr. 3, S. 608-624.

Sundhaussen, Holm, Geschichte Serbiens 19.-21. Jahrhundert, Wien 2007.

Sundhaussen, Holm, Die Geschichte Südosteuropas neu denken!, in: *Südosteuropa Mitteilungen* (2010), Nr. 4-5, S. 118-132.

Sundhaussen, Holm, Jugoslawien und seine Nachfolgestaaten 1943–2011. Eine ungewöhnliche Geschichte des Gewöhnlichen, Wien 2012.

Sundhaussen, Holm/Clewing, Konrad, Lexikon zur Geschichte Südosteuropas, Wien 2016.

Sundhaussen, Holm/Torke, Hans-Joachim (Hrsg.), 1917-1918 als Epochengrenzen. Osteuropa-Institut der Freien Universität Berlin (Band 8), Wiesbaden 2000.

Suppan, Arnold, Jugoslawien und Österreich 1918–1938. Bilaterale Außenpolitik im europäischen Umfeld, Wien 1996.

Szirtes, J. I., Austrian Foreign Policy 1945-1985, Wien 1986.

Thaden, Edward C., Russia and the Balkan Alliance of 1912, Pennsylvania 1965.

Thalberg, Hans, Die Nahostpolitik, in: Bielka, Erich/Jankowitsch, Peter/Thalberg, Hans (Hrsg.), Die Ära Kreisky. Schwerpunkte der österreichischen Außenpolitik, Wien 1983, S. 293-322.

Thalloczy, Ludwig von, Die albanesische Diaspora, in: *Ungarische Rundschau für historische und soziale Wissenschaften*, Wien 1912, S. 423-456.

Thalloczy, Ludwig von, Illyrisch-albanischen Forschungen (Band I-II), München – Leipzig 1916.

The Independent International Commission On Kosovo, The Kosovo Report. Conflict, International Response, Lessons Learned, Oxford 2000.

Tichy, Helmut, Rechtsfragen bei der Anerkennung der Unabhängigkeit des Kosovo, in: Wittich, Stephan/Reinisch, August/Gattini, Andrea (Hrsg.), Kosovo – Staatsschulden – Notstand – EU-Reformvertrag – Humanitätsrecht: Beiträge zum 33. Österreichischen Völkerrechtstag 2008 in Conegliano, Frankfurt am Main 2009, S. 41-50.

Tobisson, Lars/Khol, Andreas/Wintoniak, Alexis, Twenty Years European Democrat Union 1978-1998. European Democrat Union, Vienna 1998.

Todorova, Maria, Die Erfindung des Balkans. Europas bequemes Voruteil, Darmstadt 1999.

Todorova, Maria, Der Balkan als Analysekategorie: Grenzen, Raum, Zeit, in: *Geschichte und Gesellschaft* 28 (2002), 3, S. 470 – 492.

Toleva, Teodora, Der Einfluss Österreich-Ungarns auf die Bildung der albanischen Nation 1896-1908, Klagenfurt 2013.

Tomaszewski, Fiona K., A Great Russia: Russia and the Triple Entente, 1905 to 1914, Westport 2002.

Toncic-Sorinj, Lujo, Am Abgrund vorbei. Die Überwindung der Katastrophen des 20. Jahrhunderts (Hrsg), Julius-Raab-Stiftung für Forschung und Bildung und Politische Akademie, Wien 991.

Tönnes, Bernhard, Sonderfall Albanien. Enver Hoxhas „eigener Weg" und die historischen Ursprünge seiner Ideologie, München 1980.

Troebst, Stefan, Conflict in Kosovo: Failure of Prevention? An Analytical Documentation, 1992-1998. European Centre for Minority Issues (ECMI), Flensburg 1998.

Troebst, Stefan, The Kosovo War, Round One: 1998, in: *Südosteuropa* 48 (1999), 3-4, S. 156-190.

Troebst, Stefan, Chronologie einer gescheiterten Prävention. Vom Konflikt zum Krieg im Kosovo, 1989-1999, in: Troebst, Stefan, Zwischen Arktis, Adria und Armenien. Das östliche Europa und seine Ränder. Aufsätze, Essays und Vorträge 1983-2016, Köln 2017, S. 154-174.

Troebst, Stefan, Zwischen Arktis, Adria und Armenien. Das östliche Europa und seine Ränder. Aufsätze, Essays und Vorträge 1983-2016, Köln 2017.

Trotsky, Leon, The war correspondence of Leon Trotsky: The Balkan Wars 1912-13, London 1980.

Troy, Jodok (Hrsg.), Im Dienst der internationalen Gemeinschaft – Österreich in den Vereinten Nationen. Innsbruck 2013.

Tucovic, Dimitrije, Serbien und Albanien: ein kritischer Beitrag zur Unterdrückungspolitik der serbischen Bourgeoisie, Wien 1999.

Universität Von Prishtina, Ein Leben für die Universität (Band 1), Prishtina. (Alb. Universiteti i Prishtinës, Një jetë për një universitet. Prishtinë 2009).

Quellen- und Literaturverzeichnis

Unterberger, Andreas, Österreichs Außenpolitik, in: Khol, Andreas/Ofner, Günther/Stirnemann, Alfred (Hrsg.), Österreichisches Jahrbuch für Politik 1990, Wien 1991, S. 723-762.
Urbaun, Weltraut, Die österreichisch-jugoslawischen Wirtschaftsbeziehungen, in: Neuhold, Hanspeter (Hrsg.), Grundsatzfragen der Außenpolitik Österreichs und Jugoslawiens. Informationen zur Weltpolitik 10, Österreichisches Institut für Internationale Politik, Wien 1988, S. 47-82.
Valiani, Leo, The End of Austria-Hungary, London 1973.
Vetschera, Heinz, Sicherheitspolitische Kooperation und dauernde Neutralität, in: Khol, Andreas/ Ofner, Günther/Stirnemann, Alfred (Hrsg.), Österreichisches Jahrbuch für Politik 1991, Wien 1992, S. 453-468.
Vickers, Miranda, Between Serb and Albanian. A History of Kosovo, New York 1998.
Vocelka, Kral, Das Osmanische Reich und die Habsbugermonarchie 1848-1918, in: Wandruszka, Adam/Urbanitisch, Peter, Die Habsburgermonarchie 1848-1918. Die Habsburgermonarchie im System der Internationalen Beziehungen (Band VI/2), Wien 1993, S. 247-278.
Vocelka, Karl, Geschichte Österreichs. Kultur – Gesellschaft – Politik. Mit Zeittafeln, Biographien und Hinweisen auf Museen und Sammlungen, München 2011.
Vocelka, Karl, Österreichische Geschichte 1699-1815. Glanz und Untergang der höfischen Welt. Repräsentation, Reform und Reaktion im Habsburgischen Vielvölkerstaat, Wien 2004.
Vodopivec, Peter, Slowenien, in: Melcic, Dunja (Hrsg.), Der Jugoslawien-Krieg. Handbuch zu Vorgeschichte, Verlauf und Konsequenzen, Wiesbaden 1999, S. 28-39.
Volle, Angelika/WAGNER, Wolfgang (Hrsg.), Der Krieg auf dem Balkan. Die Hilflosigkeit der Staatenwelt. Beiträge und Dokumente aus dem Europa-Archiv, Bonn 1994.
Wachter, Hubert, Alois Mock. Ein Leben für Österreich, St. Pölten – Wien 1994.
Wakounig, Marija, Dissens versus Konsens. Das Österreichbild in Russland während der Franzisko-Josephinischen Ära, in: Wandruszka, Adam/Urbanitisch, Peter, Die Habsburgermonarchie 1848-1918. Die Habsburgermonarchie im System der Internationalen Beziehungen (Band VI/2), Wien 1993, S. 436-490.
Waldheim, Kurt, Die Vereinten Nationen und Österreich, in: Bielka, Erich/Jankowitsch, Peter/Thalberg, Hans (Hrsg.), Die Ära Kreisky. Schwerpunkte der österreichischen Außenpolitik, Wien 1983, S. 233-256.
Wandruszka, Adam/Urbanitisch, Peter, Die Habsburgermonarchie 1848-1918. Die Habsburgermonarchie im System der Internationalen Beziehungen (Band VI/1), Wien 1989.
Wandruszka, Adam/Urbanitisch, Peter, Die Habsburgermonarchie 1848-1918. Die Habsburgermonarchie im System der Internationalen Beziehungen (Band VI/2), Wien 1993.
Wank, Solomon, Aehrenthal and the Sanjak of Novipazar Railway Project: A Reappraisal, in: *The Slavonic and East European Review* 42 (1964), p. 353-369.
Waschkuhn, Arno (Hrsg.), Kleinstaat – Grundsätzliche und aktuelle Probleme, Vaduz 1993.
Wawro, Geoffrey, A mad catastrophe. The Outbreak of World War I and the Collapse of the Habsburg Empire, New York 2014.
Weller, Marc, The Crisis in Kosovo 1989-1999. From the Dissolution of Yugoslavia to Rambouillet and the Outbreak of Hostilities. International Documents & Analysis, Cambridge 1999.
Wernicke, Anneliese, Theodor Anton Ippen. Ein österreichischer Diplomat und Albanienforscher. Otto Harrassowitz, Wiesbaden 1967.
Winckler, Georg, Die wirtschaftlichen Beziehungen Österreichs zu seinen Nachbarstaaten, in: Gerlich, Peter (Hrsg.), Österreichs Nachbarstaaten. Innen- und außenpolitische Perspektiven. Schriftenreihe des Zentrums für angewandte Politikforschung (Band 12), Wien 1997, S. 259-278.
Winkelbauer, Thomas, Österreichische Geschichte 1522-1699. Ständefreiheit und Fürstenmacht. Länder und Untertaten des Hauses Habsburg im Konfessionellen Zeitalter (Teil 1), Wien 2004.

Winkelbauer, Thomas, Die Habsburgermonarchie vom Tod Maximilians I. bis zum Aussterben der Habsburger in männlicher Linie (1519-1740), in: Lackner, Christian/Mazohl, Brigitte/Pohl, Walter/Rathkolb, Oliver/Winkelbauer, Thomas (Hrsg.), Geschichte Österreichs, Stuttgart 2015, S. 159-289.

Winkler, Heinrich August, Geschichte des Westens. Die Zeit der Weltkriege 1914-1945, München 2011.

Wittich, Stephan/Reinisch, August/Gattini, Andrea (Hrsg.), Kosovo – Staatsschulden – Notstand – EU-Reformvertrag – Humanitätsrecht: Beiträge zum 33. Österreichischen Völkerrechtstag 2008 in Conegliano, Frankfurt am Main 2009.

Wohnout, Helmut (Hrsg.), Vom Durchschneiden des Eisernen Vorhangs bis zur Anerkennung Sloweniens und Kroatiens. Österreichs Außenminister Alois Mock und die europäische Umbrüche 1989-1992, in: Brati, Andrea/Gehler, Michael (Hrsg.), Grenzöffnung 1989. Innen- und Außenperspektiven und die Folgen für Österreich, Wien – Köln – Weimar 2014, S. 185-220.

Wolte, Wolfgang, Österreich in der Europäischen Union, in: Büchele, Herwig/Pelinka, Anton (Hrsg.), Friedensmacht Europa: Dynamische Kraft für Global Governance?, Innsbruck 2011, S. 93-116.

Woodward, Susan L., Balkan Tragedy. Chaos and dissolution after the Cold War. The Brookings Institution, Washington D.C 1995.

World Bank, Yugoslavia – Industrial Restructuring Study: Overview, Issues and Strategy for Restructuring. Washington D.C 1991.

Zeitler, Klaus Peter, Deutschlands Rolle bei der völkerrechtlichen Anerkennung der Republik Kroatien unter besonderer Berücksichtigung des deutschen Außenministers Genscher, Marburg 2000.

Zemanek, Karl, Österreichs Neutralität und die GASP, in: Österreichisches Jahrbuch für Internationale Politik 1994, Wien 1994, S. 1-17.

Zemanek, Karl, Immerwährende Neutralität in der österreichischen Staatenpraxis, in: Hummer, Waldemar (Hrsg.), Staatsvertrag und immerwährend Neutralität Österreichs. Eine juristische Analyse, Wien 2007, S. 197-214.

Zimmermann, Warren, The last ambassador: a memoir of the collapse of Yugoslavia, in: *Foreign Affairs* 74 (1995), Nr. 2, p. 2-22.

Zhelyazkova, Antonina, Islamization in the Balkans as a Historiographical Problem: the Southeast-European Perspective, in: Adanir, Fikret/Faroqhi, Suraiya N. (eds.), The Ottomans and the Balkans. A Discussion of Historiography, Leiden 2002, p. 223-266.

4. Zeitungen, Zeitschriften, Presse- und Informationsdienste

AFP (Agence France-Presse), Paris
APA (Austria Presse Agentur), Wien
Archiv der Gegenwart, Sankt Augustin
Aus Politik und Zeitgeschichte, Bonn
Bujku, Prishtina
Caritas Zeitschrift, Wien
Daily Telegraph, London
Danubius, Wien
Dardania, Zeitschrift für Geschichte, Kultur, Literatur und Politik, Wien
Delo, Ljubljana
Die Furche, Wien
Die Presse, Wien
Der Spiegel, Hamburg

Quellen- und Literaturverzeichnis

Der Standard, Wien
Die Tageszeitung, Berlin
Die Zeit, Hamburg
DPA (Deutsche Presse Agentur), Hamburg
Europa-Archiv, Bonn
Europäische Rundschau, Wien
Frankfurter Allgemeine Zeitung, Frankfurt
Foreign Affairs, New York
Format, Wien
Interfax, Mosakau
International, Wien
Kärntner Tageszeitung, Klagenfurt
Kathpress, Wien
Kleine Zeitung, Graz
Koha, Prishtina
Koha Ditore, Prishtina
Kurier, Wien
Neue Kronen Zeitung, Wien
News, Wien
Oberösterreichische Nachrichten, Linz
ORF, Wien
Österreichische Monatshefte, Wien
Profil, Wien
QIK (Informationszentrum des Kosovo, Qendra Informative e Kosovës), Prishtina
Rilindja, Prishtina
Salzburger Nachrichten, Salzburg
Süddeutsche Zeitung, München
Südosteuropa Mitteilungen, München
The Guardian, London
The New York Times, New York
The Times, London
Tiroler Tageszeitung, Innsbruck
Trend, Wien
Vorarlberger Nachrichten, Vorarlberg
Washington Post, Washington
Wiener Zeitung, Wien
Wiener Blätter zur Friedensforschung, Wien
Zeitschrift „Academia", Wien
Zeitschrift „Paneuropa Österreich", Wien

Abkürzungen

AAK	Aleanca per Ardhmerine e Kosoves (Allianz für die Zukunft des Kosovo)
ADA	Austrian Development Agency
AdR	Archiv der Republik
AEU	Vertrag über die Arbeitsweise der Europäischen Union
AFA	Alte Feldakten
Art.	Artikel
ATHUM/ALBA	Austrian Humanitarian Contingent in Albania
AUCON	Österreichische Infanteriekontingent
BdKJ	Bund der Kommunistischen Partei Jugoslawiens
BMAA	Bundesministerium für auswärtige Angelegenheiten
BMEIA	Bundesministerium für Europäische und Internationale Angelegenheiten
BND	Deutsche Bundesnachrichten Dienst
BRD	Bundesrepublik Deutschland
BRJ	Bundesrepublik Jugoslawien
BZÖ	Bündnis Zukunft Österreich
bzw.	beziehungsweise
ca.	circa
CDU	Christlich Demokratische Union Deutschlands
CEI	Central European Initiative
CEEPUS	Central European Exchange Programme for University Studies
COWEB	Committee on the Western Balkans
COYUG	Committee on Former Yugoslavia
CSU	Christlich-Soziale Union
DDR	Deutsche Demokratische Republik
EAR	Europäische Agentur für den Wiederaufbau
Ebd.	Ebendort/ebenso
ECHO	European Community Humanitarian Office
ECMM	European Community Monitoring Mission
EC TAFKO	Taskforce der EU-Kommission für den Wiederaufbau des Kosovo
EDU	Europäische Demokratische Union
EEA	Europäische Einheitlichen Akte
EFTA	European Free Trade Association
EG	Europäische Gemeinschaft
EGKS	Europäische Gemeinschaft für Kohle und Stahl
EK	Europäische Kommission
EP	Europäisches Parlament
EPZ	Europäische Politische Zusammenarbeit
ER	Europäischer Rat
ERP	European Recovery Program
EUSR	Sonderbeauftragter der EU
ESVP	Europäische Sicherheits- und Verteidigungspolitik

etc.	et cetera
EU	Europäische Union
EuGH	Europäischer Gerichtshof
EULEX	Rechtsstaatlichkeitsmission der Europäischen Union im Kosovo
EUMM	European Union Monitoring Mission (früher ECMM)
EWG	Europäische Wirtschaftsgemeinschaft
EWR	Europäischer Wirtschaftsraum
FASZ	Faszimile
FPÖ	Freiheitliche Partei Österreichs
FRY	Federal Republic of Yugoslavia
HHSTA	Haus-, Hof- und Staatsarchiv
GATT	General Agreement on Tariffs and Trade
GASP	Gemeinsame Außen- und Sicherheitspolitik
HNA	Heeresnachrichtenamt
IAEA	International Atomic Energy Agency
ICO	Organization of Islamic Cooperation
ICTY	International Criminal Tribunal for the Former Yugoslavia
IGH	Internationaler Gerichtshof
IHF	Internationale Helsinki-Föderation für Menschenrechte
IKRK	Internationales Komitte des Roten Kreuzes
ICO	Internationale Zivilbüros
IGH	Internationaler Gerichtshof
ISG	nternational Steering Group
IWF	Internationaler Währungsfonds
JNA	Jugoslawische Volksarmee
JUL	Jugoslawische Linke
KA	Kriegsarchiv
KDOM	Kosovo Diplomatic Observer Mission
KFOR	Kosovo Force
KG	Kontaktgruppe
KLA	Kosovo Liberation Army (englischer Ausdruck für UÇK)
KP	Kommunistische Partei
KPÖ	Kommunistische Partei Österreichs
KSZE	Konferenz für Sicherheit und Zusammenarbeit für Europa
KVM	Kosovo Verification Mission
LBD	Lidhja e Bashkuar Demokratike (Vereinigungsbündnis des Kosovo)
LDK	Demokratischer Bund des Kosovo (Lidhja Demokratike e Kosovës)
LIF	Liberales Forum
Mio.	Million bzw. Millionen
NATO	North-Atlantic Treaty Organisation
NGO	Non-Governmental Organisation
OECD	Organisation für wirtschaftliche Zusammenarbeit und Entwicklung
OEEC	Organisation of European Economic Cooperation
OEZA	Österreichische Entwicklungszusammenarbeit
ÖGB	Österreichischer Gewerkschaftsbund

Abkürzungen

OPEC	Organization of the Petroleum Exporting Countries
ÖStA	Österreichisches Staatsarchiv
ÖRK	Österreichisches Rotes Kreuz
OSZE	Organisation für Sicherheit und Zusammenarbeit in Europa
ÖVP	Österreichische Volkspartei
PA	Politisches Archiv
PDK	Partia Demokratike e Kosovës (Demokratische Partei des Kosovo)
PfP	Partnerschaft für den Frieden
PLO	Palästinensische Befreiungsorganisation
S.	Seite
SAA	Stabilisierungs- und Assoziierungsabkommen
SAP	Stabilisierungs- und Assoziierungsprozess
SFOR	Peace Stabilization Force
SFRJ	Sozialistische Föderative Republik Jugoslawien
SI	Sozialistische Internationale
SNS	Sozialdemokratische Partei Sloweniens
SPÖ	Sozialdemokratische Partei Österreichs
SPS	Sozialistische Partei Serbiens
SR	Sicherheitsrat der Vereinten Nationen (dt. Bezeichnung des UNSC)
SRS	Serbische Radikale Partei
SRSG	Special Representative of the Secretary General
STM	Stabilisation and Association Process Tracking Mechanism
TEMPUS	Trans-European Mobility Programme for University Studies
u.a.	unter anderem
UÇK	Ushtria Çlirimtare e Kosovës (Befreiungsarmee des Kosovo)
UN	United Nations
UNHCR	United Nations High Commissioner for Refugees
UNHCHR	Office of the United Nations High Commissioner for Human Rights
UNIDO	United Nations Industrial Development Organization
UNMIK	United Nations Interim Administration Mission in Kosovo
UNOSEK	Office of the Special Envoy of the Secretary-General of the United Nations for the Future Status Process for Kosovo
UNSC	United Nations Security Council
UNSCR	United Nations Security Council Resolution
USA	United States of America
USAID	United States Agency for International Development
USDoSD	United States Department of State Dispatch
VEF	Vienna Economic Forum
vgl.	vergleiche
VN	Vereinte Nationen
VSStÖ	Verband Sozialdemokratischer Studenten Österreichs
WEU	Westeuropäische Union
WKÖ	Wirtschaftskammer Österreich
z.B.	zum Beispiel

Danksagung der Verlage

Der Georg Olms Verlag und der Universitätsverlag Hildesheim danken den folgenden Einrichtungen und Initiativen für ihre Unterstützung, so dass dieses Werk sowohl im Print als auch als Open-Access-Edition (Lizenz CC-BY-SA 4.0) erscheinen kann:

Universitätsbibliothek Basel
Staatsbibliothek zu Berlin
Universitätsbibliothek Bochum
Universitäts- und Landesbibliothek Bonn
Staats- und Universitätsbibliothek Bremen
Universitäts- und Landesbibliothek Darmstadt
Universitäts- und Landesbibliothek Düsseldorf
Universitätsbibliothek Duisburg-Essen
Universitätsbibliothek Erfurt
Albert-Ludwigs-Universität Freiburg / Universitätsbibliothek
Dachinitiative „Hochschule.digital Niedersachsen" des Landes Niedersachsen
Niedersächsische Staats- und Universitätsbibliothek Göttingen
FernUniversität in Hagen / Universitätsbibliothek
Staats- und Universitätsbibliothek Carl von Ossietzky Hamburg
Gottfried Wilhelm Leibniz Bibliothek - Niedersächsische Landesbibliothek
Universitäts- und Stadtbibliothek Köln
Universitätsbibliothek in Landau
Zentral- und Hochschulbibliothek Luzern
Universitätsbibliothek Mainz
Universitätsbibliothek Marburg
Universitätsbibliothek der LMU München
Universitäts- und Landesbibliothek Münster
Bibliotheks- und Informationssystem der Universität Oldenburg
Universitätsbibliothek Passau
Universität Potsdam / Universitätsbibliothek
Universitätsbibliothek Tübingen
Universitätsbibliothek Vechta
Herzog August Bibliothek Wolfenbüttel
Universitätsbibliothek Würzburg
Universitätsbibliothek Wuppertal
Zentralbibliothek Zürich

In der Reihe „Historische Europa-Studien" (ISSN 1869-1196)
erschienen bisher folgende Titel:

Band 1: Romain Kirt
Europa – Die Weltmacht der Herzen. Zukunftsszenarien für das 21. Jahrhundert
2009. IV/184 S.
ISBN 978-3-487-14239-5

Band 2: Michael Gehler, Andreas Pudlat (Hg.)
Grenzen in Europa
Unter Mitarbeit von Imke Scharlemann.
2009. 378 S.
ISBN 978-3-487-14240-1

Band 3: Kurt Gritsch
Inszenierung eines gerechten Krieges? Intellektuelle, Medien und der „Kosovo-Krieg" 1999
2010. 533 S.
ISBN 978-3-487-14355-2

Band 4: Michael Gehler (Hg.)
Die Macht der Städte.
Von der Antike bis zur Gegenwart
Unter Mitarbeit von Imke Scharlemann.
2010. 780 S. mit zahlreichen Abb.
ISBN 978-3-487-14481-8

Band 5: Michael Gehler, Hinnerk Meyer (Hg.)
Deutschland, der Westen und der europäische Parlamentarismus.
Hildesheimer Europagespräche I
2012. 475 S.
ISBN 978-3-487-14693-5

Band 6: Michael Gehler, Xuewu Gu, Andreas Schimmelpfennig (Hg.)
EU – China. Global Players in a Complex World
2011. 355 S.
ISBN 978-3-487-14727-7

Band 7: Andreas Pudlat
Schengen. Zur Manifestation von Grenze und Grenzschutz in Europa
2013. 367 S. mit 21 Abb.
ISBN 978-3-487-14730-7

Band 8: Christoph Kühberger
Globalgeschichte als Vernetzungsgeschichte. Geschichtsunterricht im Mehr-Ebenen-System
2012. 303 S.
ISBN 978-3-487-14820-5

Band 9: Hannah Maischein
Ecce Polska. Studien zur Kontinuität des Messianismus in der polnischen Kunst des 20. Jahrhunderts
2012. 136 S.
ISBN 978-3-487-14853-3

Band 10: Michael Gehler, Imke Scharlemann (Hg.)
Zwischen Diktatur und Demokratie. Erfahrungen in Mittelost- und Südosteuropa.
Hildesheimer Europagespräche II
2013. 728 S.
ISBN 978-3-487-14833-5

Band 11: Michael Gehler, Marcus Gonschor, Hinnerk Meyer (Hg.)
Banken, Finanzen und Wirtschaft im Kontext europäischer und globaler Krisen.
Hildesheimer Europagespräche III
Unter Mitarbeit von Severin Cramm und Miriam Hetzel.
2015. 687 S.
ISBN 978-3-487-15041-3

Band 12: Hinnerk Meyer
Formationsphasen der europäischen Integrationspolitik im Vergleich
2014. 431 S.
ISBN 978-3-487-15129-8

Band 13: Michael Gehler, Marcus Gonschor, Severin Cramm, Miriam Hetzel (Hg.)
Internationale Geschichte im globalen Wandel.
Hildesheimer Europagespräche IV
2 Bände. 2018. XXII/1278 S. mit 82 Abb.
ISBN 978-3-487-15568-5

Band 14: Michael Gehler, Peter Müller, Peter Nitschke (Hg.)
Europa-Räume. Von der Antike bis zur Gegenwart
2016. 508 S. mit 43 Abb.
ISBN 978-3-487-15482-4

Band 15: Felix Hinz (Hg.)
Kreuzzüge des Mittelalters und der Neuzeit. Realhistorie – Geschichtskultur – Didaktik
2015. 389 S.
ISBN 978-3-487-15267-7

Band 16: Holm A. Leonhardt
Kartelltheorie und Internationale Beziehungen. Theoriegeschichtliche Studien
2013. 861 S.
ISBN 978-3-487-14840-3

Band 17: Michael Gehler, Andrea Brait (Hg.)
Am Ort des Geschehens in Zeiten des Umbruchs
2018. 974 S. mit 30 Abb.
ISBN 978-3-487-15622-4

Band 19: Marcus Gonschor
Politik der Feder
2017. 893 S.
ISBN 978-3-487-15531-9

Band 20: Michael Gehler, Paul Luif, Elisabeth Vyslonzil (Hg.)
Die Dimension Mitteleuropa in der Europäischen Union
2015. 499 S. mit 9 Abb. und 18 Tabellen.
ISBN 978-3-487-15268-4

Band 21: Michael Gehler, Andrea Brait, Philipp Strobl (Hg.)
Geschichte schreiben – Geschichte vermitteln. Inner- und interdisziplinäre Perspektiven auf die Europaforschung
Hildesheimer Europagespräche V
2 Bände. 2020. 1402 S. mit 31 Abb.
ISBN 978-3-487-15939-3

Band 22: Deborah Cuccia
There are two German States and two must remain?
2019. XIV/394 S. mit 18 Abb.
ISBN 978-3-487-15810-5

Band 23: Schinze-Gerber
Franz Josef Strauß. Wegbereiter der deutschen Einheit und Europäer aus Überzeugung
2020. 384 S.
ISBN 978-3-487-15904-1

Band 24: Harald Kleinschmidt
Der Kontext der Europäischen Union
2020. 380 S. mit 2 Abb.
ISBN 978-3-487-15839-6

Band 25: Ulfert Zöllner
**An den Peripherien Westeuropas.
Irland und Österreich und die Anfänge
der wirtschaftlichen Integration
am Beispiel des Marshall-Plans**
2022. 290 S.
ISBN 978-3-487-16052-8

Band 26: Faruk Ajeti
**Die Kosovopoltik Österreichs
in den Jahren 1986-1999**
2022. 427 S.
ISBN 978-3-487-16208-9